Curso de Mercado Financeiro

O GEN | Grupo Editorial Nacional – maior plataforma editorial brasileira no segmento científico, técnico e profissional – publica conteúdos nas áreas de ciências sociais aplicadas, exatas, humanas, jurídicas e da saúde, além de prover serviços direcionados à educação continuada e à preparação para concursos.

As editoras que integram o GEN, das mais respeitadas no mercado editorial, construíram catálogos inigualáveis, com obras decisivas para a formação acadêmica e o aperfeiçoamento de várias gerações de profissionais e estudantes, tendo se tornado sinônimo de qualidade e seriedade.

A missão do GEN e dos núcleos de conteúdo que o compõem é prover a melhor informação científica e distribuí-la de maneira flexível e conveniente, a preços justos, gerando benefícios e servindo a autores, docentes, livreiros, funcionários, colaboradores e acionistas.

Nosso comportamento ético incondicional e nossa responsabilidade social e ambiental são reforçados pela natureza educacional de nossa atividade e dão sustentabilidade ao crescimento contínuo e à rentabilidade do grupo.

FIPECAFI – Fundação Instituto de Pesquisas Contábeis, Atuariais e Financeiras

Coordenadores
Iran Siqueira Lima
Gerlando Augusto Sampaio Franco de Lima
Renê Coppe Pimentel

Curso de Mercado Financeiro

Alexsandro Broedel Lopes
André Moura Cintra Goulart
Andrea Fernandes Andrezo
Antônio Carlos Dias Coelho
Bruno Meirelles Salotti
Celina Yumiko Ozawa
Diego Carneiro Barreto
Edilson Paulo
Fernando Caio Galdi
Flávio Donizete Batistella
Gerlando Augusto Sampaio Franco de Lima
Giovani Antônio Silva Brito

Iran Siqueira Lima
Jaime Gregório
Luiz Nelson Guedes de Carvalho
Mara Jane Contrera Malacrida
Marcelo Cambria
Marcia Regina Calvano Machado
Marcial Tadeu Borelli
Marina Mitiyo Yamamoto
Renê Coppe Pimentel
Rodrigo Lopes da Luz
Sergio Augusto Malacrida Júnior
Silvia Maura Rodrigues Pereira

2ª Edição

Os autores e a editora empenharam-se para citar adequadamente e dar o devido crédito a todos os detentores dos direitos autorais de qualquer material utilizado neste livro, dispondo-se a possíveis acertos caso, inadvertidamente, a identificação de algum deles tenha sido omitida.

Não é responsabilidade da editora nem dos autores a ocorrência de eventuais perdas ou danos a pessoas ou bens que tenham origem no uso desta publicação.

Apesar dos melhores esforços dos autores, do editor e dos revisores, é inevitável que surjam erros no texto.

Assim, são bem-vindas as comunicações de usuários sobre correções ou sugestões referentes ao conteúdo ou ao nível pedagógico que auxiliem o aprimoramento de edições futuras. Os comentários dos leitores podem ser encaminhados à **Editora Atlas Ltda.** pelo e-mail editorialcsa@grupogen.com.br.

Direitos exclusivos para a língua portuguesa
Copyright © 2011 by
Editora Atlas Ltda.
Uma editora integrante do GEN | Grupo Editorial Nacional

Reservados todos os direitos. É proibida a duplicação ou reprodução deste volume, no todo ou em parte, sob quaisquer formas ou por quaisquer meios (eletrônico, mecânico, gravação, fotocópia, distribuição na internet ou outros), sem permissão expressa da editora.

Rua Conselheiro Nébias, 1384
Campos Elísios, São Paulo, SP – CEP 01203-904
Tels.: 21-3543-0770/11-5080-0770
editorialcsa@grupogen.com.br
www.grupogen.com.br

Designer de capa: Leonardo Hermano
Editoração Eletrônica: Formato Serviços de Editoração Ltda.

Dados Internacionais de Catalogação na Publicação (CIP)
(Câmara Brasileira do Livro, SP, Brasil)

Curso de mercado financeiro / coordenadores: Iran Siqueira Lima, Gerlando Augusto Sampaio Franco de Lima, Renê Coppe Pimentel. – 2. ed. – São Paulo: Atlas, 2017.

ISBN 978-85-224-6926-0

1. Mercado de capitais I. Lima, Iran Siqueira. II. Lima, Gerlando Augusto Sampaio Franco de. III. Pimentel, Renê Coppe.

CDD-332.6
06-4261

Índice para catálogo sistemático:

1. Mercado financeiro : Economia   332.6

Sumário

Nota sobre os coordenadores, xiii

Nota sobre os autores, xv

Apresentação da segunda edição, xix

Parte I – Introdução ao Mercado Financeiro, 1

1 Introdução ao Mercado Financeiro (*Andrea Fernandes Andrezo e Iran Siqueira Lima*), 3

    1.1 Mercado financeiro: conceitos iniciais, 3

    1.2 Outros conceitos fundamentais, 6

    1.3 Função do mercado financeiro, 8

    1.4 Desenvolvimento financeiro e crescimento econômico, 9

    Questões discursivas, 12

    Testes de múltipla escolha, 12

2 Estrutura do Sistema Financeiro Nacional (*Renê Coppe Pimentel e Marcelo Cambria*), 15

    2.1 Introdução, 15

    2.2 Regulação e fiscalização do mercado financeiro, 15

        2.2.1 Órgãos normativos, 15

        2.2.2 Entidades supervisoras, 16

    2.3 Entidades de operação, 17

        2.3.1 Instituições financeiras, 17

        2.3.2 Entidades do ramo SUSEP, 22

        2.3.3 Outros intermediários ou auxiliares financeiros, 22

        2.3.4 Câmaras de liquidação e agentes de custódia, 23

        2.3.5 Entidades de autorregulação, 24

    Questões discursivas, 26

    Testes de múltipla escolha, 26

Parte II – Mercado de Renda Variável, 29

3 Mercado Acionário (*André Moura Cintra Goulart, Gerlando Augusto Sampaio Franco de Lima e Jaime Gregório*), 31

    3.1 Introdução, 31

    3.2 Ações, 32

        3.2.1 Espécies e classes, 33

        3.2.2 Forma, 33

        3.2.3 Valor nominal, 33

        3.2.4 Companhia aberta, 34

    3.3 Mercado primário – *underwriting*, 34

        3.3.1 Procedimentos para a operação de *underwriting*, 35

3.3.2 Estruturação e aspectos relevantes da operação, 35

3.3.3 Estrutura de uma oferta pública de ações, 35

3.3.4 Prospecto e formulário de referência, 36

3.3.5 Preço de lançamento e volume da oferta, 37

3.3.6 Custos de operação de *underwriting*, 38

3.3.7 Vantagens e desvantagens da operação de *underwriting*, 38

3.3.8 O caso da Renar Maçãs, 38

3.3.9 Dados do mercado de ações, 39

3.3.10 Contabilização, 40

    3.3.10.1 Exemplo de contabilização da constituição da Cia. Agreste, 40

    3.3.10.2 Exemplo de composição de capital social, 40

3.4 Mercado secundário, 41

3.4.1 BM&FBOVESPA – Bolsa de Valores, Mercadorias e Futuros, 42

3.4.2 *Home Broker* e *After-Market*, 43

3.4.3 Títulos negociados em bolsa, 43

3.4.4 Serviços de registro, liquidação e custódia (*clearings*), 44

3.4.5 Mercado acionário de balcão, 44

3.4.6 Mercados e dinâmica das operações à vista, 45

    3.4.6.1 Títulos-objeto, 45

    3.4.6.2 Formação de preços, 45

    3.4.6.3 Negociação, 45

    3.4.6.4 Formas de negociação, 46

    3.4.6.5 Liquidação, 46

    3.4.6.6 Tipos de ordem, 46

    3.4.6.8 Execução, 46

    3.4.6.9 Liquidação, 46

    3.4.6.10 Tributação, 47

    3.4.6.11 Custos de transação, 47

    3.4.6.12 Riscos dos mercado de ações, 48

3.5 Índices do mercado acionário, 49

Questões discursivas, 50

Testes de múltipla escolha, 51

4 Depositary Receipts (*André Moura Cintra Goulart, Gerlando Augusto Sampaio Franco de Lima e Jaime Gregório*), 53

4.1 Introdução, 53

4.2 *American Depositary Receipts* (ADR), 53

4.2.1 Tipos de ADR, 56

    4.2.1.1 ADR Nível I – *over the counter* (OTC), 56

    4.2.1.2 ADR Nível II – *listed*, 57

    4.2.1.3 ADR Nível III – *offering*, 58

    4.2.1.4 Programas restritos, 58

        4.2.1.4.1 Regra 144/A, 58

    4.2.1.5 ADR Regra S, 59

4.2.2 Principais diferenças entre os tipos de ADR, 59

4.2.3 Como é formado o cronograma, 60

4.2.4 Aspectos de adequação às exigências norte-americanas, 61

4.3 *Brazilian Depositary Receipts* (BDR), 62

4.3.1 Tipos de BDR, 63

    4.3.1.1 BDR Nível I, 63

    4.3.1.2 BDR Nível II, 63

    4.3.1.3 BDR Nível III, 63

Questões discursivas, 64

Testes de múltipla escolha, 64

Estudo de caso: Emissão de ADR, 66

5 Risco de Mercado (*Sergio Augusto Malacrida Júnior e Mara Jane Contrera Malacrida*), 68

5.1 Introdução, 68

5.2 Breve história, 68

5.3 Riscos financeiros, 70

5.4 Calculando volatilidade, 70

5.5 Medindo risco de mercado – *Value at Risk* (VaR), 76

5.5.1 VaR histórico, 76

5.5.2 VaR paramétrico, 79

5.5.3 Escolha do modelo de VaR, 79

5.5.4 Críticas ao VaR, 80

5.6 Alternativas e tendências, 80

5.7 Ilustração dos cálculos utilizando o MS Excel, 81

Questões discursivas, 84

Testes de múltipla escolha, 85

Parte III – Mercado de Renda Fixa, 89

6 Mercado de Renda Fixa (*Jaime Gregório, Gerlando Augusto Sampaio Franco de Lima e André Moura Cintra Goulart*), 91

6.1 Introdução, 91

6.2 Títulos públicos, 92

    6.2.1 Principais títulos públicos federais, 93

        6.2.1.1 LTN – Letras do Tesouro Nacional, 93

        6.2.1.2 LFT – Letras Financeiras do Tesouro, 93

        6.2.1.3 NTN – Notas do Tesouro Nacional, 94

6.3 Controle monetário via títulos, 95

6.4 SELIC – Sistema Especial de Liquidação e Custódia, 97

    6.4.1 Conceito e breve histórico, 97

    6.4.2 Breve resumo do operacional do SELIC, 97

    6.4.3 Regulamentação do SELIC, 97

    6.4.4 Acesso ao SELIC e a seus módulos complementares, 98

    6.4.5 Algumas disposições finais, 98

6.5 Tesouro Direto, 98

    6.5.1 Riscos dos títulos públicos federais, 99

    6.5.2 Tributação, 100

    6.5.3 Estatísticas do mercado secundário dos títulos públicos federais, 101

6.6 Títulos privados de renda fixa, 101

    6.6.1 Principais títulos privados de renda fixa, 101

        6.6.1.1 Certificado de depósito bancário (CDB) e recibo de depósitos bancários (RDB), 101

        6.6.1.2 Certificados de depósito interbancário (CDI), 102

        6.6.1.3 Letras de câmbio (LC), 103

        6.6.1.4 Letras hipotecárias, 103

        6.6.1.5 Certificado de crédito bancário (CCB), 103

    6.6.2 CETIP – Balcão Organizado de Ativos e Derivativos, 103

        6.6.2.1 Apresentação, 103

        6.6.2.2 Participantes, 104

        6.6.2.3 Ativos, 105

        6.6.2.4 Custódia e liquidação, 106

        6.6.2.5 Sistemas operacionais, 106

        6.6.2.6 Negociação on-line, 106

        6.6.2.7 Mercado secundário de títulos privados de renda fixa, 107

        6.6.2.8 Estatísticas dos principais papéis custodiados na CETIP, 107

    6.6.3 Bovespafix e Somafix, 107

Questões discursivas, 108

Testes de múltipla escolha, 108

7 *Commercial Paper* e Debêntures (*Celina Yumiko Ozawa, Flávio Donizete Batistella e Renê Coppe Pimentel*), 110

7.1 *Commercial paper*, 110

    7.1.1 Introdução, 110

    7.1.2 Aspectos legais e societários, 111

        7.1.2.1 Conteúdo dos *commercial papers*, 111

        7.1.2.2 Deliberação, 111

        7.1.2.3 Anúncio de início de distribuição, encerramento e prospecto, 112

    7.1.3 Dados referentes às notas promissórias no Brasil, 112

    7.1.4 Exemplos de cálculos de notas promissórias, 114

    7.1.5 Contabilização de notas promissórias, 115

    7.1.6 Tratamento contábil do emissor, 115

7.2 Debêntures, 117

    7.2.1 Introdução, 117

    7.2.2 Breve histórico sobre as debêntures no Brasil, 117

    7.2.3 Características básicas, 118

        7.2.3.1 Tipo, 118

        7.2.3.2 Garantia, 118

        7.2.3.3 Forma, 119

        7.2.3.4 Valor nominal unitário, 119

        7.2.3.5 Quantidade de séries, 119

        7.2.3.6 Remuneração, 119

        7.2.3.7 Vencimento, 120

    7.2.4 Emissão de debêntures, 120

7.2.4.1 Participantes da emissão de debêntures, 120

7.2.4.2 Limite de emissão: debêntures e estrutura de capital, 120

7.2.5 Outros aspectos, 121

7.2.5.1 Debêntures com escrituras padronizadas, 121

7.2.5.2 Cédulas de debêntures, 121

7.2.6 Dados referentes às debêntures no Brasil, 121

7.2.7 Exemplo de registro, 124

7.2.8 Exemplos de cálculos de debêntures, 124

7.2.9 Contabilização de debêntures, 127

Questões discursivas, 128

Testes de múltipla escolha, 129

8 Securitização (*Antônio Carlos Dias Coelho* e *Marcial Tadeu Borelli*), 131

8.1 Introdução, 131

8.2 Evolução histórica, 132

8.3 Definições e conceitos, 133

8.4 Objetivos do processo de securitização, 134

8.5 Modelo genérico da operação de securitização, 136

8.6 Formas de securitização, 138

8.6.1 Securitização via afetação, 138

8.6.2 Securitização via SPE, 138

8.6.2.1 Exemplo de contabilização de securitização de recebíveis via SPE, 139

8.6.3 FIDC e FICFIDC, 143

8.6.3.1 Regulamento do FIDC, 143

8.6.3.2 Aspectos tributários do FIDC, 144

8.6.4 Securitização da carteira de crédito de bancos, 144

8.7 Securitização imobiliária, 145

8.7.1 Securitização imobiliária via afetação, 145

8.7.2 Securitização imobiliária via SPE, 145

8.7.3 Securitização de recebíveis imobiliários (CRI), 145

8.7.3.1 Registro da companhia e registro de oferta pública, 146

8.7.3.2 Garantias, 146

8.7.3.3 Remuneração, 146

8.7.3.4 Aspectos tributários, 146

8.7.3.5 Exemplo de emissão de CRI, 146

8.7.3.6 Exemplo de cálculo de CRI – Securitizadora XYZ, 147

8.7.3.7 Exemplo de contabilização de CRI, 148

8.7.4 Fundo imobiliário, 150

8.8 Securitização de exportação e de fluxos financeiros do exterior, 151

8.9 Legislação, 152

8.10 Exemplos reais de operações de securitização no Brasil, 153

8.10.1 Mesbla *Trust*, 153

8.10.2 Operação de Securitização de Recebíveis – Braskem S.A., 153

8.10.3 Operação de Securitização de Exportação – CVRD S.A., 153

8.10.4 Emissão de CRI – Imigrantes Cia. Securitizadora, 154

8.11 Operações não registradas contabilmente, 156

8.12 Consolidação dos fundos de securitização, 157

8.13 Números da securitização no Brasil, 157

Questões discursivas, 159

Testes de múltipla escolha, 160

9 Captações no Exterior (*Euronotes* e *Eurobonds*) (*Renê Coppe Pimentel*), 163

9.1 Introdução, 163

9.2 Precedentes Legais do Capital Estrangeiro no Brasil, 164

9.2.1 Lei de Capitais Estrangeiros (Lei nº 4.131/62), 164

9.2.2 Resolução nº 63, 164

9.2.3 Comunicado FIRCE nº 10/69, 165

9.2.4 Carta-Circular nº 5/69, 165

9.2.5 Resolução nº 2.770/00, 166

9.3 *Eurobonds* e *Euronotes* (*International Bond Market*), 166

9.3.1 O mercado de *eurobonds*, 168

9.3.2 O Brasil no mercado externo, 169

9.3.3 *Brady bonds* e risco-país, 170

9.3.3.1 A importância dos títulos emitidos pelo governo, 170

9.4 Aspectos técnicos da avaliação de *Bonds*, 171

    9.4.1 Conceitos básicos dos *bonds/ eurobonds*, 171

    9.4.2 Opções embutidas, 172

    9.4.3 Avaliação de *bonds* – noções básicas, 173

        9.4.3.1 Rentabilidade até o vencimento (*yield to maturity* – YTM), 175

        9.4.3.2 Rentabilidade até o resgate antecipado (*yield to call* – YTC), 176

        9.4.3.3 Taxa de retorno corrente, 177

        9.4.3.4 Títulos com capitalização ou cupom semestral, 177

        9.4.3.5 *Bonds* perpétuos, 178

            9.4.3.6 *Zero coupon bonds* (ou *bond* de cupom zero), 178

Questões discursivas, 179

Testes de múltipla escolha, 179

10 Risco nas Operações de Renda Fixa (*Giovani Antônio Silva Brito e Renê Coppe Pimentel*), 183

10.1 Introdução, 183

10.2 Risco de crédito, 183

10.3 Risco de mercado, 188

    10.3.1 Risco de mudanças nas taxa de juros, 189

    10.3.2 Risco na estrutura de prazos, 190

    10.3.3 *Duration*, 191

10.4 Outros riscos em operações de renda fixa, 193

    10.4.1 Risco de resgate antecipado, 194

    10.4.2 Risco de inflação, 194

    10.4.3 Risco cambial, 194

    10.4.4 Risco de liquidez, 194

    10.4.5 Risco de volatilidade, 195

Questões discursivas, 195

Testes de múltipla escolha, 195

Parte IV – Derivativos, 199

11 Derivativos (*Fernando Caio Galdi e Alexsandro Broedel Lopes*), 201

11.1 Introdução, 201

11.2 Evolução histórica dos derivativos, 202

    11.2.1 O uso de derivativos e suas implicações, 204

11.3 Mercado de derivativo no Brasil, 206

    11.3.1 Aspectos legais e regulamentação, 207

11.4 Principais produtos derivativos, 208

11.5 Contratos futuros e contratos a termo, 209

    11.5.1 Conceito básico de precificação – termo e futuro, 212

    11.5.2 Mercado futuro no Brasil, 214

        11.5.2.1 Padronização dos contratos, 215

        11.5.2.2 Mecanismos de proteção do mercado, 215

        11.5.2.3 Custos operacionais – BM&F, 216

        11.5.2.4 Negociação, 218

    11.5.3 Operacionalização dos contratos futuros no Brasil, 219

        11.5.3.1 DOL, 219

            11.5.3.1.1 Exemplo de *hedge* com DOL – custos e benefícios, 220

        11.5.3.2 DI1, 221

        11.5.3.3 DDI, 223

            11.5.3.3.1 Exemplo de *hedge* com DDI, 224

        11.5.3.4 FRA, 226

            11.5.3.4.1 Exemplo de FRA, 227

11.6 Contrato de opções, 228

    11.6.1 Introdução à precificação de opções, 228

    11.6.2 Estratégias com opções, 230

11.7 *Swaps*, 233

    11.7.1 Exemplo de *Swap*, 233

11.8 Tributação de derivativos, 234

    11.8.1 Tributação de derivativos em instituições financeiras, 237

11.9 Contabilização de derivativos no Brasil, 238

    11.9.1 Contabilidade de derivativos – normas do CPC, 238

    11.9.2 Contabilidade de derivativos – normas do CMN e BACEN, 241

Questões discursivas, 243

Testes de múltipla escolha, 243

Parte V – Investidores Institucionais e outros Produtos, 247

12 Fundos de Investimento (*Mara Jane Contrera Malacrida e Gerlando Augusto Sampaio Franco de Lima*), 249

12.1 Introdução, 249

12.2 Características e constituição dos fundos de investimento, 250

12.3 Classificação dos fundos de investimento, 250

12.4 Divulgação de informações e de resultados dos fundos, 253

12.5 Quotas dos fundos – emissão e resgate, 255

12.6 Quotas dos fundos – distribuição e subscrição, 256

12.7 A administração dos fundos de investimento, 256

12.8 Encargos dos fundos de investimento, 258

12.9 Tributação dos fundos de investimento, 258

    12.9.1 Imposto de Renda, 258

    12.9.2 Imposto sobre Operações de Crédito, Câmbio e Seguro, ou relativas a Títulos ou Valores Mobiliários (IOF), 261

    12.9.3 Contribuição Provisória sobre Movimentação ou Transmissão de Valores e de Créditos e Direitos de Natureza Financeira (CPMF), 262

12.10 Contabilização de um fundo de investimento, 263

12.11 Fundos de investimento regidos por regulamentação própria, 266

    12.11.1 Fundos de investimentos em direitos creditórios (FIDC), 267

    12.11.2 Fundo de investimento imobiliário (FII), 269

    12.11.3 Quotas de quotas, 270

    12.11.4 Fundos de índices – ETFs, 270

Questões discursivas, 271

Testes de múltipla escolha, 271

13 Operação de *Leasing* – Arrendamento Mercantil (*Marcial Tadeu Borelli e Antônio Carlos Dias Coelho*), 273

13.1 Conceituação da operação, 273

13.2 Histórico, 274

    13.2.1 Histórico no Brasil e legislação, 274

13.3 Aspectos operacionais do arrendamento mercantil, 278

    13.3.1 Principais fases de uma operação de arrendamento mercantil, 278

    13.3.2 Aspectos fiscais, 280

13.4 Classificação das operações de arrendamento, 281

    13.4.1 Arrendamento financeiro (*capital lease*), 281

    13.4.2 Arrendamento operacional (*operational lease*), 281

13.5 Tipificação das operações, 282

13.6 Fontes de recursos, 283

13.7 Razões econômicas, financeiras e administrativas do arrendamento mercantil, 283

13.8 Tomada de decisão em arrendamento mercantil, 284

13.9 Decisão de financiar, 285

13.10 Decisão de se financiar por meio de *leasing,* 285

13.11 Exemplos de cálculos de contraprestações, 287

13.12 Contabilização, 288

    13.12.1 A prevalência da essência sobre a forma, 290

    13.12.2 Arrendamento mercantil no contexto da convergência da contabilidade brasileira aos pronunciamentos emitidos pelo International Accounting Standard Board (IASB), 293

    13.12.3 Tratamento contábil do arrendamento mercantil financeiro segundo o CPC 06, 295

Questões discursivas, 296

Testes de múltipla escolha, 296

14 Factoring (*André Moura Cintra Goulart e Edilson Paulo*), 299

14.1 Definição, 299

    14.1.1 Relação com a compra e venda mercantil, 300

    14.1.2 Prestação de serviços, 302

    14.1.3 A legalidade da atividade de *factoring*, 302

    14.1.4 *Factoring versus* atividades bancárias, 303

    14.1.5 Exemplo de operação de *factoring*, 304

14.2 Origem histórica e evolução, 306

    14.2.1 Surgimento do *factoring*, 306

    14.2.2 O *factoring* no Brasil, 306

14.3 Espécies de *factoring*, 307

    14.3.1 *Conventional factoring*, 307

    14.3.2 *Maturity factoring*, 307

    14.3.3 *Trustee*, 307

    14.3.4 O *factoring* exportação, 307

    14.3.5 *Factoring* matéria-prima, 307

14.4 Importância da atividade, 308

14.5 Aspectos contábeis, tributários e legais, 308

    14.5.1 Aspectos contábeis, 308

    14.5.2 Aspectos tributários, 309

    14.5.3 Aspectos legais, 310

Questões discursivas, 311

Testes de múltipla escolha, 311

15 Seguros (*Marcia Regina Calvano Machado e Edilson Paulo*), 313

15.1 Introdução, 313

15.2 Definição, 314

15.3 Seguro de vida e de danos, 315

    15.3.1 Sistema Nacional de Seguros Privados, 315

    15.3.2 Assunção de riscos pelas sociedades seguradoras, 317

    15.3.3 Grupos e ramos de seguros, 318

    15.3.4 A indústria de seguros no Brasil, 320

    15.3.5 Aspectos contábeis sobre seguradoras, 321

    15.3.6 Patrimônio líquido ajustado (PLA), 322

    15.3.7 Capital mínimo requerido, 323

    15.3.8 Margem de solvência, 323

    15.3.9 Limite técnico, 324

    15.3.10 Provisões técnicas obrigatórias, de acordo com a legislação brasileira, 324

        15.3.10.1 Provisão de Prêmios Não Ganhos (PPNG), 324

        15.3.10.2 Provisão de Insuficiência de Prêmios (PIP), 324

        15.3.10.3 Provisão de Sinistros a Liquidar (PSL), 324

        15.3.10.4 Provisão de IBNR (*Incurred But Not Reported*), 325

15.4 Seguro-saúde, 325

Questões discursivas, 325

Testes de múltipla escolha, 326

16 Previdência Complementar (*Marcia Regina Calvano Machado e Edilson Paulo*), 329

16.1 Introdução, 329

16.2 Entidades fechadas de previdência complementar, 330

16.3 Entidades abertas de previdência complementar, 332

16.4 Funcionamento do plano de previdência complementar, 332

    16.4.1 Plano benefício definido, 333

    16.4.2 Plano contribuição definida, 334

    16.4.3 Contribuição variável, 335

16.5 Riscos atuariais, 336

    16.5.1 Risco de sobrevivência, 336

    16.5.2 Risco de taxa de juros e retorno dos investimentos, 337

16.6 Produtos existentes no mercado, 337

16.7 Provisões técnicas, 337

16.8 Aplicação dos ativos garantidores, 338

16.9 Contabilidade das entidades de previdência complementar, 340

Questões discursivas, 342

Testes de múltipla escolha, 343

17 Capitalização e Consórcio (*Marcia Regina Calvano Machado e Edilson Paulo*), 346

17.1 Capitalização, 346

    17.1.1 Introdução, 346

    17.1.2 Sociedade de capitalização, 347

    17.1.3 Títulos de capitalização, 348

        17.1.3.1 Modalidades de títulos de capitalização, 348

        17.1.3.2 Prêmio, 348

    17.1.4 Sorteio, 349

    17.1.5 Resgate, 349

    17.1.6 Provisões técnicas, 350

    17.1.7 Ativos garantidores, 350

    17.1.8 Contabilidade, 351

    17.1.9 Contabilização das principais operações das sociedades de capitalização, 351

17.2 Consórcio, 353

    17.2.1 Introdução, 353

    17.2.2 Administradora de consórcio e grupos de consórcio, 353

    17.2.3 Prestações do consórcio, 353

    17.2.4 Contemplação, 354

    17.2.5 Encerramento do grupo, 354

Curso de Mercado Financeiro • Lima, Lima e Pimentel

Questões discursivas, 355

Testes de múltipla escolha, 355

Parte VI – Aspectos Adicionais, 357

18 A Sistemática da Informação no Mercado de Capitais e a Importância das Relações com os Investidores (*Diego Carneiro Barreto, Rodrigo Lopes da Luz e Silvia Maura Rodrigues Pereira*), 359

18.1 Introdução, 359

18.2 Teoria de mercados eficientes, 360

18.3 Assimetria de informações, 360

18.4 Seleção adversa e risco moral, 361

18.5 Relações com investidores: papel na redução da assimetria de informação, 362

    18.5.1 Tratamento da assimetria em uma companhia aberta, 362

        18.5.1.1 Visão geral de relações com investidores, 362

        18.5.1.2 Programa de RI: marketing e comunicação financeira, 363

    18.5.2 Tratamento da informação antes da abertura de capital (IPO), 366

18.6 Sistema de divulgação no mercado de capitais brasileiro, 366

    18.6.1 Regulação e autorregulação, 366

        18.6.1.1 Informações periódicas, 367

        18.6.1.2 Informações eventuais, 367

    18.6.2 Política de negociação de valores mobiliários, 368

18.7 Proatividade corporativa, 369

    18.7.1 *Website* de RI, 369

    18.7.2 Relatório anual, 369

    18.7.3 Divulgação de resultados, 370

    18.7.4 Apresentações públicas e reuniões restritas, 371

Questões discursivas, 371

Testes de múltipla escolha, 371

19 Crime de Lavagem de Dinheiro (*Renê Coppe Pimentel*), 374

19.1 Introdução, 374

19.2 Histórico e conceitos, 375

19.3 As regras no Brasil, 377

    19.3.1 Lei nº 9.613/98, 377

    19.3.2 Implementação e fiscalização da Lei nº 9.613/98, 378

    19.3.3 O BACEN no combate à lavagem de dinheiro, 378

    19.3.4 Normativos de outros órgãos, 380

19.4 O processo de lavagem de dinheiro, 380

19.5 Métodos utilizados na lavagem de dinheiro, 382

    19.5.1 Operações bancárias, 382

    19.5.2 Estabelecimentos comerciais, 383

    19.5.3 Negociação de bens de alto valor, 384

    19.5.4 Estabelecimentos *offshore*, 384

    19.5.5 Instituições seguradoras, 385

    19.5.6 Operações em mercados derivativos, 385

    19.5.7 Cassinos, bingos e loterias, 385

    19.5.8 Paraísos fiscais, 385

19.6 Considerações finais, 386

Questões discursivas, 387

Testes de múltipla escolha, 387

20 Governança Corporativa (*Gerlando Augusto Sampaio Franco de Lima, Bruno Meirelles Salotti, Luiz Nelson Guedes de Carvalho e Marina Mitiyo Yamamoto*), 390

20.1 Introdução, 390

20.2 Teoria da Agência (Teoria de *Agency*), 391

20.3 Governança corporativa, 393

20.4 A Controladoria como suporte à Governança Corporativa, 395

20.5 As interfaces da Controladoria e da Governança Corporativa, 396

    20.5.1 Valor da empresa, 397

    20.5.2 Desempenho da empresa, 397

    20.5.3 Auditoria, 398

    20.5.4 Transparência das informações, 398

20.6 Conclusões, 399

Questões discursivas, 399

Testes de múltipla escolha, 399

Anexo 1: Tabela Regressiva de IOF, 403

Gabarito dos testes de múltipla escolha, 405

Referências, 407

Índice remissivo, 413

Nota sobre os Coordenadores

Iran Siqueira Lima

Professor Doutor do Departamento de Contabilidade e Atuária da FEA/USP. Doutor e Mestre em Controladoria e Contabilidade pela FEA/USP, possui especialização em Engenharia Econômica, Administração Industrial e Mercado de Capitais; é graduado nos cursos de Economia e Contabilidade. É diretor presidente da FIPECAFI e pesquisador nas áreas de contabilidade e mercado financeiro. É conselheiro e consultor de diversas empresas. Foi diretor do Banco Central do Brasil, da Secretaria de Controle de Empresas Estatais (SEST), da Telebras, e possui extensa experiência como executivo e consultor de grupos empresariais. É, também, autor de outras obras sobre mercado financeiro e de capitais.

Gerlando Augusto Sampaio Franco de Lima

Mestre e Doutor em Controladoria e Contabilidade pela FEA-USP. Pós-doutorado em Economia pela Faculdade de Economia da Universidade de Coimbra. É Prof. Doutor do Departamento de Contabilidade e Atuária da FEA/USP, Coordenador dos Cursos de Ciências Atuariais e Ciências Contábeis da FEA/USP. É Pesquisador do Laboratório de Mercado Financeiro da FEA/USP e foi Professor Visitante da Faculdade de Economia da Universidade de Coimbra.

Foi Pesquisador pela FAPESP (Fundação de Amparo à Pesquisa do Estado de São Paulo), CAPES e CNPq. Participou de diversos seminários, congressos e encontros na área de controladoria e contabilidade, tendo recebido prêmio de Melhor Trabalho do Congresso Brasileiro de Custos de 2002 e Melhores Trabalhos nos Congressos USP de Controladoria de 2006, 2007, 2008 e 2010. Ex-Consultor Técnico do Banco Itaú.

Renê Coppe Pimentel

Doutor, Mestre e Bacharel em Ciências Contábeis pela Faculdade de Economia, Administração e Contabilidade da Universidade de São Paulo (FEA-USP). É professor e pesquisador da FIPECAFI e Consultor Sênior do Centro de Estudo de Mercado de Capitais (CEMEC), onde atua na análise técnica do desempenho do mercado de capitais e na análise financeira de empresas. Foi pesquisador visitante na Universidade de Southampton (UK) em 2009. É também autor do livro *Curso de contabilidade para gestores, acionistas e outros profissionais*, Editora Atlas (2010). Tem experiência em instituições financeiras nas áreas de controladoria e operações de tesouraria e na implantação de sistemas informatizados de gestão de empresas.

Nota sobre os Autores[1]

Alexsandro Broedel Lopes – Diretor da Comissão de Valores Mobiliários (CVM), Professor Titular do Departamento de Contabilidade e Atuária da FEA/USP e ex-Professor do Depto. de Contabilidade, Finanças e Controle da EAESP-FGV, além de ter ocupado o cargo de Professor Visitante da London School of Economics (LSE) e da Doctoral Fellow (Ph.D. Program) e Research Associate do Financial Markets Group da LSE. Graduado, Doutor e Livre-docente pela FEA/USP e Ph.D. pela University of Manchester e London School of Economics (elaborando tese). Consultor e instrutor de diversas instituições.

André Moura Cintra Goulart – Administrador, Mestre e Doutor em Controladoria e Contabilidade pela FEA/USP. Atuação profissional no Banco Central do Brasil, desde 1998, na área de fiscalização de instituições financeiras, com experiência em operações de Tesouraria, Gestão de Riscos e Controles Internos. Professor da Universidade Mackenzie em disciplinas de Auditoria, Teoria da Contabilidade e Análise de Demonstrações Financeiras.

Andrea Fernandes Andrezo – Graduada em Ciências Contábeis pela FEA/USP, tendo obtido prêmios da Ernst Young, CRC/SP e Unibanco por ter sido a melhor aluna do curso, e em Direito pela PUC/SP. Pós-graduada em Risco pelo MBA/FEA/USP. Mestre em Controladoria e Contabilidade pela USP e em Direito pela Columbia University. Pesquisadora e Consultora pela FIPECAFI/USP.

Antônio Carlos Dias Coelho – Possui Graduação em História pela Universidade Estadual do Ceará (1976), Mestrado em Administração pela Universidade Federal do Rio de Janeiro (1981) e Doutorado (2007) e Pós-doutorado (2008) em Controladoria e Contabilidade pela Universidade de São Paulo (2007). Atualmente, é Professor Associado da Universidade Federal do Ceará. Tem experiência na área de Administração, atuando principalmente nos seguintes temas: Eficiência Informacional da Contabilidade; Informatividade da Contabilidade; Gerenciamento de Resultados Contábeis; Mercado de Capitais, Análise Fundamentalista de Investimentos e Avaliação de Projetos e de Empresas.

---

[1] As visões ou opiniões expressas pelos autores em seus capítulos não representam, necessariamente, as opiniões das entidades em que atuam ou representam.

Bruno Meirelles Salotti – Professor Doutor do Departamento de Contabilidade e Atuária da FEA/USP. Doutor, Mestre e Graduado em Contabilidade e Controladoria pela FEA/USP. Pesquisador nas áreas de contabilidade e mercado financeiro.

Celina Yumiko Ozawa – Doutora em Economia pelo IPE-USP, Mestra em Economia pela EPGE-FGV e Bacharel em Economia pela USP.

Diego Carneiro Barreto – Graduado em Direito pela Pontifícia Universidade Católica (PUC/SP) com MBA em Finanças, Comunicação e Relações com Investidores pela FIPECAFI; Coordenador e Professor da GVlaw e Professor da FIA. Foi integrante das áreas de Mercado de Capitais do Mattos Filho Advogados, de Relações com Investidores da Lopes Consultoria de Imóveis e AES Eletropaulo. Atualmente, é Gerente de Mercado de Capitais e Relações com Investidores da Construtora OAS; é Coordenador do Instituto Brasileiro de Relações com Investidores (IBRI), onde também foi Diretor. É autor do livro *Finanças aplicadas ao direito*, publicado pela Saraiva.

Edilson Paulo – Doutor em Controladoria e Contabilidade pela Faculdade de Economia, Administração e Contabilidade (FEA/USP). Mestre em Ciências Contábeis pelo Programa Multi-institucional e Inter-regional em Ciências Contábeis – UnB, UFPB, UFPE e UFRN. Professor e Pesquisador da Universidade Presbiteriana Mackenzie. Consultor de empresas para assuntos de contabilidade e finanças.

Fernando Caio Galdi – É Professor Associado da FUCAPE Business School. Foi *visiting scholar* na Sam M. Walton College of Business – University of Arkansas (EUA), além de ter atuado como Instrutor em cursos de MBA e especialização da FIA, FIPECAFI, ABBC e Trevisan. É Consultor e Instrutor em cursos para diversas instituições financeiras e empresas brasileiras e estrangeiras. Possui Pós-doutorado em Accounting pela University of Arkansas e é Doutor e Bacharel em Ciências Contábeis pela Universidade de São Paulo. É membro da American Accounting Association (AAA) e da International Association for Accounting Education & Research (IAAER), além de colunista do *site* Infomoney. Participou de diversos cursos de Finanças e Contabilidade Internacional na HBS, Holanda, e é formado no curso de Operador de Mercado Financeiro pela FIA. Foi analista de Relações com Investidores da Braskem S.A., atuou na área de gerenciamento de riscos e *compliance* de instituição financeira.

Flávio Donizete Batistella – Professor do Departamento de Contabilidade da FEA-RP/USP e Mestre em Contabilidade e Controladoria pela FEA/USP. Atuou na controladoria de instituições financeiras nacionais.

Giovani Antônio Silva Brito – Doutor em Contabilidade pela Faculdade de Economia, Administração e Contabilidade da Universidade de São Paulo (FEA/USP). Possui 20 anos de experiência profissional no mercado financeiro, principalmente na área de gestão de risco de crédito em instituições financeiras. Professor em cursos de pós-graduação e pesquisador das áreas de finanças corporativas, mercado financeiro, gestão de riscos e contabilidade financeira.

Jaime Gregório – Administrador de Empresas e Mestre em Controladoria e Contabilidade pela Faculdade de Economia, Administração e Contabilidade da Universidade de São Paulo.

Luiz Nelson Guedes de Carvalho – Professor Doutor do Departamento de Contabilidade e Atuária da FEA/USP e da FIPECAFI. Doutor e Mestre em Controladoria e Contabilidade pela FEA/USP. Bacharel em Economia e Contabilidade. Foi Diretor da Comissão de Valores Mobiliários e do Banco Central do Brasil. Pesquisador nas áreas de Contabilidade e Mercado Financeiro. Entre outras atividades, é membro do Conselho Consultivo do IASB.

Mara Jane Contrera Malacrida – Bacharel em Ciências Contábeis, Mestre e Doutora em Controladoria e Contabilidade pela FEA/USP. Professora da FIPECAFI.

Marcelo Cambria – Bacharel e Mestre em Controladoria e Contabilidade pela FEA/USP. Professor de Finanças da Fundação Escola de Comércio Álvares Penteado (FECAP). Lecionou na Pós-graduação do curso de Controladoria da Universidade Mackenzie e no MBA de Gestão Estratégica de Custos da Universidade Santo Amaro (UNISA). Atuou na área de mercado de capitais do BankBoston e da Corretora HSBC. Atualmente, trabalha na Tesouraria de um banco de investimentos e é membro do Comitê de Serviços Qualificados da ANBIMA.

Marcia Regina Calvano Machado – Mestre em Contabilidade e Controladoria da FEA/USP. Graduada em Economia pela UFRJ. Analista Técnica de Controle e Fiscalização da Superintendência de Seguros Privados (SUSEP).

Marcial Tadeu Borelli – Graduado em Administração de Empresas e Ciências Contábeis com Mestrado em Controladoria e Contabilidade pela Faculdade de Economia, Administração e Contabilidade da Universidade de São Paulo.

Marina Mitiyo Yamamoto – Professora Livre-docente do Departamento de Contabilidade e Atuária da FEA/USP. Livre-docente, Doutora, Mestra em Contabilidade e Controladoria pela FEA/USP. Pesquisadora nas áreas de Contabilidade e Mercado Financeiro.

Rodrigo Lopes da Luz – Graduado em Ciências Contábeis pela Fundação Escola de Comércio Álvares Penteado (FECAP) com Pós-graduação em Controladoria pela FECAP e MBA em Finanças, Comunicação e Relações com Investidores pela FIPECAFI. Atualmente é responsável pelas áreas de Relações com Investidores, Auditoria Interna e Controles Internos da Eternit S.A. e membro das comissões de Desenvolvimento Profissional do Instituto Brasileiro de Relações com Investidores (IBRI) e de Mercado de Capitais da Associação Brasileira das Companhias Abertas (ABRASCA).

Sergio Augusto Malacrida Júnior – Economista formado pela FEA/USP, Mestrando em Matemática no IME-USP. Professor do MBA Mercado de Capitais da FIPECAFI e do MBA de Previdência Complementar IDEAS-UFRJ e consultor na área de Finanças.

Silvia Maura Rodrigues Pereira – Bacharel em Economia pela London School of Economics, Mestre em Letras pela PUC-Rio e possui Pós-graduação em Marketing pela COPPEAD. Liderou as áreas de Relações com Investidores da Embratel e Multicanal (Net Serviços). Possui experiência em mercados de capitais, tendo iniciado sua carreira nos bancos JP Morgan e Pactual. Contribui com as comissões de educação e corpo de conhecimento do IBRI. É consultora da R2P2 Comunicação Financeira, empresa que fundou.

Revisores Técnicos da 2ª Edição

Marcelo Cambria – Revisão dos Capítulos 7 e 10. Bacharel e Mestre em Controladoria e Contabilidade pela FEA/USP. Professor de Finanças da Fundação Escola de Comércio Álvares Penteado (FECAP). Lecionou na Pós-graduação do curso de Controladoria da Universidade Mackenzie e no MBA de Gestão Estratégica de Custos da Universidade Santo Amaro (UNISA). Atuou na área de mercado de capitais do BankBoston e da Corretora HSBC. Atualmente, trabalha na Tesouraria de um banco de investimentos e é membro do Comitê de Serviços Qualificados da ANBIMA.

Camila Dias Requena – Revisão dos Capítulos 3 e 8. Graduada em Direito pela Pontifícia Universidade Católica (PUC/SP) com MBA em Mercado de Capitais pela FIPECAFI. Atua como advogada especialista em operações no mercado de capitais.

Marcelo Bicalho Viturino de Araújo – Revisão e ampliação do Capítulo 20. Bacharel em Administração e em Ciências Contábeis pela FACE/UFMG, com Especialização em Finanças Bancárias pela PUC/MG e Mestrado em Controladoria e Ciências Contábeis com ênfase em Mercado Financeiro pela FEA/USP. É analista do Banco Central, com experiência nas áreas de supervisão e fiscalização bancária e análise de projetos de viabilidade econômico-financeira de instituições financeiras.

Apresentação da Segunda Edição

A segunda edição do *Curso de mercado financeiro* é a consolidação de um trabalho de sucesso iniciado em 2005 e resultado de um esforço de diversos professores, profissionais do mercado financeiro e pesquisadores, detentores de profundos conhecimentos em suas respectivas áreas de atuação.

O livro, por sua abrangência, sua didática e sua precisão técnica, mostrou-se aplicável a cursos de graduação com um semestre de duração e cursos de pós-graduação e especialização de curta duração. Com uma linguagem simples, didática e exata, a obra fornece ensinamentos que preparam profissionais para atuar no mercado financeiro e em finanças de empresas e aprofundam o conhecimento daqueles que já atuam no mercado.

Da primeira edição foram cinco mil exemplares vendidos com uma ótima aceitação por professores, profissionais e, principalmente, alunos, público principal de nossa obra. Porém, todo material didático deve manter um processo de melhoramento contínuo. Em relação a isso, somos gratos a todos os comentários, críticas e sugestões recebidos nesses últimos cinco anos.

Visando atender às inovações do mercado de capitais, às mudanças no sistema legal, tributário e econômico do país, bem como às necessidades e particularidades das salas de aula, fizemos uma série de mudanças em relação à primeira edição: reestruturamos os capítulos, incluímos novos conteúdos, melhoramos a linguagem e direcionamos atenção aos tópicos mais demandados por alunos e profissionais.

Assim, a segunda edição conta com 20 capítulos, contra os 17 capítulos na primeira edição. Além dos capítulos, o livro foi dividido em seis partes que abordam, primeiramente, as características do mercado financeiro: seus conceitos fundamentais, funções, produtos, desenvolvimento e regulação. A Parte II apresenta os diversos aspectos do mercado de renda variável, mais especificamente do mercado acionário. A Parte III apresenta as principais operações e instrumentos do mercado de renda fixa, apresentando os conceitos de extrema relevância nas operações com títulos públicos e privados emitidos no Brasil e no exterior. A Parte IV discorre sobre os instrumentos financeiros derivativos, mais especificamente as operações nos mercados a termo, futuros, de opções e de *swaps*. A Parte V traz aspectos sobre investidores institucionais e outros produtos de captação, sendo destacados os temas fundos de investimentos, operações de *leasing*, operações de *factoring* e entidades do ramo SUSEP (seguros, previdência, capitalização e consórcios). A Parte VI é composta por três capítulos que discorrem aspectos relevantes sobre o mercado de capitais e estão mais ligados à dinâmica das operações e à confiabilidade do sistema.

As respostas dos exercícios discursivos encontram-se disponíveis para *download* no *site* <www.EditoraAtlas.com.br> para professores cadastrados.

Por fim, devemos reafirmar que este livro é fruto da dedicação de professores e alunos. Fizeram parte da primeira edição e escreveram originalmente os capítulos: Alexsandro Broedel Lopes, André Moura Cintra Goulart, Andrea Fernandes Andrezo, Antônio Carlos Dias Coelho, Bruno Meirelles Salotti, Celina Yumiko Ozawa, Edilson Paulo, Fernando Caio Galdi, Flávio Donizete Batistella, Jaime Gregório, Luiz Nelson Guedes de Carvalho, Mara Jane Contrera Malacrida, Marcia Regina Calvano Machado, Marcial Tadeu Borelli, Marina Mitiyo Yamamoto, Sergio Augusto Malacrida Júnior.

Na segunda edição, contamos ainda com a participação do analista Fábio Antônio de Souza, aluno de graduação em Ciências Atuariais da FEA-USP e dos professores e profissionais do mercado Giovani Brito, Marcelo Cambria, Camila Dias Requena e equipe do Instituto Brasileiro de Relações com Investidores (IBRI) Diego Barreto, Rodrigo Lopes da Luz e Silvia Pereira.

Os Coordenadores
Iran Siqueira Lima
Gerlando A. S. F. de Lima
Renê Coppe Pimentel
Abril de 2011

Parte I

Introdução ao Mercado Financeiro

O mercado financeiro tem relevância para toda a sociedade, e é por meio dele que se possibilitam as operações comerciais, as operações de financiamento e as operações de investimento. Todas as transações ocorrem por meio de agentes especializados que utilizam diversos instrumentos para atender as demandas de tomadores de recursos e investidores.

Esta primeira parte faz uma introdução geral do mercado financeiro e, para tanto, está dividida em dois capítulos que têm como objetivo apresentar os conceitos básicos ligados ao mercado financeiro, mercado de crédito e mercado de capitais e apresentar as diversas instituições que compõem esses sistemas.

O Capítulo 1 apresenta aspectos conceituais sobre poupança e investimento, intermediação financeira, mercado financeiro em geral bem como seus agentes. Também é discutido o papel do sistema financeiro no desenvolvimento econômico e no dia a dia dos diversos agentes da sociedade.

O Capítulo 2 detalha a estrutura de entidades que compõem o sistema financeiro nacional e suas atividades e relevância para o mercado. Apresenta o conjunto de entidades reguladoras, operacionais e de apoio ao bom funcionamento do sistema.

Introdução ao Mercado Financeiro[1]

Andrea Fernandes Andrezo e **Iran Siqueira Lima**

1.1 MERCADO FINANCEIRO: CONCEITOS INICIAIS

Investimento e poupança constituem o cerne de todo o sistema financeiro. **Poupança** é definida como a parte da renda não consumida. O indivíduo racional concorda em trocar um poder de consumo presente e certo por um poder de consumo futuro e incerto, se houver a expectativa de que este será maior que o primeiro. Por outro lado, a utilização dos recursos poupados, próprios ou de terceiros, para ampliar a capacidade produtiva representa um ato de **investimento**.

Em uma economia moderna, é possível dividir os agentes econômicos em dois grupos, no que se refere ao processo poupança-investimento:

- **unidades econômicas superavitárias ou poupadores**: aqueles que apresentam desejo de investir inferior à capacidade de poupança, ou seja, possuem recursos em excesso;

- **unidades econômicas deficitárias ou tomadores**: aqueles que apresentam desejo de investir superior à capacidade de poupança, ou seja, necessitam de recursos.

Para o primeiro grupo, surge a questão de como aplicar os recursos em excesso, enquanto o segundo grupo preocupa-se em como obter os recursos necessários à viabilização de seus projetos de investimento. É possível perceber que esses problemas são complementares, de modo que a solução dos problemas de um grupo pode resolver também os problemas do outro grupo. Assim, o mercado financeiro consiste no conjunto de agentes e instrumentos destinados a oferecer alternativas de aplicação e captação de recursos financeiros.

É possível encontrar diferentes classificações para o mercado financeiro nas áreas de Finanças e de Direito. Na primeira, o mercado financeiro divide-se basicamente em duas categorias, levando-se em conta, principalmente, os prazos das operações:

---

[1] Este capítulo foi elaborado a partir de Andrezo e Lima (2007).

- **Mercado de crédito**: é composto pelo conjunto de agentes e instrumentos financeiros envolvidos em operações de prazo curto, médio ou aleatório. Neste último caso, há o exemplo dos depósitos a vista, pois existe a possibilidade de resgate a qualquer momento, mediante manifestação de vontade do credor. Destina-se basicamente ao financiamento do consumo e à disponibilização de recursos de curto e médio prazos para as empresas.

- **Mercado de capitais**: é composto pelo conjunto de agentes e instrumentos financeiros envolvidos em operações de prazo médio, longo ou indeterminado. Neste último caso, há o exemplo das ações, uma vez que, em regra, não são caracterizadas como exigibilidades perante a sociedade emissora. Destina-se, principalmente, ao financiamento de capital fixo e a financiamentos especiais, como habitação, bem como à disponibilização de recursos de longo prazo para as empresas.

Para Assaf Neto (2011), além das duas categorias anteriormente apresentadas, o mercado financeiro divide-se, ainda, em **mercado monetário**, cujas operações se destinam a controlar a liquidez monetária da economia e envolvem, basicamente, títulos públicos, CDIs (Certificados de Depósitos Interfinanceiros) e CDBs (Certificados de Depósitos Bancários), e em **mercado cambial**, no qual ocorrem as operações de compra e venda de moedas internacionais conversíveis.

Sob o ponto de vista jurídico, mercado financeiro e mercado de capitais são conceitos distintos, conforme explica Quiroga Mosquera (1998):

Mercado financeiro: Predominantemente, neste mercado, os bancos centralizam a oferta e a procura de capitais e atuam como **parte** na intermediação, interpondo-se entre aqueles que dispõem de recursos e aqueles que necessitam de crédito. Assim, o banco assume o risco da operação.

Como a instituição financeira é parte na intermediação, ela pode atuar como sujeito ativo ou passivo nas operações realizadas. Se o banco está na posição de devedor, ou seja, se recebe recursos e, portanto, tem a obrigação de devolver, no futuro, o valor recebido eventualmente acrescido de juros, tem-se uma **operação passiva**. Porém, se o banco empresta os recursos a um tomador e passa a ter direito de receber, no futuro, o valor emprestado acrescido de juros, tem-se uma **operação ativa**. Depósitos, caderneta de poupança e aplicações em conta corrente são exemplos de operações passivas (representam uma captação para os bancos), enquanto empréstimo, financiamento e descontos de títulos concedidos são exemplos de operações ativas (representam aplicações dos bancos).

Nesse mesmo sentido, Covello (1999) afirma que as operações bancárias fundamentais ou típicas, que são as que implicam intermediação do crédito, dividem-se em *passivas* (as que têm por objeto a procura e provisão de fundos, sendo assim denominadas por importarem em ônus e obrigações para o banco, que, na relação jurídica, se torna devedor) e *ativas* (as que visam à colocação e ao emprego desses fundos; por meio delas o banco se torna credor do cliente).

A Figura 1.1 ilustra estes conceitos.

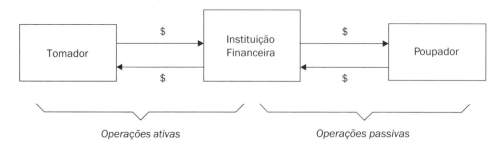

Figura 1.1

Operações passivas e ativas.

Como o banco assume o risco da operação, ele cobra uma taxa de juros do tomador superior à taxa contratada na captação de recursos, a fim de cobrir despesas e riscos assumidos, bem como obter lucro. À diferença entre a remuneração paga pelos tomadores de recursos e o custo do dinheiro captado pelo banco dá-se o nome de *spread*.

Nesse mercado, também denominado como **mercado de crédito**, realiza-se a atividade bancária por excelência – a intermediação financeira –, e as instituições financeiras podem cumprir a importante função social e econômica de otimizar a utilização dos recursos financeiros, alocando a poupança popular de forma eficiente, de modo a gerar desenvolvimento.

Assim, as operações no mercado de crédito visam suprir as necessidades de caixa de curto e médio prazos dos diversos agentes econômicos (pessoas físicas ou jurídicas). Além do financiamento produtivo de pequenas, médias e grandes empresas, tais operações podem ser direcionadas para o financiamento do consumo de bens e serviços das famílias.

As operações no mercado de crédito podem assumir diversas modalidades como desconto de duplicatas, financiamento do capital de giro, crédito rotativo, *hot money*, financiamento para aquisição de bens, Crédito Direto ao Consumidor (CDC), financiamento à importação e à exportação e adiantamentos de contratos de câmbio. Compõem ainda o mercado de crédito as operações de arrendamento mercantil (*leasing*) e operações de repasses nacionais (principalmente do BNDES) e internacionais.

Mercado de capitais: As operações são normalmente efetuadas diretamente entre poupadores e tomadores, de modo que a instituição financeira não atua, em regra, como parte na operação, mas como interveniente, e cobra uma comissão por facilitar a realização dos negócios.

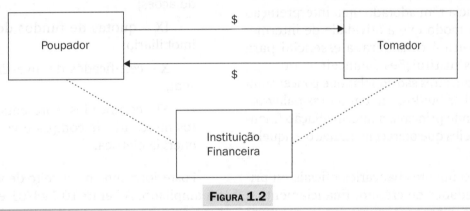

Figura 1.2
Mercado de capitais.

Esse mercado abrange basicamente o conjunto de operações com **valores mobiliários**, os quais podem ser representativos de capital social no caso das ações ou podem ser representativos de dívida no caso de debêntures, *commercial papers, bonds* e *notes* e títulos securitizados. Essas operações realizam-se principalmente em bolsas de valores e mercados de balcão.

Em virtude da mera intervenciência da instituição financeira, costuma-se identificar o mercado de capitais com o conceito de **desintermediação financeira**.

Existem, ainda, as negociações efetuadas diretamente entre tomadores e poupadores, sem intermediação ou interveniência de qualquer instituição financeira, no denominado **mercado privado**. Um exemplo é um contrato de mútuo entre duas pessoas físicas. Nesse caso, não há que se falar em mercado financeiro ou mercado de capitais.

1.2 OUTROS CONCEITOS FUNDAMENTAIS

O mercado financeiro é, por excelência, o mercado das instituições financeiras. A Lei de Reforma Bancária (Lei nº 4.595/64), em seu artigo 17, conceitua **instituições financeiras** como as "pessoas jurídicas públicas ou privadas, que têm como atividade principal ou acessória a coleta, intermediação ou aplicação de recursos financeiros próprios ou de terceiros, em moeda nacional ou estrangeira, e a custódia de valor de propriedade de terceiros". Além disso, equipara às instituições financeiras as pessoas físicas que realizam qualquer dessas atividades de forma permanente e eventual.

A legislação preferiu dar um conceito de instituição financeira a trazer uma lista taxativa, para evitar fraudes mediante a simples alteração formal na denominação de uma instituição, sem qualquer modificação em suas atividades. No entanto, a redação do artigo 17 tem ensejado inúmeras discussões, pois uma interpretação literal tornaria o conceito tão amplo a ponto de abranger, por exemplo, operações de mútuo entre pessoas físicas. A doutrina e a jurisprudência têm adotado uma interpretação teleológica, de modo que a atividade de intermediação financeira é considerada essencial para caracterizar as instituições financeiras, ou seja, instituições financeiras são aquelas que concentram capitais para distribuí-los, ou, em outras palavras, têm por finalidade principal a intermediação financeira entre aqueles que oferecem dinheiro e aqueles que o recebem.

Os estabelecimentos bancários oficiais ou privados; as sociedades de crédito, financiamento e investimento; as caixas econômicas e as cooperativas de crédito ou a sessão de crédito das cooperativas são instituições financeiras. Além disso, são equiparadas às instituições financeiras as entidades de previdência privada, as companhias seguradoras e as de capitalização, com relação às suas operações realizadas no mercado financeiro. Tais entidades devem observar a legislação referente a instituições financeiras, no que for aplicável.

O mercado de capitais, por sua vez, é, por excelência, o mercado dos valores mobiliários. A Lei nº 6.385/76 enumerou taxativamente como **valores mobiliários** os seguintes títulos: ações, partes beneficiárias, debêntures, cupões desses títulos, bônus de subscrição e certificados de depósito de valores mobiliários, excluindo-se desse conceito os títulos da dívida pública federal, estadual ou municipal e os títulos cambiais de responsabilidade de instituição financeira, exceto as debêntures. Além desses, a referida lei autorizou que outros títulos criados ou emitidos pelas sociedades por ações sejam considerados valores mobiliários a critério do Conselho Monetário Nacional. Nos anos seguintes, esses títulos passaram a ser considerados como valores mobiliários:

I – notas promissórias destinadas à oferta pública;

II – quotas de fundos de investimento em valores mobiliários;

III – direitos de subscrição de valores mobiliários;

IV – recibos de subscrição de valores mobiliários;

V – opções de valores mobiliários;

VI – *brazilian depositary receipts*;

VII – certificados de recebíveis imobiliários;

VIII – índices representativos de carteira de ações;

IX – quotas de fundos de investimento imobiliário;

X – certificados de investimento audiovisual;

XI – certificados representativos de contratos mercantis de compra e venda a termo de energia elétrica.

Posteriormente, o conceito de valor mobiliário foi ampliado. A Lei nº 10.198/01 estabeleceu que "constituem valores mobiliários sujeitos ao regime da Lei nº 6.385/76, quando ofertados publicamente, os títulos ou contratos de investimento coletivo, que gerem direito de participação, de parceria ou de remuneração, inclusive resultante da prestação de serviços, cujos rendimentos advêm do esforço do empreendedor ou de terceiros". Além disso, a Lei nº 10.303/01 estabeleceu que os contratos derivativos, independentemente dos ativos subjacentes, são valores mobiliários, mas excluiu partes beneficiárias do conceito de valores mobiliários, proibindo sua emissão por companhias abertas.

A adoção de um conceito mais amplo de valores mobiliários procurou proteger o público investidor, em virtude das inúmeras possibilidades de investimento que podem ser criadas e oferecidas ao público, trazendo-as para a regulamentação e supervisão do Estado.

A emissão e a negociação de valores mobiliários ocorrem inicialmente no denominado **mercado primário**. As unidades deficitárias emitem títulos ou valores mobiliários para capitalizar-se ou financiar-se. É no mercado primário, portanto, que ocorre a primeira negociação e onde há efetiva captação de recursos pela entidade emissora.

Após a aquisição de ativos financeiros no mercado primário e antes da data do vencimento dos mesmos, pode não haver mais interesse em mantê-los. Assim, outra inovação necessária é a possibilidade de negociação desses títulos. Ao mercado onde se negociam títulos e valores mobiliários anteriormente colocados no mercado primário dá-se o nome de **mercado secundário**. Este abrange as negociações de transferências de títulos entre investidores, após já ter ocorrido a primeira venda. Portanto, não há ingresso de recursos novos para a entidade que emitiu o título, mas apenas um resgate de valor para quem o havia adquirido.

Resumindo, os lançamentos de novos títulos e valores mobiliários ocorrem no mercado primário, enquanto as negociações posteriores se realizam no mercado secundário, como mostra a Figura 1.3.

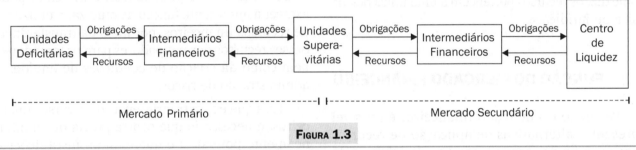

Figura 1.3
Mercado primário e secundário.

Os mercados secundários consistem, basicamente, nas bolsas de valores e nos mercados de balcão. Segundo Miller e Van Hoose (2001), "mercados secundários contribuem para o funcionamento eficiente dos mercados primários, pois a possibilidade de comprar ou vender ativos financeiros anteriormente emitidos torna esses ativos mais líquidos". A importância, portanto, do mercado secundário consiste em dar liquidez aos ativos financeiros emitidos no mercado primário, o que acaba por viabilizar novos lançamentos, pois os agentes sabem que poderão vender esses títulos no futuro.

As ofertas de valores mobiliários podem ser públicas ou privadas:

a) **Oferta pública**: colocação de valores mobiliários junto ao público em geral, havendo esforço de venda, caracterizado, por exemplo, pela utilização de listas ou boletins de venda ou subscrição, folhetos, prospectos ou anúncios destinados ao público, por qualquer meio ou forma; procura de subscritores ou adquirentes indeterminados para os valores mobiliários, por meio de qualquer pessoa natural ou jurídica; negociação feita em loja, escritório ou estabelecimento aberto ao público destinada a subscritores ou adquirentes indeterminados; ou utilização de publicidade, oral ou escrita, cartas, anúncios, avisos ou qualquer forma de comunicação dirigida ao público em geral com o fim de promover, diretamente ou através de terceiros que atuem por conta do ofertante ou da emissora, a subscrição ou alienação de valores mobiliários. Nesses casos, há necessidade de registro desta oferta junto ao órgão regulador, com a principal finalidade de garantir fluxo de informações aos investidores.

b) **Oferta privada**: em um conceito amplo, é a colocação de valores mobiliários dispensada de registro junto ao órgão regulador, em razão de alguma particularidade, como, por exemplo, valor unitário dos valores mobiliários ofertados, valor total da oferta, plano de distribuição dos valores mobiliários, público destinatário da oferta. Um exemplo seria a oferta dirigida exclusivamente a investidores qualificados, os quais entende-se que são fortes e sofisticados o suficiente para solicitar informações e analisar a oferta, sem que seja necessária a tutela estatal.

Os investidores, por sua vez, se subdividem em dois grandes grupos: **investidores individuais** e **investidores institucionais**. Estes últimos compreendem entidades que agregam e administram recursos decorrentes, principalmente, de contribuições de uma coletividade de pessoas com um objetivo comum predefinido. Os principais investidores institucionais são: fundos de investimento, entidades de previdência privada, companhias seguradoras, companhias de capitalização, sociedades de investimento, consórcios e clubes de investimento. Em relação aos investidores individuais, como o próprio nome diz, os recursos pertencem a uma única pessoa física ou jurídica.

1.3 FUNÇÃO DO MERCADO FINANCEIRO

Por meio do mercado financeiro, é possível apresentar alternativas de aplicação de recursos para as unidades econômicas superavitárias e de captação de recursos para as unidades econômicas deficitárias, transferindo recursos daquelas para estas. Diversas características tornam essa transferência atraente:

- economia de escala: os intermediários financeiros podem atuar com custos menores do que aqueles incorridos por tomadores e poupadores que operem isoladamente;

- especialização e conveniência: os intermediários financeiros são especialistas na compra e venda de obrigações, o que elimina inconvenientes da negociação direta, como conhecimento de aspectos cada vez mais complexos;

- divisibilidade: um intermediário financeiro, ao atuar com inúmeros poupadores e tomadores, pode negociar montantes variados com o mercado, reunindo volumes significativos de poupança ou dividindo alternativas de investimento em pequenos volumes;

- diversificação das características dos instrumentos financeiros: a intermediação financeira possibilita, além da transformação do volume de capital, maior flexibilidade em relação a prazos, taxas de juros e riscos;

- maior segurança: como os intermediários financeiros atuam em nome próprio, assumem riscos, tais como perdas decorrentes de roubos, acidentes e inadimplência;

- liquidez: os intermediários financeiros podem oferecer alternativas de aplicação e captação de recursos mais rapidamente do que os agentes conseguiriam por conta própria;

- gestão de riscos: intermediários financeiros possibilitam a composição de carteiras diversificadas, de menor risco.

A partir da transferência de recursos financeiros entre tomadores e poupadores, o mercado pode exercer a importante função de otimizar a utilização de recursos financeiros, por meio da transferência desses recursos dos poupadores para os tomadores, bem como da criação de condições de liquidez e administração de riscos.

Para que exista transferência de recursos financeiros, é necessário que ocorra prévia ou simultaneamente poupança e que existam instituições e mecanismos capazes de transformar poupança em investimento. O mercado financeiro deve possibilitar que os agentes econômicos sejam colocados em contato, direto ou indireto, a um custo mínimo e com as menores dificuldades possíveis. Ao fazer isso, o mercado possibilita um aproveitamento das oportunidades em toda a economia, resultando em um aumento geral da produtividade, da eficiência e do bem-estar da sociedade.

Para Levine (1997), o mercado financeiro exerce cinco funções básicas:

- facilitar negociação, proteção, diversificação e pulverização de riscos;

- alocar recursos;

- monitorar administradores e exercer controle sobre companhias;

- agregar poupanças individuais;

- facilitar troca de bens e serviços, ao promover especialização.

Para melhor compreensão conjunta dessas cinco funções, Levine apresenta o exemplo de Fred, que acabou de criar um novo caminhão melhor que os atuais na extração de rochas de pedreiras. Para desenvolver a linha de montagem, ele precisa de mão de obra especializada, o que exige instrumentos financeiros e mercados que *facilitem troca de bens e serviços*, e, consequentemente, promovam a especialização, pois pagar empregados e fornecedores por meio de trocas, sem usar dinheiro, seria proibitivo.

Fred também precisa de capital. Mesmo que disponha de todos os recursos financeiros necessários, ele pode não desejar alocá-los em um único projeto de risco. Além disso, pode querer manter poupanças para atender a eventos não planejados. Assim, se Fred tiver que alocar seus recursos neste projeto sem liquidez, ele provavelmente irá abandoná-lo, de modo que, ao contrário, a possibilidade de *diversificar e pulverizar riscos* o incentivará a iniciar esse projeto inovador.

Como o projeto requer recursos, além dos disponibilizados por Fred, será preciso utilizar poupanças de terceiros. Mesmo que a ideia seja boa, Fred não teria tempo, contatos e informações necessários para coletar poupanças. Isso deve ser feito por intermediários financeiros, que podem *agregar poupanças individuais* de forma mais barata, em virtude da economia de escala e experiência.

Segundo Levine (1997), a *alocação de recursos* das poupanças populares para o projeto de Fred exige a divulgação de informações confiáveis sobre sua ideia e sobre o desenvolvimento do projeto, a fim de que consiga atrair os recursos necessários e permita *monitoramento dos administradores e controle sobre o projeto.*

Assim, percebem-se, por meio desse exemplo, as funções do mercado financeiro. Além disso, cabe ressaltar que garantir maior **eficiência** ao fluxo de recursos dos poupadores para os investidores também é importante função do mercado financeiro. Como os recursos são escassos e as necessidades são ilimitadas, a finalidade dos mercados financeiros consiste em otimizar a alocação da poupança de uma economia aos usuários finais dos recursos, nos projetos de maior retorno e a um custo menor do que o incorrido por participantes individuais.

1.4 DESENVOLVIMENTO FINANCEIRO E CRESCIMENTO ECONÔMICO

O crescimento econômico de um país é calculado a partir da expansão do seu Produto Interno Bruto (PIB), ou seja, do valor de todos os produtos e serviços finais produzidos dentro das fronteiras geográficas do país, em um ano, equivalendo, por-

tanto, à sua capacidade de produção. Nesse sentido, é algo extremamente relevante, uma vez que significa, em última instância, o crescimento dos salários e o aumento dos níveis de bem-estar, sendo determinado fundamentalmente pelo crescimento dos fatores de produção (em especial, o trabalho e o capital) e pelo progresso tecnológico.

Nesse contexto, o mercado financeiro assume grande importância, na medida em que pode mobilizar recursos da poupança popular e transferi-los para investimentos. Assim, o desenvolvimento do mercado financeiro pode ser extremamente relevante para o crescimento econômico. Em relação ao desenvolvimento financeiro, tem-se os conceitos de aprofundamento (*deepening*) e alargamento (*broadening*). Aprofundamento refere-se ao aumento dos ativos financeiros como percentagem do PIB (mais depósitos, empréstimos, operações no mercado de capitais, entre outros), enquanto alargamento consiste no aumento do número e da variedade de participantes e instrumentos do mercado financeiro (mais bancos, seguradoras, poupadores, investidores etc.).

Inúmeros trabalhos científicos internacionais, e também nacionais, sugerem a existência de uma relação de causa-efeito entre desenvolvimento financeiro e crescimento econômico. Hoje, há aceitação generalizada dos impactos positivos que um sistema financeiro desenvolvido proporciona na economia, em termos de produtividade, acumulação de capital, aumento de poupanças e investimentos e crescimento, pois há amplas evidências empíricas e suporte teórico considerável.

Economistas respeitáveis há muito tempo têm analisado essa relação. Schumpeter, em 1911, já destacava que os serviços fornecidos pelos intermediários financeiros (mobilizar poupanças, avaliar projetos, administrar riscos e facilitar transações) eram essenciais para as inovações tecnológicas e para o crescimento econômico.

Em 1969, o prêmio Nobel Hicks apresentou a ideia de que a Revolução Industrial teve que esperar pela revolução financeira, pois somente com o surgimento de mercados de capitais foi possível financiar projetos de longa maturação e de capital intensivo com liquidez. A maior parte das inovações da primeira fase da Revolução já havia sido inventada há algum tempo, mas demandava grandes volumes de capital de longo prazo. O mercado financeiro permitiu a agregação de diversas poupanças individuais sem perda da liquidez, pois investidores podiam manter suas poupanças em ações, debêntures e depósitos bancários, que poderiam ser facilmente convertidos em meios de pagamento.

Embora a ideia de relação entre crescimento econômico e desenvolvimento financeiro seja antiga, verificações científicas que comprovem que o desenvolvimento do mercado financeiro apresenta forte correspondência com o crescimento econômico são relativamente recentes. Diversos trabalhos sobre esse assunto, nas últimas décadas, vêm estudando variáveis indicativas de crescimento econômico e desenvolvimento financeiro, tais como: PIB, empréstimos e financiamentos bancários e capitalização bursátil.[2]

O Quadro 1.1, adaptado de Lynch (1994), sintetiza informações sobre alguns trabalhos realizados.

QUADRO 1.1

Trabalhos mercado financeiro × desenvolvimento econômico.

Autor(es)	Ano	Amostra	Conclusões
Fry	1978	7 países da Ásia	Taxas de juros reais têm efeito positivo no crescimento econômico
Dornbusch e Reynoso	1989	84 países em desenvolvimento	Evidências do impacto positivo do desenvolvimento financeiro no crescimento econômico são ocasionais
Roubini e Sala-i-Martin	1992	50 países	Reprimir mercado financeiro afeta negativamente o crescimento econômico.
Levine e Renelt	1992	119 países	Percentual de investimentos em ações em relação ao PIB é uma importante variável relacionada ao crescimento econômico
Levine	1992	87 países	Moeda, relevância do mercado financeiro e créditos ao setor privado são positivamente correlacionados com o crescimento econômico
Fry	1993	16 países em desenvolvimento	Taxas de juros elevadas são negativamente correlacionadas com o crescimento econômico
King e Levine	1993	80 países	O nível de desenvolvimento financeiro é um bom indicador das taxas de crescimento econômico nos próximos 10 a 30 anos
Lynch	1994	15 países asiáticos	Reprimir mercado financeiro retarda o crescimento econômico, enquanto a liberalização prudente exerce efeito contrário
Berthelemy e Varoudakis	1995	91 países	Desenvolvimento financeiro inadequado pode inibir crescimento econômico
Levine e Zervos	1996	49 países	O nível de desenvolvimento do mercado de ações em 1976 é relevante para explicar o crescimento econômico até 1993
Matos	2002	Estudo no Brasil – 1947 – 2000	Impactos diretos e unidirecionais do desenvolvimento financeiro sobre o crescimento econômico

De forma geral, evidências empíricas sugerem uma correlação positiva entre desenvolvimento financeiro e crescimento econômico, no sentido de que o primeiro pode impulsionar o segundo. Com isso, o nível de desenvolvimento financeiro pode ser considerado um bom indicador das taxas de crescimento econômico nos próximos 10 a 30 anos. Pesquisas do Banco Mundial, por exemplo, concluíram que um aumento de 10% dos ativos financeiros está relacionado a um aumento de 2,8% do PIB (BARGER, 1998).

Rocca et al. (1999) explicam que o desenvolvimento do mercado financeiro pode impulsionar o crescimento econômico em virtude das seguintes razões:

---

[2] Indicador usado para medir o valor de mercado de todos os ativos cotados em uma determinada bolsa de valores.

- para uma dada taxa de poupança financeira sobre o PIB, a intermediação financeira e os mercados de capitais propiciam um nível mais elevado de investimentos, reduzindo a destinação de recursos para reservas e outros ativos não produtivos usados como reserva de valor;

- o desenvolvimento do sistema financeiro, ao propiciar mecanismos eficientes de mobilização e alocação de recursos, faz com que estes sejam destinados aos investimentos mais produtivos;

- um sistema financeiro eficiente permite oferecer aos investidores as condições de retorno, risco e liquidez que atendam a suas preferências e transferir esses recursos ao setor real da economia, em volume, prazos e custo compatíveis com o requerido para a realização dos investimentos;

- o desenvolvimento de mercados com liquidez permite transformar poupanças de curto e médio prazos em financiamentos ou suprimentos de capital de longo prazo;

- a diversificação de portfólios e a utilização de mecanismos de *hedge* e outros instrumentos de administração de riscos viabilizam a disponibilização de recursos para o financiamento de projetos de alto risco, destacadamente inovação tecnológica e de empresas emergentes;

- o acesso ao mercado de ações, ao liberar as empresas da estrita dependência da magnitude de seus recursos próprios e de seus donos e do endividamento que essa capitalização sustenta, permite a otimização das escalas de produção e da tecnologia utilizada.

Estudos mais recentes procuraram analisar, também, se o desenvolvimento financeiro ocorre a partir do crescimento econômico ou se é o contrário, caracterizando uma discussão sobre a direção da causalidade entre as variáveis.

As discussões sobre o tema ganharam trabalhos recentes que deram importantes contribuições, apesar de persistir a ausência de consenso entre os pesquisadores.[3]

Uma análise interessante sobre a relação de causalidade entre desenvolvimento financeiro e crescimento econômico a partir das experiências de diversos países foi desenvolvida por Patrick (1966), que criou os conceitos de *demand following* e *supply leading*.

- **Demand following**: segundo este conceito, instituições e serviços financeiros são criados à medida que faltam recursos para atender ao impulso do investimento. Assim, o sistema financeiro resulta do crescimento econômico. O crescimento econômico, portanto, gera uma demanda nova e adicional por serviços financeiros, o que leva ao desenvolvimento financeiro. *Demand following* implica que o sistema financeiro é essencialmente passivo em relação ao crescimento econômico.

- **Supply leading**: consiste na criação de instituições financeiras e no fornecimento de serviços financeiros, anteriormente ao surgimento da demanda, de modo a induzir o desenvolvimento econômico. Apesar da trajetória normal de evolução do sistema financeiro não se enquadrar neste conceito, em alguns casos, acidentes históricos ou regulações e políticas fomentadoras parecem ter causado esse processo. Neste conceito, o desenvolvimento financeiro é ativo, possibilitando o crescimento econômico. Ele não é uma precondição para iniciar uma economia autossustentada; pelo contrario, representa uma oportunidade de induzir o crescimento real.

Patrick (1966) defende que, na realidade, ocorre uma interação entre os dois fenômenos, sendo o processamento deles simultâneo na economia, conforme dependa mais da política governamental ou de recursos privados.

Outros estudos também foram feitos para se verificar qual mercado é mais relevante para o crescimento econômico: o mercado bancário ou o mercado financeiro. Esses estudos buscam identificar se as economias que mais crescem são aquelas cujo sistema financeiro tem a predominância de bancos (*bank-oriented*), como é o caso de Japão e Alemanha, ou predominância do mercado de capitais (*market-oriented*), como é o caso de Estados Unidos e Inglaterra. Para alguns pesquisadores, existe uma tendência, apesar de considerarem exceções, que

---

[3] Entre alguns deles, pode-se citar: Demetriades e Hussein (1996); Levine, Loayza e Beck (2000); e Levine (2004).

indica que os sistemas financeiros se tornam mais *market-oriented* à medida que um país apresente maiores taxas de crescimento econômico. Para outros pesquisadores, no entanto, essa distinção entre *bank-oriented* e *market-oriented* não parece ser relevante, na medida em que bancos e mercados de capitais parecem propiciar serviços financeiros complementares, ambos contribuindo de maneira positiva para o crescimento econômico.

O desenvolvimento econômico depende da expansão da capacidade de produção, o que, por sua vez, exige investimentos em capital físico e recursos humanos. Dessa forma, o crescimento econômico está associado a elementos incentivadores de poupança e sua alocação eficiente em investimentos. O mercado financeiro, quando cumpre a finalidade de aproximar poupadores e tomadores de recursos em adequadas condições de retorno, risco e liquidez, estimula a poupança e promove investimentos, o que resulta em aumento da produtividade, da eficiência e do bem-estar, gerando consequente crescimento econômico. O crescimento se acelera quando os investimentos se direcionam para alternativas com maiores retornos econômicos e sociais. Assim, verifica-se um círculo virtuoso, que vai do alto crescimento para poupanças e investimentos elevados e destes para um crescimento ainda maior.

Questões discursivas

1. Conceitue poupança e investimento.

2. Caracterize as unidades econômicas superavitárias e as deficitárias.

3. Indique a remuneração que as instituições financeiras recebem ao reter um risco.

4. Pela Lei nº 6.385/76, como ficaram caracterizados os títulos de valores mobiliários e, posteriormente, quais foram adicionados?

5. O que diz a Lei da Reforma Bancária (Lei nº 4.595/64) no artigo 17? Qual crítica pode ser feita a esse artigo?

6. Pela Lei nº 6.385/76, como ficaram enumerados os títulos de valores mobiliários e, posteriormente, quais foram adicionados?

7. Quais mudanças foram estabelecidas pelas Leis nᵒˢ 10.198/01 e 10.303/01?

8. Quais as diferenças entre mercado primário e secundário?

9. Quais as diferenças de oferta pública e privada?

10. Do seu ponto de vista, é possível o mercado financeiro influir no crescimento econômico de um país?

Testes de múltipla escolha

1. Em razão de o mercado financeiro envolver recursos da poupança popular e geralmente exercer fundamental importância no crescimento econômico, justifica-se a intervenção do Estado (regulação), que deve ter como objetivos principais:

   a) proteger, a exemplo de outros países, a poupança popular, assegurando todo e qualquer valor aplicado no mercado financeiro, independentemente do montante aplicado;

   b) direcionar a aplicação de recursos por parte dos investidores institucionais para atividades não abrangidas pelos investimentos governamentais;

   c) regular o livre acesso as operações praticadas pelas instituições autorizadas a funcionar pelo Banco Central do Brasil;

   d) proteger a poupança popular, evitar riscos sistêmicos. Promover o desenvolvimento do mercado financeiro, a fim de que cumpra sua função de alocar poupança popular em investimentos de maneira eficiente;

   e) nenhuma das respostas anteriores.

2. No mercado financeiro, os bancos são parte da intermediação financeira entre as instituições deficitárias e as instituições superavitárias. Assim, suas relações são compostas pelas seguintes operações:

   a) operação passiva, em que recebe recursos e deve devolver no futuro com uma bonificação de juros, e operação ativa, em que empresta recursos e deve receber esses recursos de volta acrescido de juros;

   b) operação passiva, em que empresta recursos e deve receber esses recursos de volta acrescido de juros, e operação ativa, em que recebe recursos e deve devolver no futuro com uma bonificação de juros;

c) os bancos são apenas responsáveis pela operação ativa, em que recebem recursos e devem devolver no futuro com uma bonificação de juros, por imposição do BACEN;

d) os bancos são apenas responsáveis pela operação passiva, em que recebem recursos e devem devolver no futuro com uma bonificação de juros, por ser mais lucrativo para a instituição;

e) nenhuma das alternativas.

3. **Sabe-se que um banco comercial, para realizar suas operações ativas, obtém recursos junto aos seus acionistas e investidores, estes últimos pela alocação de recursos provenientes da compra de títulos emitidos pelas mencionadas instituições. A diferença entre essas duas modalidades operacionais (operações ativas e passivas), que, na realidade, constitui o ganho do banco comercial, é conhecida pelo nome de:**

a) lucro operacional;

b) superávit;

c) necessidade de financiamento líquido;

d) *spread*;

e) ganho financeiro.

4. **O mercado financeiro é, por excelência, o mercado das instituições financeiras, podendo estas serem conceituadas da seguinte forma:**

a) pessoas jurídicas públicas ou privadas, que têm como atividade principal ou acessória a coleta, a intermediação ou aplicação de recursos financeiros próprios ou de terceiros, em moeda nacional ou estrangeira, e a custódia de valor de propriedade de terceiros;

b) empresas que captam recursos junto a investidores institucionais que administram carteiras equivalentes a US$ 100 milhões, para que esses recursos sejam direcionados para aplicação em projetos socioambientais aprovados, anualmente, pelo Conselho de Desenvolvimento Econômico e Social;

c) instituições integrantes do sistema de distribuição do mercado de capitais, com vistas à interiorização das atividades desse setor junto à comunidade financeira dos municí-

pios com receita tributária acima de R$ 1 bilhão;

d) entidades conveniadas com bancos de fomento internacionais para incentivar projetos diferenciados de financiamento de operações de *underwriting*;

e) entidades sem finalidade lucrativa que têm como objetivo principal reunir os aplicadores e consumidores, com vistas à obtenção de significativa redução do custo dos empréstimos.

5. **Assinale a afirmação falsa:**

a) Operação ativa é a denominação dada às operações de captação de recursos pelo banco.

b) Em uma operação passiva, o banco é devedor na relação jurídica.

c) *Spread* consiste na diferença entre a taxa de aplicação de recursos e a taxa de captação dos mesmos.

d) No mercado primário, investidores subscrevem valores mobiliários, ocorrendo efetivo ingresso de recursos na companhia.

e) O mercado secundário abrange as operações de compra e venda entre investidores de títulos e valores mobiliários emitidos anteriormente.

6. **Oferta pública é:**

a) colocação de valores mobiliários dispensada de registro junto ao órgão regulador;

b) colocação de valores mobiliários junto ao público em geral caracterizada, por exemplo, pela utilização de listas ou boletins de venda ou subscrição, folhetos, prospectos ou anúncios destinados ao público, por qualquer meio ou forma;

c) colocação de valores mobiliários apenas para investidores qualificados;

d) lançamento apenas de debêntures e *commercial papers,* sem a necessidade de prospecto e registro junto ao um órgão regulador;

e) nenhuma das alternativas.

7. **Não pode ser citado como função do mercado financeiro:**

a) divisibilidade: um intermediário financeiro, ao atuar com inúmeros poupadores e tomadores, pode negociar montantes variados com o mercado, reunindo volumes significativos de poupança ou dividindo alternativas de investimento em pequenos volumes;

b) liquidez: os intermediários financeiros podem oferecer alternativas de aplicação e captação de recursos mais rapidamente do que os agentes conseguiriam por conta própria;

c) gestão de riscos: intermediários financeiros possibilitam a composição de carteiras diversificadas, de menor risco;

d) maior segurança: como os intermediários financeiros atuam em nome próprio, assumem riscos, tais como perdas decorrentes de roubos, acidentes e inadimplência;

e) economia de escala: os intermediários financeiros atuam com custos sempre maiores por parte dos custos inseridos na remuneração que não incorriam se poupadores e tomadores operassem sozinhos.

8. **Como diferença entre o mercado de capitais e o mercado financeiro pode ser citado:**

a) no mercado de capitais as operações normalmente são efetuadas diretamente entre poupadores e tomadores, enquanto que no mercado financeiro a instituição financeira atua como parte na intermediação;

b) não existe diferença entre os dois mercados, sendo a divisão apenas para fins didáticos;

c) no mercado de capitais, as operações sempre são feitas com o auxílio de um intermediário financeiro, enquanto que no mercado financeiro a instituição intermediária raramente participa das operações;

d) em ambos os mercados a instituição financeira está sempre envolvida;

e) nenhuma das respostas anteriores.

9. **Para as possíveis razões abaixo, qual motivo não indica a relação correta entre desenvolvimento do mercado financeiro e a impulsão do crescimento econômico?**

a) Para uma dada taxa de poupança financeira sobre o PIB, a intermediação financeira e os mercados de capitais propiciam um nível mais elevado de investimentos, reduzindo

a destinação de recursos para reservas e outros ativos não produtivos usados como reserva de valor.

b) O desenvolvimento do sistema financeiro, ao propiciar mecanismos eficientes de mobilização e alocação de recursos, faz com que estes sejam destinados aos investimentos mais produtivos.

c) Um sistema financeiro eficiente permite oferecer aos investidores as condições de retorno, risco e liquidez que atendam a suas preferências e transferir esses recursos ao setor real da economia, em volume, prazos e custo compatíveis com o requerido para a realização dos investimentos.

d) O desenvolvimento de mercados com liquidez permite transformar poupanças de curto e médio prazos em financiamentos ou suprimentos de capital de longo prazo.

e) Portfólios investidos em um único ativo proporcionam menores riscos, assim os investidores avessos ao risco (conservadores) tentem a optar esse tipo de investimento.

10. **Sobre *demand following* e *supply leading*, não é possível afirmar:**

a) segundo o conceito de *demand following*, instituições e serviços financeiros são criados à medida que faltam recursos para atender ao impulso do investimento;

b) o conceito de *supply leading*, consiste na criação de instituições financeiras e no fornecimento de serviços financeiros, anteriormente ao surgimento da demanda, de modo a induzir o desenvolvimento econômico;

c) o conceito de *demand following*, implica que o sistema financeiro é essencialmente passivo em relação ao crescimento econômico;

d) no conceito de *supply leading*, o desenvolvimento financeiro é ativo, possibilitando o crescimento econômico. Ele não é uma precondição para iniciar uma economia autossustentada; pelo contrário, representa uma oportunidade de induzir o crescimento real;

e) nenhuma das alternativas.

Estrutura do Sistema Financeiro Nacional

Renê Coppe Pimentel e Marcelo Cambria

2.1 INTRODUÇÃO

O Sistema Financeiro Nacional (SFN) pode ser entendido como o conjunto de instituições que integram o mercado financeiro e tem como função promover e facilitar a transferência de recursos dos agentes superavitários e deficitários.

As instituições que compõem o Sistema Financeiro Nacional podem ser divididas de acordo com as suas atribuições: o primeiro grupo se refere à função normativa e de supervisão (subsistema normativo), o segundo se refere à função de intermediação (subsistema de operação) e o terceiro grupo se refere às entidades autorreguladoras.

Os padrões atuais do sistema financeiro foram delineados nas décadas de 60 e 70 com base no modelo norte-americano e formalizado pela Lei de Reforma Bancária, de dezembro de 1964 (Lei nº 4.595/64) e Lei de Mercado de Capitais, de julho de 1965 (Lei nº 4.728/65) e, na sequência, pelas Leis nºs 6.385/76 e 6.404/76 que criaram a Comissão de Valores Mobiliários (CVM) e regulamentaram as sociedades anônimas, respectivamente.

2.2 REGULAÇÃO E FISCALIZAÇÃO DO MERCADO FINANCEIRO

Em razão de o mercado financeiro envolver recursos da poupança popular e exercer papel importante no crescimento econômico, justifica-se a **intervenção do Estado**, que deve ter como principais objetivos:

a) proteger a poupança popular;
b) evitar riscos sistêmicos;
c) promover o desenvolvimento do mercado financeiro, a fim de que cumpra sua função de alocar poupança popular em investimentos de maneira eficiente.

No Brasil, o mercado financeiro é regulado e fiscalizado pelas seguintes entidades, que integram o chamado Sistema Financeiro Nacional (SFN):

2.2.1 Órgãos normativos

a) **Conselho Monetário Nacional (CMN):** criado em 1964 e atualmente constituído pelo Ministro da Fazenda, Ministro do Planejamento, Orçamento e Gestão e Presidente do Banco Central do Brasil, os quais se reúnem periodicamente. Ao CMN não cabe qualquer função executiva. Sua função é exclusivamente deliberativa, sendo o órgão responsável por expedir diretrizes gerais para o bom funcionamento do SFN. Dentre suas funções estão: adaptar o volume dos meios de pagamento às reais necessidades da economia; regular o valor interno e externo da moeda e o equilíbrio do balanço de pagamentos; orientar a aplicação dos recursos das instituições financeiras; propiciar o aperfeiçoamento das instituições e dos instrumentos financeiros; zelar pela liquidez e solvência das instituições financeiras; e coordenar as políticas monetária, creditícia, orçamentária e da dívida pública interna e externa.

b) **Conselho Nacional de Seguros Privados (CNSP):** criado em 1966 e atualmente composto pelo Ministro da Fazenda, representante do Ministério da Justiça, representante do Ministério da Previdência Social, diretor da Superintendência de Seguros Privados, representante do BACEN e representante da CVM. É responsável por fixar as diretrizes e normas da política de seguros privados. Dentre as funções do CNSP estão: regular a constituição, organização, funcionamento e fiscalização das sociedades seguradoras, sociedades de capitalização, entidades de previdência privada aberta, resseguradores e corretores, bem como a aplicação das penalidades previstas; fixar as características gerais dos contratos de seguro, previdência privada aberta, capitalização e resseguro; estabelecer as diretrizes gerais das operações de resseguro; prescrever os critérios de constituição das sociedades seguradoras, de capitalização, entidades de previdência privada aberta e resseguradores, com fixação dos limites legais e técnicos das respectivas operações, e disciplinar a corretagem de seguros e a profissão de corretor.

c) **Conselho Nacional de Previdência Complementar (CNPC):** criado em 1978,[1] é um órgão colegiado que integra a estrutura do Ministério da Previdência Social e cuja competência é regular o regime de previdência complementar operado pelas entidades fechadas de previdência complementar (fundos de pensão). Atualmente é presidido pelo Ministro de Estado da Previdência Social e composto por representantes da Superintendência Nacional de Previdência Complementar (PREVIC); da Secretaria de Políticas de Previdência Complementar (SPPC); da Casa Civil da Presidência da República; dos Ministérios da Fazenda e do Planejamento, Orçamento e Gestão; das entidades fechadas de previdência complementar; dos patrocinadores; dos instituidores e dos assistidos de planos de previdência complementar.

2.2.2 Entidades supervisoras

a) **Banco Central do Brasil (BACEN):** é uma autarquia criada em 1964 e vinculada ao Ministério da Fazenda. Além das funções clássicas de emissão de moeda e promoção da estabilidade interna e externa que um banco central tem, o BACEN também é responsável por manter a estabilidade do sistema financeiro nacional, desempenhando as funções de regulamentação, supervisão e fiscalização das instituições financeiras. O BACEN executa as orientações do CMN, tendo por objetivos: zelar pela adequada liquidez da economia; manter as reservas internacionais em nível adequado; estimular a formação de poupança; zelar pela estabilidade; e promover o permanente aperfeiçoamento do sistema financeiro. Suas outras atribuições são: executar os serviços do meio circulante; receber recolhimentos compulsórios e voluntários das instituições financeiras e bancárias; realizar operações de redesconto e empréstimo às instituições financeiras; regular a execução dos serviços de compensação de cheques e outros papéis; efetuar operações de compra e venda de títulos públicos federais; e exercer o controle de crédito.

---

[1] A denominação original era Conselho de Previdência Complementar (CPC), até ser renomeado para Conselho de Gestão de Previdência Complementar (CGPC) e assumir, em 2010, a atual denominação.

b) **Comissão de Valores Mobiliários (CVM):** é uma autarquia criada em 1976 e também vinculada ao Ministério da Fazenda. Suas atribuições no mercado de valores mobiliários são amplas, sendo responsável por regulamentar, desenvolver, controlar e fiscalizar tal mercado. No exercício de suas funções, a CVM visa a: assegurar o funcionamento eficiente e regular dos mercados de bolsa e de balcão; proteger os titulares de valores mobiliários; evitar ou coibir modalidades de fraude ou manipulação no mercado; assegurar o acesso do público a informações sobre valores mobiliários negociados e sobre as companhias que os tenham emitido; assegurar a observância de práticas comerciais equitativas no mercado de valores mobiliários; estimular a formação de poupança e sua aplicação em valores mobiliários; promover a expansão e o funcionamento eficiente e regular do mercado de ações; e estimular as aplicações permanentes em ações do capital social das companhias abertas.

c) **Superintendência de Seguros Privados (SUSEP):** é uma autarquia criada também em 1966 e vinculada ao Ministério da Fazenda. É responsável pela regulamentação e fiscalização do mercado de seguro, previdência privada aberta e capitalização. Dentre suas atribuições estão: fiscalizar a constituição, organização, funcionamento e operação das sociedades seguradoras, sociedades de capitalização, entidades de previdência privada aberta e resseguradores; atuar no sentido de proteger a captação de poupança popular que se efetua através das operações de seguro, previdência privada aberta, capitalização e resseguro; zelar pela defesa dos interesses dos consumidores dos mercados supervisionados; zelar pela liquidez e solvência das sociedades que integram o mercado; e disciplinar e acompanhar os investimentos daquelas entidades, em especial os efetuados em bens garantidores de provisões técnicas.

d) **Superintendência Nacional de Previdência Complementar (PREVIC):** é uma entidade vinculada ao Ministério da Previdência Social, responsável por: fiscalizar, supervisionar, coordenar, orientar e controlar as atividades relacionadas com a previdência complementar fechada (fundos de pensão); examinar e aprovar os estatutos das entidades fechadas de previdência complementar, os regulamentos dos planos de benefícios e suas alterações; examinar e aprovar os convênios de adesão celebrados por patrocinadores e por instituidores, bem como autorizar a retirada de patrocínio e decretar a administração especial em planos de benefícios operados pelas entidades fechadas de previdência complementar, bem como propor ao Ministro da Previdência a decretação de intervenção ou liquidação das referidas entidades.

2.3 ENTIDADES DE OPERAÇÃO

As entidades de operação são as responsáveis pela intermediação de recursos financeiros. É por meio dessas instituições que se realizam efetivamente a acumulação de poupança e a alocação desses recursos entre os agentes deficitários. No sentido amplo de intermediação financeira, alguns agentes podem funcionar como entidades de intermediação – como os bancos e as agências de fomento – ou podem funcionar apenas como facilitadores do processo, como ocorre principalmente com corretoras de títulos e valores mobiliários e em outras operações no mercado de capitais.

2.3.1 Instituições financeiras

O Sistema Financeiro Nacional possui diversas entidades que podem ser classificadas como instituições financeiras. Dentre elas se destacam os bancos múltiplos, comerciais, de investimento e de desenvolvimento, as agências de fomento, as cooperativas de crédito, as financeiras (sociedades de crédito, financiamento e investimento), as companhias hipotecárias, entre outras.

De maneira geral, as principais operações passivas, que buscam captar recursos junto ao público são:

- Depósitos à vista – são os recursos que os titulares de contas-correntes (clientes pessoas físicas ou jurídicas) deixam aplicados em suas respectivas contas, geralmente sem remuneração dos recursos aplicados. As instituições financeiras devem direcionar parte do volume aplicado em depósitos à vista para depósitos compulsórios do Banco Central que, por sua vez, também não geram remuneração às instituições financeiras. Os depósitos à vista representam a forma mais natural de relacionamento entre instituições financeiras e seus clientes, isso porque os clientes, ao movimentarem suas contas-correntes, podem apresentar saldo disponível, o qual é utilizado pela instituição financeira.

- Depósitos de poupança – os depósitos em caderneta de poupança são certamente a forma mais tradicional e popular de investimento (e de poupar recursos) no Brasil. Os valores depositados em caderneta de poupança são remunerados com base na taxa referencial (TR), acrescida de juros de 0,5% ao mês. Os valores depositados e mantidos em depósito por prazo inferior a um mês não recebem nenhuma remuneração e a TR utilizada é aquela do dia do depósito. Não existe incidência de imposto de renda sobre os rendimentos, as instituições bancárias não podem cobrar tarifa de manutenção da conta de poupança e os recursos têm liquidez imediata (podem ser resgatados a qualquer momento).

- Depósitos a prazo – os depósitos a prazo são formas de captações de recursos feitas exclusivamente por instituições bancárias. Os diversos clientes (pessoas físicas e jurídicas) realizam aplicações em uma instituição financeira com data certa e prefixada para o seu resgate. A forma mais tradicional de captação por depósitos a prazo são os Certificados de Depósito Bancário (CDB), que nada mais são do que títulos de crédito sobre os quais o depositante recebe juros. Não existe fixação legal sobre prazo mínimo, máximo, valor ou taxa de remuneração. Tais características são acertadas entre a instituição financeira e seus clientes. Em relação às taxas, essas podem ser pré ou pós-fixadas, sendo que, no caso de taxas pré-fixadas, a remuneração é fixa e acordada no fechamento da operação; no caso das taxas pós-fixadas, os CDBs podem ser remunerados de acordo com um percentual da taxa do depósito interfinanceiro (taxa DI), com a taxa referencial (TR) ou com a taxa de juros de longo prazo (TJLP), sendo que a primeira (taxa DI) é a mais comum nas operações de varejo.

- Depósitos interfinanceiros – os depósitos interfinanceiros são operacionalizados por meio dos Certificados de Depósito Interfinanceiro (CDI) e são representados por operações realizadas entre instituições financeiras. Tais operações são utilizadas, principalmente, para adequação do caixa das instituições financeiras ao final de cada dia de operação, ou seja, um banco que, ao final do dia, tenha desembolsado mais recursos do que embolsado pode ter uma necessidade de caixa, assim ele emite um CDI para captar recursos de outros bancos que fecharam o dia com saldo de caixa positivo. Dada essa característica de enquadramento de posição de caixa, os prazos são geralmente curtos (em geral de um dia) e as taxas dos CDIs de um dia são conhecidas como CDI *over* ou DI (depósito interfinanceiro).

- Obrigações por empréstimos e repasses – representam fontes de captação dos bancos junto a outras instituições financeiras ou órgãos governamentais nacionais ou estrangeiros. Dentre os repasses no país, é possível citar os recursos obtidos junto ao Banco Nacional de Desenvolvimento Econômico e Social (BNDES) ou Caixa Econômica Federal (CEF). Os empréstimos e repasses no exterior se caracterizam por serem captações do banco feitas no mercado internacional, geralmente em moeda estrangeira, que são depois direcionadas ao financiamento interno dos diversos agentes.

- Captações no exterior – são operações de captação realizadas no mercado financeiro internacional e, geralmente, são feitas por meio da emissão de títulos e valores mobiliários (geralmente *bonds*, *notes*) ou por empréstimos, como os empréstimos sindicalizados (feitos por um conjunto de outros bancos).

As principais operações ativas, que representam aplicações e investimentos das instituições financeiras e financiam os agentes deficitários da economia, são:

- Investimentos em títulos e valores mobiliários – aquisição de títulos e valores mobiliários nos mercados interno e externo. Podem ser aquisição de títulos públicos ou títulos privados. Geralmente, esses ativos possuem mercados mais líquidos, ou seja, os bancos podem comprá-los ou vendê-los de forma rápida e simples.

- Empréstimos e financiamentos – são os empréstimos feitos aos diversos clientes que podem ser pessoas físicas, jurídicas ou órgãos públicos. Os empréstimos e financiamentos podem ter as mais diversas finalidades; no caso das pessoas jurídicas, podem ser, por exemplo, para financiamento do capital de giro, financiamento de ativos imobilizados (edifícios, máquinas e equipamentos) ou financiamentos de curtíssimo prazo (*hot money*). Já no caso de pessoas físicas, as operações de crédito podem servir para financiar o consumo (compra de eletrodomésticos e vestuário, por exemplo) ou financiar a compra de veículos ou habitações.

- Desconto de duplicatas – são operações financeiras nas quais os bancos adiantam o recebimento de certos valores que as empresas têm a receber derivados de vendas a prazo de produtos e serviços.

- Repasses – são recursos destinados ao financiamento de certos agentes ou atividades específicas, como é o caso do financiamento rural, empresarial ou habitacional.

- Cheque especial – são formas de financiamento de clientes utilizadas por prazos curtos e visam cobrir saldos a descoberto da conta-corrente de clientes. Os juros cobrados pelo cheque especial são altos, muito acima das demais taxas de mercado.

A seguir, são apresentados os principais grupos de instituições financeiras. A maior parte das definições e descrições a seguir está baseada nas definições apresentadas pelo Banco Central do Brasil:

a) **Bancos múltiplos:** são instituições financeiras privadas ou públicas que realizam as operações de captações de recursos públicos (operações passivas), as operações de empréstimos e financiamento para empresas, famílias e governos (operações ativas) e as operações acessórias das diversas instituições financeiras (prestação de serviços). As atuações dos bancos múltiplos ocorrem por intermédio das seguintes carteiras: comercial, de investimento e/ou de desenvolvimento, de crédito imobiliário, de arrendamento mercantil e de crédito, financiamento e investimento. Essas operações estão sujeitas às mesmas normas legais e regulamentares aplicáveis às instituições singulares correspondentes às suas carteiras. O banco múltiplo deve ser constituído com, no mínimo, duas carteiras, sendo uma delas, obrigatoriamente, comercial ou de investimento. Esse grupo de instituições deve ser organizado sob a forma de sociedade anônima.

Os bancos múltiplos desenvolvem ainda uma série de outras atividades de prestação de serviços, como a custódia de valores, gestão de recursos de terceiros, serviços de cobrança entre outras. Como os bancos múltiplos podem ser constituídos por diversos tipos de carteiras (comerciais, de investimento, de leasing etc.), assim como o próprio termo "múltiplo" sugere, suas atividades podem compor o maior número de operações possível dentro do mercado financeiro. O oferecimento de um escopo amplo de operações surgiu da necessidade de as instituições bancárias crescerem ou organicamente (expansão através do aumento da venda dos seus produtos financeiros) ou através de fusões com outras instituições e/ou concorrentes para conseguirem permanecer no mercado. Como consequência desse movimento, houve uma onda de fusões no mercado financeiro brasileiro e mundial justificada pelo interesse em adquirir carteiras de outros segmentos que complementassem o portfólio de produtos bancários oferecidos, pela sinergia das operações e pela redução dos custos de operação.

b) **Bancos comerciais:** são instituições financeiras privadas ou públicas que têm como objetivo principal proporcionar suprimento de recursos necessários para financiar, a curto e a médio prazos, o comércio, a indústria, as empresas prestadoras de serviços, as pessoas físicas e terceiros em geral (atividades ativas). Os bancos comerciais podem realizar captação de depósitos à vista e depósitos a prazo (CDB ou RDB). Devem ser constituídos sob a forma de sociedade anônima e na sua denominação social deve constar a expressão "Banco".

c) **Bancos de investimento:** são instituições financeiras privadas especializadas em operações de participação societária de caráter temporário, de financiamento da atividade produtiva para suprimento de capital fixo e de giro e de administração de recursos de terceiros. Atendem indivíduos, corporações e governos nas operações de *underwriting* (obtenção de capital por subscrição ou aquisição de títulos e valores mobiliários) e atuam como agentes na emissão de títulos. Essas instituições também prestam serviços na área de fusões e aquisições de empresas e fornecem serviços auxiliares tais como *market making*,[2] negociação de derivativos, instrumentos de renda fixa, câmbio, *commodities* (como ouro, café e petróleo) e títulos. Devem ser constituídos sob a forma de sociedade anônima e adotar, obrigatoriamente, em sua denominação social, a expressão "Banco de Investimento". Não possuem contas-correntes e captam recursos via depósitos a prazo, repasses de recursos externos, internos e venda de cotas de fundos de investimento por eles administrados. As principais operações ativas são financiamento de capital de giro e capital fixo, *underwriting*, depósitos interfinanceiros e repasses de empréstimos externos.

Há duas linhas principais de negócios para um banco de investimentos: *sell side* (negociação de títulos por dinheiro ou por outros valores mobiliários, operações de *underwriting* e *research*)[3] e *buy side* (negociações com fundos de pensão, fundos mútuos, fundos de *hedge* e com o público investidor que consome seus produtos a fim de maximizar o retorno sobre o investimento). Muitos bancos de investimento oferecem tanto o *sell side* quanto o *buy side*.

Quanto à estrutura organizacional, um banco de investimento pode ser dividido em *front office, middle office e back office. Front office* se refere aos departamentos que precisam entrar em contato com clientes, incluindo as áreas de vendas, de estruturação de operações e os gerentes de relacionamentos. *Middle office* compreende os departamentos responsáveis pela captura, registro e manutenção das operações efetuadas pela mesa de operações. Já o *back office* diz respeito às áreas que fazem a confirmação dos negócios nas *clearings*, a compensação e a liquidação física e financeira das operações de acordo com as normas. Por lidar com informações confidenciais e públicas, um banco de investimento pode estabelecer um *chinese wall* entre as áreas que lidam com informações privilegiadas (ou seja, que não podem ser divulgadas publicamente) e as áreas que tratam das informações públicas, tais como análise de ações. Essa segregação se faz necessária para evitar o conflito de interesses que pode ocorrer entre diferentes áreas de negócios de um banco. Isso pode acontecer, por exemplo, quando uma área da instituição participar de uma operação de fusão da empresa X e outra área da mesma instituição também tiver o interesse em recomendar a compra/venda das ações da empresa X.

d) **Bancos de desenvolvimento:** os bancos de desenvolvimento são instituições financeiras controladas pelos governos estaduais, e têm como objetivo proporcionar o suprimento oportuno e adequado dos recursos necessários ao financiamento, a médio e a longo prazos, de programas e projetos que visem a promover o desenvolvimento econômico e social do respectivo Estado. As operações passivas são depósitos a prazo, empréstimos externos, emissão ou endosso de cédulas hipotecárias, emissão de cédulas pignoratícias de debêntures e de títulos de desenvolvimento econômico. As operações

---

[2] "*Market making*" é o termo designado para formador de mercado, agente de liquidez, facilitador de liquidez, promotor de negócios, especialista, *market maker* e *liquidity provider*, cuja atribuição é garantir a liquidez mínima e a referência de preço para ativos previamente credenciados no mercado de capitais.

[3] Uma área de *research* tem a finalidade de identificar opções de investimento e realizar recomendações de compra/venda, objetivando otimizar o portfólio de investimento dos clientes por meio da indicação de oportunidades que apresentem melhor rentabilidade.

ativas são empréstimos e financiamentos, dirigidos prioritariamente ao setor privado. Devem ser constituídas sob a forma de sociedade anônima, com sede na capital do Estado que detiver seu controle acionário, devendo adotar, obrigatória e privativamente, em sua denominação social, a expressão "Banco de Desenvolvimento", seguida do nome do Estado em que tenham sede.

e) **Agências de fomento:** têm como objeto social a concessão de financiamento de capital fixo e de giro associado a projetos na Unidade da Federação onde tenham sede. Devem ser constituídas sob a forma de sociedade anônima de capital fechado e estar sob o controle de Unidade da Federação, sendo que cada Unidade só pode constituir uma agência. Tais entidades têm *status* de instituição financeira, mas não podem captar recursos junto ao público, recorrer ao redesconto, ter conta de reserva no Banco Central, contratar depósitos interfinanceiros na qualidade de depositante ou de depositária e nem ter participação societária em outras instituições financeiras. De sua denominação social deve constar a expressão "Agência de Fomento" acrescida da indicação da Unidade da Federação controladora. É vedada a sua transformação em qualquer outro tipo de instituição integrante do Sistema Financeiro Nacional. As agências de fomento devem constituir e manter, permanentemente, fundo de liquidez equivalente a, no mínimo, 10% do valor de suas obrigações, a ser integralmente aplicado em títulos públicos federais.

f) **Cooperativas de crédito:** as cooperativas de crédito podem se originar da associação de funcionários de uma mesma empresa ou grupo de empresas, de profissionais de determinado segmento, de empresários ou mesmo adotar a livre admissão de associados em uma área determinada de atuação, sob certas condições. Os eventuais lucros auferidos com suas operações são repartidos entre os associados. As cooperativas de crédito devem adotar, obrigatoriamente, em sua denominação social, a expressão "Cooperativa", sendo vedada a utilização da palavra "Banco". Tais entidades devem possuir o número mínimo de vinte coope-

rados e adequar sua área de ação às possibilidades de reunião, controle, operações e prestações de serviços. Estão autorizadas a realizar operações de captação por meio de depósitos à vista e a prazo somente de associados ou de empréstimos, repasses e refinanciamentos de outras entidades financeiras ou de doações. Podem conceder crédito somente a associados, por meio de desconto de títulos, empréstimos, financiamentos, e realizar aplicação de recursos no mercado financeiro.

g) **Sociedade de crédito, financiamento e investimento:** as sociedades de crédito, financiamento e investimento, também conhecidas por financeiras, são instituições financeiras privadas que têm como objetivo básico a realização de financiamento para a aquisição de bens, serviços e capital de giro. Devem ser constituídas sob a forma de sociedade anônima e na sua denominação social deve constar a expressão "Crédito, Financiamento e Investimento."

h) **Companhias hipotecárias:** são instituições financeiras constituídas sob a forma de sociedade anônima, que têm por objeto social conceder financiamentos destinados à produção, reforma ou comercialização de imóveis residenciais ou comerciais aos quais não se aplicam as normas do Sistema Financeiro da Habitação (SFH). Suas principais operações passivas (captação de recurso) são: letras hipotecárias, debêntures, empréstimos e financiamentos no país e no exterior. Suas principais operações ativas (aplicações de recursos) são: financiamentos imobiliários residenciais ou comerciais, aquisição de créditos hipotecários, refinanciamentos de créditos hipotecários e repasses de recursos para financiamentos imobiliários. Tais entidades têm como operação especial a administração de créditos hipotecários de terceiros e de fundos de investimento imobiliário.

Adicionalmente às instituições financeiras apresentadas, o BACEN tem sob sua supervisão outras instituições financeiras ou equiparadas e que constituem o Sistema Financeiro Nacional, entre as quais podem ser citadas a Caixa Econômica Federal (CEF), o Banco Nacional de Desenvolvimento Econômico e Social (BNDES), as Associações de

Poupança e Empréstimo, os Bancos de Câmbio, as Cooperativas Centrais de Crédito, as Sociedades de Crédito Imobiliário e as Sociedades de Crédito ao Microempreendedor. Para maiores informações sobre cada tipo de instituição, recomenda-se visitar o *website* do BACEN (www.bacen.gov.br).

2.3.2 Entidades do ramo SUSEP

Também podem ser enquadradas como agentes do mercado financeiro as entidades seguradoras, as resseguradoras, as entidades de previdência aberta e de capitalização. As atividades desempenhadas por esses agentes são comumente ditas como atividades do ramo SUSEP, pois estão sob supervisão desse órgão.

As entidades de seguros, previdência e capitalização são consideradas como parte integrante do sistema financeiro pois elas têm como função promover a formação de poupança de grande parte dos agentes da economia. Os recursos arrecadados por tais empresas são aplicados, em geral, em investimentos financeiros que objetivam garantir as necessidades financeiras que os diversos agentes da economia possam ter. Os detalhes sobre as operações dessas empresas são apresentados em capítulos específicos.

2.3.3 Outros intermediários ou auxiliares financeiros

Existe uma gama de instituições que compõem o Sistema Financeiro Nacional, mais propriamente o mercado de capitais, que são as entidades que facilitam o sistema de emissão e negociação de títulos e valores mobiliários.

Por se tratar mais especificamente de títulos e valores mobiliários, essas empresas estão sob supervisão da CVM. Tais entidades são representadas pelas bolsas de valores, mercadorias e futuros, pelas corretoras e distribuidoras de títulos e valores mobiliários, pelos fundos e clubes de investimento e outros fundos com cotas disponibilizadas para o público, como os fundos de direitos creditórios e os fundos de investimento imobiliário.

a) **Bolsa de Valores, Mercadorias e Futuros (BM&FBOVESPA):** as bolsas de valores, mercadorias e futuros têm como objetivo propiciar liquidez às operações no mercado de capitais, além de fiscalizar os serviços prestados por seus membros e facilitar a divulgação de informações sobre as empresas e negócios prestados. Tais entidades são autorreguladoras, possuindo autonomia financeira, patrimonial e administrativa, e são fiscalizadas pela Comissão de Valores Mobiliários. Atualmente, a BM&FBOVESPA, formada em 2008 a partir da integração das operações da Bolsa de Valores de São Paulo (BOVESPA) e da Bolsa de Mercadorias & Futuros (BM&F), é a principal instituição brasileira de intermediação para operações do mercado de capitais e a única bolsa de valores, mercadorias e futuros em operação no Brasil. Na BM&FBOVESPA são regularmente negociados ações de companhias abertas, opções sobre ações, direitos, recibos e bônus de subscrição, debêntures e notas promissórias. Adicionalmente, são negociados contratos derivativos que podem ser operações a termo, contratos futuros, contratos de opções e contratos de *swap*.

b) **Sociedades corretoras de títulos e valores mobiliários (CTVM):** são instituições financeiras que estão habilitadas a negociar valores mobiliários e instrumentos derivativos em pregão. Assim, a área de atuação de tais entidades é, basicamente, operar com títulos e valores mobiliários por conta própria e de terceiros e elas tem exclusividade para executar a intermediação nos pregões das bolsas de valores. Adicionalmente, podem administrar e custodiar carteiras de títulos e valores mobiliários e organizar e administrar fundos e clubes de investimento, bem como realizar operações compromissadas, operar em bolsas de mercadorias e futuros e na compra e venda de moedas estrangeiras.

c) **Sociedades distribuidoras de títulos e valores mobiliários (DTVM):** são instituições que exercem praticamente as mesmas funções das corretoras, porém não têm acesso às bolsas de valores. Dessa forma, atuam, principalmente, na subscrição de títulos de dívida e ações e em operações no mercado aberto.

d) **Fundos e clubes de investimento:** os fundos de investimento são condomínios que reúnem diversos investidores que buscam ganhos financeiros por meio de aplicações em títulos ou valores mobiliários. Os fundos de investimento representam investidores qualificados que tomam decisões para otimização dos recursos de seus investidores.

Mais adiante, há um capítulo que trata de forma detalhada aspectos conceituais e operacionais dos fundos e clubes de investimento.

Para entender melhor esse panorama de instituições, tem-se a Figura 2.1.

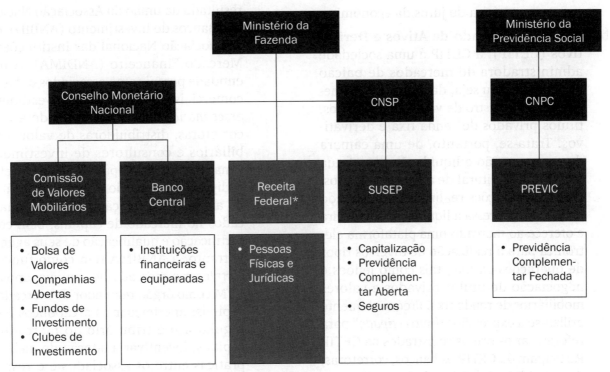

* Apesar de a Receita Federal não fazer parte do Sistema Financeiro Nacional, este órgão, indiretamente, influencia tal sistema.

Figura 2.1

Instituições do Sistema Financeiro Nacional.

2.3.4 Câmaras de liquidação e agentes de custódia

Após apresentadas as entidades e agentes que compõem o Sistema Financeiro Nacional, é importante apresentar as entidades que promovem a liquidação das operações realizadas e que fazem a custódia dos títulos. Assim, tais entidades têm como função registrar os diversos títulos, bem como processar o pagamento e o recebimento dos recursos financeiros dos títulos e valores mobiliários negociados.

Para essa finalidade é que surgem as *clearings*, entidades responsáveis pela liquidação e custódia de títulos e valores.

a) **Sistema Especial de Liquidação e Custódia (SELIC):** criado em 1979 pelo Banco Central do Brasil e pela Associação Nacional das Instituições do Mercado Aberto (ANDIMA), para reunir em um único ambiente o registro, a custódia e a liquidação financeira das operações com títulos públicos federais. Através do SELIC os títulos públicos são registrados em contas de custódia dos participantes autorizados (instituições financeiras e outros investidores institucionais). Os principais títulos custodiados e negociados no SELIC são: Letras Financeiras do Tesouro (LFT), Letras do Tesouro Nacional (LTN), Notas do Tesouro Nacional (NTN). É, portanto, por meio do SELIC que as instituições financeiras e investidores institucionais compram e vendem os títulos públicos diariamente; consequentemente, é por meio desse sistema que o Banco Central do Brasil controla e atua sobre a liquidez global da economia. As taxas médias praticadas na compra e venda de títulos dão origem à taxa SELIC diária e servem de referencial para a taxa básica de juros da economia.

b) **Balcão Organizado de Ativos e Derivativos (CETIP):** a CETIP é uma sociedade administradora de mercados de balcão organizados, ou seja, de ambientes de negociação e registro de valores mobiliários, títulos privados de renda fixa e derivativos. Trata-se, portanto, de uma câmara de compensação e liquidação que efetua a custódia escritural de ativos e contratos, registra operações realizadas no mercado de balcão, processa a liquidação financeira e oferece ao mercado uma plataforma eletrônica para a realização de diversos tipos de operações *on-line*, tais como leilões e negociação de títulos privados e valores mobiliários de renda fixa. Frequentemente utiliza-se a expressão "título *cetipado*" para referenciar os títulos registrados na CETIP. Participam da CETIP os bancos, corretoras, distribuidoras, fundos de investimento, seguradoras, fundos de pensão e empresas não financeiras emissoras de títulos. Os mercados atendidos pela CETIP são regulados pelo Banco Central do Brasil e pela CVM.

c) **Companhia Brasileira de Liquidação e Custódia (CBLC):** a CBLC é uma sociedade responsável pelos serviços de custódia, compensação e liquidação das operações realizadas nos mercados da BM&FBOVESPA (mercados à vista, derivativos, balcão organizado, renda fixa privada etc.). Os mercados atendidos pela CBLC são regulados pela CVM.

2.3.5 Entidades de autorregulação

Apesar de não atuarem diretamente na supervisão de entidades e não serem intermediários financeiros, existem algumas entidades de especial importância para traçar políticas, metas e definir padrões de conduta dos agentes que prestam serviços ou atuam no âmbito do Sistema Financeiro Nacional; são entidades de autorregulação. As principais entidades desse grupo são:

a) **Associação Brasileira das Entidades dos Mercados Financeiro e de Capitais (ANBIMA):** foi criada em outubro de 2009 como resultado da união da Associação Nacional dos Bancos de Investimento (ANBID) com a Associação Nacional das Instituições do Mercado Financeiro (ANDIMA). A nova entidade possui como associados os bancos comerciais, múltiplos e de investimento, *asset managements* (gestoras de ativos), corretoras, distribuidoras de valores mobiliários e consultores de investimento. Uma de suas principais funções é definir códigos de regulação e melhores práticas de atuação em relação a serviços qualificados no mercado de capitais, bem como certificação e qualificação de seus agentes. Portanto, a ANBIMA tem como funções: fortalecer o mercado de capitais; apoiar a CVM como órgão regulador do mercado de capitais; aperfeiçoar os arcabouços legal, regulatório e tributário do mercado de capitais; incentivar a adoção de melhores práticas entre os associados e o respeito aos direitos dos investidores; aprimorar a infraestrutura de serviços e a racionalização das práticas operacionais do mercado de capitais; aprimorar e divulgar a supervisão como mecanismo de aperfeiçoamento dos mercados; contribuir para a ampliação do conhecimento dos investidores e agentes relevantes do mercado sobre os produtos de investimento disponíveis no mercado de capitais; e dotar o mercado de informações relevantes sobre os segmentos da indústria financeira representados pela entidade. A ANBIMA faz periodicamente (ao menos uma vez por ano) a supervisão *in loco* dos seus associados para verificar se todos os itens de um código de regulação e melhores práticas (de custódia, por exemplo) estão sendo atendidos.

b) **Associação Brasileira das Companhias Abertas (ABRASCA):** a ABRASCA é uma associação civil sem fins lucrativos criada em 1971 que tem como objetivo representar o interesse das empresas abertas brasileiras, criar mecanismos para o desenvolvimento do mercado de capitais e disseminar informações sobre os seus principais títulos, como as ações, as debêntures e os *commercial papers*.

c) **Associação dos Analistas e Profissionais de Investimento do Mercado de Capitais (APIMEC):** a APIMEC é uma associação civil sem fins lucrativos criada em 1988 que tem como objetivo atuar na certificação dos profissionais, representar política e institucionalmente seus associados, elaborar e divulgar estudos e pesquisas visando o desenvolvimento do mercado de capitais e a capacitação dos profissionais.

O mercado financeiro, especialmente o mercado de capitais, conta com uma série de instituições que atuam no fornecimento de informações, na congregação de pares, na elaboração de melhores práticas de atuação profissional, códigos de ética e modelos de operação. São exemplos dessas entidades: o Instituto Brasileiro de Relação com Investidores (IBRI), que reúne profissionais de relações com investidores e desenvolve códigos de ética profissional e informações sobre sua área de atuação; o Instituto Brasileiro de Mercado de Capitais (IBMEC) que, por meio de seu Centro de Estudos de Mercado de Capitais (CEMEC), desenvolve pesquisas e estudos que avaliam o desempenho do mercado de capitais brasileiro e divulga informações sobre indicadores de mercado como o custo de capital das empresas brasileiras; o Instituto Nacional de Investidores (INI), que tem como objetivo oferecer programa permanente de educação e orientação sobre como investir no mercado de ações; e o Comitê de Pronunciamentos Contábeis (CPC), que divulga pronunciamentos sobre a prática contábil a ser adotada no Brasil em linha com as práticas internacionais de contabilidade (IFRS – *International Financial Reporting Standards*).

Sites na Internet

Associação Brasileira das Companhias Abertas	<http://www.abrasca.org.br/capa.asp >
Associação Brasileira das Entidades dos Mercados Financeiro e de Capitais	<http://www.anbima.com.br/ >
Associação dos Analistas e Profissionais de Investimento do Mercado de Capitais	<http://www.apimec.com.br/>
Banco Central do Brasil	<http://www.bcb.gov.br/ >
Bolsa de Valores, Mercadorias e Futuros	<http://www.bmfbovespa.com.br >
Central de Custódia e de Liquidação Financeira de Títulos	<http://www.cetip.com.br/ >
Comissão de Valores Mobiliários	<http://www.cvm.gov.br/ >
Companhia Brasileira de Liquidação e Custódia	<http://www.cblc.com.br/cblc/Default.asp >
Conselho Monetário Nacional	<http://www.fazenda.gov.br/portugues/orgaos/cmn/cmn.asp>
Conselho Nacional de Previdência Complementar	< http://www.mpas.gov.br/conteudoDinamico.php?id=41 >
Conselho Nacional de Seguros Privados	<http://www.fazenda.gov.br/portugues/orgaos/cnsp/cnsp.asp>
Ministério da Fazenda	<http://www.fazenda.gov.br/ – Ministério da Fazenda>
Previdência Social	<http://www.previdenciasocial.gov.br/>
Receita Federal	<http://www.receita.fazenda.gov.br/ >
Sociedades corretoras de títulos e valores mobiliários	<http://www.bcb.gov.br/pre/composicao/sctvm.asp>
Sociedades distribuidoras de títulos e valores mobiliários	<http://www.bcb.gov.br/pre/composicao/sdtvm.asp>
Superintendência de seguros provados	<http://www.susep.gov.br/principal.asp >
Superintendência Nacional de Previdência Complementar	<http://www.previdenciasocial.gov.br/previc.php>

Questões discursivas

Sobre os órgãos reguladores do Sistema Financeiro Nacional, comente sobre seus objetivos entre os exercícios 1 e 5:

1. Conselho Monetário Nacional (CMN).

2. Banco Central do Brasil (BACEN).

3. Comissão de Valores Mobiliários (CVM).

4. Superintendência de Seguros Privados (SUSEP).

5. Secretaria de Previdência Complementar (SPC).

6. Explique o que são investidores institucionais e dê exemplos.

7. O que é o mercado financeiro e como ele pode ser dividido?

8. Cite pelo menos duas diferenças entre mercado primário e mercado secundário.

9. Em que se constitui uma instituição financeira? Pessoas físicas, bolsas de valores e companhias de seguros e de capitalização podem ser caracterizadas como tais?

10. O que são as câmaras de liquidação e agentes de custódia, ou *clearings*? Quais as suas funções e quem são essas entidades no Brasil?

Testes de múltipla escolha

1. O Conselho Monetário Nacional é composto pelos seguintes membros, exceto:

    a) Presidente da Comissão de Valores Mobiliários;

    b) Presidente do Banco Central do Brasil;

    c) Ministro da Fazenda;

    d) Ministro do Planejamento, Orçamento e Gestão.

2. Qual é a função do Sistema Financeiro Nacional?

    a) Emitir moeda quando as taxas de inflação crescem.

    b) Promover e facilitar a transferência de recursos dos agentes superavitários para os setores deficitários da economia.

    c) Regular o sistema financeiro através do Banco Central, emitindo moeda e enxugando o mercado através do depósito compulsório.

    d) Receber recolhimento compulsório.

    e) Reunir-se uma vez ao mês para determinar a taxa SELIC.

3. A regulação atual do sistema financeiro permite que o Presidente da República nomeie o presidente e diretores do Banco Central, após a aprovação dos seus nomes pelo Senado Federal. No que concerne à demissão desses dirigentes, a legislação prevê o seguinte procedimento:

    a) não há qualquer possibilidade de os diretores do Banco Central serem demitidos, uma vez que eles têm mandato fixado por lei;

    b) o Presidente da República pode demitir esses dirigentes quando bem entender, sem que os mesmos tenham cometido qualquer irregularidade;

    c) só é possível essa demissão, caso seja devidamente comprovada a prática de crime de corrupção ou falta de condições técnicas para o exercício dessas funções;

    d) essa demissão só pode ser efetivada após a concordância do Senado Federal;

    e) nenhuma das alternativas.

4. (CVM-2010) O sistema financeiro nacional é formado por instituições:

    a) autárquicas e entre si independentes;

    b) autarquias dependentes de autorização do Poder Executivo para funcionarem;

    c) subordinadas ao Conselho Monetário Nacional;

    d) operadoras dos mercados financeiros;

    e) que devem executar políticas públicas na área bancária.

5. (CVM-2010) A organização do sistema financeiro obedece a critérios que levam em conta:

    a) separação das atividades por critérios subjetivos;

    b) critérios de políticas públicas;

    c) combinação de atividades financeiras de forma a dar mais eficiência ao sistema;

    d) consagradas práticas internacionais;

e) as funções e especialidades das instituições que compõem o sistema.

6. **(CVM-2010) A CVM, como autarquia federal à qual compete a fiscalização do mercado de valores mobiliários, tem competência para:**

a) garantir que operações de interesse do Poder Público sejam aprovadas por sociedades privadas;

b) determinar aos administradores de sociedades fechadas que se abstenham de praticar certos atos;

c) interferir no funcionamento dos órgãos colegiados das companhias abertas;

d) impugnar atos praticados pelos diretores no exercício de suas atribuições;

e) fiscalizar todos os agentes que dele participam.

7. **(CVM-2010) Regulação e autorregulação são modalidades de intervenção na economia que:**

a) visam a estimular ações comuns das pessoas a elas submetidas;

b) facilitam a prevalência dos interesses dos regulados na modelagem das normas;

c) refletem normas socialmente típicas;

d) alteram comportamentos quando dissonantes dos interesses gerais;

e) resultam em captura do mercado.

8. **(CVM-2010) A competência da CVM visa a garantir o regular funcionamento do mercado de valores mobiliários, porém não recai sobre:**

a) investidores individuais;

b) administradores de companhias abertas;

c) acionistas de sociedades fechadas;

d) instituições bancárias em geral;

e) operações como derivativos negociados em bolsa.

9. **(BANCO DO BRASIL-2010) O Sistema Financeiro Nacional (SFN) é constituído por todas as instituições financeiras públicas ou privadas existentes no país e seu órgão normativo máximo é o(a):**

a) Banco Central do Brasil;

b) Banco Nacional de Desenvolvimento Econômico e Social;

c) Conselho Monetário Nacional;

d) Ministério da Fazenda;

e) Caixa Econômica Federal.

10. **(BANCO DO BRASIL-2010) A Comissão de Valores Mobiliários (CVM) é uma autarquia ligada ao Poder Executivo que atua sob a direção do Conselho Monetário Nacional e tem por finalidade básica**

a) normatização e controle do mercado de valores mobiliários;

b) compra e venda de ações no mercado da Bolsa de Valores;

c) fiscalização das empresas de capital fechado;

d) captação de recursos no mercado internacional;

e) manutenção da política monetária.

Parte II

Mercado de Renda Variável

Esta segunda parte tem como objetivo apresentar as principais operações no mercado de renda variável, mais especificamente o mercado acionário. É composta por três capítulos, sendo que o Capítulo 3 apresenta os principais conceitos sobre ações e as principais características do mercado acionário, além de explicar detalhadamente as operações nos mercados primário e secundário de ações no Brasil.

O Capítulo 4 discute os mais diversos aspectos sobre *depositary receipts*, que são certificados de ações de empresas estrangeiras negociadas em um mercado do qual a empresa não é oriunda. O capítulo destaca as operações feitas no mercado americano por empresas brasileiras, os chamados ADRs (*american depositary recipts*), e as operações de empresas estrangeiras feitas no Brasil, que são os chamados BDRs (*brazilian depositary recipts*).

O Capítulo 5 apresenta os principais aspectos sobre a mensuração e a gestão de riscos no mercado acionário, mostrando técnicas tradicionais de monitorar e estimar riscos de mercado.

3

Mercado Acionário

André Moura Cintra Goulart, Gerlando Augusto
Sampaio Franco de Lima e Jaime Gregório

3.1 INTRODUÇÃO

Os títulos de renda variável são caracterizados por terem sua remuneração dependente de eventos futuros incertos, como o desempenho de uma empresa; um exemplo é dado pelas ações, mas podem também ser citados os derivativos e as debêntures com participação em lucros. Quanto aos derivativos, são também considerados como componentes do mercado de renda variável em função da variabilidade que tipicamente podem apresentar seus resultados.

Neste capítulo, discute-se o mercado de ações, abordando sua estrutura, seu funcionamento e aspectos institucionais. Os derivativos que tenham como ativo-objeto ações (ou índices de ações) e os derivativos que tenham como ativo-objeto *commodities* (como café e ouro) ou ativos financeiros (juros e moeda estrangeira) serão tratados em capítulos específicos.

Por constituir-se em local voltado especificamente para a negociação de títulos e valores mobiliários de renda variável, com destaque para os relacionados às ações, são apresentados, neste tópico, aspectos relevantes para o entendimento da BM&FBOVESPA.

Como visto, o mercado de capitais pode ser dividido em dois grandes componentes:

- **Mercado primário**, que corresponde à colocação inicial de ações no mercado (*underwriting*), com aporte de recursos à companhia. Assim, uma empresa somente obtém novos recursos quando há subscrição de seu capital no mercado primário.

- **Mercado secundário**, em que as ações já emitidas são negociadas entre os investidores e não existe qualquer novo ingresso de recursos para a empresa. As negociações entre investidores ocorrem em mercados de balcão, organizados ou não, e, principalmente, em bolsas de valores. Portanto, o mercado secundário compreende unicamente a revenda dos títulos com a transferência de sua propriedade e não impacta diretamente nos fluxos de recursos disponíveis às sociedades emitentes.

No mercado primário, as distribuições públicas de ações realizadas pela primeira vez em bolsa de valores são chamadas de "oferta pública inicial" – IPO (abreviatura em inglês de *initial public offering*). Portanto, uma empresa só realiza IPO uma vez em sua história; uma vez que suas ações passam a ser negociadas em bolsa de valores, as novas emissões (distribuições) de ações são chamadas de emissões subsequentes ou seu termo em inglês, "*follow on*". Portanto, as ofertas públicas de ações podem ser de duas formas: IPO ou *follow on*.

Existem também as ofertas secundárias, que são operações de distribuição pública de grande lote de ações detido por um acionista. Tais operações são similares às colocações iniciais e podem caracterizar abertura de capital, exigindo registro na CVM, porém não existe ingresso de recursos para a empresa e os recursos captados vão para o acionista vendedor.

A Figura 3.1 demonstra a diferença entre esses dois mercados: primário e secundário.

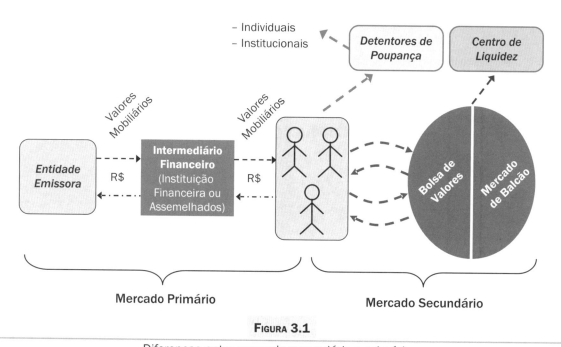

Figura 3.1

Diferenças entre mercado secundário e primário.

Perceba que o mercado primário é a chegada aos detentores de poupança, sejam eles (investidores individuais, sejam eles pessoas físicas ou jurídicas). Esses detentores de poupança ficam em centros de liquidez que podem ser bolsas ou mercados de balcão. Nesses centros de liquidez, os títulos podem ser negociados entre esses mesmos detentores de poupança, formando, assim, o mercado secundário.

Um dos principais títulos negociados no mercado são as ações das empresas. Títulos de que iremos tratar no próximo tópico.

3.2 AÇÕES

Ação é a menor parcela em que o capital social de uma companhia ou sociedade anônima é dividido, constituindo um título de participação a cada acionista que a detém, sendo que a responsabilidade dos acionistas é limitada ao preço de emissão das ações por eles subscritas ou adquiridas. A companhia pode ser aberta ou fechada, dependendo se os valores mobiliários de sua emissão são admitidos ou não admitidos à negociação em bolsa de valores ou mercado de balcão e ofertados ao público de uma forma geral. As companhias abertas devem estar registradas na CVM.

As ações podem:

- ser escriturais ou representadas por cautelas ou certificados;
- ser conversíveis em dinheiro, a qualquer tempo quando há mercado secundário ativo (boa liquidez – negociabilidade);

- ser ordinárias (garantindo todos os direitos de acionista, sendo o mais importante o direito a voto) ou preferenciais (têm preferências ou vantagens com relação às ações ordinárias);
- ter como modalidades de rendimento: dividendos, bonificação em ações ou em dinheiro, direito de subscrição, venda de direitos de subscrição;
- ter sua lucratividade, em determinado período de tempo, composta pela variação do preço (ganho de capital) acrescida de rendimentos e exercício de direitos;
- ter seu valor (preço de compra e venda) determinado em mercado, variando principalmente em função do desempenho financeiro ou previsto para a companhia, bem como da conjuntura econômica doméstica e internacional.

Os dividendos correspondem à parcela de lucro líquido distribuída aos acionistas na proporção de sua participação no capital social da companhia. As ações preferenciais têm prioridade no recebimento (mínimo de 3% do valor patrimonial da ação) ou, pelo menos, 10% a mais que as ordinárias.

Já as bonificações correspondem à distribuição de novas ações (ou dinheiro) para os atuais acionistas.

Subscrição é um aumento de capital deliberado por uma companhia, em que há emissão de novas ações, para obtenção de recursos. Os acionistas da empresa têm preferência na compra dessas novas ações (direito de subscrição) na proporção da sua participação no capital. O direito de subscrição é um ativo negociado no mercado secundário, no decorrer do prazo preestabelecido para o exercício do direito, que pode ser exercido ou não pelo acionista, devendo ser considerado o valor da ação no mercado à vista. Transcorrido o prazo, o ativo deixa de existir, perdendo seu valor.

3.2.1 Espécies e classes

Quanto à espécie, as ações podem ser ordinárias ou preferenciais. A diferença básica entre ambas é que cada ação ordinária concede direito a um voto nas deliberações da assembleia geral da companhia. Por outro lado, as ações preferenciais garantem vantagens ou preferências aos acionistas como, por exemplo, prioridade no recebimento dos dividendos ou no reembolso do capital em caso de liquidação da companhia. O número de ações preferenciais sem direito a voto ou com restrição ao exercício do direito de voto não pode ser maior que 50% das ações emitidas.

As ações ordinárias e preferenciais de companhias fechadas e as ações preferenciais de companhias abertas podem ser divididas em classes. As características de cada classe variam de acordo com a companhia e, em geral, o termo "ON" ou "PN" é acompanhado por uma letra (A, B etc.). Como exemplo podemos citar a Vale S.A. (Vale do Rio Doce), cujo capital social é composto por duas espécies de ações (ordinárias e preferenciais), sendo que as preferenciais são das classes "A" e "especial". As preferenciais de classe A são negociadas na BOVESPA sob o código VALE5, e as da classe especial pertencem exclusivamente à União Federal.

3.2.2 Forma

Ações nominativas: a propriedade presume-se pela inscrição do nome do acionista no Livro de Registro de Ações Nominativas ou pelo extrato fornecido pela instituição custodiante.

Ações escriturais: a propriedade presume-se pelo registro na conta de depósito das ações, aberta em nome do acionista nos livros da instituição depositária.

Deve-se deixar claro que, hoje em dia, quase todos os títulos são escriturais. Uma ação escritural não se deixa de ser nominativa, pois o controle escritural é feito nominalmente à pessoa que tem posse.

3.2.3 Valor nominal

Cada ação representa uma fração do capital social da companhia. Quando esse valor é declarado, diz-se que as ações têm valor nominal, do contrário, tem-se ações sem valor nominal. É no estatuto da companhia em que se determina se as ações terão ou não valor nominal. O valor nominal deve ser o mesmo para todas as ações e esse será o preço mínimo que o subscritor pagará pela ação. No caso de ações sem valor nominal, o preço de emissão será fixado:

1. pelos fundadores da companhia quando da constituição; e
2. pela assembleia geral ou pelo conselho de administração, quando houver aumento de capital.

3.2.4 Companhia aberta

Uma companhia é aberta quando obtém o registro de companhia aberta perante a Comissão de Valores Mobiliários (CVM). Na prática, no entanto, é considerada aberta a companhia que promove a colocação pública de valores mobiliários em bolsas de valores ou no mercado de balcão. Os valores mobiliários mais comuns e que dão condição de empresa aberta são as ações, as debêntures e os bônus de subscrição:

- ações: títulos nominativos negociáveis que representam, para quem as possui, a menor fração do capital social da empresa emitente;
- debêntures: títulos nominativos negociáveis representativos de dívida de médio/longo prazos contraída pela companhia perante o credor, nesse caso chamado debenturista;
- bônus de subscrição: títulos nominativos negociáveis que conferem ao seu proprietário o direito de subscrever ações do capital social da companhia emissora, nas condições previamente definidas.

Todos os emissores de valores mobiliários sujeitam-se às disciplinas legais estabelecidas para companhias abertas, bem como às regulamentações e fiscalização da CVM.

Assim, as operações de abertura de capital precisam ter autorização da CVM, o órgão fiscalizador do mercado de capitais brasileiro, o qual também registra e autoriza a emissão dos valores mobiliários para distribuição pública. As companhias abertas devem atender a diversos requisitos, definidos na Lei das S.A. e nas regulamentações da CVM, com o objetivo de garantir a confiabilidade das informações e demonstrações financeiras divulgadas.

A prática de mercado considera que a plena abertura de capital ocorre somente quando há o lançamento de ações ao público, em função das transformações impostas à empresa e pelo incremento no volume de negócios com seus títulos.

3.3 MERCADO PRIMÁRIO – *UNDERWRITING*

Uma companhia realiza uma operação de *underwriting* quando seus títulos e valores mobiliários são colocados ou subscritos, primariamente, no mercado por meio de ofertas públicas ou privadas de títulos.

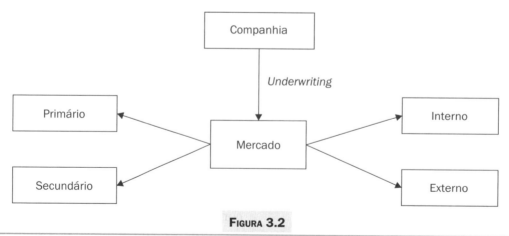

Figura 3.2

Operação de *underwriting*.

O pressuposto para a utilização de um *underwriting* é a necessidade de recursos para a execução de um projeto (aumento de uma planta fabril/ lançamento de novo produto), reorganização da estrutura de capital, suprimento de capital de giro, entre outros motivos.

As operações de *underwriting* são, portanto, colocações (ofertas) públicas ou privadas de valores mobiliários, que podem ocorrer no mercado interno, tais como ações, debêntures e *commercial papers,* ou no mercado externo, por meio da emissão de *depositary receipts* (*american* DRs, *global* DRs), *euronotes, eurobonds, commercial papers,* entre outras.

No mercado secundário, os títulos e valores mobiliários já existentes são apenas transferidos de propriedade e por isso não geram recursos para a companhia.

3.3.1 Procedimentos para a operação de *underwriting*

No Brasil, para a realização de um *underwriting* via oferta pública de ações no mercado de bolsa ou balcão, as companhias devem:

1. passar por análise preliminar de viabilidade;
2. contratar instituição financeira para efetuar intermediação e coordenação da emissão;
3. realizar deliberação societária (via assembleia geral extraordinária – AGE – ou reunião do conselho de administração – RCA) aprovando a operação;
4. elaborar o contrato de distribuição e demais documentos relacionados à colocação dos valores mobiliários;
5. obter registro da oferta na CVM;
6. processar a listagem dos valores mobiliários em bolsa de valores ou mercado de balcão organizado; e
7. publicar anúncio de início e de encerramento de distribuição pública dos valores mobiliários ofertados.

Para que uma entidade obtenha o registro de companhia aberta na CVM, conforme item 5, e ser apta a realizar a oferta pública, ela deverá:

1. contratar auditoria externa independente, para fazer auditoria das demonstrações financeiras e fornecer parecer sobre as mesmas;

2. instalar conselho de administração e eleição de seus membros (no mínimo três);
3. adaptar ou elaborar estatuto como, por exemplo, eliminar privilégios de acionistas, se houver, e adotar práticas de governança corporativa;
4. eleger um diretor de relação com Investidores;
5. criar um departamento de atendimento aos acionistas/debenturistas.

3.3.2 Estruturação e aspectos relevantes da operação

A companhia, juntamente com a instituição coordenadora, deve analisar as condições do mercado e as internas da companhia e definir:

- melhor forma de realização da operação;
- volume de recursos a ser captado, que deve ser compatível com o projeto de investimento, por exemplo;
- público-alvo: acionistas, investidores individuais ou institucionais;
- procedimentos de distribuição;
- garantias fornecidas aos investidores, remuneração;
- preço de lançamento; e
- custos do processo e comissões a serem pagas.

Essas informações, juntamente com os aspectos econômico-financeiros, administrativos, operacionais e fatores de risco associados à emissão, devem ser reportadas no prospecto do lançamento, submetido à CVM e disponibilizado para os investidores.

3.3.3 Estrutura de uma oferta pública de ações

A estrutura de lançamento de um *underwriting* para ações funciona da seguinte forma:

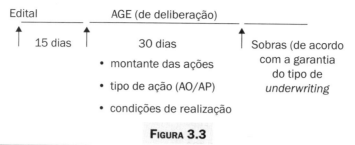

FIGURA 3.3

Operacionalização de um *underwriting* de ações.

Após a intenção do projeto para lançamento ser analisada por um conselho ou pelos diretores da companhia, esta lança um edital que deve ser analisado pelos acionistas que, em assembleia geral extraordinária (AGE), discutem sobre as devidas propostas do lançamento, como: montante das ações, tipos de ações que serão lançadas e seus devidos privilégios, como as condições de realização.

Alternativamente, quando o estatuto social da companhia prevê a possibilidade de realização de ofertas públicas, até o limite de capital autorizado, por deliberação do conselho de administração, o *underwriting* pode ser aprovado por reunião do conselho de administração (RCA) sem a necessidade da AGE. Por se tratar de um procedimento mais simples e célere, em regra, a realização de uma oferta pública é aprovada por meio de RCA.

Após a deliberação (via AGE ou RCA, conforme o caso) são iniciados os esforços de colocação (distribuição) das ações em mercado. Na maior parte das emissões, existe o processo de *bookbuilding*, que é um procedimento de coleta de intenções de investimento realizado junto aos investidores institucionais brasileiros e estrangeiros, conforme previsto no artigo 44 da Instrução CVM 400/03. Com o *bookbinding* as instituições coordenadoras tentam estimar a demanda pelas ações ofertadas e, principalmente, buscam fixar o preço por ação da emissão.

Em média, o tempo em que as instituições coordenadoras (bancos de investimento contratados) tentarão vender as ações é de 30 dias. Após esses 30 dias, as ações poderão ter sido totalmente vendidas ou não. No caso de as ações não serem totalmente vendidas (subscritas), o coordenador deverá subscrever as ações remanescentes caso exista obrigação de fazê-lo. A obrigação de subscrição ou não depende das garantias contratuais firmadas entre a empresa emissora e a entidade coordenadora da operação.

Assim, de acordo com as garantias contratuais oferecidas pelo coordenador, a operação de *underwriting* pode ser:

- **garantia firme**: consiste na obrigação de subscrição, integralização e liquidação, pela instituição coordenadora da operação do saldo resultante da diferença entre os valores mobiliários ofertados e o número de valores mobiliários subscritos por investidores no mercado, porém não integralizados e liquidados por tais investidores; ou

- ***best effort* (melhores esforços)**: a instituição coordenadora se compromete a desempenhar os melhores esforços para que os valores mobiliários emitidos sejam subscritos pelos investidores no mercado, durante o prazo de distribuição da oferta, não absorvendo risco algum.

Os títulos ofertados podem ser distribuídos publicamente em uma única bolsa de valores, atendendo aos investidores locais. São as chamadas ofertas locais (*local offerings*). Os títulos podem também ser distribuídos publicamente a fim de atingir duas ou mais bolsas simultaneamente, atendendo aos investidores de diversos mercados em todo o mundo. Tais distribuições são chamadas de ofertas globais (*global offering*).

3.3.4 Prospecto e formulário de referência

A companhia emissora, conjuntamente com a instituição líder da distribuição, elabora um documento – o prospecto – que é obrigatório nas distribuições públicas e contém informações claras e objetivas, necessárias para que o investidor possa tomar a sua decisão de investimento.

Durante o processo de registro, pode circular um prospecto de caráter preliminar; no entanto, quando da concessão do registro pela CVM, um prospecto definitivo deve estar à disposição dos potenciais investidores. As principais informações do prospecto são:

- resumo das características da operação;
- identificação dos administradores, consultores e auditores;
- informações relativas à oferta: composição do capital social; características, garantias e prazos; destinação dos recursos; estudo de viabilidade econômico-financeira;
- fatores de risco relativos à oferta;
- resumo das informações relativas à companhia emissora: histórico, mercado de atuação, estrutura organizacional, ativos imobilizados relevantes, composição do capital social, administração, pessoal, contingências;
- quaisquer outras informações relevantes relacionadas com a oferta, sobre a ofertante ou que a CVM julgar necessárias;
- anexos:
  - ata da AGE ou RCA que deliberou a emissão;
  - estatuto social atualizado da emissora;
  - demonstrações financeiras dos últimos três exercícios sociais e do período corrente;
  - declaração de veracidade das informações prestadas pela companhia ofertante e pelo coordenador líder da distribuição; e
  - relatório de classificação de risco, quando for o caso.

Em resumo, o prospecto não deve omitir fatos relevantes a respeito da emissão e da companhia emissora, nem conter informações que possam induzir em erros os investidores.

A partir de 2010, além do prospecto a CVM passou a exigir apresentação do formulário de referência atualizado quando do pedido de registro de distribuição pública de valores mobiliários. O formulário de referência é um documento apresentado periodicamente à CVM, passando a desempenhar o papel de um prospecto permanente pois reúne as principais informações acerca do emissor como, por exemplo, atividades, fatores de risco, contingências,

administração, estrutura de capital, informações financeiras, entre outros.

O prospecto e o formulário de referência não devem ser considerados uma recomendação de compra do valor mobiliário ofertado. Os investidores devem estar atentos aos fatores de risco relacionados à emissão e à companhia, além dos fatores micro e macroeconômicos que possam influenciar a decisão de investimento.

3.3.5 Preço de lançamento e volume da oferta

A fixação do preço de emissão é item fundamental e extremamente difícil de ser atribuído e determina o sucesso da operação de *underwriting*. Preços de emissão muito superiores ao que o mercado está disposto a pagar podem resultar em fracasso na operação; e o contrário traz prejuízo aos atuais acionistas. O ideal seria cobrar um preço que fosse justo tanto para os atuais acionistas como para os potenciais investidores, e para isso devem-se levar em conta:

1. cotação das ações no mercado;
2. valor do PL;
3. perspectivas de rentabilidade da companhia (*discounted cash flow*).

A Lei nº 6.404/76, em seu artigo 170, § 1º, alterada pela Lei nº 9.457/97, dispõe que

"o preço de emissão deverá ser fixado, sem diluição injustificada da participação dos antigos acionistas, ainda que tenham direito de preferência para subscrevê-las, tendo em vista, alternativa ou conjuntamente: I – a perspectiva de rentabilidade da companhia; II – o valor do patrimônio líquido da ação; III – a cotação de suas ações em Bolsa de Valores ou no mercado de balcão organizado, admitido ágio ou deságio em função das condições do mercado".

Nas ofertas públicas, o preço de emissão é fixado após a efetivação dos pedidos de reserva realizados durante o período de reserva e a conclusão do procedimento de coleta de intenções de investimento junto a investidores institucionais a ser realizado pela instituição coordenadora. Assim, o preço de emissão é calculado tendo como parâmetro as indicações de interesse em função da qualidade da

TABELA 3.1

Exemplos de comissões de *underwriting*.

Emissora	Volume R$ milhões	% em relação ao valor total da oferta					
		Comissão de coordenação	Comissão de colocação	Comissão de garantia firme	Comissão de incentivo	Outras*	Total
Raia	569	0,60	1,80	0,60	0,50	0,59	**4,46**
HRT	2.333	0,60	1,80	0,60	1,25	0,33	**5,03**
Mills	596	0,50	1,50	0,50	1,00	0,64	**4,13**
OSX	2.450	0,63	1,90	0,63	–	0,52	**3,69**
BR Properties	934	0,50	1,50	0,50	0,02	0,43	**2,94**
Aliansce	585	0,60	0,60	1,80	0,53	0,63	**4,15**

(*) Despesas estimadas com advogados, consultores, publicidade, registro, entre outras coisas.

Fonte: Prospectos de distribuição.

demanda dos valores mobiliários coletada junto a investidores institucionais.

O volume de lançamento deve ser coerente com a destinação do recurso (capital de giro, investimento etc.), não devendo ser maior nem menor do que o necessário.

3.3.6 Custos de operação de *underwriting*[1]

Os custos de uma operação de *underwriting* dependem de vários fatores, entre outros o volume da oferta, as garantias oferecidas, as características da companhia e as condições de mercado. A Tabela 3.1 mostra, a título de exemplo, o percentual em relação à oferta total de comissões e de outras despesas de algumas distribuições realizadas em 2010.

3.3.7 Vantagens e desvantagens da operação de *underwriting*

Vantagens

- provimento de recursos;
  - capital de giro, capital fixo, pagamento de empréstimos;
  - fusões e aquisições;

- estabelecimento de mercado para as ações/ debêntures da companhia;
  - alargamento do crédito bancário, maior barganha com bancos;
  - melhores condições de concorrência;
  - melhores relações de trabalho, política de distribuição de ações;
  - maior interesse pelos produtos da companhia, devido à maior exposição.

Desvantagens

- maiores responsabilidades dos administradores;

- pressão, por parte do mercado, para a manutenção dos padrões de crescimento;

- maiores informações à disposição da concorrência;

- custos de emissão, manutenção da companhia aberta.

3.3.8 O caso da Renar Maçãs

A Renar Maçãs, de Fraiburgo, Santa Catarina, foi fundada em 1962 e tem como atividade principal o cultivo, a venda de maçãs e a fruticultura e é uma das maiores exportadoras de maçãs. Em 2004 e 2003 obteve faturamento de R$ 50 e 35 milhões, respectivamente. A companhia aderiu ao segmento Novo Mercado da Bovespa, concedendo *tag along* de 100% em relação ao preço obtido pelo

---

[1] Existe ainda o custo de manutenção de condição de companhia aberta, como auditoria independente, publicações de editais e avisos etc.

controlador, no caso de alienação de controle. O processo de abertura de capital foi de agosto de 2004 a fevereiro de 2005. O volume emitido na Oferta Pública Primária de Ações Ordinárias totalizou R$ 16.000.000,00 correspondendo a 10.000.000 de ações, com valor unitário de R$ 1,60.

Três pontos merecem destaque nessa emissão:

1. Volume emitido: o volume emitido pela companhia – R$ 16 milhões – é bem infe-rior ao volume médio emitido no mercado primário em 2005 – R$ 336 milhões.

2. Emissão liderada e coordenada por corretoras: Elite CCVM (líder) Elite CCVM, Fator CV, Gradual CCTVM, Isoldi CVM, Sagres DTVM, Spinelli CVMC e Título CV (coordenadores).

3. Percentual do capital emitido: 25% (ações ordinárias).

QUADRO 3.1

Resumo da operação.

Espécie:	10.000.000 ações ordinárias
Preço:	R$ 1,60
Volume:	R$ 16.000.000,00
Custo de distribuição:	R$ 1.000.000,00 / R$ 0,10 por ação
Público-alvo:	Pessoas físicas, jurídicas, investidores institucionais, clubes de investimento etc.
Capital social antes da subscrição:	30.000.000 AO / R$ 26.400.000,00
Capital social depois da subscrição:	40.000.000 AO / R$ 42.400.000,00
Destinação dos recursos – %:	a) capital de giro para compra de frutas para exportação – 50%; b) melhoria do sistema de classificação e armazenagem – 11%; c) máquina de embalar em sacolas visando agregar valor ao produto – 8%; d) câmaras frias com sistema *rack* para resfriamento e armazenagem de *pallets* prontos para embarque – 9%; e) redução de recursos de terceiros – 16%; f) custo estimado da emissão – 6%.

Fontes: Prospecto de distribuição, DFP e IAN.

3.3.9 Dados do mercado de ações

A evolução das ofertas primárias e secundárias registradas na CVM pode ser visualizada na Tabela 3.2.

Tabela 3.2
Ofertas primárias e secundárias registradas na CVM.

Ano	PRIMÁRIAS		SECUNDÁRIAS		TOTAL	
	Nº de registros	Volume em milhões R$	Nº de registros	Volume em milhões R$	Nº de registros	Volume em milhões R$
2000	6	1.410	14	12.127	20	13.537
2001	6	1.353	7	4.309	13	5.662
2002	4	1.050	2	5.097	6	6.147
2003	2	230	6	1.856	8	2.086
2004	9	4.523	12	4.683	21	9.205
2005	13	4.560	15	6.582	28	11.141
2006	29	14.213	30	12.771	59	26.984
2007	59	33.201	44	34.122	103	67.323
2008	9	32.148	4	1.856	13	34.004
2009	15	15.895	13	16.385	28	32.280
2010	23	145.209	11	6.799	34	152.008

3.3.10 Contabilização

3.3.10.1 Exemplo de contabilização da constituição da Cia. Agreste

Em 01/04/X0, a Cia. Agreste foi constituída por meio da subscrição de $ 100.000,00. Os lançamentos contábeis são:

Quadro 3.2.

Débito	Capital a Integralizar	$ 100.000,00
Crédito	Capital Subscrito	$ 100.000,00

Em 02/04/X0, os acionistas integralizaram $ 60.000, sendo $ 40.000 em dinheiro, que foram depositados no Banco A, e $ 20.000,00 em imobilizados. Os lançamentos contábeis são:

Quadro 3.3.

Débito	Banco A	$ 40.000,00
Débito	Imobilizado	$ 20.000,00
Crédito	Capital a Integralizar	$ 60.000,00

3.3.10.2 Exemplo de composição de capital social

O capital social da Cia. XPTO em 30/06/X0 é de $ 500.000.000,00, representados por 8.500.000 ações nominativas, sem valor nominal, totalmente integralizadas, compreendendo 6.000.000 de ações preferenciais e 2.500.000 de ações ordinárias:

Quadro 3.4.
Composição do capital social da Cia. XPTO em 30/06/X0.

Espécie	Quantidade	Valor – $
Ordinárias	2.500.000	147.058.823,53
Preferenciais	6.000.000	352.941.176,47
Total	**8.500.000**	**500.000.000,00**

A Cia. XPTO faz uma Oferta Pública de Distribuição Primária de:

a) 300.000 ações ordinárias nominativas, escriturais e sem valor nominal de emissão da companhia; e

b) 500.000 ações preferenciais nominativas, escriturais e sem valor nominal de emissão da companhia, tal que:

Quadro 3.5.

Descrição	Preço	Comissões	Recursos Líquidos
Por ação	$ 100,00	$ 3,00	$ 97,00
Total da oferta	$ 80.000.000,00	$ 2.400.000,00	$ 77.600.000,00

Após a Oferta, o capital social da Cia. XPTO será composto por 9.300.000 ações nominativas, escriturais, sem valor nominal, sendo 2.800.000 ações ordinárias e 6.500.000 ações preferenciais, totalizando R$ 580.000.000,00. O Quadro 3.6 mostra a composição do capital social:

Quadro 3.6.

Composição do capital social da Cia. XPTO após a conclusão da oferta.

Espécie	Quantidade	Valor
Ordinárias	2.800.000	$ 174.623.655,91
Preferenciais	6.500.000	$ 405.376.344,09
Total	9.300.000	$ 580.000.000,00

Segundo o Pronunciamento Técnico CPC 08, do Comitê de Pronunciamentos Contábeis (CPC), que discorre sobre a metodologia para o tratamento contábil dos Custos de Transação e Prêmios na Emissão de Títulos e Valores Mobiliários, o capital social deve ser registrado pelo seu valor líquido dos custos diretos da emissão dos instrumentos patrimoniais líquidos de qualquer benefício fiscal. Ou seja, as empresas devem contabilizar os custos de transação relacionados à emissão de ações ou quotas como dedução do valor do patrimônio líquido; no caso, trata-se de uma conta redutora do capital social.

O valor total dos custos de emissão se referem aos serviços prestados por terceiros e tais serviços podem ser deduzidos integralmente da base de cálculo dos impostos e contribuições sobre a renda e, portanto, gozam de benefícios fiscais, logo deve haver segregação do benefício fiscal.

Considerando a alíquota do imposto de renda (IR) e contribuição social sobre o lucro líquido (CSLL) aplicável à empresa de 34% (25% de IR e 9% de CSLL), o valor líquido de impostos seria de $ 2.400.000,00 × (1 − 0,34) = $ 1.584.000,00. Consequentemente, o valor do benefício fiscal é de $ 816.000,00 ($ 2.400.000,00 × 0,34) Assim, os lançamentos contábeis para essa operação são:

Quadro 3.7.

Débito	Disponibilidades	$ 77.600.000,00
Débito	Despesas de comissão (conta redutora do Capital Social)	$ 1.584.000,00
Débito	Impostos Diferidos (ativo)*	$ 816.000,00
Crédito	Capital Social	$ 80.000.000,00

* Consideramos aqui impostos diferidos no momento da emissão, porém, como existe a dedutibilidade no exercício social em que ocorre a emissão, ao final do período esse "Imposto Diferido" teria sido utilizado para abater dos impostos a pagar. Alternativamente, poderia se lançado a débito de impostos a pagar, dependendo, no momento, da apuração dos impostos e do regime no qual a empresa está enquadrada.

3.4 MERCADO SECUNDÁRIO

Como visto, no mercado secundário ocorrem as negociações (compra e venda) de ações já emitidas. São, portanto, negociações entre os investidores e não existe qualquer novo ingresso de recurso para a empresa. As negociações entre investidores ocorrem em mercados de bolsa de valores e mercados de balcão, organizados ou não.

No Brasil a única bolsa de valores em que são negociadas as ações é a BM&FBOVESPA – Bolsa de Valores, Mercadorias e Futuros. As ações são negociadas no Mega Bolsa, sistema eletrônico de negociação em que a oferta de compra ou venda é feita através de terminais de computador. O encontro das ofertas e o fechamento de negócios são realizados automaticamente pelos computadores da BM&FBOVESPA.

O mercado de balcão organizado, também administrado pela BM&FBOVESPA, é atualmente representado pelo BOVESPA MAIS, que é o segmento de listagem de ações do mercado de balcão organizado idealizado para facilitar o acesso das empresas ao mercado acionário. Portanto, as empresas candidatas ao BOVESPA MAIS são aquelas que desejam ingressar no mercado de capitais de forma gradativa, destacando-se as de pequeno e médio portes, que buscam crescer utilizando o mercado acionário como fonte de recursos.

Existem quatro formas básicas de negociação com ações:

- **Operação à vista:** é a compra ou venda de uma determinada quantidade de ações. Quando há a realização do negócio, o comprador realiza o pagamento e o vendedor entrega as ações objeto da transação, no terceiro dia útil após a realização do negócio (D + 3).
- **Operações a termo:** são contratos para compra ou a venda de uma determinada quantidade de ações, a um preço fixado, para liquidação em prazo determinado. O prazo do contrato a termo é livremente escolhido pelos investidores, obedecendo o prazo mínimo de 16 dias e máximo de 999 dias corridos.
- **Opções de ações**: são contratos que garantem o direito de compra ou venda de uma determinada ação dentro de um prazo estipulado, a um valor prefixado.
- **Operações no mercado futuro**: são contratos de compra ou venda de ações, a um preço acordado entre as partes, para liquidação em uma data futura específica, previamente autorizada. Normalmente, o esperado é que o preço do contrato futuro de uma determinada ação seja equivalente ao preço à vista, acrescido de uma fração correspondente à expectativa de taxas de juros entre o momento da negociação do contrato futuro de ações e a respectiva data de liquidação do contrato.

Neste capítulo, são abordadas as operações à vista de ações. As operações a termo, no mercado futuro e opções de ações serão tratadas no Capítulo 11, Derivativos.

3.4.1 BM&FBOVESPA – Bolsa de Valores, Mercadorias e Futuros

A BM&FBOVESPA é uma companhia de capital aberto formada, em maio de 2008, a partir da integração das operações da Bolsa de Valores de São Paulo (Bovespa) e da Bolsa de Mercadorias &

Futuros (BM&F), sendo a principal instituição brasileira de intermediação para operações do mercado de capitais e a única bolsa de valores, mercadorias e futuros em operação no Brasil.

Mesmo após o processo de integração entre Bovespa e BM&F, a Bovespa (que agora é comumente chamada de Segmento Bovespa da Bolsa) passou a responder pela negociação de valores mobiliários, de derivativos de renda variável e de títulos de renda fixa corporativa, enquanto as atividades de compensação e liquidação continuaram sob a administração da CBLC. Já a BM&F (chamada de Segmento BM&F) passou a responder pela negociação de mercadorias, derivativos de índices, taxa de juros, câmbio e futuros.

Com a reorganização societária, o acesso aos sistemas de negociação da Bovespa e BM&F, que era restrito às sociedades corretoras, distribuidoras e instituições financeiras detentoras de títulos patrimoniais das Bolsas, passou a decorrer de relação contratual desvinculada da participação societária, processo denominado "desmutualização".

Tanto a Bovespa quanto a BM&F tiveram uma longa história de serviços prestados ao mercado de capitais e à economia brasileira. Até meados da década de 60, as bolsas brasileiras eram entidades oficiais corporativas, vinculadas às secretarias de finanças dos governos estaduais e compostas por corretores nomeados pelo poder público.

Com as reformas do sistema financeiro nacional e do mercado de capitais implementadas entre 1965 e 1966, as bolsas assumiram a característica institucional que mantêm até hoje, com autonomia administrativa, financeira e patrimonial, cujo objetivo básico é manter local em condições adequadas para a realização, entre seus membros, de operações de compra e venda de títulos e valores mobiliários.

Em 1972, a Bovespa foi a primeira bolsa brasileira a implantar o pregão automatizado com a disseminação de informações *on-line* e em *real time*, através de uma ampla rede de terminais de computador. No final da década de 70, foi também pioneira na introdução de operações com opções sobre ações no Brasil. Em 1990, foram iniciadas as negociações através do Sistema de Negociação Eletrônica – CATS (*Computer Assisted Trading System*), que operava simultaneamente com o sistema tradicional de Pregão Viva Voz. Em 1997, foi implantado com sucesso o novo sistema de negociação eletrônica, o Mega Bolsa. Além de utilizar um sistema tecnológico avançado, o Mega Bolsa ampliou o volume de processamento de informações e permitiu que a BM&FBOVESPA se consolidasse na posição de importante centro de negócios do mercado latino-americano.

A ampliação do uso da informática foi a marca das atividades em 1999, com o lançamento, pela Bovespa, do *Home Broker* e do *After-Market*, ambos meios para facilitar e tornar viável a desejada participação do pequeno e médio investidor no mercado.

Em 2009, houve encerramento das operações com contratos derivativos no Pregão Viva Voz e, a partir de 1º de julho, todas as operações da bolsa passaram a ser realizadas por meio de plataforma eletrônica de negociação.

3.4.2 *Home Broker* e *After-Market*

O *Home Broker* permite que o investidor, por meio do *site* das corretoras na Internet, transmita sua ordem de compra ou de venda diretamente ao sistema de negociação da BM&FBOVESPA. O sistema de *Home Broker* permite, ainda, o acesso às cotações das ações e outras informações de interesse dos investidores. Observa-se que o benefício trazido pelo *Home Broker* consiste na praticidade e flexibilidade proporcionadas aos investidores, que têm a comodidade de comandar operações de qualquer ponto com acesso à Internet, por meio dos *sites* das corretoras, interligados com os sistemas de negociação das bolsas de valores.

Assim, podem ser citadas as seguintes vantagens do *Home Broker*: agilidade; consultas às posições financeiras e de custódia; acompanhamento da carteira de ações; acesso às cotações (corretoras podem oferecer notícias e análises); envio de ordens imediatas, ou programadas, de compra e venda de ações, no mercado à vista e de opções; recebimento da confirmação de ordens executadas e resumo financeiro (nota de corretagem) etc. As desvantagens são: riscos operacionais de uso da rede mundial de computadores (Internet); menor contato direto com o "mercado".

Registre-se que as negociações através da Internet seguem as mesmas regras presentes nas operações tradicionais em bolsas de valores, conforme estabelecidas pela CVM.

O *After-Market* é outra inovação, que oferece a sessão noturna de negociação eletrônica. Além

de atender aos profissionais do mercado, este mecanismo também é interessante para os pequenos e médios investidores, pois permite que enviem ordens, por meio da Internet, também no período noturno.

Os horários do *After-Market* são os seguintes (segundo horário de Brasília, sem horário de verão): 17h30min às 17h45min – fase de pré-abertura, permitido o cancelamento das ofertas registradas no período regular; 17h45 às 19h – fase de negociação.

Podem ser destacadas as seguintes características do *After-Market*:

- mercado à vista (não autorizada negociação com derivativos);
- negociação no Sistema Eletrônico;
- somente podem ser negociadas ações que tiveram preço estabelecido no horário regular de negociação ("Princípio da Liquidez");
- variação de preço não pode ser maior do que 2%;
- negócios são registrados no próprio dia (D + 0);
- limite de R$ 100.000,00 por investidor para ordens feitas via *Home Broker*.

3.4.3 Títulos negociados em bolsa

A legislação atual autoriza as bolsas de valores a negociarem títulos e valores mobiliários de emissão ou corresponsabilidade de companhias abertas, registrados na CVM, assim como opções de compra e venda sobre ações de companhias abertas, contratos futuros de ações, debêntures (conversíveis ou simples) e *commercial papers* registrados para colocação pública. Direitos e índices referentes às ações negociadas, além de recibos de depósitos de ações, quotas de fundos ou de clubes de investimentos, também são negociados nas bolsas mediante autorização do Conselho de Administração ou por solicitação da bolsa à CVM. Também podem ser negociadas opções não padronizadas (*warrant*), emitidas de acordo com as Instruções CVM nᵒˢ 223 e 328.

Na BM&FBOVESPA, são regularmente negociados ações de companhias abertas, opções sobre ações, direitos e recibos de subscrição, bônus de subscrição e quotas de fundos, debêntures e notas promissórias. Além disso, também são negociados na BM&FBOVESPA os BDRs (*Brazilian Depository Receipts*), que são certificados representativos de valores mobiliários de emissão de companhia aberta com sede no exterior, emitidos por instituição depositária no Brasil.

3.4.4 Serviços de registro, liquidação e custódia (*clearings*)

As chamadas *clearings* são empresas que se dedicam a gerenciar sistemas e garantias para o registro e a liquidação das operações realizadas em bolsa e para a custódia (guarda e administração dos valores mobiliários negociados em bolsa). Desde 1998, o Serviço de Custódia Fungível de títulos e valores mobiliários, que até então era prestado pela Bovespa, passou a ser formalmente realizado pela Companhia Brasileira de Liquidação e Custódia (CBLC).

A formação da CBLC representa uma resposta à necessidade do mercado brasileiro de uma estrutura moderna e eficiente de *clearing*, que compreenda atividades relacionadas à compensação, liquidação, custódia e controle de risco para os mercados à vista, a termo e de opções. A CBLC foi organizada como uma empresa que permite a participação de uma grande variedade de instituições estruturadas, capazes de administrar risco e atuar como agentes de compensação.

Atualmente, a CBLC é a responsável pela liquidação de operações de todo o mercado brasileiro de ações, respondendo pela guarda de 100% dos títulos do mercado nacional.

Além de atuar como depositária de ações de companhias abertas, a estrutura dos sistemas utilizados pelo Serviço de Custódia Fungível da CBLC foi desenvolvida para prover o mesmo tipo de serviço para outros ativos, como, por exemplo, certificados de privatização, debêntures, certificados de investimento e quotas de fundos imobiliários.

3.4.5 Mercado acionário de balcão

O mercado de balcão consiste em negociações fora do âmbito dos pregões das bolsas, com participação de empresas, sistemas e entidades que compõem o sistema de distribuição de valores mobiliários. No balcão, são negociadas ações e outros ativos financeiros, de forma mais flexível que as bolsas e por meio de sistema informatizado.

O mercado de balcão organizado é um segmento de negociação de ativos administrado pela BM&FBOVESPA, fiscalizado pela CVM e regulado pela Instrução CVM nº 243, e com regras específicas, diferentes das aplicáveis ao ambiente de bolsa. Um exemplo disso é que no mercado de balcão organizado atuam como intermediários não somente corretoras, mas também outras instituições financeiras, como bancos e distribuidoras de valores.

As ordens de compra e venda são executadas pelas instituições credenciadas através de um sistema organizado e eletrônico, interligando seus participantes através de terminais.

A liquidez das ações é viabilizada pelos *market makers*, que são os operadores que se comprometem a alocar, constantemente, preços de compra e venda de determinada ação, correndo riscos por conta própria. Em troca, tais agentes têm prioridade na disseminação de suas cotações e, dessa maneira, os investidores estarão sempre consultando seus preços.

O Bovespa Mais é o mercado de balcão organizado da BM&FBOVESPA, regulado pela Instrução CVM nº 243, no qual apenas podem ser listadas companhias abertas com registro na CVM. O propósito é acolher companhias que tenham estratégia de gradual acesso ao mercado de capitais, viabilizando sua exposição a esse mercado e apoiando sua evolução em termos de transparência, de ampliação da base de acionistas e de liquidez.

A listagem Mais poderá atender a várias estratégias diferentes de acesso ao mercado:

- realização de ofertas iniciais de ações de volumes significativamente menores do que o padrão que se verifica normalmente;

- venda inicial de ações de forma concentrada, junto a um pequeno número de investidores, com a perspectiva de realização posterior de uma colocação pulverizada de ações;

- registro nesse segmento sem a realização de uma oferta, no momento inicial, servindo a listagem para ampliar a exposição e o contato da companhia com o mercado investidor, tendo em vista a melhoria de condições para a futura venda de ações.

Para participar do segmento, as empresas deverão assumir o compromisso de garantir mais direitos e informações aos investidores, similares aos exigidos no Novo Mercado.

Podem ser destacadas as seguintes características do Bovespa Mais:

Ambiente mais flexível de negociação:

- negociação no sistema eletrônico Mega Bolsa;

- participação de corretoras, bancos de investimento e distribuidoras de valores.

Requisitos para ingresso de empresas, como os seguintes:

- emitir apenas ações ordinárias. As preferenciais já existentes não serão admitidas à negociação e deverão ter, previsto no estatuto, o direito de serem convertidas em ordinárias;

- garantir o direito de *tag along* a todos os titulares de ações ordinárias, nas mesmas condições obtidas pelo acionista controlador vendedor, em caso de venda de controle;

- aderir à Câmara de Arbitragem do Mercado para solução de conflitos societários;

- fornecimento de informações adicionais ao mercado como fluxo de caixa e posições acionárias de administradores e controladores.

Requisitos para permanência no BOVESPA MAIS:

- atingir *free float* de, no mínimo, 25% em até sete anos a partir da data de listagem. Caso não alcance o *free float* mínimo, deverá manter média mínima de dez negócios ao mês e presença em, pelo menos, 25% dos pregões, ao final de cada exercício;

- a empresa não poderá apresentar cinco anos consecutivos de prejuízo e, simultaneamente, patrimônio líquido negativo nos três últimos anos. Também não poderá apresentar cinco anos de patrimônio líquido negativo e, simultaneamente, incorrer em prejuízo nos três últimos anos.

3.4.6 Mercados e dinâmica das operações à vista

Uma operação à vista é a compra ou venda de uma determinada quantidade de ações, a um preço estabelecido em pregão. Assim, quando há a realização de um negócio, ao comprador cabe despender o valor financeiro envolvido na operação e ao vendedor, a entrega dos títulos-objeto da transação, nos prazos estabelecidos pela bolsa de valores.

3.4.6.1 Títulos-objeto

Todas as ações de emissão de empresas admitidas à negociação em bolsa, bem como direitos e recibos de subscrição, recibos de carteira selecionada de ações e outros ativos autorizados pela BM&FBOVESPA.

3.4.6.2 Formação de preços

Os preços são formados em pregão, pela dinâmica das forças de oferta e demanda de cada papel, o que torna a cotação praticada um indicador confiável do valor que o mercado atribui às diferentes ações. A maior ou menor oferta e procura por determinado papel está diretamente relacionada ao comportamento histórico dos preços e, sobretudo, às perspectivas futuras da empresa emissora, aí se incluindo sua política de dividendos, prognósticos de expansão de seu mercado e de seus lucros e influência da política econômica sobre as atividades da empresa.

3.4.6.3 Negociação

A realização de negócios no mercado à vista requer a intermediação de uma corretora que poderá executar a ordem de compra ou venda de seu cliente por meio de um de seus representantes (operadores), ou ainda autorizar seu cliente a registrar suas ordens no Sistema Eletrônico de Negociação, utilizando para isso o *Home Broker* da corretora. É possível acompanhar o andamento das operações no mercado à vista, durante todo o pregão, por meio da rede de terminais da BM&FBOVESPA, pelo *site* da BM&FBOVESPA e, após o encerramento das negociações, no *Boletim Diário de Informações* (BDI) da Bolsa e nos jornais de grande circulação.

3.4.6.4 Formas de negociação

Desde que julho de 2009, na BM&FBOVESPA, são realizados apenas pregões por meio de sistema eletrônico, o Mega Bolsa (Sistema Eletrônico de Negociação), que permite às corretoras cumprir as ordens de clientes diretamente de seus escritórios. Pelo Sistema Eletrônico de Negociação, a oferta de compra ou venda é feita através de terminais de computador. O encontro das ofertas e o fechamento de negócios são realizados automaticamente pelos computadores da BM&FBOVESPA.

Portanto, atualmente, todas as operações da bolsa passaram a ser realizadas por meio de plataforma eletrônica, portanto não ocorrem mais pregões viva-voz, em que os representantes das corretoras apregoam suas ofertas em voz alta.

Os pregões eletrônicos são utilizados tanto em bolsa de valores quanto em mercado de balcão organizado e todos os participantes do pregão devem ter amplo acesso às informações que possam ter influência sobre o preço das ações.

3.4.6.5 Liquidação

Processo de transferência da propriedade dos títulos e o pagamento/recebimento do montante financeiro envolvido. Abrange duas etapas:

1. entrega dos títulos: implica a disponibilização dos títulos à CBLC, pela corretora intermediária ou pela instituição responsável pela custódia dos títulos do vendedor. Ocorre no terceiro dia útil (D + 3) após a realização do negócio em pregão. As ações ficam disponíveis ao comprador após o respectivo pagamento;

2. liquidação financeira: compreende o pagamento do valor total da operação pelo comprador, o respectivo recebimento pelo vendedor e a efetivação da transferência das ações para o comprador. Ocorre no terceiro dia útil (D + 3) após a realização do negócio em pregão.

3.4.6.6 Tipos de ordem

Na ordem a mercado, o investidor transmite sua ordem a uma corretora na qual é cadastrado. Esta tem o dever de executá-la prontamente, ao melhor preço disponível, desde que se trate de uma ação com liquidez. Essa é a ordem mais comum, mas há várias outras modalidades. Alternativamente, o investidor pode fixar um preço determinado ou melhor para sua execução – é a ordem limitada. Ou poderá fixar apenas a quantidade de títulos, dando uma ordem administrada à corretora, que irá executá-la a seu critério. A fim de limitar prejuízos, o investidor pode dar a ordem fixando um preço-limite que, se alcançado pela evolução das cotações, torna a ordem a mercado – é a ordem *on stop*. Há também a possibilidade de vincular a execução de uma operação à execução de outra previamente definida e oposta (compra *versus* venda), no mesmo ou em diferentes mercados – é a ordem casada, que só se efetiva se executadas as duas ordens. De forma similar, há a ordem de financiamento, na qual o investidor determina a tomada de posições opostas, também no mesmo ou em outro mercado, porém, com prazo de vencimento distinto.

O investidor pode também fixar o prazo de validade de sua ordem por meio da ordem válida para o dia ou da ordem válida por prazo determinado. Expirado o prazo, a ordem é cancelada. Há ainda a ordem válida por prazo indeterminado, cuja validade só termina com a execução ou cancelamento da ordem. Ressalte-se que as ordens por prazo indeterminado, realizadas via *Home Broker*, são válidas por 30 dias.

3.4.6.8 Execução

O intermediário financeiro, como a corretora, dispõe de profissionais especializados, capacitados a dar orientações sobre investimentos, receber ordens dos investidores e transmiti-las aos operadores qualificados e mantidos por ele nos pregões físicos das bolsas; ou ainda encaminhá-las para o pregão eletrônico, o qual também pode ser acessado diretamente pelos clientes das corretoras via *Home Brokers*.

3.4.6.9 Liquidação

Executada a ordem, tem lugar a liquidação física e financeira, processo pelo qual se dão a transferência da propriedade dos títulos e o pagamento/recebimento do montante financeiro envolvido, dentro do calendário específico estabelecido pela bolsa para cada mercado.

No mercado à vista, vigora o seguinte calendário de liquidação:

- D + 0 – dia da operação;
- D + 1 – prazo para os intermediários financeiros especificarem as operações por eles executadas junto à Bolsa;
- D + 2 – entrega e bloqueio dos títulos para liquidação física da operação, caso ainda não estejam na custódia da CBLC;
- D + 3 – liquidação física e financeira da operação.

A liquidação é realizada por empresas de compensação e liquidação de negócios, que podem ser ligadas à bolsa ou independentes. O Segmento Bovespa utiliza a CBLC – Companhia Brasileira de Liquidação e Custódia – para liquidar as operações realizadas em seus mercados. As corretoras Bolsa e outras instituições financeiras são os agentes de compensação da CBLC, responsáveis pela boa liquidação das operações que executam para si ou para seus clientes.

3.4.6.10 Tributação

Sobre os ganhos líquidos nas operações com ações no mercado à vista, são tributados à alíquota de imposto de renda de 15% ou à alíquota de 20% nas operações *day-trade* (compra e venda no mesmo dia). O ganho líquido com ações é calculado mensalmente pela diferença (positiva) entre o valor de alienação (venda) e o custo de aquisição. Em outras palavras, trata-se do preço de venda menos o preço de compra e menos os custos de transação (corretagem, emolumentos e demais taxas sobre a operação).

Adicionalmente, há retenção de imposto de renda na fonte à alíquota de 0,005% sobre o **valor das alienações** (vendas) de ações no mercado à vista e retenção de 1% sobre **ganhos** em operações de *day-trade*. O imposto retido na fonte poderá ser deduzido do imposto incidente sobre os ganhos líquidos no mês

São isentos do imposto de renda os ganhos líquidos auferidos por pessoa física em operações efetuadas com ações, no mercado à vista de bolsas de valores, se o total das alienações (vendas) realizadas no mês não exceder a R$ 20.000,00.

Não há incidência de impostos sobre os dividendos pagos pelas empresas. Já os juros sobre capital próprio (JCP) estão sujeitos ao imposto de renda na fonte à alíquota de 15% de forma definitiva.

A responsabilidade do recolhimento é do próprio investidor, excetuando-se aquele já retido na fonte. O imposto deverá ser apurado mensalmente e pago até o último dia útil do mês subsequente ao da apuração. Prejuízos obtidos nesse e em outros mercados (como opções) podem ser compensados, exceto operações iniciadas e encerradas no mesmo dia (*day-trade*), que somente poderão ser compensados com ganhos em operações da mesma espécie (*day-trade*).

3.4.6.11 Custos de transação

Sobre as operações realizadas no mercado à vista incidem: (1) taxa de corretagem pela intermediação – livremente pactuada entre cliente e corretora e incidente sobre o movimento financeiro total (compras mais vendas) das ordens realizadas em nome do investidor, por uma mesma corretora e em um mesmo pregão –; e (2) os emolumentos e as taxas de liquidação cobrados pela bolsa de valores, cujos percentuais incidentes sobre o valor das operações (valor financeiro) à vista no segmento Bovespa são:

Tabela 3.3.

	Negociação	Liquidação	TOTAL
Pessoas físicas e demais investidores	0,0285%	0,0060%	**0,0345%**
Fundos e Clubes de Investimento	0,0190%	0,0060%	**0,0250%**
Day-trade (para todos os investidores)	0,0190%	0,0060%	**0,0250%**

Já os custos de transação (sobre valor financeiro) para operações realizadas em mercado de balcão são:

Tabela 3.4.

	Negociação	Liquidação	TOTAL
Mercado à vista			
Sobre o valor financeiro, de cada investidor (comprador e vendedor)	0,068%	0,006%	*0,074%*
Custo mínimo por operação	R$ 70,00	R$ 30,00	*R$ 100,00*

3.4.6.12 Riscos dos mercado de ações

Ações são ativos de renda variável, ou seja, não oferecem ao investidor uma rentabilidade garantida, previamente conhecida. Essa rentabilidade é composta de dividendos ou participação nos resultados e benefícios concedidos pela empresa emissora, além do eventual ganho de capital auferido na venda da ação no mercado secundário (bolsa de valores). O retorno do investimento dependerá de uma série de fatores, tais como desempenho da empresa, comportamento da economia brasileira e internacional etc.

Justamente pela falta de garantia de rentabilidade no investimento em ações, podendo até haver prejuízo na aplicação, este é considerado um investimento de risco. É aconselhável que o investidor não dependa do recurso aplicado em ações para gastos imediatos e que tenha um horizonte de investimento de médio e longo prazos, quando eventuais desvalorizações das ações poderão ser revertidas.

O Capítulo 5 aborda de forma detalha os modelos e procedimentos para se avaliarem, medirem e gerenciarem os riscos envolvidos em ações

Simulação de uma Operação

Votorantim Papel e Celulose — Data: 01/04/2009

Código da ação: VCPA4 — Cotação: R$ 10,60 unit
Lote padrão: 100 — Operação: Compra de 100 ações

Custo da ção: 100 × 10,60 = — R$ 1.060,00
Corretagem: 1,5% × 1.060,00 + 2,49 = — R$ 18,39
Emolumentos: 0,035% × 1.060,00 = — R$ 0,37
Total = R$ 1.078,76

Figura 3.4

Simulação de uma operação.

3.5 ÍNDICES DO MERCADO ACIONÁRIO

As bolsas de valores costumam divulgar informações sobre índices que representam a evolução dos negócios e dos preços das ações negociadas nos mercados.

O Segmento Bovespa coleta, organiza e divulga uma série de informações sobre os negócios realizados em cada pregão. Os principais indicadores referem-se a preços e volumes das ações negociadas, que traduzem a liquidez do mercado. São elaborados também índices que mostram o comportamento do mercado como um todo ou segmentos específicos.

O Índice Bovespa (Ibovespa) é o mais importante indicador do desempenho do mercado de ações brasileiro, pois retrata o comportamento das principais ações negociadas na Bovespa. Ele é formado a partir de uma aplicação imaginária, em reais, em uma quantidade teórica de ações (carteira). Sua finalidade básica é servir como indicador médio do comportamento do mercado. Para tanto, as ações que fazem parte do índice representam mais de 80% do número de negócios e do volume financeiro negociados no mercado à vista.

Este índice é uma ferramenta indispensável para quem investe em ações, quer para acompanhar o mercado, quer para avaliar comparativamente o desempenho de sua própria carteira.

O segmento Bovespa divulga também outros índices:

- Índice Brasil (IBrX), que mede o retorno de uma carteira de ações integrada pelas cem ações mais negociadas;

- IBrX-50, que mede o retorno de uma carteira de ações composta pelas 50 ações mais negociadas;

- Índice de Energia Elétrica (IEE), índice setorial que mede o desempenho das ações do setor elétrico;

- Índice Setorial de Telecomunicações (ITEL), índice setorial que mede o desempenho das ações do setor de telecomunicações (tanto telefonia fixa como celular);

- Índice de Ações com Governança Corporativa Diferenciada (IGC), que mede o desempenho de uma carteira teórica composta por ações de empresas que apresentem bons níveis de governança corporativa;

- Índice Valor Bovespa (IVBX-2), o qual mede o retorno de carteira hipotética constituída exclusivamente por papéis emitidos por empresas de excelente conceito perante os investidores, classificadas a partir da 11ª posição, tanto em termos de valor de mercado como de liquidez de suas ações;

- Índice de Ações com *Tag Along* Diferenciado (ITAG), que tem por objetivo medir o desempenho de uma carteira teórica composta por ações de empresas que ofereçam melhores condições aos acionistas minoritários, no caso de alienação do controle;

- Índice de Sustentabilidade Empresarial (ISE), com o objetivo de refletir o retorno de uma carteira composta por ações de empresas com reconhecido comprometimento com a responsabilidade social e a sustentabilidade empresarial;

- Índice de Carbona Eficiente (ICO2), que é composto pelas ações das companhias participantes do índice IBrX-50 que aceitaram participar dessa iniciativa, adotando práticas transparentes com relação a suas emissões de gases efeito estufa (GEE), leva em consideração, para ponderação das ações das empresas componentes, seu grau de eficiência de emissões de GEE, além do *free float* (total de ações em circulação) de cada uma delas. Tem como intuito prover ao mercado um indicador cuja *performance* será resultante de um portfólio balizado por fatores que incorporam, inclusive, as questões relacionadas às mudanças climáticas;

- Índice do Setor Industrial (INDX), composto pelas ações de emissão de empresas do setor industrial que são negociadas na BM&FBOVESPA e atendem aos critérios de inclusão estabelecidos pela BM&FBOVESPA. Tem como objetivo medir o desempenho das ações mais representativas do setor industrial;

- Índice de Consumo (ICON), que tem como objetivo oferecer uma visão segmentada do mercado acionário, medindo o comportamento das ações das empresas representativas dos setores de consumo cíclico e não cíclico. As ações componentes são selecionadas por sua liquidez, e são ponderadas nas carteiras pelo valor de mercado das ações disponíveis à negociação;

- Índice Imobiliário (IMOB), tem por objetivo oferecer uma visão segmentada do mercado acionário, medindo o comportamento das ações das empresas representativas dos setores da atividade imobiliária compreendidos por construção civil, intermediação imobiliária e exploração de imóveis. As ações componentes são selecionadas por sua liquidez, e são ponderadas nas carteiras pelo valor de mercado das ações disponíveis à negociação;

- Índice de Governança Corporativa Trade (IGCT). Tendo em vista facilitar o lançamento de produtos referenciados em índices, a BM&FBOVESPA, a exemplo de experiências internacionais, decidiu criar novos indicadores com base em índices já existentes e que desempenham importante papel institucional. Dessa forma, com base no IGC, consagrado indicador do desempenho das ações emitidas por empresas que voluntariamente adotam padrões de governança corporativa diferenciados, foi criado o IGCT;

- Índice Mid-Large Cap (MLCX), tem por objetivo medir o comportamento das empresas listadas na Bolsa de modo segmentado, sendo que o índice Mid Large medirá o retorno de uma carteira composta pelas empresas listadas de maior capitalização;

- Índice Small Cap (SMLL), tem por objetivo medir o comportamento das empresas listadas na Bolsa de modo segmentado, sendo que esse índice medirá o retorno de uma carteira composta por empresas de menor capitalização;

- Índice Valor BM&FBOVESPA 2ª Linha (IVBX-2), foi desenvolvido em conjunto pela BM&FBOVESPA e pelo jornal Valor Econômico, visando mensurar o retorno de uma carteira hipotética constituída exclusivamente por papéis emitidos por empresas de excelente conceito junto aos investidores, classificadas a partir da 11ª posição, tanto em termos de valor de mercado como de liquidez de suas ações;

- Índice Financeiro (IFNC), tem por objetivo oferecer uma visão segmentada do mercado acionário, medindo o comportamento das ações das empresas representativas dos setores de intermediários financeiros, serviços financeiros diversos e previdência e seguros. As ações componentes são selecionadas por sua liquidez, e são ponderadas nas carteiras pelo valor de mercado das ações disponíveis à negociação.

Quanto ao Índice de Sustentabilidade Empresarial (ISE), nota-se tendência mundial dos investidores de procurar empresas socialmente responsáveis, sustentáveis e rentáveis para aplicar seus recursos. Tais aplicações costumam ser denominadas "investimentos socialmente responsáveis" e considera-se que empresas sustentáveis geram valor para o acionista no longo prazo, pois estão mais preparadas para enfrentar riscos econômicos, sociais e ambientais. No Brasil, essa tendência também é observada. Atenta a isso, a Bolsa decidiu criar um índice de ações que funcione como referencial para os investimentos socialmente responsáveis.

Visando atender a demanda do mercado por mais informações sobre as operações com ações, a BM&FBOVESPA lançou em 2011 mais quatro índices que refletem operações no mercado secundário. O primeiro dos quatro será o Índice Brasil Amplo (IBRAX), que tem todas as ações que atenderem ao critério de negociabilidade da Bolsa. Nesse novo cálculo, os papéis representaram 99 % de liquidez do mercado. O segundo é um Índice de dividendos composto por 25 % das ações com os maiores *divident yields* (retorno com dividendos) nos 24 meses anteriores à elaboração do índice. O terceiro índice é o Índice de Materiais Básicos, que é composto por empresas que negociam *commodities* (siderurgia e metalurgia, mineração, madeira e papel, química e petroquímica e embalagens), com exceção de petróleo, que mundialmente é classificado no setor de energia. O quarto índice é o Índice de *Utilities*, que reúne as ações de empresas ligadas ao ramo de serviços básicos de energia elétrica e saneamento básico, assim a BM&FBOVESPA passa a oferecer 22 índices no total.

Questões discursivas

1. **O que caracteriza um título de renda variável? Dê um exemplo.**

2. Quais os conceitos de ações nominativas e escriturais? Como são as ações, comumente, no Brasil?

3. Quais são as características das ações?

4. Qual a diferença entre ação preferencial e ação ordinária?

5. Quando uma companhia é considerada aberta?

6. Dê exemplos de valores mobiliários e os explique.

7. O que é uma operação de *underwriting*? No mercado interno e externo, quais títulos podem utilizar essa operação?

8. Que tipos de garantias são oferecidos pela operação de *underwriting*?

9. O que é um prospecto e qual a sua função?

10. Apresente vantagens e desvantagens na operação de *underwriting*.

Testes de múltipla escolha

1. Qual dos seguintes investimentos não é negociado na Bolsa de Valores de São Paulo:

   a) Ações de companhias abertas.
   b) Títulos do governo.
   c) Direitos e recibos de subscrição.
   d) Debêntures e notas promissórias.
   e) Opções sobre ações.

2. "São títulos nominativos negociáveis que representam, para quem as possui, a menor fração do capital social da empresa emitente." Essa definição refere-se a:

   a) Debêntures.
   b) Derivativos.
   c) Ações.
   d) Bônus de subscrição.
   e) *Commercial paper.*

3. Assinale a alternativa correta:

   a) As operações de abertura de capital precisam ter autorização da Receita Federal.
   b) O Banco Central do Brasil é o órgão fiscalizador do mercado de capitais brasileiro.
   c) Uma companhia é considerada aberta quando promove a colocação pública de valores mobiliários apenas em bolsas de valores.

   d) O mercado primário compreende o lançamento de novas ações no mercado, com aporte de recursos à companhia.
   e) As negociações do mercado secundário proporcionam maior entrada de recursos na empresa.

4. Assinale a alternativa correta:

   a) As negociações com ações em bolsas de valores podem ser processadas de três formas: viva voz (pregão físico), sistema eletrônico de negociação e sistema postal.
   b) Títulos públicos são negociados no segmento Bovespa.
   c) O mercado de balcão consiste em negociações fora do âmbito dos pregões das bolsas.
   d) A BM&FBovespa administra o mercado de balcão organizado no Brasil.
   e) A liquidez das ações é viabilizada pelos fundos de investimentos e bancos múltiplos.

5. Relacione as linhas:

   A. Promove a colocação pública de valores mobiliários em bolsas de valores ou no mercado de balcão.

   B. Podem ser ações, debêntures, bônus de subscrição, cotas de fundos de investimento ou de clubes de investimento, notas comerciais.

   C. Títulos nominativos negociáveis que representam, para quem as possui, a menor fração do capital social da empresa emitente.

   D. Títulos nominativos negociáveis representativos de dívida de médio/longo prazos contraída pela companhia perante o credor.

   E. Títulos nominativos negociáveis que conferem ao seu proprietário o direito de subscrever ações do capital social da companhia emissora, nas condições previamente definidas.

   F. Viabiliza a liquidez das ações.

   Viabiliza a liquidez das ações.

   ( ) Debêntures
   ( ) *Market makers*
   ( ) Valores mobiliários
   ( ) Ações
   ( ) Companhia aberta
   ( ) Bônus de subscrição

6. **(CVM-2010) A importância do mercado secundário de valores mobiliários visa a:**

   a) Dar liquidez às ações emitidas por companhias fechadas.

   b) Permitir a mudança de posições nos mercados futuros.

   c) Dar suporte a operações de abertura de companhias.

   d) Promover a desintermediação bancária.

   e) Tornar simples a circulação de ações.

7. **(BANCO DO BRASIL-2010) Com a finalidade de captação de recursos, muitas empresas abrem seu capital e emitem ações para serem negociadas no mercado primário ou secundário, dependendo da ocasião da emissão das ações. A emissão de ações no mercado primário ocorre quando a**

   a) negociação é realizada no pregão da Bolsa de Valores;

   b) negociação das ações não se concretizou no mercado secundário;

   c) empresa emite ações para negociação somente com empresas do setor primário;

   d) empresa emite pela primeira vez ações para serem negociadas no mercado;

   e) rentabilidade das ações não atingiu o patamar desejado.

8. **(Adaptado BANCO DO BRASIL-2010) As operações de *underwriting* (subscrição) são praticadas pelos bancos de investimento que realizam a intermediação da distribuição de títulos mobiliários no mercado. A Garantia Firme é um tipo de operação de *underwriting* no qual a instituição financeira coordenadora da operação garante a**

   a) Colocação dos lotes de ações a um determinado preço previamente pactuado com a empresa emissora, encarregando-se, por sua conta e risco, de colocá-lo no mercado.

   b) Rentabilidade das ações colocadas no mercado, responsabilizando-se por devolver o dinheiro à empresa emissora em caso de uma desvalorização repentina.

   c) Renovação da subscrição das ações colocadas no mercado e que não encontraram compradores interessados.

   d) Oferta global das ações da empresa tanto no país quanto no exterior, assumindo todos os riscos relacionados à oscilação de mercado.

   e) Prática de melhores esforços para revender o máximo de uma emissão de ações para os seus clientes por um prazo determinado.

9. **(Adaptado de IBA-2005) O Índice BOVESPA é:**

   a) Um índice setorial que foi criado para possibilitar aos agentes econômicos e aos demais participantes do mercado ter um instrumento de referência sobre o desempenho da economia, por segmentos.

   b) Um indicador da lucratividade de uma carteira teórica de ações, composta pelas ações que representam 80% do volume financeiro total negociado no segmento Bovespa no período de 12 meses anterior à formação da carteira, sendo os preços das ações individuais ponderados pelos respectivos volumes de negócios.

   c) Composto pelas 100 ações que atendem prioritariamente o seguinte critério (sempre com relação aos 12 últimos meses): estarem entre as 100 melhores classificadas quanto ao seu índice de negociabilidade.

   d) Um indicador das empresas que participam do Novo Mercado ou estejam classificadas nos níveis 1 e 2 do segmento Bovespa.

   e) Um indicador da lucratividade de uma carteira teórica de ações, composta pelas ações mais negociadas no segmento Bovespa no período de 12 meses anterior à formação da carteira, sendo os preços das ações individuais ponderados pelos respectivos tamanho das empresas (*"free float"*).

10. **(BANCO DO BRASIL-2010) As Companhias ou Sociedades Anônimas podem ser classificadas como abertas ou fechadas. São classificadas como abertas quando**

   a) Seu passivo está atrelado a opções de mercado futuro.

   b) Seus principais ativos são ações de outras companhias de capital aberto.

   c) Sua estrutura de capital permite a entrada de sócios estrangeiros.

   d) Suas ações são negociadas na Bolsa de Valores ou no mercado balcão.

   e) Suas ações são propriedade dos sócios fundadores e não estão à venda.

4

Depositary Receipts

André Moura Cintra Goulart, Gerlando Augusto
Sampaio Franco de Lima e Jaime Gregório

4.1 INTRODUÇÃO

4.2 AMERICAN DEPOSITARY RECEIPTS (ADR)[1]

Um *american depositary receipt* é um recibo de depósito de títulos e valores mobiliários de empresas não americanas, negociável no mercado norte-americano, seja em bolsa de valores ou em mercado de balcão organizado, dependendo do tipo de programa.[2]

As ações da companhia emissora são custodiadas no país de origem, através de um banco juridicamente competente (banco custodiante), que presta serviço de custódia dos títulos e valores. Nos Estados Unidos, haverá uma "instituição depositária" que irá emitir ou fazer o cancelamento dos recibos, com base nos valores custodiados no país de origem.

O mecanismo operacional, que ocorre com a companhia em uma emissão secundária (colocação de ações já existentes no mercado), pode ser analisado na Figura 4.1.

---

[1] Este tópico é baseado em Lima (2005).

[2] Essas diferenças serão discutidas mais à frente.

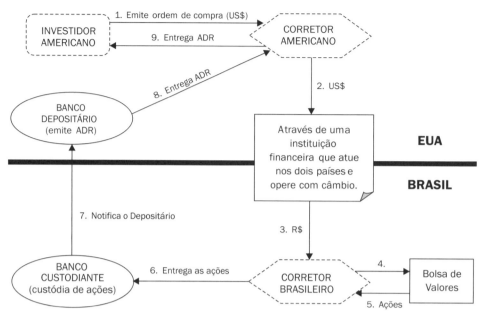

Fonte: Adaptada de Andrezo e Lima, 2007.

FIGURA 4.1

Funcionamento de uma emissão secundária de ADR.

A Figura 4.1 demonstrou como ocorre o mercado secundário de ADR. A Figura 4.2 demonstra o mercado primário, quando se lançam novas ações no mercado americano.

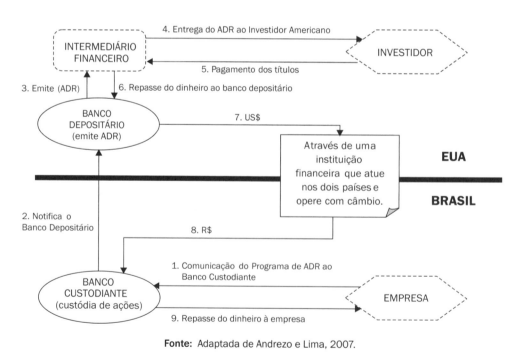

Fonte: Adaptada de Andrezo e Lima, 2007.

FIGURA 4.2

Funcionamento de uma emissão primária de ADR.

Um dos principais problemas que um investidor pode ter, no momento de compra de um ADR, é o risco de liquidez. O risco de liquidez é a provável perda de negociabilidade do título no mercado, ou seja, um recibo negociável de uma empresa pode não ter compradores no mercado após a sua passagem pelo mercado primário. Apesar de o mercado de capitais norte-americano ser muito líquido (ANDREZO; LIMA, 2007), ainda há a possibilidade da ocorrência desse risco para os investidores.

Outro risco que pode afetar o investidor é o de mercado. Esse risco pode ser definido como a incerteza a respeito dos resultados de um investimento, ou de uma carteira de investimento, decorrente de mudanças futuras nas condições de mercado. Brigham e Westom (2000, p. 173) comentam que "o risco de mercado baseia-se em fatores que afetam de forma sistemática a maioria das empresas como guerras, inflação, recessão e taxas de juros".

Nesse caso, os investidores devem analisar a origem do investimento e a empresa que está fazendo a emissão. Um dos cuidados a serem tomados é a leitura do prospecto de lançamento de ADR, que é distribuído pela empresa.[3] Além disso, tanto a SEC quanto a NYSE analisam o risco de mercado das empresas emissoras de ADR, com isso diminuindo esse risco para o investidor do mercado (NYSE, 2005).

As principais vantagens que uma empresa pode ter por emitir ADRs, conforme The Bank of New York (2005),[4] Matsumoto (1995, p. 12-13) e Bruni (2002, p. 10-11), são:[5]

- expansão do *market share*[6] através do alargamento e maior diversificação da exposição a investidores com grande potencial de liquidez, o qual poderá aumentar ou estabilizar o preço da ação;

- visibilidade e imagem dos produtos, serviços e instrumentos financeiros da companhia realçados fora do seu mercado originário;

- mecanismos flexíveis para levantar capital e um veículo corrente para fusões e aquisições;

- permitir que empregados de empresas subsidiárias americanas de empresas estrangeiras invistam mais facilmente na estrangeira;

- abertura do mercado financeiro internacional para futuras captações de recursos financeiros, seja na forma de emissão de novas ações (*equity*), seja através de exigibilidade (*debt*), em face do conhecimento prévio do nome da companhia pelo mercado financeiro internacional através de pesquisas efetuadas pelos bancos de investimento internacionais ou de artigos em revistas e jornais.

E algumas desvantagens que uma empresa pode ter por emitir ADRs são (MATSUMOTO, 1995, p. 12-13):

- o custo de implantação motivará, apenas, empresas de grande porte, pois a adaptação das demonstrações contábeis às normas norte-americanas, bem como a auditoria dessas demonstrações, elevam os custos de implantação com a contratação de advogados e auditores especialistas no atendimento das exigências da SEC;

- o tempo de preparação dos documentos exigidos pela SEC, inclusive o mencionado no item anterior, faz com que a companhia tenha que planejar com uma antecedência aproximada de seis meses para evitar quaisquer tipos de imprevistos de última hora, mesmo porque a SEC pode efetuar seus possíveis comentários que deverão ser atendidos pela empresa emissora;

- mais custos futuros ao oferecer maior *disclosure* (transparência) das informações da empresa aos investidores e à SEC;

- submeter-se às penalidades da SEC, caso não cumpridas as exigências constantes em suas regras.

---

[3] O prospecto é um dos documentos exigidos tanto pela Bolsa de Valores americana, quanto pela brasileira. Nos Estados Unidos, um de seus capítulos diz respeito aos riscos que o investidor pode ter adquirindo ativos dessa empresa. Sobre mais detalhes, ver o manual da NYSE (2005). No Brasil, o prospecto é o documento básico sobre a emissão e a companhia, que deve estar disponível a todos os investidores ao final do processo junto à CVM.

[4] The Bank of New York DRS: the basic and benefits. Disponível em: <http://www.adrbny.com/dr_edu_basics-and_benefits.jsp>. Acesso em: 4 fev. 2005.

[5] *Expanded market share through broadened and more diversified investor exposure with potentially greater liquidity, which may increase or stabilize the share price; Enhanced visibility and image for the company's products, services and financial instruments in a marketplace outside its home country; Flexible mechanism for raising capital and a vehicle or currency for mergers and acquisitions; Enables employees of U.S. subsidiaries of non-U.S. companies to invest more easily in the parent company.* Tradução Livre.

[6] Essa palavra é muito utilizada por pessoas que fazem parte do meio de mercado e quer dizer "participação no mercado" pela empresa, ou seja, o meio em que ela participa.

Apesar de Matsumoto (1995) citar a desvantagem de a empresa incorrer em maiores custos futuros, ao oferecer maior *disclosure*, essa característica pode ser revertida para que se obtenham benefícios. Uma das justificativas para isso seria que essa empresa terá maior credibilidade no mercado, já que demonstrará maior compromisso com a transparência de suas atividades para com os investidores incorrendo, consequentemente, na diminuição de seu custo de capital.

Essa relação de maior transparência com diminuição no custo de capital é um tópico que apresenta várias pesquisas internacionais como as de Botosan (2000), Hail (2002) e Verrecchia (1999).

Quando relacionados custo de capital e nível de *disclosure* das empresas, percebem-se duas linhas distintas de pensamento apresentadas por Hail (2002, p. 743): uma voltada para a liquidez dos mercados e a outra para a perspectiva de estimação do risco.

Sobre a primeira linha de pensamento, as empresas, devido à falta de liquidez do mercado e ao desinteresse de investidores por suas ações, revelam informações privadas e, com isso, reduzem seus custos de capital. Sobre esse assunto, Diamond e Verrecchia (1991) construíram um modelo em que o *disclosure* melhora a liquidez futura de uma ação pelo aumento de demanda de grandes investidores reduzindo, com isso, o custo de capital. Esse estudo foi seguido por Glosten e Milgrom (1985), Amihud e Mendelson (1986) e Baiman e Verrecchia (1996). Essas pesquisas foram recentemente comprovadas por Bloomfield e Wilks (2000), que, através de um laboratório de mercado financeiro, perceberam que um aumento da qualidade de *disclosure* implicou em demanda dos investidores por ações, ainda que os preços das ações estivessem elevados.

Por outro lado, analisando a segunda linha de raciocínio, as empresas tentam reduzir os riscos estimados por investidores ofertando maior nível de *disclosure*. Handa e Linn apud Hail (2002, p. 743) comentam que um investidor atribui maior risco sistemático a um ativo com baixa informação (pouco *disclosure*) em relação a outro ativo que contenha maiores informações, conduzindo o ativo com pouco *disclosure* a baixos preços e demanda.

Em função das vantagens relacionadas ao maior nível de divulgação quando a empresa emite DRs no mercado americano, a companhia deve escolher, de acordo com suas visões estratégicas, qual a melhor forma, pois, para cada tipo de emissão, novas informações serão divulgadas. Com isso, para dei-

xar mais claras essas exigências e as consequentes vantagens e desvantagens sobre cada tipo de ADR, tem-se o tópico seguinte.

4.2.1 Tipos de ADR

4.2.1.1 ADR Nível I – *over the counter* (OTC)

O ADR nível I é negociado exclusivamente em mercado de balcão não organizado, em um mercado secundário,[7] similar ao mercado de balcão brasileiro, e não em bolsa de valores. Essas empresas são listadas nos chamados "papéis cor-de-rosa",[8] que permitem o pedido de isenção de adequação às regras da SEC, embora não permitam a captação de recursos pela empresa. Esses papéis são colocados à disposição, apenas, de investidores institucionais qualificados (fundos de pensão, seguradoras, administradoras de carteiras com patrimônio mínimo de US$ 100 milhões).

Dentre as principais vantagens da emissão do ADR nível I para as empresas brasileiras, tem-se (BRUNI, 2002, p. 12; MATSUMOTO, 1995, p. 18; THE BANK OF NEW YORK, 2005):

- divulgação do nome da empresa para o mercado de balcão, já que este é a porta de entrada que antecede as bolsas de valores, possibilitando que o nome da companhia seja assimilado pelo investidor americano;

- facilidade de implantação pela simplicidade de documentos exigidos pela SEC, que assegura à companhia a isenção dos demais documentos quando de uma captação de recursos;

- ação do banco depositário como um canal de comunicação entre o emissor e sua base americana de acionistas. Os pagamentos de dividendos, demonstrações financeiras e os detalhes das ações da empresa são passados para os investidores americanos através do depositário;

- manutenção pelo banco depositário de registros precisos de acionistas para o emissor,

---

[7] Esse mercado secundário norte-americano é denominado *OTC – over the counter*.

[8] *Pink sheet*. É uma listagem cor-de-rosa que é distribuída entre as corretoras, possibilitando ao investidor americano acompanhar seu investimento.

que pode, caso solicitado, acompanhar e informar o emissor sobre as grandes transações de ações;

- facilidade e relativa economia para incrementar o programa para o nível II ou III, visto que o emissor e o banco depositário não têm que negociar o cancelamento dos ADRs com diversos depositários.

Segundo Bruni (2002, p. 12), a única desvantagem do programa de nível I é "a inadmissibilidade de captação de recursos nesse programa".

Após demonstrar as características do nível I, tem-se, abaixo, as características do Nível II.

4.2.1.2 ADR Nível II – *listed*

Apesar de não ser permitida a captação de dinheiro no mercado americano, esse nível habilita a empresa a se listar nas bolsas americanas, acarretando as exigências das normas da SEC e das normas e princípios americanos de contabilidade. Essas informações devem ser fornecidas regularmente aos investidores.

Nesse nível, a empresa deve apresentar um registro junto à SEC e é obrigada a apresentar o formulário 20-F anual. O 20-F é um formulário equivalente ao 10-K para a empresa norte-americana, só que mais básico, com menos informações. Os Estados Unidos, já liberou as empresas não americanas de apresentarem a contabilidade em padrões internacionais, não só no GAAP americano.

Dentre as vantagens do Nível II, Bruni (2002, p. 13), Matsumoto (1995) e The Bank of New York (2005) comentam:

- maior atração para os investidores americanos do que um programa do Nível I porque os ADRs podem ser registrados nas principais bolsas de valores dos Estados Unidos;
- maior liquidez (negociabilidade): investidores institucionais, administradores de carteiras, fundos mútuos de ações, bancos de investimento, empresas e as pessoas físicas poderão adquirir, em seu próprio país, as ações de companhias brasileiras. Com esse maior número de investidores potenciais, a empresa poderá, em um momento futuro, levantar mais facilmente os recursos financeiros em vários países, através do ADR Nível III, Nível 144/A, ou até

através de GDR, pois será mais conhecida pelo mercado mundial;

- maior visibilidade: uma vez registrada na SEC, a empresa terá a oportunidade de colocar à disposição dos analistas financeiros todas as informações de uma empresa norte-americana; terá os preços de seus ADRs cotados diariamente nos principais jornais econômico-financeiros do mundo, retrato dos pregões das bolsas de valores do dia anterior; divulgação do nome da empresa não somente com finalidades financeiras, como também para a comunidade internacional para fins mercadológicos para seus produtos, serviços ou instrumentos financeiros; o inverso também é verdadeiro; se a empresa já é conhecida no mercado internacional, torna-se mais fácil, ainda, encontrar investidores para os seus títulos;
- abertura do mercado financeiro internacional para futuras captações de recursos financeiros, seja em forma de emissão de novas ações (*equity*), seja através de títulos de dívida (*debt*);
- preparação para o ADR Nível III: uma das principais preocupações da empresa para captar recursos através da emissão de ADR Nível III está na adaptação dos princípios americanos de contabilidade geralmente aceitos pela sua complexidade, que demandará tempo e despesas com a contratação de advogados americanos, bem como uma auditoria que conheça as exigências da SEC.

Como desvantagens, podem-se citar (BRUNI, 2002; MATSUMOTO, 995):

- o custo de implementação é muito alto, motivando apenas empresas de grande porte;
- o tempo de preparação dos documentos exigidos pela SEC obriga a companhia a fazer o seu planejamento com uma antecedência aproximada de quatro a seis meses para evitar quaisquer tipos de imprevistos, mesmo porque a SEC pode efetuar possíveis "comentários" que deverão ser atendidos pela emissora dos ADRs, além do due diligence[9] a ser feito na empresa;

---

[9] O *due diligence* é uma espécie de desvendamento de toda a empresa, nos seus aspectos contábil-financeiros, operacionais, mercadológicos, legais etc. (MATSUMOTO, 1995, p. 24).

- maiores custos futuros ao oferecer um maior *disclosure* (transparência) das informações aos investidores e à SEC;

- submeter-se às penalidades da SEC caso não cumpridas as exigências constantes em suas regras.

4.2.1.3 ADR Nível III – *offering*

Nesse nível, trata-se de uma efetiva oferta pública de ADRs da empresa no mercado norte--americano, com o registro completo na SEC e listagem em bolsas, sendo o máximo que uma empresa não americana pode conseguir em termos de demanda por seus títulos, transparência, liquidez e, obviamente, de levantamento de capital, através de uma colocação pública, já que ela se compara a uma empresa americana.

Uma emissão de ADR Nível III é similar à de Nível II, com a característica adicional de o emissor levantar novos capitais. Para tal, deve fornecer um prospecto com informações sobre a companhia, os riscos dos seus negócios, o preço da oferta e o plano de distribuição das ações; assim, as vantagens são quase que as mesmas do ADR Nível II; uma diferença poderia ser a de a empresa ter como principal vantagem a de levantar recursos financeiros através da emissão de ações no mercado internacional, possibilitando a expansão. "Inúmeras empresas não conseguem captar em seu próprio país os recursos necessários a sua expansão, devido à insuficiência de poupança interna" (MATSUMOTO, 1995, p. 27).

Como desvantagens, podem-se verificar quase que as mesmas dos ADRs Níveis I e II; além de que os custos de iniciação e manutenção de um programa de Nível III podem ser elevados. "Os custos de iniciação, que incluem o registro, procedimentos legais, contabilidade, relações com investidores e custos de '*road show*',[10] podem chegar a um total aproximado de US$ 300 mil a US$ 500 mil" (BRUNI, 2002, p. 14).

Em relação ao material publicado, há o Formulário-1, tem formato bem completo como um prospecto de oferta de ações, além do Formulário 20-F anualmente, aderindo, assim, ao IFRS ou ao GAAP americano. Além disso, qualquer informação relevante dada aos acionistas, deve ser arquivado na SEC através do Formulário 6K.

4.2.1.4 Programas restritos

4.2.1.4.1 Regra 144/A

Essa é a alternativa que regula as colocações privadas nos Estados Unidos. Esse tipo de ADR, como visto anteriormente na Figura 4.1, tem a grande vantagem de permitir a captação de novos recursos, apesar de não ser listado em bolsa de valores.

Esse tipo de ADR é negociado no sistema americano chamado PORTAL,[11] que realiza a negociação das emissões privadas com liquidação via DTC[12] com suas ações junto à comunidade QIB,[13] cujo universo é composto por aproximadamente 10.000 médios e grandes investidores institucionais e instituições financeiras que administram ativos superiores a US$ 100 milhões.

Seu objetivo principal, segundo The Bank of New York (2005), consiste em incrementar a liquidez do mercado de colocações privadas, através de redução de restrições e condicionantes na negociação de valores mobiliários aos investidores.

Pode-se perceber que essa restrição é justificada por serem os investidores institucionais mais qualificados para avaliar riscos e benefícios das empresas que emitem esse tipo de ADR.

As vantagens que se pode ter em emitir ADRs, nesse nível, são, segundo Matsumoto (1995, p. 32-33), Bruni (2002, p. 14-15) e The Bank of New York (2005):

- maior liquidez (negociabilidade) para as ações da empresa emissora;

- submissão apenas parcial às exigências de registro e relatório informativo da SEC. Entretanto, é possível que os QIBs exijam certa divulgação financeira, salvo ter sido concedida isenção de relatório informativo por norma específica;

- viabilização de lançamentos isolados ou como parte de uma oferta global;

- fornecimento de um meio mais econômico de captação de capital acionário em relação

---

[10] *Road show* é a apresentação feita pelas empresas ao mercado antes de colocar suas ações à venda.

[11] *Private Offerings, Resales and Trading Trough Automated Linkage*: Ofertas Privadas, Revendas e Transações através de Conexões Automatizadas.

[12] *Depositary Trust Co.*

[13] *Qualified Institutional Buyers*: Investidores Institucionais Qualificados.

a uma oferta pública, além de ser possível uma emissão mais fácil e rápida;
- menor exigência de documentos, em relação aos Níveis II e III;
- a empresa pagará menos em dois relevantes custos: ao seu advogado, nos Estados Unidos, e aos auditores que, preferencialmente, os acionistas desejariam que fossem. Estima-se o custo entre US$ 200.000 a US$ 400.000;
- tempo: na tomada de decisão de financiamento da empresa, o tempo, muitas vezes, é fator relevante. A regra 144/A é de preparação mais rápida que o ADR Nível III.

E as possíveis desvantagens, segundo Matsumoto (1995, p. 33-34):

- menor liquidez em comparação com o ADR Nível III;
- não publicidade: por ser uma emissão privada nos Estados Unidos, a SEC não permite publicidade por parte da empresa emissora dos ADRs, o que a impede de divulgar seus projetos futuros ao público em geral e à imprensa;
- um volume de captação menor, pois muitos investidores institucionais, como alguns fundos de pensão americanos, estão proibidos de aplicar em países emergentes, a não ser que seja ADR Nível III, diminuindo a negociabilidade.

4.2.1.5 ADR Regra S

Na Regra S, as ações não podem ser negociados por pessoas nos Estados Unidos. Elas são registradas e emitidas para pessoas, não americanas, ou *offshore*, fora do país. Sobre as vantagens e desvantagens, possuem as mesmas características da Regra 144/A.

4.2.2 Principais diferenças entre os tipos de ADR

Para perceber as maiores diferenças entre os tipos de ADR, tem-se a Figura 4.3:

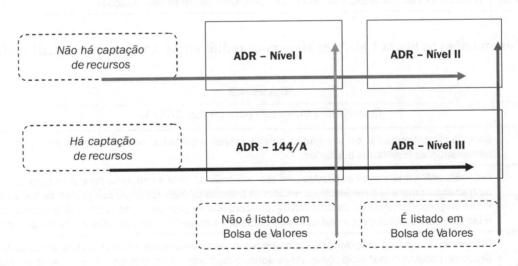

Fonte: Adaptado de Matsumoto (1995, p. 17).

FIGURA 4.3

Tipos de ADR e suas principais diferenciações.

Como percebido, a captação em mercado primário (ações que não existiam anteriormente) só pode ser feita nos tipos de ADR Nível III e Regra 144/A. Além disso, a listagem em bolsa de valores só pode ser feita nos níveis de ADR II e III.

Para se firmarem nesse mercado e usufruírem as vantagens demonstradas, as empresas precisam de um certo planejamento (cronograma) e uma quantidade de recursos singular. Esse cronograma poderá ser analisado no próximo tópico.

4.2.3 Como é formado o cronograma

O cronograma indicativo para ofertas registradas na SEC é bem peculiar e, como comentado anteriormente, leva um certo tempo pelas empresas.

No Quadro 4.1, é demonstrado o cronograma para ofertas registradas na SEC.

QUADRO 4.1

Cronograma indicativo para ofertas registradas na SEC.

Início	Data de Início/Nomeação de advogados, delegar responsabilidades/Auditores começam a preparar demonstrações financeiras auditadas/Contadores começam a reconciliar as normas americanas de contabilidade.
Semanas 1-2	Demonstrações financeiras auditadas com reconciliação às normas americanas e distribuídas a grupos de trabalho/Empresa providencia os resultados financeiros mais recentes aos grupos de trabalho/Iniciar a *due diligence*/Empresas e os seus advogados começam a produzir o prospecto e outros documentos relacionados/Aspectos estruturais fundamentais para a emissão são discutidos por todas as partes.
Semanas 3-4	Discussões sobre avaliação/Advogados da empresa distribuem prospecto revisado ao grupo de trabalho/ Grupo de trabalho providencia comentários sobre o *draft* aos advogados da empresa/Resolver todas as principais questões de contabilidade.
Semanas 5-6	É preparado um *road show* para a empresa/Advogados da empresa distribuem segundo *draft* do prospecto ao grupo de trabalho/Sessão final para a redação do documento em Nova York/Preparar apresentações, *slides* e vídeo para apresentação do *road show*.
Semana 7	Prospecto registrado na CVM e na SEC/Anúncio à imprensa.
Semanas 8-13	Receber e responder a possíveis comentários da SEC/Apresentação do *road show* finalizada/Administração da empresa ensaia *road show* em Nova York/Prospecto preliminar impresso e enviado a investidores potenciais/Recomendações sobre a avaliação final são apresentadas/Início do *road show*.
Semanas 14-15	Término do *road show*/Estabelecimento do preço/Fechamento da operação.

Já para as emissões na Regra 144/A, existem poucas diferenças, como a apresentada no Quadro 4.2.

QUADRO 4.2

Cronograma indicativo para ofertas 144/A.

Início	Data de início/Nomeação de advogados, delegar responsabilidades/Auditores começam a preparar demonstrações financeiras auditadas.
Semanas 1-2	Demonstrações financeiras auditadas com reconciliação às normas americanas e distribuídas a grupos de trabalhos/Empresa providencia os resultados financeiros mais recentes aos grupos de trabalho/Iniciar a *due diligence*/Empresas e os seus advogados começam a produzir o prospecto e outros documentos relacionados/Aspectos estruturais fundamentais para a emissão são discutidos por todas as partes.
Semanas 3-4	Discussões sobre avaliação/Advogados da empresa distribuem prospecto revisado ao grupo de trabalho/ Grupo de trabalho providencia comentários sobre o *draft* aos advogados da empresa/Resolver todas as principais questões de contabilidade/Preparar apresentações, *slides* e vídeo para apresentação do *road show*.
Semanas 5-6	É preparado um *road show* para a empresa/Advogados da empresa distribuem segundo *draft* do prospecto ao grupo de trabalho/Sessão final para a redação do documento em Nova York/Apresentação do *road show* finalizada/Recomendações sobre a avaliação final são apresentadas.
Semanas 7-8	Receber aprovação da CVM/Anúncio à imprensa/Prospecto preliminar impresso e enviado a investidores potenciais/Administração da empresa ensaia *road show* em Nova York/Início do *road show*/Membros do sindicato são convocados a se encontrar com o grupo de administradores da empresa.
Semanas 9-13	Término do *road show*/Estabelecimento do preço/Impressão do prospecto final/Fechamento da operação.

Como se percebe, o tempo da oferta 144/A é menor do que o Nível III, e as diferenças maiores são a adaptação às normas contábeis americanas e o recebimento não só da resposta da CVM, como também da SEC, que pode ser muito mais demorada caso a instituição americana queira maiores explicações sobre a emissão.

4.2.4 Aspectos de adequação às exigências norte-americanas

Algumas pesquisas (MATSUMOTO, 1995; BRUNI, 2002; SILVEIRA; BARROS; FAMÁ, 2003; GARCIA; SATO; CASELANI, 2004) comentam sobre as diferenças no nível de *disclosure* entre o Brasil e os Estados Unidos, principalmente quando a empresa brasileira lança ADRs nos Níveis II e III (nesses níveis, as empresas são listadas nas bolsas americanas, como pôde ser visto em ilustração anterior).

Segundo a NYSE (2005), as empresas devem seguir um guia para se listarem no mercado americano, devendo, para isso, seguir alguns processos:

- **o processo de listagem**: são destacados alguns padrões que a empresa deve ter, como número mínimo de acionistas, número de ações negociadas no mundo e o valor de mercado de suas ações, como, também, uma revisão de exigibilidades na forma de um prospecto;

- **lista de informações**: toda uma lista de *disclosure* que diz respeito à companhia deve ser ofertada ao mercado, informações sobre seus conselhos e qualquer informação que seja de total importância para o mercado. Vale salientar que essas informações são contínuas, enquanto a empresa estiver listada em bolsa;

- **responsabilidade corporativa da empresa**: nesse ponto, é dada importância às reuniões anuais, à comissão de auditoria, à concentração do poder de votos e a várias características que dizem respeito à governança corporativa da empresa, como também a padrões de *accountability*[14] a serem seguidos;

- **encontro de acionistas**: é dado muito valor, nesse ponto, aos encontros de acionistas que são feitos pela empresa e possíveis acordos de acionistas realizados dentro dela;

- **lista de aplicações, garantias e agências depositárias**: as empresas são obrigadas, principalmente as não americanas, a ter uma lista de aplicações a serem seguidas no tocante a fatos administrativos e contábeis. Sobre as garantias e agências depositárias, são fatos operacionais a serem seguidos pelas empresas.

Uma das respostas para isso é a diferença cultural entre esses dois países. Ball, Kothari e Robin (2000) comentam as diferenciações entre dois modelos legais que influenciam na informação contábil fornecida pelas empresas nos países, que seriam: o modelo *common law*[15] e o *civil law*.[16]

Conforme Lopes (2002, p. 61), "os países que adotam o sistema de *common law* (direito consuetudinário) têm instituições e modelos de regulamentação completamente diferentes daqueles que adotam sistemas de *civil law*".

Foram percebidas as seguintes diferenças (BALL; KOTHARI; ROBIN, 2000):

- **regulamentação**: os países que adotam o *common law* têm estruturas gerais de organização menos regulamentadas do que os países de *civil law*. Entre essas instituições, tem-se o próprio mercado financeiro. "Cabe ressaltar que esses sistemas podem coexistir dentro de um mesmo país na regulamentação de assuntos distintos" (LOPES, 2002, p. 62);

- **estrutura acionária**: países que adotam o modelo de *common law* têm mercado de capitais mais bem desenvolvidos, com uma estrutura acionária mais dispersa e com um grande número de acionistas. Nesse modelo, a demanda por informações é muito forte e permanente para reduzir a assimetria informacional em relação aos administradores que possuem informação privilegiada. A contabilidade, no caso, tem a função de levar informações e sinais ao

---

[14] Segundo o dicionário *Michaelis* (2000, p. 7), *accountability* quer dizer "responsabilidade final". Apesar disso, considera-se que essa tradução não está bem-feita e, com isso, acha-se melhor traduzir como "prestação de contas".

[15] Direito consuetudinário.

[16] Lei por códigos: Direito Romano.

mercado, devendo ter certas características para atender a tais demandas. Nos países de *civil law*, o controle das empresas está concentrado nas mãos de poucos acionistas que normalmente estão ligados diretamente à gestão das empresas ou possuem outros tipos de relações diretas como credores ou empregados. Nesse tipo de país, a contabilidade não tem o papel de reduzir a assimetria de informação, uma vez que a demanda de informação é muito pouca em relação aos outros tipos de países;

- **regulamentação contábil:** nos países que adotam o *common law*, a contabilidade está fora da esfera de influência do governo. Mesmo que os órgãos governamentais tenham autoridade para regulamentar a profissão e as práticas contábeis, essa autoridade é transferida para órgãos privados que acomodam membros da profissão e do mercado em seus quadros decisórios. Já nos países que adotam o *civil law*, a contabilidade é regulada pelo Governo Central e órgãos ligados a ele (Comissão de Valores Mobiliários no Brasil, por exemplo).

Observando essas características, o modelo que mais se aproxima do Brasil é o de *civil law*. O Brasil tem uma estrutura muito regulamentada, uma estrutura acionária menos dispersa e uma regulamentação contábil muito forte, regulamentada pelo governo através de órgãos como o Conselho Monetário Nacional e a Comissão de Valores Mobiliários (CVM).

No Brasil, uma emissão de ações só pode ser colocada no mercado depois de registrada na CVM. A Instrução 202/93, emitida pela CVM, relaciona os documentos necessários à obtenção do registro de companhia aberta, como o documento 20-F americano.

Essa instrução dispõe sobre assuntos como:

- nomeação do diretor de relações com investidores;
- características da distribuição de valores mobiliários, dispersão acionária e outras justificativas;
- o IAN (Formulário de Informações Anuais), que conta o histórico da companhia, principais acionistas, clientes e concorrentes,

demonstrações financeiras padronizadas e informações trimestrais;

- demonstrações financeiras dos três últimos exercícios;
- atas de todas as assembleias-gerais dos acionistas, nos últimos 12 meses.

A maior parte dessa informação e dos documentos solicitados faz parte do prospecto e deve estar disponível a todos os investidores ao final do processo junto à CVM.

4.3 *BRAZILIAN DEPOSITARY RECEIPTS (BDR)*[17]

Com a Resolução CMN 2.318, de 26 de setembro de 1996, criou-se um mecanismo, no Brasil, semelhante ao *depositary receipt* destinado às empresas estrangeiras que queiram colocar seus valores mobiliários no mercado brasileiro. Com isso, os investidores brasileiros passam a ter um novo meio para aplicar seus recursos em empresas estrangeiras.

Os BDRs são conceituados como certificados representativos de valores mobiliários de emissão de companhia aberta, ou assemelhada, com sede no exterior e emitidos por instituição depositária no Brasil.

A instituição depositária é a instituição autorizada a funcionar pelo Bacen e autorizada pela CVM a, com base nos valores mobiliários custodiados no exterior, emitir, no Brasil, os correspondentes BDRs. Instituição custodiante, por sua vez, é a instituição autorizada por órgão similar à CVM a prestar serviços de custódia no país de origem dos valores mobiliários. A instrução CVM 255, de 31 de outubro de 1996, também conceitua empresa patrocinadora como "a companhia aberta, ou assemelhada, com sede no exterior, emissora dos valores mobiliários objeto dos certificados de depósitos, e que esteja sujeita à supervisão e fiscalização de entidade ou órgão similar à CVM".

Assim, a instituição depositária emite BDRs lastreados em valores mobiliários emitidos por companhias abertas estrangeiras. Esses ficam, em seu país de origem, sob custódia de uma instituição custodiante. Somente são aceitos valores mobiliários de emissão de companhias abertas, ou assemelhadas

---

[17] Esse tópico é baseado em Andrezo e Lima (2007).

com sede em países cujos órgãos reguladores tenham celebrado com a CVM acordo de cooperação, consulta, assistência técnica e assistência mútua para troca de informações.

Além disso, nos programas de BDRs que exigem o registro da companhia emissora dos valores mobiliários (Níveis II e III), é necessário designar o representante legal da companhia no Brasil, com plenos poderes para tratar quaisquer questões, podendo ser demandado e receber citação inicial pela sociedade.

Como nos Estados Unidos, existem níveis diferenciados de BDR, como exposto a seguir.

4.3.1 Tipos de BDR

4.3.1.1 BDR Nível I

O BDR Nível I, como o ADR Nível I, é negociado exclusivamente em mercado de balcão não organizado, em um mercado secundário. Nessa listagem, há a dispensa de exigência de prestar informações que são obrigatórias aqui no Brasil e que não são necessárias em seu país de origem; como exemplo, pode-se ter uma empresa dos Estados Unidos que não precisa emitir a DOAR lá, não será necessária a sua emissão aqui no Brasil, como também há a dispensa de registro da companhia na CVM.

Como essas empresas não necessitam adequar-se a várias regras brasileiras, seus certificados são de aquisição exclusiva por instituições financeiras e demais instituições autorizadas a funcionar pelo Banco Central, por empregados da empresa patrocinadora ou de sua subsidiária, por companhias seguradoras e sociedades de capitalização, por pessoas jurídicas com patrimônio líquido superior a R$ 5.000.000,00 (cinco milhões de reais) e por carteiras de valores mobiliários com valor superior a R$ 500.000,00 (quinhentos mil reais), administradas discricionariamente por administrador autorizado pela CVM e por empregados de empresa patrocinadora ou de sua subsidiária.

4.3.1.2 BDR Nível II

Já no Nível II, os certificados são negociados em bolsa de valores, em mercado de balcão organizado ou em sistema eletrônico de negociação, como tam-

bém as empresas que fazem a sua emissão devem fazer seu registro na CVM.

Segundo a Bovespa, o pedido de registro de companhia deverá ser instruído com uma série de documentos e informações, nos termos da Instrução CVM 331/2000, destacando-se que a companhia deverá designar representante legal no Brasil e que as demonstrações financeiras devem ser ajustadas e adaptadas ao ambiente contábil brasileiro.

4.3.1.3 BDR Nível III

Da mesma forma que no Nível II, há a admissão à negociação em bolsa de valores, em mercado de balcão organizado ou em sistema eletrônico de negociação. A maior característica desse nível é a distribuição pública no mercado doméstico, permitindo a obtenção de novos recursos para a empresa. E, como no Nível II, há o registro da companhia na CVM.

Conforme a Bovespa, somente será registrado o programa de BDR Nível III quando for simultânea a distribuição de valores mobiliários no Brasil e no Exterior, e será exigido o cumprimento da Instrução CVM 13/1980 e demais normas aplicáveis à distribuição de valores mobiliários. Assim como no Nível II, o pedido de registro de companhia deverá ser instruído com uma série de documentos e informações, nos termos da Instrução CVM 331/2000, destacando-se que a companhia deverá designar representante legal no Brasil e que as demonstrações financeiras devem ser ajustadas e adaptadas ao ambiente contábil brasileiro.

As remessas para o exterior têm como limite o valor da alienação dos Certificados de Depósito de Valores Mobiliários (BDRs) nos mercados supervisionados pela CVM, deduzidas as despesas correspondente. Se houver irregularidade na alienação, a instituição responsável pela venda responde solidária e ilimitadamente perante o Banco Central pela operação de câmbio ilegítima. Portanto, quanto aos aspectos cambiais, os valores a serem remetidos ao exterior para a compra dos valores mobiliários não podem ultrapassar o preço de venda dos BDRs no mercado interno brasileiro.

Caso a instituição depositária decida alienar os referidos valores mobiliários mantidos sob custódia no exterior, os BDRs correspondentes devem ser cancelados e os recursos apurados na alienação devem reingressar no Brasil em, no máximo, cinco dias úteis a partir do referido cancelamento. É expressamente vedada a transferência de tais recursos para outras modalidades de investimento no exterior.

A instituição custodiante, a instituição depositária, a sociedade corretora de títulos e valores mobiliários e o banco operador de câmbio respondem perante o Banco Central do Brasil, a Comissão de Valores Mobiliários e a Secretaria da Receita Federal por qualquer irregularidade nas operações de BDRs, inclusive aquelas de natureza tributária.

A Bovespa, em seu caderno de estudos sobre BDRs, colocou o seguinte quadro com as principais características dos BDRs:

QUADRO 4.3

Características dos níveis de BDRs.

Características	Nível I	Nível II	Nível III
Negociado em mercado de balcão não organizado, entre "investidores qualificados".	X		
Negociado em bolsa de valores, mercado de balcão organizado ou sistema eletrônico de negociação.		X	X
Lastreado em distribuição pública.			X
Dispensa registro da companhia na CVM.	X		
Exige registro da companhia na CVM.		X	X
Não há necessidade de adaptação das demonstrações financeiras ao padrão contábil brasileiro.	X		
Há necessidade de adaptação das demonstrações financeiras ao padrão contábil brasileiro.		X	X
A companhia é dispensada de prestar informações adicionais às do país de origem.	X		
A companhia é obrigada a prestar informações adicionais às do país de origem.		X	X
Exigência dos requisitos impostos para registro de emissão primária no Brasil.			X

Fonte: BM&FBovespa. Guia Bovespa: Programas de BDRs.

Questões discursivas

1. O que é um ADR?

2. Qual o principal risco embutido no lançamento de um ADR?

3. Quais as principais vantagens e desvantagens em emitir um ADR?

4. Quais os tipos de ADR e suas principais diferenças?

5. Como é conceituado um BDR?

6. Quais tipos de BDR existem? Cite algumas características de cada tipo.

7. Cite, pelo menos, duas vantagens e desvantagens de uma emissão de ADR de acordo com os seus tipos.

8. Quais as vantagens das empresas emitirem DRs no mercado brasileiro?

9. Qual a diferença entre banco depositário e banco custodiante em uma emissão de *Underwriting* no exterior? Um banco depositário pode ser ao mesmo tempo custodiante e vice-versa?

10. O que diz a ADR Regra S?

Testes de múltipla escolha

1. Qual(s) tipo(s) de BDR (*Brazilian Depositary Receipts*) podem ser negociados em bolsa de valores?

   a) BDR Instrução CVM 331.

   b) BDR nível I e BDR nível II.

c) BDR nível II e BDR nível III.

d) BDR nível III e BDR Instrução CVM 331.

e) BDR nível III.

2. **Marque a alternativa falsa sobre a emissão de ADRs.**

   a) Empresas não americanas que pretendem iniciar a negociação secundária de suas ações neste mercado devem estabelecer um programa de ADR Nível 1 ou 2.

   b) Empresas que pretendem captação de recursos devem optar pela ADR Nível 3 ou ADR 144/A.

   c) São negociados em bolsas de valores as ADR Nível 1, ADR Nível 2 ADR 144/A.

   d) Apenas são negociadas em bolsas de valores as ADRs Nível 2 e Nível 3.

   e) Na ADR Nível 3 não há captação de recurso.

3. **Dependendo do volume de recursos que uma empresa necessite para tocar seus projetos, a decisão pode ser acessar o mercado internacional de capitais, quer de renda variável (ADRS) ou de renda fixa (*notes*) ou ainda de empréstimos/ financiamentos de bancos estrangeiros. Se a opção recair em um programa ADR (*American Depositary Receipt*), a companhia poderá optar por um dos seguintes tipos de ADR:**

   a) Nível 1;

   b) Nível 2;

   c) Nível 1, seguido do Nível 2;

   d) Regra 144-A e Nível 3;

   e) nenhuma das respostas anteriores.

4. **Um programa de ADR não patrocinado pode ser caracterizado pelo seguinte aspecto:**

   a) Trata-se de iniciativa isolada de um acionista de uma companhia que tem como objetivo vender a sua posição em mercado com maior liquidez a um melhor preço.

   b) Operação realizada em conjunto com a empresa emissora dos papéis e do acionista responsável pela operação, no intuito de conseguir um preço mais justo para a venda dos papéis.

   c) É do interesse isolado de um investidor ou de um grupo de investidores sem que haja qualquer apoio da empresa emissora.

d) Enorme interesse da empresa emissora, uma vez que essa operação pode facilitar a concretização, em momento posterior, de uma operação de ADR patrocinado.

e) Nenhuma das respostas anteriores.

5. **Dentro das características de um Programa de ADR, as ações que servem de lastro à emissão dos ADRs devem ficar custodiadas e inegociáveis em um banco custodiante, devidamente autorizado pelo banco depositário. Assim, na hipótese de ocorrer uma demanda excessiva por papéis de empresas com programas de ADRs, a consequência poderá ser:**

   a) Diminuição do número de programas de ADRs por não atender a demanda insatisfeita por esses papéis.

   b) Deslocamento do centro de liquidez da bolsa de valores local para uma bolsa de valores internacional, podendo, até mesmo, em situação extrema, de paralisar as operações de negociações da bolsa local.

   c) Recompra, por parte da empresa emissora, dos ADRs, com vistas a reequilibrar a demanda com a oferta desses papéis.

   d) Alteração das características do programa de ADRs, com vistas a essa demanda insatisfeita.

   e) Nenhuma das respostas anteriores.

6. **No planejamento de um programa de ADRs, Nível 3, a empresa deve contar com o concurso (participação) de diversas outras entidades, dentre as quais merecem destaque:**

   a) instituição coordenadora, banco depositário, banco custodiante, advogados (nacionais e estrangeiros), auditores externos;

   b) bolsa de valores local e estrangeira;

   c) instituição coordenadora e bolsa eletrônica;

   d) os advogados internacionais;

   e) nenhuma das respostas anteriores.

7. **Quais níveis de programas ADR devem atender maiores exigências da SEC?**

   a) Nível 1 e Nível 2;

   b) Nível 3 e Regra 144/A;

   c) Nível 1 e Regra 144/A;

d) Nível 2 e Nível 3;

e) Apenas Nível 2.

8. **Quais níveis de programas BDR devem ter registro na CVM?**

a) apenas Nível 1;

b) apenas Nível 3;

c) Nível 2 e Nível 3;

d) Nível 1 e Nível 2;

e) Nível 1 e Nível 3.

9. **Quais níveis de programa BDR são negociados em bolsa de valores, mercado de balcão organizado ou sistema eletrônico de negociação.**

a) Nível 2 e Nível 3;

b) apenas Nível 1;

c) apenas Nível 3;

d) Nível 1 e Nível 2;

e) Nível 1 e Nível 3.

10. **Marque com um X o item que indicar característica básica do programa de ADR.**

Características	Nível	Nível I	Nível II	Nível III	Regra 144/A
Distribuição privada					
Distribuição Pública					
Lastro em ações já negociadas					
Lastro em ofertas iniciais (novas ações/*block trade*)					
Atendimento das normas contábeis norte-americanas					
Atendimento parcial às exigências da SEC					
Atendimento completo às exigências da SEC					
Negociação no mercado de balcão.					
Negociação em bolsa de valores					
Colocação apenas junto a investidores qualificados					

ESTUDO DE CASO

Emissão de ADR

(Este exercício foi adaptado de um caso desenvolvido pelo Prof. Dr. Nelson de Carvalho na disciplina Governança Corporativa do MBA – Mercado de Capitais da FEA/USP.)

Você é o(a) Vice-presidente de Finanças e Relações com Investidores, eleito(a) estatutariamente, de uma grande organização empresarial de capital aberto do ramo industrial.

Essa organização tem uma Diretoria Executiva composta de um Presidente (engenheiro por formação acadêmica) e Vice-presidentes de: Controladoria, Finanças e Relações com Investidores (você), Produção, Jurídico, de Pessoal e de Vendas/Marketing.

Há um Conselho de Administração composto pelas seguintes seis pessoas: 1) Presidente do Conselho: um advogado aposentado de 72 anos e oriundo da família fundadora da empresa na qual você trabalha; ele representa capital votante equivalente a 55% das ações ordinárias.

2) Um Vice-presidente com formação em Engenharia da Produção, que é o Presidente da Diretoria Executiva (e seu chefe). 3) Uma senhora viúva acionista representando 12% do capital total. 4) Um aposentado que chegou até o nível de sócio de uma firma de auditoria. 5) Um ex-banqueiro. 6) Um representante de um grande fundo de pensão independente que detém 15% das ações preferenciais da empresa que você dirige.

O Presidente do Conselho tem o voto de Minerva em casos de empate nas votações. O Vice-presidente Jurídico, na condição de advogado da empresa, e o auditor interno assistem às reuniões do Conselho como convidados com direito a voz mas não a voto. Os demais Vice-presidentes da Diretoria Executiva não assistem às reuniões do Conselho e só são chamados para discutir temas de suas áreas. Todos os membros da Diretoria Executiva são, como você, profissionais recrutados por *headhunter* no mercado, sem vínculos familiares com os acionistas. A empresa paga excelentes salários a vocês, com ótimos benefícios e planos de previdência e atraentes bônus por desempenho.

Numa sexta-feira por volta de 14:00h o Presidente da Diretoria Executiva entra em sua sala e lhe expõe o seguinte problema: *"Dentro de exatamente duas horas, portanto pontualmente às 16 h, haverá uma reunião extraordinária do Conselho de Administração.*

A pauta contempla uma discussão sobre:

1. *A empresa pensa em aumentar sua planta no Brasil e conseguir novos fornecedores mundial-mente, gostaríamos de viabilizar recursos e ter nosso nome no mercado. A implantação de um programa de ADRs seria bom para a empresa? Quais seriam os requisitos mínimos, os aspectos positivos e negativos? Quais as documentações necessárias?*

2. *O que é relevante divulgar para aumentar e/ou melhorar a comunicação Empresa/Mercado Investidor (principalmente quando se quer entrar no mercado americano)?*

3. *Demonstrar algumas estatísticas do mercado americano de ADRs, suas perspectivas, e com-parar com outros mercados, principalmente o brasileiro.*

Vamos ver se esse curso que você está fazendo lá na FEA/USP e que serve tanto de desculpa para você não trabalhar algum dia da semana nem aos sábados serve mesmo para alguma coisa.

Quero que você prepare, até o horário de início da reunião, uma apresentação sobre esses assuntos. Use power point, sem animação, e tenha em mente não apenas o perfil da audiência, mas também que devem na verdade ser "guiados" nos conceitos de maneira clara e direta. Note que não terei tempo de ver a apresentação antes de você apresentá-la, e como ambos somos responsáveis por conduzir essa parte da reunião estou inteiramente na dependência do que você fizer – OLHE LÁ – CONTO COM

VOCÊ! (observação: você, como vice-presidente de Finanças e DRI, sabe que o Presidente-engenheiro é especialista em PRODUÇÃO e não entende praticamente nada dos assuntos para os quais está te dando essa tarefa, mas que jamais admitirá publicamente que os desconhece). Além disso, quero um relatório anexo à apresentação em documento do WORD comentando o que se encontra em cada transparência para posterior reunião.

Continua ele: 'Nossa' apresentação terá no máximo 30' (trinta minutos), e os debates e esclarecimento de dúvidas dos conselheiros ocorrerão APÓS a exposição. Não exceda o tempo de apresentação de forma alguma: eles não teriam paciência para exposições longas – vá direto aos pontos principais, polêmicos, conceituais ou mais relevantes. O tempo, a quantidade e a complexidade/agressividade das perguntas dos conselheiros dependerão inteiramente de uma apresentação clara, firme e completa.

Eu estarei na reunião, porém deixarei a seu cargo toda a apresentação, bem como o esclarecimento de todas as dúvidas deles.

Você não poderá levar nenhum funcionário de sua área para acompanhá-lo(a), a não ser um operador de computador e de 'DataShow', se quiser. Não me falhe."

PEDE-SE:

Prepare as transparências relacionadas com a pauta da reunião do pedido acima. Saiba escolher o que é priori-tário e reflita sobre a quantidade de informações de cada transparência e sobre a quantidade de transparências ten-do em mente o perfil da plateia e o tempo de apresentação. Não seja nem infantil nem supersofisticado(a) – você estará tratando com os representantes dos DONOS da empresa.

Risco de Mercado

Sergio Augusto Malacrida Júnior e
Mara Jane Contrera Malacrida

5.1 INTRODUÇÃO

Risco é o elemento da incerteza que pode ser medido. Aquilo que não pode ser medido chama-se desconhecido e sobre isso não há medida. Medir implica a possibilidade de controlar. Assim, podemos dizer que podemos controlar os riscos que corremos, uma vez que podemos medi-los. O conceito de medida aqui não é o de medida exata, pois medir risco é probabilístico. Andar na calçada é menos arriscado do que andar no meio da rua, mas não é certeza de segurança plena. Assim, conseguimos controlar o risco de atropelamento andando na calçada, mas ainda assim o desconhecido pode nos surpreender, como, por exemplo, quando ocorre um acidente e um carro vai parar em cima da calçada.

A palavra "risco" provém de *risicare*, que em italiano antigo quer dizer ousar (BERNSTEIN, 1997). É nesse sentido que o termo "risco" deve ser entendido, pois ousar é uma decisão pessoal. Assim, correr mais risco é uma opção.

Nossa preocupação neste capítulo é descrever os tipos de riscos financeiros com especial ênfase no risco de mercado. Para o risco de mercado será apresentada uma medida que permitirá calculá-lo. Essa medida chama-se VaR (*Value at Risk*).

5.2 BREVE HISTÓRIA[1]

Medir risco é tão importante que alguns afirmam que o que distingue os tempos modernos dos milhares anos de história é o domínio do risco. Dominar o risco quer dizer prever com maior segurança ou determinar quais serão os acontecimentos esperados para um dado nível de confiança.

Na década de 1950, o mercado de ações já tinha mais de cem anos de história, mas ainda não existia uma definição numérica que expressasse o risco de investimento. Investir em ações era arriscado e isso o mundo sabia, pois a crise de 1929 já o havia mostrado. Algumas ações eram mais arriscadas que outras, mas não havia números que quantificassem o quanto mais arriscado. A medida de risco era dada pela intuição e pela experiência.

---

[1] Essa seção é um apanhado dos livros de Bernstein (1997) e Jorion (1998). Aos leitores interessados, é fortemente recomendada a leitura desses livros.

Em 1952 Harry Markowitz, então com 25 anos de idade, publicou no *Journal of Finance* um artigo com poucas páginas cujo título é "Portfolio selection." Em 1959 ele lançaria um livro com o mesmo título.[2] O artigo revolucionou de tal maneira o estudo de Finanças que valeu a Markowitz o prêmio Nobel de Economia em 1990. Pode-se dizer que tudo o que se estuda em finanças é, pelo menos indiretamente, consequência do artigo de Markowitz. Ele quantificou o risco de investir, mas, por mais incrível que possa parecer, em nenhum momento utiliza a palavra "risco" em seu artigo. Ele transformou em fórmulas o seguinte princípio: "os investidores desejam ter o mais alto retorno possível, mas consideram a variância do retorno indesejável". Depois do artigo de Markowitz, risco, variância e volatilidade tornaram-se sinônimos.

Uma das ideias mais fantásticas do artigo de Markowitz é o princípio da diversificação nos investimentos. O ditado "não coloque todos os seus ovos numa cesta só" expressa essa ideia. Esse princípio mostra que a combinação de duas ações arriscadas pode gerar uma carteira com risco menor do que o risco de cada ação individual.

Outra ideia espetacular transformou o procedimento de escolha de carteiras. Markowitz percebeu que para um mesmo nível de risco existiam diversas carteiras distintas. Daí existe a carteira com maior retorno para aquele dado nível de risco. Essa carteira é chamada de carteira eficiente, isto é, a carteira com o maior retorno esperado para um dado nível de risco.

O trabalho de Markowitz instituiu o gerenciamento de risco ao colocar no mesmo patamar a importância do risco e do retorno, mas isso não ocorreu assim da noite para o dia. Somente em 1994 o banco J. P. Morgan publicou um método de medição de risco que passou a ser utilizado como medida prática na gestão de investimentos. O que ocorreu nesses 40 anos? Depois das publicações de Markowitz, os métodos estatísticos e matemáticos passaram a ser utilizados com maior frequência em finanças e os trabalhos de Sharpe, Black, Scholes e outros mostram isso. Ainda assim, esses trabalhos eram considerados teóricos e não eram utilizados na prática por investidores. O fato é que mesmo o modelo de mensuração de risco de Markowitz não era de simples uso nas décadas de 50 e 60. A quantidade de cálculos para gerar o risco de uma carteira com 50 ações era enorme e o tempo de resposta não era satisfatório. Somente no início da década de 1990 é que foram feitos os primeiros programas de computador para PCs (*personal computers*) que contemplavam o modelo de Markowitz. Além disso, o desenvolvimento dos derivativos, que ficou mais evidente no final dos anos 80 e início dos anos 90, evidenciou a necessidade de maior controle sobre os níveis de risco. Sem dúvida os avanços da tecnologia e dos instrumentos financeiros ajudaram a tornar o controle de risco uma realidade, mas foram as experiências proporcionadas pelos casos do Condado de Orange, da Metallgesellschaft e, com maior publicidade, o caso do Banco Barings que definitivamente motivaram a criação de áreas de risco em bancos, empresas e fundos de pensão. A medição de risco saía do mundo teórico e passava ao mundo prático.

O caso do Barings é um dos exemplos mais marcantes sobre a importância de medidas e controle de riscos. Como foi possível um banco tido como conservador e com mais de 200 anos de existência ir à falência por prejuízos causados por um único operador? A falência do Barings ocorreu em fevereiro de 1995, após o banco perder 1,3 bilhão de dólares americanos em operações com derivativos. Nicholas Leeson, então com 28 anos de idade, era o principal operador de derivativos nos mercados asiáticos. Leeson era um operador que havia obtido um desempenho admirável no banco, tendo realizado lucros de mais de 20 milhões de dólares americanos para o banco em 1994. Esse teria sido um dos motivos para que as operações realizadas por ele não fossem supervisionadas.

A quebra de um banco tão renomado mostrou uma total falta de controle de riscos pela empresa. Mais de 1 bilhão de dólares americanos em títulos financeiros desapareceram. Posteriormente, o banco ING ofereceu uma libra esterlina para a compra do Barings. Leeson foi preso em Cingapura e condenado a seis anos e meio de prisão.

Atualmente, ele está solto e vive na Inglaterra. Meses antes de sair da prisão, disse: "eu não penso em mim mesmo como um criminoso". Ele sempre afirmou que não teve nenhum ganho pessoal com as operações que fez e isso de fato parece ser verdade. Diz ainda que só aumentou as posições em

---

[2] A leitura do livro *Portfolio selection* de Markowitz (1991) é recomendada.

derivativos porque tinha convicção de que poderia repor as perdas já realizadas.[3]

5.3 RISCOS FINANCEIROS

Dentre todos os tipos de risco, estamos interessados nos riscos financeiros e em particular no risco de mercado. Jorion (1998) divide os riscos financeiros nos seguintes tipos: risco de mercado, risco de crédito, risco de liquidez, risco operacional e risco legal. A seguir, vamos fazer uma breve descrição de cada um deles.

O risco de mercado diz respeito ao tipo de risco oriundo de alterações nos preços dos ativos financeiros. Ele diz respeito a "quando o Ibovespa sobe ou quando o dólar cai". O VaR (*Value at Risk*), que definiremos posteriormente, é uma medida para o risco de mercado. Existem outras medidas de risco de mercado e o propósito de todas elas é o de alertar sobre o risco que se está correndo, analisar a adequação do nível de risco ao perfil do investidor e, a partir daí, adequar a carteira ao nível de risco aceitável.

O risco de crédito diz respeito ao não pagamento de um título por uma determinada contraparte. Quando se aplica num título, seja ele bancário, público ou de empresa não financeira, corre-se risco de crédito. O mesmo vale para um banco que está aprovando o cheque especial de um cliente. Existem diversos modelos para mensuração de risco de crédito e dentre todos destacamos o CreditRisk Plus.[4]

O risco de liquidez diz respeito à falta de recurso financeiro imediato para saldar uma obrigação. Um exemplo é o seguinte: imagine que você possui um imóvel que valha bastante dinheiro e que esse é o único bem de que você dispõe. Além disso, suponha que tenha uma pequena dívida para pagar amanhã. Nesse caso, você pode entrar em apuros, pois, apesar de ter patrimônio, você talvez não consiga saldar sua dívida a tempo, pois imóveis são geralmente ativos não líquidos. O risco de liquidez pode ser dividido em dois tipos: o risco de liquidez de fluxo de caixa e o risco de liquidez de mercado. O primeiro diz respeito à impossibilidade de honrar com pagamentos previstos no fluxo de caixa (como

no exemplo do imóvel). Isso pode obrigar o agente a desfazer-se de outros ativos antecipadamente e realizar perdas que talvez não fossem realizadas se não tivesse ocorrido a necessidade de antecipação. O segundo diz respeito ao fato de que, em algumas situações, posições muito grandes em um determinado ativo não podem ser desfeitas aos atuais preços de mercado, isto é, caso seja ofertada toda a posição detida ao mercado, essa oferta pode alterar o preço vigente e gerar prejuízo.

O risco operacional diz respeito à possibilidade de perda devido a falhas em sistemas, falhas humanas ou controles inadequados. Processos manuais e ausência de planos de contingência são exemplos de procedimentos que geram risco operacional. Atualmente, a mensuração do risco operacional é qualitativa, mas já há esforços para a criação de medidas quantitativas e objetivas para esse tipo de risco.

5.4 CALCULANDO VOLATILIDADE

O risco de mercado, que será medido neste capítulo pelo VaR, está diretamente relacionado ao conceito de volatilidade. Dado um ativo, como uma ação, por exemplo, chamaremos de volatilidade o número que é obtido pelo desvio-padrão[5] dos retornos dos preços dessa ação.

Dada a série história de preços de uma ação P_i, onde i indica o i-ésimo dia, definimos o retorno discreto dessa ação no dia i por:

$$R_i = \frac{P_i - P_{i-1}}{P_{i-1}} = \frac{P_i}{P_{i-1}} - 1.$$

Outra maneira de calcularmos o retorno de uma ação é utilizando o retorno contínuo (ou geométrico). Dada a série história de preços de uma ação P_i, definimos o retorno contínuo dessa ação no dia i por:

$$r_i = \ln\left(\frac{P_i}{P_{i-1}}\right), \text{ sendo } \ln(x) \text{ o logaritmo neperiano de } x > 0.$$

---

[3] <http://www.bbc.co.uk/crime/caseclosed/nickleeson.shtml>.

[4] <www.creditriskplus.com>.

[5] Há outros métodos para se calcular a volatilidade além do desvio-padrão. Os principais métodos são o EWMA (*Exponentially Weighted Moving Average*) e o GARCH (*Generalized Auto-Regressive Conditional Heterokedasticity*). Para esses modelos, o leitor interessado pode consultar Dowd (2002).

Inicialmente, é válido observar que para pequenas diferenças entre P_i e P_{i-1}, os dois retornos são muito próximos. Por exemplo, se no dia 1 o preço de uma ação é $ 100,00 e no dia 2 seu preço é $ 101,00, temos:

$$R_i = \frac{101}{100} - 1 = 0,01 = 1\%, e$$

$$r_i = \ln\left(\frac{101}{100}\right) = 0,00995 = 0,995\%$$

Há duas vantagens em se utilizar o retorno contínuo. A primeira: suponha que os preços P_1, P_2 e P_3 de uma ação em três dias consecutivos sejam $ 1,00; $ 1,10 e $ 1,00. Vamos calcular os retornos discretos e contínuos:

$$R_2 = \frac{1,10}{1,00} - 1 = 10\%$$

$$R_3 = \frac{1,00}{1,10} - 1 = -9,09\%.$$

$$r_2 = \ln\left(\frac{1,10}{1,00}\right) = 9,53\%$$

$$r_3 = \ln\left(\frac{1,00}{1,10}\right) = -9,53\%.$$

Observe que, se o preço saiu de $ 10,00 no dia 1 para os mesmos $ 10,00 no dia 3, o retorno médio no período deveria ser 0%. De fato, se calcularmos a média aritmética dos retornos contínuos obtemos 0%, mas o mesmo não ocorre com os retornos discretos. Além disso, vamos supor neste capítulo que a distribuição de probabilidade dos retornos contínuos é normal. Assim, o cálculo da média (no nosso caso do retorno médio) será importante no decorrer deste capítulo.

A outra vantagem de usar retornos contínuos diz respeito ao cálculo de retorno para múltiplos períodos. Por exemplo, para os preços P_1, P_2 e P_3 vamos calcular o retorno contínuo do dia 1 até o dia 3, que será denotado por $r_{1,3}$:

$$r_{1,3} = \ln\left(\frac{P_3}{P_1}\right) = \ln\left(\frac{P_2}{P_1} \cdot \frac{P_3}{P_2}\right) =$$

$$= \ln\left(\frac{P_2}{P_1}\right) + \ln\left(\frac{P_3}{P_2}\right) = r_2 + r_3 \,^{[6]}$$

Assim, para se obter o retorno de um período múltiplo, basta somar os retornos diários. No caso do retorno discreto, a composição de múltiplos períodos não é tão simples. Devido às vantagens apresentadas, utilizaremos a partir deste ponto somente retornos contínuos. Também para facilitar o texto, omitiremos o termo "contínuo" e assim, quando leitor se deparar com a palavra "retorno", deve estar subentendido que se trata do retorno contínuo.

Dada a série de retornos de um ativo, o retorno médio do ativo ($\bar{r}$) será dado pela média aritmética dos retornos. Assim, se tivermos n retornos disponíveis, o retorno médio será dado por:

$$\bar{r} = \frac{r_1 + r_2 + ... + r_n}{n} = \frac{\sum_{i=1}^{n} r_i}{n}.$$

Como dissemos no início desta seção, volatilidade é o número obtido pelo desvio-padrão dos retornos dos preços dessa ação. Para obter o desvio-padrão, calculamos antes a variância. Dada uma série de n retornos, a variância do retorno (σ^2) será estimada por:

$$\sigma^2 = \frac{\sum_{i=1}^{n} \left(r_i - \bar{r}\right)^2}{n - 1}.$$

O desvio-padrão, que chamaremos simplesmente de volatilidade, é a raiz positiva da variância e será denotado por σ. Para simplificar o texto e para utilizar um jargão de mercado, quando escrevermos "volatilidade do ativo" estamos nos referindo ao desvio-padrão dos retornos contínuos da série de preços do ativo. A seguir faremos um exemplo com três ativos.

Na tabela a seguir, temos 31 preços de três ativos:

---

[6] Foi usada a seguinte propriedade do logaritmo neperiano: se $x,y > 0$, então $\ln(x.y) = \ln(x) + \ln(y)$.

Dia	Ação A	Ação B	Ação C
0	$ 47,09	$ 41,31	$ 74,20
1	$ 47,50	$ 40,99	$ 73,90
2	$ 47,38	$ 40,70	$ 74,90
3	$ 48,90	$ 41,13	$ 76,30
4	$ 48,01	$ 39,98	$ 76,50
5	$ 47,60	$ 39,65	$ 74,80
6	$ 48,88	$ 39,99	$ 77,89
7	$ 49,20	$ 40,18	$ 77,40
8	$ 49,78	$ 40,16	$ 77,67
9	$ 50,35	$ 40,45	$ 81,70
10	$ 50,35	$ 40,45	$ 81,70
11	$ 50,25	$ 40,58	$ 83,47
12	$ 49,79	$ 39,51	$ 84,02
13	$ 51,08	$ 39,05	$ 87,51
14	$ 51,69	$ 39,00	$ 87,00
15	$ 51,30	$ 38,82	$ 87,30
16	$ 49,29	$ 37,87	$ 84,30
17	$ 48,95	$ 38,21	$ 82,90
18	$ 49,86	$ 37,95	$ 82,40
19	$ 47,85	$ 38,41	$ 80,00
20	$ 47,10	$ 37,77	$ 79,40
21	$ 46,89	$ 37,65	$ 81,35
22	$ 45,60	$ 37,54	$ 84,15
23	$ 44,80	$ 36,98	$ 81,48
24	$ 44,77	$ 38,00	$ 81,15
25	$ 44,96	$ 37,60	$ 82,70
26	$ 47,08	$ 39,35	$ 88,70
27	$ 47,91	$ 39,45	$ 88,20
28	$ 49,00	$ 39,65	$ 86,95
29	$ 48,50	$ 39,15	$ 90,20
30	$ 47,68	$ 39,81	$ 87,80

Vamos agora obter os 30 retornos para esses ativos:

Dia	Ação A	Ação B	Ação C
0			
1	0,8669%	– 0,7776%	– 0,4051%
2	– 0,2530%	– 0,7100%	1,3441%
3	3,1577%	1,0510%	1,8519%
4	– 1,8368%	– 2,8358%	0,2618%
5	– 0,8577%	– 0,8288%	– 2,2473%
6	2,6536%	0,8538%	4,0480%
7	0,6525%	0,4740%	– 0,6311%
8	1,1720%	– 0,0498%	0,3482%
9	1,1385%	0,7195%	5,0585%

Dia	Ação A	Ação B	Ação C
10	0,0000%	0,0000%	0,0000%
11	– 0,1988%	0,3209%	2,1433%
12	– 0,9196%	– 2,6722%	0,6568%
13	2,5579%	– 1,1711%	4,0698%
14	1,1871%	– 0,1281%	– 0,5845%
15	– 0,7574%	– 0,4626%	0,3442%
16	– 3,9970%	– 2,4776%	– 3,4969%
17	– 0,6922%	0,8938%	– 1,6747%
18	1,8420%	– 0,6828%	– 0,6050%
19	– 4,1148%	1,2048%	– 2,9559%
20	– 1,5798%	– 1,6803%	– 0,7528%
21	– 0,4469%	– 0,3182%	2,4262%
22	– 2,7897%	– 0,2926%	3,3840%
23	– 1,7700%	– 1,5030%	– 3,2243%
24	– 0,0670%	2,7209%	– 0,4058%
25	0,4235%	– 1,0582%	1,8920%
26	4,6075%	4,5492%	7,0040%
27	1,7476%	0,2538%	– 0,5653%
28	2,2496%	0,5057%	– 1,4274%
29	– 1,0257%	– 1,2691%	3,6696%
30	– 1,7052%	1,6718%	– 2,6968%

Vamos obter os retornos médios e as volatilidades desses ativos. Vamos denotar os retornos médios das ações A, B e C por $\bar{r}_A, \bar{r}_B$ e $\bar{r}_C$ e as volatilidades por σ_A, σ_B e σ_C. Assim, para a ação A, temos que:

$$\bar{r}_A = \frac{0,8669 + (-0,2530) + \ldots + (-1,7052)}{30} =$$

$$= 0,0415\%.$$

Assim, o retorno médio da ação A é 0,0415% ao dia útil. Procedendo da mesma maneira, obteremos $\bar{r}_B = -0,1233\%$ e $\bar{r}_C = 0,5610\%$. Ambos estão expressos em "ao dia útil".

Para expressarmos o retorno em "n dias úteis", basta multiplicarmos o retorno médio ao dia por n. Por exemplo, se supusermos que um mês possui 21 dias úteis[7] e que um ano possui 252 dias úteis, temos que $\bar{r}_A = 0,0415\%$ ao dia útil = 0,8716% ao mês = 10,4591% ao ano.

Para calcular as volatilidades, temos que calcular antes as variâncias. Assim, para a ação A, temos que:

_____

[7] A multiplicação por 21 dias só é possível porque trata-se de retorno contínuo.

$$\sigma_A^2 = \frac{(0,8669 - 0,0415)^2 + (-0,2530 - 0,0415)^2 + \ldots + (-1,7052 - 0,0415)^2}{29} = 0,000408$$

Se extrairmos a raiz quadrada da variância, obtemos a volatilidade: $\sigma_A = 2,019\%$. Procedendo do mesmo modo, obtemos $\sigma_B = 1,541\%$ e $\sigma_C = 2,586\%$. Essas volatilidades estão expressas em "ao dia útil". Para expressarmos a volatilidade em "n dias úteis", basta multiplicarmos a volatilidade ao dia por $\sqrt{n}$. Novamente, se supusermos que um mês possui 21 dias úteis e que um ano possui 252 dias úteis, temos que $\sigma_A = 2,019\%$ ao dia útil = 9,2543% ao mês = 32,0580% ao ano.[8]

Como interpretamos a volatilidade? Até aqui, sabemos que a ação B é a que possui menor risco e que a ação A é a de maior risco, porém a volatilidade está nos dando mais informação. Como fizemos a hipótese de que a distribuição dos retornos é normal e uma vez que para um dado ativo temos seu retorno médio e seu desvio-padrão, podemos construir intervalos de confiança.[9]

Assim, para a ação A, o extremo inferior do intervalo com 95% de confiança é calculado da seguinte maneira: $0,0415 - 1,65 \times 2,019 = -3,29\%$ a.d.u. (ao dia útil). Já o extremo superior é dado por $0,415 + 1,65 \times 2,019 = 3,37\%$ a.d.u. A interpretação desses números é a seguinte: dada a hipótese de normalidade dos retornos, com 95% de chance o retorno da ação A não será pior que – 3,29% em um dia, isto é, somente com 5% de chance você terá uma perda pior que – 3,29% em um dia. Por outro lado, seu ganho máximo, com 95% de chance, está limitado a 3,37% em um dia. Isso não quer dizer que a pior perda será – 3,29%. Como estamos falando que é com 95% de chance, existem 5% de chance de que ocorra uma perda pior que – 3,29%.

A tabela a seguir calcula os intervalos de confiança para os outros ativos.

	95% de confiança		99% de confiança	
	Extremo Inferior	Extremo Superior	Extremo Inferior	Extremo Superior
Ação A	– 3,2906%	3,3736%	– 4,6639%	4,7469%
Ação B	– 2,6661%	2,4195%	– 3,7140%	3,4674%
Ação C	– 3,7061%	4,8281%	– 5,4647%	6,5867%

* Expresso em "ao dia útil".

Agora que sabemos como calcular o retorno e o risco de um ativo, surge a questão de como calcular o retorno e o risco de uma carteira de ativos. Se possuirmos uma carteira com as ações A e B, o retorno da carteira será simplesmente a média dos retornos de cada ação ponderada por seu respectivo peso na carteira. Assim, se essa carteira possuir $w_A\%$ na ação A (e, portanto, $w_B = (1 - w_A)\%$), o retorno da carteira, r_p, será dado pela seguinte expressão:

$r_p = w_A r_A + w_B r_B = w_A r_A + (1 - w_A) r_B$. Como, no nosso exemplo, $r_B < r_A$, se impusermos que a soma dos pesos deve ser 100% (isto é, $w_A + w_B = 1$), e que o peso em cada ação não pode ser negativo e nem superior a 100% (isto é, $0 \le w_A, w_B \le 1$), temos que $r_B \le r_p \le r_A$.

E quanto à volatilidade? Se considerarmos dois ativos com a mesma volatilidade, será que qualquer carteira com esses dois ativos terá a mesma volatilidade dos ativos? A resposta é não necessariamente. Um exemplo a ser considerado é o seguinte: consideremos dois ativos tais que quando um tem retorno diário r o outro tem retorno diário $-r$. Se alocarmos 50% em cada um deles, o retorno da carteira será 0% todos os dias e deste modo a carteira terá volatilidade igual a 0%, mesmo que a volatilidade dos ativos seja muito alta. Esse efeito é explicado pela dependência imposta entre os ativos, o retorno de

---

[8] Para expressar o retorno em outra base, é intuitivo que a multiplicação por n é suficiente. Já para a volatilidade, em que usamos $\sqrt{n}$, o leitor interessado deve consultar Jorion (1998).

[9] A partir desse ponto, vamos supor que o leitor está familiarizado com o conceito de "intervalo de confiança". Para simplificar as contas, vamos adotar que para 95% de confiança são necessários 1,65 desvios-padrões e que para 99% de confiança são necessários 2,33 desvios-padrões.

um é o oposto do retorno do outro, mas e quando a relação entre os retornos não é tão explícita? Como medimos essa relação? Essa resposta não é tão simples, mas podemos adotar uma solução simplificada: ao invés de procurarmos a real relação entre os retornos dos ativos (se é que ela existe), vamos procurar a relação linear entre eles. Para isso, vamos utilizar as seguintes medidas que apresentaremos a seguir: a covariância e o coeficiente de correlação linear ou simplesmente correlação.

A covariância entre os retornos dos ativos A e B será denotada por σ_{AB} e calculada pela seguinte fórmula:

$$\sigma_{AB} = \frac{\sum_{i=1}^{n}\left(r_{A,i} - \bar{r}_A\right)\left(r_{B,i} - \bar{r}_B\right)}{n - 1}, \text{ onde}$$

n = número de dias com retornos disponíveis,

$r_{A,i}$ = retorno do ativo A no dia i,

$r_{B,i}$ = retorno do ativo B no dia i,

$\bar{r}_A$ = retorno médio do ativo A,

$\bar{r}_B$ = retorno médio do ativo B.

Um fato a ser observado é que a covariância entre A e A é igual a variância de A, isto é, $\sigma_{AA} = \sigma_A^2$. Outro fato é que a covariância entre A e B possui o mesmo valor que a covariância entre B e A, isto é, $\sigma_{AB} = \sigma_{BA}$.

A correlação entre os ativos A e B[10] é dada por:

$$\rho_{AB} = \frac{\sigma_{AB}}{\sigma_A \sigma_B}.$$

Note que, se tivermos as volatilidades dos ativos A e B e a covariância entre eles, podemos obter a correlação. Inversamente, se tivermos as volatilidades entre A e B e a correlação entre eles, podemos obter a covariância.

A correlação entre um ativo A e o ativo A é 1, isto é, $\rho_{AA} = 1$.

O número obtido pela covariância não é passível de interpretação, mas o seu sinal nos dá informação sobre se a relação entre os retornos é positiva ou negativa. A correlação nos dá mais informação. A correlação varia entre -1 e 1. Quando a correlação entre dois ativos é -1, isso indica que se colocarmos os retornos desses ativos num gráfico de dispersão obtemos uma reta negativamente inclinada. Analogamente, se a correlação entre dois ativos é 1, isso indica que se colocarmos os retornos desses ativos num gráfico de dispersão obtemos uma reta positivamente inclinada. Os casos intermediários, isto é entre -1 e 1, indicam o grau de relação de linearidade entre os retornos. No caso em que a correlação é 0, temos a indicação de que a relação entre os retornos não tem nada de linear.

Vamos calcular as covariâncias e correlações do nosso exemplo:

$$\sigma_{AB} = \frac{(0,8669 - 0,0415) \times (-0,7776 - (0,1233)) + ... + (-1,7052 - 0,0415) \times (1,6718 - (0,1233))}{29}$$

$$\sigma_{AB} = 0,0143.$$

Analogamente, $\sigma_{AC} = 0,0287$ e $\sigma_{BC} = 0,0112$. Para as correlações, temos que:

$$\rho_{AB} = \frac{0,0143}{2,019 \times 1,541} = 0,4602,$$

$$\rho_{AC} = \frac{0,0287}{2,019 \times 2,586} = 0,5488, \text{ e}$$

$$\rho_{BC} = \frac{0,0112}{1,541 \times 2,586} = 0,4602.$$

É comum a apresentação desses números em uma matriz. Se a matriz em questão apresentar variâncias e covariâncias, ela é chamada de matriz de covariâncias e é designada por Σ. Em nosso exemplo, a matriz de covariâncias é dada por:

$$\Sigma = \begin{pmatrix} \sigma_A^2 & \sigma_{AB} & \sigma_{AC} \\ \sigma_{AB} & \sigma_B^2 & \sigma_{BC} \\ \sigma_{AC} & \sigma_{BC} & \sigma_C^2 \end{pmatrix}$$

$$= \begin{pmatrix} 0,000408 & 0,000143 & 0,000287 \\ 0,000143 & 0,000237 & 0,000112 \\ 0,000287 & 0,000112 & 0,000668 \end{pmatrix}$$

---

[10] A frase correta seria "a correlação entre os retornos dos ativos A e B", mas ela não é usual.

Já a matriz de correlação será dada por:

$$\begin{pmatrix} 1 & \rho_{AB} & \rho_{AC} \\ \rho_{AB} & 1 & \rho_{BC} \\ \rho_{AC} & \rho_{BC} & 1 \end{pmatrix} = \begin{pmatrix} 1 & 0,4602 & 0,5488 \\ 0,4602 & 1 & 0,2808 \\ 0,5488 & 0,2808 & 1 \end{pmatrix}$$

Agora que sabemos como calcular as volatilidades dos ativos e sabemos medir a relação entre seus retornos, podemos finalmente calcular a volatilidade de uma carteira. Um modo de calcular a volatilidade de uma carteira sem termos que calcular as covariâncias ou as correlações seria criar uma série de retornos da carteira e calcular a volatilidade dessa série. Assim, por exemplo, se quisermos saber a volatilidade de uma carteira que possui 70% na ação A e 30% na ação B, criaríamos uma série de

retornos pela fórmula $r_{p,i} = 0,7r_{A.i} + 0,3r_{B.i}$, $i = 1... n$, onde n é o número de dias, e calcularíamos o desvio-padrão dessa série. O problema é que se quisermos calcular a volatilidade de outra carteira, por exemplo, 60% na ação A e 40% na ação B, teríamos que refazer o processo. Como alternativa, apresentamos a seguinte fórmula para dois ativos:[11]

$$\sigma_p = \sqrt{w_A^2\sigma_A^2 + w_B^2\sigma_B^2 + 2w_Aw_B\sigma_{AB}}$$
$$= \sqrt{w_A^2\sigma_A^2 + (1-w_A)^2\sigma_B^2 + 2w_A(1-w_A)\sigma_{AB}},$$

em que w_A e w_B representam os percentuais alocados nos ativos A e B, respectivamente. Analogamente, para três ativos, temos a seguinte fórmula:

$$\sigma_p = \sqrt{w_A^2\sigma_A^2 + w_B^2\sigma_B^2 + w_C^2\sigma_C^2 + 2w_Aw_B\sigma_{AB} + 2w_Aw_C\sigma_{AC} + 2w_Cw_B\sigma_{CB}}.$$

Vamos calcular o retorno e a volatilidade de uma carteira que tenha 60% na ação A e 40% na ação C. Temos que:

$$\begin{cases} r_p = 0,6 \times 0,0415 + 0,4 \times 0,5610 = 0,2493\% \text{ a.d.u.} = 62,8234\% \text{ a.a.} \\ \\ \sigma_p = \sqrt{(0,6)^2 \times 0,000408 + (0,4)^2 \times 0,000668 + 2 \times 0,6 \times 0,4 \times 0,000287} = 1,97\% \text{ a.d.u.} = 31,41\% \text{ a.a.} \end{cases}$$

Observe que a volatilidade desta carteia (1,97% a.d.u.) é menor do que a volatilidade da ação A (2,019% a.d.u.) e menor do que a volatilidade da ação C (2,586% a.d.u.), mas apresenta retorno maior do que o da ação A. Obviamente, possuir essa carteira é mais vantajoso do que possuir outra

carteira que possua 100% na ação A. Isso exemplifica o "princípio da diversificação" notado por Markowitz no artigo de 1959. Para encerrar essa seção, faremos outro exemplo. Vamos calcular o risco e o retorno de uma carteira que possua 30% na ação A, 20% na ação B e 50% na ação C:

$$\begin{cases} r_p = 0,3 \times 0,0415 + 0,2 \times (-0,1233) + 0,5 \times 0,5610 = 0,2683\% \text{ a.d.u.} \\ \\ \sigma_p = \sqrt{(0,3)^2 \times 0,000408 + (0,2)^2 \times 0,000237 + (0,5)^2 \times 0,000668 + 2 \times 0,3 \times 0,2 \times 0,000143 + 2 \times 0,3 \times 0,5 \times 0,000287 + 2 \times 0,2 \times 0,5 \times 0,000112} \\ \\ \sigma_p = 1,8411\% \text{ a.d.u.} \end{cases}$$

Os leitores familiarizados com a álgebra matricial podem refazer o exemplo anterior utilizando a

matriz de covariâncias. Nesse caso, a volatilidade da carteira seria dada por:

---

[11] As fórmulas apresentadas são encontradas em qualquer livro de estatística básica. Recomendamos Bussab e Morettin (1987).

$$\sigma_p = \sqrt{\begin{pmatrix} w_A & w_B & w_C \end{pmatrix} \begin{pmatrix} \sigma_A^2 & \sigma_{AB} & \sigma_{AC} \\ \sigma_{AB} & \sigma_B^2 & \sigma_{BC} \\ \sigma_{AC} & \sigma_{BC} & \sigma_C^2 \end{pmatrix} \begin{pmatrix} w_A \\ w_B \\ w_C \end{pmatrix}}.$$

Substituindo os valores, temos que:

$$\sigma_p = \sqrt{\begin{pmatrix} 0,3 & 0,2 & 0,5 \end{pmatrix} \begin{pmatrix} 0,000408 & 0,000143 & 0,000287 \\ 0,000143 & 0,000237 & 0,000112 \\ 0,000287 & 0,000112 & 0,000668 \end{pmatrix} \begin{pmatrix} 0,3 \\ 0,2 \\ 0,5 \end{pmatrix}} = 1,8411\% \text{ a.d.u.}$$

Vale ainda, para finalizarmos, chamar a atenção para o fato de que o retorno médio e a volatilidade, que vimos como estimar nessa seção, representam apenas estimadores, isto é, não temos a garantia de que eles se repetirão no futuro. Markowitz (1991) trata da questão entre estimadores e valores esperados em seu livro de maneira interessante.

5.5 MEDINDO RISCO DE MERCADO – *VALUE AT RISK* (VAR)

Agora que temos um modo de calcularmos volatilidade, vamos definir o *Value at Risk* (VaR). O VaR é um número que mede qual é a perda esperada máxima de uma carteira de ativos para um dado nível de confiança e um dado horizonte de tempo. Os parâmetros "nível de confiança" e "horizonte de tempo" são indispensáveis para uma resposta completa. Por exemplo, suponha um investidor que possua uma carteira cujo valor de mercado é \$ 1.000.000,00 e que seu VaR seja \$ 20.000,00 (2% do valor da carteira). Se esse VaR tem como parâmetros 99% de confiança e foi calculado para 21 dias úteis, ele deve ser interpretado da seguinte forma: se o investidor mantiver essa carteira nos próximos 21 dias, com 99% de chance ele não perderá mais do que \$ 20.000,00. Agora suponha o mesmo VaR (\$ 20.000,00) com 60% de confiança e para 1 dia útil. A interpretação agora é: se o investidor mantiver essa carteira de hoje para o próximo dia útil, com 40% de chance ele poderá perder mais do que \$ 20.000,00.

Um modo prático de utilização do VaR ocorre quando, uma vez calculado o VaR, o investidor manifesta seu conforto com relação a ele se comparado com o retorno esperado pela carteira. Caso haja desconforto, a carteira deve sofrer uma realo-cação de modo a ajustar o VaR ao padrão de risco do investidor.

Existem diversos modos de se calcular o VaR de uma carteira e nesta seção trataremos dos modelos histórico e paramétrico.[12]

5.5.1 VaR histórico

O VaR histórico é o método mais simples e mais intuitivo. Vamos considerar uma carteira que possua 100 ações da empresa A, 200 ações da empresa B e 300 ações da empresa C, sendo que os preços das ações A, B e C são aqueles fornecidos na seção 5.4 deste capítulo. Foram fornecidos 31 preços para cada ação correspondentes a 31 dias. Vamos supor que estamos no dia 30 e queremos calcular o VaR da carteira para 1 dia e com 95% de confiança. O primeiro passo é construir uma carteira para cada dia com as quantidades que possuímos hoje. Vamos supor que os preços fornecidos na seção anterior são preços unitários. Assim, por exemplo, no dia 30 temos \$ 4.768,00 (100 × 47,68) aplicados na ação A, \$ 7.962,00 (200 × 39,81) aplicados na ação B e \$ 26.340,00 (300 × 87,80) aplicados na ação C, o que resulta em uma carteira de \$ 39.070,00. Repetindo esse procedimento para o dia 29, temos uma carteira de \$ 39.740,00. Assim, a variação da carteira no dia 30 foi de – \$ 670,00 (\$ 39.070,00 – \$ 39.740,00). A tabela a seguir apresenta os resultados para os outros dias:

---

[12] Outros modelos consagrados são o não paramétrico e o método de Monte Carlo (*Full Simulation*). O leitor interessado deve consultar Jorion (1998) e Dowd (2002).

Dia	Ação A	Ação B	Ação C	Carteira Total	Variação
0	$ 4.709,00	$ 8.262,00	$ 22.260,00	$ 35.231,00	
1	$ 4.750,00	$ 8.198,00	$ 22.170,00	$ 35.118,00	– $ 113,00
2	$ 4.738,00	$ 8.140,00	$ 22.470,00	$ 35.348,00	$ 230,00
3	$ 4.890,00	$ 8.226,00	$ 22.890,00	$ 36.006,00	$ 658,00
4	$ 4.801,00	$ 7.996,00	$ 22.950,00	$ 35.747,00	– $ 259,00
5	$ 4.760,00	$ 7.930,00	$ 22.440,00	$ 35.130,00	– $ 617,00
6	$ 4.888,00	$ 7.998,00	$ 23.367,00	$ 36.253,00	$ 1.123,00
7	$ 4.920,00	$ 8.036,00	$ 23.220,00	$ 36.176,00	– $ 77,00
8	$ 4.978,00	$ 8.032,00	$ 23.301,00	$ 36.311,00	$ 135,00
9	$ 5.035,00	$ 8.090,00	$ 24.510,00	$ 37.635,00	$ 1.324,00
10	$ 5.035,00	$ 8.090,00	$ 24.510,00	$ 37.635,00	$ 0,00
11	$ 5.025,00	$ 8.116,00	$ 25.041,00	$ 38.182,00	$ 547,00
12	$ 4.979,00	$ 7.902,00	$ 25.206,00	$ 38.087,00	– $ 95,00
13	$ 5.108,00	$ 7.810,00	$ 26.253,00	$ 39.171,00	$ 1.084,00
14	$ 5.169,00	$ 7.800,00	$ 26.100,00	$ 39.069,00	– $ 102,00
15	$ 5.130,00	$ 7.764,00	$ 26.190,00	$ 39.084,00	$ 15,00
16	$ 4.929,00	$ 7.574,00	$ 25.290,00	$ 37.793,00	– $ 1.291,00
17	$ 4.895,00	$ 7.642,00	$ 24.870,00	$ 37.407,00	– $ 386,00
18	$ 4.986,00	$ 7.590,00	$ 24.720,00	$ 37.296,00	– $ 111,00
19	$ 4.785,00	$ 7.682,00	$ 24.000,00	$ 36.467,00	– $ 829,00
20	$ 4.710,00	$ 7.554,00	$ 23.820,00	$ 36.084,00	– $ 383,00
21	$ 4.689,00	$ 7.530,00	$ 24.405,00	$ 36.624,00	$ 540,00
22	$ 4.560,00	$ 7.508,00	$ 25.245,00	$ 37.313,00	$ 689,00
23	$ 4.480,00	$ 7.396,00	$ 24.444,00	$ 36.320,00	– $ 993,00
24	$ 4.477,00	$ 7.600,00	$ 24.345,00	$ 36.422,00	$ 102,00
25	$ 4.496,00	$ 7.520,00	$ 24.810,00	$ 36.826,00	$ 404,00
26	$ 4.708,00	$ 7.870,00	$ 26.610,00	$ 39.188,00	$ 2.362,00
27	$ 4.791,00	$ 7.890,00	$ 26.460,00	$ 39.141,00	– $ 47,00
28	$ 4.900,00	$ 7.930,00	$ 26.085,00	$ 38.915,00	– $ 226,00
29	$ 4.850,00	$ 7.830,00	$ 27.060,00	$ 39.740,00	$ 825,00
30	$ 4.768,00	$ 7.962,00	$ 26.340,00	$ 39.070,00	– $ 670,00

Calculada a variação da carteira, podemos construir um histograma. Isso é feito a seguir:

Histograma da Variação Diária da Carteira

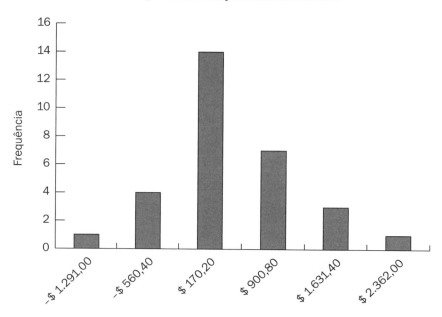

Bloco	Frequência	Frequência Acumulada
- $ 1.291,00	1	1
- $ 560,40	4	5
$ 170,20	14	19
$ 900,80	7	26
$ 1.631,40	3	29
$ 2.362,00	1	30

Observamos que o pior resultado da carteira foi – $ 1.291,00 e ocorreu no dia 16. Já o melhor resultado da carteira ocorreu no dia 26 e foi $ 2.362,00. Das 30 observações disponíveis, 5 delas ficaram abaixo de – $ 560,40, isto é, 16,67% (5/30) das observações ficaram abaixo de – $ 560,40. Para calcular o VaR com 95% de confiança, adotaremos o seguinte procedimento:[13] vamos descobrir qual o valor que corresponde a 5% (100% – 95%) das perdas. Como temos 30 observações, calculamos 5% de 30, o que resulta em 1,5. Não temos na tabela anterior a frequência 1,5, mas temos para a frequência 1 e para a frequência 5. O que vamos fazer a seguir é interpolar linearmente e obter o valor correspondente à frequência 1,5. Como a frequência 1 corresponde a – $ 1.291,00 e a frequência 5 corresponde a – $ 560,40, montamos a seguinte proporção:

$$\frac{-1.291,00 - (-560,40)}{1 - 5} = \frac{-730,60}{-4} = 182,65$$

Isso quer dizer que, a cada "unidade" acrescida na frequência, a perda deve diminuir 182,65 se estivermos no intervalo correspondente às frequências 1 e 5. Logo, a perda esperada para a frequência 1,5 é $-1.291 + 0,5 \times 182,65 = -1.199,68$. Deste modo, o VaR da carteira em questão para 1 dia e 95% de confiança é de $ 1.199,68. Esse número nos diz que esta carteira não perderá, entre o dia 30 e 31, mais de 1.199,68 com 95% de chance. Já o VaR com 80% de confiança seria $508,21 (pois, $-560,40 + \frac{-730,60}{-14} = -508,21$).

É comum expressar o VaR em percentual da carteira. Assim, podemos dizer que o VaR com 95% de confiança é 3,07% da carteira (1.199,68 dividido

---

[13] Esse procedimento não é o único disponível. Ele foi adotado aqui por ser o mais simples.

por 39.070) e que o VaR com 80% de confiança é 1,30% da carteira (508,21 dividido por 39.070)

Se desejarmos calcular o VaR para outro intervalo de tempo, basta construirmos a variação da carteira para o intervalo de tempo desejado e refazer o procedimento. Obviamente que esse procedimento deve ser feito com um número razoavelmente grande de observações.

5.5.2 VaR paramétrico

O VaR paramétrico assume que a distribuição de probabilidade dos retornos é normal e a partir daí a obtenção do VaR passa a ser simplesmente a construção de um intervalo de confiança. O VaR será então o número obtido pelo extremo inferior do intervalo de confiança. Do mesmo modo que o VaR histórico, precisamos definir para o VaR paramétrico dois parâmetros: nível de confiança e intervalo de tempo. Deve ficar claro ao leitor que a interpretação do número obtido pelo VaR paramétrico é a mesma do número obtido pelo VaR histórico, apesar de os números não serem necessariamente os mesmos. Posteriormente discutiremos como encontrar o modelo de VaR adequado a cada situação.

Vamos calcular o VaR paramétrico para a mesma carteira que calculamos o VaR histórico. A carteira em questão é a seguinte:

Dia: 30		
	Valor	%
Ação A	$ 4.768,00	12,204%
Ação B	$ 7.962,00	20,379%
Ação C	$ 26.340,00	67,417%
	$ 39.070,00	100,000%

Como temos os pesos de cada um dos ativos na carteira e como já calculamos a matriz de covariâncias entre os ativos na seção 5.4, podemos calcular a volatilidade da carteira em questão:

$$\sigma_p = \sqrt{(0,12204 \quad 0,20379 \quad 0,67417)\begin{pmatrix} 0,000408 & 0,000143 & 0,000287 \\ 0,000143 & 0,000237 & 0,000112 \\ 0,000287 & 0,000112 & 0,000668 \end{pmatrix}\begin{pmatrix} 0,12204 \\ 0,20379 \\ 0,67417 \end{pmatrix}}$$

$$= 2,0123\% \text{ a.d.u.}$$

O retorno médio da carteira é dado por:

$$r_p = 0,12204 \times 0,0415 + 0,20379 \times$$

$$\times (-0,1233) + 0,67417 \times 0,5610$$

$$= 0,3581\% \text{ a.d.u.}$$

Como o VaR é o extremo inferior do intervalo de confiança, temos que o VaR com 95% de confiança e para 1 dia é 2,962% do valor da carteira (0,3581 – 1,65 × 2,0123 = –2,962) ou $ 1.157,25. Note que esse número não é tão distante do valor obtido pelo VaR histórico, que foi 3,07%. Com 80%[14] de confiança e para 1 dia, o VaR paramétrico é 1,335% (0,3581 – 0,8416 × 2,0123 = –1,335). O valor obtido pelo VaR histórico com esses parâmetros foi 1,30%.

Para calcular o VaR paramétrico para outros intervalos de tempo, há duas alternativas. A primeira é construir a série de retornos para o intervalo de tempo desejado, a partir daí calcular a matriz de covariâncias e proceder como feito nesta seção e obter o VaR. A outra alternativa é simplesmente multiplicar o VaR para 1 dia por $\sqrt{n}$, onde n é o intervalo de tempo desejado.[15]

5.5.3 Escolha do modelo de VaR

Todo modelo é uma tentativa de melhor aproximação da realidade. O modelos de VaR são, nesse sentido, uma tentativa de inferir a perda máxima de uma carteira. Como já foi dito anteriormente, existem diversos modelos para se calcular o VaR de uma carteira, apesar de só termos apresentado dois

---

[14] Com 80% de confiança, são necessários 0,8416 desvios-padrões.

[15] Essas alternativas gerarão resultados distintos. Uma discussão sobre isso é encontrada em Dowd (2002).

métodos neste capítulo. A escolha do modelo mais adequado passa por uma série de passos, entre eles um estudo minucioso da distribuição de probabilidade dos retornos da carteira em questão. No caso do VaR paramétrico, assumimos que a distribuição de probabilidade era normal, mas na maioria dos casos isso não é verificado.

Uma vez escolhido o modelo a ser utilizado, ele deve ser testado. Um método para testar o bom uso de um modelo de VaR é o Back Test. Uma ideia acerca do Back Test é a seguinte: suponha que o VaR de uma carteira seja 2% com 95% de confiança e para 1 dia. Suponha ainda que estejam disponíveis 1.000 retornos da carteira. Como o VaR foi calculado com 95% de confiança, devemos esperar que somente em 5% dos casos a perda observada seja maior que 2%, isto é, esperamos que somente em no máximo 50 casos tenhamos uma perda maior do que 2%. Se observarmos que em mais de 50 observações a perda foi superior a 2%, nosso modelo ou os parâmetros utilizados nele não estão adequados e assim é necessário escolher outro modelo ou rever os parâmetros utilizados.[16]

Uma observação importante é que o Back Test sempre será satisfatório no modelo de VaR histórico, pois esse modelo foi construído de modo a determinar o valor que satisfaz o nível de confiança desejado. A pergunta natural é por que não utilizar sempre esse modelo. A resposta é que o VaR histórico não é adequado a todas as situações. No caso de derivativos, como opções, por exemplo, o VaR histórico não apresenta resultados satisfatórios. Aliás, quando tratamos de derivativos, nem o modelo de VaR paramétrico ajusta-se bem.[17]

5.5.4 Críticas ao VaR

Desde o surgimento do VaR em 1994 ele vem sido difundido no mercado financeiro e é hoje amplamente utilizado por bancos, empresas e órgãos reguladores como o Banco Central, por exemplo. Apesar disso, o VaR não é a solução definitiva no que diz respeito a medidas de risco de mercado. Uma crítica comum é a de que usar o VaR é o mesmo que usar guarda-chuva em um furacão. Como o VaR está associado a um nível de confiança, ele está sujeito ao "risco de evento". Mesmo que se calcule o VaR com 99% de confiança, numa situação de *stress* podem ocorrer perdas que superem em muito a perda esperada. Além disso, o risco calculado com 99% de confiança pode ser tão grande que pode inibir o investidor a tomar alguma posição financeira. Além dessas, outras críticas ao uso do VaR são:[18]

- O VaR só mede o risco das situações normais. Assim, em situações de *stress*, pode ocorrer uma sensível perda de liquidez dos mercados o que pode tornar a operação de realocação ainda mais onerosa e portanto apresentar perdas muito maiores do que as estimadas pelo VaR.

- As estimativas de VaR são muito imprecisas, tanto que diferentes modelos apresentam números muito distintos. Assim, como o investidor não sabe qual é o real VaR, mas sim estimativas para ele, ele pode tomar riscos muito maiores do que pensa e portanto ter perdas muito significativas.

- Outro problema apontado é que se há informação disponível de que um determinado agente utiliza limites de VaR, outros agentes podem, em determinadas circunstâncias, tomar proveito de algumas situações.

Apesar dessas críticas, o VaR continua sendo utilizado como ferramenta de mensuração de risco e como ferramenta de alocação de recursos. Não há dúvida de que o uso do VaR poderia ter evitado algumas tragédias financeiras, como, por exemplo, a do Barings.

5.6 ALTERNATIVAS E TENDÊNCIAS

A crítica que diz respeito ao fato de que o VaR só captura situações de normalidade, mas não situações de *stress*, foi rapidamente absorvida e a solução sugerida é o Teste de *Stress*. O Teste de *Stress*

---

[16] O critério não deve ser tão rígido assim. Nós não poderíamos trocar o modelo se encontrássemos 51 observações com perda superior a 2%. O ideal é realizar um teste estatístico que nos forneça o número de observações com perda superior a 2%, a partir do qual descartamos o modelo ou alteramos os parâmetros. Um teste muito difundido é o teste de Kupiec. O leitor encontrará uma descrição bem detalhada deste teste em Jorion (1998).

[17] Para carteiras com derivativos o modelo de VaR mais utilizado é o de Monte Carlo (ou *Full Simulation*).

[18] Essas críticas estão mais profundamente fundamentas em Dowd (2002).

consiste na criação de cenários para os ativos e a aplicação desses cenários na carteira. Por exemplo, podemos criar o seguinte cenário de *stress*: a bolsa de valores cai 10%, o dólar sobe 8% e os juros sobem 5%. A seguir, aplica-se esse cenário à carteira e verifica-se quanto se perderia se esse cenário se confirmasse. Esse número daria ao investidor uma medida determinística de perda, isto é, caso aquele cenário se confirme, é possível estabelecer exatamente qual é a perda.

Ainda assim, a aplicação de um único cenário de *stress* pode levar o investidor a subestimar seu risco. Suponha que um investidor possua uma aplicação num título indexado a dólar. Então, em um cenário em que o dólar sobe (e isso geralmente tem conotação de cenário ruim), o investidor ganha ao invés de perder. Assim, para esse investidor, *stress* quer dizer dólar cair e não subir. Uma alternativa natural seria criar vários cenários, combiná-los criando assim cenários híbridos e aplicá-los às carteiras. Os problemas que isso pode gerar são: um cenário gerado sempre carrega algum grau de subjetividade; além disso, caso sejam criados muitos cenários pode se tornar um problema computacional conseguir aplicá-los à carteira. Esses problemas podem ser contornados[19] e, assim, é inegável que o Teste de *Stress* é um complemento muito útil ao VaR e portanto à análise de risco.

Mais recentemente, uma nova ferramenta estatística tem sido aplicada na mensuração de risco: a Teoria de Valores Extremos. Essa ferramenta tenta responder à seguinte pergunta: se o VaR só captura efeitos de normalidade quando estamos numa situação de *stress*, em que a perda supera o VaR, quanto esperamos perder? De outra forma, a pergunta pode ser feita da seguinte maneira: qual a perda esperada, dado que já se perdeu mais do que a perda medida inicialmente pelo VaR? O número dado como resposta é chamado de ETL (*Expected Tail Loss*).[20] Não se pode dizer ainda que o ETL esteja sendo amplamente utilizado pelo mercado financeiro, mas ele vem sendo difundido rapidamente.

5.7 ILUSTRAÇÃO DOS CÁLCULOS UTILIZANDO O MS EXCEL

Abaixo se encontram as cotações diárias de três ações. As cotações são as mesmas apresentadas no livro e com esses dados calcularemos o risco da carteira.

	A	B	C	D
1	dia	Ação A	Ação B	Ação C
2	0	R$ 47,09	R$ 41,31	R$ 74,20
3	1	R$ 47,50	R$ 40,99	R$ 73,90
4	2	R$ 47,38	R$ 40,70	R$ 74,90
5	3	R$ 48,90	R$ 41,13	R$ 76,30
6	4	R$ 48,01	R$ 39,98	R$ 76,50
7	5	R$ 47,60	R$ 39,65	R$ 74,80
8	6	R$ 48,88	R$ 39,99	R$ 77,89
9	7	R$ 49,20	R$ 40,18	R$ 77,40
10	8	R$ 49,78	R$ 40,16	R$ 77,67
11	9	R$ 50,35	R$ 40,45	R$ 81,70
12	10	R$ 50,35	R$ 40,45	R$ 81,70
13	11	R$ 50,25	R$ 40,58	R$ 83,47
14	12	R$ 49,79	R$ 39,51	R$ 84,02
15	13	R$ 51,08	R$ 39,05	R$ 87,51
16	14	R$ 51,69	R$ 39,00	R$ 87,00
17	15	R$ 51,30	R$ 38,82	R$ 87,30
18	16	R$ 49,29	R$ 37,87	R$ 84,30
19	17	R$ 48,95	R$ 38,21	R$ 82,90
20	18	R$ 49,86	R$ 37,95	R$ 82,40
21	19	R$ 47,85	R$ 38,41	R$ 80,00
22	20	R$ 47,10	R$ 37,77	R$ 79,40
23	21	R$ 46,89	R$ 37,65	R$ 81,35
24	22	R$ 45,60	R$ 37,54	R$ 84,15
25	23	R$ 44,80	R$ 36,98	R$ 81,48
26	24	R$ 44,77	R$ 38,00	R$ 81,15
27	25	R$ 44,96	R$ 37,60	R$ 82,70
28	26	R$ 47,08	R$ 39,35	R$ 88,70
29	27	R$ 47,91	R$ 39,45	R$ 88,20
30	28	R$ 49,00	R$ 39,65	R$ 86,95
31	29	R$ 48,50	R$ 39,15	R$ 90,20
32	30	R$ 47,68	R$ 39,81	R$ 87,80

---

[19] O leitor interessado deve consultar o artigo "Um modelo de teste de stress menos subjetivo e abrangente", de Cícero Augusto Vieira Neto e Fábio Urban. O artigo está disponível em: <www.bmf.com.br>.

[20] Uma definição formal do ETL e de modelos para seu cálculo encontram-se em Dowd (2002).

A) Cálculo do retorno diário de cada ação

Utilizaremos uma segunda aba para o cálculo do retorno diário, e será nomeada Plan2 permanecendo a mesma estrutura da planilha Plan1. Uma forma rápida e básica é colocando as fórmulas nas primeiras linhas, lembrando que o retorno é a partir do dia 0 pois não temos a cotação de um dia anterior a esse, que serão as células B3, C3 e D3

selecionando-as e arrastado até as células B32, C32 e D32. Assim devem ficar como na imagem abaixo as células com as fórmulas.

	A	B	C	D
1	dia	Ação A	Ação B	Ação C
2	0			
3	1	=LN(Plan1!B3/Plan1!B2)	=LN(Plan1!C3/Plan1!C2)	=LN(Plan1!D3/Plan1!D2)
4	2	=LN(Plan1!B4/Plan1!B3)	=LN(Plan1!C4/Plan1!C3)	=LN(Plan1!D4/Plan1!D3)
5	3	=LN(Plan1!B5/Plan1!B4)	=LN(Plan1!C5/Plan1!C4)	=LN(Plan1!D5/Plan1!D4)
6	4	=LN(Plan1!B6/Plan1!B5)	=LN(Plan1!C6/Plan1!C5)	=LN(Plan1!D6/Plan1!D5)
7	5	=LN(Plan1!B7/Plan1!B6)	=LN(Plan1!C7/Plan1!C6)	=LN(Plan1!D7/Plan1!D6)
8	6	=LN(Plan1!B8/Plan1!B7)	=LN(Plan1!C8/Plan1!C7)	=LN(Plan1!D8/Plan1!D7)
9	7	=LN(Plan1!B9/Plan1!B8)	=LN(Plan1!C9/Plan1!C8)	=LN(Plan1!D9/Plan1!D8)
10	8	=LN(Plan1!B10/Plan1!B9)	=LN(Plan1!C10/Plan1!C9)	=LN(Plan1!D10/Plan1!D9)
11	9	=LN(Plan1!B11/Plan1!B10)	=LN(Plan1!C11/Plan1!C10)	=LN(Plan1!D11/Plan1!D10)
12	10	=LN(Plan1!B12/Plan1!B11)	=LN(Plan1!C12/Plan1!C11)	=LN(Plan1!D12/Plan1!D11)
13	11	=LN(Plan1!B13/Plan1!B12)	=LN(Plan1!C13/Plan1!C12)	=LN(Plan1!D13/Plan1!D12)
14	12	=LN(Plan1!B14/Plan1!B13)	=LN(Plan1!C14/Plan1!C13)	=LN(Plan1!D14/Plan1!D13)
15	13	=LN(Plan1!B15/Plan1!B14)	=LN(Plan1!C15/Plan1!C14)	=LN(Plan1!D15/Plan1!D14)
16	14	=LN(Plan1!B16/Plan1!B15)	=LN(Plan1!C16/Plan1!C15)	=LN(Plan1!D16/Plan1!D15)
17	15	=LN(Plan1!B17/Plan1!B16)	=LN(Plan1!C17/Plan1!C16)	=LN(Plan1!D17/Plan1!D16)
18	16	=LN(Plan1!B18/Plan1!B17)	=LN(Plan1!C18/Plan1!C17)	=LN(Plan1!D18/Plan1!D17)
19	17	=LN(Plan1!B19/Plan1!B18)	=LN(Plan1!C19/Plan1!C18)	=LN(Plan1!D19/Plan1!D18)
20	18	=LN(Plan1!B20/Plan1!B19)	=LN(Plan1!C20/Plan1!C19)	=LN(Plan1!D20/Plan1!D19)
21	19	=LN(Plan1!B21/Plan1!B20)	=LN(Plan1!C21/Plan1!C20)	=LN(Plan1!D21/Plan1!D20)
22	20	=LN(Plan1!B22/Plan1!B21)	=LN(Plan1!C22/Plan1!C21)	=LN(Plan1!D22/Plan1!D21)
23	21	=LN(Plan1!B23/Plan1!B22)	=LN(Plan1!C23/Plan1!C22)	=LN(Plan1!D23/Plan1!D22)
24	22	=LN(Plan1!B24/Plan1!B23)	=LN(Plan1!C24/Plan1!C23)	=LN(Plan1!D24/Plan1!D23)
25	23	=LN(Plan1!B25/Plan1!B24)	=LN(Plan1!C25/Plan1!C24)	=LN(Plan1!D25/Plan1!D24)
26	24	=LN(Plan1!B26/Plan1!B25)	=LN(Plan1!C26/Plan1!C25)	=LN(Plan1!D26/Plan1!D25)
27	25	=LN(Plan1!B27/Plan1!B26)	=LN(Plan1!C27/Plan1!C26)	=LN(Plan1!D27/Plan1!D26)
28	26	=LN(Plan1!B28/Plan1!B27)	=LN(Plan1!C28/Plan1!C27)	=LN(Plan1!D28/Plan1!D27)
29	27	=LN(Plan1!B29/Plan1!B28)	=LN(Plan1!C29/Plan1!C28)	=LN(Plan1!D29/Plan1!D28)
30	28	=LN(Plan1!B30/Plan1!B29)	=LN(Plan1!C30/Plan1!C29)	=LN(Plan1!D30/Plan1!D29)
31	29	=LN(Plan1!B31/Plan1!B30)	=LN(Plan1!C31/Plan1!C30)	=LN(Plan1!D31/Plan1!D30)
32	30	=LN(Plan1!B32/Plan1!B31)	=LN(Plan1!C32/Plan1!C31)	=LN(Plan1!D32/Plan1!D31)

Foi utilizado o retorno geométrico, assim, a função a ser utilizada no Excel é a função =LN(núm).

Assim, os valores de retorno da fórmula devem ser como os apresentados na tabela a seguir.

	A	B	C	D
1	dia	Ação A	Ação B	Ação C
2	0			
3	1	0,8669%	- 0,7776%	- 0,4051%
4	2	- 0,2530%	- 0,7100%	1,3441%
5	3	3,1577%	1,0510%	1,8519%
6	4	- 1,8368%	- 2,8358%	0,2618%
7	5	- 0,8577%	- 0,8288%	- 2,2473%
8	6	2,6536%	0,8538%	4,0480%
9	7	0,6525%	0,4740%	- 0,6311%
10	8	1,1720%	- 0,0498%	0,3482%
11	9	1,1385%	0,7195%	5,0585%
12	10	0,0000%	0,0000%	0,0000%
13	11	- 0,1988%	0,3209%	2,1433%
14	12	- 0,9196%	- 2,6722%	0,6568%
15	13	2,5579%	- 1,1711%	4,0698%
16	14	1,1871%	- 0,1281%	- 0,5845%
17	15	- 0,7574%	- 0,4626%	0,3442%
18	16	- 3,9970%	- 2,4776%	- 3,4969%
19	17	- 0,6922%	0,8938%	- 1,6747%
20	18	1,8420%	- 0,6828%	- 0,6050%
21	19	- 4,1148%	1,2048%	- 2,9559%
22	20	- 1,5798%	- 1,6803%	- 0,7528%
23	21	- 0,4469%	- 0,3182%	2,4262%
24	22	- 2,7897%	- 0,2926%	3,3840%
25	23	- 1,7700%	- 1,5030%	- 3,2243%
26	24	- 0,0670%	2,7209%	- 0,4058%
27	25	0,4235%	- 1,0582%	1,8920%
28	26	4,6075%	4,5492%	7,0040%
29	27	1,7476%	0,2538%	- 0,5653%
30	28	2,2496%	0,5057%	- 1,4274%
31	29	- 1,0257%	- 1,2691%	3,6696%
32	30	- 1,7052%	1,6718%	- 2,6968%

B) Cálculo do Retorno médio, Risco da Ação, Matriz de Covariância e Risco da Carteira

Para o cálculo dos Retornos médios utilizaremos a função =MÉDIA(núm1;[núm2];...), sendo calculado os retornos nas células G4,H4 e I4. O Risco de mercado é calculado pelo =DESVPAD(núm1;[núm2];...), utilizaremos essa função ao invés de =DESVPADP(núm1;[núm2];...), pois a base de dados é uma amostra e não uma população, assim o retorno estarão nas células G5,H5 e I5. Os ômegas, que são o peso de cada ação, serão respectivamente 30%, 20% e 50% e seus valores serão inseridos nas células G6, H6 e I6. A função =COVAR(matriz1;matriz2) retornará os valores da matriz de covariância e será calculada no intervalo de G11:I12. Por essa fórmula da covariância, é interessante notar que o retorno é a covariância populacional e, como estamos tratando de uma amostra, multiplicaremos por 30 e dividiremos por 29 para ter os valores amostrais da covariância. E, por fim, o Risco da Carteira, que será a raiz quadrada da multiplicação de matrizes do ômega vezes a matriz de covariância. No Excel utilizaremos as funções =RAIZ(núm) para extrair a raiz quadrada, =MATRIZ.MULT(matriz1;matriz2) para a multiplicação de matrizes e a função =TRANSPOR(matriz) para ter a matriz transporta dos valores de ômega.

É esperado que a fórmula seja igual à da tabela a seguir.

	F	G	H	I
1				
2				
3		Ação A	Ação B	Ação C
4	Retorno	=MÉDIA(B3:B32)	=MÉDIA(C3:C32)	=MÉDIA(D3:D32)
5	Risco	=DESVPAD(B3:B32)	=DESVPAD(C3:C32)	=DESVPAD(D3:D32)
6	w	30%	20%	50%
7				
8		matriz de covariância		
9		Ação A	Ação B	Ação C
10	Ação A	=COVAR($B$3:$B$32;B3:B$32)*30/29	=COVAR($B$3:$B$32;C3:C$32)*30/29	=COVAR($B$3:$B$32;D3:D$32)*30/29
11	Ação B	=COVAR($C$3:$C$32;B3:B$32)*30/29	=COVAR($C$3:$C$32;C3:C$32)*30/29	=COVAR($C$3:$C$32;D3:D$32)*30/29
12	Ação C	=COVAR($D$3:$D$32;B3:B$32)*30/29	=COVAR($D$3:$D$32;C3:C$32)*30/29	=COVAR($D$3:$D$32;D3:D$32)*30/29
13				
14		Risco da Carteira		
15	=RAIZ(MATRIZ.MULT(G6:I6;MATRIZ.MULT(G10:I12;TRANSPOR(G6:I6))))			

Assim, os valores esperados como apresentados no livro são os mesmos que a tabela abaixo apresenta.

	F	G	H	I
1				
2				
3		Ação A	Ação B	Ação C
4	Retorno	0,00042	– 0,00123	0,00561
5	Risco	2,0195%	1,5411%	2,5861%
6	w	30%	20%	50%
7				
8		matriz de covariância		
9		Ação A	Ação B	Ação C
10	Ação A	0,00041	0,000143	0,00029
11	Ação B	0,00014	0,000237	0,00011
12	Ação C	0,00029	0,000112	0,00067
13				
14		Risco da Carteira		
15	0,01841			

Questões discursivas

1. Como são divididos os riscos financeiros? Conceitue esses riscos.

2. Suponha dois Ativos A e B com volatilidade de 5% e 9% ao ano, respectivamente. Se a correlação entre esses ativos é –1, encontre a carteira que possui volatilidade igual a 0% ao ano.

3. Suponha três Ativos A, B e C com volatilidade de 2%, 3% e 6% ao ano, respectivamente. Os retornos esperados para os ativos A, B e C são 8%, 15% e 19 % ao ano, respectivamente. Suponha que as correlações entre esses ativos são todas iguais a 0. Calcule o risco e o retorno de uma carteira que tenha 10% no ativo A, 20 % no Ativo B e 70 % no Ativo C.

4. Refaça o exercício anterior supondo que a correlação entre os ativos A e B é 0,5 e as correlações entre os demais ativos é 0.

5. Suponha 3 ativos A, B e C com volatilidades de 6%, 8 % e 11% ao ano respectivamente. Suponha que as correlações entre os ativos sejam todas iguais a 0. Calcule o VaR paramétrico de cada um dos ativos com 80% e com 95% de confiança.

6. Usando os dados do exercício anterior, calcule o VaR paramétrico com 80% e com 95% de confiança das seguintes carteiras:

   a) $ 1.000,00 em A, $ 2.000,00 em B e $ 2.500,00 em C;

   b) $ 2.000,00 em A, $ 1.000,00 em B e $ 2.500,00 em C;

Cotações para as questões 7 a 10:

Data	Cotações		
	VALE 3	PETR3	BBAS3
14/01/2011	59,96	30,77	31,77
13/01/2011	59,70	30,50	31,60
12/01/2011	60,12	31,47	31,92
11/01/2011	58,50	30,50	31,37
10/01/2011	57,89	30,21	31,00
07/01/2011	58,00	30,00	30,95
06/01/2011	58,44	30,45	31,70
05/01/2011	59,20	30,63	31,98
04/01/2011	58,15	30,06	31,53
03/01/2011	56,97	30,30	31,40

VALE 3 – EMPRESA VALE DO RIO DOCE

PETR 3 – PETROBRAS

BBAS 3 – BANCO DO BRASIL

7. Calcule o risco e o retorno para um portfólio com as ações VALE3 e PETR3 com participação no portfólio de 60% e 40%, respectivamente.

8. Calcule o risco e o retorno para um portfólio com as ações VALE3 e BBAS3 com participação no portfólio de 70% e 30%, respectivamente.

9. Calcule o risco e o retorno para um portfólio com as ações PETR3 e BBAS3 com participação no portfólio de 60% e 40%, respectivamente.

10. Faça um gráfico Risco × Retorno de cada portfólio estudado entre as questões 7 e 9 e mostre qual investimento é melhor. Justifique

Testes de múltipla escolha

1. (Adaptado do Concurso SUSEP-2010) Um título cujos os retornos tenham covariância negativa com os retornos de um outro ativo exercerá o seguinte sobre uma carteira da qual façam parte, outros fatores sendo iguais:

    a) Aumentará o risco sistemático da carteira, caso seu peso na carteira seja muito grande.

    b) Reduzirá o risco não sistemático da carteira.

    c) Aumentará o valor do coeficiente beta da carteira.

    d) Aumentará o retorno esperado da carteira, se o retorno esperado do título for justo.

    e) Fará com que a soma dos pesos dos componentes da carteira fique abaixo de 100%.

2. (Concurso SUSEP-2010) A determinação da fronteira eficiente para o mercado de ações requer o conhecimento de valores numéricos para os seguintes elementos, entre outros:

    a) volatilidade da taxa de juros livre de risco e coeficiente beta da carteira de mercado;

    b) número de títulos que podem fazer parte da carteira e seus retornos esperados;

    c) betas das várias ações e volatilidade da carteira de mercado;

    d) beta do ativo livre de risco e grau de aversão ao risco do investidor que está determinando a fronteira;

    e) coeficientes de assimetria e curtose da distribuição de probabilidades dos retornos das ações.

3. (IBA-2005) Sobre risco de investimento, pode-se afirmar:

    a) Investimentos de maior risco tendem a ter maior retorno.

    b) A diversificação de uma carteira, normalmente, reduz o risco do investidor.

    c) No mercado de renda fixa, os ativos com vencimento mais longo costumam apresentar maior volatilidade.

    d) Independentemente dos parâmetros utilizados em ambos, um fundo de investimento que apresenta VaR maior que outro tende a ser um produto mais arriscado.

    e) Todas as alternativas anteriores

4. (IBA-2006) O risco de uma carteira formada exclusivamente por dois ativos é sempre maior que o risco do ativo de menor risco entre os dois se, e somente se, esses ativos forem:

    a) correlacionados positivamente;

    b) perfeitamente correlacionados negativamente;

    c) correlacionados negativamente;

    d) perfeitamente correlacionados positivamente;

    e) correlativamente neutros.

5. (IBA-2008) Um fundo de investimento tem 50% do Patrimônio Líquido (PL) investidos no ativo A e os outros 50%, no ativo B. Ambos os ativos têm volatilidade de seus retornos de 25% ao ano e retorno diário médio de 0,1%. Nesse caso, em relação à correlação entre A e B é correto afirmar que:

   a) se ela for igual a −3, o risco do fundo é menor que o risco individual de cada ativo;

   b) se ela for igual a −2, o risco do fundo é menor que o risco individual de cada ativo, embora não tão baixo quanto seria se a correlação fosse igual a −3;

   c) se ela for igual a −1, o VaR (Value at Risk) paramétrico é igual a zero;

   d) se ela for igual a 1, o risco da carteira é menor do que o risco individual de cada ativo e será o menor risco possível;

   e) se ela for igual a zero, o risco do fundo também será igual a zero.

6. Considere os dados do quadro abaixo e marque a alternativa que apresente a interpretação adequada:

	95% de confiança		99% de confiança	
	Extremo Inferior	Extremo Superior	Extremo Inferior	Extremo Superior
Ação A	−3,2906%	3,3736%	−4,6639%	4,7469%
Ação B	−2,6661%	2,4195%	−3,7140%	3,4674%
Ação C	−3,7061%	4,8281%	−5,4647%	6,5867%

   a) Com 95% de chance, o retorno da ação C será pior que −3,7061%

   b) Com 99% de chance, o retorno da ação B será maior que −3,7140% e até 3,4674%.

   c) Com 95% de chance, o retorno da ação A não será maior que −3,2906%.

   d) Há indícios de que um investimento na Ação B tem maior exposição ao risco de mercado.

7. (SUSEP-2010) A magnitude do *value at risk* (VaR) de uma carteira de ativos de renda fixa é crescente com:

   a) o valor de mercado da carteira;

   b) a assimetria da distribuição de probabilidades dos retornos dos ativos componentes da carteira;

   c) o *rating* médio dos ativos componentes da carteira;

   d) a probabilidade de ocorrência de retornos dos ativos não muito distantes de suas médias históricas;

   e) a liquidez dos ativos componentes da carteira.

8. (IBA-2005) Um investidor pretende investir em duas ações: X e Y. A ação X tem um retorno esperado de 10% e desvio-padrão Z, a ação Y tem um retorno esperado de 20% e desvio padrão 2Z. Após investir em ambas as ações, o retorno esperado daquele investidor é de 12,50%, com desvio padrão igual a Z.

   A correlação linear entre os retornos das ações X e Y é:

   a) − 0,50;

   b) − 0,25;

   c) 0,00;

   d) 0,25;

   e) 0,50.

9. (IBA – 2011) Considere as seguintes características dos ativos abaixo. Identifique a conclusão correta.

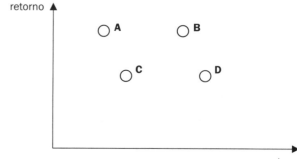

a) O ativo B é preferível ao Ativo A.

b) O ativo D é preferível ao Ativo C.

c) O ativo C é preferível ao Ativo A.

d) O ativo D é preferível ao Ativo B.

e) O ativo A é preferível ao Ativo B.

10. **Risco oriundo da possibilidade de variações nos preços de ativos financeiros:**

a) Risco de Liquidez.

b) Risco de Mercado.

c) Risco de Crédito.

d) VaR (*Value at Risk*).

e) Risco Inerente.

Parte III

Mercado de Renda Fixa

A Parte III tem como objetivo apresentar os principais produtos e operações no mercado de renda fixa, no qual que incluem os títulos emitidos por governos, empresas e instituições financeiras. É composta por cinco capítulos, sendo o primeiro (Capítulo 6) uma visão geral do mercado de renda fixa e detalhes das operações com títulos emitidos pelo Governo Federal.

O Capítulo 7 apresenta os principais aspectos dos títulos de dívida emitidos por empresas na forma de debêntures e *commercial paper*; são apresentados as principais características e o processo de colocação e negociação dos títulos.

O Capítulo 8 aborda aspectos relacionados à captação de recursos por meio do processo de securitização de ativos; são detalhadas as operações de fundos de investimento em direitos creditórios (FIDC) e certificados de recebíveis imobiliários (CRI).

O Capítulo 9 apresenta as diversas características das captações no exterior, em especial as operações no mercado de *eurobonds* e *euronotes*. O capítulo ainda apresenta aspectos básicos da precificação e avaliação desses títulos.

O Capítulo 10 fecha a seção apresentando os principais aspectos sobre a mensuração e a gestão de riscos no mercado de renda fixa, mostrando técnicas tradicionais de monitorar e estimar riscos de crédito e de mercado.

6

Mercado de Renda Fixa

Jaime Gregório, Gerlando Augusto Sampaio Franco de Lima e **André Moura Cintra Goulart**

6.1 INTRODUÇÃO

Os títulos de renda fixa são caracterizados por terem a forma de remuneração previamente definida. Esses títulos podem ser prefixados ou pós-fixados. No primeiro caso, os títulos apresentam valor de resgate definido no momento da contratação da operação; no segundo, o valor de resgate do título só será conhecido no vencimento, uma vez que esses títulos estão atrelados a algum indexador (IGP-M, IPCA etc.), taxa de juros (TR, TJLP), ou mesmo ao câmbio (taxa de valorização do dólar, por exemplo), cuja variação não se conhece no momento em que se faz a aplicação.

Note-se que, no caso dos títulos prefixados, apenas o rendimento nominal é conhecido com antecedência. O rendimento real só será conhecido ao final da aplicação, quando se souber a taxa de inflação observada no período, a qual deverá ser descontada da rentabilidade nominal para apuração do rendimento real.

No caso dos títulos pós-fixados, atrelados a um indexador, acontece o oposto: é conhecida, *a priori*, a taxa real de juros; o rendimento nominal, no entanto, só será conhecido na liquidação da ope-

ração, depois de aplicada a variação do indexador pactuado. Exemplo típico é dado pela aplicação em caderneta de poupança, que rende variação da TR (Taxa Referencial) + 0,5% a.m. A rentabilidade real, 0,5% a.m., no caso, já é conhecida previamente, enquanto a variação da TR será conhecida apenas ao final do período da aplicação.

Ao estabelecer uma comparação com os títulos de renda variável, cabe observar que esses têm sua remuneração dependente de eventos futuros incertos, como é o caso das ações que têm seu rendimento baseado no desempenho de uma empresa. O título de renda fixa pós-fixado também só terá seu rendimento exato definido no futuro, mas quase sempre, salvo algum evento extraordinário pontual de mercado, apresentará rentabilidade nominal positiva, enquanto a renda variável poderá ser negativa.

Quanto ao tipo de emissor, os títulos de renda fixa podem ser classificados como públicos ou privados. Os títulos públicos são emitidos pelos governos federal, estaduais ou municipais. Os mais comuns são os emitidos pelo governo federal, sendo exemplos as LTNs (Letras do Tesouro Nacional), que são prefixados, as LFTs (Letras Financeiras do Tesouro), pós-fixadas com base na taxa SELIC, e as NTNs (Notas do Tesouro Nacional), que, dependendo da série, podem estar indexadas à índices de inflação ou de câmbio ou ainda podem ser prefixadas. Há também os títulos denominados "soberanos", emitidos pelos governos centrais de países e transacionados no mercado internacional. Tais títulos remuneram o investidor em função do "risco-país" de maneira que, quanto maior o risco de inadimplência percebido, maiores tendem a ser os juros pagos ou prometidos. São exemplos os *globals* e os *eurobonds*.

Os títulos privados podem ser de diversos tipos e podem ser emitidos por instituições financeiras para captar recursos junto aos investidores. São exemplos de títulos emitidos por instituições financeiras os CDBs (certificados de depósito bancários), os RDBs (recibos de depósito bancário), os CDIs (certificados de depósitos interfinanceiros), as letras de câmbio (LC), as letras hipotecárias (LH) e as letras financeiras (LF).

As empresas não financeiras podem fomentar suas atividades produtivas através da emissão de debêntures, *commercial papers*, CCBs (certificados de crédito bancário) CRIs (certificado de recebíveis imobiliários), CPRs (cédulas de produto rural), entre outros.

Tanto empresas não financeiras como os bancos podem acessar o mercado de capitais internacional para realizar emissões e captações de recursos. As captações ocorrem por meio dos *bonds* e/ou *notes*, títulos de dívida emitidos no exterior.

A seguir, é apresentado o resumo dos principais títulos de renda fixa. O quadro não compreende todas as opções de títulos, mas demonstra aqueles mais utilizados e acessados pelos investidores.

Quadro 6.1.

– *Bonds* e *Notes*

Neste capítulo são abordados os principais títulos públicos federais e seus mercados primário e secundário e os títulos privados emitidos por instituições financeiras, bem como os CCBs (certificados de crédito bancário) e as CPRs (cédulas de produto rural).

Dada a relevância e especificidade do mercado e das operações, os próximos capítulos descrevem detalhadamente as debêntures, os *commercial papers*, os títulos securitizados (CRIs – certificado de recebíveis imobiliários) e os títulos no exterior (*bonds* e *notes*).

6.2 TÍTULOS PÚBLICOS

O setor público (federal, estadual e municipal) tem necessidade constante de buscar financiamento no mercado financeiro. Para tanto, o principal instrumento utilizado pelo governo é a emissão de títulos. Os títulos estaduais e municipais apresentam baixa liquidez e circulação muito restrita, sendo caracterizados, normalmente, como de maior risco de crédito. Já os títulos federais apresentam ampla circulação e alta liquidez e, portanto, mercado secundário bastante ativo. Os títulos públicos federais são emitidos pelo Tesouro Nacional e têm como finalidades básicas a execução da política fiscal, o financiamento dos déficits fiscais ou a antecipação de receitas orçamentárias.

6.2.1 Principais títulos públicos federais

Os principais títulos públicos federais e suas características estão descritos a seguir.

6.2.1.1 LTN – Letras do Tesouro Nacional

São títulos prefixados emitidos pelo Tesouro Nacional para a cobertura de déficit orçamentário do governo e provimento de créditos através da antecipação de receitas, observados os limites estabelecidos pelo Poder Legislativo. São negociados com deságio sobre o valor nominal, ou seja, o investidor paga uma quantia inferior a seu valor de face, resgatando o valor nominal no vencimento. O prazo desse título é definido na sua emissão.

A emissão da LTN pode ser feita através de oferta pública, com a realização de leilões, ou diretamente, em operações com autarquias, fundações, empresas públicas ou sociedades de economia mista integrantes da Administração Pública Federal mediante autorização expressa do Ministério da Fazenda.

A precificação de uma LTN, considerando um valor nominal (VN) de R$ 1.000,00, é feita de acordo com a seguinte fórmula:

$$PU = \frac{1.000,00}{\left(1 + tx_{merc}\right)^{du/252}}$$

PU = Preço Unitário, expresso em seis (6) casas decimais

tx_{merc} = taxa de mercado da LTN para o prazo

du = prazo do título em número de dias úteis

252 = número de dias úteis no ano

A ANDIMA (Associação Nacional das Instituições do Mercado Financeiro) realiza uma pesquisa diária no mercado financeiro referente às taxas praticadas para as LTN e calcula a taxa média praticada por meio de metodologia disponível em seu *site*. Supondo que a taxa de mercado, conforme apurado pela ANDIMA, para uma LTN de 350 dias úteis seja de **11,6068%** ao ano, o preço (PU) do papel é dado por:

$$PU = \frac{1.000,00}{\left(1 + 11,6068\%\right)^{350/252}} = 858,544830$$

6.2.1.2 LFT – Letras Financeiras do Tesouro

São emitidas pelo Tesouro Nacional para que a União assuma as dívidas de responsabilidade dos Estados e do Distrito Federal. Também podem ser emitidas para viabilizar a redução da presença do setor público estadual na atividade financeira bancária.

As LFT podem ser emitidas em duas séries distintas: Letras Financeiras do Tesouro Série A (LFT-A) e Letras Financeiras do Tesouro Série B (LFT-B). Estas últimas podem ser emitidas para a assunção, pela União, das dívidas de responsabilidade dos municípios. A emissão das LFT pode ser feita através de oferta pública, leilões ou em operações feitas de maneira direta com autarquias, fundações, empresas públicas ou sociedades de economia mista, integrantes da Administração Pública Federal, mediante autorização expressa do Ministério da Fazenda.

A remuneração das LFT é pós-fixada, baseada nas taxas médias ajustadas dos financiamentos diários apurados no SELIC para títulos públicos federais. O resgate da LFT-A é feito em parcelas mensais e consecutivas. No caso da LFT-B, o resgate total é feito no vencimento. Ambos os papéis podem ser emitidos por até 15 anos.

Para calcular o valor a mercado (VP) da LFT aplica-se, sobre o valor nominal atualizado (VNA), o *spread* de crédido (s_c) do papel. Os VP são divulgados diariamente pela ANDIMA.

$$VP = \frac{VNA}{\left(1 + S_c\right)^{\frac{du}{252}}}$$

em que:

S_c = *spread* de crédito do papel

du = prazo em dias úteis da data da precificação até a data de vencimento do papel

Supondo que uma LFT tenha seu valor precificado em 1º/12/2009, as características deste papel são:

VN:	R$ 1.000,00
Emissão:	1/12/2008
Vencimento:	1/12/2010

Em 1º/12/2008, a LFT estava sendo negociada no mercado a uma taxa de 0,265896% (*spread* de crédito). A taxa SELIC acumulada entre 1º/12/2008 e 1º /12/2009 foi de 11,00%; portanto, o valor atualizado é de R$ 1.110,00 e o número de dias úteis é de 252.

$$VP = \frac{1.110,00}{(1 + 0,00265896\ )^{\frac{252}{252}}} = 1.107,056381$$

6.2.1.3 NTN – Notas do Tesouro Nacional

As NTN têm como objetivo básico alongar o prazo de financiamento da dívida do Tesouro. Séries especiais de NTN podem ser lançadas com finalidades específicas. As NTN podem ser emitidas em nove séries distintas: A, B, C, D, F, I, M, P e R. A NTN série A inclui NTN-A1, NTN-A3, NTN-A6 e BTN (Bônus do Tesouro Nacional) ou *BIB (Brazil Investment Bond)*. A forma de colocação das NTN pode ser direta ou por oferta pública, com a realização de leilões pelo Banco Central (BACEN).

Em geral, as NTN são pós-fixadas atreladas a um indexador da economia, como, por exemplo, IGP-M, TR, TBF e TJLP; os juros são pagos periodicamente e o prazo mínimo de emissão é de três meses. As principais séries de NTNs, bem como suas características gerais, são apresentadas a seguir:

NTN-B – Nota do Tesouro Nacional – série B: título com rentabilidade vinculada à variação do IPCA, acrescida de juros definidos no momento da compra. Esses títulos são indicados para formar poupança de médio e longo prazo, garantindo seu poder de compra visto que existe correção do principal pelo índice de oficial de inflação no Brasil. As NTN-B podem ter duas formas: (1) com pagamento semestral dos juros e pagamento do principal no vencimento; (2) com pagamento do principal na data de vencimento (título negociado com deságio). Esse segundo tipo de NTN-B é chamado de NTN-B Principal.

NTN-C – Notas do Tesouro Nacional – série C: títulos com rentabilidade vinculada à variação do IGP-M, acrescida de juros definidos no momento da compra. Esses títulos também são indicados para formar poupança de médio e longo prazo, garantindo seu poder de compra. Existe pagamento semestral dos juros e pagamento do principal na data de vencimento.

NTN-D – Nota do Tesouro Nacional – série D: títulos com rentabilidade (juros) e correção do principal (valor nominal) atualizados pela variação da cotação do dólar dos Estados Unidos. Atualmente, segundo estatísticas da dívida pública, não existem títulos da dívida pública negociados no mercado interno e indexados a moeda estrangeira, logo, desde julho de 2008 não são encontrados tais títulos no mercado nacional, porém as NTN-D tiveram grande importância na década de 90, com o início do plano real.

NTN-F – Nota do Tesouro Nacional – série F: título com rentabilidade prefixada, definida no momento da compra. Existe pagamento semestral dos juros e pagamento do principal na data de vencimento.

Em resumo, podem-se apresentar os títulos públicos em relação ao fluxo de pagamento de cupom e do principal da seguinte forma:

Fluxo dos títulos: NTN-C, NTN-F e NTN-B

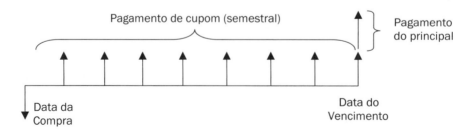

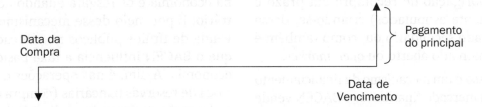

Fluxo dos títulos: LTN, LFT e NTN-B Principal

No caso de títulos com pagamento semestral de cupom, as datas de pagamento dos cupons são definidas retrospectivamente a cada seis meses a partir da data de vencimento do título.

A seguir, será apresentado um exemplo de precificação de uma NTN-C. Esses títulos são corrigidos pela variação do IGP-M e pagam cupom semestral, ou seja, pagam semestralmente juros definidos na emissão do papel. Normalmente, os cupons semestrais são de 6% ou 12% a.a. O valor de mercado de uma NTN-C, portanto, é a soma dos valores presentes dos fluxos financeiros do pagamento de cupons e do principal.

$$VP = \sum_{i=1}^{n}\left[\frac{VNA \times M_i}{1 + tx_{merc_i} \times \frac{pz_i}{252}}\right] + \frac{VNA}{1 + tx_{merc\_final} \times \frac{pz_{final}}{252}}$$

Supondo uma NTN-C com as seguintes características:

VN: R$ 1.000,00

Data-base: 1º/8/2007

Vencimento: 1º/3/2010

Juros semestrais: 6%

Liquidação financeira: 1º/3/2009

Supondo ainda que a taxa de negociação seja de 7,2568%, esta taxa é fornecida pela ANDIMA, que realiza diariamente pesquisas no mercado financeiro para calcular as taxas praticadas no mercado de NTN-C para os diversos vencimentos. Considerando que a variação do IGP-M desde a data-base desta NTN-C, inclusive até sua liquidação, exclusive, seja de 20,00%, resultando em um valor nominal atualizado para 1º/12/2009 de R$ 1.200,00. Assim, para cálculo do PU, teríamos:

$$VP = \left[\frac{1.200,00 \times 2,9563\%}{1 + 7,2568\% \times \frac{129}{252}}\right] + \frac{1.235,48}{1 + 7,2568\% \times \frac{252}{252}}$$

$$VP = 1.137,33$$

6.3 CONTROLE MONETÁRIO VIA TÍTULOS

Além de financiar o governo, os títulos públicos federais são um importante instrumento de política monetária utilizado pelo BACEN e desempenham também importante papel para as instituições financeiras, que os utilizam para compor sua carteira própria, ajustar suas reservas no Banco Central e alocá-los aos fundos de investimento que administram.

O BACEN é o executor da política monetária e utiliza a negociação com títulos públicos federais, entre outros instrumentos, para atingir seus objetivos. Assim, por exemplo, se o BACEN decidir por uma redução da liquidez na economia, ele vende títulos; se, ao contrário, entender que há necessidade de aumento da liquidez, procederá à compra de títulos.

Para lançar um título no mercado, o BACEN realiza o chamado leilão primário. Por meio dos *dealers*, instituições escolhidas para representar o BACEN junto ao mercado e que podem ser bancos, corretoras ou distribuidoras, os interessados enviam suas ofertas, que o BACEN pode ou não aceitar. O limite de aquisição por instituição financeira é de 10% do valor total leiloado. Em geral, os principais participantes deste leilão são as instituições financeiras, que utilizam os títulos para diversas finalidades, como, por exemplo, compor suas carteiras próprias, cumprir as exigências dos fundos de investimentos que administram e de outros depósitos compulsórios.

No entanto, se as instituições financeiras desejarem ou precisarem, podem negociar os títulos públicos federais que detêm. É comum a venda desses títulos às outras instituições, seja de forma definitiva ou através de operações compromissadas (venda com obrigação de recompra em prazo e preço previamente estipulados) criando-se, dessa forma, o mercado secundário ou, como também é conhecido, o mercado aberto ou *open market*.

Este processo é um mecanismo de financiamento do governo via mercado financeiro: o BACEN vende títulos às instituições financeiras à uma determinada taxa de juros; os bancos pagam à vista e vão ao mercado diariamente obter os recursos para financiar essas posições, repassando tais títulos aos investidores, com o compromisso de recomprá-los no dia seguinte e pagando uma taxa diária. Tem-se aí o que se convencionou chamar de operação de *overnight*. O banco que realiza essa operação está fazendo uma operação de captação de recursos com lastro em títulos públicos de carteira própria.

Até 2002, o *open market* era privativo das instituições financeiras; desde então, as pessoas físicas passaram também a ter acesso aos títulos públicos por meio de um sistema chamado Tesouro Direto. O Tesouro Direto é um programa de venda de títulos públicos à pessoas físicas desenvolvido pelo Tesouro Nacional em parceria com a Companhia Brasileira de Liquidação e Custódia – CBLC (câmara de liquidação e custódia da Bovespa). Assim, o Tesouro Direto oferece às pessoas físicas a possibilidade de adquirir diretamente os títulos públicos federais. O valor mínimo de aplicação é de R$ 100,00.

Para o BACEN, portanto, o *open market* é um instrumento para aplicar a sua política monetária.

Ele vende títulos quando há excesso de recursos na economia e os resgata quando acontece o contrário. É por meio desse mecanismo de compra e venda de títulos públicos no mercado secundário que o BACEN influencia a taxa básica de juros da economia. Assim, é nas operações de *overnight* de troca de reservas bancárias (compra de títulos com a obrigação de revenda no dia seguinte) lastreadas em títulos públicos que se forma a taxa de juros primária da economia – Taxa SELIC –, que serve de referência para todas as demais taxas de juros do mercado.

Para calcular a taxa SELIC, que é a taxa média ajustada dos financiamentos diários apurados no Sistema Especial de Liquidação e de Custódia (SELIC) para títulos públicos federais, tem-se a seguinte fórmula:

$$\left[\left(\frac{\sum_{i=1}^{n} VEi \cdot DIi}{\sum_{i=1}^{n} VEi} \right)^{252} - 1 \right] \times 100 \; \% \; a.a.$$

em que:

DIi = taxa da i-ésima operação;

VEi = valor de emissão da i-ésima operação;

N = número de operações na amostra.

A venda de títulos públicos pode ser esquematizada, conforme ilustra a Figura 6.1.

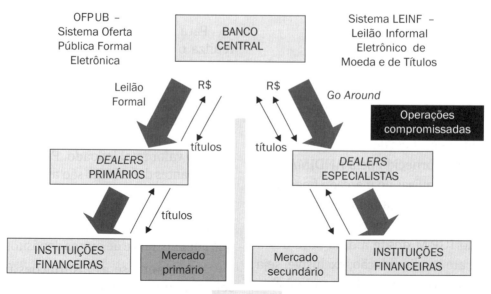

Figura 6.1

Venda de títulos públicos – leilões.

Mais detalhes sobre o OFPUB e o LEINF serão dados na seção a seguir, que trata do SELIC.

6.4 SELIC – SISTEMA ESPECIAL DE LIQUIDAÇÃO E CUSTÓDIA

6.4.1 Conceito e breve histórico

O SELIC é uma câmara de liquidação e compensação (*clearing house*) de títulos públicos emitidos pela Secretaria do Tesouro. O sistema foi criado em 1979 pelo Banco Central e pela ANDIMA (atual ANBIMA) para reunir, num único ambiente, o registro de custódia com a liquidação financeira das operações com títulos públicos. Até então, os títulos ficavam custodiados no sistema de custódia *on-line* da antiga GEDIP (Gerência da Dívida Pública do Banco Central) e a liquidação das operações com títulos públicos era feita por meio da emissão de cheques, ocasionando um grande risco para o sistema na hipótese de um cheque ser devolvido.

Como os títulos são escriturais, o sistema é, na verdade, um grande computador. O SELIC é administrado pelo DEMAB (Departamento de Operações do Mercado Aberto do Banco Central). Através dele, os títulos são registrados em contas de custódia dos participantes autorizados, que são as instituições financeiras e algumas categorias de investidores institucionais. Além do sistema de custódia de títulos e de registro e liquidação de operações, integram o SELIC os seguintes módulos complementares:

a) Oferta Pública Formal Eletrônica (OFPUB); e

b) Leilão Informal Eletrônico de Moeda e de Títulos (LEINF).

O primeiro módulo, o OFPUB, tem por objetivo acolher propostas das instituições e apurar os resultados de ofertas públicas formais de títulos públicos federais com custódia no SELIC e de operações com instrumentos financeiros derivativos a serem contratados com o BACEN. São participantes do OFPUB os bancos, as caixas econômicas, as sociedades corretoras de títulos e os valores mobiliários e sociedades distribuidoras de títulos e valores mobiliários, as sociedades de crédito, financiamento e investimento e as sociedades de crédito mobiliário.

O LEINF destina-se ao processamento de leilões informais do BACEN/DEMAB, de títulos públicos

federais ou de moeda e de títulos públicos federais custodiados no SELIC. São participantes do LEINF os bancos, as caixas econômicas, as sociedades corretoras de títulos e valores mobiliários e as sociedades distribuidoras de títulos e valores mobiliários credenciadas a operar com o DEMAB.

6.4.2 Breve resumo do operacional do SELIC

Quando os participantes negociam entre si, os detalhes da operação são lançados no sistema mediante duplo comando, ou seja, tanto o comprador como o vendedor informam os dados da operação, que, se idênticos entre si, são considerados como a confirmação da operação e dão início aos procedimentos de liquidação física e financeira correspondentes. A liquidação física é feita mediante o lançamento de débitos e créditos nas contas de custódia escriturais mantidas pelos participantes no sistema. A liquidação financeira é efetuada diretamente na conta de reservas bancárias mantidas no Banco Central pelos bancos liquidantes. Além disso, o sistema processa as operações de resgate e pagamento de juros dos títulos públicos à quem detém o papel do governo na data do pagamento.

6.4.3 Regulamentação do SELIC

O regulamento do SELIC foi aprovado pela Circular BACEN nº 466 em outubro de 1979; assim, os títulos públicos passaram a ser escriturais, de modo que as instituições credenciadas participantes da operação comuniquem, por meio de computadores, suas operações ao SELIC. Em caso de inadimplência de qualquer das partes, a operação não se concretiza.

O SELIC, como um sistema eletrônico de teleprocessamento, foi implantado em duas etapas: a primeira em 22/10/1979, com a introdução dos subsistemas de Movimentação Normal e de Movimentação Especial; a segunda, em 14/11/1979, com a implementação do Subsistema de Liquidação Financeira.

Com a implantação, em 22/4/2002, do Novo Sistema de Pagamentos Brasileiro (SPB), o SELIC passou a dispor de um novo modelo e, consequentemente, de um novo regulamento, integrante do Título 6, Capítulo 3, do Manual de Normas e Instruções, do Banco Central. A Circular 3.237 é o normativo mais recente do SPB e está em vigor desde 12/5/2004.

6.4.4 Acesso ao SELIC e a seus módulos complementares

Para o registro de operações, os participantes liquidantes têm acesso ao SELIC pela Rede do Sistema Financeiro Nacional (RSFN) e os demais participantes, por outras redes.

As consultas e os extratos de contas podem ser obtidos por qualquer rede de acesso ao SELIC, exceto a RSFN para os participantes não liquidantes.

Para o acesso aos módulos complementares OFPUB e o LEINF, os participantes, liquidantes e não liquidantes, podem utilizar qualquer rede de acesso ao SELIC, com exceção da RSFN.

O administrador do SELIC, a seu critério, pode bloquear o acesso de participante que esteja colocando em risco o funcionamento do SELIC ou de seus módulos complementares.

O horário de funcionamento do SELIC é estabelecido pelo Banco Central do Brasil e divulgado em comunicado do DEMAB, além das propostas relativas às ofertas públicas e aos leilões informais serem acolhidas, respectivamente:

a) pelo OFPUB, no horário fixado no edital da respectiva oferta pública; e

b) pelo LEINF, no horário estabelecido pelo DEMAB a cada evento.

Para resumir o acesso ao SELIC, tem-se o Quadro 6.2:

QUADRO 6.2

Acesso ao SELIC.

Tipo de acesso	Liquidantes	Demais participantes
Registro de operações	Acesso ao SELIC pela RSFN	Outras redes
Acesso aos módulos Complementares	Qualquer rede de acesso, com exceção da RSFN	Qualquer rede de acesso, com exceção da RSFN

Fonte: Adaptado da Circular BACEN 3.237/04.

Efetuado o cadastramento da oferta pública, de acordo com as condições específicas contidas em edital, o OFPUB é liberado no horário fixado no edital para as instituições participantes transmitirem suas propostas e, posteriormente, o sistema apura e divulga o resultado da oferta pública.

Cadastrados os parâmetros do leilão, o DEMAB comunica a liberação do LEINF para os participantes transmitirem suas propostas; posteriormente, o sistema apura e divulga o resultado do evento.

6.4.5 Algumas disposições finais

Os participantes do SELIC estão sujeitos à cobrança de valor mensal com vistas a ressarcir as despesas de custeio e de investimento da ANBIMA e do BACEN relativas ao funcionamento do SELIC e de seus módulos complementares, bem como as despesas incorridas pela ANBIMA em suas atividades de fomento ao mercado de títulos públicos federais.

Os valores devidos pelos participantes são apurados segundo metodologia de cálculo divulgada pelo DEMAB por meio de comunicado no SISBACEN.

O acesso inicial ao SELIC e aos seus módulos complementares está condicionado ao pagamento, pelo participante, de importância definida pela ANBIMA, a título de adesão.

Ao participante liquidante-padrão é facultada a cobrança de tarifa mensal pelos serviços prestados ao participante não liquidante subordinado, relativos à transmissão dos comandos das operações deste.

6.5 TESOURO DIRETO

Por meio do Tesouro Direto, podem investir diretamente em títulos emitidos pelo Governo Federal todos os cidadãos residentes no Brasil que possuam cadastro de pessoa física (CPF) e sejam cadastrados em alguma das instituições financeiras habilitadas a operar no sistema do Tesouro Direto. Para que uma pessoa possa investir em títulos públicos, deve manter cadastro no Tesouro Direto por meio de um agente de custódia da CBLC.

Os agentes de custódia são instituições participantes da CBLC que prestam o serviço de guarda dos títulos de seus clientes. São exemplos de agentes de custódia as seguintes instituições financeiras: corretoras de valores, bancos comerciais, múltiplos ou de investimento e distribuidoras de valores.

Depois de efetuado o cadastro, o investidor recebe uma senha que permite o acesso à área negociação do Tesouro Direto. Com isso, o investidor tem a possibilidade de comprar, dentre os títulos disponíveis no Tesouro Direto, os títulos que desejar. Vale destacar que alguns agentes de custódia possibilitam a aquisição de títulos diretamente em seus *sites*, mediante integração com o *site* do Tesouro Direto.

O valor mínimo de aplicação é de aproximadamente R$ 100,00 e o valor máximo por cliente no Tesouro Direto é de R$ 400.000,00 por mês. O fluxo de compras dura dois dias após a data da operação de compra, conforme apresentado a seguir.

FLUXO DE COMPRAS

Quadro 6.3.

Eventos	Dia 0	Dia 1	Dia 2
Aquisição do Título no *site* do Tesouro Direto	X		
Prazo limite para que o dinheiro esteja na conta investimento do investidor.		X	
Recebimento do Título adquirido na conta de custódia do investidor.			X

Os custos para investir em títulos por meio do Tesouro Direto são três:

- Taxa de 0,10% sobre o valor da operação, cobrada pelo Tesouro Direto no momento da compra do título.

- Taxa de 0,30% ao ano sobre o valor dos títulos, cobrada pela BM&FBOVESPA referente à taxa de custódia (serviços de guarda dos títulos e de informações das movimentações e dos saldos). Essa taxa

é cobrada semestralmente com cobrança proporcional ao período em que o investidor mantiver o título e é calculada até o saldo de R$ 1,5 milhão.

- Taxa dos agentes de custódia: eles também cobram taxas de serviços livremente acordadas com os investidores. As taxas cobradas pelas instituições estão disponíveis para consulta no *site* do Tesouro Direto, mas costumam ser de cerca de 0,5% ao ano sobre o valor dos títulos.

Os impostos cobrados sobre as operações realizadas no Tesouro Direto são os mesmos que incidem sobre as operações de renda fixa, ou seja, Imposto de Renda – pessoa física sobre os rendimentos dos títulos e nos investimentos de prazo inferior a 30 dias IOF. Assim:

- Imposto de Renda – tributação segundo a Lei nº 11.033, de 21 de dezembro de 2004:
  - 22,5% (aplicações com prazo de até 180 dias);
  - 20,0% (aplicações com prazo de 181 até 360 dias);
  - 17,5% (aplicações com prazo de 361 até 720 dias);
  - 15,0% (aplicações com prazo acima de 720 dias);

- o Imposto sobre Operações Financeiras (IOF) é cobrado na aquisição, cessão, resgate, repactuação ou pagamento para liquidação de títulos de renda fixa com prazo menor que 30 dias, seguindo uma proporção inversa ao tempo de aplicação: quanto maior o tempo que ficar aplicado, menor o imposto pago. O Anexo 1 do livro mostra a Tabela Regressiva do IOF.

O recolhimento dos impostos devidos é responsabilidade do Agente de Custódia. Há incidência de impostos sobre os rendimentos financeiros auferidos quando da venda antecipada, do pagamento de cupom de juros e do vencimento dos títulos.

6.5.1 Riscos dos títulos públicos federais

Sob o ponto de vista do investidor, os títulos públicos federais possuem alguns riscos inerentes, discriminados a seguir:

Risco de crédito: teoricamente, os títulos públicos federais possuem risco zero. Não obstante, os títulos públicos federais de países em desenvolvimento podem, às vezes, imputar alguma perda ao seu investidor.

Risco de mercado: cada título público federal tem um risco de mercado específico; discute-se, a seguir, o risco de mercado dos principais títulos:

a) LTN – por serem títulos prefixados, o risco é de que, contrariamente às expectativas do investidor, as taxas de juros se elevem, fazendo cair os preços de mercado dos títulos prefixados;

b) LFT – por serem títulos pós-fixados, o risco é o oposto do caso anterior, ou seja, de as taxas de juros baixarem. Neste caso, o investidor perde por não ter investido em títulos prefixados;

c) NTN-C – o investidor poderá optar pela aquisição das NTN-C quando acreditar que haverá uma redução nas taxas de juros praticadas pelo mercado. Um dos componentes da rentabilidade é uma taxa prefixada, mas este risco é minimizado por ser o título indexado pelo IGP-M, que é um indexador de taxa de inflação, ou seja, a taxa de juros a ser paga é real. O risco é o custo de oportunidade, pois o comportamento do IGP-M pode não corresponder ao projetado;

d) NTN-D – por se ter como base de correção uma taxa de juros baixa, acrescida da variação cambial, o risco de mercado ocorre quando a variação da taxa de juros se situar acima da variação cambial.

Risco de liquidez: praticamente inexistente. Pode ser resgatado ou negociado a qualquer momento.

6.5.2 Tributação

O fato gerador do Imposto de Renda são os rendimentos produzidos por aplicações financeiras de renda fixa decorrentes de alienação, liquidação (total ou parcial), resgate, cessão ou repactuação do título ou aplicação. A alíquota é regressiva, sendo de 22,5% (aplicações com prazo de até 180 dias); 20,0% (prazo de 181 até 360 dias); 17,5% (prazo de 361 até 720 dias); e 15,0% (prazo acima de 720 dias).

A base de cálculo do Imposto de Renda é o valor do rendimento constituído pela diferença positiva entre o valor da alienação e o valor da aplicação financeira. A base de cálculo do imposto será o resultado positivo auferido no encerramento ou na liquidação das operações. Os responsáveis pelo recolhimento são as instituições que efetuarem o pagamento dos rendimentos.

Quanto ao IOF, há incidência na aquisição, cessão, resgate, repactuação ou pagamento para liquidação de títulos de renda fixa com prazo menor que 30 dias.

6.5.3 Estatísticas do mercado secundário dos títulos públicos federais

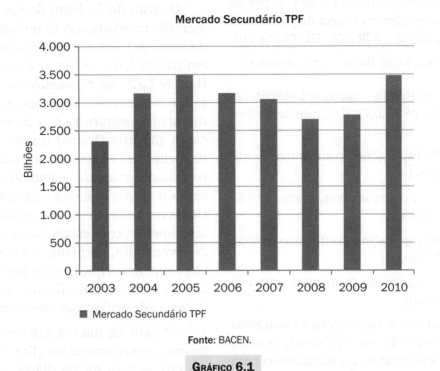

Fonte: BACEN.

GRÁFICO 6.1

Movimentação Mensal no mercado secundário dos títulos públicos federais.

6.6 TÍTULOS PRIVADOS DE RENDA FIXA

6.6.1 Principais títulos privados de renda fixa

Os títulos privados de renda fixa garantem aos seus detentores remuneração predefinida, que varia em função do prazo da operação e do risco de crédito de cada empresa. Há um número elevado de títulos privados de renda fixa no mercado e novos títulos sempre estão surgindo, uma vez que o mercado é dinâmico. Abaixo são apresentados os principais títulos privados de renda fixa:

Emitidos por instituições financeiras
- Certificado de depósito bancário (CDB) e recibo de depósito bancário (RDB)
- Certificados de depósito interbancário (CDI)
- Letras de câmbio (LC)
- Letras hipotecárias (LH)
- *Bonds* e *notes* (no exterior)

Emitidos por empresas
- Debêntures
- Commercial papers
- Certificado de recebíveis imobiliários (CRI)
- Cédulas de crédito bancário (CCB)
- *Bonds* e *notes* (no exterior)

Vale lembrar que as debêntures, *commercial papers*, CRIs e *bonds* e *notes* serão tratados em capítulos específicos em virtude da maior relevância e complexidade. Quanto aos demais títulos, suas principais características são apresentadas a seguir.

6.6.1.1 Certificado de depósito bancário (CDB) e recibo de depósitos bancários (RDB)

Os certificados de depósito bancário (CDBs) e os recibos de depósito bancário (RDBs) constituem a forma mais antiga e tradicional de captação de recursos pelos bancos comerciais, bancos de investimento e bancos de desenvolvimento (ou bancos múltiplos com pelo menos uma dessas carteiras). Os CDBs são títulos transferíveis para outros investidores por endosso nominativo e podem ser pré ou pós-fixados. Os indexadores ou taxa de juros mais comumente utilizados são: IGP, CDI, TR, TJLP e TBF.

Quanto à tributação, as alíquotas incidentes são:

- Imposto de Renda – nova tributação segundo a Lei nº 11.033, de 21 de dezembro de 2004:
    - 22,5% (aplicações com prazo de até 180 dias);
    - 20,0% (aplicações com prazo de 181 até 360 dias);
    - 17,5% (aplicações com prazo de 361 até 720 dias);
    - 15,0% (aplicações com prazo acima de 720 dias);
- o Imposto sobre Operações Financeiras (IOF) é cobrado na aquisição, cessão, resgate, repactuação ou pagamento para liquidação de títulos de renda fixa com prazo menor que 30 dias, seguindo uma proporção inversa ao tempo de aplicação: quanto maior o tempo que ficar aplicado, menor o imposto pago. A tabela regressiva do IOF é apresentada no Anexo 1.

Além dos CDBs tradicionais, existem ainda o CBD *over*, o rural e os com taxas flutuantes (taxas repactuadas mensalmente).

Os RDBs são similares aos CDBs, a diferença fundamental é que são títulos não transferíveis, são menos comuns do que os CDBs.

6.6.1.2 Certificados de depósito interbancário (CDI)

Títulos emitidos por instituições financeiras monetárias e não monetárias com a função de transferir recursos de uma instituição financeira para outra. Sendo assim, viabilizam a liquidez do sistema financeiro, permitindo que as instituições financeiras com sobra de recursos os transfiram para aquelas que apresentam necessidade de financiamento de seu caixa. Sua negociação é restrita ao mercado interfinanceiro e a maior parte das transações tem prazo de um dia, não obstante possam ser negocia-

das por prazos maiores. Não há taxação sobre essas operações. São rápidas e seguras.

O custo do dinheiro de um dia negociado no mercado interbancário (interfinanceiro) é próximo do custo de troca das reservas bancárias lastreadas em títulos federais que ocorrem no *open market* (taxa SELIC), nas chamadas operações compromissadas. Nessa modalidade operacional, instituições financeiras emprestam recursos entre si, tendo como garantia (lastro) títulos públicos federais. Formalmente, a operação é caracterizada como uma compra de títulos com compromisso de revenda, no caso do agente que está emprestando os recursos. Dessa maneira, quem empresta os recursos está, formalmente, comprando títulos com o compromisso de revendê-los, normalmente após um dia, por um valor superior, o que garante o retorno na operação. Já para quem obtém o financiamento, a operação é de venda de títulos com compromisso de recompra.

Os CDIs de um dia são conhecidos como depósitos interfinanceiros (DI) e estabelecem um padrão de taxa média diária, o CDI *over*. É esta taxa que reflete a expectativa de custo das reservas bancárias para a manhã seguinte à do fechamento das transações. As taxas de CDI *over* estabelecem o parâmetro de taxas para as operações de empréstimo de curtíssimo prazo, *hot money*, que normalmente embutem o custo do CDI mais um *spread*. Pela sua ampla utilização, vale a pena apresentar o conceito de taxa equivalente ao *over*:

Exemplo: um CDI prefixado de 30 dias, comercializado à taxa nominal (*tn*) 250,00% a.a.

A taxa mensal equivalente (*te*) será:

$$te = \left[\left(1 + \frac{tn}{100} \right)^{\frac{1}{12}} - 1 \right] \times 100 = 11,00\%$$

Essa mesma taxa deve ser considerada nos dias úteis do mês. Supondo o mês com 21 dias úteis, tem-se:

$$td = \left[\left(1 + \frac{te}{100} \right)^{\frac{1}{21}} - 1 \right] \times 100 = 0,50\%$$

A taxa equivalente ao *over* (*to*) no mês será:

$$to = 0,50\% \times 30 = 14,95\%$$

6.6.1.3 Letras de câmbio (LC)

Títulos negociáveis, provenientes de um empréstimo a uma financeira ou sociedade de crédito garantida por uma empresa não financeira e usuária de bens e serviços. A letra de câmbio é uma ordem de pagamento à vista ou a prazo e é criada através de um ato chamado de saque. Diferente dos demais títulos de crédito, para a existência e operacionalização da letra de câmbio são necessárias três situações jurídicas distintas, a saber:

a) o sacador, como sendo aquela parte que faz o saque, oportunidade em que fica criada a letra de câmbio como documento. Esta pessoa é quem dá a ordem de pagamento;

b) o sacado, que representa a parte a quem a ordem é data, ou seja, é quem deve efetuar o pagamento;

c) o beneficiário, também chamado de tomador, sendo a pessoa que receberá o pagamento, sendo assim o beneficiário da ordem.

6.6.1.4 Letras hipotecárias

As instituições financeiras que operam com créditos imobiliários podem emitir títulos lastreados nestas operações, as letras hipotecárias. Esses títulos podem ser emitidos com juros prefixados, flutuantes ou pós-fixados em TR, TJLP ou TBF. O prazo mínimo destas letras é de 180 dias; o prazo máximo está condicionado aos vencimentos dos créditos hipotecários caucionados em garantia.

Os recursos captados em caderneta de poupança têm direcionamento obrigatório para operações de crédito imobiliário, conforme determinado pela autoridade monetária do país. Assim, as instituições que excedem o mínimo estipulado e precisam captar recursos podem emitir letras hipotecárias lastreadas no excedente de aplicação em crédito imobiliário. As instituições financeiras deficitárias, por outro lado, podem comprar as letras hipotecárias para cumprir parte de sua exigibilidade. As letras hipotecárias são opções de investimento interessantes para o investidor em geral em virtude de seu rendimento, que gira em torno de 100% do CDI, por serem isentas de IR, ou seja, oferecem alto retorno e baixo risco.

6.6.1.5 Certificado de crédito bancário (CCB)

De acordo com a Lei nº 10.931/04, a Cédula de Crédito Bancário (CCB) é título de crédito emitido, por pessoa física ou jurídica, em favor de instituição financeira, representando promessa de pagamento em dinheiro, decorrente de operação de crédito, de qualquer modalidade.

Por ser um título não padronizado, cada CCB deve ter a definição clara de suas características em relação aos encargos financeiros (juros) sobre o valor da dívida, à forma e periodicidade de capitalização, às despesas e os demais encargos decorrentes da obrigação, aos critérios de atualização monetária e os casos de ocorrência de mora e de incidência das multas e penalidades contratuais, bem como as hipóteses de vencimento antecipado da dívida. Assim, as CCBs são bastante flexíveis e podem ter sua remuneração baseada em taxa prefixada, taxa flutuante (DI, SELIC), índice de preços e variação cambial.

As instituições financeiras detentoras de CCBs podem utilizar tais títulos para lastrear novos títulos emitidos no mercado financeiro; são as chamadas CCCBs – certificados de cédulas de crédito bancário. Assim, existe uma otimização do processo de negociação e de pagamento de eventos. As características do CCCB advêm das formas de pagamento e tipo de remuneração da(s) CCB(s) nele representadas.

Tanto as CCBs quanto os CCCBs são registrados e negociados na CETIP e tais títulos podem ser adquiridos por fundos de investimentos, fundos de pensão e outros investidores institucionais. Esses títulos ganharam relevância nas captações de empresas nos anos de 2009 e 2010, sendo que em 2010 o saldo médio da carteira de CCBs registrados na CETIP foi de R$ 19,3 bilhões e das CCCBs foi de R$ 1,4 bilhão.

6.6.2 CETIP – Balcão Organizado de Ativos e Derivativos[1]

6.6.2.1 Apresentação

A CETIP S.A. – Balcão Organizado de Ativos e Derivativos é uma sociedade administradora de mercados de balcão organizados, ou seja, de ambien-

---

[1] Tópico baseado principalmente em informações obtidas no *site* da CETIP: <http://www.cetip.com.br>.

tes de negociação e registro de valores mobiliários, títulos privados de renda fixa e derivativos de balcão. É uma câmara de compensação e liquidação que efetua a custódia escritural de ativos e contratos, registra operações realizadas no mercado de balcão, processa a liquidação financeira e oferece ao mercado uma plataforma eletrônica para a realização de diversos tipos de operações *on-line*, tais como leilões e negociação de títulos públicos, privados e valores mobiliários de renda fixa.

A CETIP, criada pelas instituições financeiras e o Banco Central, iniciou suas operações em 1986 e é hoje uma sociedade anônima de capital aberto com ações negociadas no Novo Mercado, da BM&FBOVESPA. É a maior depositária de títulos privados de renda fixa da América Latina. Sua atuação garante o suporte necessário a todo o ciclo de operações com títulos de renda fixa, valores mobiliários e derivativos de balcão.

A CETIP tem atuação nacional e congrega uma comunidade financeira interligada em tempo real. Tem como participantes a totalidade dos bancos brasileiros, além de corretoras, distribuidoras, fundos de investimento, seguradoras, fundos de pensão e empresas não financeiras emissoras de títulos, entre outros. Os mercados atendidos pela CETIP são regulados pelo Banco Central e pela CVM e seguem o Código de Conduta do Participante. Assim, para garantir a aderência às regras de funcionamento dos mercados, a CETIP possui uma estrutura independente para a autorregulação do mercado.

6.6.2.2 Participantes

Somente as pessoas jurídicas são participantes da CETIP, sejam bancos múltiplos, comerciais, de investimento, de desenvolvimento, corretoras, distribuidoras, financeiras, empresas de crédito imobiliário, de arrendamento mercantil, companhias hipotecárias, associações de poupança e empréstimo, fundos mútuos de investimento e pessoas jurídicas não financeiras.

As pessoas físicas não são participantes. Elas podem investir em ativos "cetipados", como clientes de instituições financeiras em contas segregadas identificadas como conta de clientes. As instituições são as titulares e responsáveis pelo controle das contas.

Ao final de 2010, a CETIP contava com 10 mil participantes, incluindo todas as categorias de instituições do mercado financeiro, além de pessoas jurídicas não financeiras, como seguradoras e fundos de pensão.

TABELA 6.1

Participantes da CETIP.

PARTICIPANTES	Subtotal
Banco Comercial	20
Banco de Desenvolvimento / Órgãos Governamentais	12
Banco de Investimento	17
Banco Múltiplo	144
Cooperativa e Banco de Crédito	243
Fundo de Investimento	7.785
Investidor Não Residente	228
Leasing, Poupança e Empréstimo	34
Pessoa Jurídica Não Financeira	1.257
Sociedade Corretora	94
Sociedade de Crédito Imobiliário	13
Sociedade de Crédito, Financiamento e Investimento	55
Sociedade Distribuidora	98
Total	**10.000**

Fonte: CETIP (dezembro/2010).

6.6.2.3 Ativos

Os ativos e contratos registrados na CETIP representam quase a totalidade dos títulos e valores mobiliários privados de renda fixa, além de derivativos, dos títulos emitidos por Estados e Municípios e do estoque de papéis utilizados como moedas de privatização, de emissão do Tesouro Nacional. A seguir, os ativos são discriminados.

Produtos de captação

Cédula de debênture (CD)

Certificado de depósito bancário (CDB)

CDB escalonado

CDB subordinado

Depósito a prazo com garantia especial (DPGE)

Depósito interfinanceiro (DI)

Depósito interfinanceiro vinculado a operações de microfinanças (DIM)

Letra de câmbio (LC)

Letra de crédito imobiliário (LCI)

Letra hipotecária (LH)

Recibo de depósito bancário (RDB)

Recibo de depósito de cooperativas (RDC)

Título de desenvolvimento econômico (TDE)

Cotas de fundos

Cota de fundo de investimento financeiro (FIF e FIC)

Cota de fundo de investimento em títulos e valores mobiliários (FITVM e FICFITVM)

Cota de fundo de investimento em direitos creditórios (FIDC)

Títulos do setor produtivo

Cédula de crédito bancário (CCB)

Cédula de crédito imobiliário (CCI)

Cédula de crédito à exportação (CCE)

Certificado de cédula de crédito bancário (CCCB)

Certificado a termo de energia elétrica (CTEE)

Certificado de investimento audiovisual (CIA)

Certificado de recebíveis imobiliários (CRI)

Debênture

Export note

Nota de crédito à exportação (NCE)

Nota promissória (*commercial paper*)

Produtos de financiamento rural

Cédula rural pignoratícia (CRP)

Certificado de direitos creditórios do agronegócio (CDCA)

Certificado de depósito agropecuário e *warrant* agropecuário (CDAWA)

Contrato de opção de venda da Companhia Nacional de Abastecimento (CONAB)

Letra de crédito do agronegócio (LCA)

Títulos do Setor Público

Certificado de dívida pública / INSS (CDP)

Certificado financeiro do Tesouro (CFT)

Certificado do Tesouro Nacional (CTN)

Contrato de crédito contra terceiros

Cota do Fundo de Desenvolvimento Social (FDS)

Crédito securitizado

Letra financeira do Tesouro de Estados e Municípios (LFTE-M)

Título da Dívida Agrária (TDA)

Títulos da Secretaria do Tesouro Nacional Indexados à taxa SELIC (JSTN)

Título de alongamento da dívida agrícola

Derivativos

Contratos de *swap*

Contrato a termo de moeda e mercadoria sem entrega física

Derivativos de crédito

Opções flexíveis

6.6.2.4 Custódia e liquidação

A CETIP aceita o registro de uma grande variedade de títulos públicos e privados em sistemas eletrônicos criados para a prestação de serviços de custódia e liquidação financeira. A custódia é escritural, feita através do registro eletrônico na conta aberta em nome do titular, onde são depositados os ativos por ele adquiridos. Isso é uma garantia de que os ativos existem, estão registrados em nome do legítimo proprietário e podem ser controlados de forma segregada.

Ao utilizarem os serviços de custódia da CETIP, as instituições financeiras podem ter contas próprias e contas de administração de custódia de terceiros. O serviço de liquidação financeira da CETIP possibilita a liquidação das operações através das seguintes modalidades:

- compensação multilateral na CETIP, com liquidação financeira no STR (Sistema de Transferência de Reservas do Banco Central) – para operações do mercado primário: emissão de ativos, resgate e pagamento de eventos (juros, bônus etc.);
- compensação bilateral na CETIP, com liquidação financeira no STR – para operações de derivativos (*swaps*);
- liquidação pelo valor bruto no STR – para operações do mercado primário ou secundário;
- liquidação pelo valor bruto, através de *book transfer* (transferência de valor entre contas de um mesmo banco liquidante) – para operações do mercado primário ou secundário.

6.6.2.5 Sistemas operacionais

Criados pela ANDIMA (atual ANBIMA) e a CETIP, os sistemas têm como objetivo permitir o registro dos ativos e dar maior liquidez, segurança e agilidade às operações:

- SND – Sistema Nacional de Debêntures. Criado pela ANDIMA em 1988, o sistema efetua o registro, a negociação e a liquidação financeira das operações realizadas no mercado de debêntures, tendo direcionado

cerca de US$ 53 bilhões para a capitalização de empresas nacionais;
- SDT – Sistema de Distribuição de Títulos. Funciona, na prática, como se fosse um grande *underwriter*. Através dele, podem ser registradas, para distribuição primária, as debêntures e os certificados de investimento audiovisual;
- CINE – Sistema de Certificado de Investimento Audiovisual. Registra e processa a liquidação financeira das operações feitas com os certificados de investimento audiovisual. Esses títulos foram criados pelo Ministério da Cultura e pela CVM com o objetivo de permitir a captação de recursos, no mercado financeiro, para a produção, a distribuição e a exibição de obras audiovisuais, bem como para a melhoria de infraestrutura técnica;
- NOTA – Sistema de Notas Promissórias. Permite o registro e a negociação secundária de notas promissórias (também conhecidas como *commercial papers*), oferecendo às empresas uma excelente alternativa para a captação de recursos de curto prazo;
- SLH – Sistema de Letras Hipotecárias. Criado para desenvolver o mercado secundário das letras hipotecárias, visa dinamizar o setor da construção civil;
- SCPR – Sistema de Cédula de Produto Rural. Desenvolvido para aceitar o registro e a movimentação cédulas de produto rural, com o objetivo de estimular o crescimento do volume de operações;
- SFF – Sistema de Fundos Fechados. Permite o registro de cotas de fundos fechados (investimentos imobiliários, empresas emergentes etc.);
- SPR – Sistema de Proteção contra Riscos Financeiros. Criado para receber os contratos de *swap*, termo de *swap* e opções sobre *swap* (*swaption*), permite que sejam registrados com limites de variação para seus indexadores (*caps*, *floor* e *collar*).

6.6.2.6 Negociação *on-line*

A CETIP oferece ao mercado financeiro uma plataforma de negociação desenvolvida para ser o portal de negociação com títulos privados e valores mobiliários. A plataforma de negociação permite a realização de vários tipos de leilão, cujas etapas são integradas – do registro das ofertas e processamento da apuração à liquidação financeira –; efetua leilões de colocação primária de LCI (letras de crédito imobiliário), LH (letras hipotecárias) e CRI (certificados de recebíveis imobiliários), e possibilita ainda, através do módulo de cotação eletrônica, cadastrar eletronicamente um pedido de cotação tomadora ou doadora de recursos financeiros.

Operada a partir de um *browser*, a plataforma de negociação apresenta diversas características desenvolvidas para facilitar a negociação e a integração das mesas com o *back-office* das instituições financeiras, com muito mais agilidade, praticidade e segurança em um ambiente gráfico amigável. A plataforma permite navegação simples, difusão de ofertas, em tempo real, manual interativo *on-line* e relatórios complementares de acompanhamento das ofertas comandadas e negócios realizados, além da migração automática das operações fechadas para os sistemas de registro de custódia, o que vem a facilitar o trabalho do *back-office* da tesouraria.

6.6.2.7 Mercado secundário de títulos privados de renda fixa

O mercado secundário de títulos privados de renda fixa não é muito expressivo, até porque o prazo de vencimento desses papéis é geralmente curto, inferior a dois anos. Debênture é o papel que tem um mercado secundário mais relevante.

6.6.2.8 Estatísticas dos principais papéis custodiados na CETIP

Apresenta-se, no Gráfico 6.2, estoque dos principais papéis custodiados na CETIP, quais sejam:

- certificados de depósitos bancário – CDB;
- certificados de depósitos interfinanceiro – CDI;
- debêntures;
- letras hipotecárias;
- letras de câmbio.

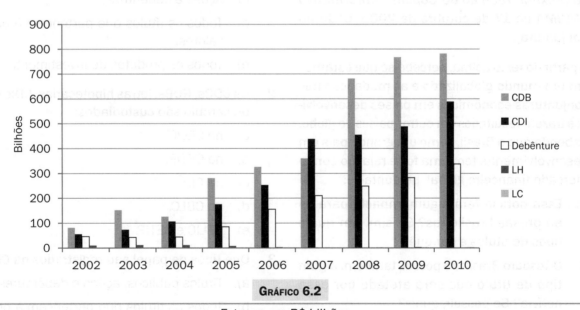

GRÁFICO 6.2

Estoque em R$ bilhões.

6.6.3 Bovespafix e Somafix

A CETIP é líder quase que absoluto no mercado de títulos privados no Brasil. Para concorrer com a CETIP, a Bovespa criou o Bovespafix e o Somafix.

O Bovespafix foi criado em 20 de abril de 2001 para ser o ambiente integrado para negociação, liquidação e custódia de títulos de renda fixa privada. É um sistema dirigido por ordens, onde as operações são fechadas eletronicamente pelo melhor preço e obedecendo à ordem cronológica.

O Somafix, lançado em 3/11/2003, constitui-se em um mercado de balcão organizado para a negociação dos mesmos papéis, permitindo registrar no sistema as operações realizadas através de telefone.

Questões discursivas

1. Leia o texto abaixo e analise a pergunta a seguir:

    "Mercado Financeiro – *A divulgação da ata da última reunião do Federal Reserve, na tarde de terça-feira, revelando que os juros ainda não alcançaram patamar capaz de acomodar os preços nos EUA, provocou nova onda de aversão ao risco, produzindo queda generalizada dos títulos de dívida dos países emergentes. No Brasil, por conta do feriado, esse efeito só foi observado na quinta-feira, quando as preocupações com o futuro da política monetária americana frente aos riscos de aumento da inflação se fizeram sentir nos principais segmentos do mercado doméstico, reduzindo as apostas em corte superior a 25 pontos percentuais na meta para a Taxa SELIC na próxima reunião do Copom."* (*Informativo ANDIMA* de 17 de outubro de 2005, Caderno Conjuntura).

    A partir do texto acima, percebe-se que estamos em um mundo globalizado e as mudanças nas conjunturas econômicas em países desenvolvidos trazem resultados em outros países do globo. Sabendo que o Brasil, como um grande país em desenvolvimento, tem uma forte relação com o mercado financeiro global, pergunta-se:

    a) Essa notícia terá algum impacto para as empresas brasileiras? Se sim, em quais tipos de títulos e por quê?

    b) O Tesouro Brasileiro possui, também, algum tipo de título que será afetado por essa notícia? Se possuir, quais?

2. Qual a diferença entre "mercado de balcão" e "bolsa de valores"?

3. O que são operações compromissadas?

4. Qual a diferença entre Sistema SELIC e taxa SELIC?

5. O que define um título de renda fixa?

6. Como podem ser divididos os títulos de renda fixa em relação ao emissor? Dê exemplos desses títulos.

7. Conceitue as LTNs.

8. Conceitue as NTNs.

9. Uma LTN de 61 dias foi adquirida pelo preço de $ 965,65. Sabendo que, nesse período, existem 42 dias úteis, qual a rentabilidade obtida pelo investidor? Sabe-se que o PU é de 1000.

10. Determine o preço unitário de um NTN-F com prazo de 2 anos com cupom de 6% a.a. com pagamentos semestrais e seu resgate apenas feito na data de vencimento assumindo uma taxa efetiva anual de 10%.

Testes de múltipla escolha

1. Que tipos de papéis são registrados no SELIC?
    a) Unicamente títulos públicos federais.
    b) Títulos públicos, ações e debêntures.
    c) Ações e debêntures.
    d) Todos os títulos que pertencem à bolsa de valores.
    e) Todos os produtos de investimento.

2. Os CDBs, RDBs, letras hipotecárias, CDIs e letras de câmbio são custodiados:
    a) no SELIC;
    b) na CETIP;
    c) na CIP;
    d) na CBLC;
    e) SELIC e CETIP.

3. Que tipos de papel são registrados na CETIP?
    a) Títulos públicos, ações e debêntures.
    b) Todos os títulos que pertencem à bolsa de valores.
    c) Todos os produtos de investimentos.
    d) Somente títulos privados e títulos públicos estaduais e municipais.
    e) Unicamente títulos públicos federais.

4. Um título de dívida de dez anos, 15% de cupom, com valor nominal de $ 1.000, pode ser res-

gatado em quatro anos ao preço de resgate antecipado de $ 1.060. Após um ano de sua emissão, o título é vendido por $ 1.200. Caso você compre esse título, qual a taxa de retorno corrente?

a) 11,34%.

b) 15%.

c) 12,50%.

d) 8,94%.

e) NDA.

5. **(Adaptado de BANCO DO BRASIL – 2010) A letra de câmbio é o instrumento de captação específico das sociedades de crédito, financiamento e investimento, sempre emitida com base em uma transação comercial e que, posteriormente ao aceite, é ofertada no mercado financeiro. A letra de câmbio é caracterizada por ser um título:**

a) ao portador, flexível quanto ao prazo de vencimento;

b) com renda fixa e prazo determinado de vencimento;

c) atrelado à variação cambial;

d) negociável na bolsa de valores, com seu rendimento atrelado ao dólar;

e) pertencente ao mercado futuro de capitais, com renda variável e nominativo.

6. **Uma LTN de 35 dias foi adquirida pelo preço de $ 985,65. Sabendo que, nesse período, existem 26 dias úteis, qual a rentabilidade obtida pelo investidor, sabendo que seu preço unitário é de $ 1.000,00?**

a) 15,04%.

b) 14,11%.

c) 16,10%.

d) 14,55%.

e) 15,54%.

7. **(IBA-2008) Em relação aos títulos públicos LTN, LFT, NTN-B e NTN-F, emitidos pelo Tesouro Nacional, avalie as seguintes afirmativas:**

I – As LTNs e LFTs pagam juros e amortização apenas na data de vencimento; as LTNs são títulos prefixados e as LFTs são indexadas à taxa SELIC.

II – As NTN-Bs são indexadas à TBF e a NTN-Fs, ao franco suíço.

III – As NTN-Bs são indexadas ao IPCA e as NTN-Fs são títulos prefixados.

Está correto o que se afirma em:

a) I e II, apenas;

b) I e III, apenas;

c) II e III, apenas;

d) I, II e III;

e) II, apenas.

8. **Uma LFT de 160 dias corridos e 126 dias úteis foi adquirida em leilão por um preço a R$ 950,00. Com o valor de face de R$ 1.000 e sabendo que, nesse período, a taxa SELIC média ficou em 15,76% a.a., qual a taxa de deságio?**

a) 10,80%.

b) 8,41%.

c) 15,76%.

d) 28,26%.

e) NDA.

9. **Sobre os títulos de renda fixa, não se pode afirmar:**

a) Com relação ao emissor, os títulos se dividem em: títulos públicos e títulos privados.

b) Um título que paga certa taxa referenciada mais 2%, é um título de renda fixa prefixado.

c) Quanto às taxas, podemos dividir os títulos em: prefixados e pós-fixados.

d) Quanto à periodicidade dos rendimentos, podemos dividir os títulos em: periódicos e pagamentos finais.

e) Um exemplo de um título com três características quanto ao emissor, quanto à taxa e quanto à periodicidade do pagamento é: um título público que paga juros de 2% mensalmente.

10. **Para uma LTN com taxa de rentabilidade efetiva de 12 % a.a. e 360 dias úteis, usando como base de cálculo 252 dias úteis como ano, qual seu preço unitário, sabendo que seu valor nominal é de $ 1.000?**

a) $ 894,64.

b) $ 836,95.

c) $ 850,53.

d) $ 1.000,00.

e) $ 899,45.

7

Commercial Paper e Debêntures

Celina Yumiko Ozawa, Flávio Donizete
Batistella e Renê Coppe Pimentel

Historicamente, as empresas brasileiras eram financiadas basicamente por empréstimos e financiamentos bancários, no entanto, com o fortalecimento do mercado brasileiro de capitais, as empresas passam cada vez mais a utilizar o mercado de títulos e valores mobiliários para financiamento de suas atividades de longo prazo.

Os valores mobiliários são instrumentos utilizados majoritariamente por sociedades anônimas para captação de recursos e representam uma fonte alternativa ao empréstimo bancário quando a companhia não possui recursos próprios para o exercício de suas atividades (capital de giro, investimentos etc.). Esses títulos são também alternativas de investimentos para agentes poupadores (ou superavitários).

Este capítulo aborda aspectos conceituais e práticos referentes a *commercial papers* e debêntures, instrumentos importantes para empresas emissoras e para investidores do mercado de capitais.

7.1 *COMMERCIAL PAPER*

7.1.1 Introdução

O *commercial paper*, ou nota promissória, representa um instrumento de dívida emitido por uma companhia no mercado nacional ou internacional para o financiamento de curto prazo.

Os *commercial papers* (CPs) podem ser considerados como notas promissórias emitidas pelas empresas com prazo de vencimento de, no mínimo, 30 dias e de, no máximo, 180 dias para companhias fechadas ou, no máximo, 360 dias para companhias abertas. Devido ao curto prazo de vencimento, tais instrumentos não são usados para o financiamento do ativo imobilizado mas apenas para financiar seu capital de giro (duplicatas a receber e/ou estoques).

Há basicamente duas formas de emissão: (a) o emissor pode negociar diretamente os CPs no mercado tal como os fundos do mercado monetário; ou (b) o emissor pode vendê-los integralmente para um ou alguns investidores qualificados, que manterão o título até o vencimento ou que repassarão para o mercado posteriormente.

Os *commercial papers* não são garantidos por ativos do emissor e, portanto, as emissões ficam mais limitadas a empresas com classificação de risco satisfatória, as quais conseguem taxas economicamente atrativas. Portanto, uma vez que a empresa se torna estabelecida, com uma boa classificação de crédito, os *commercial papers* representam uma alternativa de menor custo quando comparada a uma linha de crédito bancária.

A principal vantagem para a companhia emissora do valor mobiliário é a possibilidade de captar recursos diretamente de investidores, obtendo, em muitos casos, taxas inferiores às praticadas em empréstimos bancários. Também é possível a adequação dos passivos da empresa em relação ao prazo de vencimento do título e a diminuição das garantias dadas para captação. Outro benefício obtido é em relação ao não pagamento de IOF.

As desvantagens da emissão de *commercial paper* são os custos de distribuição e publicações que inviabilizam emissões de valores pequenos e os prazos maiores para a colocação dos títulos já que, dadas as formalidades, todo o processo pode demorar um tempo maior que a liberação de um empréstimo bancário. Assim, como os *commercial papers* possuem prazos inferiores a um ano, muitas vezes o processo de colocação pública se inviabiliza, sendo preferível emissões de debêntures por prazos mais longos.

Os *commercial papers* podem ser adquiridos diretamente pelos investidores institucionais, carteiras de bancos ou pelas corretoras de valores, sendo que estas últimas adquirem os títulos e os revendem ao público auferindo comissão. Os investidores são atraídos pela diversificação, prêmios de risco satisfatórios e pela curta maturidade que o título proporciona.

Os títulos podem ser negociados em mercado secundário, sendo que o acompanhamento e o controle das emissões ocorrem por meio do Sistema de Nota Promissória (NOTA) da CETIP, que opera desde janeiro de 1992 registrando quase que a totalidade das operações com *commercial papers*, e por meio do Bovespafix e Somafix, vinculados à BM&FBOVESPA.

Para colocação das notas promissórias junto ao público, as companhias devem, além de serem registradas como companhia aberta na CVM, obter a concessão do registro de distribuição dos títulos na CVM. Companhias fechadas podem realizar uma distribuição pública de *commercial papers*, mediante registro da oferta na CVM, desde que tal oferta esteja enquadrada no regime simplificado. Podem, ainda, realizar emissões de títulos sem obtenção de qualquer registro, observados os limites legais para que não reste caracterizada uma oferta pública de distribuição.

7.1.2 Aspectos legais e societários

7.1.2.1 Conteúdo dos *commercial papers*

O artigo 75 do Decreto nº 57.663, de 24 de janeiro de 1966, dispõe sobre o conteúdo das notas promissórias, a saber:

1. denominação "nota promissória" inserta no próprio texto do título e expressa em idioma nacional;

2. a quantia determinada a pagar;

3. a época do pagamento, se não constar, é considerada pagável à vista;

4. a indicação do lugar em que se deve efetuar o pagamento;

5. o nome da pessoa a quem ou à ordem de quem deve ser paga;

6. a indicação da data e do lugar onde ela é passada;

7. a assinatura de quem a passa (subscritor).

7.1.2.2 Deliberação

A competência para aprovar a emissão das notas promissórias deve constar no estatuto social da companhia emissora, podendo ser da assembleia de acionistas ou de órgãos da administração. A deliberação deverá dispor os seguintes dados, conforme artigo 10 da Instrução CVM nº 134, de 1/11/1990:

I – o valor da emissão, e a sua divisão em séries, se for o caso;

II – quantidade e valor nominal das notas promissórias;

III – as condições de remuneração e de atualização monetária, se houver;

IV – prazo de vencimento dos títulos;

V – garantias, quando for o caso;

VI – demonstrativo para comprovação dos limites previstos nesta Instrução;

VII – local de pagamento;

VIII – contratação de prestação de serviços, tais como custódia, liquidação, emissão de certificados, agente pagador, conforme o caso.

7.1.2.3 Anúncio de início de distribuição, encerramento e prospecto

A distribuição pública das notas promissórias somente pode ser iniciada após: (1) concessão do registro de distribuição pela CVM; (2) publicação do anúncio de início da distribuição; e (3) colocação do prospecto à disposição para a necessária entrega aos investidores. O prospecto deve ser entregue a cada adquirente da nota promissória.

A publicação do anúncio de início de distribuição deve ser feita pelo menos uma vez em veículo de livre escolha da companhia emissora (geralmente jornais de grande circulação).

A partir do deferimento do registro pela CVM, a distribuição deve ser encerrada no prazo de 90 dias quando emitidas por companhias fechadas e de 180 dias quanto emitidas por companhias abertas. Nesta ocasião, publica-se o anúncio de encerramento de distribuição.

O prospecto é um documento que contém os dados básicos referentes à operação e à companhia emissora. Alguns dados que devem constar no prospecto são: (1) informações detalhadas sobre o lançamento e a companhia emissora; (2) informações sobre o garantidor, anexando-se as demonstrações financeiras relativas ao último balanço semestral levantado; (3) ata da reunião que deliberar sobre a emissão das notas promissórias; e (4) cópia dos contratos de linhas de crédito contratadas concedidas por instituição financeira habilitada e seguro de crédito, irrevogável e irrestrito.

7.1.3 Dados referentes às notas promissórias no Brasil

Conforme os registros da CVM, as ofertas de notas promissórias registradas no mercado primário no período de 1998 a 2005 foram de:

TABELA 7.1

Ofertas no mercado primário de notas promissórias registradas na CVM.

Total= registradas CVM + esforços restritos

Ano	Nº de Registros	Volume em R$ milhões
1998	68	12.903,5
1999	67	8.044,0
2000	44	7.590,7
2001	32	5.266,2
2002	20	3.875,9
2003	12	2.127,8
2004	8	2.241,3
2005	9	2.631,5
2006	17	5.278,5
2007	20	9.725,5
2008	44	25.907,7
2009	81	21.742,6
2010	53	19.237,7

Fonte: CVM

As notas promissórias corresponderam a 43% do volume total de ofertas registradas na CVM em 1998 e esse percentual apresentou uma tendência fortemente decrescente desde então. Isso ocorreu principalmente com o alargamento do perfil da dívida das empresas e maior demanda por títulos de longo prazo. Além, disso, uma restrição para o uso menos acentuado desses recursos é o fato de não possuírem garantias reais, por isso as notas promissórias são acessíveis apenas a empresas com bom crédito e capazes de emitir altos valores.

Adicionalmente, os valores captados com notas promissórias devem viabilizar o custo de um lançamento (registro na CVM, publicação de anúncio de distribuição nos jornais etc.). O aumento do volume captado em 2008 deve-se à crise financeira internacional, ocorrida no segundo semestre de 2008, em que se verificou uma restrição do crédito bancário, sobretudo no que diz respeito aos prazos (mais curtos) e taxas (mais altas), e também pela necessidade de captação imediata de recursos ocorrida em virtude da crise de derivativos em que diversas empresas de capital aberto amargaram enormes prejuízos com operações cambiais especulativas. Nesse contexto, o *commercial paper*, por ser um instrumento de curto prazo, foi favorecido.

ESTOQUE DE NOTAS PROMISSÓRIAS NO CETIP – NOTA

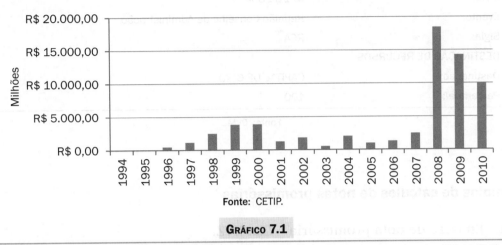

Fonte: CETIP.

GRÁFICO 7.1

Estoque de notas promissórias no CETIP – Nota.

A seguir, um exemplo de oferta registrada na CVM da Telesp Celular Participações, referente à emissão de nota promissória.

QUADRO 7.1

Exemplo de oferta registrada na CVM.

Nº do Processo:	RJ-2004-06694
Data Protocolo:	9/11/2004
Emissora:	TELESP CELULAR PARTICIPAÇÕES S.A.
Líder:	Banco ITAÚ-BBA S.A.
Forma:	Nominativa
SÉRIES DE OFERTA	
Tipo:	RNP
Quantidade:	2.000
Preço:	500.000,00
Volume:	1.000.000.000
Garantidos:	0
Data do Registro:	24/11/2004
Número do Registro:	CVM/SRE/RNP/2004/005
Data de Encerram. Distribuição:	22/5/2005
Garantia:	SEM GARANTIA
Vencimento:	180
Local de Negociação:	BALCÃO ORGANIZADO (CETIP)
Banco Mandatário:	BANCO BRADESCO S.A.
COMISSÕES	
Tipo de Comissão:	Percentual
Coordenação:	0,02
Colocação:	0,03
Garantia:	0,05

EVENTOS DE DELIBERAÇÃO	
Data:	4/11/2004
Evento:	Reunião Conselho de Administração
Sigla:	RCA
DESTINAÇÃO DE RECURSOS	
Destinação:	CAPITAL DE GIRO
Percentual:	100

Fonte: CVM.

7.1.4 Exemplos de cálculos de notas promissórias

Exemplo 7.1   Emissão de nota promissória – Cia. XYZ.

A Cia. XYZ deseja captar $ 1 milhão por meio da emissão e colocação de commercial paper *por 60 dias.*

Suponha que as despesas de lançamento e outras despesas sejam de 0,38% e 0,10% do montante total captado, respectivamente. O deságio na emissão é de 5%. Calcule a taxa efetiva da operação.

Solução sugerida:

Nessa transação, vamos analisar a taxa de juros efetiva da operação do ponto de vista do investidor e da companhia emissora.

Investidor:

Como o deságio é de 5%, o investidor irá desembolsar:

$$ \$\, 1.000.000,00 \times (1 - 0,05) = \$\, 950.000,00 $$

$$ i = \frac{50.000,00}{950.000,00} \times 100 = 5,26\% $$

$i = 5,26\%$ em 60 dias é a taxa de juros efetiva que o investidor irá embolsar com a transação. A taxa mensal é de $(1 + i)^2 = (1 + 5,26\%) => 1 + i = \sqrt{1,0526} => i = 2,60\%$ ao mês.

Companhia emissora:

Para a companhia emissora, os custos são:

$$ \$\, 1.000.000 \times (1 - 0,0038 - 0,0010 - 0,05) = \$\, 945.200,00 $$

$$ i = \left(\frac{1.000.000,00}{945.200,00} - 1 \right) \times 100 = 5,80\% \text{ em 60 dias de taxa de juros efetiva que a companhia} $$

emissora irá desembolsar com a transação.

A taxa mensal é de $(1 + i)^2 = (1 + 5,80\%) => 1 + i = \sqrt{1,058} => i = 2,86\%$ ao mês.

A diferença entre as taxas ocorre devido às despesas de emissão da nota promissória que a companhia incorre.

Exemplo 7.2.

Admita que uma empresa tenha emitido $ 3,5 milhões em *commercial papers* por 180 dias. A remuneração oferecida aos aplicadores é uma taxa de desconto de 1,2% a.m. (7,2% a.s.). A empresa incorre, ainda, em despesas diversas equivalentes a 0,4% do valor da emissão. Calcular o valor líquido recebido pela empresa emitente e o custo efetivo mensal da operação.

Valor Líquido Recebido

Valor Nominal .... $ 3.500.000

Desconto.................................... $ 3.500.000 × 7,2% = ($ 252.000,00)

Despesas diversas .... $ 3.500.000 × 0,4% = ($ 14.000,00)

Valor Líquido Recebido............. $ 3.234.000

Na HP 12C, temos:

3.234.000 CHS PV

3.500.000 FV

6 n

i = 1,3261% a.m.

7.1.5 Contabilização de notas promissórias

Do ponto de vista da companhia emissora, quando ocorre uma emissão de nota promissória, ela terá uma obrigação a pagar e despesas (juros e custos) relacionadas à emissão. Segundo as novas práticas contábeis no Brasil, decorrentes dos pronunciamentos do CPC (Comitê de Pronunciamentos Contábeis), especificamente o Pronunciamento Técnico CPC 08 – "Custos de Transação e Prêmios na Emissão de Títulos e Valores Mobiliários", o valor da nota promissória deve estar ajustados a valor presente, quando relevante, e os gastos efetuados na colocação das notas promissórias devem deduzir o valor da emissão e, portanto, são incluídos no cálculo da taxa da operação. As despesas e os juros referentes à emissão da nota promissória são dedutíveis para fins fiscais, ou seja, geram benefício fiscal, o que, em termos econômicos, reduz o custo financeiro da emissão.

Do ponto de vista do investidor, caso seja uma pessoa jurídica (como ocorre na maioria dos casos), o investidor deverá contabilizar a nota promissória de acordo com a intenção da entidade em negociar o título no mercado secundário ou mantê-lo até o vencimento. Essa é a regra para registros de títulos e valores mobiliários adquiridos e, conforme a classificação escolhida, poderão ser avaliados pelo valor de mercado ou valor de curva (principal mais juros contratuais).

7.1.6 Tratamento contábil do emissor

Quando uma empresa emite uma nota promissória, ela terá uma obrigação a pagar (nota promissória) e gastos incrementais relacionados à emissão (custos de transação). Os gastos efetuados na colocação das notas promissórias devem ser contabilizados em uma conta redutora do passivo Notas Promissórias, que pode ser denominada de "Custos de transação". Após a emissão, estes valores são apropriados ao resultado de acordo com o regime de competência.

Do ponto de vista da companhia emissora, as despesas de colocação e os juros referentes à emissão da nota promissória são dedutíveis para fins fiscais.

Exemplo 7.3 Contabilização de nota promissória – Cia. XYZ.

Fazer os lançamentos em razonetes da emissão da nota promissória pela Cia. XYZ. Suponha que o saldo inicial do caixa é de $ 100.000,00.

Solução sugerida:

Os lançamentos referentes à emissão da nota promissória são (suponha que ocorra somente o lançamento referente à emissão):

1. A empresa emite a nota promissória no valor de $ 1.000.000,00, embolsando $ 950.000,00 com um deságio de $ 50.000,00;

2. A empresa contabiliza custos de transação referentes à emissão no valor de $ 1.000.000,00 × (0,38% + 0,10%) = $ 4.800,00;

3. No primeiro mês, a cia. deve apropriar os encargos financeiros a partir da taxa efetiva calculada; ou seja, ela deve multiplicar 2,858% ao valor líquido captado ($ 1.000.000 – $ 50.000 – $ 4.800), o que equivale a um valor de $ 27.014. Deste total, $ 24.680 (taxa nominal mensal de 2,5978% vezes $ 950.000) se refere às despesas com juros e o restante ($ 2.334), às despesas com custos de transação;

4. No mês seguinte a Cia. apropria novamente os encargos financeiros a partir da taxa efetiva calculada; ou seja, ela deve multiplicar 2,858% ao valor líquido captado atualizado ($ 945.200 + $ 27.014), o que equivale a um valor de $ 27.786. Deste total, $ 25.320 (taxa nominal mensal de 2,5978% vezes $ 950.000 + $ 24.680) se refere às despesas com juros e o restante ($ 2.466) às despesas com custos de transação;

5. No vencimento, a Cia. efetua o pagamento da nota promissória no valor de $ 1.000.000,00.

Razonetes dos lançamentos contábeis:

	Caixa				Desp. antecipadas				Juros a transcorrer		
si	100.000	4.800	1	1	4.800	2.400	3a	2	50.000	25.000	3b
2	950.000	1.000.000	5			2.400	4a			25.000	4b
	45.200	–				0				0	

	Notas promissórias a pagar – CP				Desp. emissão de nota promissória				Despesas com juros	
5	1.000.000	1.000.000	2	3a	2.400		3b	25.000	
	–	0		4a	2.400		4b	25.000	
					4.800			50.000	

No Passivo, a situação após os lançamentos contábeis iniciais é a seguinte:

Notas promissórias a pagar 1.000.000

Juros a transcorrer (50.000)

Custos de transação (4.800)

7.2 DEBÊNTURES

7.2.1 Introdução

Debêntures são títulos representativos de dívida emitidos por uma companhia e que asseguram a seus detentores direito de crédito contra a companhia emissora, nas condições estabelecidas na escritura de emissão.

Em geral, as debêntures são emitidas com a finalidade de proporcionar recursos de médio e longo prazos à companhia emitente, sendo seus recursos normalmente utilizados para aquisição de participações acionárias, implantação de projetos, alongamento do perfil de endividamento e financiamento do capital de giro.

As debêntures proporcionam flexibilidade de prazos, garantias e condições de pagamento, o que permite a adequação dos pagamentos dos juros e amortizações às características do projeto e à disponibilidade de recursos das companhias emitentes.

A captação efetiva de recursos dá-se no mercado primário, local em que as debêntures são ofertadas para o público em geral, quando se tratar de uma emissão pública, ou quando as debêntures são adquiridas por investidores específicos, quando se tratar de uma emissão privada.

Podem realizar emissões públicas de debêntures as empresas não financeiras de capital aberto (empresas registradas na CVM), sociedades de arrendamento mercantil (*leasing*), companhias hipotecárias. Empresas de capital fechado também podem emitir debêntures, porém ficam restritas às emissões privadas (em que só participam alguns investidores qualificados).

Uma vez em que na grande maioria dos casos as debêntures são emitidas via oferta pública, o foco deste capítulo engloba, principalmente, as informações pertinentes a uma emissão pública de debêntures; as emissões privadas são mais simples.

7.2.2 Breve histórico sobre as debêntures no Brasil

Até meados dos anos 1960, o mercado de capitais teve pouca importância para a economia nacional, havia barreiras para geração de poupança nacional e o mercado de capitais era desorganizado e segmentado. Com a Lei do Mercado de Capitais

(Lei nº 4.728/65), houve uma evolução no sentido de estruturar o mercado e estimular a poupança e aplicações no país, melhorando as condições de captação de recursos.

Porém, a inflação que dominava o período inviabilizava a emissão de títulos, principalmente pela limitação legal (lei da usura) imposta à cobrança de juros a 12% a.a. frente à taxa de inflação muito superior a isso.

No início da década de 70, o mercado de capitais apresentou período de relativa expansão, fazendo com que, em 1976, duas grandes medidas governamentais fossem tomadas a fim de fortalecer as empresas nacionais e assegurar o funcionamento eficiente e regular do mercado de valores mobiliários. Essas medidas foram: a criação da CVM (Comissão de Valores Mobiliários) (Lei nº 6.385/76) e a implantação da Lei das Sociedades por Ações (Lei nº 6.404/76).

A CVM passou a ter poder de regulamentar e fiscalizar o mercado de capitais e a Lei das Sociedades por Ações revelava-se sofisticada para a época e tinha como objetivo criar a estrutura jurídica necessária ao fortalecimento do mercado de capitais de risco no país. Com isso, inúmeras inovações ocorreram para ampliar o uso das debêntures como instrumento de captação de recursos.

A Lei das Sociedades por Ações definiu regras e procedimentos para emissão das debêntures, determinando tipos de garantias e remuneração, critérios de conversibilidade em ações e exigências acerca da emissão de títulos ao público tanto em aspectos internos à empresa como em relação ao mercado e aos investidores. Assim, a partir de 1976, empresas abertas registradas na CVM, com exceção das instituições financeiras, poderiam emitir debêntures no mercado nacional mediante o cumprimento de todos os dispositivos formais.

Após as medidas tomadas nas décadas de 1960 e 70, foi verificado aumento no mercado de títulos privados no Brasil e, consequentemente, tornou-se necessário um sistema seguro e ágil para a negociação dos títulos. Assim, em 1986 foi criada a CETIP (Central de Custódia e Liquidação Financeira de Títulos), que passou a gerenciar, por meio de sistema e terminais eletrônicos, toda a movimentação nas instituições negociam títulos privados. Sem a necessidade de movimentação física dos títulos e de arquivamento de documentos impressos, o processo de liquidação das operações e custódia ficou extremamente rápido e facilitado.

Em junho de 1996, para impulsionar o volume de operações e garantir a adequação do mercado em termos de preço e liquidez foi criada a SOMA (Sociedade Operadora do Mercado de Ativos). A SOMA foi o primeiro mercado de balcão organizado do país, responsável por efetuar o registro e a divulgação das operações de forma detalhada, ágil e ampla, além de fiscalizar o cumprimento das disposições legais e regulamentares que as disciplinam. Em 2001, a SOMA foi adquirida pela Bovespa e, como consequência, todas as operações passaram a ser executadas pela Bovespa (atual BM&FBOVESPA).

Três instruções da CVM colaboraram positivamente para que o mercado de debêntures pudesse se impulsionar:

a) CVM 400/03, que consolidou diversas normas e introduziu algumas práticas que visam maior segurança ao investidor e/ou diminuem a burocracia no processo de emissão. Como exemplo, podem-se citar *bookbuilding, green shoe*, aumento da oferta em 20% sem alteração do prospecto, dispensa de registro em casos específicos e exigência de um prospecto mais completo;

b) CVM 404/04, que introduziu as debêntures padronizadas e as condições para procedimentos simplificados de registro de emissões. As debêntures padronizadas são títulos com escrituras com cláusulas uniformes e com negociação em um ambiente especial com formadores de mercado, favorecendo a sua liquidez; e

c) CVM 476/09, que introduziu as ofertas públicas de valores mobiliários com esforços restritos que são destinadas exclusivamente a investidores qualificados e não é permitida a busca de investidores através de lojas, escritórios ou estabelecimentos abertos ao público, nem é permitida a divulgação por serviços públicos de comunicação, como imprensa, rádio, televisão ou Internet. Fica permitida a procura de, no máximo, 50 (cinquenta) investidores qualificados, sendo que os valores mobiliários ofertados devem ser subscritos ou adquiridos por, no máximo, 20 (vinte) investidores qualificados.

Em dezembro de 2010, a fim de estimular o mercado de debêntures, a Medida Provisória nº 517/10, convertida na Lei nº 12.431/11, alterou a Lei das Sociedades por Ações (Lei nº 6.404/76) e o processo tributário incidente sobre as debêntures. Os principais objetivos da MP são de desburocratizar o processo de aprovação, emissão e recompra de debêntures, e de desonerar a carga de tributos incidentes sobre as operações, especialmente as de longo prazo e direcionadas a investimentos em infraestrutura.

7.2.3 Características básicas

7.2.3.1 Tipo

As debêntures podem ser conversíveis ou não conversíveis em ações.

Não conversíveis/simples: são as debêntures que pagam os juros e amortizam o principal em espécie dentro do prazo de encerramento do título.

Conversíveis em ações (DCA): possibilitam o recebimento em espécie ou a conversão das debêntures em ações, de acordo com condições preestabelecidas na escritura de emissão. Os acionistas têm o direito de preferência para subscrever emissão desse tipo de debênture. Se o debenturista optar pela conversão, então ele passa à condição de acionista ou, se já for acionista, aumenta a sua participação acionária, e há aumento de capital social.

Permutável: tem características similares às debêntures conversíveis em ações, porém, a opção de conversão está relacionada a uma empresa distinta da emissora da debênture. Nesse caso, o investidor tem um atrativo à mais que é uma diversificação, pois o valor do título de renda fixa e o valor da conversão não estão diretamente ligados.

7.2.3.2 Garantia

As garantias devem estar especificadas na escritura de emissão e podem ser de quatro espécies: (a) subordinada; (b) quirografária; (c) flutuante; ou (d) real. A diferença entre elas refere-se à ordem de recebimento do debenturista em caso de falência da companhia emissora.

- **subordinada:** recebe este nome por seus detentores serem subordinados aos credores quirografários, pois, em caso de liquidação da companhia emissora, eles têm preferência somente sobre os acionistas;

- **quirografária/sem garantia**: é a debênture comum, que não oferece nenhum tipo de garantia;

- **flutuante**: em caso de falência da companhia emissora, o debenturista tem privilégio geral sobre o ativo da companhia, mas não impede a negociação dos bens que compõem esse ativo;

- **real**: quando a debênture possui especificada uma garantia real (ativos da companhia) ou hipoteca.

7.2.3.3 Forma

Duas formas são possíveis: nominal ou escritural. A forma nominal pressupõe que a negociação das debêntures deve ser devidamente registrada pela companhia emissora em livros específicos. Já a forma escritural exige somente que as negociações sejam controladas pela instituição financeira depositária.

7.2.3.4 Valor nominal unitário

Para cada processo de emissão, toda debênture deve apresentar o mesmo valor nominal unitário de face. O estabelecimento deste valor unitário independe de regras, sendo que não existem limites máximos ou mínimos.

O valor nominal da debênture deve ser expresso em moeda nacional, exceto nos casos de obrigação que possa ter o pagamento estipulado em moeda estrangeira.

Este valor pode ser corrigido monetariamente, com base nos coeficientes fixados para correção de títulos públicos, na variação da taxa cambial ou em outros referenciais não vedados em lei.

7.2.3.5 Quantidade de séries

Dentro de um processo de emissão, é possível haver uma segregação em séries de debêntures, considerando-se um mesmo registro.

Isto pode ocorrer por diversas razões. Exemplos: prazos diferentes de vencimento; mais de

uma instituição financeira estar atuando como distribuidora destas debêntures; formas diferentes de remunerações.

No entanto, debêntures da mesma série têm valor nominal igual e conferem aos seus titulares os mesmos direitos.

7.2.3.6 Remuneração

Os principais eventos relacionados às remunerações de debêntures são exibidos a seguir. Destaca-se que a decisão conjunta BACEN/CVM nº 13, de 14/3/2003, dispõe sobre as condições de remuneração das debêntures de distribuição pública.

a) **Rendimento agregado ao valor nominal**: atualizações efetuadas periodicamente no valor nominal da debênture, utilizando como referencial: índices de preços, taxa de câmbio e outros referenciais não vedados em lei.

Usualmente estes parâmetros estão associados a índices de preços, como, por exemplo, o IGP-M. Nesta situação, o prazo mínimo para vencimento ou repactuação é de um ano, sendo que a periodicidade de aplicação da cláusula de correção monetária não pode ser inferior a um ano. Adiciona-se ainda que o pagamento do valor correspondente à correção monetária somente pode ocorrer por ocasião do vencimento ou da repactuação das debêntures. Em caso de pagamentos de juros e amortizações realizados em períodos inferiores a um ano, deve-se ter como base de cálculo o valor nominal das debêntures, sem se considerar a correção monetária do período.

b) **Juros**: pagamentos efetuados periodicamente sobre o valor nominal inicial ou sobre o valor nominal corrigido da debênture (estipulados na escritura de emissão ou em cláusula de repactuação).

Podem ser fixos, flutuantes ou mistos (uma taxa flutuante acrescida ou diminuída por uma taxa fixa). Exemplos de parâmetros para juros flutuantes: Taxa DI; Taxa Referencial (TR); Taxa de Juros de Longo Prazo (TJLP); Taxa Básica Financeira (TBF).

c) **Participação no lucro**: em algumas ocasiões, a remuneração periódica dos debenturistas varia em função do lucro apurado pela companhia emissora.

d) **Prêmios**: podem ser oferecidos em certas situações específicas. Por exemplo: processos de repactuação (principalmente quanto existem debenturistas dissidentes); necessidade de adaptar a rentabilidade das debêntures às condições de mercado; resgate antecipado.

e) **Repactuação**: renegociação entre a companhia emissora e os debenturistas em relação às condições de remuneração estabelecidas anteriormente, no intuito de manter a remuneração das debêntures alinhada ao cenário do mercado. Se os debenturistas não aceitarem a proposta da emissora, ela deverá comprar os títulos.

7.2.3.7 Vencimento

O vencimento da debênture deve constar da escritura de emissão e do certificado, podendo a companhia estipular amortizações parciais de cada série, criar fundos de amortização e reservar-se o direito de resgate antecipado parcial ou total dos títulos de mesma série.

Utiliza-se o termo "amortização" para identificar o pagamento parcial da debênture, continuando, portanto, o título em circulação. Já o resgate implica na retirada dos títulos de circulação.

Uma exceção às regras de prazo de vencimento definido são as debêntures perpétuas, que não têm prazo de vencimento determinado e está condicionado ao inadimplemento ou à dissolução da companhia emissora.

7.2.4 Emissão de debêntures

Para efetuar uma emissão pública de debêntures, são necessários:

- registro de companhia aberta e registro de emissão na CVM;

- arquivamento, no registro do comércio, e publicação do ato societário que aprovou a emissão;

- inscrição da escritura de emissão no registro do comércio;

- constituição das garantias reais, se for o caso.

O processo total de emissão da debênture é de cerca de 8 a 14 semanas, dependendo da complexidade da operação.

7.2.4.1 Participantes da emissão de debêntures

- **coordenador-líder**: o coordenador-líder é uma instituição financeira (banco de investimento ou múltiplo, corretora ou distribuidora de valores mobiliários) escolhida pela companhia para estruturar e coordenar todo o processo de emissão;

- **companhia emissora**: as empresas autorizadas a emitir debêntures são as sociedades anônimas não financeiras e as sociedades de arrendamento mercantil;

- **banco mandatário**: é responsável pela confirmação financeira de todos os pagamentos e movimentações efetuadas pela companhia emissora;

- **instituição depositária**: é a instituição financeira responsável por manter as debêntures escriturais em contas de depósito, em nome de seus titulares;

- **agente fiduciário**: é o intermediário entre os debenturistas e a companhia emissora, cuja função é proteger os direitos dos debenturistas. Como as debêntures são normalmente títulos de longo prazo, os debenturistas têm interesse e preocupação em acompanhar, monitorar e fiscalizar a companhia emissora no cumprimento de seus deveres. Esse trabalho é responsabilidade do agente fiduciário;

- **debenturistas**: são os titulares das debêntures. Os debenturistas da mesma emissão podem reunir-se em assembleia para deliberar sobre matéria de seu interesse. Nessa assembleia, deverá estar presente o agente fiduciário a fim de prestar as informações solicitadas pelos debenturistas.

7.2.4.2 Limite de emissão: debêntures e estrutura de capital

A emissão de debêntures por uma companhia está sujeita a restrições legais considerando seu capital social. Em regra, a emissão de debêntures está limitada ao valor do capital social podendo, no entanto, tal limite ser excedido. O Quadro 7.2 resume estas restrições.

QUADRO 7.2

Participação permitida por lei das debêntures no capital total da companhia.

Tipo de garantia	Limite da emissão
Real	Se o valor de emissão ultrapassar o valor do capital social, até 80% do valor dos bens gravados
Flutuante	Se o valor de emissão ultrapassar o valor do capital social, até 70% do ativo (menos aqueles dados em garantia por direitos reais)
Quirografária	Valor do capital social
Subordinada	Sem limite para a emissão

7.2.5 Outros aspectos

7.2.5.1 Debêntures com escrituras padronizadas

A Instrução CVM nº 404, de 13/2/2004, dispõe sobre o procedimento simplificado de registro e padrões de cláusulas e condições que devem ser adotados nas escrituras de emissão de debêntures destinadas à negociação em segmento especial de bolsas de valores ou entidades do mercado de balcão organizado.

As debêntures padronizadas visam facilitar a compreensão dos títulos, de modo a estimular o desenvolvimento de um mercado transparente e líquido para os títulos privados de renda fixa. A padronização permite a melhor comparação entre os títulos.

A forma de emissão dessas debêntures é escritural, do tipo simples (não conversível em ações) e da espécie subordinada. O valor nominal unitário das debêntures será de R$ 1.000,00 (mil reais) na data da emissão.

Existe uma escritura padrão que difere somente no rendimento, que pode ser: (1) IGP-M + juros; (2) taxa DI; (3) variação cambial do dólar + juros; e (4) taxa prefixada.

7.2.5.2 Cédulas de debêntures

São títulos lastreados em debêntures, emitidos por instituições financeiras autorizadas pelo Banco Central, com garantia própria e que conferem a seus titulares direito de crédito contra o emitente, pelo valor nominal e os juros nelas estipulados.

7.2.6 Dados referentes às debêntures no Brasil

Historicamente, a emissão de debêntures é o principal instrumento de forma de captação das empresas no mercado de capitais. Exceção aos anos de 2007, em que houve recorde nas ofertas públicas iniciais de ações (IPO), e 2010, em que uma única captação feita pela Petrobras S.A. de R$ 120,2 bilhões superou em muito todas as emissões anteriores, conforme pode ser observado no Gráfico 7.2.

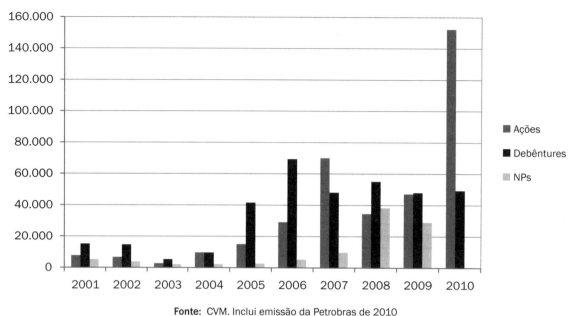

GRÁFICO 7.2

Evolução do mercado primário de ações, debêntures e notas promissórias no período de 2001 a 2010 (em milhões de reais).

A Tabela 7.2, por sua vez, demonstra a evolução conjunta entre o número de registros de emissões e o volume total captado. É possível verificar que o volume em reais vem aumentando, enquanto que o número de registros vem diminuindo no decorrer dos anos, demonstrando um alto incremento do volume total captado por registro, ou seja, são registrados menores números de captações, porém com elevado montante em cada captação.

TABELA 7.2

Ofertas de debêntures registradas na CVM, dispensadas de registro e com esforços restritos (Instrução CVM nº 476/09).

Período	Número de Emissões	Volume R$ milhões	Volume US$ milhões
2001	41	15.162	6.584
2002	26	14.639	4.698
2003	17	5.282	1.751
2004	38	9.614	3.305
2005	45	41.539	17.107
2006	47	69.464	31.879
2007	47	48.073	25.823
2008	36	40.049	22.898
2009	67	27.234	14.459
2010	141	51.964	29.865
2011	155	55.943	34.251

Fonte: CVM.

Segundo a base de dados do SND, entre os anos de 2000 e 2010, foram efetuados 474 registros de ofertas públicas de debêntures. As principais características dessas emissões são apresentadas a seguir, conforme a Tabela 7.3:

TABELA 7.3

Estatísticas de debêntures públicas registradas entre os anos de 2000 a 2010.

Espécie	Nº	%
Subordinada	134	28,27%
Quirografária	217	45,78%
Garantia Flutuante	38	8,02%
Garantia Real	85	17,93%
Total	**474**	

Forma	Nº	%
Escritural	473	99,79%
Nominativa	1	0,21%
Total	**474**	

Remuneração	Nº	%
DI	363	76,58%
IPCA	54	11,39%
IGPM	29	6,12%
TR	15	3,16%
Outros	13	2,74%
Total	**474**	

Tipo	Nº	%
Não Conversível	469	98,95%
Conversível	5	1,05%
Total	**474**	

A Tabela 7.4 apresenta uma estatística do número emissões de debêntures por setor da atividade econômica das empresas emissoras no período de 2000 a 2010, onde se pode verificar a maior participação em termos de volume emitido das empresas de arrendamento mercantil, tais emissões ocorreram principalmente no ano de 2005 como *funding* adicional de grandes instituições financeiras. Em seguida, verifica-se a maior participação de empresas ligadas à infraestrutura: energia elétrica, construção civil e telecomunicações. Tais setores são conhecidos por sua necessidade de grandes volumes de investimento em ativos imobilizados (*capital intensive*) e, consequentemente, o maior prazo de retorno dos investimentos.

TABELA 7.4

Número de emissões de debêntures por setor de atividade, entre os anos de 2000 e 2010.

Ramo de Atividade	R$ milhões	%
Arrendamento Mercantil	153.733,00	45,5%
Energia Elétrica	39.262,23	11,6%
Constr. Civil, Mat. Constr. e Decoração	20.145,17	6,0%
Telecomunicações	20.005,00	5,9%
Emp. Adm. Participações	11.031,43	3,3%
Serviços Diversos	10.498,86	3,1%
Serviços de Transporte e Logística	7.479,45	2,2%
Metalurgia e Siderurgia	6.932,00	2,1%
Outros	68.772,41	20,4%

Fonte: SND.

7.2.7 Exemplo de registro

Para melhor ilustrar as características de uma emissão pública de debêntures, a Tabela 7.5 apresenta o registro de uma oferta de emissão da Cia. Itauleasing de Arrendamento Mercantil, que possui duas séries ofertadas. Note que a única coisa que diferencia as duas séries é a forma de remuneração de cada uma. A primeira não possui correção monetária do principal, porém paga juros equivalentes a 100% dos juros DI. Já na segunda série existe correção monetária do principal baseada na variação do dólar americano mais uma taxa fixa de juros de 6,5% ao ano.

TABELA 7.5

Exemplo de oferta de debêntures registrada na CVM.

Nº do Processo	RJ-2004-06291	Data Protocolo	15/10/2004
Emissora	Cia. Itauleasing de Arrendamento Mercantil	Líder	Banco ITAÚ BBA S.A.
Fiança	Não	Forma	Escritural
Inst. Depositária	Banco ITAÚ S.A.	Agente Fiduciário	PLANNER CV S.A.
Securitização	NÃO		

SÉRIES DE OFERTA:		
Série	1	2
Espécie	Subordinada	Subordinada
Quantidade	200.000.000	200.000.000
Preço	10,00	10,00
Volume	2.000.000.000	2.000.000.000
Data do Registro	14/01/2005	14/1/2005
Número do Registro	CVM/SRE/DEB/2005/001	CVM/SRE/DEB/2005/002
Data Encer. Distrib.	14/07/2005	14/7/2005
Amortização	NÃO	NÃO
Vencimento	1/10/2024	1/10/2024
Resgate	Sim	Sim
Juros	100% DI	6,5% a.a.
Atualização Monetária	–	Variação cambial do US$

Fonte: CVM.

7.2.8 Exemplos de cálculos de debêntures

Exemplo 7.4 Conversão de DCAs – Cia. ABC.

A Cia. ABC emitiu em 31/03/20X0 10.000 debêntures conversíveis em ações (DCA) ao preço de $ 20,00, totalizando um volume de $ 200.000,00. Os juros são pagos semestralmente e prefixados em 5% a.s. A regra de conversão para essa emissão é: cada debênture pode ser convertida pelo número de ações preferenciais resultante da divisão do (a) Valor Nominal Unitário da Debênture acrescido da remuneração até a data da conversão, pelo (b) valor patrimonial da ação da Cia. ABC em 30/03/20X0 acrescido de um prêmio de 50% sobre esse valor. O direito à conversão pode ser exercido a qualquer momento. Calcule o número de ações em que cada debênture pode ser convertida em 30/09/20X0. Suponha que o valor patrimonial da ação em 30/03/20X0 seja de $ 7,00.

Exemplo 7.4 Solução sugerida.

> Como os juros são pagos semestralmente, em 30/09/20X0, cada debênture tem um rendimento de 5%, ou seja, de $ 1,00 (= $ 20,00 × 5%). Supondo que o debenturista não tenha recebido os juros, cada debênture vale $ 21,00. Este é o numerador da fórmula de conversão.
>
> O denominador da fórmula de conversão é obtido pela multiplicação do valor da ação em 30/03/20X0 por 1,50, que resulta em $ 10,50 (= $ 7,00 × 1,50).
>
> Logo, cada debênture pode ser convertida em 2 ações preferenciais.
>
> $\left(= \dfrac{\$\ 21{,}00}{\$\ 10{,}50} \right).$

Exemplo 7.5 Cálculo de debêntures – Cia. XPTO.

> A Cia. XPTO emitiu em 30/11/20X0 debêntures com as seguintes características:
>
> | Data da oferta: | 30/11/20X0 | Quantidade: | 100.000.000 |
> |---|---|---|---|
> | Serie: | 1 | Preço: | 10,00 |
> | Espécie: | Subordinada | Volume: | 1.000.000.000 |
> | Data do registro: | 14/12/20X0 | Resgate: | Sim |
> | Data encer. distribuição: | 14/06/20X1 | Juros: | 6,0% a.a. |
> | Vencimento: | 20 anos | | |
> | Comissão pela Coordenação: | 0,03% | Comissão pela Coordenação: | 0,03% |
>
> Considere ainda as seguintes despesas de emissão:
>
> a) taxa de registro de emissão na CVM (0,30% do montante de cada série, limitado a $ 82.870,00 por registro);
>
> b) despesas com *road show*, prospectos, agência de *rating* etc.: $ 50.000,00.
>
> Monte o fluxo de caixa (1) dos debenturistas e (2) da companhia emissora e calcule a TIR.

Exemplo 7.5 Solução sugerida.

> **Debenturistas:**
>
> Os debenturistas desembolsam inicialmente $ 1.000.000.000.
>
> Os rendimentos anuais são de $ 60.000.000. (= $ 1.000.000.000 × 6%)
>
> O recebimento final é de $ 1.060.000.000.
>
> O fluxo de caixa dos debenturistas com rentabilidade efetiva anual de 6% é:
>
> Fluxo de caixa do debenturista:
>
>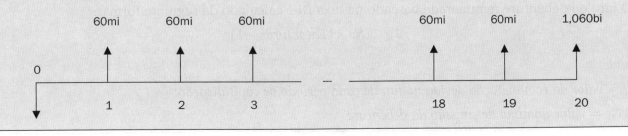

Cia. XPTO

Taxa de registro na CVM: $ 82.870,00 (pois = 0,30% × $ 1.000.000.000 > $ 82.870))

Despesas com road show, *prospecto e agência de rating etc.:* $ 50.000,00.

Comissões: $ 600.000 (= 0,06% × $ 1.000.000.000)

Recebimento pela empresa: $ 1.000.000.000 − $ 82.870 − $ 50.000 − $ 600.000 = $ 999.267.130

Faz pagamentos anuais de ($ 1.000.000.000 × 6% a.a.) = $ 60.000.000.

Faz o pagamento final de R$ 1.060.000.000.

Cálculo da taxa interna de retorno é:

$$\$\,999.267.130 = \frac{\$\,60mi}{(1+i)} + \frac{\$\,60mi}{(1+i)^2} + \ldots + \frac{\$\,60mi}{(1+i)^{20}} = 6{,}00639\%.$$

O fluxo de caixa da empresa emissora com custo efetivo anual de 6,00639% é:

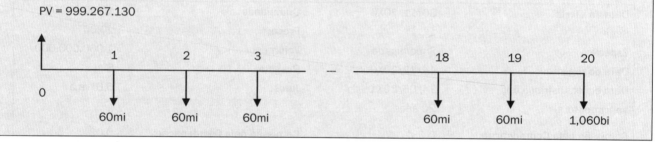

Exemplo 7.7 Cálculo de debêntures – Cia. Agreste.

A Cia. Agreste emitiu em 10/01/20X0 debêntures com as seguintes características:

Data da oferta:	10/01/20X0	Quantidade:	200.000
Vencimento:	10 anos	Preço:	1.000,00
Juros:	105% DI	Volume:	200.000.000

Calcule o valor do rendimento da debênture em 13/01/20X0. Suponha que as taxas CDI *over* de 10, 11 e 12/01/20X0 são 17,93%, 17,98% e 17,99%, respectivamente (3 dias úteis).

Exemplo 7.7 **Solução sugerida**

O juro da debênture remunerada baseado na taxa DI é calculado da seguinte forma:

$$J = VNe \times (FatorJuros - 1)$$

onde:

J = valor da remuneração devida no fim de cada período de capitalização;

VNe = valor nominal de emissão da debênture.

$FatorJuros = (FatorDI \times FatorSpread)$, sendo que:

$FatorDI = $ produtório das taxas DI, apurados da seguinte forma: $FatorDI = \prod_{k=1}^{n}\left(1 + TDI_k \times \dfrac{p}{100}\right)$, onde

$n = $ número de total de taxas DI consideradas na atualização do ativo; $p = $ percentual aplicado sobre

a taxa DI; e $TDI_k = $ taxa DI, expressa ao dia, calculada da seguinte forma: $TDI_k = \left(\dfrac{DI_k}{100} + 1\right)^{\frac{1}{252}} - 1$, onde $DI_k = $ taxa DI divulgada pela CETIP, válida por um dia útil (overnight).

$FatorSpread = \left(\dfrac{s}{100} + 1\right)^{\frac{du}{252}}$, onde $s = $ acréscimo sobre a taxa DI; e $du = $ número de dias úteis do período de capitalização.

Do enunciado, sabemos que o título paga um spread de 5% sobre a taxa DI. O Fator Spread para os três

dias úteis é: $FatorSpread = \left(\dfrac{5}{100} + 1\right)^{\frac{3}{252}} = 1,000581004$.

$TDI_{10/01/20X0} = \left(\dfrac{17,93}{100} + 1\right)^{\frac{1}{252}} - 1 = 0,00065466$;

$TDI_{11/01/20X0} = \left(\dfrac{17,98}{100} + 1\right)^{\frac{1}{252}} - 1 = 0,00065635$;

$TDI_{12/01/20X0} = \left(\dfrac{17,99}{100} + 1\right)^{\frac{1}{252}} - 1 = 0,00065668$. Portanto, o FatorDI é:

$FatorDI = \left(1 + TDI_{10/01/20X0}\right) \times \left(1 + TDI_{11/01/20X0}\right) \times \left(1 + TDI_{12/01/20X0}\right) = 1,00196898$.

E $FatorJuros = (1,00196898 \times 1,000581004) = 1,002551128$.

O juro sobre a debênture é: $J = \$ 1.000,00 \times (1,002551128 - 1) = 2,551128$.

Como foram emitidas 200.000 debêntures, a remuneração total é: $\$ 2,551128 \times 200.000 = \$ 510.225,60$.

7.2.9 Contabilização de debêntures

As debêntures são dívidas e por isso são registradas no Exigível a Longo Prazo ou no Passivo Circulante, dependendo do prazo de vencimento.

Gastos tais como prospecto, road show, escritórios de advocacia etc., são necessários para a emissão da debênture e são registrados em Custos de Transação como conta redutora do respectivo passivo da debênture, e serão apropriados proporcionalmente ao prazo de vencimento das debêntures. Se os Custos de transação ocorrem em período contábil anterior à emissão da debênture, então tais gastos são ativados provisoriamente como Despesas Antecipadas.

A periodicidade de pagamento de juros deve estar estipulada na escritura de emissão. A apropriação como despesa, no entanto, deve ser feita mês a mês, debitando a conta de Despesas com Juros e creditando Juros a Pagar. No pagamento do juro, debita-se Juros a Pagar e credita-se o Caixa. Quando houver atualização monetária, a contabilização é feita pelo regime de competência, debitando a conta de Resultado do Exercício e creditando Debêntures no Passivo.

Exemplo 7.8   Contabilização de debênture – Cia. XPTO.

> Para o exemplo 4 da Cia. XPTO, faça os lançamentos em razonetes no lançamento das debêntures (31/12/X0) e para o ano de X1. O pagamento dos juros é anual.

Exemplo 7.8   Solução sugerida

Contabilização da debênture pela empresa emissora (suponha que ocorra somente o lançamento referente à emissão):

1. *Em 31/12/20X0, a Cia. XPTO emite debêntures no valor de $ 1.000.000.000,00;*
2. *A taxa de registro na CVM é $ 82.870,00; despesas com road show, prospecto e rating são $ 50.000,00 e comissões no valor de $ 600.000,00;*

No primeiro ano (20X1), a Cia. deve apropriar os encargos financeiros a partir da taxa efetiva calculada; ou seja, ela deve multiplicar 6,00639% ao valor líquido captado ($ 1.000.000.000 – $ 82.870 – $ 50.000 – $ 600.000), o que equivale a um valor de $ 60.019.909. Desse total, $ 60.000.000 (taxa nominal anual de 6% vezes $ 1.000.0000.000) se refere às despesas com juros e o restante ($ 19.909), às despesas com custos de transação.

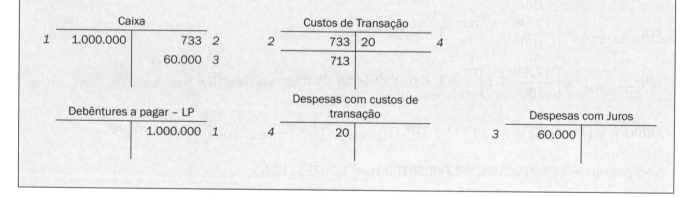

Questões discursivas

1. Conceitue e caracterize as debêntures segundo a sua espécie.

2. Em que se constitui a Cédula Pignoratícia de Debênture e quais as vantagens para a empresa emissora?

3. Admitindo que uma empresa esteja disposta a captar recursos, com a emissão e colocação de um *commercial paper* com valor de face de $ 9.000.000, cujos prazos de vencimento são de 90 dias, oferecendo uma taxa de desconto de 1,2% a.m., sendo que essa empresa também está disposta a arcar com os custos de emissão, lançamento, registro etc., relativos a 0,5% do valor da captação. Determinar:

    a) valor descontado do título;

    b) o valor efetivamente recebido pela empresa, líquido dos encargos correspondentes;

    c) custo efetivo da operação; e

    d) os lançamentos contábeis da empresa para toda a operação.

4. Um *commercial paper* foi adquirido por R$ 850,00. O P.U. (valor nominal ou de resgate) é de R$ 1.500,00 e o prazo para resgate é de 120 dias. Qual a rentabilidade mensal para o investidor?

5. O que é um *commercial paper* e qual a sua utilização?

6. Qual a diferença básica entre uma debênture e um *commercial paper*?

7. A empresa "Papa Jerimum S.A." emitiu uma debênture de 20 anos que remunera com um

cupom de 10% ao ano. Investidores adquiriram esse título após um ano de sua emissão. O papel foi adquirido pelo valor de 866. Calcule a rentabilidade até o vencimento (YTM) desse título, sabendo que ele possui valor de face de 1.000,00.

8. Como os *commercial papers* podem ser adquiridos?

9. Quais são as fases da emissão de debêntures?

10. Cite três tipos de Notas do Tesouro Nacional e indique suas características.

Testes de múltipla escolha

1. **Como são classificadas as debêntures?**
   a) Simples, conversíveis e permutáveis.
   b) Simples, conversíveis e *swapadas*.
   c) Simples, conversíveis e híbridas.
   d) Conversíveis e permutáveis.
   e) Nenhuma das alternativas.

2. **Qual é, normalmente, a finalidade de um *commercial paper*?**
   a) Investimento.
   b) Capital de giro.
   c) Investimento com redução de despesas financeiras.
   d) Obter ganhos de capital.
   e) Dívidas de longo prazo

3. **Sobre debêntures, tem-se as seguintes afirmativas:**

   I – A debênture é um título representativo de um empréstimo contraído por uma sociedade por ações, que assegura aos detentores da mesma um direito de crédito contra a companhia que a emitiu, conforme as condições estabelecidas na escritura de emissão e do certificado. São títulos de dívida de curto prazo.

   II – Nas debêntures escriturais não há a possibilidade de emissão de certificado, além de existir a obrigatoriedade de contratação de instituição financeira depositária. As debêntures escriturais são, também, nominativas.

   III – Na debênture, na forma nominativa, consta o nome do titular e é registrada em livro próprio, sendo facultado à emissora contratar a escrituração e a guarda dos livros de emissão e registro de transferência.

   Está (ão) correta (s):
   a) apenas I;
   b) apenas II;
   c) apenas III;
   d) apenas I e II;
   e) apenas II e III.

4. **Quanto às garantias, as debêntures podem ser classificadas em:**
   a) garantia real;
   b) garantia flutuante;
   c) quirografária;
   d) subordinada;
   e) todas as respostas acima estão corretas.

5. **Sobre debêntures, tem-se as seguintes afirmativas:**

   I – *Block trade* compreende distribuições públicas de grandes lotes de debêntures que já foram emitidas e que estão nas mãos de controladores/acionistas da empresa ou qualquer outro investidor.

   II – As debêntures podem ser emitidas por sociedades por ações (abertas ou fechadas), que não sejam: sociedades de crédito imobiliário ou instituições financeiras (se recebem depósitos do público).

   III – Historicamente, os principais investidores em debêntures têm sido os fundos de investimento, fundos de pensão e seguradoras (investidores institucionais), que só podem adquirir debêntures provenientes de distribuição pública.

   Está (ão) correta (s):
   a) apenas I;
   b) apenas II;
   c) apenas III;
   d) apenas I e II;
   e) I, II e III.

6. **Sobre *commercial paper*, é incorreto afirmar:**

   a) É um título de crédito emitido pelas companhias, abertas ou fechadas, com uma data de vencimento e um valor de face definidos.

   b) Confere a seus titulares direito de crédito contra o emitente, ou seja, o emitente do *commercial paper* promete pagar ao investidor possuidor do título uma certa quantia fixa em uma data fixa determinada.

   c) É cotado no mercado através de um deságio (*discount rate basis*). Assim, convencionou-se cotar o preço de uma nota promissória pelo seu valor atual, com base no chamado desconto comercial.

   d) Somente as companhias que atendam às exigências do Banco Central podem emitir notas promissórias.

   e) O prazo mínimo de vencimento dos *commercial papers* é de 30 dias, tanto para empresas abertas quanto para fechadas.

7. **Sobre os *commerical papers*, tem-se as seguintes afirmativas:**

   I – O prospecto deve necessariamente ser entregue a cada adquirente de nota promissória, e a instituição líder do lançamento deve, a pedido da CVM, comprovar tal entrega. Geralmente, o prospecto está na Internet para os investidores baixarem.

   II – O prospecto é o documento que contém os dados básicos sobre a operação e a companhia emissora.

   III – Normalmente, não têm garantia e os investidores tomam decisões de adquiri-los ou não com base no nome da empresa e nas classificações das agências de *rating*.

   Está (ão) correta (s):

   a) apenas I;

   b) apenas II;

   c) apenas III;

   d) apenas I e II;

   e) I, II e III.

8. **Sobre as notas promissórias comerciais, pode-se afirmar que:**

   a) O custo de colocação é baixo e bastante rentável para a empresa.

   b) A vantagem para o emissor em relação a um empréstimo bancário é que a operação é isenta de CPMF.

   c) O prazo mínimo deve ser de 30 dias e o máximo, de 180 dias para sociedades anônimas de capital aberto e 360 dias para sociedades anônimas de capital fechado.

   d) As notas promissórias emitidas podem ser comercializadas através do Sistema NOTA da ANDIMA e operacionalizadas na CETIP ou na BOVESPA FIX.

   e) Nenhuma das alternativas

9. **(Banco do Brasil – 2006) O Brasil vem presenciando nos últimos anos um ambiente favorável à emissão de debêntures. Sobre tais títulos, é correto afirmar que:**

   a) São valores mobiliários representativos de dívida de médio e longo prazos.

   b) Correspondem a ativos das empresas emitentes, para vencimento geralmente de curto e médio prazos.

   c) Somente as companhias fechadas podem efetuar emissões públicas.

   d) Não podem ser conversíveis em ações, pois são títulos de dívida.

   e) Não podem ser negociadas no mercado secundário.

10. **Qual dessas entidades abaixo pode emitir debênture:**

    a) instituições financeiras, em geral;

    b) seguradoras;

    c) sociedades corretoras;

    d) agências de fomento;

    e) sociedade de arrendamento mercantil.

Securitização

Antônio Carlos Dias Coelho
e Marcial Tadeu Borelli

Este capítulo tem por objetivo abranger os aspectos históricos e conceituais referentes à securitização, bem como fornecer exemplos da operacionalização e da contabilização desse tipo de operação. Adicionalmente, apresenta dados referentes ao mercado brasileiro e exercícios para melhor fixação dos conceitos.

8.1 INTRODUÇÃO

Em 25 de março de 2011, a custódia na Câmara de Liquidação e Custódia (CETIP) alcançava a cifra de aproximadamente R$ 3,04 trilhões de valores mobiliários privados, dos quais apenas cerca de 40%, ou seja, aproximadamente R$ 1,2 trilhões, foram emitidos originariamente por instituições financeiras. Os restantes 60% estavam representados por cotas de fundos de investimento, derivativos, além de valores mobiliários originariamente emitidos por empresas não financeiras, de forma securitizada ou não. Esses montantes refletem um movimento de desintermediação financeira no Brasil – a CETIP foi criada em 1986 –, seguindo a tendência mundial iniciada na década dos 80 do século XX e associada ao processo de securitização de títulos mobiliários de renda fixa iniciado em 1977 nos Estados Unidos.

O apelo racional deste processo está focado na desconcentração de risco nos intermediários financeiros, associado à criação de instrumentos financeiros mais sofisticados e flexíveis em busca do atendimento das necessidades de segurança e rentabilidade de poupadores cada vez mais institucionalizados, sofisticados e com habilidades de quantificar sua aversão ao risco. A securitização se enquadra nesse contexto e representa um instrumento flexível de geração de liquidez para as empresas, agregando, assim, uma diminuição de risco para os investidores.

Deve-se registrar que, no segundo semestre de 2008, o sistema financeiro mundial conviveu com crise decorrente de *default* em torno de recebíveis securitizados, os quais estavam lastreados em títulos hipotecários no mercado americano. Tal crise não se originou do processo de securitização de créditos imobiliários em si; foi deflagrada em função de origem de *securities* sem colateral, emitidos a partir de financiamentos sobre-estimados em relação aos preços dos imóveis financiados.

O desconhecimento do novo produto, a dificuldade em regulamentar ou impor limites ou compulsórios associados a tais títulos – seja por sua característica não bancária, seja pela internacionalização da colocação desses títulos; também houve influência para a crise, a estimativa de prêmios e valores segurados em relação aos imóveis financiados e aos títulos, ambos segurados em apólices com valores sobreavaliados.

8.2 EVOLUÇÃO HISTÓRICA

A primeira emissão mobiliária classificada como securitização ocorreu em 1977 nos Estados Unidos em emissão do Bank of America, através da Salomon Brothers (KENDALL; FISCHMAN, 1996). Esta emissão não obteve sucesso completo por razões fiscais e regulatórias. O passo seguinte dos pioneiros foi, através de *lobby* no Congresso americano, alterar dispositivos legais que unificassem a questão tributária e outros requerimentos na legislação financeira. Esse processo demorou alguns anos, embora as emissões continuassem, tendo se estratificado ao longo da década de 1980.

Com base em financiamentos imobiliários em seu princípio, as operações de securitização floresceram, principalmente, em decorrência dos seguintes fatores:

a) depósitos com prazos curtos como única fonte dos bancos para financiar hipotecas; em decorrência, houve um grande hiato de maturidade entre ativos e passivos;

b) custo de seguro garantidor para depósitos de baixos valores, com elevação consequente do custo de captação para depósitos de maior valor;

c) custo crescente de capital próprio destacado, para suportar novos empréstimos;

d) pressão política e social por mais recursos para financiar o déficit populacional nos Estados Unidos, inclusive cogitando-se de uso de recursos públicos.

Deste modo, o desenho original deste tipo de operação contou com apoio de organizações governamentais ligadas ao sistema habitacional americano. Todavia, optaram não por usar recursos do orçamento do governo e, sim, pela montagem da operação de securitização, que, para estes ativos

imobiliários em particular, receberiam garantias dessas autarquias governamentais.

Por outro lado, a evolução da tecnologia – computação, logística, processual jurídica e finanças – demonstrou-se fundamental para o desenvolvimento deste produto, extremamente sofisticado e imbricado em vários nós decisionais e fluxos entre elementos distintos. Na essência, não se criou qualquer novo valor mobiliário, qualquer nova legislação específica, ou qualquer novo tratamento conceitual a fluxos de caixa. Apenas se criou um processo diferente.

O nome – em inglês, *securitization* – foi criado por Lewis Ranieri, deriva da expressão *security* e se refere, portanto, ao processo, e não a algum ativo financeiro específico. Após a consolidação da operação com ativos hipotecários, aconteceu a evolução do conceito para agregar outros ativos financeiros específicos, tais como:

a) carteiras de outros tipos de empréstimos de instituições financeiras;

b) recebíveis:

 i) vinculados às vendas através de cartões de crédito;

 ii) vinculados às vendas de automóveis e outros bens duráveis a prazo;

 iii) vinculados à prestação continuada de serviços públicos (água, energia, esgoto etc.);

c) direitos creditórios emitidos por empresas sobre fluxos de caixa futuros, sejam lastreados em contratos, ou em ativos fixos ou financeiros.

Também houve desenvolvimento no mercado americano de securitização de financiamentos imobiliários não vinculados à garantia original de instituições governamentais; tais títulos passaram a ser chamados de "*subprime*", referência à sua categoria quanto à não existência de garantia colateral; apenas o imóvel financiado lastreia tais títulos securitizados.

O passo seguinte da securitização foi sua difusão internacional, que ocorreu muito rapidamente para países da Europa, Ásia e América Latina (dentre eles o Brasil), tendo havido obviamente adaptação ao ordenamento jurídico próprio de cada nação, com diferenças fundamentais principalmente em função da tradição romano-germânica (*civil law*) ou anglo-saxônica (*common law*) em relação à estrutura jurídica vigente (CAMINHA, 2004). Esta autora dá exemplos como o uso de estruturas de *trust* nos países de *common law*, até porque essa é uma instituição já vigente nestas últimas sociedades, ou a criação de novas empresas – Sociedade de Propósito Específico (SPE) – para funcionar como agente fiduciário nas estruturas jurídicas de *civil law*.

O desenvolvimento de tal modalidade de financiamento no Brasil tem início na década de 80, à revelia das instituições financeiras e sem ordenamento jurídico antecedente. Sua origem está relacionada ao setor exportador, que passou a captar recursos externos em operação montada nos países importadores – onde, certamente, já existia o modelo – lastreada em seus fluxos futuros previstos de recebimento. A bem dizer, o processo se dava fora do Brasil, cabendo ao nosso instituto financeiro apenas fazer registro de ingresso dos recursos captados.

Na qualidade de operação sofisticada e complexa, sua introdução, e posterior desenvolvimento no Brasil, deu-se em nichos, segundo o tipo de ativo securitizado (CAMINHA, 2004). A regulamentação vigente reflete tal estrutura comportamental, como se verá mais adiante.

8.3 DEFINIÇÕES E CONCEITOS

Securitização é uma operação financeira que faz a conversão de ativos em títulos negociáveis – as *securities* (que em inglês se referem a valores mobiliários e títulos de crédito). Esses títulos são vendidos a investidores, que passam a ser os novos beneficiários dos fluxos gerados pelos ativos. Dessa forma, securitizar tem o significado de converter determinados ativos em lastro para títulos ou valores mobiliários a serem emitidos posteriormente. A securitização serve, portanto, como suporte para a emissão de títulos ou valores mobiliários.

O que hoje se conhece como securitização se trata, na essência, de uma das formas de desintermediação financeira, na qual se inserem também a emissão de debêntures, de *notes*, de *bonds*, bem como as operações de *leasing*, de *factoring*, dentre outras, além da formação de condomínios de recursos, na forma de fundos.

Em sentido amplo, entende-se securitização como qualquer processo de desintermediação financeira, isto é, que envolva a retirada de valores

mobiliários do ativo e do passivo dos intermediários financeiros, relativos a operações originadas em empréstimos dessas organizações, ou que resulte em emissão de títulos negociados diretamente entre agentes econômicos não financeiros.

Fica claro que a participação da instituição financeira pode ocorrer, porém, apenas na forma de corretagem, na forma definida por Vital (1981); vale notar que, neste sentido, haveria a volta dos intermediários financeiros a estágios mais primitivos da tarefa de estabelecer comunicação entre poupadores e investidores. Contudo, a diferença agora reside na sofisticação dos títulos representativos das dívidas, na maior capacidade de comunicação dos agentes econômicos e na capacidade dos intermediários financeiros em desmembrar a cadeia de atividades envolvidas no ciclo de circulação dos haveres financeiros.

Em seu sentido estrito, securitização foi definida por Caminha (2004) como "um conjunto de contratos que visa à emissão de títulos garantidos por um ativo específico, segregado geralmente em veículo de propósito exclusivo do patrimônio geral da sociedade beneficiária final dos recursos captados". Derivam de tal definição as seguintes características intrínsecas ao negócio da securitização, em seu sentido mais específico:

a) há uma conversão de ativos por si só ilíquidos – existentes na forma de empréstimos (ou atrelados a condições muito específicas, ou ainda muito atomizados) ou de ativos fixos – em valores mobiliários negociáveis, na forma do novo título emitido;

b) essa transformação permite negócios no mercado secundário, o que garante liquidez às riquezas dos investidores alocadas a estes novos títulos;

c) dada a maior negociabilidade dos títulos, há a oportunidade de que os novos ativos sejam operados em mercados de maior amplitude, seja nacional ou global;

d) o fluxo de resgate destes novos títulos reproduz a liquidação dos ativos securitizados, permitindo a escolha por investidores dos fluxos que se adequam especificamente às suas necessidades no momento da compra do fluxo futuro esperado; em outras palavras, não há necessidade de que o intermediário financeiro crie papéis artificiais com fluxos específicos à necessidade dos investidores, pois é possível se compatibilizar a maturidade dos ativos preexistentes a investidores interessados naquele perfil de fluxo;

e) cria-se relação biunívoca entre os custos dos tomadores de financiamentos com a rentabilidade esperada pelos investidores;

f) distribuem-se os riscos envolvidos em operações de transferência de recursos no tempo, numa maior gama de agentes, pelas seguintes razões:

   i) ampliam e enriquecem garantias;

   ii) destacam os direitos sobre os ativos securitizados, seja pelo processo de afetação, seja por vinculação ao regime de fidúcia, ou ainda por agregação em cédulas de crédito ou em condomínios de recursos; este destaque se aplica tanto na gestão do fluxo de caixa original do ativo como em caso de descontinuidade de sua detentora original;

g) reduzem-se os custos de transação da operação de financiamento – independentemente da relação risco/retorno esperada pelo investidor –, pois se eliminam no todo ou em parte:

   i) *spread* dos intermediários;

   ii) custos regulatórios, do tipo seguro para depósitos, recolhimentos compulsórios, aumento de capitalização própria etc.;

   iii) prêmios requeridos por riscos concentrados nos intermediários financeiros.

8.4 OBJETIVOS DO PROCESSO DE SECURITIZAÇÃO

Os principais objetivos referentes às operações de securitização são:

a) diminuir o custo de capital;

b) ajustar os fluxos de caixa das empresas financiadas ao tempo de espera requerido pelos investidores;

c) administrar a redução e diluição de riscos entre os agentes econômicos;

d) gerenciar a redução de custos de transação, ajustados a menores níveis esperados de risco.

O mercado propicia vários tipos de operações, contudo a escolha racional em um processo de financiamento deve considerar a vantagem econômica do custo de cada operação (considerando-se inclusive os aspectos tributários da transação). Operações de securitização (referentes aos objetivos b, c e d) tornam-se interessantes na medida em que o seu mecanismo de funcionamento propicia uma diminuição nos riscos percebidos pelos investidores e, consequentemente, no custo da operação.

O ajustamento dos fluxos de caixa decorre do fato de que empréstimos e financiamentos, embora estando quase sempre associados a projetos determinados para a expansão de capacidade produtiva das empresas – uma nova fábrica ou projeto – ou para suprir necessidades de capital de giro –, não se preocupam com vinculação do fluxo de resgate do financiamento ao fluxo operacional da empresa.

Ainda que na formulação da necessidade de recursos de longo prazo se estipule a parcela para financiamento das atividades de giro do projeto, o fluxo de resgate de tais financiamentos não se vincula, obrigatoriamente, aos seus ciclos operacionais, atendendo, às vezes, a especificações legais de resgate, dependendo do tipo de financiamento realizado ou das necessidades de caixa dos intermediários financeiros.

A emissão de debêntures e *commercial papers* também tem seus prazos definidos pela lógica gregoriana de modelos financeiros, sem vinculação ao fluxo do tomador dos recursos ou às necessidades individualizadas dos investidores.

Em outro nicho, como o de desconto de duplicatas e de cheques pré-datados e empréstimos de curto prazo para giro, que implicam em renegociação periódica das operações, sempre se conta que seus fluxos de resgate estarão ligados à rotatividade dos recursos de curto prazo dos bancos.

No caso da securitização prevê-se, no título mobiliário emitido, todo o fluxo de caixa futuro da atividade da empresa – seja vinculado a uma única venda já realizada (financiamento imobiliário ou de bens duráveis), seja a vendas a serem realizadas (fornecimento de energia, contratos de exportação, aluguel de espaços em empreendimentos imobiliários).

Isto, ao mesmo tempo em que assegura à empresa originadora o resgate do financiamento no ritmo de sua própria atividade, oferece aos investidores oportunidades de montagem de fluxos de caixa específicos às suas necessidades.

Quanto ao terceiro objetivo (administração do risco econômico completo vinculado a uma operação financeira), tenta-se:

a) diluir o risco de crédito, que diz respeito à possibilidade de não cumprimento da obrigação pelos devedores, distribuindo-se a análise de crédito e o monitoramento do devedor entre o banco e a securitizadora, além de ceder este risco diretamente para os investidores; ademais, se adicionam outros componentes à gerência deste risco específico, através de *rating* dos títulos e, em alguns casos, de garantias subsidiárias;

b) equacionar o risco de liquidez, que é representado pelo grau de facilidade com que os ativos podem se transformar em outro ativo; no caso extremo, em dinheiro. Como ele decorre de fatores do tipo descasamento dos fluxos de ativo/passivo e da inexistência de mercado secundário, na securitização, isto é gerenciado pela alteração da qualidade dos títulos, que passam a ser negociáveis;

c) conviver com o risco de mercado, que se traduz na probabilidade de variação negativa do valor do ativo no momento de sua negociação ou liquidação. Como tal possibilidade está associada à instabilidade de condições macroeconômicas que alterem hipóteses subjacentes ao preço dos fluxos futuros esperados, na securitização, o investidor pode se desfazer de ativos indesejados, pois tais títulos são negociáveis;

d) reduzir o risco de taxas de juros e de câmbio, o qual contém a possibilidade de se apurarem resultados reduzidos pela flutuação destas taxas. Na securitização, em que se tem operação casada com o fluxo original, a possibilidade de fugir a este risco é aumentada, a partir da montagem de fluxos adaptados ao padrão de risco do investidor, remunerando com menores taxas os títulos emitidos com menor probabilidade de pré--pagamentos (SAUNDERS, 1997). Outra forma de minimizar o impacto deste risco se dá através do mecanismo de fundos, com cálculo de rentabilidade pelo sistema de cotas;

e) escapar do risco legal, que diz respeito ao impacto de pareceres, documentos legais e adequação do instrumento aos títulos emitidos;

f) minimizar o risco operacional, que se refere à qualidade de controles e procedimentos internos aos bancos e entidades envolvidas com qualquer processo de emissão de títulos. Na securitização, como várias entidades são envolvidas no processo, há, naturalmente, minimização da ocorrência de tais problemas. Vale destacar que as centrais de custódia são instrumentos relevantes neste processo, pois elas validam recebíveis e contratos; controlam e operam fluxos de recursos e documentos para cada emissão; e mantêm registro, controle e cobrança dos títulos;

g) proteger-se contra o risco de insolvência, o qual representa a possibilidade de não se conseguir cobrir prejuízos oriundos de quaisquer dos tipos de riscos acima listados, podendo levar a intervenções indesejadas em instituições financeiras.

Este risco de inadimplência da instituição financeira tem custo considerável, mesmo em sua expectativa, pois a proteção para este procedimento é preventiva, com adequação do nível de capital dos bancos; seguros para depósitos; recolhimentos compulsórios, dentre outros. Na securitização, com a segregação de ativos este risco desaparece em relação à operação, pois possíveis processos de intervenção em entidades financeiras ou falência em originadores não financeiros não alcançam os ativos afetados, ou seja, estes ativos securitizados não respondem por possível falência da empresa originadora.

Acaba ficando claro que os riscos, mesmo conceituados separadamente, são, na operação de securitização, pragmaticamente diluídos, pois distribuídos entre os diversos agentes envolvidos no esquema. Enfim, o objetivo de gerenciamento de custos se observa na redução significativa de custos de transação, os quais não são os de maior monta no sistema econômico, porém são ponderáveis, quando não se alcança a maior neutralidade possível entre os agentes. Desse modo, há um direcionamento, ao se formularem novos tipos de títulos e operações financeiras, em se chegar ao custo puro de remuneração da espera pela devolução do capital (prazo), medido pelo custo de oportunidade da transferência, no momento da operação. A este, se adicionam apenas expectativas de inflação e custos operacionais e administrativos.

Assim, ao se desenhar instrumento que reduz pressão sobre o custo de capital dos intermediários financeiros, que retira *spread* como remuneração de risco e que provê redução de exigências de capital (Basileia e reduções de compulsórios), com certeza abre-se espaço para redução dos custos de transação.

Deste modo, e por consequência, se abre possibilidade para que os investidores diminuam suas expectativas de retorno, dado que:

a) há menores exigências de remuneração pelo risco, sendo a adequada remuneração do capital dos investidores definida apenas pelos títulos em si, com seus componentes intrínsecos: emissor, maturidade, garantias, dentre outros;

b) visualiza-se a elisão do *spread* dos bancos na composição da taxa de juros, bem como a supressão de alguns tributos e contribuições fiscais;

c) a negociabilidade dos títulos embute proteção a grande parte dos riscos descritos;

d) aumenta a possibilidade de definições mais flexíveis de *duration* e dos fluxos de caixa alocados aos títulos de uma carteira.

Tudo isso, associado ainda à extinção de hiatos de maturidade nos bancos, à extinção do risco de insolvência do originador para a operação e à flexibilização de diferentes tipos de fluxos de caixa, propicia relações risco/retorno mais adequadas para os investidores, com ganhos para a economia como um todo.

8.5 MODELO GENÉRICO DA OPERAÇÃO DE SECURITIZAÇÃO

A securitização tem como pressuposto inicial a existência de um agente econômico (originador) que acumule, em seu balanço, ativos financeiros frutos de sua atividade empresarial.

Os principais participantes de uma operação de securitização são:

1. agentes que possuem contratos de financiamento/empréstimo com a empresa originadora;

2. empresa originadora que possui os direitos;

3. SPE, fundo ou *trust*, que viabilizam a operação de securitização;

4. investidores que compram os valores mobiliários emitidos pela SPE, fundo ou *trust*;

5. agente fiduciário;

6. agência de *rating* que faz a avaliação do risco de inadimplência da operação;

7. auditores externos.

A Figura 8.1 apresenta um exemplo de uma estrutura genérica de operacionalização na securitização de títulos recebíveis.

Assim, a operação se inicia pela cessão dos recebíveis financeiros para um veículo de securitização, que pode ser uma companhia securitizadora constituída sob a forma de sociedade de propósito específico (SPE), um fundo ou uma *trust*. Tais entidades emitem valores mobiliários que têm como lastro e fonte o pagamento dos fluxos futuros associados aos créditos adquiridos do originador.

Os recursos obtidos com a venda dos valores mobiliários a investidores são transferidos para a empresa que cedeu os créditos. Desta forma, a empresa originadora dos créditos monetiza os recebíveis financeiros e recompõe suas disponibilidades financeiras.

Para os investidores existe a segregação do risco de crédito em relação à empresa originadora, pois, caso emprestassem recursos diretamente à empresa, o seu risco de crédito seria o risco da empresa, enquanto que na securitização o risco de crédito do investidor fica diversificado nos recebíveis financeiros que originaram a operação. Assim, genericamente, essa transação envolve o conjunto de ativos que serão securitizados, os valores mobiliários lastreados por esses ativos e os veículos de securitização.

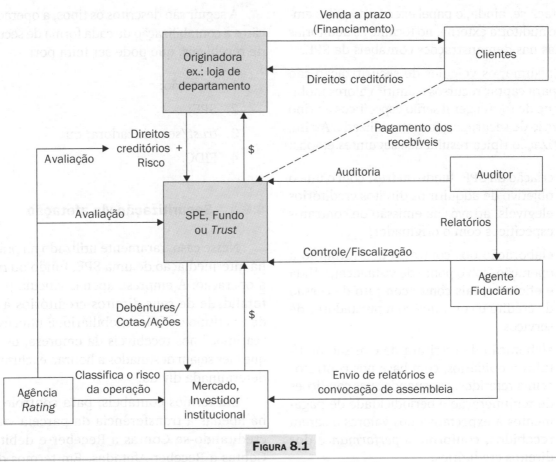

FIGURA 8.1
Estrutura da operação de securitização.

Diversos ativos são passíveis de securitização, sendo exemplos:

a) créditos imobiliários;
b) créditos financeiros, tais como empréstimos e financiamentos;
c) faturas de cartão de crédito;
d) mensalidades escolares;
e) contas a receber dos setores comercial, industrial e de prestação de serviços;
f) fluxos de caixa esperados de vendas e serviços futuros;
g) fluxos internacionais de caixa derivados de exportação ou de remessa de recursos para o país;
h) outros.

Como simples veículo financeiro e para garantir a independência da SPE emitente dos valores mobiliários, a sua administração se preocupará em fazer com que as debêntures sejam pagas na data de seu vencimento; para tanto, uma complexa estrutura contratual e societária é estabelecida de modo a atingir esse objetivo.

No processo de securitização, as agências classificadoras de risco desempenham importante papel, pois analisam a operação em todos os seus aspectos e emitem um juízo de valor, de modo a classificar a probabilidade de a sociedade emissora honrar com suas obrigações junto aos investidores e determinando o consequente nível de risco de crédito da operação.

A função e as atribuições do agente fiduciário são de representar os interesses dos investidores, com poder de veto para a prática de determinados atos pela companhia de securitização, fundo ou *trust*, além de possuir atribuições e poderes oriundos das regras contratuais inseridas na escritura de emissão e no instrumento de cessão de crédito. Desempenha ele ainda a função de acompanhar, diariamente, os trabalhos desenvolvidos pela administração de tais entidades, de modo que, em seus patrimônios sempre figurem direitos creditórios em montante suficiente ao pagamento dos valores mobiliários adquiridos pelos investidores.

Destaca-se, ainda, o papel executado pelas empresas de auditoria externa, no tocante às auditorias realizadas nas demonstrações contábeis da SPE.

Em resumo, os veículos de securitização são criados para captar recursos e emitir valores mobiliários, que de forma geral serão específicos ao tipo de operação de securitização a ser realizada. Assim, a securitização típica resulta das seguintes etapas:

a) criação da SPE, fundo ou *trust* com o único objetivo de adquirir os direitos creditórios elegíveis, através da emissão de contratos específicos com o originador;

b) elaboração dos contratos que tornarão a operação, sob o ponto de vista legal, válida e eficiente, tais como, contrato de cessão de crédito e contratos com prestadores de serviços;

c) elaboração da escritura de emissão de títulos mobiliários, com base nos contratos acima referidos, adequando suas condições de remuneração e periodicidade de pagamentos à expectativa dos valores a serem recebidos, conforme a *performance* dos direitos creditórios;

d) emissão e distribuição dos valores mobiliários, cujo resgate dar-se-á mediante a utilização do fluxo de caixa gerado pelo originador;

e) efetiva cessão dos créditos selecionados pelo originador à SPE e entrega de recursos àquele;

f) recebimento das parcelas devidas por compradores/financiados e repasse desses recursos ao mercado investidor (em tal procedimento, os próprios bancos/empresas originadores podem ser os agentes como mandatários dos veículos de securitização).

8.6 FORMAS DE SECURITIZAÇÃO

Existem, basicamente, três origens de direitos creditórios com os quais se pode realizar uma operação de securitização:

1. recebíveis "genéricos";
2. recebíveis imobiliários; e
3. recebíveis de exportação.

A seguir são descritos os tipos, a operacionalização e a contabilização de cada forma de securitização de recebíveis, que pode ser feita por:

1. afetação;
2. SPE;
3. *trust*/securitizadora; ou
4. FIDC.

8.6.1 Securitização via afetação

Nesse caso, raramente utilizado na prática, não há intermediação de uma SPE, fundo ou *trust* para a operação. A empresa apenas vincula parcela ou totalidade de seus direitos creditórios à emissão de um título ou valor mobiliário. É uma espécie de "carimbo" nos recebíveis da empresa, de maneira que eles sejam destinados a honrar, exclusivamente, determinada dívida.

Em termos contábeis, para controle interno, há apenas a transferência da parcela vinculada, creditando-se Contas a Receber e debitando-se Contas a Receber-Afetadas. Em termos de publicação das demonstrações financeiras, devem-se evidenciar detalhadamente em nota explicativa as características da operação. A contabilização do título emitido (dívida) vinculado a esses direitos creditórios é feita da maneira usual.

8.6.2 Securitização via SPE

Bastante comum na prática, essa operação refere-se à securitização de vendas a prazo. As Sociedades de Propósito Específico (SPE) geram recebíveis, que representam o direito de crédito de um valor que será recebido no futuro. A securitização de recebíveis é a transformação de um valor a receber no futuro em títulos negociáveis que serão colocados no mercado no presente.

A operação de securitização de recebíveis é estruturada da seguinte forma:

- a empresa originadora, em suas atividades rotineiras, vende produtos/serviços a prazo ou tem um fluxo constante esperado de receitas futuras e necessita de recursos financeiros;

- a empresa originadora pode transferir esse crédito que tem ou virá a ter com terceiros (devedores) para uma sociedade anônima não financeira, criada especificamente para esse fim – SPE;
- a SPE tem o propósito exclusivo de converter os recebíveis em lastro para emissão de debêntures ou ações;
- a colocação das debêntures ou das ações é feita junto a investidores (institucionais, bancos, pessoas físicas etc.) e, quando um investidor adquire o título, os recursos são repassados para a empresa originadora, liquidando a operação de cessão de direitos creditórios realizada anteriormente. A SPE passa a ser, então, a credora dos devedores, assumindo o risco pelo inadimplemento;
- à medida que os recebíveis vão vencendo, os devedores efetuam o pagamento à SPE que, por sua vez, repassa os valores para os investidores;
- quando se tratar de uma emissão de debêntures por companhia aberta, há necessidade de agente fiduciário, que tem a função de proteger os direitos e deveres dos debenturistas;
- a agência de *rating* faz a avaliação inicial do risco da operação e periodicamente faz revisão do *rating*;
- os auditores externos examinam as demonstrações financeiras da SPE, checam as transferências dos recebíveis e reportam possíveis irregularidades ao agente fiduciário.

Note que, para efetuar a operação de securitização, a empresa originadora não precisa estar em ótima saúde financeira, basta que a sua carteira de recebíveis seja de boa qualidade. Ao fazer a cessão da sua carteira de crédito para a SPE para posterior emissão de debêntures, a avaliação que o mercado fará, portanto, o prêmio de risco cobrado pelo título, levará em conta a qualidade do recebível, e não a situação financeira da empresa originadora. Por isso, a securitização é uma forma alternativa de captação de recursos para uma empresa em dificuldades financeiras (desde que tenha uma carteira de recebíveis de boa qualidade), a um custo mais baixo que os empréstimos bancários. Exemplo disso no Brasil aconteceu com a Mesbla e é apresentado adiante.

8.6.2.1 Exemplo de contabilização de securitização de recebíveis via SPE

Apresentamos o exemplo a seguir para ilustrar a contabilização de uma operação de securitização via SPE.

Criou-se uma SPE (sociedade de propósito específico), para adquirir os recebíveis da Empresa WW, que necessita de recursos financeiros. A SPE emite debêntures lastreadas nos recebíveis no valor de $ 1.000.000, pagando juros de 5% a.a. A Empresa WW, em 01/02/X0, transfere para a SPE direitos creditórios no valor de $ 1.050.000. Em 28/02/X0, a empresa WW recebe $ 970.000 (deságio de $ 80.000) da SPE. A despesa para a emissão das debêntures é de $ 30.000 e seu prazo é de 1 ano. Os recebíveis são liquidados conforme seu recebimento e as debêntures são resgatadas no vencimento (com pagamento de juros mais principal). Desconsideramos os impactos da tributação para a resolução desse exercício. Considere, ainda, que os balanços da Empresa WW e da SPE em 31/01/X0 são compostos por:

Cia. WW – Balanço Patrimonial em 31/01/X0 – Em $

Ativo		Passivo + PL	
Disponibilidades	1.000	Passivo	
Contas a receber	1.150.000	Contas a Pagar	1.000.000
		PL	
		Capital Social	151.000
Total Ativo	1.151.000	Total Passivo	1.151.000

SPE – Balanço Patrimonial em 31/01/X0 – Em $

Ativo		Passivo + PL	
Disponibilidades	10	PL	
		Capital Social	10
Total Ativo	10	Total Passivo	10

Solução sugerida:

i) Do ponto de vista da empresa originadora:

Os lançamentos contábeis, sob o ponto de vista da empresa originadora, são:

1. Na cessão do direito creditório:

Débito $ 1.050.000:   Direitos creditórios cedidos

Crédito $ 1.050.000:   Contas a receber

Crédito $ 80.000:
Deságio na Cessão de Títulos (conta redutora de Direitos creditórios cedidos)

Débito $ 80.000:   Despesa Financeira a Apropriar

2. No recebimento dos recursos da SPE:

Débito $ 970.000:   Disponibilidades

Débito $ 80.000:   Deságio na Cessão de Títulos (conta redutora de Direitos creditórios cedidos)

Crédito $ 1.050.000:   Direitos creditórios cedidos

Débito $ 80.000:   Despesas financeiras

Crédito $ 80.000:   Despesa Financeira a Apropriar

Razonetes dos lançamentos contábeis:

	Disponibilidades				Capital Social				Contas a Receber	
Si	1.000					151.000	Si	Si	1.150.000	1.050.000	1
2	970.000					151.000			100.000	
	971.000									

	Contas a Pagar				Direitos Creditórios Cedidos				Despesas Financeiras	
		1.000.000	Si	1	1.050.000	1.050.000	2	2a	80.000	80.000	3
		1.000.000								

	Despesa Financeira a Apropriar				Deságio na Cessão de Títulos		
1a	80.000	80.000	2a	2	80.000	80.000	1a
	80.000						

Securitização 141

Cia. WW – Balanço Patrimonial em 28/02/X0 – Em $

Ativo		Passivo + PL	
Disponibilidades	971.000	Passivo	
Contas a receber	100.000	Contas a Pagar	1.000.000
		PL	
		Capital Social	151.000
		Prejuízo acumulado	(80.000)
Total do Ativo	1.071.000	Total do Passivo	1.071.000

ii) Do ponto de vista da SPE:

Os lançamentos contábeis, sob o ponto de vista da SPE, são:

1. A empresa WW transfere os direitos creditórios para a SPE no valor nominal de $ 1.050.000 por $ 970.000 (deságio de $ 80.000).

   Débito $ 1.050.000: Contas a Receber (Direitos Creditórios a Receber)

   Crédito $ 970.000: Direitos Creditórios a Pagar

   Crédito $ 80.000: Receitas a Apropriar

2. A SPE emite debêntures no valor de $ 1.000.000, pagando juros de 5% ($ 1.000.000 × 5% = $ 50.000).

Débito $ 1.000.000: Disponibilidades

Crédito $ 1.000.000: Debêntures

Débito $ 50.000: Despesas Financeiras a Apropriar

Crédito $ 50.000: Juros a Pagar

3. Despesas com a emissão das debêntures são de $ 30.000.

Débito $ 30.000: Despesas com Emissão de Debêntures

Crédito $ 30.000: Disponibilidades

O balanço patrimonial da SPE, nesse momento, seria:

SPE – Balanço Patrimonial – Em $

Ativo		Passivo + PL	
Disponibilidades	970.010	Passivo	
Contas a receber	1.050.000	Direitos Creditórios a pagar	970.000
Receitas a Apropriar	(80.000)	Debêntures	1.000.000
		Juros a Pagar	50.000
		Despesas Financeiras a Apropriar	(50.000)
		PL	
		Capital Social	10
		Prejuízo no período	(30.000)
Total do Ativo	1.940.010	Total do Passivo	1.940.010

Os seguintes lançamentos seriam feitos até o término da operação:

4. Em 28/02/X0, a SPE paga pelos valores creditórios transferidos pela Cia. WW o valor de $ 970.000.

Débito $ 970.000: Direitos Creditórios a Pagar

Crédito $ 970.000: Disponibilidades

Os clientes pagam para a SPE os direitos creditórios, no valor de $ 1.050.000.

Débito $ 1.050.000: Disponibilidades

Crédito $ 1.050.000: Contas a Receber (Direitos Creditórios a Receber)

De 28/02/X0 até 01/02/X1:

5. A SPE apropria as receitas de acordo com a liquidação dos recebíveis.

Débito $ 80.000: Receitas a Apropriar

Crédito $ 80.000: Receitas Operacionais

6. A SPE apropria as despesas financeiras *pro rata temporis* até o vencimento das debêntures.

Débito $ 50.000: Despesas Financeiras

Crédito $ 50.000: Despesas Financeiras a Apropriar

7. Em 01/02/X1, ocorre o pagamento dos juros e do principal das debêntures.

Débito $ 1.000.000: Debêntures

Débito $ 50.000: Juros a Pagar

Crédito $ 1.050.000: Disponibilidades

Razonetes dos lançamentos contábeis:

	Disponibilidades				Capital Social				Contas a Receber		
Si	10	30.000	3			10	Si	1	1.050.000	1.050.000	4a
2	1.000.000	970.000	4			10					
4a	1.050.000	1.050.000	7								
	10										

	Direitos Creditórios a Pagar				Juros a Pagar				Debêntures		
4	970.000	970.000	1	7	50.000	50.000	2a	7	1.000.000	1.000.000	2

	Despesas com Juros			Receitas a Apropriar				Despesas Financeiras a Apropriar		
6	50.000		5	80.000	80.000	1	2a	50.000	50.000	6

	Despesas com Emissão de Debêntures			Receitas Operacionais	
3	30.000			80.000	5
	80.000			80.000	

Importante salientar que, caso a SPE criada no exemplo acima fosse economicamente controlada pela empresa WW, independentemente de sua forma legal, de acordo com os princípios fundamentais de contabilidade vigentes no Brasil, as demonstrações contábeis da SPE deveriam ser consolidadas às da empresa WW.

8.6.3 FIDC e FICFIDC

Os fundos de investimento em direitos creditórios (FIDC) são aqueles em que mais de 50% do patrimônio líquido é aplicado em direitos creditórios. São considerados direitos creditórios fluxos de caixa futuros oriundos de operações estritamente comerciais e de outras atividades que envolvam a criação de valores econômicos futuros, como a prestação de serviços.

Os fundos de investimento em cotas de fundos de investimento em direitos creditórios (FICFIDC) são aqueles em que se destinam pelo menos 95% do patrimônio líquido para aplicação em cotas de FIDC. Esses fundos podem ser abertos ou fechados. No fundo aberto, os condôminos podem solicitar resgate das cotas a qualquer momento, de acordo com o estipulado no regulamento do fundo. Por outro lado, nos fundos fechados, as cotas só podem ser resgatadas de acordo com os eventos dispostos no regulamento dos fundos, podendo ser:

a) término do prazo de duração do fundo, ou série ou classe de cotas;

b) liquidação do fundo; e

c) amortização de cotas por decisão da assembleia-geral de cotistas.

Os fundos FIDC/FICFIDC apresentam as seguintes características:

- serão constituídos na forma de condomínio aberto ou fechado;

- somente poderão receber aplicações, bem como ter cotas negociadas no mercado secundário, quando o subscritor ou o adquirente das cotas for investidor qualificado;

- cada classe ou série de cotas de sua emissão destinada à colocação pública deve ser classificada por agência classificadora de risco;

- valor mínimo para aplicação é de R$ 25.000,00.

As cotas dos fundos devem ser escriturais e mantidas em conta de depósito em nome de seus titulares. As cotas podem ser do tipo sênior e subordinada. As cotas do tipo "sênior" têm preferência no recebimento da amortização e resgate. As cotas do tipo "subordinada" têm o resgate subordinado ao das cotas seniores. Em relação à natureza dos créditos, podemos citar: empréstimos a aposentados e pensionistas do INSS, venda futura de energia, crédito ao consumidor e o financiamento de veículos e imobiliários. Basicamente, os participantes para a criação de um FIDC são: (i) originador dos recebíveis; (ii) administrador do fundo; (iii) custodiante; e (iv) agência de *rating*.

A administração do fundo pode ser feita por: banco múltiplo, comercial, Caixa Econômica Federal, banco de investimento, sociedade de crédito, financiamento e investimento, sociedade corretora de títulos e valores mobiliários ou por sociedade distribuidora de títulos e valores mobiliários. Entre as diversas atividades previstas ao administrador do fundo no artigo 34 da Instrução CVM nº 356, de 17/12/2001, destaca-se a providência trimestral (no mínimo) da atualização da classificação de risco do fundo ou dos direitos creditórios e demais ativos integrantes da carteira do fundo.

De forma resumida, o custodiante é responsável por receber, analisar, validar, custodiar e liquidar os direitos creditórios, de acordo com o estabelecido nos regulamentos dos fundos.

8.6.3.1 Regulamento do FIDC

A constituição do fundo deve ser deliberada por seu administrador, que, no mesmo ato, deve aprovar também o inteiro teor do seu regulamento.

O artigo 24 da Instrução CVM nº 356, de 17/12/2001, com alterações dadas pela Instrução CVM nº 393, de 22/7/2003, dispõe sobre o conteúdo mínimo do regulamento.

Os principais itens que devem constar no regulamento são:

1. forma de constituição, se condomínio aberto ou fechado;

2. taxa de administração ou critério para sua fixação;

3. taxa de desempenho ou de *performance*, quando for o caso, e critério detalhado sobre a sua cobrança;

4. política de investimento, discriminando inclusive os critérios de elegibilidade dos direitos creditórios;

5. condições para emissão, negociação, amortização e resgate de cotas;

6. prazo de carência e/ou intervalo de atualização do valor da cota para fins do respectivo resgate, em se tratando de fundo aberto;

7. prazo de duração do fundo, que deverá ser determinado ou indeterminado;

8. critérios de divulgação de informações aos condôminos.

8.6.3.2 Aspectos tributários do FIDC

Como não há necessidade de manutenção de uma sociedade por ações registrada na CVM, há diminuição na carga tributária. Sandoval e Oliveira (2005) analisam os aspectos tributários do FIDC:

"as receitas auferidas pelo FIDC não são tributadas pelas contribuições ao PIS e à COFINS, tampouco pelo Imposto de Renda de Pessoa Jurídica – IRPJ e pela Contribuição Social Sobre o Lucro – CSSL. Esse tratamento pode representar uma economia fiscal de cerca de 50% se comparado à tributação da estrutura tradicional de securitização via sociedade por ações tributada pelo lucro real.

Ainda, não há incidência de Imposto de Renda na Fonte nas operações realizadas pelo FIDC. O Imposto de Renda incidirá à alíquota de 20% sobre a remuneração paga ao cotista (essa alíquota fica reduzida para 15% em caso de cotista estrangeiro, a não ser que o cotista estrangeiro esteja situado em paraíso fiscal, caso em que a alíquota será de 20%). Em relação ao IOF, aguarda-se regulamentação específica por parte da Receita Federal, tendo em vista as dúvidas e controvérsias ensejadas pelas normas atuais".

Em suma, tributariamente o FIDC apresenta vantagens em relação a outros mecanismos de securitização tanto na administração dos recursos obtidos via emissão das cotas do fundo (pois o fundo é tributado de maneira diferenciada) quanto na sua forma jurídica de tributação.

8.6.4 Securitização da carteira de crédito de bancos

Outro mecanismo de securitização para direitos creditórios foi criado pela Resolução CMN nº 2.686/00, ao estabelecer condições específicas para a realização de cessão de créditos gerais de titularidade de instituições financeiras a companhias securitizadoras.

Esses créditos devem, obrigatoriamente, ter sua origem em operações de empréstimo, financiamento e arrendamento mercantil contratadas por:

- bancos múltiplos;
- bancos comerciais;
- bancos de investimento;
- sociedades de crédito, financiamento e investimento;
- sociedades de crédito imobiliário;
- sociedades de arrendamento mercantil; e
- companhias hipotecárias.

A companhia securitizadora, neste caso, deverá captar recursos no país, exclusivamente por meio de emissão de debêntures e de ações, e, no exterior, por meio de emissão de quaisquer títulos mobiliários. Deverá, ainda, fazer conter, em seu estatuto social e nos instrumentos de emissão de títulos e valores mobiliários, que, até o pagamento integral das obrigações representadas pelos títulos e valores mobiliários emitidos, será vedada a transferência de seu controle e a redução de seu capital, bem como sua incorporação, fusão, cisão ou dissolução.

A cessão dos créditos implica a transferência, à companhia securitizadora, dos contratos, títulos, instrumentos e garantias necessários à execução dos recebíveis, podendo abranger, inclusive, créditos em curso anormal, em condições livremente pactuadas entre as partes. A cessão pode ocorrer com ou sem coobrigação da instituição cedente.

A instituição financeira cedente também pode efetuar tal operação com outras instituições financeiras, nas modalidades e condições de reconhecimento contábil tratadas na Resolução nº 3.533, de 31/01/2008:

a) operações com transferência substancial dos riscos e benefícios;

b) operações com retenção substancial dos riscos e benefícios;

c) operações sem transferência nem retenção substancial dos riscos e benefícios.

A normatização da autoridade monetária tem como objetivo precípuo caracterizar no registro contábil os riscos envolvidos para ambas as partes; no primeiro caso, há uma cessão completa para a securitizadora; nesse caso todas os resultados associados à operação podem ser apropriados.

Contudo, quando há retenção de riscos e benefícios (cláusulas de recompra, coobrigação, serviços de cobrança) para a instituição cedente, essa deve preservar o registro do ativo em contrapartida com obrigação futura provável.

O mercado de cessão de crédito, assim, passará a precificar o valor justo das operações, considerando o risco efetivo envolvido para a cedente e para a cessionária.

8.7 SECURITIZAÇÃO IMOBILIÁRIA

A securitização imobiliária pode ser feita via: (1) afetação; (2) SPE; (3) CRI; e (4) fundo Imobiliário.

8.7.1 Securitização imobiliária via afetação

É feita da mesma forma que a securitização de recebíveis, no entanto, o direito creditório deve ser necessariamente referente a um imóvel ou a fluxo de caixa futuro associado a imóveis (aluguel, prestações de financiamento etc.).

8.7.2 Securitização imobiliária via SPE

É feita da mesma forma que a securitização de recebíveis, no entanto, o direito creditório deve ser necessariamente referente a um imóvel ou a fluxo de caixa futuro associado a imóveis (aluguel, prestações de financiamento etc.).

8.7.3 Securitização de recebíveis imobiliários (CRI)

A Lei nº 9.514, de 20/11/1997, define o certificado de recebíveis imobiliários (CRI) como sendo um título de crédito nominativo, de livre negociação, lastreado em créditos imobiliários, cuja emissão é exclusiva das companhias securitizadoras de créditos imobiliários e que constitui promessa de pagamen-

to em dinheiro. Nesse caso, a securitizadora faz o papel da sociedade de propósito específico (SPE).

Os CRIs devem apresentar as seguintes características:

- nome da companhia emitente;
- número de ordem, local e data de emissão;
- denominação "Certificado de Recebíveis Imobiliários";
- forma escritural;
- nome do titular;
- valor nominal;
- data de pagamento ou, se emitidos para pagamento parcelado, discriminação dos valores e das datas de pagamento das diversas parcelas;
- taxa de juros, fixa ou flutuante, e datas de sua exigibilidade, admitida a capitalização;
- cláusula de reajuste, observada a legislação pertinente;
- lugar de pagamento;
- identificação do termo de securitização de créditos que lhe tenha dado origem.

Ainda, o CRI poderá ter, conforme dispuser o termo de securitização de créditos, garantia flutuante. Conforme o artigo 8º da Lei nº 9.514, de 20/11/1997, a securitização de recebíveis imobiliários é uma operação pela qual os créditos são expressamente vinculados à emissão de uma série de títulos de crédito, mediante termo de securitização de créditos,[1] lavrado por uma companhia securitizadora, e devem constar:

- a identificação do devedor e o valor nominal de cada crédito que lastreie a emissão, com a individuação do imóvel a que esteja vinculado e indicação do Cartório de Registro de Imóveis em que esteja registrado e respectiva matrícula bem como o número do registro do ato pelo qual o crédito foi cedido;
- a identificação dos títulos emitidos;

---

[1] O termo de securitização de crédito deve ser averbado nos registros de imóveis em que estejam matriculados os respectivos imóveis.

8.7.3.1 Registro da companhia e registro de oferta pública

A oferta pública de distribuição de CRI só pode ser iniciada após a concessão de registro e estando o registro de companhia aberta da companhia securitizadora atualizado na CVM. O prazo de encerramento da oferta pública de distribuição é de seis meses, contados da data da concessão do registro pela CVM, ou a partir da data da publicação do anúncio de início de distribuição, quando houver. O pedido de registro de oferta pública deve ser acompanhado dos relatórios de agências classificadoras de risco atribuído aos CRI. Emissões de CRIs com valor nominal unitário inferior a R$ 300 mil somente poderão ser realizadas por companhia securitizadora que tenha por objeto social, exclusivamente, a aquisição e securitização de créditos imobiliários e a emissão e colocação de CRI no mercado de capitais, podendo emitir outros títulos de crédito e realizar negócios e prestar serviços relacionados com essas atividades (segundo a Instrução CVM nº 414, de 30/12/2004).

8.7.3.2 Garantias

De acordo com a seção VII, da Lei nº 9.514, de 20/11/1997, as operações de financiamento imobiliário em geral poderão ser garantidas por: (i) hipoteca; (ii) cessão fiduciária de direitos creditórios decorrentes de contratos de alienação de imóveis; (iii) caução de direitos creditórios ou aquisitivos decorrentes de contratos de venda ou de promessa de venda de imóveis (aplica-se também o disposto nos artigos 789 a 795 do Código Civil); (iv) alienação fiduciária de coisa imóvel. Para os itens *i*, *ii* e *iv*, as garantias constituem direito real sobre os respectivos objetos.

8.7.3.3 Remuneração

A decisão conjunta Bacen/CVM nº 13, de 14/3/2003, dispõe sobre as condições de remuneração das debêntures de distribuição pública e dos Certificados de Recebíveis Imobiliários (CRI). Os CRIs, especificamente, devem observar as seguintes condições:

i) não podem ser emitidos com cláusula de correção monetária com base na variação da taxa cambial;

ii) é admitida a estipulação de cláusula de reajuste, com periodicidade mensal, por índices de preços setoriais ou gerais ou pelo índice de remuneração básica dos depósitos de poupança, se emitidos com prazo de vencimento mínimo de 36 meses.

8.7.3.4 Aspectos tributários

As aplicações em CRI foram isentadas de Imposto de Renda sobre ganhos de capital, da mesma forma que as letras de crédito imobiliário, pela Lei nº 11.303, de 21/12/2004.

8.7.3.5 Exemplo de emissão de CRI

Considere a seguinte situação:

a) a Construtora CC está construindo um prédio residencial e necessita de recursos para dar continuidade à obra;

b) visando facilitar as vendas, os apartamentos foram financiados pela construtora, que concedeu um prazo de 72 meses para o pagamento do imóvel. Nesse cenário, todas as unidades já foram vendidas. Entretanto, o fluxo de recebimentos ocorrerá apenas no futuro;

c) para suprir a necessidade de recursos, a construtora realiza uma captação feita através de uma operação de securitização de recebíveis imobiliários, com CRI emitido por meio da Securitizadora XYZ.

Monte um fluxograma simples, indicando a estrutura básica da operação.

Solução sugerida

A estrutura básica dessa operação de securitização pode ser apresentada da seguinte forma:

1. a Construtora CC faz a cessão dos direitos creditórios referentes ao financiamento dos apartamentos para a securitizadora;
2. a securitizadora, por sua vez, emite CRIs lastreados nesses créditos;
3. a securitizadora capta recursos no mercado;
4. os recursos são transferidos para a Construtora CC, para aquisição dos créditos;
5. nos vencimentos das parcelas do financiamento dos imóveis, os pagamentos das prestações são efetuados diretamente para a securitizadora;
6. a securitizadora utiliza esses recursos para pagar os investidores.

Em termos de fluxograma, temos:

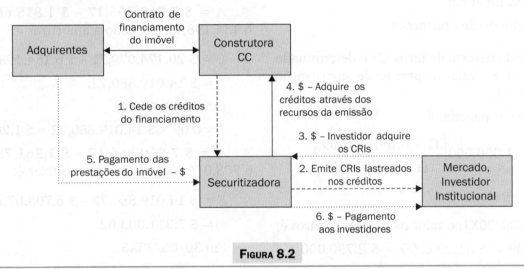

Figura 8.2
Estrutura básica de emissão de CRI.

8.7.3.6 Exemplo de cálculo de CRI – Securitizadora XYZ

Considere a seguinte emissão de CRI da Securitizadora XYZ:

Quantidade	100	Data da Oferta	30/06/20X0
Valor Nominal	$ 310.000,00	Local da Oferta	São Paulo
Montante	$ 31.000.000,00	Data Vencimento	30/06/20X6
JUROS			
Tipo de Taxa	Fixa	Taxa	9,00% a.a.
1º Pagamento	30/06/20X1	Periodicidade	12º mês
AMORTIZAÇÃO			
1º Pagamento	30/06/20X1	Periodicidade	12 meses

Essa emissão de CRIs está lastreada em créditos imobiliários oriundos de um contrato de venda a prazo. Calcule o fluxo de pagamentos anuais, sabendo que a **amortização do CRI é feita pela Tabela Price.**

Solução sugerida

O valor das prestações é determinado através da fórmula:

$$P = E\left[\frac{(1 + i)^n \times i}{(1 + i)^n - 1}\right], \text{ em que:}$$

P é o valor da prestação;

E é o valor do empréstimo;

i é a taxa de juros;

n é o número de prestações.

O valor da parcela de juros (J) é determinado por: $J = i \times E$ e o valor da parcela de amortização (A) é $A = P - J$.

O valor das parcelas é:

$$P = \$\ 31.000.000\left[\frac{(1 + 0,09)^5 \times 0,09}{(1 + 0,09)^5 - 1}\right]$$

$$= \$\ 7.969.866,17$$

Em 30/06/20X1, o valor da parcela de juros é:

$J = 0,09 \times \$\ 31.000.000 = \$\ 2.790.000$ e o valor da parcela de amortização é:

$$A = \$\ 7.969.866,17 - \$\ 2.790.000,00$$

$$= \$\ 5.179.866,17.$$

Assim, o saldo a amortizar é:

$$E = \$\ 31.000.000,00 - \$\ 5.179.866,17$$

$$= \$\ 25.820.133,83.$$

Em 30/06/20X2,

$J = 0,09 \times \$\ 25.820.133,83 = \$\ 2.323.812,05$;

$A = \$\ 7.969.866,17 - \$\ 2.323.812,05 = \$\ 5.646.054,12$ e o saldo a amortizar é:

$$E = \$\ 25.820.133,83 - \$\ 5.646.054,12$$

$$= \$\ 20.174.079,71.$$

Em 30/06/20X3,

$J = 0,09 \times \$\ 20.174.079,70 = \$\ 1.815.667,18$;

$A = \$\ 7.969.866,17 - \$\ 1.815.667,18 = \$\ 6.154.198,99$ e o saldo a amortizar é:

$$E = \$\ 20.174.079,71 - \$\ 6.154.198,99$$

$$= \$\ 14.019.880,72.$$

Em 30/06/20X4,

$J = 0,09 \times \$\ 14.019.880,72 = \$\ 1.261.789,27$;

$A = \$\ 7.969.866,17 - \$\ 1.261.789,27 = \$\ 6.708.076,90$ e o saldo a amortizar é:

$$E = \$\ 14.019.880,72 - \$\ 6.708.076,90$$

$$= \$\ 7.311.803,82.$$

Em 30/06/20X5,

$J = 0,09 \times \$\ 7.311.803,82 = \$\ 658.062,35$;

e o saldo a amortizar é:

$$E = \$\ 0.$$

A próxima tabela sumariza os valores dos pagamentos anuais, do pagamento de juros e do valor amortizado em cada período:

Parcela	Data	Amortização	Juros	Pagamentos Anuais	Saldo Devedor
0	30/06/20X0	$ 0,00	$ 0,00	$ 0,00	$ 31.000.000,00
1	30/06/20X1	$ 5.179.866,17	$ 2.790.000,00	$ 7.969.866,17	$ 25.820.133,83
2	30/06/20X2	$ 5.646.054,12	$ 2.323.812,05	$ 7.969.866,17	$ 20.174.079,71
3	30/06/20X3	$ 6.154.198,99	$ 1.815.667,18	$ 7.969.866,17	$ 14.019.880,72
4	30/06/20X4	$ 6.708.076,90	$ 1.261.789,27	$ 7.969.866,17	$ 7.311.803,82
5	30/06/20X5	$ 7.311.803,82	$ 658.062,35	$ 7.969.866,17	$ 0,00

8.7.3.7 Exemplo de contabilização de CRI

Considere os dados do exemplo anterior do processo de securitização imobiliária através da emissão de CRI pela Securitizadora XYZ. Adicionalmente, sabe-se que:

a) em 30/06/X0, a Empresa ABC faz cessão de créditos dos contratos de venda a prazo do imóvel para a Securitizadora XYZ;

b) o valor presente[2] total dos créditos imobiliários vinculados ao termo de securitização é de $ 31.000.000,00. A Securitizadora paga R$ 30.500.000 para a empresa ABC por seus créditos imobiliários;

c) o contrato de venda a prazo do imóvel prevê pagamento de parcelas anuais de $ 8.177.721,90, todo dia 28/06, sendo a primeira em 28/06/X1. Esse valor refere-se à aplicação de 10% de juros sobre o total dos contratos a receber de R$ 31.000.000, utilizando-se o método da Tabela Price; lembrar que, como foram emitidos 100 CRIs, esses se referem ao número de contratos de venda do imóvel realizados pela construtora;

d) suponha que a subscrição do montante total tenha sido realizada na data da emissão.

Por motivo de simplificação, não considere custos de emissão, atualização monetária nem encargos tributários de qualquer natureza. Demonstre os lançamentos contábeis da emissão dos CRIs pela Securitizadora XYZ, desde a emissão dos CRIs até 30/06/X2.

Solução sugerida

O primeiro passo é o cálculo da amortização do capital e do recebimento dos juros dos contratos de venda do imóvel. Os procedimentos são:

Parcela	Data	Amortização	Juros	Pagamentos Anuais	Saldo Devedor
0	30/06/20X0	$ 0,00	$ 0,00	$ 0,00	$ 31.000.000,00
1	30/06/20X1	$ 5.077.721,90	$ 3.100.000,00	$ 8.177.721,90	$ 25.922.278,10
2	30/06/20X2	$ 5.585.494,10	$ 2.592.227,80	$ 8.177.721,90	$ 20.336.784,00
3	30/06/20X3	$ 6.144.043,50	$ 2.033.678,40	$ 8.177.721,90	$ 14.192.740,50
4	30/06/20X4	$ 6.758.447,86	$ 1.419.274,05	$ 8.177.721,90	$ 7.434.292,64
5	30/06/20X5	$ 7.434.292,64	$ 743.429,26	$ 8.177.721,90	$ 0,00

Os lançamentos contábeis referentes à emissão de CRI pela Securitizadora XYZ:

1. A Empresa ABC faz cessão de créditos imobiliários para a Securitizadora XYZ:

   Débito $ 31.000.000: Contas a Receber (Créditos Imobiliários a Receber)

   Crédito $ 30.500.000: Direitos Imobiliários a Pagar

   Crédito $ 500.000: Receita a Apropriar (redutora de ativo)

2. Em 30/06/X0, a Securitizadora XYZ emite Certificados de Recebíveis Imobiliários lastreados nos créditos imobiliários no valor de $ 31.000.000, subscritos integralmente nessa data:

   Débito $ 31.000.000: Disponibilidades

   Crédito $ 31.000.000: Certificado de Recebíveis Imobiliários

3. Em 02/07/X0, a Securitizadora XYZ adquire os créditos imobiliários da Empresa ABC pelo valor de $ 30.500.000:

   Débito $ 30.500.000: Direitos Imobiliários a Pagar

   Crédito $ 30.500.000: Disponibilidades

4. Entre 01/07/X0 a 30/06/20X1, efetua-se o reconhecimento de despesa e de juros *pro rata temporis* referentes ao CRI no valor total de $ 2.790.000. Os lançamentos são:

   Débito: $ 2.790.000: Despesa Operacional

   Crédito $ 2.790.000: Juros a Pagar

5. Entre 01/07/X0 a 30/06/20X1, as receitas da Securitizadora são:

   Pela apropriação do deságio na compra dos créditos imobiliários

---

[2] Descontado pela taxa embutida no financiamento.

Débito: $ 100.000:   Receita a Apropriar (redutora de ativo)

Crédito $ 100.000:   Receita Operacional

Pela apropriação dos juros a receber (dos créditos imobiliários)

Débito: $ 3.100.000:   Juros a Receber

Crédito $ 3.100.000:   Receita Operacional

6. Em 28/06/X1, há o recebimento da primeira parcela:

Débito $ 8.177.721,90:   Disponibilidades

Crédito $ 5.077.721,90:   Contas a Receber (Créditos Imobiliários a Receber)

Crédito $ 3.100.000:   Juros a Receber

7. Pagamento da remuneração do CRI:

Débito $ 5.179.866,17:   Certificado de Recebíveis Imobiliários

Débito $ 2.790.000,00:   Juros a Pagar

Crédito $ 7.969.866,17:   Disponibilidades

8. Entre 01/07/X1 a 30/06/20X2, efetua-se o reconhecimento de despesa e de juros *pro rata temporis* referentes ao CRI no valor total de $ 2.323.812,05.

Débito: $ 2.323.812,05:   Despesa Operacional

Crédito $ 2.323.812,05:   Juros a Pagar

9. Entre 01/07/X1 a 30/06/20X2, as receitas da Securitizadora são:

Pela apropriação do deságio na compra dos créditos imobiliários

Débito: $ 100.000:   Receita a Apropriar (redutora de ativo)

Crédito $ 100.000:   Receita Operacional

Pela apropriação dos juros a receber (dos créditos imobiliários)

Débito: $ 2.592.227,80:   Juros a Receber

Crédito $ 2.592.227,80:   Receita Operacional

10. Em 28/06/X2, há o recebimento da segunda parcela:

Débito $ 8.177.721,90:   Disponibilidades

Crédito $ 5.585.494,10:

Contas a Receber (Créditos Imobiliários a Receber)

Crédito $ 2.592.227,80:   Juros a Receber

11. Pagamento da remuneração do CRI:

Débito $ 5.646.054,12:   Certificado de Recebíveis Imobiliários

Débito $ 2.323.812,05:   Juros a Pagar

Crédito $ 7.969.866,17:   Disponibilidades

E assim prossegue-se sucessivamente até o encerramento do contrato e a liquidação dos CRIs. Notar que, como a companhia de securitização é um intermediário financeiro, suas despesas e receitas com juros decorrentes da emissão dos CRIs e da aquisição dos créditos imobiliários fazem parte da atividade operacional da entidade.

8.7.4 Fundo imobiliário

A Lei nº 8.668/93 define o fundo de investimento imobiliário – outra modalidade da securitização imobiliária – como uma comunhão de recursos, sem personalidade jurídica, captados através do sistema de distribuição de valores mobiliários e destinados à aplicação em empreendimentos imobiliários. A Lei estipula ainda que as quotas desses fundos são valores mobiliários, sujeitando-se, por conseguinte, à legislação pertinente.

Os fundos de investimento imobiliário, mesmo não sendo expressamente considerados mecanismos de securitização, conceitualmente apresentam suas mesmas características, já que, como na securitização, segregam-se ativos específicos para posterior emissão de títulos neles lastreados.

Como os demais fundos de investimento, os fundos imobiliários são constituídos sob a forma de condomínios e são representados, ativa e passivamente, pela instituição que os administra. Porém, enquanto nos fundos de investimento, em geral, os bens que constituem seu patrimônio são adquiridos pelo fundo em seu nome, no caso dos fundos imobiliários, os bens e direitos de natureza imobiliária são adquiridos pela própria instituição administradora do fundo, com o intuito de se evitar questionamentos quanto à legitimidade do condomínio para a aquisição e alienação dos bens imóveis. Assim, estabelece-se a propriedade fiduciária do administrador com relação ao patrimônio do fundo.

Os bens e direitos integrantes do patrimônio do fundo de investimento imobiliário são mantidos sob propriedade fiduciária da instituição administradora. Uma forte característica da securitização imobiliária no Brasil é a institucionalização de formas mais flexíveis e processualmente mais rápidas de proteção aos investidores, com instrumentos de segregação, afetação e fidúcia em vários níveis da cadeia de securitização, conforme se depreende de Caminha (2004).

8.8 SECURITIZAÇÃO DE EXPORTAÇÃO E DE FLUXOS FINANCEIROS DO EXTERIOR

As características da securitização de exportação são bastante parecidas com as apresentadas anteriormente. Nas securitizações de recebíveis de exportação, a garantia dos títulos vem dos recursos a receber com as exportações.

As empresas exportadoras transferem à SPE (*trust*) os recursos que vão receber com suas vendas ao exterior. A *trust* emite valores mobiliários no exterior e aplica os recursos obtidos na aquisição dos créditos possuídos pela companhia brasileira.

Uma característica importante é que os ativos que irão garantir o cumprimento das obrigações pecuniárias assumidas na escritura de emissão dos valores mobiliários ainda não existem, mas serão originados no futuro, por meio da venda futura de produtos, ou serviços. Dessa forma, é necessária a continuidade operacional da companhia para que sejam geradas as vendas necessárias para quitar as obrigações garantidas pelas vendas.

No caso de instituições financeiras, a garantia de seus títulos emitidos por meio de securitização pode ser o fluxo de dólares de seus clientes do exterior (securitizações de fluxos financeiros). Esse tipo de operação tem a vantagem de minimizar o risco de variação cambial.

Adicionalmente, é importante salientar que pode existir uma seguradora que garanta a transação de securitização de exportação, ou seja, quando há falhas no fluxo dos recursos da SPE para os investidores a seguradora garante os fluxos e o risco da operação passa a ser o risco da seguradora.

Nesses casos, se a seguradora for de nível internacional e com *rating* AAA, a operação, que anteriormente poderia ter no máximo a nota de crédito dos títulos brasileiros (risco-país), passa a ter um *rating* AAA, diminuindo o custo de captação. A Figura 8.3 demonstra os fluxos desse tipo de transação.

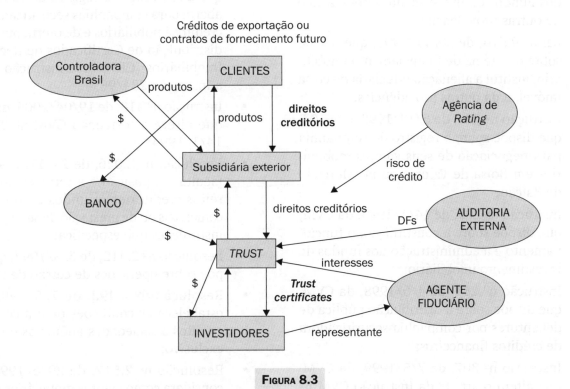

Figura 8.3

Estrutura da operação de securitização de exportação.

Assim, nessa transação, resumidamente, uma subsidiária estrangeira de empresa brasileira (*offshore*) cede a uma *trust* os seus créditos de exportação ou contratos de exportação para pagamento futuro. A *trust* emite *trust certificates* no mercado internacional com lastro nos recebíveis de exportação e repassa os recursos à empresa brasileira.

8.9 LEGISLAÇÃO

As normas aplicáveis à securitização são aquelas emitidas principalmente pela Comissão de Valores Mobiliários (CVM), pelo Banco Central do Brasil (BACEN) e pela legislação comercial e societária. As normas mais relevantes são as seguintes:

- Lei nº 4.595, de 31/12/1964, que dispõe sobre a Política e as Instituições Monetárias, Bancárias e Creditícias, cria o Conselho Monetário Nacional e dá outras providências;
- Lei nº 6.385, de 7/12/1976, que dispõe sobre o Mercado de Valores Mobiliários e cria a CVM;
- Lei nº 8.668, de 25/6/1993, que dispõe sobre a constituição e o regime tributário dos Fundos de Investimento Imobiliário e dá outras providências;
- Lei nº 9.514, de 20/11/1997, que dispõe sobre o sistema de financiamento imobiliário, institui a alienação fiduciária de coisa imóvel, e dá outras providências;
- Instrução nº 202, de 6/12/1993, da CVM, que dispõe sobre o registro de companhia para negociação de seus valores mobiliários em Bolsa de Valores ou no Mercado de Balcão;
- Instrução nº 205, de 14/1/1994, da CVM, que dispõe sobre a constituição, o funcionamento e a administração dos fundos de investimento imobiliário;
- Instrução nº 281, de 4/6/1998, da CVM, que dispõe sobre a distribuição pública de debêntures por companhia securitizadora de créditos financeiros;
- Instrução nº 307, de 7/5/1999, da CVM, que altera o art. 1º da Instrução CVM nº 281, de 4/6/1998, que dispõe sobre o registro de distribuição pública de debêntures por companhias securitizadoras de créditos financeiros;
- Instrução nº 356, de 17/12/2001, da CVM, que regulamenta a constituição e o funcionamento de fundos de investimento em direitos creditórios e de fundos de investimento em cotas de fundos de investimento em direitos creditórios;
- Instrução nº 389, de 3/6/2003, da CVM, que altera a Instrução CVM nº 205, de 14/1/1994;
- Instrução nº 393, de 22/07/2003, da CVM, que altera a Instrução CVM nº 356, de 17/12/2001, que regulamenta a constituição e o funcionamento de fundos de investimento em direitos creditórios e de fundos de investimento em cotas de fundos de investimento em direitos creditórios;
- Instrução nº 399, de 21/11/2003, da CVM, que regulamenta a constituição e o funcionamento de fundos de investimento em direitos creditórios no âmbito do Programa de Incentivo à Implementação de Projetos de Interesse Social (FIDC-PIPS), nos termos da Lei nº 10.735, de 11/9/2003;
- Instrução nº 414, de 30/12/2004, da CVM, que dispõe sobre o registro de companhia aberta para companhias securitizadoras de créditos imobiliários e de oferta pública de distribuição de Certificados de Recebíveis Imobiliários (CRI). Essa instrução revoga a Instrução 284/98;
- Instrução nº 418, de 19/04/2005, da CVM, que altera a instrução CVM nº 205, de 14/1/1994;
- Resolução nº 2.026, de 24/11/1993, que faculta a aquisição e a retrocessão de direitos creditórios oriundos de operações comerciais ou de prestação de serviços pelas instituições que especifica;
- Resolução nº 2.412, de 6/8/1997, que dispõe sobre operações de cessão de crédito;
- Resolução nº 2.493, de 7/5/1998, que estabelece as condições para a cessão de créditos a sociedades anônimas de objeto exclusivo;
- Resolução nº 2.517, de 29/6/1998, que considera como valores mobiliários os Certificados de Recebíveis Imobiliários (CRI), de que trata o art. 6º da Lei nº 9.514/97;

- Resolução nº 2.561, de 5/11/1998, que altera e consolida normas sobre cessão de créditos;
- Resolução nº 2.573, de 17/12/1998, que dispõe sobre a cessão de créditos imobiliários a companhias de créditos imobiliários;
- Resolução nº 2.686, de 26/1/2000, que estabelece condições para a cessão de créditos a sociedades anônimas de objeto exclusivo e a companhias securitizadoras de créditos imobiliários;
- Resolução nº 2.907, de 29/11/2001, que autoriza a constituição e o funcionamento de fundos de investimento em direitos creditórios e de fundos de aplicação em quotas de fundos de investimento em direitos creditórios;
- Resolução nº 2.922 de 17/1/2002, que dispõe sobre a aplicação de recursos das entidades de previdência complementar, das sociedades seguradoras e das sociedades de capitalização;
- Resolução nº 3.533, de 31/01/2008, que dispõe sobre procedimentos para classificação, registro contábil e divulgação de operações de venda ou de transferência de ativos financeiros;
- Decisão conjunta Bacen/CVM nº 13, de 14/3/2003, que dispõe sobre as condições de remuneração das debêntures de distribuição pública e dos Certificados de Recebíveis Imobiliários (CRI).

8.10 EXEMPLOS REAIS DE OPERAÇÕES DE SECURITIZAÇÃO NO BRASIL

No intuito de apresentar a operacionalização, bem como os efeitos de operações de securitização no mercado brasileiro, são apresentados e comentados, a seguir, alguns casos reais.

8.10.1 Mesbla *Trust*[3]

A Mesbla, no início dos anos 1990, foi a primeira empresa nacional a realizar uma operação de

securitização de recebíveis. A empresa originadora (Mesbla) vinha passando por dificuldades financeiras, necessitando de caixa. No entanto, tinha uma carteira de recebíveis de boa qualidade composta pelos recebíveis da Presta Administradora de Cartões de Crédito Ltda. (empresa do Grupo Mesbla) referentes às vendas no cartão de crédito nas lojas de departamento do Grupo Mesbla. Para estruturar a operação foi criada a Mesbla *Trust* (SPE), cujo título emitido obteve *rating* AAA. A emissão dos papéis foi feita com sucesso e a Mesbla conseguiu se financiar a um custo menor do que se tivesse utilizado as formas tradicionais de captação no mercado.

Posteriormente a Mesbla veio a falir, e, no entanto, os investidores que compraram as debêntures da Mesbla *Trust*, que tinha recebíveis isolados da Mesbla, receberam seus rendimentos e seu principal de maneira normal.

8.10.2 Operação de Securitização de Recebíveis – Braskem S.A. (Fonte: Relatório 20F, de 2004)

A seguir apresentamos as notas explicativas da Braskem S.A. (listada na Bovespa e na NYSE) com relação à contabilização de suas operações de securitização de recebíveis (via FIDC) no exercício de 2004. Nota-se um tratamento diferente da operação entre as normas brasileiras de contabilidade (BR GAAP) e as normas americanas (US GAAP) até 2004. Para as demonstrações contábeis publicadas no Brasil, a empresa não consolidou o fundo criado para a operação. Entretanto, conforme comentado na nota, a partir de 2005 o fundo criado para a operação de securitização passa a ser consolidado nas demonstrações da Braskem, o que está de acordo com os princípios fundamentais de contabilidade vigentes no Brasil e com a Instrução nº 408/04 da CVM.

8.10.3 Operação de Securitização de Exportação – CVRD S.A. (Fonte: Dem. Financeiras, 2004)

A seguir apresentamos a nota explicativa em 2004 da Companhia Vale do Rio Doce sobre suas operações de securitização de exportação. Notar que o prazo da operação é de dez anos, o que mostra que

---

[3] Baseado em Assaf Neto (2011, p. 201).

a securitização pode ser utilizada como instrumento de captação de longo prazo.

Securitização de recebíveis de exportação

Em 29/09/00, a Companhia realizou operação de securitização de recebíveis existentes e futuros gerados pela sua controlada CVRD Overseas Ltda. no valor de USS 300 milhões. A operação é lastreada em exportações de minério de ferro e pelotas para seis dos maiores clientes da Vale, localizados na Europa, nos Estados Unidos e na Ásia, e foi dividida em três *tranches*. Em 28/07/03 a CVRD realizou outra operação de securitização de recebíveis, no valor de US$ 250 milhões, prazo total de 10 (dez) anos, cupom de 4,43% ao ano e rendimento para o investidor de 4,48% ao ano (pagamento de juros trimestral). Ambas operações estão sumariadas da seguinte forma:

Tranches	Valor (US$ milhões)	Vencimento	Carência (anos)	Cupom	Taxa para o investidor (a.a.)
1	25	15/10/2007	2	–	8,682%
2 (com seguro)	125	15/10/2007	2	–	LIBOR + 0,65%
3	150	15/10/2010	3	–	8,926%
4 (com seguro)	250	15/07/2013	2	4,43%	4,48%

O saldo do principal em 2004 monta RS 1.276 (R$ 146 no passivo circulante e R$ 1.130 no exigível a longo prazo) e está registrado em partes relacionadas com a controlada CVRD Overseas Ltda.

8.10.4 Emissão de CRI – Imigrantes Cia. Securitizadora

Apresentamos, também, os principais itens do prospecto de uma emissão de CRI que resultou na captação de R$ 41 milhões pela Imigrantes Cia. Securitizadora:

Características dos CRIs

- **número de ordem:** esta é a 1ª emissão de CRIs da Companhia ("Emissão");

- **data de emissão:** para todos os efeitos legais, a data de emissão dos CRIs será 30 de dezembro de 2003 (Data de Emissão);

- **quantidade e valor nominal:** foram emitidos 135 (cento e trinta e cinco) CRIs, com valor nominal unitário de R$ 302.164,90 (trezentos e dois mil, cento e sessenta e quatro reais e noventa centavos), na data de emissão;

- **valor total da emissão:** R$ 40.792.261,50 (quarenta milhões, setecentos e noventa e dois mil, duzentos e sessenta e um reais e cinquenta centavos), na data de emissão;

- **prazo e data de vencimento:** os CRIs terão prazo de 9 (nove) anos contados a partir da Data de Emissão e, portanto, vencerão em 30/12/2012;

- **forma:** os CRIs são da forma escritural. Para todos os fins de direito, a titularidade dos CRIs será comprovada pelo extrato emitido pela Companhia Brasileira de Liquidação e Custódia (CBLC), na qualidade de instituição custodiante dos CRIs;

- **procedimento de colocação e público investidor alvo da oferta:** os CRIs foram objeto de distribuição pública, sob regime de garantia firme de subscrição, com intermediação de instituição financeira integrante do sistema de distribuição de valores mobiliários, observando-se o seguinte procedimento: **(i)** inexistiram reservas antecipadas, lotes mínimos ou máximos de CRIs; **(ii)** a distribuição visou apenas investidores qualificados, conforme definido no artigo 99 da Instrução CVM nº 302/99, e fundos de investimento que não se enquadravam na definição de investidores qualificados da referida Instrução nº 302/99, e cujos regulamentos permitiam investimentos em títulos ou valores mobiliários privados de renda fixa com prazos compatíveis ao prazo dos CRIs, sendo atendidos, preferencialmente, os clientes do Banco Itaú BBA S.A., na qualidade de instituição líder, que apresentaram as propostas nas menores taxas de remuneração para os CRIs, independentemente de ordem cronológica de apresentação das respectivas manifestações de interesse;

- **preço de subscrição e forma de integralização:** o preço de subscrição dos CRIs foi de R$ 302.164,90 (trezentos e dois mil, cento e sessenta e quatro reais e noventa centavos), atualizado pela variação percentual acumulada do IGP-M/FGV em cada mês a partir de dezembro de 2003 e o mês imediatamente anterior à data de subscrição, e acrescido da remuneração disposta no item abaixo, calculada *pro rata dia* por dias úteis desde a data de emissão até a data de subscrição. A integralização foi a vista, em moeda corrente nacional, no ato da subscrição. A subscrição foi efetuada por meio dos procedimentos da BOVESPA e da CBLC;

- **regime fiduciário:** os CRIs contarão com a instituição de regime fiduciário sobre os Créditos (definido no prospecto da emissão) que lastreiam a presente emissão;

- **atualização monetária:** o valor nominal unitário dos CRIs será atualizado anualmente, a partir da data de emissão, ou na menor periodicidade permitida em lei, pela variação percentual acumulada do IGP-M/FGV, no período compreendido entre dezembro de cada ano a novembro (inclusive) do ano subsequente, sendo o primeiro período aquele compreendido entre os meses de dezembro de 2003 a novembro de 2004.

Quando da ocorrência de reajustes dos CRIs, se até a data do pagamento devido pela BASF S.A., nos termos da Escritura de Superfície (definida no prospecto da Emissão), não houver sido divulgado o IGP-M/FGV relativo ao último mês do período de reajuste, o valor da amortização programada será reajustado pela variação acumulada dos 12 (doze) últimos meses cujos índices tenham sido divulgados;

- **remuneração:** aos CRIs serão conferidos juros, calculados a partir da data de emissão, correspondentes a 9% a.a. (nove por cento ao ano) com base em 252 dias úteis, incidentes sobre o valor nominal dos CRIs, atualizado monetariamente na forma indicada acima, deduzido o valor das amortizações realizadas, conforme estabelecido na reunião do conselho de administração da Securitizadora realizada em 29 de março de 2004. A taxa de juros será válida pelo prazo total da emissão. A taxa, bem como o montante da emissão, foram deliberados em reunião do conselho de administração da Securitizadora. Os juros serão pagos anualmente junto com a amortização programada descrita no item seguinte, pelo sistema da Tabela Price;

- **amortização programada:** os CRIs serão amortizados anual e sucessivamente, de acordo com as datas e os valores indicados na tabela a seguir, respeitadas as condições de prorrogação de prazos previstas. Os valores indicados na tabela a seguir serão atualizados monetariamente;

Pagamentos	Amortização Principal	Juros	Parcelas
30/12/2003	0,00	0,00	0,00
30/12/2004	3.124.601,51	3.671.303,53	6.795.905,04
30/12/2005	3.405.815,64	3.390.089,40	6.795.905,04
02/01/2007	3.737.872,71	3.058.032,33	6.795.905,04
02/01/2008	4.071.495,60	2.724.409,44	6.795.905,04
30/12/2008	4.415.182,20	2.380.722,84	6.795.905,04
30/12/2009	4.828.971,90	1.966.933,14	6.795.905,04
30/12/2010	5.253.569,42	1.542.335,62	6.795.905,04
30/12/2011	5.719.977,31	1.075.927,73	6.795.905,04
02/01/2013	6.234.775,27	561.129,77	6.795.905,04

- **classificação de risco:** a emissão dos CRIs foi submetida à apreciação das agências de classificação de risco Fitch Atlantic Ratings e Austin Rating (em conjunto, as "agências de classificação de risco"). Os CRIs receberam a nota AA-(bra), pela Fitch Atlantic Ratings, e a nota AA, pela Austin Rating. Ambas as notas de classificação de risco serão objeto de revisão e avaliação, anualmente, pelas agências de classificação de risco, ou outra(s) que vier(em) a ser indicada(s), sendo disponibilizados pelo agente fiduciário os respectivos relatórios, no prazo de até 5 (cinco) dias úteis contados da data de seu recebimento.

8.11 OPERAÇÕES NÃO REGISTRADAS CONTABILMENTE

Detemos participação em quotas subordinadas de um fundo de investimento em direitos creditórios descrito abaixo. A securitização de recebíveis é contabilizada como uma venda, nos termos do BR GAAP, na medida em que os recebíveis são vendidos ao fundo de securitização sem coobrigação. Celebramos esta operação não registrada contabilmente a fim de aumentar a nossa liquidez, uma vez que ela nos permite receber pagamento imediato pelas compras de produtos petroquímicos realizadas por clientes a quem concedemos financiamento de curto prazo no curso normal de nossas atividades.

Em 6 de novembro de 2003, a nossa companhia, a Trikem e a Polialden celebraram contrato de compra e venda de recebíveis com um fundo de investimento de recebíveis com propósito especial, segundo o qual tais partes concordaram em vender, de tempos em tempos, ao fundo, sem direito de regresso, certos recebíveis do seu giro comercial representados por duplicatas. Nos termos desse contrato, o fundo poderá comprar esses recebíveis com a utilização (1) do produto líquido que obtiver da venda de participações ou quotas seniores do fundo a certos investidores qualificados no Brasil e (2) de recebíveis vencidos que a nossa companhia, a Trikem ou a Polialden tenham anteriormente vendido ao fundo e, embora não estejam obrigadas a agir dessa forma, tenham se comprometido a recomprar. O fundo poderá também investir parcela do produto líquido em caixa e em certas aplicações financeiras. O valor total das quotas de todas as séries em aberto, a qualquer tempo, não poderá exceder R$ 500,0 milhões. Cada série de quotas apresentará vencimento não inferior a 12 meses, contados da data de emissão, e será amortizada em 15 de junho e em 15 de dezembro de cada ano. Os pagamentos de amortização incluirão valores referentes a juros calculados como múltiplo do CDI.

O fundo poderá amortizar antecipadamente quotas na medida necessária para observar índices de cobertura específicos ou para assegurar que os recebíveis constituam, pelo menos, percentual específico do patrimônio líquido do fundo. Nós, a Trikem e a Polialden concordamos, ainda, em comprar quotas subordinadas do fundo na medida necessária para possibilitá-lo observar índices de cobertura específicos, quer medidos em datas de cálculo periódicas, quer medidos em bases *pro forma* anteriormente à emissão de quotas a investidores. Nós, a Trikem e a Polialden somos ainda obrigados a manter apólice de seguro cobrindo o valor equivalente a 20% do valor de qualquer série de quotas emitida pelo fundo, podendo o fundo exigir pagamento aos termos da apólice de seguro no valor dos recebíveis de qualquer fatura negociável com relação à qual não haja documentos necessários para ajuizar ação de cobrança contra o respectivo devedor. Assumimos os juros acumulados da Trikem sob a venda de recebíveis em função de sua incorporação pela nossa companhia em 15 de janeiro de 2004.

Em 13 de novembro de 2003, o fundo deu início à oferta de série de quotas de sua emissão. Em 15 de dezembro de 2003, o fundo emitiu quotas no valor total de R$ 100,0 milhões, e em 9 de janeiro de 2004, no valor total de mais RS 100,0 milhões. Essas quotas vencerão em 15 de dezembro de 2006. A primeira série de quotas compreendeu 8.000 quotas, cada qual com valor unitário de R$ 25.000. As quotas passarão a ser amortizadas em 15 de junho de 2004, devendo os pagamentos de amortização incluir valores alvo (mas não garantidos) de juros à taxa de 113,5% do CDI, com base nas condições de mercado. Em 31 de dezembro de 2004, detalhamos quotas subordinadas no valor de R$ 27,9 milhões.

Segundo os US GAAP, o fundo está consolidado em nosso balanço, tendo em vista que somos considerados como os principais beneficiários do mesmo às nossas demonstrações financeiras consolidadas e combinadas constantes em outra parte deste relatório anual. A partir de 1º de janeiro de 2005, em conformidade com a Instrução 408/04 da CVM, temos a obrigação de consolidar certos investimentos e fundos de securitização. Em decorrência deste fato, nas demonstrações financeiras dos períodos encerrados após 31 de dezembro de 2004, deveremos consolidar todos os ativos e passivos relacionados à transação descrita acima em nosso balanço patrimonial e os efeitos correlatos em nossa demonstração do resultado.

8.12 CONSOLIDAÇÃO DOS FUNDOS DE SECURITIZAÇÃO

Com respeito ao tratamento contábil do programa de securitização de contas a receber da Braskem, para fins de BR GAAP a transferência de contas a receber para o fundo é tratada como venda de recebíveis e o desconto na venda é imediatamente registrado no resultado do exercício. Para fins de US GAAP de acordo com a Interpretação nº 46 do FASB Consolidation of Variable Interest Entities (revisado em dezembro de 2003), fundos de securitização de contas a receber são entidades de participação variável e foram consolidadas em todos os períodos apresentados. Para os exercícios findos em 31 de dezembro de 2004, de 2003 e de 2002, as despesas financeiras relacionadas à venda de contas a receber para fundos de securitização totalizaram R$(3,8), R$(0,6) e R$(0,2), respectivamente.

8.13 NÚMEROS DA SECURITIZAÇÃO NO BRASIL

Para uma melhor percepção do tamanho do mercado de securitização no Brasil e de sua potencialidade, apresentamos alguns dados referentes à utilização desses instrumentos. As ofertas dos instrumentos vinculados à securitização apresentam tendência crescente, como podemos verificar nas tabelas a seguir.

Com relação aos certificados de recebíveis imobiliários, o volume emitido a partir de 2005, ano em que se superou o montante apurado em todos os períodos anteriores e em que se registra recorde na percentagem de emissão em relação ao total de ofertas registradas na CVM, o produto se consolida com valores expressivos de emissão de CRI, com leve retração nos períodos associados à crise dos subprimes, conforme observamos na Tabela 8.1:

TABELA 8.1

Ofertas de CRIs primárias registradas na CVM.

Ano	Nº registros	Volume milhões de R$	%*
1999	2	12	0,07%
2000	5	172	0,55%
2001	13	223	0,80%
2002	9	142	0,54%
2003	17	288	2,22%
2004	29	403	1,38%
2005	34	2.102	2,97%
2006	77	1.701	0,86%
2007	40	868	0,52%
2008	28	830	0,64%
2009	36	1.223	1,40%
2010	53	2.138	1,10%

* Percentual do volume total de ofertas registradas na CVM.

Fonte: CVM.

As maiores securitizadoras na participação do volume emitido na forma de securitização nos anos de 2003 a 2010 estão apresentadas na Tabela 8.2. Nota-se concentração de empresas envolvidas no processo, com não mais que cinco securitizadoras respondendo por cerca de 60% do volume, bem como mudança em tais securitizadoras.

TABELA 8.2

Participação por securitizadora no volume emitido no ano.

Securitizadora	2010	2009	2008	2007	2006	2005	2004	2003
BRAZILIAN SECURITIES	43,4	29,1	61,8	42,9	19,9	50,2	4,3	10,3
GAIA SECURITIZADORA S.A.	22,3	2,0	0,0	0,0	0,0	0,0	0,0	0,0
PDG COMPANHIA SECURITIZADORA	18,9	0,0	0,0	0,0	0,0	0,0	0,0	0,0
RB CAPITAL SECURITIZADORA RESIDENCIAL S.A.	14,6	18,5	0,2	0,0	0,0	0,0	0,0	0,0
AETATIS SECURITIZADORA S.A.	0,6	10,6	0,0	9,4	0,0	0,0	0,0	0,0
ALTERE SECURITIZADORA	0,0	1,4	0,0	0,0	14,9	9,5	22,8	3,4
CIBRASEC	0,0	3,8	0,2	7,1	11,5	17,2	16,7	24,1
RIO BRAVO SECURITIZADORA	0,0	0,0	1,5	32,1	23,9	14,2	14,6	10,7
WT SEC. CREDITOS IMOB. S.A.	0,0	0,0	0,0	0,0	11,7	0,0	23,4	48,6
CSA CIA SECURITIZADORA DE ATIVOS	0,0	0,0	0,0	0,0	1,4	0,0	10,1	0,0
WTORRE PIC SECURITIZADORA DE CREDIT	0,0	0,0	12,3	0,0	0,0	0,0	0,0	0,0
SAFRA COMPANHIA SECURITIZADORA DE C	0,0	21,1	0,0	0,0	0,0	0,0	0,0	0,0
BRC SECURITIZADORA S.A.	0,0	9,8	24,1	0,0	0,0	0,0	0,0	0,0
Outras	0,1	3,6	0,0	8,4	16,7	9,0	8,0	2,9
Total	100,0	100,0	100,0	100,0	100,0	100,0	100,0	100,0

Fonte: CVM.

Com relação às cotas FIDC e FICFIDC, cujas negociações iniciaram-se no ano de 2000, verificamos que, nos anos posteriores, as mesmas tiveram uma participação considerável do volume registrado na CVM, com participação média anual de cerca de 10% do volume total de ofertas registradas na CVM.

TABELA 8.3

Quotas de FIDC/FICFIDC primárias registradas na CVM.

Ano	Nº registros	Volume em R$ milhões	%*
2002	4	200	0,8%
2003	15	1.540	11,9%
2004	40	5.117	17,5%
2005	54	8.313	11,7%
2006	67	12.777	10,23%
2007	70	9.961	5,97%
2008	72	10.020	7,67%
2009	32	8.212	9,37%
2010	41	10.233	5,28%

* Percentual do volume total de ofertas registradas na CVM.

Fonte: CVM.

As quotas de fundo imobiliário não apresentavam volume significativo de ofertas registradas na CVM até 2008, sofrendo inflexão ascendente significativa nos dois últimos anos, conforme Tabela 8.4.

TABELA 8.4

Quotas de fundo imobiliário registradas na CVM.

Ano	PRIMÁRIAS		SECUNDÁRIAS		TOTAL		
	Nº registros	Volume em R$ milhões	Nº registros	Volume em R$ milhões	Nº registros	Volume em R$ milhões	%*
1998	28	615	0	0	28	615	2%
1999	15	232	0	0	15	232	1%
2000	31	129	1	15	32	145	0%
2001	22	512	4	170	26	681	2%
2002	42	1.025	1	34	43	1.058	4%
2003	15	281	0	0	15	281	2%
2004	31	280	1	124	32	403	1%
2005	7	35	0	0	7	35	0%
2006	4	73	2	65	6	138	0,11%
2007	30	979	0	0	30	979	0,59%
2008	22	518	1	42	23	560	0,43%
2009	21	2.767	2	110	23	2.877	3,28%
2010	35	9.158	4	570	39	9.729	5,02%

* Percentual do volume total de ofertas registradas na CVM.

Fonte: CVM.

Questões discursivas

1. O que é securitização e qual a sua função?

2. Quais os principais objetivos referentes ao processo de securitização?

3. Quais os objetivos em relação ao risco quando se faz uma securitização?

4. Uma SPC foi criada com um capital de $ 1,00 através de dinheiro pela empresa Genipabu. A SPC captou um certo fluxo de dinheiro no montante de $ 5.000 no mercado através do lançamento de debêntures e comprou da empresa Abracadabra recebíveis no valor de $ 5.100 com um deságio de 5%. Após o período estipulado para maturação das debêntures, a SPC recebe os recebíveis e salda sua dívida com as debêntures (ocorrem juros de 5,1% neste período) lançadas ao mercado. Desconsidere qualquer forma de tributação para a resolução deste exercício.

   Demonstre os lançamentos contábeis do caso acima, na visão da SPC.

5. Qual a principal diferença entre securitização e *factoring*?

6. Quais as vantagens de uma empresa fazer uma securitização de seus recebíveis?

7. Analise o seguinte caso:

   "Uma empresa 'A' implementa uma securitização de seus recebíveis, elencando para a SPC os melhores créditos que continha em sua carteira. Após alguns meses, essa empresa pede falência, não atingindo, com isso, a SPC. Os credores da empresa 'A' entram na justiça, afirmando que a empresa 'A' utilizou os melhores créditos para

fazer a securitização e isso foi um dos motivos para a devida falência."

Qual seria, conforme os seus conhecimentos no assunto, a possível solução desse caso?

8. O que é FIDIC?

9. O que é FICFIDC?

10. Quais as características do FIDC e do FICFIDC?

Testes de Múltipla Escolha

1. Faça a correspondência entre as colunas, com relação à atividade de Securitização.

I. Agência de *rating*

II. Empresa originadora ou cedente

III. Securitização

IV. SPC ou SPE.

V. Agente fiduciário ou *trustee*.

( ) É a forma de acesso ao mercado de capitais através da emissão de debêntures lastreadas ou vinculadas em direitos creditórios, também denominados simplesmente recebíveis.

( ) Sociedade que tem como objetivo exclusivo a aquisição de direitos creditórios e que emite valores mobiliários para pagar os recebíveis adquiridos.

( ) Empresa que avalia o risco da operação, a partir, basicamente dos níveis de inadimplência histórica dos recebíveis que servem de lastro aos valores mobiliários emitidos. Esse trabalho pode ser realizado com a ajuda de um atuário.

( ) Representante dos investidores perante a SPC, que deve zelar pelos interesses deles.

( ) Empresa credora dos recebíveis.

2. Sobre a atividade de securitização, tem-se as seguintes afirmativas:

I – O risco de crédito referente aos ativos removidos do balanço da originadora passam a ser da sociedade de propósito específico, já que há transferência de propriedade dos recebíveis.

II – Dado que a securitização remove os ativos da originadora, ao mesmo tempo em que o dinheiro respectivo é assegurado, tanto os índices de endividamento como suas linhas de crédito bancário são comprometidos.

III – Uma das vantagens da securitização para a originadora é que há estímulo de práticas mais eficientes de gestão e controle, já que a securitização abrange etapas e análises complexas e extremamente detalhadas, necessitando que a originadora atualize constantemente seus sistemas de informação, de modo a possibilitar a análise histórica dos ativos para avaliação de *performance*.

IV – Diversificação das fontes de recursos e acesso ao mercado de capitais: o aumento do risco possibilita uma redução das taxas de captação e alongamento dos prazos.

Estão corretas:

a) apenas I e II;

b) apenas II e III;

c) apenas I e III;

d) apenas I, II e III;

e) I, II, III e IV.

3. Entre os significados de securitização, não se pode afirmar que:

a) É um processo de "desintermediação" financeira.

b) Pode-se entender como uma venda de toda ou de parte da carteira de créditos de uma instituição.

c) Pode ser a transformação de uma carteira de direitos creditórios em outros títulos, que são vendidos no mercado.

d) É a "desintermediação" financeira através da criação de fundos que adquiram total ou parte da carteira de direitos creditórios.

e) Pode ser dividida em: securitização de direitos creditórios, securitização de importação e securitização de exportação.

4. **Entre os principais objetivos referentes às operações de securitização, não se pode citar:**

   a) Diminuir o custo de capital.

   b) Ajustar os fluxos de caixa das empresas financiadas ao tempo de espera requerido pelos investidores.

   c) Administrar a redução e diluição de riscos entre os agentes econômicos.

   d) Gerenciar a redução de custos de transação, ajustados a menores níveis esperados de risco.

   e) Ajustar o risco da carteira, fazendo com que os títulos com classificações menores sejam enviados para a SPC, e com isso, diminua o custo de capital da empresa originadora.

5. **Sobre securitização, não se pode afirmar:**

   a) Se os títulos são garantidos por um fluxo de recebimentos futuros líquidos e certos, os investidores incorrem em um risco reduzido.

   b) Nos EUA, após avaliação ou estimação dos riscos dos títulos oriundos de securitização, esses, se recebem altas classificações, estimularão uma crescente demanda por esses títulos, ainda que o risco do gerador seja relativamente alto.

   c) A securitização imobiliária é feita com base em títulos lastreados em crédito imobiliário, que são os certificados de recebíveis imobiliários lançados pelo FIDC (CRI).

   d) Na securitização de exportação, o exportador compromete seu fluxo de exportações para a obtenção de financiamento no exterior a custos mais baixos (fluxo de moeda forte).

   e) A securitização de exportação é uma operação de emissão de títulos no mercado internacional lastreados nas vendas a serem realizadas no exterior.

6. **Entre os significados de securitização, não se pode afirmar que:**

   a) É um processo de "desintermediação" financeira.

b) Pode-se entender como uma venda de toda ou de parte da carteira de créditos de uma instituição.

c) Pode ser a transformação de uma carteira de direitos creditórios em outros títulos, que são vendidos no mercado.

d) É a "desintermediação" financeira através da criação de fundos que adquiram total ou parte da carteira de direitos creditórios.

e) Pode ser dividida, apenas, em securitização de direitos creditórios, securitização de importação e securitização de exportação.

7. **A securitização imobiliária pode ser feita por meio de:**

   a) afetação, sociedade de propósito específico, ADRs e captação no exterior por *bonds* e *notes*;

   b) emissão de debêntures, emissão de ações e DRI e quotas de fundos imobiliários;

   c) fundos de investimento de renda variável, renda fixa e multimercados;

   d) emissão de títulos de renda fixa pós-fixados custodiados na CETIP, na BMFBOVESPA e no SELIC;

   e) afetação, sociedade de propósito específico, certificado de recebíveis imobiliários e fundos imobiliários.

8. **Diversos ativos são passíveis de securitização. Entre eles, não se pode citar:**

   a) Créditos imobiliários.

   b) Faturas de cartão de crédito.

   c) Mensalidades escolares.

   d) Passivos imobiliários.

   e) Fluxos de caixa esperados de vendas e serviços futuros.

9. **Entre as formas de securitização de recebíveis, não se destaca:**

   a) Através da afetação.

   b) Através de sociedade de propósito específico.

   c) Através de fundos.

   d) Através de agentes fiduciários.

   e) Através de uma *trust*.

10. Qual item abaixo não indica uma remuneração possível para os Certificados de Recebíveis Imobiliários?

a) Variação cambial mensal.

b) IGP-M.

c) IPCA.

d) IPA-10.

e) IPC-10.

Captações no Exterior (*Euronotes* e *Eurobonds*)

Renê Coppe Pimentel

9.1 INTRODUÇÃO

A crescente integração dos mercados de capitais mundiais a partir da década de 80 facilitou o intercâmbio de recursos financeiros entre os diversos países, criando melhores condições de captação de recursos por empresas e, consequentemente, melhores condições de investimentos para investidores globais.

O fluxo financeiro entre captadores e investidores de diferentes países pode ocorrer por diversos meios, desde uma simples operação de empréstimos até formas mais complexas de transações com títulos negociáveis. Tanto empresas como governos utilizam operações no mercado financeiro global para financiar seus projetos de investimentos ou gastos.

Este capítulo apresenta aspectos da captação de recursos no exterior por empresas brasileiras. O foco principal é dado às emissões de títulos de renda fixa de longo prazo no mercado internacional.

Esses títulos são denominados *bonds* estrangeiros (quando emitidos em um país estrangeiro específico) e *eurobonds*[1] (quando emitidos no mercado internacional). Os *eurobonds* têm representado a maior parte dos recursos captados por empresas brasileiras no mercado de internacional de renda fixa.

No Brasil, o ingresso de capitais estrangeiros passou a ser regulamentado na década de 60, mais especificamente em 1962, com a Lei de Capitais Estrangeiros (Lei nº 4.131). Posteriormente, tivemos a Resolução nº 63, de 1967, a Carta Circular nº 5, o Comunicado FIRCE nº 10, a Resolução nº 2.770, entre outros.

As operações no mercado internacional possibilitam o acesso à captação de maiores volumes financeiros, muitas vezes, de forma mais barata que operações convencionais em mercados locais. Os agentes investidores, por sua vez, têm a vantagem de direcionar seus recursos em títulos de alta liquidez, negociados globalmente, além de ter riscos

---

[1] No Brasil, os *bonds* e *eurobonds* são frequentemente traduzidos por bônus e eurobônus, respectivamente, porém preferimos manter a nomenclatura utilizada no mercado internacional por julgarmos mais usual.

minimizados pela diversificação ou retornos maximizados pelas maiores taxas de retorno oferecidas.

9.2 PRECEDENTES LEGAIS DO CAPITAL ESTRANGEIRO NO BRASIL

9.2.1 Lei de Capitais Estrangeiros (Lei nº 4.131/62)

Em 1962, por meio da Lei nº 4.131, foi possibilitada uma articulação mais estreita do Brasil com os investidores internacionais, definindo-se aspectos gerais sobre o intercâmbio de recursos financeiros entre titulares de recursos no exterior e seus respectivos investimentos no país.

A Lei nº 4.131/62 também instituiu, na SUMOC,[2] um serviço especial para registro de capitais estrangeiros, qualquer que seja sua forma de ingresso no país, bem como de operações financeiras com o exterior. Tempos depois, essa responsabilidade passou a ser exercida pelo BACEN por meio do FIRCE (Departamento de Capitais Estrangeiros do Banco Central do Brasil). Esse órgão passou a controlar o investimento, o reinvestimento e fixar normas para remessa de dividendos para o exterior.

Todo o capital estrangeiro ingressado no Brasil, a partir da promulgação da Lei nº 4.131/62, deve ser registrado no BACEN (anteriormente na SUMOC), para que sejam garantidos ao investidor: (1) direito ao retorno de divisas efetivamente investidas ou reinvestidas; (2) direito à remessa de lucros, dividendos e JCP; e (3) direito ao reinvestimento em moeda estrangeira dos recursos remissíveis. Adicionalmente, foram definidos aspectos de saída de recursos, por meio de remuneração de capital aqui empregado e de amortização do capital, bem como foram definidas diversas disposições cambiais.

9.2.2 Resolução nº 63

Com a demanda de capital estrangeiro para financiar o alto e acelerado desenvolvimento econômico observado no final da década de 1960 e início da década de 70, foram utilizados novos instrumentos de captação de recursos. Havia grande interesse em atrair capital estrangeiro para o país e a partir dessa época começou-se a fazer distinção de capital de investimento e capital de risco.

A Resolução nº 63, de agosto de 1967, permitiu aos bancos de investimentos ou de desenvolvimento privados, autorizados a operar em câmbio e instalados no país, contratar diretamente empréstimos externos para repassá-los a empresas no país, estabelecendo assim uma ponte entre o Sistema Financeiro Nacional e o internacional. Por meio dessa resolução, portanto, um banco brasileiro capta recursos no exterior em seu próprio nome, por meio de empréstimos ou da emissão de títulos, e repassa esses valores a empresas brasileiras.

Entretanto, esse instrumento diferencia-se da Lei nº 4.131/62, pois o empréstimo obtido por meio da Resolução nº 63 pode beneficiar uma série de empresas, ao contrário da Lei nº 4.131, que contempla apenas uma. Além disso, a Lei nº 4.131/62 é instrumento utilizado para captação externa por qualquer tipo de empresa, enquanto a Resolução nº 63 só é autorizada para captação externa por bancos de investimento ou de desenvolvimento privado. Uma representação esquemática entre a Resolução nº 63 e a Lei nº 4.131 é apresentada a seguir:

---

[2] Superintendência da Moeda e do Crédito, considerada o embrião do atual Banco Central do Brasil.

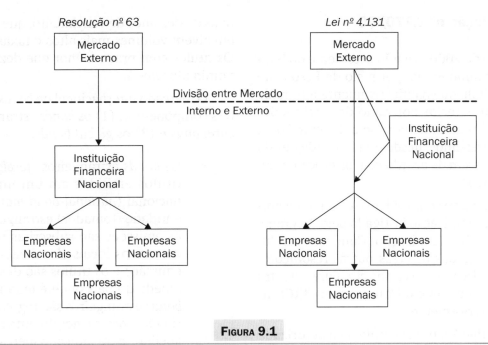

FIGURA 9.1
Resolução nº 63 × Lei nº 4.131.

As principais características da Resolução nº 63 foram:

- *liquidação*: o mutuário se obriga a liquidar o empréstimo mediante cláusula de paridade cambial;
- *operação cambial:* a venda da moeda estrangeira somente pode ser efetuada em bancos autorizados a operar em câmbio;
- *divulgação*: as instituições financeiras devem encaminhar ao BACEN a relação dos empréstimos contratados no mês anterior.

A Resolução nº 63 também serviu de amparo para captações no exterior por meio da emissão de *commercial papers*, *notes* e *bonds*, devido à falta de legislação específica para esses instrumentos de captação.

Até 1969, as captações tinham como característica o curto prazo; com isso, o capital que ingressava no país tinha uma forte característica de capital especulativo. Então, o governo não podia formular uma política econômica sustentável devido à incerteza do capital presente no país. Nessa época, também ocorreu uma fila de investidores interessados em entrar no país, em razão dos atrativos potenciais apresentados pelo mercado brasileiro.

Para tentar solucionar esse problema, em vez de dificultar a entrada de recursos, as autoridades monetárias passaram a exigir maiores prazos de permanência dos recursos no país, assim, foi possível o acúmulo de significativo montante em poupança, permitindo melhor aproveitamento dos diversos fluxos de mercado.

9.2.3 Comunicado FIRCE nº 10/69

Em setembro de 1969, o Departamento de Capitais Estrangeiros do Banco Central do Brasil (FIRCE) emitiu seu Comunicado nº 10, que abriu precedentes que ampararam as operações de empréstimos diretos entre empresas nacionais e instituições estrangeiras, financeiras ou não, sem lançamento de títulos.

9.2.4 Carta-Circular nº 5/69

Em fevereiro de 1969, foi divulgada a Carta-Circular nº 5, que permitiu que estrangeiros tivessem contas de depósito em moeda nacional, mediante normas bem flexíveis. Tais contas eram de livre movimentação e só precisavam registrar a origem dos recursos, a identidade do depositário e a do favorecido.

Essas contas podiam ser abertas e mantidas em qualquer banco autorizado a operar em câmbio. Não existia nenhuma orientação quanto às características de tais contas.

9.2.5 Resolução nº 2.770/00

Em agosto de 2000, o então presidente do Banco Central, Armínio Fraga, por meio da Resolução nº 2.770, flexibilizou significativamente a tomada de capitais no exterior por meio de instituições financeiras e diretamente por meio de emissão de títulos ou empréstimos, desde que as condições da captação estivessem de acordo com os procedimentos internacionais.

Essa decisão teve como objetivo o crescente processo de desburocratização instigado pelo Programa Nacional de Desburocratização. Com essa resolução, foram revogadas diversas outras resoluções, comunicados, circulares e cartas circulares, dentre eles a Resolução nº 63 e o Comunicado FIRCE nº 10, citados anteriormente.

Em seu artigo 3º, por exemplo, fica autorizada a contratação dos empréstimos de que trata essa resolução, assim como os pagamentos de comissões e despesas que ocorram simultaneamente ao seu ingresso, *independentemente de prévia e expressa autorização do Banco Central do Brasil*, sem prejuízo do disposto no artigo 8º da Lei nº 4.131, de 1962.

No entanto, em seu artigo 4º, a resolução determina que os recursos que ingressarem no país devem ser registrados no BACEN.

Com relação à captação por instituições financeiras, ficou liberada a captação de recursos, sendo apenas verificado o campo de atuação da mesma, porém uma grande novidade foi que no artigo 7º a resolução indicou que os "recursos externos podem ser captados de forma direta ou por meio de colocação de títulos, observadas as formas e respeitados os procedimentos usuais praticados no mercado internacional".

Com essa resolução, pode-se dizer que houve um enorme passo em direção à facilitação de obtenção de recursos por instituições nacionais, o que certamente facilita a inserção do Brasil no mercado financeiro global.

9.3 *EUROBONDS E EURONOTES (INTERNATIONAL BOND MARKET)*

Bonds e *notes* são títulos de dívida de médio ou longo prazos que pagam juros e são emitidos por governos, empresas e organizações internacionais. Em geral, utiliza-se o termo "*bond*" para títulos com mais de dez anos de vencimento, que normalmente envolvem volumes mais altos e taxas mais baixas. Os títulos com prazo menor que dez anos são denominados *notes*.

O mercado internacional de *bonds* (e *notes*) tem três componentes: (1) os *bonds* estrangeiros, (2) os *eurobonds* e (3) os *global bonds*.

- Os *bonds* estrangeiros (*foreign bonds*) são títulos emitidos em um único mercado nacional (*national bond market*) por uma entidade (tomador) estrangeira. Em geral, as emissões são subscritas por um grupo de bancos locais (localizados no país de emissão) e os títulos são denominados na moeda do país onde é feita a emissão. Os *bonds* estrangeiros são regulados por autoridades locais e geralmente são atribuídos apelidos para indicar o mercado doméstico em que foi emitido, por exemplo, *yankee bonds, samurai bonds, bulldog bonds* e *kangaroo bonds*.

  Por exemplo, uma empresa brasileira que emite títulos no mercado norte-americano estará sujeita às exigências legais e jurídicas dos EUA e deve ter autorização da SEC (Securities Exchange Commission) (autoridade local) para colocação e negociação dos títulos. A moeda de emissão será o dólar norte-americano e o título será negociado entre investidores americanos em bolsas locais. Nesse caso, os *bonds* estrangeiros emitidos e negociados nos EUA são conhecidos como *yankee bonds*. Da mesma forma, os *bonds* emitidos e negociados no Japão por empresas não japonesas, denominados em iene, são chamados *samurai bonds*. Os títulos emitidos na Inglaterra por empresas não inglesas, denominados em libra esterlina, são chamados de *bulldog bonds*. Outros *bonds* estrangeiros e seus apelidos são: na Austrália, *kangaroo bonds;* na Holanda, *rembrandt bonds*; na Espanha, *matador bonds*; em Portugal, *caravela bonds*.

- Os *eurobonds* são os títulos denominados em uma moeda diferente daquela do país ou mercado em que são emitidos. As emissões são registradas em uma bolsa de valores internacional em que operam investidores de diversos países e não há necessidade de autorização do governo de um país específico e os títulos são subscritos (adquiridos) por um consórcio internacional de bancos.

Por exemplo: (1) uma empresa australiana emite títulos denominados em dólares norte-americanos para negociação na Bolsa de Valores de Luxemburgo (Europa), não havendo necessidade de atender as normas legais no país, apenas são atendidas as exigências das bolsas de valores. Ao serem registrados na bolsa de valores, os títulos poderão ser negociados (comprados e vendidos) por diversos investidores internacionais (americanos, europeus ou asiáticos); (2) um *bond* emitido por uma empresa indiana, denominado em dólar norte-americano e negociado na bolsa de Tóquio, será um *eurobond*. A expressão *eurobonds* será aplicada aos títulos emitidos pela empresa indiana, no exemplo, quando denominados em dólares norte-americanos e emitidos em qualquer outro país que não os Estados Unidos.

- Os *global bonds,* diferentemente dos *eurobonds,* podem ser emitidos na mesma moeda em do país de emissão e podem ser negociados em diversos mercados ao mesmo tempo (podem ser registrados em diversas bolsas de valores). Assim, uma emissão global pode ser feita (registrada) em bolsa de valores norte-americanas, europeias, japonesas e australianas ao mesmo tempo.

Por exemplo, o governo brasileiro emitiu títulos globais (o Global 40, por exemplo) atendendo a investidores de diversos mercados (americanos, europeus e asiáticos) simultaneamente.

Vale destacar que a denominação *euro* não implica que os títulos sejam emitidos ou negociados apenas na Europa, mas no mercado internacional ou "euromercado". Alguns *eurobonds* são títulos ao portador e os juros são pagos sem retenção de impostos. Assim, a emissão não está sujeita às restrições e jurisdições nacionais de um país específico. A Tabela 9.1 apresenta um exemplo real de um *eurobond*, emitido pelo governo colombiano, em dólar norte-americano, com vencimento em dez anos e negociados na bolsa de valores de Luxemburgo:

TABELA 9.1

Exemplo de emissão de *eurobonds*.

Issuer, issue number:	Colombia, 2019
Type of debt instrument:	Eurobonds
Issue status:	outstanding
Type of placement:	public
Par, currency of issue:	USD, 100000
Amount:	2 000 000 000
ISIN:	US195325BL83
Start of placement:	Jan 06 2009
End of placement:	Apr 15 2009
Issue price:	99.136
Yield at Pricing:	7,50%
Coupon:	7,375%
Coupon frequency:	2 time(s) per year
Settlement Date:	Jan 13 2009
Maturity date:	Mar 18 2019
Issue Managers:	Barclays Capital, Morgan Stanley, Citi, JPMorgan
Trading floor (Listing):	Luxembourg S.E.
Additional Information:	Original issue – USD 1 bn, spread: UST10 + 502.9bp, rating: Ba1/BBB Around 70% of buyers were in the US, 20% in Europe and 10% in Latin America. By investor type, 50% were asset managers, 25% hedge funds, 10% insurance companies, 5% banks and 5% were miscellaneous. Around $3bn of orders were received.

Fonte: Cbonds.info

A tabela nos mostra que o governo colombiano emitiu *eurobonds* para captar US$ 2 bilhões, sendo que o registro (listagem) ocorreu na Bolsa de Luxemburgo (*Luxembourg Stock Exchange*). A emissão ocorreu em 13 de janeiro de 2009 (*settlement date*) e tem vencimento em 18 de abril de 2010 (*maturity date*), sendo que 70% dos títulos foram adquiridos por investidores norte-americanos, 20% por investidores europeus e 10% por investidores latino-americanos. Os demais dados da operação servirão de exemplo para os conceitos apresentados adiante.

Os *bonds*, de forma geral, podem render juros fixos (*fixed rate*) ou flutuantes (*floating rate*), sendo que as emissões de juros fixos (prefixados) são as mais comuns. Em geral, a remuneração dos títulos é definida a partir da remuneração paga por títulos do Tesouro norte-americano, de vencimento similar, adicionada a uma taxa adicional de risco referente ao emissor. Como pode ser verificado no exemplo dos títulos colombianos, a taxa de juros é fixa de 7,5% ao ano (*yield at pricing*). Sendo que essa taxa é composta por pagamentos de cupons (*coupon*) de 7,375% ao ano com pagamentos semestrais (*coupon frequency*) e um deságio sobre o valor de face (*issue price*) – esses termos serão apresentados no tópico 9.4, "Aspectos técnicos da avaliação de *bonds*", adiante.

Frequentemente, os *bonds* são colocados com garantia firme por um *pool* de bancos internacionais. No exemplo dos títulos colombianos, os bancos responsáveis pela emissão e distribuição foram Barclays Capital, Morgan Stanley, Citi e JPMorgan (*issue managers*).

Os títulos são distribuídos por toda a Europa, EUA e Ásia, normalmente para os *qualified institutional buyers* (investidores qualificados). No exemplo, 50% dos títulos foram comprados por empresas gestoras de ativos (*asset managers*), 25% por *hedge funds*, 10% por empresas seguradoras (*insurance companies*), 5% por bancos e 5% foram outros investidores.

Uma das principais vantagens de operações de *bonds* e *notes* é que se trata de um processo desburocratizado. No Brasil, não há necessidade de assembleia-geral para aprovar sua emissão, pois compete à diretoria deliberar sobre a emissão. Não existem regras específicas de *disclosures*, registro no BACEN, CVM ou SEC, ou de contabilização. Dessa forma, o processo de emissão de *bonds* e *notes* é de rápida execução. Assim, a distribuição é rápida, flexível, eficiente e garantida, pois é totalmente gerenciada,

subscrita e vendida por bancos estrangeiros. No exemplo da emissão dos títulos colombianos, para uma captação de US$ 2 bilhões, foram necessários três meses: de 6 de janeiro de 2009 até 15 de abril de 2009 – ver em *start* e *end of placement*.

9.3.1 O mercado de *eurobonds*

O primeiro *eurobond* foi emitido em dólar norte-americano em Londres no ano de 1963 para a entidade rodoviária italiana Autostrada.

Desde então grande parte das emissões é denominada em dólares ou euros. Luxemburgo, Londres e Zurique são os principais mercados onde são lançadas e registradas novas emissões de *eurobonds* e também para negociação secundária.

Em geral, os *bonds* possuem taxa de cupom fixa (chamados de *plain vanilla ou euro straights*) os pagamentos de cupom são feitos anualmente, ou semestralmente, devido ao maior custo de distribuição dos juros a detentores de bônus geograficamente dispersos. Há também emissões de *bonds* de cupom zero, emissões de cupom diferido e emissões *step-up* (juros de cupom crescente). Existem emissões que pagam juros em uma moeda, mas pagam o principal em moeda diferente. Essas emissões são denominadas *bonds* de dupla moeda e favorecem o detentor (ou emissor) ao minimizar o risco de variação cambial nos fluxos de pagamentos.

A negociação secundária de *eurobonds* ocorre em sua grande maioria em mercados de balcão ou OTC (*over-the-counter market*) entre investidores qualificados (*qualified institutional investors*) e é realizada entre bancos, por telefone e computador, não havendo pregão ou bolsa organizada.

Para facilitar a compra e a venda de títulos por investidores espalhados pelo mundo, foram criados dois sistemas (câmaras) de compensação de títulos. A primeira câmara de compensação de *bonds* no mercado internacional foi a Euroclear, instalada em Bruxelas e fundada no ano de 1968 pela Morgan Guaranty Trust Company de Nova York. A segunda câmara foi a Cedel, situada em Luxemburgo e criada no ano de 1970.

Essas instituições oferecem serviços de custódia e liquidação não só de *bonds*, mas também de uma série de outros títulos negociáveis no mercado internacional, além de disponibilizar e gerir sistemas e ambientes eficazes para controle de fluxos de capitais.

A primeira emissão de *eurobonds* considerada realmente global pelos agentes do mercado foi em 1989 pelo Banco Mundial, que possuía condição privilegiada, com classificação de crédito AAA pelas agências de *rating*. A emissão foi efetuado com títulos de dez anos e totalizou US$ 1,5 bilhão. A característica que definiu sua natureza global foi a oferta simultânea em diferentes mercados.

Segundo Roberts (2000), as emissões de *global bonds* são atraentes tanto para quem emite quanto para quem investe, pois:

- um grande número de potenciais compradores permite levantar grandes montantes de capital a taxas bastante razoáveis;

- as grandes emissões, distribuídas de forma diversificada, têm alta liquidez no mercado secundário internacional;

- a difusão do reconhecimento do tomador aumenta sua facilidade de levantar fundos no futuro;

- há um valor mútuo na criação de um parâmetro de avaliação global.

9.3.2 O Brasil no mercado externo

Um dos grandes atrativos para emissões no mercado externo é o maior prazo de vencimento das captações, as baixas taxas de juros e a grande liquidez do mercado. Por esse motivo, diversas empresas utilizam o mercado global para alongamento das dívidas.

A Tabela 9.2 mostra um resumo das operações de captação no mercado externo por meio de títulos de dívida. Até o ano de 2005 as captações se concentravam em operações feitas pelo Tesouro Nacional (República). A partir desse ano, as captações de empresas e de bancos ganharam importância, em especial nos anos de 2009 e 2010.

TABELA 9.2

Resumo das operações de captação no mercado externo por meio de títulos de dívida – US$ milhões.

Ano	Bancos	Empresas	República	Total
2000	3.632	1.845	11.997	**17.474**
2001	3.764	3.221	6.641	**13.626**
2002	1.098	1.577	3.942	**6.617**
2003	6.079	7.125	5.835	**19.039**
2004	2.266	3.450	5.720	**11.436**
2005	3.903	4.675	12.469	**21.047**
2006	1.913	10.991	5.253	**18.157**
2007	1.246	6.980	2.883	**11.109**
2008	1.816	3.140	525	**5.481**
2009	3.162	17.992	4.100	**25.254**
2010	8.088	16.684	1.613	**26.385**
% do Total	21%	44%	35%	100,0%

Fonte: ANBIMA.

O recente aumento das captações brasileiras é justificado pelo cenário internacional, principalmente se for considerado que, após a crise financeira internacional vivenciada no final de 2008, os países desenvolvidos reduziram drasticamente seu ritmo de crescimento, enquanto os países emergentes, incluindo o Brasil, continuaram com taxas de crescimento significativas.

Com isso, as emissões brasileiras foram impulsionadas por dois fatores: primeiro, a demanda por recursos das empresas brasileiras para investimento e expansão; segundo, por falta de boas alternativas de investimento no mercado internacional, especialmente nos países desenvolvidos que mantiveram um patamar de taxa de juros muito baixo.

9.3.3 *Brady bonds* e risco-país

Brady bonds, ou simplesmente *bradies*, são títulos emitidos por governos de países em desenvolvimento (emergentes) e negociados no mercado internacional. A primeira emissão de *brady bonds* foi feita pelo México em 1990, que trocou US$ 48,1 bilhões em dívidas de empréstimos por títulos negociáveis.

Após o México, diversos outros países (da Ásia, África, América Latina e Leste Europeu) refinanciaram suas dívidas externas com a emissão de *bradies* no mercado internacional. Segundo a Emerging Markets Traders' Association, já em 1995 o mercado secundário de *bradies* alcançou cerca de US$ 1,6 trilhão, representando 57% do total de produtos financeiros negociados nos mercados emergentes.

Em geral, os títulos são de longo prazo e os principais emissores são Brasil, México e Argentina, que, em 2002, detinham juntos cerca de 2/3 do volume total emitido. O mercado de *bradies* se tornou o maior e mais líquido do mercado emergente.

A denominação "*brady bond*" é derivada da intervenção do secretário do Tesouro norte-americano, Nicolas Brady, no processo de renegociação das dívidas de empréstimos bancários dos países emergentes por títulos negociáveis.

Os *bradies* possuem diversos tipos que variam de acordo com o prazo de emissão, forma de remuneração, garantias e cláusulas de contrato. Assim, eles podem ser, entre outros:

- *par bonds*;
- *discount bonds*;
- *debt conversion bonds* (*DC-bond* ou *DCB*);
- *eligible interest bond* (*EI-bond*);
- *frontloaded interest reduction bonds*;
- *captalization bond* (*C-bond*).

No Brasil, a renegociação da dívida ocorreu em 1994 e o principal título emitido foi o *C-bond*, que durante vários anos foi o principal título da dívida externa brasileira, com maior negociação e maior liquidez entre todos os títulos de países emergentes.

Em 15 de abril de 1994, foram emitidos US$ 7,4 bilhões do *C-bond*, que tem capitalização de juros

(o *C* é de *capitalization*). Vários outros *bradies* brasileiros tiveram emissão maior, como por exemplo o *par*, do qual foram lançados US$ 10,5 bilhões na mesma data que o *C-bond*, porém nenhum atraiu tanto os investidores como o *C-bond*.

Logo depois de lançado, o *C-bond* acabou ganhando crescente importância e desbancou outro título até então mais negociado dos mercados emergentes, o argentino FRB. A reestruturação da dívida argentina nos moldes do Plano Brady foi anterior à brasileira: aconteceu em 1991.

Em 2004, pela primeira vez desde a reestruturação da dívida externa em 1994, o *C-bond* deixou de ser o título mais negociado dos mercados emergentes, perdendo espaço para o também brasileiro Global 40, que assumiu o seu lugar e é agora o novo *benchmark*, com a maior liquidez e volume de negócios.

Com o objetivo de reduzir a importância dos *bradys* brasileiros (que carregam consigo o estigma da moratória) nos mercados emergentes foi que o Banco Central, sob o comando de Armínio Fraga e com Daniel Gleizer na área externa, lançou o Global 40. Em agosto de 2000, foram emitidos US$ 5,16 bilhões desse papel e parte da emissão foi paga com *bradies* e *pré-bradies*, inclusive o *C-bond*.

Os *globals* são títulos negociados globalmente em dólares e pagam, via de regra, taxas de juros fixas e alguns títulos foram emitidos em operações voluntárias de troca, isto é, foram subscritos com títulos *bradies*.

A alta dos preços dos papéis da dívida externa brasileira aliada ao fortalecimento das reservas internacionais foram as principais razões para o desinteresse crescente no *C-bond* e para a migração de recursos para o Global 40.

9.3.3.1 A importância dos títulos emitidos pelo governo

A importância das emissões de *bonds* pelo governo não se limita à entrada de recursos na economia nacional para financiamento dos gastos públicos. Essas emissões também têm um papel importante na determinação do risco-país (ou risco-Brasil).

O risco-país, em linhas gerais, é determinado pela diferença entre o retorno exigido do título de emissão do governo brasileiro e o título emitido pelo governo dos EUA (que é considerado virtualmente livre de risco). Essa diferença entre os retornos pagos pelos dois títulos é denominada *spread* e representa o retorno adicional exigido pelos investidores ao assumirem maiores riscos.

O *spread* é calculado em pontos-base, e cada ponto-base representa 0,01% de retorno adicional. Por exemplo, em janeiro de 2006 o risco-Brasil estava em 262 pontos-base. Isso quer dizer que o *spread* pago pelos títulos brasileiros é de 2,62% acima dos títulos do Tesouro norte-americano.

O risco-Brasil não tem sua importância limitada aos títulos do governo, pois ele também serve de referência para o cálculo da remuneração de títulos de empresas. O risco-Brasil também é chamado de risco soberano e, na teoria, o risco soberano (risco de um país) deveria ser o menor risco percebido por investidores naquele país, ou seja, em tese, nenhuma empresa brasileira poderia ter risco menor que o risco do país. Porém, isso nem sempre ocorre. Existem empresas com atividades tão globalizadas e fluxos de caixa baseados em créditos de primeira linha que, por essas características, os investidores percebem menores riscos que o próprio país.

9.4 ASPECTOS TÉCNICOS DA AVALIAÇÃO DE *BONDS*

9.4.1 Conceitos básicos dos *bonds/ eurobonds*

Embora todos os títulos de dívida (*bonds*) tenham algumas características em comum, eles não têm sempre as mesmas cláusulas contratuais. Para melhor entendimento dos termos de um contrato de *bonds*, é imprescindível ter conhecimento dos seguintes termos:

Valor nominal ou *valor ao par*: é o valor de face do título, que em geral assume valores de $ 1.000 ou múltiplos desse valor.

Preço de negociação ou *valor de mercado*: é o valor de transação de um título, pode ser diferente do valor ao *par*. Quando o preço de negociação é menor que o valor ao *par*, dizemos que o título está sendo negociado com deságio. Quando o preço de transação é maior que o valor ao *par*, dizemos que o título está negociado com ágio.

Taxa de juros de cupom: é a taxa de juros utilizada de base para o cálculo do pagamento de juros do cupom. Essa taxa pode ser fixa (*fixed rate*) ou flutuante (*floating rate*). Existem ainda títulos com cupom zero, que são negociados com deságio sob o valor nominal. Também são emitidos títulos em que a taxa de cupom não é suficiente para remuneração do título com base em seu valor nominal, formando um instrumento híbrido que possui taxa de cupom e deságio de seu valor de face.

Data de vencimento: conhecida como *maturity date*, é a data final do pagamento do *bond* ao investidor. Por exemplo, uma emissão feita em 3 de janeiro de 2011, com prazo de vencimento de dez anos, terá sua data de vencimento em 1º de janeiro de 2021. Assim, esses títulos em 2012, após um ano de emissão (ano 1), terão vencimento de 14 anos, e assim por diante. Existem ainda as emissões de *bonds* perpétuos, ou seja, sem data de vencimento preestabelecida.

Para ilustrar os conceitos, relembremos os dados da captação feita pelo governo colombiano no mercado de *eurobonds*:

Issuer, issue number:	Colômbia, 2019
Par, currency of issue:	USD, 100000
Issue price:	99.136
Yield at Pricing:	7,50%
Coupon:	7,375%
Coupon frequency:	2 time(s) per year
Settlement Date:	Jan 13 2009
Maturity date:	Mar 18 2019

Fonte: Cbonds.info.

Neste caso, o valor ao *par* é de US$ 100.000 com uma taxa de cupom de 7,375% ao ano com pagamentos semestrais de cupom (portanto, dois pagamentos de 3,6875% por ano) com vencimento em 18 de março de 2019 (título de dez anos).

No momento da emissão, o título foi emitido pelo preço de US$ 99.136. Isso significa que, apesar de o título ter valor nominal de US 100.000, os investidores ajustaram o preço do *bond* para que seja oferecida uma taxa melhor. Ou seja, os investidores pagam um pouco menos pois, no momento do pagamento do título, eles gozaram de uma taxa melhor: no caso, a taxa de retorno até o vencimento, considerando o cupom e o deságio será de 7,5% (*yield at price*). O fluxo de caixa do *eurobond* colombiano é:

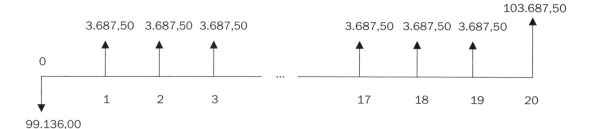

Onde US$ 99.136,00 é o valor que os investidores pagam pelo título e, consequentemente, o valor recebido pelo governo (desconsiderando custos de transação), US$ 3.687.50 são os pagamentos feitos pela empresa a título de juros semestrais durante os 20 semestres (10 anos), sendo que no final ocorre, além do pagamento dos juros, o pagamento do valor do principal de US$ 100.000,00.

9.4.2 Opções embutidas

É comum uma emissão de *bonds* incluir um dispositivo na escritura de emissão que dê ao detentor do *bond* e/ou ao seu emitente o direito de tomar alguma ação contra a outra parte. Os tipos mais comuns de opções embutidas num *bond* são:

1. *Call provision* (opção de compra ou resgate): este dispositivo dá ao emitente o direito de quitar a dívida, total ou parcialmente, antes da data de vencimento prevista. A inclusão de uma opção de compra beneficia os emitentes de *bonds* ao permitir que substituam uma emissão antiga de *bond* por outra emissão de custo de juros mais baixo, caso as taxas de juro de mercado caiam. Assim, tal opção permite que o emitente altere o vencimento de um *bond*.

2. *Put provision* (opção de venda): este dispositivo permite ao detentor do *bond* mudar o vencimento do título; assim, é concedido ao investidor o direito de vender a emissão de volta ao emitente pelo valor ao par em datas predeterminadas. A vantagem para o investidor é que se as taxas de juros subirem após a data de emissão, reduzindo o preço do *bond*, o investidor pode forçar o emitente a resgatar o título pelo valor ao par.

3. **Cláusula** *bullet*: com tal dispositivo, fica acordada entre as partes a não amortização periódica do principal, ou seja, há um único pagamento total na data do vencimento do título.

4. *Exchangeable option* (*bonds* conversíveis): um *bond* conversível é uma emissão que dá ao detentor do título o direito de trocá-lo por uma quantidade especificada de ações ordinárias ou preferenciais. Tal característica permite que o detentor do título se beneficie de movimentações favoráveis do preço das ações do emitente.

5. **Opção para proteção cambial** (*bonds* de dupla moeda): algumas emissões no mercado internacional dão ao investidor o direito de escolher a moeda na qual o fluxo de caixa será pago. Esta opção dá, à parte do direito de escolher a moeda, a oportunidade de se beneficiar de um movimento cambial favorável, ou ainda proteção contra variações cambiais desfavoráveis.

6. *Bonds* com *warrants*: são títulos semelhantes aos títulos conversíveis pois são emitidos com *warrants* anexados. *Warrants* são opções que permitem ao detentor comprar outros títulos por determinado preço, oferecendo ganho de capital caso o preço do título suba. Em geral, os *bonds* emitidos com *warrants* possuem taxas de cupom mais baixas devido ao direito dado ao investidor para entrar em outra transação financeira com o emitente. A maioria dos *warrants* é destacável do *bond* ao qual

está anexada, ou seja, o detentor pode destacar o *warrant* e vendê-lo.

9.4.3 Avaliação de *bonds* – noções básicas

Em geral, a contabilidade de *bonds*, tanto para emissores quanto para investidores, apresenta as mesmas características das debêntures no mercado nacional, conforme visto anteriormente. A principal diferença está na determinação do efeito da variação cambial e na determinação do valor do título.

O valor de qualquer ativo financeiro é simplesmente o valor presente dos fluxos de caixa que o ativo deve produzir.

Os fluxos de caixa de um título de dívida específico dependem de suas características contratuais tal como descrito. Para um *bond* padrão que oferece um cupom, os fluxos de caixa consistem em pagamentos de juros durante os anos de vida do título mais um retorno da quantia do principal tomada emprestado.

Dessa forma, o fluxo de caixa de um título consiste de uma anuidade (ou semestralidade) mais o valor de face pago no final de sua vida; assim, o fluxo de caixa que resultaria em seu valor seria dado por:

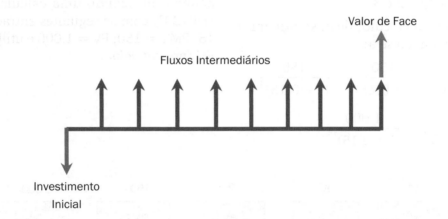

ou:

$$V_A = \frac{J}{(1+K_d)^1} + \frac{J}{(1+K_d)^2} + \frac{J}{(1+K_d)^3} +$$
$$... + \frac{J}{(1+K_d)^n} + \frac{VN_n}{(1+K_d)^n} \quad (1)$$

ou, resumidamente:

$$V_A = \sum_{t=1}^{n} \frac{J}{(1+K_d)^t} + \frac{VN_n}{(1+K_d)^n}$$

Onde V_A é o valor atual de um determinado título ("A") e J refere-se ao fluxo de caixa intermediário (juros incorridos, capitalizados ou pagos) proporcionado pelo título, e VN é o valor nominal do título que será recebido ao término da data de maturação (vencimento).

K_d representa a taxa de desconto do título que pode ser entendida como o custo de oportunidade do capital e depende basicamente do risco dos fluxos de caixa e do nível geral das taxas de juros.

Para aplicação do modelo básico de valorização de *bonds*, suponha que um título é emitido na data de hoje. O valor de face (valor ao *par*) do título é de $1.000 com vencimento em 15 anos e a taxa de cupom é de 15% a.a. (ao ano).

A taxa de cupom de um título definido no momento da emissão é, em geral, a própria taxa de mercado praticada para o risco da emissão. Assim a taxa de mercado (ou custo de oportunidade para o risco assumido) é de 15% a.a. (K_d = 15%). Dessa forma, teríamos o seguinte exemplo de fluxo de benefícios de um determinado título "A":

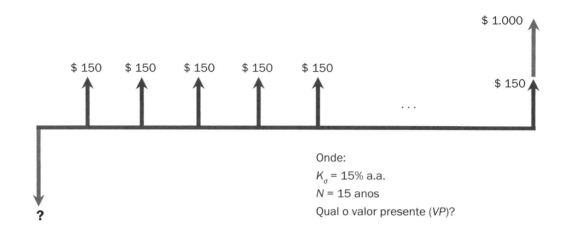

Onde:
K_d = 15% a.a.
N = 15 anos
Qual o valor presente (VP)?

Com base nos dados acima, qual será o valor do título nos anos 0, 1, 2 e 3?

Para proceder ao cálculo, deve-se utilizar a equação apresentada, ou seja:

$$VP_A = \frac{150}{(1+0,15)^1} + \frac{150}{(1+0,15)^2} + \frac{150}{(1+0,15)^3} +$$
$$\ldots + \frac{150}{(1+0,15)^{15}} + \frac{1.000}{(1+0,15)^{15}}$$

Uma forma simplificada de resolver a equação acima é utilizando uma calculadora financeira (HP12-C) com as seguintes entradas: N = 15; i = 15; PMT = 150; FV = 1.000 e utilizando-se a saída PV (*present value*):

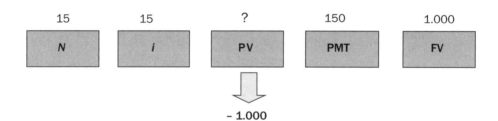

O resultado do cálculo para o ano zero (momento da emissão) é de $ 1.000. O mesmo resultado será alcançado de utilizarmos N = 14, N = 13 para o cálculo do valor do título no final do 1º e 2º anos, e assim, sucessivamente, o valor do título será sempre igual a $ 1.000 e será dessa forma até seu vencimento caso a taxa de desconto K_d seja sempre igual à taxa de juros de cupom do título (o que não ocorre na prática, pois as taxas de desconto variam de acordo com diversos fatores, como, por exemplo, o vencimento).

Esta é a primeira característica na precificação de *bonds*: sempre que a taxa de cupom do título for igual à taxa de mercado (ou taxa de desconto) o valor presente do título será sempre igual ao seu valor de face.

Vejamos o que ocorre com o VP do título se a taxa de mercado for diferente da taxa de cupom.

Suponha que após um ano (ano 1) do momento da emissão tenha havido uma alteração nas taxas de juros de mercado. Devido a fatores econômicos, a taxa de juros praticada por outros títulos semelhantes seja de 10%. Como já teria se passado um ano, o número de fluxos de caixa (benefícios) é de 14 anos (N=14). Aplicando a fórmula, teríamos:

$$VP_{A\_ano1} = \frac{150}{(1+0,10)^1} + \frac{150}{(1+0,10)^2} + \frac{150}{(1+0,10)^3} +$$
$$\ldots + \frac{150}{(1+0,10)^{14}} + \frac{1.000}{(1+0,10)^{14}}$$

ou, simplesmente:

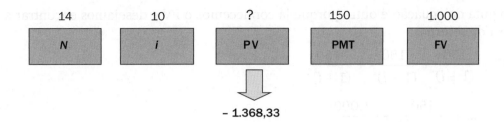

Chega-se ao valor presente do título de $ 1.368,33, ou seja, maior que o valor de face em $368,33.

Como a taxa de juros caiu abaixo da taxa de cupom o detentor do título só venderia seu *bond* se conseguisse um ágio de $ 368,33 pois seu título rende mais que o mercado em geral e, caso ele vendesse o título ao final do primeiro ano, só conseguiria investir em títulos que pagam 10% a.a.

Suponha agora que, ao invés de queda na taxa de juros, houvesse um aumento na taxa de mercado para 20%, ainda com N = 14. De acordo com a mesma metodologia de cálculo, teríamos:

$$VP_{A\_ano1} = \frac{150}{(1+0,20)^1} + \frac{150}{(1+0,20)^2} + \frac{150}{(1+0,20)^3} + \ldots + \frac{150}{(1+0,20)^{14}} + \frac{1.000}{(1+0,20)^{14}}$$

ou,

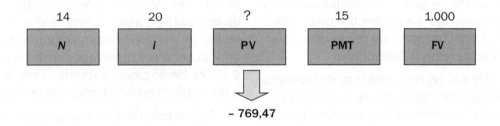

Encontra-se o valor do título de $769,47, ou seja, menor que o seu valor de face. O investidor que comprou o título esperando receber a taxa de cupom de 15% após um ano teve seu investimento desvalorizado, pois poderia receber 20% em qualquer outra aplicação no mercado.

Como o título paga apenas 15% a.a. de juros, caso o investidor queira se desfazer do título ninguém irá comprá-lo pelo valor de face pois poderiam aplicar em outros títulos que pagam 20% a.a. A solução para o detentor do título é compensar essa diferença mediante a venda do título com deságio de $230,53, ou seja, pelo valor de $769,47.

A partir desta explicação, pode-se considerar uma segunda característica nas aplicações em *bonds*:

> *O valor de um título prefixado varia inversamente às variações na taxa de juros*:
> Quando a taxa de mercado cai, o valor do título sobe;
> quando a taxa sobe, o valor do título cai.

Para proteção dessas variações na taxa de juros do mercado e, consequentemente, no valor do título que invariavelmente gera um ônus maior ao emissor ou um ganho menor ao investidor é que foram criadas as cláusulas nos contratos de *bonds* conforme visto anteriormente (*call option* e *put option*).

9.4.3.1 Rentabilidade até o vencimento (*yield to maturity* – YTM)

Um investidor adquiriu um título no mercado secundário por $ 1.577,09 com cupom de 15% e restando 14 anos até o seu vencimento. O valor nominal do *bond* é $ 1.000. Nesse caso, qual seria a taxa de retorno que o investidor teria se mantivesse este título até o seu vencimento?

Para responder a essa pergunta, deve-se conhecer a taxa de retorno até o vencimento do título (YTM). Para a solução, recorreremos novamente à equação básica de precificação de *bonds*, porém, agora, a incógnita da equação é outra porque já conhecemos o PV e desejamos encontrar a taxa de desconto (ou taxa de retorno):

$$1.577,09 = \frac{150}{(1+i)} + \frac{150}{(1+i)^2} + \frac{150}{(1+i)^3} +$$

$$... + \frac{150}{(1+i)^{14}} + \frac{1.000}{(1+i)^{14}}$$

Utilizando a calculadora financeira, teríamos:

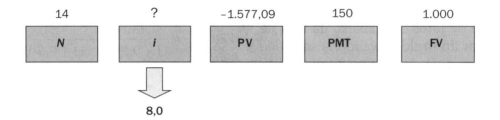

As entradas na HP 12C seriam: $N = 14$; PV = (1.577,09); PMT = 150; FV = 1.000 e, solicitando como saída i, teríamos que a rentabilidade até o vencimento seria de 8,0% a.a. (lembre que o valor presente possui sinal invertido do restante do fluxo de caixa, pois representa o desembolso).

A taxa de 8% a.a. representa a taxa de mercado que foi considerada no momento da negociação do título (compra pelo investidor) e será o rendimento efetivo caso o investidor mantenha o título até seu vencimento.

9.4.3.2 Rentabilidade até o resgate antecipado (*yield to call* – YTC)

Considere o mesmo exemplo anterior, em que um investidor adquiriu no mercado secundário um título restando 14 anos até seu vencimento com cupom de 15% e valor nominal de $ 1.000 pelo preço de $ 1.577,09.

No entanto, suponha que esse título possua uma cláusula de chamada antecipada (*call provision*) que poderá ser exercida após nove anos do momento da compra. O valor de resgate do título nessa data inclui um prêmio por resgate antecipado de $ 150, ou seja, seria resgatado após nove anos pelo valor de $ 1.150. Nesse caso, qual seria a taxa de retorno para o investidor considerando a chamada antecipada?

Para o cálculo o mesmo procedimento anterior é utilizado:

$$1.577,09 = \frac{150}{(1+i)} + \frac{150}{(1+i)^2} + \frac{150}{(1+i)^3} +$$

$$... + \frac{150}{(1+i)^9} + \frac{1.150}{(1+i)^9}$$

Para chegarmos à solução utilizando a calculadora financeira, teríamos $N = 9$; PV = (1.577,09); PMT = 150; FV = 1.150 e solicitando como saída i teríamos que a rentabilidade até a chamada antecipada seria de 7,276%.

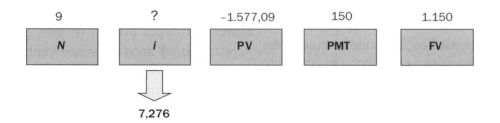

Caso o título possua uma cláusula *call*, receberá a denominação de *callable bonds*. Essa cláusula tem uma importância significativa e grande sentido econômico para o emissor, pois garante chamada antecipada do título caso a taxa de juros de mercado caia e evita que a empresa emissora tenha ônus adicionais ao pagar juros acima dos praticados pelo mercado.

No entanto, para fins didáticos, o investidor deve considerar sempre a data da chamada antecipada para avaliação do título, pois ele não tem controle sobre a continuidade até a data de vencimento final.

Existem modelos desenvolvidos para precificação mais apurada de títulos com cláusulas específicas (*call, put* ou *convertible*), mas não é o propósito deste livro desenvolver tais modelos.

9.4.3.3 Taxa de retorno corrente

É o pagamento de juros anual (cupom) dividido pelo preço atual do título de dívida. Por exemplo, suponha que a emissão de uma empresa X tenha taxa de juros de cupom de 10% sob o valor de face de $ 1.000 e o título esteja sendo negociado a $ 985. Qual seria sua taxa de retorno corrente?

Dividindo-se $ 100 (cupom) por $ 985 (VP), encontra-se a taxa de retorno corrente de 10,15% [100/985].

9.4.3.4 Títulos com capitalização ou cupom semestral

Os exemplos anteriores consideraram a capitalização de juros de forma anual, porém existem diversos títulos com cláusulas de correção ou pagamento semestral, ou ainda mensal ou trimestral.

Para avaliar títulos com pagamento (ou capitalização) semestral, devem ser feitas algumas alterações na fórmula básica (1).

Deve-se:

- dividir o pagamento de juros anuais por dois (determinando o pagamento semestral);

- multiplicar os anos até o vencimento por dois (determinando o número de semestres);

- dividir a taxa de desconto (K_d) anual por dois (determinando a taxa semestral).

Assim:

$$V_A = \frac{\frac{J}{2}}{\left(1 + \frac{K_d}{2}\right)^1} + \frac{\frac{J}{2}}{\left(1 + \frac{K_d}{2}\right)^2} + \frac{\frac{J}{2}}{\left(1 + \frac{K_d}{2}\right)^3} +$$

$$\dots + \frac{\frac{J}{2}}{\left(1 + \frac{K_d}{2}\right)^t} + \frac{VN_n}{\left(1 + \frac{K_d}{2}\right)^{n.2}}$$

ou,

$$V_A = \sum_{t=1}^{n.2} \frac{\frac{J}{2}}{\left(1 + \frac{K_d}{2}\right)^t} + \frac{VN_n}{\left(1 + \frac{K_d}{2}\right)^{n.2}}$$

A diferença no período de pagamento (ou capitalização) dos juros irá afetar a taxa de retorno efetiva do título.

Imagine o exemplo citado anteriormente, de uma emissão em que o valor de face (valor ao *par*) do título é de $ 1.000 com vencimento em 14 anos e a taxa de cupom é de 15% a.a. (ao ano), porém, com pagamentos de juros semestrais. Com isso, o pagamento semestral seria de $ 75 (($ 1.000 × 0,15)/2). Suponha que a taxa de mercado praticada seja de 10% a.a. (K_d = 10%), logo, semestralmente teríamos a taxa de 5% (10%/2).

O valor do título seria dado por:

$$VP_A = \frac{75}{(1 + 0,05)^1} + \frac{75}{(1 + 0,05)^2} + \frac{75}{(1 + 0,05)^3} +$$

$$\dots + \frac{75}{(1 + 0,05)^{28}} + \frac{1.000}{(1 + 0,05)^{28}}$$

ou, simplesmente:

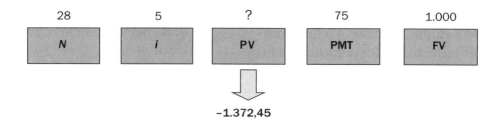

Para chegarmos à solução, utilizando a calculadora financeira, teríamos como entradas $N = 28$; $i = 5$; PMT $= 75$; FV $= 1.000$ e, solicitando como saída PV, chegaríamos ao resultado de $ 1.372,45.

Note que, quando o valor do título é calculado com base em pagamentos anuais chega-se ao valor de $ 1.368,33 (conforme visto anteriormente) e quando é utilizada a base semestral de cálculo, chega-se ao valor de $ 1.372,45. Este valor mais alto no cálculo semestral ocorre devido à maior rapidez dos pagamentos derivada da capitalização semestral.

O mesmo aumento derivado da capitalização semestral ocorre também na taxa anual efetiva de juros. Considere que i é a taxa de juros anual nominal e j é a taxa de juros anual efetiva e m é o número de capitalizações por ano (nesse caso, 2 – semestral); note que:

$$\left(1 + \frac{i}{m}\right)^m = 1 + j \Rightarrow \left(1 + \frac{0,10}{2}\right)^2 = 1 + j \Rightarrow$$
$$j = 0,1025 \Rightarrow ou = 10,25\%$$

Ou seja, a taxa anual efetiva para uma capitalização semestral é de 10,25% contra uma taxa de 10% para pagamentos anuais (considerando reinvestimento à taxa de mercado).

9.4.3.5 *Bonds* perpétuos

São títulos que não possuem datas de vencimento definidas. Em geral, se as emissões não possuírem data de vencimento determinada, terão cláusulas de resgate antecipado em datas predefinidas, o que deixará a cargo do emissor exercê-las ou não conforme as condições da empresa e do mercado na data.

Para a avaliação destes títulos, vale o mesmo conceito que os anteriores. Porém, como os fluxos de caixa são representados por perpetuidades, o valor presente é determinado pela relação entre os pagamentos e a taxa de juros de mercado (ou taxa de desconto).[3] Assim:

$$PV\ (perpetuidade) = \frac{Pagamento}{Taxa\ de\ Juros} = \frac{PMT}{i}$$

Por exemplo, imagine que um título foi emitido pelo valor de face de $ 1.000 e que pague juros de 10% ao ano perpetuamente. Isto que dizer que o *bond* pagará $ 100 todos os anos indefinidamente. De maneira simplificada, pode-se dizer que nesse caso o valor de face é desconsiderado no cálculo pois jamais será recebido. Assim, o preço do título será:

Supondo uma taxa de mercado (taxa de desconto) de 8%:

$$PV\ (perpetuidade) = \frac{PMT}{i} = \frac{100}{0,08} = \$\ 1.250$$

Supondo uma taxa de mercado (taxa de desconto) de 12%:

$$PV\ (perpetuidade) = \frac{PMT}{i} = \frac{100}{0,12} = \$\ 833,33$$

9.4.3.6 *Zero coupon bonds* (ou *bond* de cupom zero)

São as formas mais simples de *bonds*. Estes títulos são emitidos com um valor de face a ser pago em algum momento futuro (na data de vencimento). O titular de um *zero coupon bond* não recebe qualquer pagamento até a data de vencimento, recebe apenas o valor de face do título. Para isso, os títulos são emitidos com deságio sobre seu valor de face.

Assim, como o valor de face é o único fluxo de caixa a ser pago, o valor presente deste título (e seu preço) é dado, simplesmente, pela fórmula:

$$PV\ (Zero\ Coupon\ Bond) = \frac{FV}{(1+i)^n}$$

---

[3] A derivação da equação pode ser encontrada em livros de matemática financeira.

Suponha que um *zero coupon bond* tenha sido emitido pelo valor de face de $ 1.000 à taxa de juros de mercado de 15% ao ano e prazo de vencimento (*maturity*) de cinco anos. Qual seria o valor de emissão do título?

Aplicando a fórmula, teríamos:

$$PV = \frac{FV}{(1 + i)^n} = \frac{1.000}{(1 + 0,15)^5} = 497,18$$

O valor presente do título é de $ 497,18, o que representa que ele será negociado a 49,7% (497,18/1.000) de seu valor de face. Ou seja, costuma-se dizer que o título é negociado com deságio de 50,3% (100 − 49,7%) sobre seu valor de face (o procedimento de cálculo na HP 12C é o mesmo visto até o momento, apenas deve-se colocar PMT = 0, pois não há pagamento do fluxo de caixa intermediário).

Questões discursivas

1. Diferencie *bonds* estrangeiros, *eurobonds* e *global bonds*.

2. Qual a vantagem para a empresa emitir um *eurobond* com uma cláusula "*call*"?

3. Qual a vantagem para um credor em adquirir um *euronote* com uma cláusula "*put*"?

4. Explique a diferença entre a repactuação em uma emissão de debêntures e a cláusula "*put*" em uma missão de *euronotes/eurobonds*.

5. Cite e caracterize os três principais aspectos da Resolução nº 63/67.

6. Qual a diferença entre uma captação de recursos por intermédio de uma operação 63 e uma 4.131 (Lei nº 4.131)?

7. Uma empresa emitiu títulos com valor de face de $ 1.000 que promete fluxo de caixa anual com taxa de juros de cupom de 8% ao ano e prazo de vencimento de 15 anos. Após um ano da emissão, a taxa de juros de mercado é de 6% ao ano. Qual o valor do título após um ano de sua emissão? (Lembre que restam 14 anos para o vencimento).

8. Os títulos de dívida da Cia. Emissora têm dez anos restantes até o seu vencimento. Os juros são pagos anualmente, os títulos têm um valor nominal de $ 1.000 e a taxa de juros de cupom é de 5%. Os títulos de dívida de mercado, com prazos semelhantes, têm uma taxa de retorno até o vencimento de 8%. Qual é o atual preço de mercado desses títulos?

9. Um *bond* é emitido sem vencimento definido (*bond* perpétuo) pelo valor de face de $ 1.000 e promete pagar uma taxa de 12% ao ano perpetuamente. Pergunta-se:

   a) Qual o valor desse título no momento de sua emissão?

   b) Qual será o valor deste mesmo título após cinco anos caso a taxa de juros de mercado for de 10% a.a.?

   c) E qual será o valor do título no 10º ano caso a taxa de juros seja de 14%?

10. Considere um título emitido com valor de face de $ 1.000 e com taxa de cupom igual a zero (*zero coupon bond*), com vencimento de dez anos e emitido com deságio de 53,68% de seu valor de face. Qual a rentabilidade até o vencimento do título (YTM)?

Testes de múltipla escolha

1. Relacione os desenhos a seguir com a Lei ou Resolução à qual eles se relacionam.

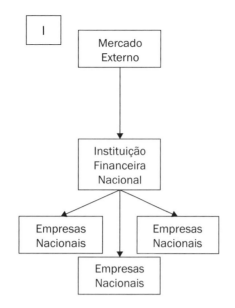
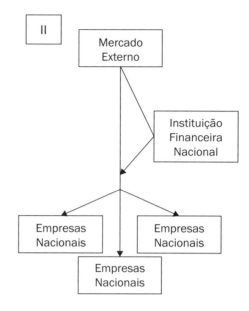

a) Resolução nº 63

b) Lei nº 4.131

2. **Sobre as operações com *bonds* e *notes*, não se pode afirmar:**

a) Mesmo que o lançamento de *bonds* não se efetue no mercado europeu, também se aplica o termo *eurobonds*, que é utilizado para aqueles *bonds* lançados no mercado externo ao da companhia emitente.

b) A autorização societária para a emissão de *bonds* deverá ser feita conforme estabelecido no estatuto social ou no contrato social da emissora.

c) Devido às severas leis de valores mobiliários americanas, *bonds* brasileiros são tipicamente vendidos nos EUA, por meio de colocações privadas (*Rule 144/A*).

d) A documentação básica para uma oferta de *eurobonds* consiste em um *offering circular* ou prospecto, um *contrato de subscrição* (mais conhecido como contrato de *underwriting* ou um acordo de compra nos EUA) e um *contrato de agente fiscal*.

e) Os *bonds* e *notes* e/ou *eurobonds* e *euronotes* são apenas emitidos em dólar, por ser uma moeda forte e mais comercializada.

3. **Faça a correspondência entre as colunas.**

I. *Eurobonds*.
II. *Spread*.
III. *Bonds* ou *Notes*.
IV. Resolução nº 63.
V. Cláusula *put*.
VI. Cláusula *call*.

( ) São títulos de dívida, emitidos por empresas financeiras ou não financeiras, com colocação pública ou privada, que rendem juros fixos (*fixed rate notes*) ou flutuantes (*floating rate notes*), além da correção cambial

( ) Permitiu os bancos de investimento e de desenvolvimento privados, autorizados a operar em câmbio e instalados no país, contratar diretamente empréstimos externos para repassá-los a empresas no país, estabelecendo assim uma ponte entre o Sistema Financeiro Nacional e o internacional.

( ) São títulos, com valores nominais estabelecidos em dólares listados em bolsas de valores europeias, geralmente a de Luxemburgo, e têm prazo de pagamento acima de dez anos.

( ) Opção de o **investidor** resgatar o título em determinada data antes do vencimento estipulado.

( ) Permite que o **emissor** efetue o resgate antecipado, visando renegociação a uma taxa menor, a seu único e exclusivo critério.

( ) Nome que se dá à diferença da taxa de remuneração de bônus do Tesouro americano e a taxa de remuneração de um título brasileiro e que representa o risco-Brasil e o risco da empresa.

4. **Faça a correspondência entre a denominação de um título no mercado internacional e o respectivo país de emissão.**

I. *Bulldog bonds*	( ) Japão
II. *Yankee bonds*	( ) Inglaterra
III. *Samurai bonds*	( ) Holanda
IV. *Matador bonds*	( ) Estados Unidos
V. *Rembrandt bonds*	( ) Portugal
VI. *Treasury bonds*	( ) Governo norte-americano
VII. *Caravela bonds*	( ) Espanha

5. **Sobre os notes e *bonds*, não se pode afirmar que:**

   a) Podem ser emitidos em qualquer moeda forte, mas a emissão em dólar é predominante.

   b) Representam notas promissórias, sem garantia real de qualquer natureza, mas podem ter garantia por fiança bancária.

   c) Podem possuir a cláusula *put*, que consiste em uma opção de o investidor resgatar o título em determinada data antes do vencimento estipulado.

   d) Podem possuir uma cláusula *call*, que permite que o emissor efetue o resgate antecipado, visando renegociação a uma taxa menor, a seu único e exclusivo critério.

   e) A *maturity* é igual à *duration* quando se tem um título com *floating* ou *fixed rates*.

6. **Indique a afirmativa correta:**

   a) Uma operação 63 consiste em um empréstimo externo obtido diretamente por uma empresa brasileira, enquanto a operação 4.131 consiste em um empréstimo externo obtido por instituição financeira brasileira, destinada a repasse a empresas.

   b) *Euronotes* representam títulos com prazos inferiores a dez anos, enquanto *eurobonds* são títulos com prazos superiores a dez anos.

   c) No mínimo, 50% do capital social de uma companhia deve ser representado por ações ordinárias. No caso de uma instituição financeira, esse limite é de 2/3.

   d) As ações preferenciais nunca podem conferir direito de voto.

   e) *Underwriting* é a colocação ou distribuição de títulos e valores mobiliários somente no mercado secundário.

7. **Marque a alternativa correta. Dentre as inúmeras modalidades de captação de recursos por parte das empresas brasileiras, destacam-se:**

   a) Operações de *swaps*, *undewriting* e de bonificações.

   b) Operações de *undewriting*, *eurobonds* e financiamentos interno e externo (Resolução nº 63 e Lei nº 4.131);

   c) Lançamentos de partes beneficiárias, com base no programa ADR Nível I e Regra 144/A;

   d) Somente com empréstimos obtidos junto a instituições financeiras nacionais.

   e) Nenhuma das alternativas.

8. **Admitindo que uma empresa esteja disposta a captar recursos, com a emissão e colocação de um *bond* com valor de face de $ 9.000.000, cujo prazo de vencimento é de 90 dias, oferecendo uma taxa de desconto de 1,2% a.m. Essa empresa está disposta a arcar com os custos de emissão, lançamento, registro etc., relativos a 0,5% do valor da captação. Determinar o valor descontado do título.**

   a) 8.683.623,23.

   b) 8.638.623,23.

   c) 9.000.000,00.

   d) 361.376,77.

   e) 45.000,00.

9. **Sobre *eurobonds* e *euronotes*, é incorreto afirmar que:**

   a) A cláusula *put* dá a opção de o investidor resgatar o título em determinada data antes do vencimento estipulado.

   b) A cláusula *call* representa o direito de a empresa recomprar os papéis, bem como de recolocá-los posteriormente em uma data prefixada, utilizando uma taxa diferente de remuneração, o que seria possível, no caso de a empresa prever uma redução do risco-país ou uma redução nas taxas de juros praticadas no mercado.

   c) Mesmo que o lançamento de *bonds* não se efetue no mercado europeu, também se aplica o termo "*eurobonds*", que é utilizado para aqueles *bonds* lançados no mercado externo ao da companhia emitente *d)* *Eurobonds* brasileiros são tipicamente vendidos nos EUA, por meio de colocações privadas (*Rule* 144A).

e) O termo "*euromarket*" tem por hábito se referir aos mercados internacionais de capital fora do país emissor, que inclui e se limita à Europa.

10. Indique qual a definição certa de cada conceito

Call provision (   )

Put provision (   )

Cláusula *bullet* (   )

Exchangeable option (   )

Opção para proteção cambial (   )

Bonds com *warrants* (   )

a) algumas emissões no mercado internacional dão ao investidor o direito de escolher a moeda na qual o fluxo de caixa será pago. Esta opção dá, à parte com o direito de escolher a moeda, a oportunidade de se beneficiar de um movimento cambial favorável, ou ainda proteção contra variações cambiais desfavoráveis.

b) um *bond* conversível é uma emissão que dá ao detentor do título o direito de trocá-lo por uma quantidade especificada de ações ordinárias ou preferenciais. Tal característica permite que o detentor do título se beneficie de movimentações favoráveis do preço das ações do emitente.

c) este dispositivo dá ao emitente o direito de quitar a dívida, total ou parcialmente, antes da data de vencimento prevista. A inclusão de uma opção de compra beneficia os emitentes de *bonds* ao permitir que substituam uma emissão antiga de *bond* por outra emissão de custo de juros mais baixo, caso as taxas de juro de mercado caiam. Assim, tal opção permite que o emitente altere o vencimento de um *bond*.

d) com tal dispositivo, fica acordada entre as partes a não amortização periódica do principal, ou seja, há um único pagamento total na data do vencimento do título.

e) são títulos semelhantes aos títulos conversíveis pois são emitidos com *warrants* anexados. *Warrants* são opções que permitem ao detentor comprar outros títulos por determinado preço, oferecendo ganho de capital caso o preço do título suba. Em geral, os *bonds* emitidos com *warrants* possuem taxas de cupom mais baixas devido ao direito dado ao investidor para entrar em outra transação financeira com o emitente. A maioria dos *warrants* é destacável do *bond* ao qual está anexada, ou seja, o detentor pode destacar o *warrant* e vendê-lo.

f) esse dispositivo permite ao detentor do *bond* mudar o vencimento do título; assim, é concedido ao investidor o direito de vender a emissão de volta ao emitente pelo valor ao *par* em datas predeterminadas. A vantagem para o investidor é que se as taxas de juros subirem após a data de emissão, reduzindo o preço do *bond*, o investidor pode forçar o emitente a resgatar o título pelo valor ao *par*.

10

Risco nas Operações de Renda Fixa

Giovani Antônio Silva Brito e
Renê Coppe Pimentel

10.1 INTRODUÇÃO

As alternativas de investimento disponíveis no mercado financeiro proporcionam diversos riscos aos investidores. A identificação desses riscos é essencial para que os investidores possam precificar adequadamente os títulos e tomar suas decisões de investimento em bases seguras. Além disso, a identificação dos riscos permite que eles sejam mensurados, mitigados e gerenciados.

As operações de renda fixa também oferecem riscos aos investidores, ainda que a remuneração desses títulos seja previamente definida. Os principais riscos que os títulos de renda fixa geram para os investidores são o risco de crédito, ou risco de contraparte, e o risco de taxa de juros.

O risco de crédito está associado à possibilidade do emissor do título não honrar os pagamentos periódicos de juros ou o resgate do papel no vencimento, gerando perdas para o investidor. Os investidores geralmente avaliam o risco de crédito dos emissores com base nos *ratings* emitidos pelas agências de classificação de risco.

O segundo risco é o de variação nas taxas de juros de mercado, um dos fatores do risco de merca-do, além da variação nas taxas de câmbio, no preço de ações e no preço de *commodities*. A variação nas taxas de juros altera o valor presente do título de renda fixa, podendo gerar perdas para o investidor. No caso de títulos prefixados, a elevação nas taxas de juros de mercado reduz o valor presente do título, o que implica em perdas para o investidor.

10.2 RISCO DE CRÉDITO

O risco de crédito é um dos riscos mais importantes das transações realizadas no mercado financeiro, pois ele pode levar os agentes econômicos a incorrerem em severas perdas em seus capitais. Os empréstimos e financiamentos bancários geralmente são as operações financeiras que produzem as maiores exposições a risco de crédito. No entanto, a maior parte dos instrumentos financeiros negociados no mercado está sujeita a esse tipo de risco, especialmente os títulos de renda fixa.

De forma simplificada, o risco de crédito pode ser entendido como a possibilidade de um agente econômico incorrer em perdas, caso a contraparte de uma operação não honre suas obrigações nas condições previamente estabelecidas. O Conselho Monetário Nacional (CMN), principal órgão regulador do mercado financeiro, traz uma definição abrangente de risco de crédito na Resolução nº 3.721/2009. Nesse normativo, o risco de crédito é definido como a possibilidade de ocorrência de perdas associadas ao não cumprimento, pelo tomador ou contraparte, de suas respectivas obrigações financeiras nos termos pactuados; à desvalorização de contrato de crédito decorrente da deterioração na classificação de risco do tomador; à redução de ganhos ou remunerações; às vantagens concedidas na renegociação; e aos custos de recuperação.

Nas operações de renda fixa, o risco de crédito decorre da possibilidade de o emissor do título não efetuar os pagamentos periódicos de juros (cupons), não resgatar o papel no vencimento ou, ainda, não honrar quaisquer outras obrigações de sua responsabilidade, gerando perdas econômicas para o investidor. Nesse mercado, os investidores incorrem em perdas quando, por exemplo, uma empresa emissora de debêntures não honra os pagamentos de juros estipulados na escritura de emissão do título ou um banco não resgata um certificado de depósito bancário (CDB) em seu vencimento. Destaca-se que as perdas incorridas pelos investidores podem somar parte ou até mesmo o valor total do título, além dos encargos financeiros envolvidos, do custo de oportunidade do capital e de eventuais despesas com cobrança e execução judicial.

O risco de crédito de uma operação financeira se materializa pela ocorrência de um evento de *default* com a contraparte, que pode ser um tomador de crédito ou emissor de um título de dívida. Há diversas situações que caracterizam um evento de *default*, como o atraso no pagamento de uma obrigação, o descumprimento de uma cláusula de proteção (*covenant*), o início de um procedimento de reorganização (recuperação judicial ou extrajudicial) ou liquidação (falência), uma solicitação de renegociação da operação pelo devedor etc. Há, também, o chamado *default* econômico, que ocorre quando o valor econômico dos ativos da empresa devedora se reduz a um nível inferior ao valor das suas dívidas, sinalizando que os fluxos de caixa esperados não serão suficientes para liquidar as obrigações assumidas. Nesse caso, os proprietários optariam por entregar os ativos da empresa aos credores, como pagamento das dívidas.

Ainda que não ocorra nenhuma das situações citadas anteriormente, a deterioração na capacidade de gerar fluxos de caixa do emissor do título implica na elevação do seu risco de crédito. Nesse caso, não há um impacto financeiro imediato para o investidor, mas sim um incremento na probabilidade de que um evento de *default* venha a ocorrer no futuro, caracterizando uma perda econômica.

O risco de crédito de um emissor de título de renda fixa pode ser mensurado por meio dos seus componentes, que são o risco de *default*, o risco de exposição e o risco de recuperação. O risco de *default* está associado à probabilidade de ocorrer um evento de *default* com o emissor do título em um determinado prazo, por exemplo, um ano. O risco de exposição decorre da incerteza em relação ao valor devido pelo emissor no momento da ocorrência do *default*, uma vez que podem ter sido feitos pagamentos de juros e amortizações de principal no período. O risco de recuperação, por sua vez, se refere à incerteza quanto ao valor que poderá ser recuperado pelo investidor no caso de *default* do emissor, já que o título pode ter garantias ou outros mitigadores de risco vinculados. A ponderação dos três fatores (risco de *default*, risco de exposição e risco de recuperação) dá origem a uma medida de perda esperada da operação.

A análise do risco de crédito de uma empresa emissora de um título de dívida envolve a avaliação de dois grandes fatores: a intenção de pagamento e a capacidade de pagamento. O primeiro fator está associado aos valores morais dos gestores e dos proprietários da empresa, bem como aos incentivos econômicos que eles têm para honrar suas obrigações. O segundo fator decorre do potencial de geração de fluxos de caixa do emissor e sua análise normalmente envolve a situação econômica e financeira da empresa, o seu desempenho operacional, o caixa gerado pelas suas atividades, a capacidade administrativa dos gestores, o seu posicionamento de mercado, as perspectivas setoriais e as condições macroeconômicas, entre diversos outros aspectos.

A principal base de informações que subsidia a avaliação da capacidade de pagamento da empresa são as suas demonstrações contábeis. Com base nesses relatórios, podem ser feitas projeções dos fluxos de caixa futuros da empresa e análises quanto à suficiência desses recursos para fazer frente aos compromissos assumidos pela firma com os credores e os investidores. O conjunto de demonstrações contábeis inclui o balanço patrimonial, a demonstração do resultado, a demonstração das mutações na posição financeira (demonstração dos fluxos de caixa e/ou de origens e aplicações de recursos), a demonstração das mutações do patrimônio líquido e as notas explicativas.

Diversos fatores que caracterizam a situação econômica e financeira da empresa e a sua capacidade de pagamento podem ser avaliados com base nas demonstrações contábeis, como, por exemplo: estrutura de ativos e passivos cíclicos e permanentes, necessidade e disponibilidade de capital de giro, grau de endividamento geral e financeiro, cobertura do serviço da dívida, desempenho operacional, rentabilidade do capital investido, geração de caixa e equivalentes de caixa, alavancagem financeira e liquidez, entre outros.

A avaliação do risco de crédito de uma empresa tomadora de recursos no mercado financeiro pode ser feita por meio de abordagens quantitativas e qualitativas. Na abordagem quantitativa, são utilizados modelos matemáticos e estatísticos para gerar, a partir de um dado conjunto de variáveis, uma medida do risco de crédito da empresa ou da operação, geralmente expressa na forma de pontuação (*escore*).

Na abordagem qualitativa, a avaliação do risco de crédito baseia-se no julgamento de analistas especializados, que atribuem à empresa ou à operação uma medida denominada classificação de risco ou *rating*, a qual representa a expectativa de risco de *default*. O conjunto de procedimentos e parâmetros utilizados pelo analista para atribuição do *rating* à empresa ou à operação é denominado sistema de classificação de risco.

Os sistemas de classificação de risco são utilizados principalmente pelas agências de classificação de risco de crédito, conhecidas como agências de *rating*, e pelas instituições financeiras que atuam no mercado de crédito bancário. As agências de *rating* utilizam sistemas de classificação de risco para avaliar emissores e emissões de títulos e valores mobiliários no mercado de capitais, como as debêntures, no mercado doméstico, e os *bonds*, no mercado internacional. As agências também classificam o risco de países e dos títulos soberanos por eles emitidos.

A classificação de risco (*rating*) é uma opinião da agência quanto à qualidade geral de crédito de um emissor, ou de um emissor relativamente a um determinado título de dívida ou outra obrigação financeira emitida. As agências classificadoras de risco emitem uma opinião quanto ao risco de crédito

do emissor ou do título por ele emitido baseados em: (i) capacidade de pagamento das obrigações financeiras dentro do prazo acordado; (ii) fatores que possam afetar a qualidade das obrigações emitidas pela empresa ou país; e (iii) garantias dada ao credor em caso de *default*. Quanto maior o risco de crédito do emissor, pior será o seu *rating* e mais restritivas serão as condições nas quais ele conseguirá captar recursos no mercado financeiro, principalmente em relação a volume, prazo, taxa de juros, garantias e *covenants*.

Quando a agência classifica empresas e países, ela emite uma opinião quanto à qualidade geral de crédito desses emissores, ou seja, quanto à sua capacidade de honrar quaisquer obrigações assumidas. Nesse caso, não são consideradas as características dos títulos emitidos. No caso de emissões de títulos, a agência de classificação considera as condições específicas da operação, como prazo de vencimento e as garantias vinculadas, além dos atributos do próprio emissor. Em geral, os *ratings* atribuídos pelas agências de classificação de risco expressam o risco de crédito total da operação, incluindo a probabilidade de ocorrer o *default* do emissor e a severidade da perda incorrida pelo investidor caso ocorra o evento.

Destaca-se que a classificação de risco (*rating*) não é recomendação de compra, venda ou manutenção de títulos em carteira, pois ela não avalia os preços e condições de mercado, mas sim a qualidade geral de crédito da empresa emissora. Os *ratings* são utilizados pelos investidores como subsídio às suas decisões de investimento em títulos de renda fixa, especialmente quanto à avaliação do risco de crédito do emissor, à precificação da operação e à definição de limites de aplicação de recursos.

Os sistemas de classificação de risco de crédito normalmente se baseiam em variáveis quantitativas e qualitativas. As variáveis quantitativas são as de natureza econômica e financeira, extraídas das demonstrações contábeis da empresa. As variáveis qualitativas, por sua vez, envolvem fatores como capacidade administrativa dos gestores, posicionamento de mercado da empresa e nível de governança corporativa. Além de variáveis associadas à empresa avaliada, os sistemas de classificação também incluem fatores relacionados ao setor econômico e ao país de atuação da companhia.

Nos sistemas de classificação de risco, os *ratings* são revistos periodicamente pelas agências de classificação de risco. As revisões são realizadas em períodos previamente estabelecidos (por exemplo, anualmente), ou quando surgirem novas informações relevantes que alterem a qualidade de crédito do emissor. Essas informações podem ser específicas da empresa, como uma nova demonstração contábil publicada, ou associada às condições econômicas e de mercado, como alteração nas taxas de juros e de câmbio.

Quando ocorre mudança na qualidade de crédito da empresa emissora, a agência atribui um novo *rating*, que pode ser melhor ou pior que o anterior. Alterações para categorias inferiores de risco são denominadas *downgrades*, enquanto alterações para categorais superiores de risco são denominadas *upgrades*. Em um sistema de classificação de risco, as alterações nos *ratings* são origem às chamadas migrações de risco. Para um investidor que possua uma carteira de títulos, as migrações de risco conjuntas revelam a evolução do risco do portfólio ao longo do tempo. Por exemplo, em um determinado período, um maior número de migrações para categorias inferiores de risco do que para categorias superiores indica uma deterioração no risco da carteira como um todo.

Os sistemas de classificação de risco também permitem que seja obtida a frequência de *default* ou taxa de mortalidade de cada categoria de risco (*rating*) ao longo de um determinado período de tempo. A taxa de mortalidade de uma categoria de risco pode ser utilizada como estimativa da probabilidade de *default* de uma nova empresa que seja classificada com esse *rating*. Por exemplo, se historicamente 1% das empresas classificadas com *rating* BB sofrem *default*, pode-se inferir que, se não ocorrer mudança estrutural nas condições econômicas, a probabilidade de uma nova empresa classificada nesse *rating* entrar em *default* é aproximadamente 1%.

As principais agências internacionais de classificação de risco são a Standard & Poor's, a Moody's e a Fitch, e entre as nacionais temos a SR Rating e a Austin Rating. A Standard & Poor's e a Moody's são responsáveis pelas principais emissões públicas de dívida no mercado norte-americano. Em geral, as classificações de risco atribuídas por essas agências são amplamente aceitas pelos investidores e demais participantes do mercado.

Nas agências de classificação de risco, os *ratings* são propostos por analista líder e definido por um comitê, que pode ter participação de outros analistas, gerentes e diretores, dependendo da complexidade do emissor ou emissão avaliada. Os analistas utilizam diversas fontes de informação para realizar a avaliação de risco, como, por exemplo, as demonstrações contábeis publicadas pela empresa, prospectos de emissão de valores mobiliários, preços de ações e volumes de negócios realizados na bolsa de valores, dados do mercado financeiro, como taxas de juros e câmbio, estudos setoriais etc.

Cada agência de *rating* utiliza seu próprio sistema de classificação de risco. A Moody's, uma das mais importantes agências de classificação de risco mundiais, atribui *ratings* para empresas, para países, para dívidas de curto (até um ano) e de longo prazo (um ano ou mais), para empréstimos sindicalizados, para depósitos bancários, para força financeira de bancos, para força financeira de seguradoras e para operações estruturadas, entre outros.

Para as emissões corporativas com prazo de um ano ou superior, a Moddy's utiliza uma escala de *ratings* composta por 21 categorias de risco, em que Aaa é o melhor *rating* e C é o pior *rating*. Os números 1, 2 e 3 são utilizados para indicar a posição da obrigação dentro da sua categoria de *rating*. O número 1 indica que a obrigação encontra-se no patamar mais elevado na categoria, o número 2 indica classificação no nível médio e o número 3 indica classificação no patamar mais baixo da categoria. O Quadro 10.1 descreve as características gerais das obrigações em cada categoria de *rating*.

Risco nas Operações de Renda Fixa **187**

QUADRO 10.1

Classificação de *rating*.

Aaa	Obrigações com o *rating* Aaa são consideradas da melhor qualidade, com risco de crédito mínimo.
Aa1, Aa2, Aa3	Obrigações com o *rating* Aa são consideradas de alta qualidade, com risco de crédito bastante baixo.
A1, A2, A3	Obrigações com o *rating* A são consideradas superiores à média, com risco de crédito baixo.
Baa1, Baa2, Baa3	Obrigações com o *rating* Baa apresentam risco de crédito moderado. São consideradas de risco médio e, portanto, possuem certas características especulativas.
Ba1, Ba2, Ba2	Obrigações com o *rating* Ba apresentam elementos especulativos e estão sujeitas a risco de crédito relevante.
B1, B2, B3	Obrigações com o *rating* B são consideradas especulativas e estão sujeitas a risco de crédito elevado.
Caa1, Caa2, Caa3	Obrigações com o *rating* Caa são consideradas de baixa qualidade e sujeitas a risco de crédito muito alto.
Ca	Obrigações com o *rating* Ca são altamente especulativas e foram ou provavelmente serão descumpridas, com alguma chance de recuperação do principal e dos juros.
C	Obrigações com o *rating* C são as que apresentam a classificação mais baixa e de uma forma geral encontram-se descumpridas, com possibilidades baixas de cobrança do principal ou dos juros.

Fonte: Moody's Investor Service.

Os *ratings* das categorias Aaa, Aa, A e Baa são considerados grau de investimento (menor risco), enquanto os *ratings* das categorias Ba, B, Caa, Ca e C são considerados grau especulativo (maior risco).

Para as emissões corporativas de curto prazo (até um ano), a Moddy's utiliza uma escala de quatro categorias de *rating,* sendo três consideradas grau de investimento (P-1, P-2 e P-3) e uma considerada grau especulativo (NP). O Quadro 10.2 descreve as características gerais das obrigações em cada categoria de *rating*.

QUADRO 10.2

Obrigações em cada categoria de rating.

P-1	Emissores (ou garantidores) com o *rating* Prime-1 possuem a capacidade mais elevada para pagar dívidas de curto prazo.
P-2	Emissores (ou garantidores) com o *rating* Prime-2 possuem uma capacidade elevada para pagar dívidas de curto prazo.
P-3	Emissores (ou garantidores) com o *rating* Prime-3 possuem uma capacidade aceitável para pagar dívidas de curto prazo.
NP	Emissores (ou garantidores) com o *rating* Not Prime são aqueles que não se enquadram nas categorias anteriores de *rating*.

Fonte: Moody's Investor Service.

As agências de classificação de risco atribuem *ratings* em escala global e *ratings* em escala nacional para alguns mercados, nos quais a escala global não é adequada para capturar o risco de crédito dos emissores e das emissões. O *rating* em escala nacional é uma opinião da agência de classificação sobre o risco de crédito de um emissor (ou emissão), relativamente aos demais emissores dentro do país. Dessa forma, a escala nacional não permite a comparação dos *ratings* entre emissores ou emissões de países diferentes. O *rating* em escala global, por sua vez, possibilita que o risco de crédito de emissões realizadas em países diferentes sejam diretamente comparadas.

Além dos fatores de risco ligados ao emissor e à emissão, os *ratings* em escala nacional também consideram aspectos relacionados ao governo local, como a política econômica, a política monetária e a política fiscal. Por outro lado, não são considerados os riscos específicos do país que tendem a afetar todos os emissores igualmente.

A Moody's é uma agência de classificação de risco que adota uma escala nacional de *rating* para as obrigações emitidas no Brasil, incluindo um modificador "br" para as categorias de risco originais. A categoria Aaa para emissões corporativas de longo prazo, por exemplo, passa a ser Aaa.br na escala nacional do Brasil.

O Quadro 10.3 apresenta alguns exemplos de *ratings* atribuídos pela Moody´s a emissores no Brasil:

QUADRO 10.3

Rating no Brasil.

Emissor	Moeda	Escala	*Rating*
Governo do Brasil	Estrangeira	Global	Baa3
Braskem S.A.	Local	Nacional	Aa2.br
Construtora Norberto Odebrecht S.A.	Estrangeira	Global	Ba2
Petróleo Brasileiro S.A. (Petrobras)	Local	Global	A3
Rede Energia S.A.	Local	Nacional	Caa1.br

Fonte: Moody's Investor Service – Março de 2011.

10.3 RISCO DE MERCADO

Além do risco de crédito inerente a qualquer passivo financeiro, conforme visto na seção anterior, os retornos das operações de renda fixa sofrem influência das condições de mercado, mais especificamente, do comportamento das taxas de juros de mercado.

Similarmente ao que foi apresentado no capítulo de risco de mercado em operações com ações, o risco de mercado, em renda fixa, também diz respeito à possibilidade de perda derivada de mudanças no preço dos ativos financeiros.

Em renda fixa, o risco de mercado, refere-se ao fato de que preço de um título pode variar em função (1) de mudanças nas taxas de mercado ou (2) de mudanças na estrutura de prazo das taxas de juros.

As taxas de juros constituem o mecanismo básico de promoção de equilíbrio entre oferta e demanda de instrumentos financeiros específicos nos diversos mercados. As unidades econômicas dispostas (capazes) de pagar taxas de juros mais altas, mantido o risco constante, são as que adquirem o direito de usar os fundos necessários.

Como visto nos capítulos anteriores, é amplamente aceito que o retorno de um instrumento financeiro é dado pela taxa de desconto que iguala o valor presente dos fluxos de caixa ao preço de mercado de títulos (valor presente). Como essas taxas de desconto são determinadas por uma complexa interação de forças de oferta e demanda, existe uma constante dinâmica de ajustamento de preço dos ativos para se adequarem às taxas de juros vigentes. É exatamente por isso que um título pode perder valor e gerar perda ao seu detentor.

O segundo aspecto diz respeito às mudanças na estrutura de prazo das taxas de juros, que nada mais é do que a relação entre o retorno de um título e seu prazo de vencimento. Em outras palavras, refere-se ao "prêmio" pelo risco em ativos de mais longo prazo, mantido os demais riscos constantes.

Imagine, por exemplo, dois títulos com exatamente as mesmas características e mesmos *ratings* mas, que, no entanto, diferem em relação ao prazo de vencimento: um dos títulos tem prazo de dois anos enquanto que o outro tem prazo de dez anos. A esperança é que o título de maior prazo tenha um retorno maior devido à maior incerteza sobre o futuro.

10.3.1 Risco de mudanças nas taxa de juros

De forma geral, como os fluxos de caixa de um título de renda fixa são definidos no momento de sua emissão de acordo com as cláusulas constantes no prospecto de lançamento, os pagamentos são razoavelmente homogêneos ao longo do tempo. Isso é especialmente verdade no caso de títulos prefixados.

A rentabilidade de um título deve acompanhar (1) as variações de taxa de juros mercado, (2) as condições de aversão ou aceitação de risco e (3) as condições de oferta e demanda de títulos. Como não é possível modificar as cláusulas de uma emissão com facilidade, os ajustamentos de taxas devem ser feitos por meio de ágios ou deságios no valor de face de um título esses ajustamentos ocorrem no mercado secundário e geram ganhos ou perdas para os investidores.

Exemplo:

Para ilustrar, sabe-se que, em 21/02/2011, uma LTN com vencimento em 01/01/1012 estava sendo negociada em mercado pela taxa de 12,44% a.a. Sabe-se que entre a data de compra e a data do vencimento existem 215 dias úteis (de um total de 313 dias corridos) – dados reais de mercado. Lembrando que uma LTN tem valor de face de R$ 1000,00 e não tem pagamento de cupom (*zero coupon bond*), logo, sua taxa de retorno é determinada pelo deságio no valor de face, qual o preço de mercado do título?

Fazendo:

$$P_0 = \frac{1.000}{(1 + 0,1244)^{\frac{215}{252}}} = 904,80$$

Encontra-se o valor unitário de mercado do título de R$ 904,80 no dia 21/02/2011 e, portanto, quem comprar esse título espera receber um retorno de 12,44% até o vencimento.

Suponha que um investidor que tenha comprado esse título por R$ 904,80 precise cobrir suas necessidades de caixa após 2 meses (no dia 21/04/2011) e, portanto, deve vender esse título. Nesse caso, entre a data da venda (21/04/2011) e a data do vencimento existem 175 dias úteis (de um total de 251 dias corridos). Qual seria o preço de venda do título? Considerando que:

1. A taxa de mercado do título não se alterou durante os dois meses continuando em 12,44% a.a.:

$$P_0 = \frac{1.000}{(1 + 0,1244)^{\frac{175}{252}}} = 921,80$$

Isso gerou um ganho para o investidor de R$ 17,00 (R$ 921,80 – R$ 904,80). Outra forma de encontra os R$ 17,00 de ganho é fazendo: 904,80*((1,1244) ^ (40/252) –1), ou seja, a taxa de juros de 12,44% a.a. aplicada por 40 dias úteis.

2. A taxa de mercado do título mudou para 16,5% a.a. devido a problemas conjunturais:

$$P_0 = \frac{1.000}{(1 + 0,1650)^{\frac{175}{252}}} = 899,37$$

Isso gerou uma perda para o investidor de R$ 5,43 (R$ 899,37 – R$ 904,80). Ou seja, como o investidor precisa vender seu título para cobrir seu caixa, ele irá ter uma perda de capital de R$ 5,43. Além de não ganhar os juros relativos ao período, ele ainda perde parte de seu capital, que inicialmente era de R$ 904,80 e agora é de R$ 899,37. Isso ocorre pelo fato de que o mercado ajusta o valor do título às taxa de juros vigentes em 21/04/2011.

Reforçando conceitos vistos anteriormente:

> **O valor de um título varia inversamente às variações na taxa de juros.**

A princípio, o leitor deve refletir: "o risco perda por variações na taxa de juros só é relevante no caso de queda nas taxas de juros; nos casos de aumento nas taxas de juros, ao invés de perda eu terei ganho". Sim, o raciocínio está correto, em partes.

Considere no exemplo anterior uma terceira alternativa para a data da venda:

3. A taxa de mercado do título caiu para 8,3% a.a., nesse caso o preço de mercado do título será:

$$P_0 = \frac{1.000}{(1 + 0,0830)^{\frac{175}{252}}} = 946,13$$

Isso gera um ganho para o investidor de R\$ 41,33 (R\$ 946,13 – R\$ 904,80). Esse ganho pode ser explicado por R\$ 17,00 de juros e R\$ 24,33 de ganho de capital, derivado da variação das taxas de juros.

O cálculo do ganho financeiro (juros) é: 904,80*((1,1244) ^ (40/252) –1), ou seja, a taxa de juros de 12,44% a.a. aplicada por 40 dias úteis.

O cálculo do ganho de capital é: 946,13 – [904,80*((1,1244) ^ (40/252)] ou, simplesmente, 946,13 – 921,80.

Fica claro que, em condições de queda na taxa de juros, o investidor que tem em seu poder um título que rende 12,44% a.a., enquanto que o mercado tem remuneração de 8,3% a.a., receberá um prêmio pelo título, pois o investidor possui uma vantagem sobre o mercado.

O lado negativo desse raciocínio é o prazo: trata-se do risco de reinvestimento.

O risco de reinvestimento, ao contrário do risco de taxa de juros, está em as taxas de juros praticadas pelo mercado caírem durante a vida do título. Nesse caso, se um investidor possui de um título com vencimento curto ele não poderá usufruir por muito tempo da vantagem em relação ao mercado, e terá que reinvestir seus recursos à taxa menores, e ainda, se as taxas de juros caírem provavelmente haverá redução na renda dos investidores no curto prazo.

No exemplo da LTN com vencimento em 01/01/2012, perceba que a taxa de compra foi de 12,44% a.a., porém, o título só tem 10 meses de "vida", se a taxa cair para 8,3% e o investidor tiver disponibilidade de investimento de longo prazo, ele terá que comprar outro título em 01/01/2012 à taxa de 8,3% a.a.

Assim, o risco de reinvestimento e o risco de taxa de juros se relacionam e devem ser ponderados pelos investidores ou gestores de recursos. A aceitação de um risco maior em relação ao outro se deve ao perfil e objetivos de investimentos. Como exemplo, temos os gestores de fundos de investimentos de longo prazo, que estariam mais dispostos a gerar retorno em longo prazo, assim desenvolvem estratégias que privilegiam retornos em períodos maiores, ao contrário de fundos de curto prazo.

Por exemplo, uma pessoa que viva de renda compra um título de 2 anos de vencimento, com taxa de cupom de 12% a.a. e valor de face de R\$ 1000,00. Caso, ao final do segundo ano (no vencimento do título), a taxa de juros de mercado caia para 8% a pessoa que antes ganhava R\$ 120 (12% × 1000) terá que reinvestir à taxa de mercado e passará a ganhar apenas R\$ 80,00, o que reduz a renda do investidor.

Porém, se esse investidor comprar um título de 20 anos com taxa de cupom de 12% a.a., e ao final do segundo ano a taxa cair para 8% a.a., ele teria um rendimento muito acima do mercado durante 18 anos. Em contrapartida, se o investidor tivesse comprado um título de longo prazo e a taxa de juros ir a padrões superiores aos 12% ele terá dificuldade ou perderá a chance de aumentar sua renda sem que haja perda de capital. Adicionalmente, é importante destacar que prever um futuro mais longínquo é mais difícil e também mais incerto, o que aumenta o risco das operações de prazos maiores.

Dessa forma é possível verificar um dilema entre investimentos de curto prazo mais sensíveis ao risco de reinvestimento e investimentos de longo prazo mais sensíveis ao risco de mercado (de taxa de juros). Esse dilema é muito estudado e analisado por investidores qualificados na composição de carteiras no intuito de imunizar o efeito de um risco com o outro auferindo o maior ganho possível.

A seção seguinte aborda em mais detalhes o efeito do templo na formação das taxas de juros e no gerenciamento de risco de ativos de renda fixa.

10.3.2 Risco na estrutura de prazos

O risco de taxa de juros é positivamente relacionado com o prazo de vencimento do título, ou seja, quanto maior o prazo de vencimento, maior será o efeito das variações na taxa de juros no preço do título.

Suponha como exemplo um título de valor de face \$ 1.000 com taxa de juros de cupom de 10% ao ano com prazo de vencimento de 10 anos. Imagine que em uma simulação a taxa de mercado (ou taxa de desconto) varie para 5% ou 15% ao ano.

Caso a taxa de mercado caia para 5%, o título será negociado, com deságio, pelo valor de 1.386,09 (n = 10, i = 5, PMT = 100, FV = 1000, PV = ?). Já se a taxa de juros subir para 15% o título será negociado, com deságio, pelo valor de 749,06 (n = 10, i = 15, PMT = 100, FV = 1000, PV = ?). Se considerarmos essas variações, veremos que as mudanças nas taxas de juros serão de 63,7% do valor de face do título [(1.386,09 – 749,06)/1000].

Suponha agora títulos com as mesmas características em termos de valor de face, juros de cupom e *rating*, porém considere agora esses títulos com 20 e 30 anos. O quadro a seguir resume os valores dos títulos caso para taxas de mercado de 5%, 10% e 15% para 10, 20 e 30 anos.

Vencimento	Taxa de Mercado	Valor do Título	Variação*
10 Anos	5%	1.386,09	63,7%
	10%	1.000,00	
	15%	749,06	
20 Anos	5%	1.623,11	93,6%
	10%	1.000,00	
	15%	687,03	
30 Anos	5%	1.768,62	109,7%
	10%	1.000,00	
	15%	671,70	

* Em relação ao valor de face.

Veja que, com as mesmas taxa de desconto (5% e 15%), os títulos com taxa de vencimentos maiores possuem uma maior oscilação em seu valor. Assim, pode-se concluir que a oscilação do preço de ativos de renda fixa é definido em função da taxa de juros de mercado e em função do prazo de vencimento do título. Portanto:

> **O valor de um título varia inversamente às variações na taxa de juros que tem seu feito reforçado com o aumento do prazo de maturidade dos títulos (*maturity*).**

10.3.3 Duration

A *duration* representa o prazo médio de um título ponderado por seus fluxos de caixa intermediários a valor presente, portanto, ela leva em conta não só o vencimento de um título (*maturity*), mas os pagamentos intermediários de juros e amortizações, representando uma forma mais adequada de avaliação do tempo de retorno de um ativo. Assim, *duration* é sempre menor que o vencimento final (*maturity*), exceto para os *zero coupon bonds*, em que a *duration* é igual ao *maturity*.

Vejamos o seguinte exemplo:

Suponha um título de cupom zero (*zero coupon bond*), cujo valor de resgate é $ 1.000, foi emitido com deságio que remunerará o investidor à taxa de 8% ao ano pagando o principal após 10 anos. Assim:

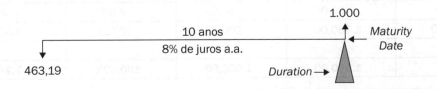

Ou seja, para um título de cupom zero a maturidade é igual à *duration*. Porém, agora suponha se tenha como alternativa adquirir um título com prazo de também 10 anos que também rende 8% ao ano, porém com pagamentos de juros anuais.

Aparentemente os investimentos parecem semelhantes em termos de taxas e prazos, no entanto, o título com pagamentos anuais teria seu fluxo de caixa assim representado:

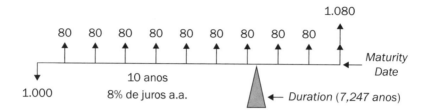

Supondo que os investidores sejam indiferentes ao valor inicial aplicado, tendo suas preocupações voltadas apenas à taxa de retorno e prazo, um investidor que optar pelo investimento que paga anualmente os juros terá uma antecipação do fluxo de caixa para uma data equivalente a 7,247 anos.

O título com pagamentos anuais com maturidade de 10 anos seria equivalente, em termos de prazo de retorno do investimento, a um *bond* de cupom zero adquirido por $ 1.000 com taxa de juros de 8% ao ano com um vencimento em 7,247 anos e resgatado pelo valor de $ 1.747,69 (PV = 1.000, i = 8, n = 7,247, PMT = 0, FV = 1.747,69).

Dessa forma, a *duration* representa a duração média de um *bond*, tomando por base três aspectos simultaneamente:

- tempo;
- taxa de juros;
- preço do título.

Além disso, a *duration* de um título possibilita uma melhor comparação entre títulos de diferentes maturidades e com diferentes formas de pagamentos de juros e diferentes formas de amortização.

Para se calcular a *duration* de forma "intuitiva", é preciso calcular os fluxos de caixa a valor presente aplicando a participação percentual em relação ao principal e ponderando o resultado pelo prazo respectivo. Assim, pode-se descrever o seguinte procedimento:

Quadro 10.4.

A	B	C	D = C/1000	E = D*A
Períodos	Recebimentos ($)	Valor Presente (8%)	Relação Preço do Título (%)*	Ponderação
1	80,00	74,07	7,41%	0,074
2	80,00	68,59	6,86%	0,137
3	80,00	63,51	6,35%	0,191
4	80,00	58,80	5,88%	0,235
5	80,00	54,45	5,44%	0,272
6	80,00	50,41	5,04%	0,302
7	80,00	46,68	4,67%	0,327
8	80,00	43,22	4,32%	0,346
9	80,00	40,02	4,00%	0,360
10	1.080,00	500,25	50,02%	5,002
Total	1.800,00	1.000,00	100,00%	7,247

* Neste exemplo considera-se que o valor do título é igual ao seu valor de face, pois em regra geral, no momento da emissão, a taxa de cupom de do título representa a taxa de mercado e, consequentemente, o retorno exigido pelos investidores (custo de oportunidade ou, simplesmente, taxa de desconto) porém o preço do título varia conforme visto anteriormente.

A formulação para o cálculo da *duration* foi desenvolvida por Frederick R. Macaulay em 1938, porém a *duration* não foi utilizada até os anos 1970 e é conhecida como *Macaulay duration*.

A *Macaulay duration* é calculada pela somatória dos resultados da multiplicação dos diversos fluxos de caixa a valor presente pelo tempo que será recebido e dividindo-se pelo preço final do título. Assim, a fórmula para o cálculo da *Macaulay duration* é:

$$Macaulay\ duration = \frac{\sum_{t=1}^{n} \frac{t*C}{(1+i)^t} + \frac{n*M}{(1+i)^n}}{P}$$

$$\frac{\frac{1*80}{(1+0,08)^1} + \frac{2*80}{(1+0,08)^2} + \frac{3*80}{(1+0,08)^3} + ... + \frac{9*80}{(1+0,08)^9} + \frac{10*80}{(1+0,08)^{10}} + \frac{10*1.000}{(1+0,08)^{10}}}{1.000} = 7,247$$

Nesse exemplo, considera-se que o valor to título é igual ao seu valor de face, porém o preço do título varia constantemente, e conforme visto anteriormente, o preço de um *bond* é dado pelo valor presente de seus fluxos de caixa. Assim, o valor presente será:

$$P = C * \left[\frac{1 - \left[\frac{1}{(1+i)^n} \right]}{i} \right] + \frac{M}{(1+i)^n}$$

E assim, substituindo o P da fórmula original, temos que a *duration* de Macaulay:

$$Macaulay\ duration = \frac{\sum_{t=1}^{n} \frac{t*C}{(1+i)^t} + \frac{n*M}{(1+i)^n}}{C * \left[\frac{1 - \left[\frac{1}{(1+i)^n} \right]}{i} \right] + \frac{M}{(1+i)^n}}$$

A *duration* tem um importante papel no processo de imunização de carteiras. A imunização é um conceito muito importante na gestão de riscos com a utilização de carteiras de títulos de renda fixa, pois baseia-se na equivalência de prazos de passivos e ativos, além de possibilitar que as carteiras sejam imunizadas contra o risco da taxa de juros.

Propriedades da *duration*:

- a *duration* é maior quanto menor a taxa dos cupons, mantida a maturidade constante;

Onde:

n = número do fluxo de caixa referido

t = prazo de vencimento

C = valor dos fluxos de caixa

i = retorno exigido

M = valor de face ou *par value*

P = preço do título

No exemplo apresentado anteriormente, teríamos:

- a *duration* de um título geralmente aumenta em função do tempo para a maturidade, mantida a taxa do cupom constante. A *duration* sempre aumenta com a maturidade para títulos vendidos ao par ou com prêmio sobre o par;
- mantidos os outros fatores constantes, a *duration* de um título com cupons será maior quando o *yield to maturity* do título for menor.

Para maior aprofundamento do tema sugere-se a obra original de Macaulay (1938) e Ferreira (2004).

10.4 OUTROS RISCOS EM OPERAÇÕES DE RENDA FIXA

Além da capacidade financeira da empresa e das mudanças nas taxas de juros e condições de mercado, as cláusulas contratuais na emissão de títulos também influenciam no risco de crédito de um título. Isso ocorre especialmente quando existirem garantias asseguradas por meio de ativos garantidores.

Adicionalmente, existem diversos efeitos de mercado que influenciam o risco dos títulos de renda fixa que não as variações na taxa de juros. Esses riscos também podem ser considerados risco de mercado, como é o caso do risco cambial para ativos indexados a moedas estrangeiras, ou risco de inflação, ou ainda o risco de liquidez. A seguir destacamos alguns riscos comumente citados na literatura sobre renda fixa.

10.4.1 Risco de resgate antecipado

O risco de resgate antecipado representa a impossibilita o investidor de saber o efetivo rendimento do título visto que o título poderá ser recomprado (resgatado) pela empresa anteriormente à data de vencimento final. Esse risco ocorre apenas em emissões de títulos que possuem cláusula de resgate (chamada) antecipado, assim, ao adquirir um título o investidor já sabe se existe a possibilidade de resgate antes do vencimento. Assim, um investidor deve estar atento às possibilidades de o título não ser mantido até a data de vencimento estipulada (o que geralmente ocorre caso a taxa de juros de mercado fique muito abaixo da taxa de cupom do título e há cláusula de resgate antecipado na emissão).

Geralmente, para compensar o risco de resgate antecipado as empresas emissoras oferecem uma taxa de retorno mais atrativa ou ainda, podem oferecer, um prêmio sobre o valor de face caso ocorra resgate antecipado. Independentemente da forma (aumento na taxa de retorno ou prêmio sobre o valor de face), os investidores acabam gozando de um retorno maior do que um título similar, porém que não tenha cláusula de resgate antecipado.

10.4.2 Risco de inflação

O risco de inflação surge devido às variações dos fluxos de caixa de um título devido à redução no poder de compra de uma moeda. Trata-se de que, por exemplo, um investidor com um título de taxa de cupom de 8% e a inflação no período chegue a 9%, na verdade, o investidor está tendo um retorno nominal mas economicamente está tendo um prejuízo devido à oscilação no poder aquisitivo da moeda.

Esse risco é especialmente relevante para os investidores dos títulos que podem ter sua rentabilidade diminuída em função das variações no poder de compra de uma moeda. Isso ocorre, principalmente, com títulos de remuneração prefixada, já que os títulos com correção monetária do principal ou indexados a taxas de juros de mercado ficam protegidos de tais variações.

10.4.3 Risco cambial

Em geral, os *eurobonds* e *euronotes* são emitidos em uma moeda diferente da moeda do país de origem da empresa emissora ou do país do investidor, comumente utiliza-se o dólar americano ou o euro. Assim, o emissor e o investidor ficam ou podem ficar expostos às variações da moeda de seu país frente a moeda em que o título é emitido.

Esse risco afeta tanto os emissores quanto os investidores em títulos e pode ser minimizado ou gerenciado com operações de instrumentos financeiros derivativos, que buscam compensar perdas cambiais com ganhos em operações com derivativos ou ainda, como emissões que contenham cláusulas para pagamentos dos juros em moedas diferentes da moeda do principal, ajustando o fluxo de caixa de desembolso das entidades emissoras e/ou embolso das entidades investidoras.

Mesmo em mercados domésticos, algumas emissões podem ter sua remuneração indexada a moeda estrangeira. No Brasil, era muito comum encontrar títulos públicos e debêntures emitidos e negociados no mercado interno e indexados à variação moedas estrangeiras, especialmente o dólar norte-americano, como forma de remuneração dos títulos, porém, atualmente, tais operações são raras, havendo inclusive uma inversão de papéis, a ponto de empresas emitirem títulos no exterior indexados à moeda brasileira (real).

Essa mudança no perfil das captações brasileiras teve início no ano de 2005 quando algumas empresas brasileiras e o governo brasileiro fizeram emissões de *bonds* no mercado global denominadas em reais. Com essa medida as empresas e o próprio governo criam passivos que não ficam sujeitos às variações cambiais, facilitando o casamento de financiamentos e aplicações em moedas semelhantes.

10.4.4 Risco de liquidez

É o risco de que um determinado título não seja facilmente negociado entre os investidores. Trata-se do risco de que, no momento em que o investidor necessite da transformação do título em disponibilidade, encontre dificuldades de fazê-lo.

Geralmente, títulos que têm baixa liquidez são "penalizados" por investidores em termo de taxa, isso porque um investidor irá requerer maior taxa de retorno para compensar o risco associado à dificuldade de se vender o título. Esse maior retorno costuma ser chamado de "prêmio de liquidez" e refere-se, portanto, a remuneração adicional exigida por uma aplicação em títulos ou valores mobiliários com baixo grau de negociação.

10.4.5 Risco de volatilidade

É o risco de perda do valor do título (perda de capital) derivada da percepção dos analistas em relação às dúvidas quanto à efetivação de fluxos de caixa. Deriva da expectativa ou "humor" dos agentes do mercado em relação à economia em geral e ao desempenho do emissor.

A volatilidade é medida pela dispersão do retorno de um título em relação à média histórica dos retornos, assim, um título que possui retornos mais dispersos terá maior variação em seus retornos e, portanto maior incerteza (ou maior risco).

Questões discursivas

1. O que é risco de crédito em operações de renda fixa?

2. O risco de crédito se concretiza por meio da ocorrência de um evento de *default*. Quais as situações que caracterizam um evento de *default*?

3. Quais os principais fatores envolvidos na análise do risco de crédito de uma entidade emissora de títulos de renda fixa?

4. Como é denominado o conjunto de procedimentos e parâmetros para atribuição de *rating*?

5. Quais são as principais agências internacionais de classificação de *rating*?

6. Quais categorias de *rating* são consideradas grau de investimento e quais são consideradas como grau especulativo?

7. Qual o comportamento do valor de um título prefixado caso exista aumento das taxas de juros?

8. Em operações de renda fixa, quais os principais componentes do risco de mercado que fazem o valor de um título variar?

9. O que é *duration* de um título?

10. Um *bond* de valor de face de $ 1.000 promete pagar taxa de juros anuais de 9% ao ano e tem vencimento de dez anos. Pede-se:

   a) Calcule a *duration* deste título.

   b) Calcule a *duration* para títulos com mesmo cupom (9%) e valor de face, porém datas de vencimento de 8 e 12 anos. É possível identificar com os resultados alguma propriedade da *duration*?

Testes de múltipla escolha

1. São componentes do risco de mercado, exceto:

   a) variação nas taxas de juros de mercado;

   b) variação na classificação de *rating* de uma entidade;

   c) variação nas taxas de câmbio;

   d) variação nos preços de *commodities*;

   e) variação na taxa de inflação.

2. A classificação de risco (*rating*) é uma opinião da agência quanto à qualidade geral de crédito de um emissor, ou de um emissor relativamente a um determinado título de dívida ou outra obrigação financeira emitida. A seguir, são apresentados os itens de avaliação das agências de *rating*, exceto:

   a) número de funcionários alocados à atividade operacional;

   b) capacidade de pagamento das obrigações financeiras dentro do prazo acordado;

   c) fatores que possam afetar a qualidade das obrigações emitidas pela empresa ou país;

   d) garantias dada ao credor em caso de *default*;

   e) qualidade geral de crédito desses emissores.

3. Conforme classificação da Moody's Investor Service, são considerados títulos com classificação de risco grau de investimentos:

   a) Aaa, Aa, A, Baa, Ba e B;

   b) B, Caa, Ca e C;

   c) Aaa, Aa, A e Baa;

   d) Aaa e Aa;

   e) somente Aaa.

4. Assinale a alternativa correta:

a) As agências de classificação de risco atribuem *ratings* em escala global e *ratings* em escala nacional para alguns mercados, nos quais a escala global não é adequada para capturar o risco de crédito dos emissores e das emissões.

b) As agências de classificação de risco atribuem *ratings* de acordo com o padrão norte-americano, portanto facilitando a comparação entre os diversos mercados independentemente da moeda ou das condições de econômicas de um país específico.

c) As agências de risco são entidades ligadas às empresas emissoras e, na maioria das vezes, recebem incentivos dos gestores para elaborarem classificações mais subjetivas atendendo o interesse dos gestores.

d) O *rating* em escala nacional é uma opinião da agência de classificação sobre o risco de crédito de um emissor (ou emissão) que visa comparar diversos países.

e) As classificações de *rating* interferem apenas na determinação do prazo de uma emissão, que que haja impactos no retorno exigido de um título.

5. Assinale a alternativa correta:

a) O valor de um título varia de forma independente das variações na taxa de juros.

b) O prazo de um título pouco interfere em seu valor.

c) O retorno de um título é determinado apenas em função de seu nível de risco.

d) O valor de um título varia no mesmo sentido que as variações no mercado de ações.

e) O valor de um título varia inversamente às variações na taxa de juros, que têm seu efeito reforçado com o aumento do prazo de maturidade dos títulos (*maturity*).

6. (IBA-2005) Com relação a uma NTN cujo cupom é de 6% ao ano, o mercado deseja um retorno de 9% ao ano. Como o próximo cupom de juros vai ser pago em 6 meses, podemos afirmar:

a) A NTN será negociada ao par.

b) A NTN será negociada com ágio.

c) A NTN será negociada com deságio.

d) Ninguém vai comprar um título que paga cupom de 6% ao ano quando espera um retorno de 9% ao ano.

e) Nenhuma das respostas anteriores.

7. (IBA-2005) Baseado nas informações abaixo:

I – Se os juros aumentam, a marcação a mercado de um título de renda fixa prefixado diminui o seu valor.

II – Se os juros caem, o preço de mercado de uma debênture diminui.

III – Se o prazo diminui e os juros se mantêm, o valor de uma carteira de títulos de renda fixa sobe.

IV – Se o prazo diminui e os juros caem, o preço de uma LTN sobe.

Assinale a opção correta:

a) Todas as afirmações são verdadeiras.

b) Somente I e IV são verdadeiras.

c) Somente I, II e III são verdadeiras.

d) Somente I, III e IV são verdadeiras.

e) Todas são falsas.

8. Pode-se dizer que a *duration*:

a) é uma media pouco útil para títulos de renda fixa, tendo sua principal função na gestão de títulos de renda variável;

b) representa o potencial de perdas derivadas da variação cambial e da variação nos preços das *commodities*;

c) representa o total da vida útil de um título, sendo apresentada em números de dias até a última amortização prevista no contrato;

d) representa o prazo médio de um título ponderado por seus fluxos de caixa intermediários a valor presente;

e) só pode ser utilizada em títulos do tipo *zero coupon bonds*.

9. A *duration* representa a duração média de um título de renda fixa, tomando por base três aspectos simultaneamente:

a) tempo, classificação de *rating* e taxa de juros;

b) tempo, taxa de juros e preço do título;

c) classificação de *rating*, taxa de juros e forma de amortização;

d) classificação de *rating*, tipo de indexador e forma de amortização;

e) tempo e risco de crédito.

10. São propriedades da *duration*, exceto:

a) A *duration* é maior quanto menor a taxa dos cupons, mantida a maturidade constante.

b) A *duration* de um título geralmente aumenta em função do tempo para a maturidade, mantida a taxa do cupom constante.

c) A *duration* sempre aumenta com a maturidade para títulos vendidos ao par ou com prêmio sobre o *par*.

d) A *duration* aumenta em função do nível de risco e classificação de *rating*.

e) Mantidos os outros fatores constantes, a *duration* de um título com cupons será maior quando o *yield to maturity* do título é menor.

Parte IV

Derivativos

A Parte IV deste livro trata das operações com instrumentos financeiros derivativos. Apesar de um único capítulo sobre o assunto, nele são apresentados os principais conceitos e características das operações com os principais tipos de derivativos, a saber: operações no mercado a termo, operações no mercado futuro, operações com opções e contratos de *swap*.

11

Derivativos

Fernando Caio Galdi e
Alexsandro Broedel Lopes

Este capítulo tem como objetivo demonstrar o funcionamento básico das operações com derivativos financeiros, apresentar a possibilidade do uso desses instrumentos para a finalidade de proteção (*hedge*) e introduzir conceitos fundamentais referentes à sua contabilização e à sua tributação no mercado brasileiro.

11.1 INTRODUÇÃO

Um derivativo pode ser definido como um instrumento financeiro cujo valor depende (ou deriva) de valores de outras variáveis mais básicas (subjacentes) ao qual ele se refere (HULL, 2009). Muito frequentemente, as variáveis subjacentes aos derivativos são preços de ativos negociados no mercado financeiro. No entanto, um derivativo pode depender do preço de praticamente qualquer variável, desde o preço de uma ação até a quantidade de chuva em determinada região. Uma definição mais rigorosa de derivativos, a qual as empresas devem observar, é fornecida pelo IASB (International Accounting Standards Board) e pelo CPC (Comitê de Pronunciamentos Contábeis). Essa definição diz que um,

derivativo é um instrumento financeiro ou outro contrato com <u>todas</u> as seguintes características:

a) seu valor se altera em resposta às mudanças de uma taxa de juros especificada, do preço de um instrumento financeiro, do preço de *commodities*, de taxas de câmbio, de um índice de preços ou taxas, de *rating* de crédito ou índice de crédito, ou outras variáveis, selecionadas no caso de variáveis não financeiras não relacionadas a uma parte do contrato;

b) não requer investimento inicial líquido ou requer um investimento inicial líquido que é menor do que seria necessário no caso de outros contratos com respostas similares às mudanças nos fatores de mercado; e

c) será liquidado em data futura.

Os exemplos mais típicos de derivativos são os contratos a termo, contratos futuros, opções e *swaps*.

O aparecimento desse tipo de instrumento financeiro teve origem na necessidade dos agentes econômicos em diminuir as incertezas inerentes a determinadas atividades (como, por exemplo, o preço de venda da soja que foi plantada hoje e será comercializada no futuro, após sua colheita) e, consequentemente, sua utilização passou a ser fundamental para o moderno gerenciamento de risco.

A partir da década de 70 do século XX, instrumentos financeiros, anteriormente considerados exóticos, começaram a ser transacionados com frequência nas bolsas de valores norte-americanas. *Swaps* passaram a ter negociações frequentes em mercados de balcão e opções começaram a ser negociadas na Chicago Board of Trade. A publicação em 1973 do artigo de Fisher Black e Myron Scholes, que apresentou ao mundo acadêmico o modelo que ficaria conhecido como modelo de Black and Scholes, impulsionou o desenvolvimento desse mercado por intermédio do fornecimento de uma base conceitual sólida para as negociações sendo realizadas com opções.

Derivativos passaram a ser utilizados amplamente como instrumentos de *hedge* (proteção) e especulação, inicialmente por instituições financeiras e em seguida por empresas de outros ramos de atividade. As décadas de 80 e 90 do século XX assistiram à consolidação dos instrumentos financeiros dentro do veio central da teoria de finanças bem como da prática da administração financeira.

No Brasil, esse fenômeno pode ser observado, principalmente, pela criação, à época, da Bolsa de Mercadorias e Futuros (BM&F) que, rapidamente, tornou-se um dos mais importantes centros de negociação de derivativos de taxas de juros e câmbio no mundo.

O mercado evoluiu rapidamente. Os primeiros produtos chamados de *plain vanila* (muito simples) pelos operadores, foram seguidos de uma onda de opções exóticas destinadas a se adequar às mais variadas demandas das instituições. Derivativos climáticos se popularizaram possuindo negociação corrente nas principais bolsas norte-americanas e inglesas. Os produtos iniciais baseados em taxas de juros, índices e *commodities* foram rapidamente perdendo espaço para produtos mais flexíveis. Parecia que nada podia impedir a consolidação dos derivativos como instrumentos centrais na gestão de risco.

No entanto, os anos 80 e 90 também assistiram a desastres financeiros importantes envolvendo instrumentos financeiros derivativos. Podem ser citados os mais variados tipos de instituições como: bancos tradicionais (Barings), instituições públicas (Orange County), empresas industriais e comerciais (Metallgeselchaft), entre outras.

No Brasil, o desenvolvimento do mercado e a popularização dos derivativos também trouxe algumas consequências danosas para algumas empresas que operavam com esses produtos. Durante o ano de 2008, no auge da crise financeira internacional, empresas brasileiras que estavam expostas em operações com derivativos cambiais complexos incorreram em volumosas perdas, ficando mais conhecidos os casos que foram extensivamente divulgados na mídia: as perdas com derivativos das empresas Sadia e Aracruz. Veja matéria sobre o tema divulgada no dia 22/02/2010 no jornal *Valor Econômico*:

> *"A Sadia foi a primeira a divulgar perdas de grande porte com contratos derivativos que, mais tarde, se mostraram disseminados pela economia. Era 25 de setembro de 2008, pouco mais de dez dias após a quebra do banco americano Lehman Brothers. A crise se instalava de vez. O dólar, que já vinha subindo, iniciou uma escalada e terminou 2008 a R$ 2,34. No dia seguinte, a Aracruz também comunicava ter sofrido perdas, que depois chegaram perto de R$ 5 bilhões. Aos poucos, o mercado descobria que diversas companhias possuíam exposição a tais instrumentos, sendo grande parte delas de médio porte e de capital fechado. Nunca houve um número oficial que contabilizasse todas as perdas, mas estima-se que no momento mais grave da crise o prejuízo potencial tenha alcançado R$ 30 bilhões. Por essa razão, tais contratos foram apelidados de 'tóxicos'."*

Nesse contexto, o adequado conhecimento dos riscos e benefícios das operações com derivativos é fundamental, pois quando bem empregados esses instrumentos ajudam na gestão financeira das empresas, contudo se mal utilizados podem resultar em enormes prejuízos.

11.2 EVOLUÇÃO HISTÓRICA DOS DERIVATIVOS

O surgimento dos mercados de derivativos está intimamente relacionado com problemas advindos da sazonalidade dos produtos agrícolas e dos riscos financeiros decorrentes dessa característica de mercado, cujas colheitas se concentravam em certo período do ano, enquanto os industriais e demais consumidores necessitavam de tais produtos durante todo o ano. As operações destes mercados eram organizadas em um lugar específico, hoje conhecido como Bolsa de Mercadorias e Futuros.

A utilização da palavra "bolsa" advém da cidade de Bruges, na Bélgica, onde em 1487 se realizavam assembleias e negócios de comerciantes na casa da família Van Der Burse, que tinha na fachada um brasão ornamentado com o desenho de um escudo com três bolsas.

No século XVII, a Holanda viveu o primeiro surto especulativo com futuros de que se tem notícia. Este problema ocorreu com a compra e venda futura de tulipas no inverno, as quais seriam entregues na primavera. Houve intervenção governamental quando o objeto da negociação deixou de ser a tulipa e

passou a ser um papel negociável com data teórica de entrega (um título) o que assustou as autoridades públicas locais. Em 1635, na Holanda, o *bouquet* de tulipa chegou a ser negociado, em valores atuais, por US$ 34.584! Essa supervalorização das tulipas (bolha) alavancou a economia daquele país, mas no outono de 1936 os preços das tulipas começaram a desabar, pois alguns investidores começaram a vender seus contratos para realizar os lucros. Em seis semanas os preços das tulipas caíram 90%. Depois desabaram ainda mais. Com isso, houve um enorme prejuízo e os contratos firmados não foram honrados. Essa situação abalou a economia de diversos países, além, claro, da Holanda.

A Tabela 11.1, retirada de Hirschey (1998), demonstra o equivalente, em valores monetários e em mercadorias, de quanto chegou a valer um *bouquet* de tulipa na época.

TABELA 11.1
Valor equivalente das tulipas em 1635.

Bens	Em moeda da Holanda de 1635 (florim)	Em US$ de 1998
Dois sacos de trigo	448	440
Quatro sacos de centeio	558	1.152
Quatro bois	480	3.476
Oito porcos	240	1.134
Doze carneiros	120	702
Dois barris de vinho	70	4.792
Quatro mil litros de cerveja	32	7.571
Duas toneladas de manteiga	192	6.109
Mil libras de queijo	120	6.980
Uma cama completa	100	1.410
Um armário	80	750
Um copo de prata	60	68
Total (equivalente a 1 *bouquet* de tulipas)	**2.500**	**34.584**

Fonte: Adaptada de Hirschey (1998).

Posteriormente, as primeiras bolsas organizadas para entrega futura surgiram no Japão, no século XVIII, e por volta de 1730, a Bolsa de Arroz de Osaka começava a negociar *forward contracts,* que eram contratos para entrega futura de arroz. Em 1780, na Inglaterra, começaram a ser negociados contratos conhecidos como *to arrive* ou "a ser entregues". Os atuais contratos futuros são evoluções dos contratos *to arrive* ingleses, com a presença

do especulador que assume o risco da outra parte envolvida na operação.

O mercado começou a assumir características do que é hoje, com a criação, em 1948, da Chicago Board of Trade (CBOT), que foi pioneira no desenvolvimento dos mercados futuros como eles são atualmente conhecidos. Após a CBOT, seguiram-se inúmeras bolsas de mercadorias realizando contratos futuros como: a *Board of Trade of Kansas City*

(1856), *New York Cotton Exchange* (1870), New York Merchantile Exchange (1872), Minneapolis Grain Exchange (1881), Paris Commodity Exchange (1885), Tokyo Commodity Exchange (1918), The London International Financial Futures Exchange (1982) etc.

No Brasil, a primeira bolsa de *commodities* agrícolas surgiu em 1917, chamada Bolsa de Mercadorias de São Paulo, e não negociava contratos futuros. Em 1983 foi constituída a Bolsa Brasileira de Futuros (BBF), com sede no Rio de Janeiro. Em 1986, começa a operar em São Paulo a Bolsa Mercantil & de Futuros, que em 1991 se uniu à Bolsa de Mercadorias de São Paulo, dando origem à Bolsa de Mercadorias & Futuros (BM&F). Em 2008, a BM&F e a BOVESPA se uniram formando a BM&FBOVESPA.

11.2.1 O uso de derivativos e suas implicações

O crescimento da utilização de derivativos pode ser associado diretamente a alterações estruturais na economia mundial que levaram a novas demandas no mercado internacional e que não poderiam mais ser atendidas pelas operações financeiras tradicionais. Entre as alterações estruturais que impactaram profundamente o comportamento da economia internacional, destacam-se: o fim do padrão ouro, o choque nos preços do petróleo, a diminuição nas barreiras de transferência de capital, a evolução da tecnologia de informação, o aumento de liquidez nos países desenvolvidos e a grande evolução na teoria de finanças (propiciou um melhor entendimento teórico do comportamento dos preços). Esses fatos, entre outros, que podem ser citados, contribuíram muito para o aumento da utilização dos derivativos e também para um aumento em sua complexidade, o que tem gerado preocupações para os vários interessados nestes produtos na medida em que os riscos inerentes à operação de produtos mais complexos são significativamente maiores do que aqueles advindos das operações tradicionais.

Cabe ressaltar que a crença tradicional de que somente bancos e corretoras agressivas podem perder dinheiro com instrumentos financeiros não é comprovada pela realidade. Podem-se verificar enormes prejuízos em operações com derivativos em empresas de várias naturezas como bancos (*barings*), fundos de investimento (Long Term Capital Management), empresas comerciais (Procter

& Gamble), organismos da administração pública (Orange County), entre outras empresas não financeiras e financeiras, como citados anteriormente. A seguir, apresentamos em maiores detalhes dois casos famosos onde a utilização de derivativos resultou em enormes perdas.

i) A falência do Condado de Orange (*Orange County*)[1]

O *Orange County Investment Pool* (OCIP), instituição do Condado de Orange, uma região bastante rica no sul da Califórnia, era um fundo de pensão que gerenciava investimentos de 37 cidades, 60 escolas, 11 empresas de saneamento e de diversas outras entidades governamentais da região. No total, essas entidades governamentais tinham aproximadamente US$7,5 bilhões investidos nesse fundo ao final de 1994. Robert Citron era o tesoureiro (eleito) do Condado e o gestor do OCIP.

De 1991 a 1993 o fundo obteve retornos que superaram 9% a.a., enquanto fundos similares (por exemplo o fundo de pensão do Estado da Califórnia) obtiveram retornos bem menores, em torno de 6%. O sucesso de Robert Citron em gerar retornos acima dos de mercado resultou-lhe prêmios e o reconhecimento como um dos melhores gestores financeiros no Governo, e em 1994 ele se reelegeu com tranquilidade para seu cargo.

Posteriormente, descobriu-se que parte do sucesso de Robert Citron era resultado de utilização de derivativos que apostavam contra a queda das taxas de juros. Especificamente o OCIP utilizava acordos de recompra reversos ("*repos*") e títulos de taxas flutuantes inversas ("*inverse floaters*"), ambos os quais aumentavam de valor com a queda da taxa de juros básica da economia. De 1990 à 1993, o FED (banco central norte-americano) diminuiu a taxa de juros de 8% para 3%, visando a recuperação da recessão econômica iniciada em 1990. Apostando corretamente na direção da taxa de juros nesse período, o retorno de Robert Citron foi impressionante. Contudo, no início de 1994 a recuperação econômica estava em curso e o FED iniciou uma série de aumentos na taxa para conter a possível inflação. As taxas de juros

---

[1] Adaptado de Trombley (2003).

subiram de 3% para 6,25% no final de 1994. Nesse ambiente de elevação das taxas de juros, a estratégia de Robert Citron passou a gerar enormes perdas. Adicionalmente, a estratégia empregada pelo OCIP envolvia alavancagem (uso de recursos emprestados), o que aumentou ainda mais as proporções da perda do fundo. Ao final de 1994 as perdas chegaram a US$ 1,7 bilhão. Ao final do episódio da "quebra" do fundo, o Condado de *Orange* declarou falência. Robert Citron renunciou e posteriormente foi indiciado e declarado culpado por uma série de fraudes financeiras, o que lhe resultou em uma multa de US$ 100.000 e um ano de prisão.

O maior problema no caso *"Orange County"* foi o uso indiscriminado e alavancado de derivativos com a intenção de especulação por um fundo de pensão, acompanhado da falta de controles internos e do entendimento dos riscos que estavam sendo corridos.

ii) O colapso do Banco Barings[2]

O Banco Barings era uma das instituições mais tradicionais e antigas da Inglaterra. Atuou durante 233 anos e financiou os Estados Unidos para a aquisição do Estado de Louisiana. Em 26 de fevereiro de 1995, o banco foi à falência depois de perder US$ 1,4 bilhões em operações com derivativos. As perdas ocorreram da utilização do contrato futuro do índice Nikkei 225 (representante da bolsa japonesa) e também do uso de opções sobre esse índice.

No início de 1993 Nick Leeson, um *trader* de 28 anos que trabalhava para o Barings em Cingapura, realizou transações não autorizadas com derivativos e ficou com uma grande exposição no contrato de índice futuro Nikkei 225. Para operar no mercado futuro, as bolsas de valores exigem um depósito de margem para eventuais perdas caso o preço dos futuros se movam adversamente. Se os preços futuros se alterarem consideravelmente a bolsa pode exigir depósitos adicionais de margem como forma de aumentar as garantias. Leeson conseguiu dinheiro para fazer o pagamento inicial das margens (assim como os pagamentos adicionais para aumento das margens) vendendo opções de compra e de venda sobre o índice Nikkei.

A venda de opções de compra e de venda ao mesmo tempo, chamada de *short straddle*, é vantajosa para o vendedor se o valor do índice de referência não se altere muito porque a opção vencerá e não será exercida, ficando seu lançador com o prêmio recebido pelas opções. Para fins contábeis, Leeson registrava a posição desses derivativos em uma conta de "erro" que aparentemente nunca foi reconciliada.

O efeito líquido dessas operações era que se o índice Nikkei subisse ou se mantivesse praticamente constante haveria ganhos. Em contrapartida, se o índice Nikkei caísse, perdas ocorreriam (nesse caso os contratos futuros diminuiriam de valor e as opções de venda que foram vendidas aumentariam de valor). No início de 1995, quando o índice Nikkei caiu mais de 15%, as perdas foram tão elevadas que Leeson não conseguia mais dinheiro para pagar os ajustes de margem necessários. Lesson deixou Cingapura e foi preso na Alemanha quando as perdas se tornaram conhecidas e o Barings foi à falência.

Esse evento contribuiu para demonstrar a importância dos controles internos nas operações com derivativos. Nick Leeson tinha autorização para negociar os derivativos, mas também tinha acesso aos registros contábeis, o que lhe permitiu esconder as perdas de seus superiores. A simples separação entre operação e contabilização dessas operações (um dos conceitos fundamentais de controles internos) teria prevenido, ou pelo menos amenizado, esse desastre.

Os dois casos apresentados demonstram que uma única pessoa dentro de uma instituição pode gerar perdas muito significativas em operações com derivativos. Fica claro, entretanto, que nos dois casos, a falta de controles adequados foi um fator que contribuiu para os desastres. Três características distintas dos derivativos levaram esses instrumentos a "confundir" os sistemas de controle tradicionais:

1. alavancagem indeterminada: as operações com contratos de opções podem levar o investidor a perder muitas centenas de vezes o montante envolvido – por exemplo, o lançador de uma opção de compra descoberta. O mesmo acontece com os contratos futuros, a termo e *swaps* que não possuem investimento inicial;

---

[2] Adaptado de Trombley (2003). Para maiores informações sobre esse caso, ver o filme "A Fraude".

2. velocidade das transações: ao contrário do que ocorre com outras operações que envolvem montantes significativos (como operações de crédito a grandes empresas) as operações com derivativos podem ser literalmente realizados no *click* de um *mouse*;

3. complexidade das transações: os derivativos apresentam formas extremamente sofisticadas que são de difícil entendimento, até mesmo para os especialistas no assunto. Assim, muitos profissionais envolvidos nas atividades de controle interno, fiscalização e auditoria exibem significativa dificuldade de entender as características dos produtos negociados.

Esse cenário, em meados da década de 90, apontou para falhas significativas dos sistemas de controle gerencial das instituições envolvidas com produtos derivativos. Do ponto de vista da contabilidade societária, as críticas não eram menores. Muitas críticas foram realizadas no sentido de mostrar que a contabilidade não estava atendendo à sua função primordial de informar aos agentes econômicos acerca da realidade econômica das empresas em questão. Devido as suas características de ativos contingenciais, os contratos a termo e *swaps* não eram contabilizados dentro da contabilidade societária de muitos países. Alternativamente, em outros casos eram contabilizados pelo valor nocional, o que distorce significativamente o retrato patrimonial. Dessa forma, os instrumentos financeiros derivativos passaram a ser conhecidos como elementos *off-balance sheet* (itens fora do balanço) como comenta Trombley (2003).

Organismos direta ou indiretamente envolvidos com a normatização da contabilidade, sejam internacionais como o BIS e o IASC (hoje IASB), ou nacionais como FASB, bancos centrais etc., passaram a ter grande preocupação com os riscos sistêmico, de liquidez e de mercado causados por esses instrumentos alegadamente mal evidenciados pela contabilidade. A preocupação com a qualidade da informação fornecida pela contabilidade em matéria de derivativos alcançou uma gravidade maior quando o congresso americano ameaçou, por intermédio da Comissão de Assuntos Econômicos do Senado, alterar a atual estrutura de regulamentação da contabilidade americana retirando, do FASB, o poder de estabelecer os padrões contábeis naquele país. Essa atitude seria causada pela alegada incompetência do FASB em normatizar e regulamentar a contabilidade de produtos financeiros em geral e de derivativos em particular. Nesse contexto, em 1998 o FASB emitiu o *Statement of Financial Accounting Standards nº 133 – Accounting for Derivatives Instruments and Hedging Activities* – conhecido por SFAS 133 que revolucionou a contabilidade dos derivativos e serviu como base para as outras regulamentações sobre o assunto. No âmbito internacional, em março de 1999, o IASC (agora IASB) emitiu o IAS 39 – *Financial Instruments: Recognition and Measurement*.

Assim, pode-se perceber que os impactos da utilização de derivativos por empresas e instituições financeiras incluem mas não se restringem ao aspecto financeiro. O entendimento completo do funcionamento, da operacionalização e dos impactos financeiros, contábeis e tributários dessas operações é essencial para sua adequada utilização.

11.3 MERCADO DE DERIVATIVO NO BRASIL

O principal objetivo dos derivativos é que agentes econômicos possam se proteger contra riscos de oscilações de preços, taxas de juros, variações cambiais, enfim, qualquer variação que possa vir a afetar seus fluxos de caixa futuros e/ou o valor presente de seus ativos. Podemos citar, por exemplo: o produtor de gado que quer garantir sua receita futura, um importador que teme a desvalorização cambial, uma instituição financeira com ativos pré--indexados e acredita que vai haver alta na taxa de juros básica etc.

Para o adequado funcionamento do mercado de derivativos, entretanto, são necessários agentes compradores e vendedores dos contratos, o que implica que expectativas diferentes sobre o comportamento dos preços devem existir. Os principais agentes econômicos que operam com os derivativos são os *hedgers*, os especuladores e os arbitradores. Os *hedgers* utilizam principalmente contratos futuros, a termo, opções e *swaps* para reduzir o risco que eles correm de potenciais mudanças futuras nas variáveis de mercado. Nesse tipo de operação, (*hedge*) os riscos com a utilização de derivativos diminuem, pois, normalmente, há um outro ativo (objeto do *hedge*) que tem alterações de preço contrárias às do derivativo. Os especuladores utilizam os derivativos com o objetivo de lucrar em posições que consideram favoráveis. Nesse caso, a utilização de derivativos é bastante arriscada, podendo levar a consideráveis perdas. Os arbitradores montam uma posição, utilizando dois ou mais instrumentos financeiros, para obter lucro sem risco. Isso é possível a partir da constatação da existência de distorção nos preços de derivativos (ou dos ativos relacionados aos derivativos) em mercados iguais ou diferentes.

Os derivativos podem ser negociados em bolsas e no mercado de balcão (com registro e sem registro). A principal diferença entre os contratos negociados em bolsa e em mercado de balcão é a padronização dos contratos. Nas bolsas, os contratos transacionados são padronizados para facilitar a liquidez, enquanto que no mercado de balcão, há maior flexibilidade nos contratos de maneira a que eles se adaptem às necessidades de cada agente. Os derivativos transacionados no mercado de balcão são negociados, normalmente, entre uma instituição financeira e um cliente, o que aumenta o custo desses contratos, pois há um incremento no risco de crédito e uma diminuição na liquidez desses instrumentos.

11.3.1 Aspectos legais e regulamentação

A estrutura básica do mercado financeiro nacional advém da Lei nº 4.595, de 31 de dezembro de 1964, também conhecida como Lei da Reforma Bancária. O mercado de capitais foi disciplinado pela Lei nº 4.728, de 14 de julho de 1965. No ano de 1976 a Lei nº 6.385 criou a Comissão de Valores Mobiliários, que passou a estabelecer a disciplina atual do mercado de capitais.

Em 1988, a Resolução nº 202/88-CA da Bolsa de Valores de São Paulo aprovou um regulamento relativo ao mercado de opções. As operações de *swap* foram introduzidas no recinto da BM&F através do Ofício Circular nº 037/93-SG, de março de 1993, já que, anteriormente, estas operações eram realizadas em balcão. A BM&F credenciava novos contratos de *swap* com o passar do tempo, sendo que estes contratos não são realizados através do pregão e sim com corretoras credenciadas. Os contratos no segmento BM&F podem ser de duas formas:

- sem garantia – quando a Bolsa faz o registro do contrato, o acompanhamento de suas posições e auxilia sua liquidação;

- com garantia – quando a liquidação é garantida pela Câmara de Compensação, graças aos depósitos de margem de garantia realizados pelas partes envolvidas no contrato.

A Resolução nº 1.902 do Conselho Monetário Nacional, de 29 de janeiro de 1992, autorizou a realização por entidades do setor privado de operações destinadas à proteção contra o risco de variação de taxas de juros no mercado internacional. Esta resolução foi revogada pela Resolução nº 1.921, de 30 de abril de 1992, que por sua vez foi revogada e substituída pela resolução nº 2.012, de 30 de julho de 1993, que consolidou e ampliou as modalidades de proteção contra os riscos de variações de várias taxas no mercado internacional. Estas operações de *hedge* devem ser realizadas no exterior com instituições financeiras ou em bolsas. A Circular nº 2.348 do Banco Central do Brasil, de 30 de julho de 1993, discrimina quais os tipos de pagamentos e recebimentos que podem ser objeto de proteção. Esta mesma circular permite utilizar quaisquer modalidades de proteção institucionalizadas no mercado internacional, incluindo, entre elas, as seguintes:

- *hedge* de taxas de juros (*interest rate swaps*) de moedas (*current swaps*) e de mercadorias (*commodity swaps*) e seus derivativos, inclusive opções de utilização desses mecanismos;

- transações em bolsas no exterior, nos mercados a termo, de futuros e de opções.

Outras Resoluções, como a nº 2.014/94, trouxeram maiores considerações sobre o Imposto de Renda no caso das remessas ao exterior (redução de 100%) e sobre a contratação de compra e venda de moedas estrangeiras para liquidação pronta ou futura.

Em 31 de agosto de 2005, o Conselho Monetário Nacional editou a Resolução nº 3.312 que ampliou os dispositivos das Resoluções nºs 2.012/93 e 2.348/93, revogando essas resoluções. Segundo essa nova resolução, além dos riscos permitidos a serem protegidos anteriormente em operações de *hedge* internacional, agora as empresas/instituições financeiras brasileiras podem realizar as operações de *hedge* no exterior para se proteger de riscos de operações realizadas à época na BM&F e, no caso de instituições financeiras, de exposições assumidas, no país, em operações de câmbio. Entretanto as operações de *hedge* no exterior continuam só sendo permitidas se as contrapartes são instituições financeiras do exterior ou bolsas estrangeiras.

Com a introdução de operações de *swap* em bolsa, o Conselho Monetário Nacional passou a regulamentar alguns aspectos de sua operacionalização, vindo a culminar com a Resolução nº 2.138, de 29/12/94 e a Resolução nº 2.149, de 29 de março de 1995, que ampliou as modalidades destes produtos autorizando os bancos múltiplos com carteiras comerciais e/ou de investimento, os bancos comerciais, os bancos de investimento e as sociedades corretoras e distribuidoras de títulos e valores mobiliários a realizarem no mercado de balcão, por conta própria ou de terceiros, operações de *swap* com ou sem limitadores de oscilação máxima ou mínima, bem como opções sobre *swaps* de ouro, taxas de câmbio, taxas de juros e índices de preços, opções não padronizadas, cobertas referenciadas em debêntures simples ou conversíveis em ações, em notas promissórias e em ações de emissão de companhias abertas.

A Resolução nº 2.138 e a Circular nº 2.583 dispõem sobre os seguintes aspectos:

- exigência de indicação pela instituição financeira de diretor estatutário, tecnicamente qualificado, responsável perante o Banco Central, e de utilização de modelo de gerenciamento de risco compatível;

- consideram-se como *swap* as operações de troca de resultados financeiros decorrentes da aplicação de taxas ou índices sobre ativos e passivos utilizados como referenciais;

- a prática das operações de *swap* e opções não padronizadas, de balcão, fica condicionada à indicação, pela instituição financeira, de diretor estatutário tecnicamente qualificado, responsável perante o BACEN;

- deve ser encaminhada ao BACEN declaração, firmada pelo referido diretor responsável, atestando a utilização de modelo de gerenciamento de risco compatível com a estrutura das operações de que se trata;

- estabelece a obrigatoriedade do registro das operações de *swap* realizadas em balcão, em sistema administrado pela Central de Custódia e Liquidação Financeira de Títulos (CETIP), ou outros sistemas autorizados pelo Banco Central ou CVM;

- veda a realização de operações de *swap* não contempladas na Resolução, bem como a prática de quaisquer outras modalidades de operações de liquidação futura no mercado de balcão.

Esta restrição não se aplica a operações a termo com bens, ativos financeiros e direitos para liquidação física e/ou financeira a termo ou a prazo, com a transferência do objeto da negociação líquida e certa, conforme a Circular do Banco Central nº 2.045, de fevereiro de 1994.

11.4 PRINCIPAIS PRODUTOS DERIVATIVOS

Os derivativos podem ser classificados de forma resumida da seguinte maneira:

Primeira geração:

- contratos a termo (*forward*);

- contratos a futuro;

- opções de compra (*call*) e opções de venda (*put*); e

- contratos de *swaps*.

Segunda geração:

- *straddle* (compra de uma *call* e uma *put* pelo mesmo preço de exercício);

- *strangel* (igual ao *straddle,* mas com preço de exercício diferente);

- *strap* (compra de 2 *call* e 1 *put*);

- *butterfly* (compra de uma *call* de exercício baixo, venda de 2 *call* de exercício médio e compra de 1 *call* de exercício baixo);

- *condor, box* (que, se usada como futuro de índice, transforma uma aplicação de renda variável em renda fixa);

- *swaption* (opção de se entrar em um *swap*): neste caso, um dos agentes (titular) tem o direito de comprar ou vender a correlação entre duas variáveis financeiras quaisquer estabelecidas na mesma forma dos contratos de *swap* tradicionais. A diferença básica entre as *swaptions* e os *swaps* se refere à inexistência de obrigatoriedade para compra/venda por parte do titular da operação;

- derivativos exóticos: são contratos envolvendo características não padronizadas. Existem contratos que impõem limites de alta (*caps*) ou de baixa (*floor*) em um produto financeiro. Também existem derivativos baseados em variáveis climáticas, ambientais, energéticas, entre muitas outras especificações. Não está no escopo deste trabalho o estudo desses produtos; para um aprofundamento nesses derivativos ver Willmott (1998).

- derivativos inseridos (embutidos) em outros instrumentos financeiros (*embedded derivatives*): são, normalmente, cláusulas contratuais que possuem comportamento semelhante ao de um derivativo tradicional e que podem alterar significativamente o fluxo de caixa oriundo do contrato base. Um exemplo bastante clássico desse tipo de produto, são as cláusulas *call* em debêntures conversíveis em ações. Nesse tipo de contrato, tem-se uma debênture normal e uma opção de compra nas ações da empresa em situações de mercado favoráveis.

Cabe ressaltar que esses são apenas alguns dos instrumentos financeiros derivativos negociados no mercado, sendo que a dinâmica deste impõe a criação de novos instrumentos e produtos de forma bastante rápida. A seguir, são apresentados os principais produtos negociados no mercado de derivativos brasileiro.

11.5 CONTRATOS FUTUROS E CONTRATOS A TERMO

As características básicas dos contratos a termo e dos contratos futuros são bastante semelhantes. A principal característica desses contratos é o compromisso de se comprar/vender determinado ativo numa data futura, por um preço previamente estabelecido. Esses contratos exercem uma grande importância como forma de assegurar tranquilidade a produtores e compradores de determinado produto que desejam se proteger de riscos de variação de preços e taxas não inerentes ao seu negócio. Costuma-se dizer que aquele que assumiu o compromisso de venda fica vendido (*short*) e quem assumiu o compromisso de compra fica comprado (*long*) nesses contratos.

Os contratos a termo surgiram como uma evolução dos contratos *to arrive* e tiveram como objetivo reduzir a incerteza sobre o preço futuro das mercadorias negociadas. Esses contratos não precisam ser negociados em bolsa e suas características variam de contrato para contrato, dependendo do desejo das partes relacionadas.

Os contratos futuros surgiram de uma limitação dos contratos a termo que é a excessiva variabilidade das características dos contratos elaborados, já que não há nenhuma padronização nestes tipos de contrato. Os contratos futuros introduzem uma padronização do preço, qualidade do produto, local e data de entrega, tamanho e volume negociados, aumentando consideravelmente a liquidez destes contratos por permitir, cada vez mais, a transferência de riscos com a maior presença dos especuladores. Os contratos futuros são, portanto, padronizados em relação às características intrínsecas do ativo negociado, quantidade, procedimentos de entrega, meses de vencimento, cotação dos preços, limites de oscilação diária de preços e limites de posição diária. Alguns limites foram estabelecidos para garantir a segurança do mercado contra grandes especulações por parte dos agentes do mercado.

Contudo, a principal diferença entre os contratos a termo e os contratos futuros é a existência de ajuste diário para estes últimos. Os ajustes diários foram introduzidos como um mecanismo de redução dos riscos de crédito na medida em que uma das partes (que teve a variação desfavorável) precisa pagar as variações do valor de mercado do contrato futuro diariamente.

Podem-se sintetizar algumas diferenças entre os contratos a termo e os de futuro conforme o Quadro 11.1.

Quadro 11.1
Diferenças entre os contratos a termo e futuro.

Características	Futuros	A Termo
Objetivo	Proteção contra variações nos preços e especulação sem que haja na maioria das vezes transferência das mercadorias	Proteção contra variações nos preços, normalmente com entrega do produto contratado
Negociabilidade	Podem ser negociadas antes do vencimento	Não são negociadas
Responsabilidade	Câmara de Compensação	Partes contratantes
Qualidade/Quantidade	Estabelecido pela Bolsa	Estabelecido pelas partes
Local de Negociação	Bolsa de Futuros	Estabelecido pelas partes
Sistema de Garantias	Sempre haverá garantias	Nem sempre existirão
Vencimentos	Estabelecidos pela Bolsa de Futuros	Normalmente negociadas pelas partes
Participantes	Qualquer pessoa física ou jurídica	Produtores ou consumidores
Ajuste	Diários	No vencimento
Variações nos Preços	Diárias	Não muda o valor do contrato
Porte dos Participantes	Pequenos, médios e grandes	Grandes
Credibilidade	Não é necessário dar comprovação de boa situação creditícia	*É normalmente exigido um alto padrão de crédito*

Fonte: Lima e Lopes (2003).

As duas partes envolvidas nos contratos futuro ou a termo são o comprador, que assume a posição comprada ("*long position*"), e o vendedor, que assume a posição vendida ("*short position*"). Ambas as partes tem obrigação de cumprir sua parte no contrato, ou seja, o comprador tem a obrigação de comprar no futuro e o vendedor tem a obrigação de vender no futuro. Em tese, o resultado financeiro final de uma operação no mercado futuro e de uma operação a termo deveria ser igual, entretanto, na realidade, existirão diferenças, decorrentes dos ajustes diários realizados no mercado futuro e dos riscos envolvidos na negociação a termo. Na medida em que a data de vencimento do contrato futuro se aproxima, o preço do contrato futuro converge para o preço a vista do ativo. No dia do vencimento/entrega do ativo o preço futuro se iguala, ou chega muito próximo, do preço a vista do ativo. Este processo de convergência é que vai permitir a realização de operações de *hedge*. Os gráficos abaixo apresentam a situação:

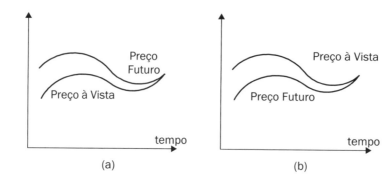

O mecanismo que faz com que, no último dia do contrato, o preço futuro seja igual ao preço à vista, pode ser de dois tipos diferentes:

- o contrato permite a entrega física do ativo ("*physical delivery*").
- o contrato obriga a liquidação contra preço de referência do ativo ("*cash settlement*").

Para entender o porquê dessa situação, considere a hipótese de que, muito próximo à data de vencimento, o preço futuro estivesse maior do que o preço à vista do ativo. Em uma situação como essa a seguinte estratégia poderia ser traçada:

- venda de contrato futuro;
- compra do ativo à vista;
- entrega do ativo.

Esta estratégia resulta em um lucro certo, sem risco para o investidor, no valor da diferença do preço do contrato futuro para o preço a vista do ativo. Essa oportunidade de arbitragem seria explorada pelos participantes do mercado, que venderiam contratos futuros e comprariam o ativo à vista, fazendo com que os preços futuros caíssem e os preços à vista aumentassem, o que inviabilizaria a operação de arbitragem. Suponha agora que o preço futuro estivesse abaixo do preço a vista na data de vencimento. Os agentes que necessitassem adquirir o ativo comprariam o contrato futuro, o que faria com que o seu preço aumentasse. Assim para que não haja arbitragem o preço do ativo na data de vencimento do contrato futuro deve ser igual ao seu preço futuro para o mesmo vencimento.

A Figura 11.1 demonstra o processo de convergência das cotações do contrato futuro de dólar com vencimento em fevereiro de 2009 (DOL) com os preços do dólar a vista medido pela PTAX.

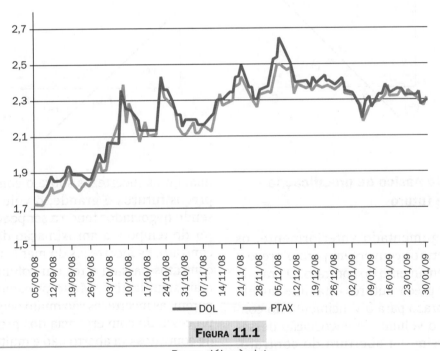

FIGURA 11.1

Preço dólar à vista.

Interessante ressaltar que, embora alguns contratos tenham cláusula de entrega do ativo, a entrega efetiva do ativo é desestimulada e não é usual. Na prática, apenas cerca de 2% das operações terminam com a entrega efetiva do bem negociado. A maioria dos contratos é liquidada mediante pagamento ou recebimento de moeda, pela diferença entre o valor de compra e de venda, sem a entrega física do ativo.

Os contratos futuro/termo são instrumentos de proteção contra oscilação adversa de preços e não de oferta do ativo. Para alguns contratos a entrega física é impossível como, por exemplo, o contrato futuro de índice de ações. Isso ocorre porque, para a maioria dos participantes desse mercado, o relevante é o resultado financeiro obtido com a compra/venda do contrato e não o recebimento/entrega física do ativo.

No mercado a termo, é muito difícil se liquidar a posição anteriormente ao seu vencimento e a realização financeira (liquidação), normalmente, ocorrerá somente no vencimento da operação. Entretanto, no mercado futuro, é possível a liquidação da operação anteriormente ao seu vencimento. Graças à padronização do contrato, uma posição em aberto de futuros pode ser liquidada antes do final do contrato realizando-se a operação inversa, ou seja:

- comprar igual quantidade do mesmo contrato, vendido anteriormente, cancela as obrigações do Vendido;

- vender igual quantidade do mesmo contrato, comprado anteriormente, cancela as obrigações do Comprado.

Caso a posição seja mantida até o seu vencimento ela estará sujeita à entrega ou será liquidada financeiramente, o que significa que as posições compradas serão compulsoriamente vendidas e as vendidas serão compulsoriamente compradas (o preço desta operação será o preço do contrato futuro do último dia, que será igual ao preço *spot* pelo processo de convergência). Os gráficos abaixo apresentam o resultado do contrato futuro/termo no seu vencimento, com relação ao preço futuro/termo contratado (F_0) e o preço a vista do ativo (S_T):

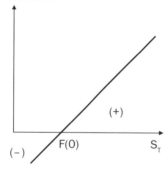

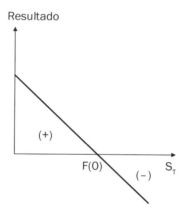

11.5.1 Conceito básico de precificação – termo e futuro

Conforme argumentado anteriormente, os preços a termo/futuros convergem para o preço a vista na data de vencimento do contrato. O grau de incerteza sobre os preços futuros está diretamente associado com o prazo para o vencimento do contrato e influencia o volume de negociação desses instrumentos. Assim, na abertura do contrato, quando as incertezas sobre o comportamento dos preços futuros é grande, o volume de contratos sendo negociados tende a ser pequeno. Com o passar do tempo e a aproximação do vencimento do contrato, as incertezas do mercado diminuem e os contratos passam a ter um volume de negociação mais significativo. Muito próximo ao vencimento, porém, as incertezas são muito pequenas (devido ao processo de convergência dos preços) e o número de contratos em aberto não é muito representativo. O seguinte gráfico ilustra esse conceito:

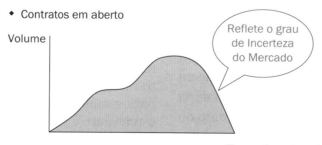

Até agora, percebe-se que o preço dos contratos futuro ou a termo têm um estreito relacionamento com o preço do ativo objeto. Mas como se dá esse relacionamento? A seguir será abordada conceitualmente essa relação. Para tanto, serão utilizados os contratos a termo, pois não há a figura dos ajustes diários (como nos contratos futuros), o que facilita a exposição. Entretanto, os conceitos para os contratos futuros acompanham os dos contratos termo. As seguintes notações serão utilizadas:

- T: período em que vence o contrato (em anos);
- t: período atual (em anos);
- S_0: preço do ativo objeto do contrato no instante zero (hoje);
- S_T: preço do ativo objeto do contrato no instante T (desconhecido no momento atual, t);
- F_0: preço a termo no instante zero com vencimento no instante T;
- r: taxa de juro (no país) ao ano no instante t com capitalização contínua, para um investimento vencendo no instante T;
- rf: taxa de juro livre de risco (no exterior) no instante t com capitalização contínua, para um investimento vencendo no instante T.

Imagine, por exemplo, que você esteja pensando em comprar um carro daqui a três meses. Suponha que não há custos de estocagem, que você sabe com certeza o preço desse carro para daqui a 3 meses e que você deseja garantir hoje que sua compra será realizada. Para isso, você realiza um contrato a termo de compra desse veículo. Se o valor futuro do carro é conhecido com certeza, então, o valor presente do contrato a termo pode ser facilmente determinado. Por exemplo, para um carro que em três meses esteja valendo R$ 20.000, o preço hoje do contrato a termo F_0 com vencimento para 3 meses é:

$$F_0 = E\ (S_T)$$

onde $E\ (S_T)$ é o preço esperado do carro na data de entrega.

Nesse exemplo, onde não há incerteza, o preço do contrato a termo seria de R$ 20.000. Caso existisse um mercado secundário para a negociação desse contrato, o preço do contrato seria de R$ 20.000.

Outro ponto relevante a ser comentado é que, quando se busca atribuir preço a um instrumento financeiro derivativo, usualmente, utiliza-se o conceito de capitalização contínua, ou seja, a cada momento infinitesimal de tempo. Um modo intuitivo de se entender o porquê dessa metodologia é lembrar que o preço de um ativo transacionado em bolsa sofre alterações a cada negociação e como há muitas negociações em um dia, o preço está em constante alteração. O preço de uma ação pela manhã na abertura do pregão provavelmente será diferente do preço dessa mesma ação na hora do almoço. Nesse contexto o valor futuro (FV) em capitalização contínua é:

$$FV = PVe^{r\,T}$$

Em que PV é o valor presente de determinado ativo; e representa a constante de Euller (2,7182818284).

Considerando, agora, que você pudesse adquirir o carro à vista, o preço seria dado pelo valor esperado daqui a três meses descontado pela taxa livre de risco (dado que não há incertezas). Considerando que a taxa livre de risco é de 18% ao ano, temos:

$$\begin{aligned} S_0 &= E\ (S_T)\ e^{-rf\,T} \\ &= 20.000\ e^{-0,18(3/12)} \\ &= R\$\ 19.119,95 \end{aligned}$$

Assim, caso desejasse adquirir o carro você deveria pagar ou o preço a vista de R$ 19.119,95, ou entrar em um contrato a termo/futuro para três meses no valor de R$ 20.000. Em um mundo de certezas, conforme em nosso exemplo simplificado, não haveria lucro nas operações a termo/futuro, pois o preço esperado seria exatamente o preço futuro, o que pode não ser verdade no mundo real.

Podemos expandir esses conceitos para contratos a termo de moeda ao considerar que uma moeda é como um título que paga um dividendo contínuo e a taxa do dividendo é a taxa de juros livre de risco do país da moeda. Assim, para não haver arbitragem com os contratos a termo de moeda, tem-se:

$$F_0 = S_0\ e^{(r - rf)T}$$

No caso de ativos reais, deve-se considerar o custo de estocagem (e outros custos) para o caso do equilíbrio:

$$F_0 \le S_0\ e^{(r + u)T}$$

Em que u é o custo de estocagem como um percentual do valor do ativo por unidade.

Alternativamente, tem-se:

$$F_0 \le (S_0 + U) \, e^{(r)T}$$

Em que U é o valor presente do custo de estocagem.

Assim, o custo de carregamento, c, é o custo de estocagem mais o custo dos juros, resultando em:

- Para um investimento em ativo financeiro: $F_0 = S_0 e^{cT}$
- Para um ativo real: $F_0 \pounds S_0 e^{cT}$

Outro conceito interessante é o da taxa de conveniência (y) para o ativo real, que é definida como: $F_0 = S_0 \, e^{(c-y)T}$. A taxa de conveniência é uma medida do benefício de se possuir o ativo fisicamente, o que não acontece com o titular de um contrato futuro.

Agora, vamos supor um investimento do valor presente do preço de um contrato futuro em um ativo livre de risco no país ($F_0 e^{-rT}$) e a utilização do fluxo resultante para a compra do ativo (S_T). Sendo k o retorno esperado pelos investidores no ativo, essa estratégia resulta no valor presente de:

$$-F_0 e^{-rT} + E(S_T)e^{-kT}$$

Supondo que o mercado seja eficiente, tem-se:

$$-F_0 e^{-rT} + E(S_T)e^{-kT} = 0$$
$$F_0 = E(S_T)e^{-kT} / \, e^{-rT}$$
$$F_0 = E(S_T)e^{(r-k)T}$$

Assim, se o ativo:

- Não possui risco sistêmico, então

  $k = r$ e F_0 é uma estimativa não viesada de S_T

- Possui risco sistêmico positivo, então

  $k > r$ e $F_0 < E(S_T)$

- Possui risco sistêmico negativo, então

  $k < r$ and $F_0 > E(S_T)$

11.5.2 Mercado futuro no Brasil

Segundo Figueiredo (2005), os contratos futuros representam mais de 90% dos contratos negociados no segmento BM&F, sendo, portanto, o principal instrumento derivativo negociado no mercado brasileiro. Os principais contratos futuros negociados no segmento BM&F são (por ordem de quantidade de contratos e volume financeiro):

- DI1: DI de 1 dia;
- DOL: dólar comercial;
- DDI e FRA: cupom cambial sujo e cupom cambial limpo;
- IND: Ibovespa.

Os contratos de DI de um dia (DI1) negociam a taxa de juros efetiva dos depósitos interfinanceiros (DI), definida para esse efeito, pela acumulação das taxas diárias de DI de um dia, calculadas pela central de liquidação e custódia de títulos privados (CETIP), para o período compreendido entre o dia da operação do mercado futuro, inclusive, e o último dia de negociação inclusive.

Os contratos futuros de dólar comercial (DOL) negociam a taxa de câmbio de reais por dólar dos Estados Unidos para pronta entrega no último dia de negociação do contrato.

Os contratos futuros de cupom cambial têm por objeto o diferencial entre a taxa de juros (balizada pelo CDI) e a variação cambial para determinado período. Existem dois tipos de contrato futuro de cupom cambial no segmento BM&F: o contrato de DDI, que negocia o cupom cambial sujo (em que a variação cambial é medida a partir do dólar PTAX do dia anterior) e o FRA, que negocia o cupom cambial limpo (em que a variação cambial é medida a partir do dólar à vista do dia).

Os contratos futuros de Ibovespa negociam o índice de ações do segmento BOVESPA para o último dia de negociação do contrato.

Figueiredo (2005) relata que os contratos de DI1, DOL, DDI, FRA e IND representam mais de 90% dos contratos futuros negociados no segmento BM&F. Assim, representam cerca de 80% do total negociado no segmento BM&F. Existem ainda muitos outros contratos negociados como, por exemplo, contratos futuros de C-BOND, contratos futuros de boi gordo, contratos futuros de café arábica, contratos futuros de milho, contratos futuros de açúcar, entre outros.

11.5.2.1 Padronização dos contratos

Os contratos futuros são padronizados pela Bolsa quanto ao seu tamanho, último dia de negociação e vencimento com o intuito de proporcionar liquidez aos contratos. As especificações atuais dos cinco contratos futuros mais negociados no segmento BM&F (DI1, DOL, DDI, FRA e IND) são:

TABELA 11.2

Especificações dos cinco contratos futuros mais negociados.

Contrato	Valor	Último dia de negociação	Vencimento
DI1	R$ 100.000	Último dia útil do mês anterior ao do mês de vencimento	Primeiro dia útil do mês de vencimento
DOL	US$ 50.000	Último dia útil do mês anterior ao do mês de vencimento	Primeiro dia útil do mês de vencimento
DDI e FRA	US$ 50.000	Último dia útil do mês anterior ao do mês de vencimento	Primeiro dia útil do mês de vencimento
IND	Cotação futuro × R$ 1,00	Quarta-feira mais próxima do dia 15 dos meses pares	Quarta-feira mais próxima do dia 15 dos meses pares

O segmento BM&F especifica os contratos futuros pelo mês de vencimento e pelo ano de vencimento. Por exemplo, o contrato futuro de DI de um dia MAR2 vence no primeiro dia útil de março de 2012. O contrato futuro de DDI ABR3 vence no primeiro dia útil de abril de 2013.

11.5.2.2 Mecanismos de proteção do mercado

Uma pergunta que o investidor nesse tipo de contrato poderia fazer é a seguinte: quem garante que no vencimento do contrato eu receberei da minha contraparte o valor acordado? A possibilidade de descumprimento dos contratos no momento de sua liquidação afastaria alguns participantes dos negócios e aumentaria o preço dos contratos. Visando reduzir estes riscos, foram criadas as câmaras de compensação (*clearings*) pelas bolsas. Especificamente para os riscos associados aos contratos futuros, as bolsas criaram alguns mecanismos adicionais.

A padronização dos contratos negociados em bolsa permite um mecanismo de simplificação das operações que contribuí para a diminuição dos riscos envolvidos na operação, onde:

- a *clearing* da Bolsa de Futuros assume o papel de compradora de todos os vendedores e de vendedora de todos os compradores;
- as liquidações ocorrem contra a Bolsa e não entre compradores e vendedores;

- bolsa chama para si o risco de crédito.

Para que a *clearing* diminua seus riscos (e os da Bolsa) os seguintes mecanismos de proteção são utilizados (no mercado futuro):

- marcação a mercado das posições em aberto;
- ajuste diário das posições em aberto ao preço de mercado (*"mark to market"*), dividindo-se uma eventual perda em diversos dias;
- estabelecimento de margens iniciais de garantia, calculadas sobre oscilações máximas;
- estabelecimento de limites de oscilação de mercado;
- limites de concentração de posições abertas.

Os mecanismos citados, que são as medidas básicas para garantir a segurança do sistema de liquidação no mercado futuro, são operacionalizados da seguinte maneira:

- **Margens de garantia**: existem três tipos de margens de garantia: a inicial, a adicional e a de manutenção. A margem inicial é cobrada quando se abre uma posição no mercado futuro, na forma de um depósito inicial para garantir o cumprimento dos contratos por dois ou três dias. A margem adicional é calculada de acordo com as variações entre o preço de fechamento e o preço do contrato, cobrada de acordo com os ajustes diários. A margem de manutenção é a quantidade mínima de capital que deve ser depositada na Câmara de Compensa-ção e que deve ser mantida sob pena de punições por parte da Bolsa. O quadro a seguir apresenta os ativos utilizados como margem de garantia no segmento BM&F:

QUADRO 11.2

Ativos utilizados como margem de garantia BM&F.

Nome do Ativo	Depositado	%
Títulos Públicos Federais	77.309.496.064,37	88,5
Ações	4.648.878.399,06	5,3
Cartas de Fiança	3.308.245.890,82	3,8
Títulos Privados	1.162.480.734,33	1,3
Dinheiro – Reais	651.155.737,77	0,7
Ouro	139.742.717,05	0,2
FIC Banco BM&F	115.323.988,69	0,1
Dinheiro – Dólares	11.213.123,75	0,0
Total Depositado em Reais	**87.346.536.655,84**	**100,0**
Total Depositado em Dólares	**52.276.902.188,52**	**100,0**

Fonte: BM&FBOVESPA – Atualizado em 18/02/2011.

- **Ajuste diário das posições em aberto ao preço de mercado:** todas as posições em aberto no mercado futuro são ajustadas diariamente. Todos os ganhos ou perdas obtidos pelos investidores em determinado pregão são recebidos ou pagos em dinheiro em D + 1, por meio de crédito ou débito em conta corrente na corretora pela qual a operação foi realizada. O valor que a Bolsa se baseia para calcular esses ganhos e perdas nos diversos contratos é obtido através de uma média ponderada dos que acontecem com esses contratos nos últimos 15 ou 30 minutos do pregão (ou outro tempo qualquer especificado no contrato ou arbitrado pela Bolsa). O objetivo principal desses acertos diários de ganhos e perdas é o de reduzir o risco do mercado. Na medida em que as perdas têm que ser pagas em D + 1, o risco de o investidor não ter como pagá-las fica bastante reduzido. Caso o pagamento não seja efetuado a Bolsa lança mão das margens de garantias depositadas e encerra a posição do investidor, ao evitar que as perdas se acumulem. Importante salientar que os pagamentos de ajustes diários são isentos da Contribuição Provisória sobre Movimentação Financeira (CPMF).

- **Limites diários de oscilação de preços:** estes limites servem para evitar grandes especulações de modo que quando um valor máximo ou mínimo previamente fixado é atingido as negociações são suspensas. Esta ação ajuda a diminuir as chances de inadimplência nos contratos.

- **Limites de posição:** Procura evitar a concentração excessiva de operações num único agente para reduzir ações especulativas.

11.5.2.3 Custos operacionais – BM&F

Um ponto bastante relevante nas operações em bolsa são os custos operacionais. O primeiro deles é a taxa operacional básica (TOB), que é a taxa de corretagem da operação. Os percentuais da TOB são diferenciados pelo tipo de operação. Se a operação é um *day-trade*, o percentual cobrado é inferior a uma operação normal. O segmento BM&F divulga as informações sobre percentuais cobrados e bases de cálculo para cada tipo de contrato. O Quadro 11.3 apresenta as taxas operacionais e suas respectivas bases de cálculo para os contratos futuros negociados na BM&F.

Quadro 11.3

Taxa Operacional Básica – TOB.

Futuro	Normal (%)	Day Trade (%)	Base de Cálculo
A-Bond	0,20	0,10	Ajuste (dia anterior) do vencimento negociado
Açúcar	0,30	0,07	Ajuste (dia anterior) do 2º vencimento
Algodão	0,30	0,07	Ajuste (dia anterior) do 2º vencimento
Boi gordo	0,30	0,07	Ajuste (dia anterior) do 2º vencimento
Café arábica	0,30	0,07	Ajuste (dia anterior) do 2º vencimento
C-Bond	0,20	0,10	Ajuste (dia anterior) do vencimento negociado
Cupom cambial	4,00	2,00	Diferença entre PU de ajuste (dia anterior) corrigido e valor teórico do resgate
Cupom DI × IGP-M	3,00	1,50	Diferença entre PU de ajuste (dia anterior) corrigido e valor teórico do resgate
Cupom de IPCA	3,00	1,50	Diferença entre PU de ajuste (dia anterior) corrigido e valor teórico do resgate
DI de um dia	3,00	1,50	Diferença entre PU de ajuste (dia anterior) corrigido e valor teórico do resgate
DI longo	3,00	1,50	Diferença entre PU de ajuste (dia anterior) corrigido e preço teórico do resgate
Dólar comercial	0,20	0,10	Ajuste (dia anterior) do 1º vencimento
El Bond	0,20	0,10	Ajuste (dia anterior) do 1º vencimento
Euro	0,20	0,10	Ajuste (dia anterior) do 1º vencimento
FRA de cupom	4,00	2,00	Cálculo efetuado no contrato de cupom cambial para as pontas curta e longa
FRA de cupom DI × IGP-M	3,00	1,50	Diferença entre PU de ajuste (dia anterior) corrigido e valor teórico do resgate
Global Bonds	0,20	0,10	Ajuste (dia anterior) do vencimento negociado
Ibovespa	0,25	0,15	Ajuste (dia anterior) do 1º vencimento
IBrX-50	0,25	0,15	Ajuste (dia anterior) do 1º vencimento
IGP-M	3,00	1,50	Ajuste (dia anterior) do vencimento negociado
IGP-M fracionário	3,00	1,50	Ajuste (dia anterior) do vencimento negociado
IPCA	3,00	1,50	Ajuste (dia anterior) do vencimento negociado menos o último número-índice divulgado
Milho	0,30	0,07	Ajuste (dia anterior) do 2º vencimento
Ouro 250g	0,25	0,10	Ajuste (dia anterior) do 1º vencimento
Soja	0,30	0,07	Ajuste (dia anterior) do 2º vencimento

Fonte: BM&FBOVESPA – Atualizado em dezembro/2010.

Adicionalmente, quatro categorias de tarifas afetam diretamente a negociação de contratos no segmento BM&F. São elas: taxa de emolumento, taxa de registro, taxa de permanência e taxa de liquidação.

a) Taxa de emolumentos

O emolumento será cobrado sempre que ocorrerem os seguintes fatos geradores:

- negociação de qualquer contrato, via negócios realizados diretamente no pregão, no mercado de balcão, em leilões de contratos ocorridos em ambientes autorizados pela BM&F ou na entrega decorrente de exercício ou de vencimento;

- encerramento do contrato por liquidação financeira no vencimento;

- liquidação do contrato por reversão de posições (operação de natureza inversa no mercado de balcão);

- exercício de direitos no mercado de opções; e

- procedimentos de cessão de direitos.

As regras de cálculo da taxa de emolumentos são definidas por grupo de produtos que apresentem características e finalidades semelhantes ou que estejam baseados no mesmo ativo-objeto. Nos negócios com características de *day trade*, o valor da taxa de emolumentos será diferenciado daquele referente às operações normais, mas corresponderá a um percentual do emolumento devido a estas.

b) Taxa de registro

A taxa de registro será cobrada sempre que um contrato tiver registro pela Câmara de Derivativos. Eventos como:

- negociação de qualquer contrato, via negócios realizados diretamente no pregão, no mercado de balcão, em leilões de contratos ocorridos em ambientes autorizados pela BM&F ou na entrega decorrente de exercício ou de vencimento;

- liquidação do contrato por reversão de posições (operação de natureza inversa no mercado de balcão);

- exercício de direitos no mercado de opções; e

- procedimentos de cessão de direitos.

A taxa de registro será uma proporção da taxa de emolumentos em reais, com o percentual estabelecido pela BM&F, para operação normal no contrato.

c) Taxa de permanência

A taxa de permanência representa um elemento novo de custo para os participantes (vigente desde 2004) e tem como base de incidência o número de contratos mantidos em aberto no dia anterior. Para o cálculo dessa taxa, deve-se considerar um fator de redução e o valor da taxa de permanência. Cada tipo de contrato existe um fator de redução e uma taxa de permanência diária que é constantemente recalculada pela BM&F.

d) Taxa de liquidação

A taxa de liquidação será o custo gerado por uma liquidação por entrega. Será estabelecido como um valor fixo, revisado periodicamente, a fim de manter a cobertura dos custos envolvidos na liquidação por entrega do ativo-objeto, seja ele ativo disponível seja ele contrato futuro. O pagamento da taxa de liquidação será feito junto com a liquidação financeira da entrega.

11.5.2.4 Negociação

Quando um investidor opera no mercado futuro, diz-se que está abrindo uma posição. A abertura da posição se dá por meio uma ordem de compra ou de venda de contratos, através de uma corretora de valores. Na ponta inversa da operação haverá uma ordem oposta, resultando no negócio. O seguinte fluxo resume a operação:

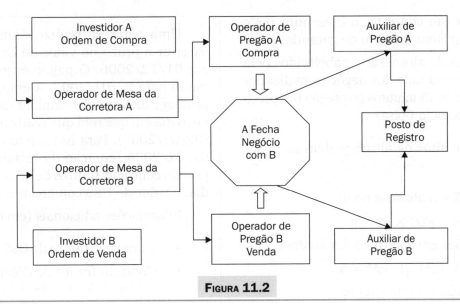

FIGURA 11.2
Fluxo de operações.

O encerramento da posição no mercado futuro é possível anteriormente ao seu vencimento. Uma posição em aberto de futuros pode ser liquidada antes do final do contrato, realizando-se a operação inversa, ou seja:

- Se ele estiver vendido, sai comprando. Assim, deve comprar igual quantidade do mesmo contrato vendido anteriormente, cancelando as obrigações de venda.
- Se o investidor estiver comprado, ele sai vendendo. Assim, deve vender igual quantidade do mesmo contrato comprado anteriormente, cancelando as obrigações de compra.

Se, por exemplo, na abertura do contrato o investidor comprou 10 contratos futuros de DI1 com vencimento para setembro de 2007, para fechar posição, ele deverá vender a mesma quantidade de contratos para o mesmo vencimento.

Caso a posição seja mantida até o seu vencimento, ela estará sujeita à entrega ou será liquidada financeiramente, o que significa que as posições compradas serão compulsoriamente vendidas e as vendidas serão compulsoriamente compradas.

11.5.3 Operacionalização dos contratos futuros no Brasil

Devido a características específicas dos contratos futuros (apresentados no item 11.5.2) no mercado brasileiro, é apresentado, a seguir, o funcionamento operacional específico dos principais contratos negociados.

11.5.3.1 DOL

Os contratos futuros de dólar (DOL) têm como ativo subjacente a taxa de câmbio de reais por dólares norte-americanos e são negociados na BM&F segundo os termos da Resolução 1.690/90 do Conselho Monetário Nacional (CMN). Esses contratos oferecem um mecanismo de transferência de risco cambial em US$. Os principais participantes desse mercado são as empresas importadoras, exportadoras, empresas com ativos ou passivos indexados em dólar e as instituições financeiras. Com a utilização dos contratos DOL esses agentes podem se proteger do risco de variação cambial. As principais características operacionais desse contrato são:

- o objeto de negociação é a taxa de câmbio de reais por dólar norte-americano para pronta-entrega;
- os contratos são de US$ 50.000;
- data de vencimento é o primeiro dia útil do mês de vencimento;
- negociação acontece até o último dia útil do mês anterior ao mês de vencimento;
- os contratos são cotados em reais por US$ 1.000, com até três casas decimais;

- ao abrir um contrato, o investidor deve depositar uma margem de garantia;
- os preços de ajuste são estabelecidos pela média ponderada dos negócios realizados nos últimos 15 minutos do pregão (ou preço arbitrado pela Bolsa).

Os procedimentos de ajuste podem ser resumidos como:

- Operações realizadas no dia

Ajuste $= (PA_t - PO) \times M \times n$

- Operações em aberto no dia anterior

Ajuste $= (PA_t - Pa_{t-1}) \times M \times n$

- Liquidação no vencimento

$VL = (1000 \times TC) \times M \times n$

Em que: PA_t: Preço de ajuste do dia.

PO: Preço da operação.

M: Multiplicador (50).

Pa_{t-1}: Preço de ajuste do dia anterior.

n: Número de contratos.

TC: Taxa de câmbio de liquidação.

11.5.3.1.1 Exemplo[3] de *hedge* com DOL – custos e benefícios

Como vimos, os derivativos foram criados como instrumento de proteção à oscilação de preços dos ativos. Em sua essência o instrumento financeiro derivativo visa o *hedge* (proteção) de uma posição ativa ou passiva com relação a alguma exposição econômica ou financeira que se tenha.

Os contratos futuro e a termo são muito utilizados para esse tipo de operação. Para entender melhor esse funcionamento, apresentamos a seguir um exemplo da utilização do contrato DOL para *hedge* considerando os custos operacionais (comentados no item 11.5.2.3) desses contratos.

Uma empresa realizou uma compra no exterior a prazo no valor de US$ 15 milhões em 01/12/2006. O pagamento está programado para 02/01/2007. A empresa deseja se proteger da variação cambial de 01/12/2006 até o dia em que terá que realizar o pagamento (02/01/2007). Para isso, efetua um *hedge* em 01/12/2006 (cotação de fechamento), comprando contratos futuros de dólar (DOL). Nesse dia, o valor do US$ comercial era de R$ 2,50.

Informações adicionais (em 01/12/2006):

- 1 Contrato futuro de US$ = US$ 50.000
- Contrato futuro de dólar JAN7 = 2.515,00 à R$/US$ 2,515
- Taxa Operacional Básica = 0,2% do valor transacionado (base no valor de ajuste do dia anterior ao da operação) → a corretora dá desconto de 80% da TOB
- Preço de ajuste do dia anterior = 2.512,00 → R$/US$ 2,512
- PTAX 800 venda de 30/11/2006 → R$/US$ 2,49
- Taxa da Bolsa/emolumentos = US$ 1,50[4] por contrato
- Taxa de Registro (na época) = 5% do valor da taxa de emolumentos
- Taxa de Permanência = R$ 0,015 por contrato por dia

Supondo que em 02/01/07 supondo que o dólar comercial à vista esteja a R$ 2,55, o resultado do *hedge*, bem como seus custos operacionais, são calculados da seguinte maneira:

O primeiro passo é calcular o número de contratos necessários para a operação,[5] dado por T/t, em que, T é o tamanho da posição a ser *hedgiada* e t é o tamanho do contrato futuro.

N = 15.000.000/50.000 = 300 contratos

---

[3] As taxas são reais, contudo podem sofrer alterações. Sempre consulte a BM&F para saber as taxas correntes na época em que se está realizando a operação.

[4] Referente à cotação de fechamento da taxa de câmbio de reais por dólar, divulgada via PTAX800 de venda, referente ao último dia do mês anterior à data de cálculo.

[5] Aqui consideraremos que a razão de *hedge* do Dólar a vista com o Dólar Futuro é 1, assim o número ótimo de contratos que é dado por N = corr(s,f) × (var(s)/var(f)) x T/t → N = T/t

a) TOB

Ajuste do dia anterior = R$ 2,512

TOB = 0,002 × 300 × R$ 2,512 × US$ 50.000
= R$ 75.360

Desembolso TOB = 75.360 × 0,20 = R$ 15.072

b) Taxa da Bolsa (emolumentos)

300 × US$ 1,5 × R$ 2,49 = R$ 1.120,50

c) Taxa de registro

5% × 1.120,50 = R$ 56,03

Assim, o investidor desembolsará R$ 16.248,53 referentes à abertura da posição em D + 1.

Em 02/01/2007:

- O contrato futuro de dólar (DOL) é se encerra

- Ganho do *hedge* no período: (R$ 2,55 – R$ 2,515) × 300 × US$ 50.000 = R$ 525.000

- Valor da importação a vista: US$ 15 milhões × R$ 2,55 = R$ 38.250.000

- Desembolso da empresa: R$ 38.250.000 – R$ 525.000 = R$ 37.725.000 → Esse valor é igual a US$ 15 milhões × R$ 2,515, ou seja, a empresa travou o câmbio de R$/US$ 2,515 ao entrar no contrato futuro.

Além disso, a empresa ainda terá que desembolsar em D + 1 as taxas referentes ao fechamento da posição:

d) TOB = 0,002 × 300 × 2,55 × 50.000
= R$ 76.500

Desembolso TL = 76.500 × 0,20 = R$ 15.300

e) Taxa da Bolsa (emolumentos)

300 × US$1,5 × R$ 2,55 = R$ 1.147,50

f) Taxa de registro

5% × 1.147,50 = R$ 57,38

g) Há também que se considerar a taxa de permanência. Como o contrato foi carregado durante 20 dias de pregão, considera-se:

R$ 0,015 × 300 × 20 = R$ 90,00

Portanto, as despesas de fechamento da posição são de R$ 16.594,88.

DESEMBOLSO TOTAL DA EMPRESA = R$ 37.757.843,40.

Isso resulta em um câmbio efetivo para a operação de:

R$ 37.757.843,40/US$ 15.000.000 = R$/US$ 2,5172.

Entretanto, a empresa teria desembolsado R$ 38.250.000 caso a empresa não tivesse feito o *hedge*.

11.5.3.2 *DI*1

O contrato de *DI*1 tem como ativo subjacente a taxa de juros negociada no mercado interbancário (CDI), para o prazo de um dia. Esses contratos têm seus preços formados com base nas expectativas dos agentes econômicos em relação às taxas do CDI. O mercado de *DI*1 é utilizado por empresas ou instituições financeiras que desejam se proteger do risco oscilação das taxas de juros. Por exemplo, uma empresa que tenha endividamento atrelado ao CDI corre o risco que essa taxa se eleve. Para se proteger desse risco poderia utilizar os contratos *DI*1. As principais características operacionais desse contrato são:

- é negociado em taxa de juros;

- a negociação é feita em taxa de juros anual efetiva para 252 dias úteis;

- vencimento no primeiro dia útil do mês;

- meses de vencimento: quatro primeiros e os meses "cabeça de trimestre";

- valor final do contrato: R$ 100.000,00;

- semelhante a um título sem pagamento de cupom;

- as posições no mercado futuro são em preço unitário (*PU*);

- será necessário converter a negociação em taxa para o valor correspondente em *PU* (desconto de 100.000) – semelhante a um *bond* zero cupom;

- será necessária a conversão da natureza: compra em taxa = venda em *PU* e venda em taxa = compra em *PU*;

- diariamente as posições em aberto serão ajustadas tomando como base o preço estabelecido pela BM&F;

- o preço de ajuste é sempre em *PU* com duas casas decimais;
- vencimentos líquidos são determinados por média dos últimos negócios, os demais por *call* ou arbitrados;
- o preço de ajuste é calculado diariamente pela bolsa (média dos últimos negócios);
- o preço de ajuste do dia anterior deve ser corrigido antes de ser utilizado no cálculo do ajuste diário;
- o fator de correção é a taxa média de *DI* da CETIP;
- após a correção os preços de ajuste do dia anterior e do dia passam a se referir ao mesmo prazo até o vencimento;
- o preço, valor a ser pago por um título está funcionalmente associado à taxa de juros;
- utiliza-se o desconto do valor de resgate do título para se apurar o preço do contrato;
- a conversão da taxa em PU é feita pela seguinte fórmula:

$$PU = \frac{100.000}{\left(1 + \dfrac{i}{100}\right)^{du/252}}$$

Em que:

i = taxa de juros ao ano *over* (252 *du*) do contrato

du = dias úteis até o vencimento

- para efeito de apuração do valor relativo ao ajuste diário das posições em aberto de *DI*1, são obedecidos os seguintes critérios:

As posições em aberto ao final de cada pregão, depois de transformadas em *PU*, são ajustadas com base no preço de ajuste do dia, estabelecido conforme regras da Bolsa, com movimentação financeira (pagamento dos débitos e recebimento dos ganhos) no dia útil subsequente ($D + 1$). O ajuste diário é calculado até a data de vencimento, inclusive, de acordo com as seguintes fórmulas:

b.1) ajuste das operações realizadas no dia

$$AD_t = \left(PA_t - PO\right) * M * N$$

b.2) ajuste das posições em aberto no dia anterior

$$AD_t = \left[PA_t \left(PA_{t-1} * FC_t\right)\right] * M * N$$

Em que:

AD_t = valor do ajuste diário, em reais, referente à data t;

PA_t = preço de ajuste do contrato na data t, para o vencimento respectivo;

PO = preço da operação, em *PU*, calculado da seguinte forma, após o fechamento do negócio:

$$PO = \frac{100.000}{\left(1 + \dfrac{i}{100}\right)^{\frac{n}{252}}}$$

Em que:

i = taxa de juro negociada;

n = número de saques-reserva, compreendido entre a data de negociação, inclusive, e a data de vencimento do contrato, exclusive;

M = valor em reais de cada ponto de *PU*, estabelecido pela BM&F;

N = número de contratos;

PA_{t-1} = preço de ajuste do contrato na data $t - 1$, para o vencimento respectivo;

FC_t = fator de correção do dia t, definido pelas seguintes fórmulas:

i) quando houver um saque-reserva entre o último pregão e o dia do ajuste

$$FC_t = \left(1 + \frac{DI_{t-1}}{100}\right)^{1/252}$$

ii) quando houver mais de um saque-reserva entre o último pregão e o dia do ajuste, em que:

$$FC_t = \prod_{j=1}^{n} \left(1 + \frac{DI_j}{100}\right)^{1/252}$$

em que: DI_{t-1} = taxa de *DI*, referente ao dia útil anterior ao dia a que o ajuste se refere, com até seis casas decimais. Na hipótese de haver mais de uma taxa de *DI* divulgada para o intervalo entre dois pregões consecutivos, essa taxa representará a acumulação de todas as taxas divulgadas.

Na data de vencimento do contrato, o preço de ajuste será 100.000.

Se, em determinado dia, a taxa de DI divulgada pela CETIP se referir a um período (número de dias) distinto daquele a ser considerado na correção do preço de ajuste, a BM&F poderá arbitrar uma taxa, a seu critério, para aquele dia específico.

O valor do ajuste diário (AD_t), se positivo, será creditado ao comprador da posição em PU (vendedor original em taxa) e debitado ao vendedor da posição em PU (comprador original em taxa). Caso o valor seja negativo, será debitado ao comprador da posição em PU e creditado ao vendedor da posição em PU.

O Gráfico 11.1 apresenta esquematicamente o funcionamento da negociação de taxa de juros com relação à expectativa do investidor:

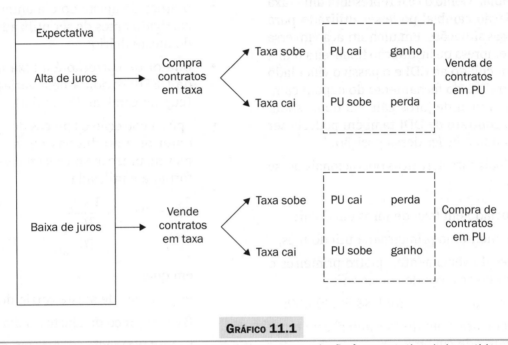

Gráfico 11.1

Funcionamento da negociação de taxa de juros com relação à expectativa do investidor.

11.5.3.3 DDI

A taxa de cupom cambial (objeto do contrato de DDI) pode ser definida como sendo a taxa de juros doméstica acima da variação cambial. Formalmente pode ser expressa como:

$$C = \frac{(1+r)}{\Delta Cambial} - 1$$

em que C = cupom cambial

r = taxa de juros doméstica (em R$)

$\Delta Cambial$ = variação da taxa de câmbio de R$ por US$ no período

A taxa de cupom cambial é uma taxa de juros em regime de capitalização simples, expressa ao ano de 360 dias e com contagem em dias corridos.

O mercado futuro de DDI (ou cupom cambial sujo) negocia o diferencial entre a taxa do CDI e a variação cambial com base no dólar PTAX do dia anterior para determinado período (o cupom cambial sujo). Figueiredo (2005) ressalta que, em termos mais específicos, o objeto de negociação do contrato futuro DDI é o *spread* entre:

a) a taxa de juro efetiva de depósitos interfinanceiros (DI), calculada a partir da acumulação das taxas médias diárias de DI de um dia, apuradas pela CETIP, para o período compreendido entre a data da operação no mercado futuro, inclusive, e o último dia do mês anterior ao mês de vencimento do contrato, inclusive; e

b) a variação cambial, medida pela taxa de câmbio de reais por dólar norte-americano, para entrega pronta, apurada e divulgada pelo Banco Central do Brasil, e observada entre o dia útil anterior à data da operação no mercado futuro, inclusive, e o último dia do mês anterior de vencimento do contrato, inclusive.

O objetivo da utilização desse contrato pelas empresas e instituições financeiras é a proteção do risco de oscilação do cupom cambial. Empresas ou instituições financeiras com ativos indexados ao dólar e passivos vinculados ao CDI correm o risco de que o CDI do período venha a ser maior que a variação cambial. Como o DDI representa uma taxa livre da variação cambial pode ser utilizado para proteção nessas situações. Em uma situação inversa em que uma empresa ou instituição financeira tenha o seu ativo vinculado ao CDI e o passivo vinculado ao dólar, há o risco do fechamento do cupom cambial, ou seja, a taxa de juros cair e o dólar subir. Nesse caso o contrato de DDI também poderia ser utilizado visando o *hedge* dessa posição.

As principais características operacionais desse contrato são:

- negociado em taxa de juros em dólar;
- vencimento no primeiro dia útil do mês;
- meses de vencimento: quatro primeiros e os meses "cabeça de trimestre";
- valor final do contrato: US$ 50.000,00;
- semelhante a um título cambial sem o pagamento de cupom;
- a negociação é feita em taxa de juros anual linear para 360 dias corridos;
- comprar futuro em taxa => crença que a taxa de juros prefixada (cotada) irá subir em um período futuro;
- vender futuro em taxa => crença que a taxa de juros prefixada (cotada) irá cair em um período futuro;
- as posições no mercado futuro são em *PU*;
- será necessário converter a negociação em taxa para o valor correspondente em *PU* (desconto de 100.000), com o valor do ponto em US$ 0,50;
- será necessária a conversão da natureza: compra em taxa = venda em *PU* e venda em taxa = compra em *PU*;
- a seguinte fórmula é utilizada para a transformação de cupom cambial em *PU*:

$$PU = \frac{100.000}{\left(i_t \times \dfrac{dc}{360} + 1 \right)}$$

em que:

i_t = taxa de cupom relativa ao dia t

dc = dias corridos compreendidos entre a data t, inclusive, e a data de vencimento do contrato.

- o preço de ajuste do dia anterior deve ser corrigido antes de ser utilizado no cálculo do ajuste diário;
- o fator de correção é a taxa média de *DI* da CETIP dividida pela variação cambial (cupom cambial de um dia);
- após a correção os preços de ajuste do dia anterior e do dia passam a se referir ao mesmo prazo até o vencimento. A seguinte fórmula é utilizada:

$$PC = PA_{t-1} \times \frac{1 + i_{t-1}}{\dfrac{TC_{t-1}}{TC_{t-2}}}$$

em que:

PC = preço de ajuste corrigido

PA_{t-1} = preço de ajuste do dia anterior

i_{t-1} = taxa média de DI de um dia, da CETIP, referente ao dia anterior $(t - 1)$

TC_{t-1} = taxa de venda do dólar do dia anterior $(t - 1)$

TC_{t-2} = taxa de venda do dólar do segundo dia imediatamente anterior $(t - 2)$

11.5.3.3.1 Exemplo[6] de *hedge* com DDI

Suponha que uma instituição financeira tenha adquirido títulos cambiais em 14/08/2006 no valor de US$ 5 milhões, a uma taxa de 12% ao ano (capitalização simples), com vencimento em 29/12/2006 (último dia útil do mês). Para levantar recursos para a operação, essa instituição fez captações no mercado e as remunera a 100% do CDI. Portanto, a empresa tem passivo em CDI e ativos em US$. A empresa deseja fazer

---

[6] Adaptado de Figueiredo (2005).

> um *hedge* de sua posição e para isso cotou o mercado futuro e encontrou o seguinte contrato:
>
> Dados de mercado (em 14/08/06):
>
> i)   DDI JAN07 = 98.115 pontos;
>
> ii) US$1 = R$ 2,20.

Sabendo que o CDI efetivo do período tenha sido de 7% e o dólar é cotado em R$ 2,50 em 29/12/2006, qual foi o resultado final da operação? (Não considerar os custos operacionais.)

Como a instituição financeira deseja se proteger da abertura do cupom cambial (alta do CDI e queda do US$) abre sua posição comprando contratos de DDI (vendendo PU). O resultado da operação é:

→ Dias corridos de 14/08 a 29/12 = 137

A cotação do DDI futuro tem embutida o seguinte cupom cambial:

$$1 + \left(Cupom \times \frac{137}{360} \right) = \frac{100.000}{98.115}$$

$$\therefore Cupom = 5,0484\% \text{ ao ano}$$

O objetivo do *hedge* é travar o *spread* de:

$$\frac{US\$ \; 5 \; MI \left[1 + \left(0,12 \times \frac{137}{360} \right) \right]}{US\$ \; 5 \; MI \left[1 + \left(0,050484 \times \frac{137}{360} \right) \right]} - 1 = 2,60\% \text{ para a operação}$$

Em 14/08/2006:

Número de contratos → compra taxa/vende *PU* de DDI:

$$\frac{US\$ \; 5 \; MI \left[1 + \left(0,050484 \times \frac{137}{360} \right) \right]}{US\$ \; 50.000} = 101,92 \text{ contratos DDI futuro JAN01}$$

Resultado final em 02/01/2007:

Recebimento do ativo:

$$US\$ \; 5 \; MI \; \times \left[1 + \left(0,12 \times \frac{137}{360} \right) \right] \times 2,50 = R\$ \; 13.070.833,33$$

Pagamento do passivo:

$$US\$ \; 5 \; MI \; \times 1,07 \times 2,2 = R\$ \; 11.770.000$$

Resultado do *hedge:*

$$\left[\left(98.115 \times \frac{1,07}{\frac{2,50}{2,20}} \right) - 100.000 \right] \times 0,5 \times 101,92 \times 2,50 = - R\$ \; 970.140,30$$

Spread efetivo:

$$\frac{R\$ \; 13.070.833,33}{R\$ \; 11.770.000 \; + \; R\$ \; 970.140,30} = 2,60\% \text{ no período}$$

OBS: Na prática, seria adquirido um número inteiro de contratos, o que resultaria em pequenas diferenças na efetividade final do *hedge*.

11.5.3.4 FRA

Conforme comentado anteriormente, o DDI negocia o chamado cupom sujo, pois considera o dólar do de fechamento do dia anterior no seu cálculo. Como esse procedimento pode causar distorções no objetivo do contrato futuro de cupom cambial, a BM&F lançou em fevereiro de 2001 um produto que visa solucionar esse problema. O mercado futuro de *Forward Rate Agreement* (FRA) permite a negociação do cupom cambial sem a distorção causada pela variação da taxa de câmbio do dia anterior da operação. No FRA o cupom negociado é chamado de cupom cambial limpo. Para entender melhor a importância do cupom limpo, considere a seguinte situação:

- um banco captando R$ V no Brasil com um título zero cupom de 1 ano que pague variação cambial + juros (i_{BR});

- este valor V é transformado em US$ na data t = 0 pela taxa de câmbio de conversão de aplicações (λ_0^F);

- assim, o valor em US$ a ser devolvido em R$ no resgate é [V / λ_0^F] (1 + i_{BR});

- supondo que a captação de R$ V tenha sido utilizada para aplicar no exterior no mesmo prazo, tem-se:

  V / λ_0 = Valor em US$ aplicado no exterior (em que, λ_0 é a taxa de câmbio de mercado);

- o valor em US$ a ser resgatado no exterior é igual a:

  [V / λ_0] (1 + i_{US});

- para que não ocorram arbitragens, é necessário que o valor a ser resgatado nos EUA seja menor ou igual ao valor a ser pago no Brasil, ou seja:

  [V / λ_0] (1 + i_{US}) = [V / λ_0^F] (1 + i_{BR})

Assim: $(1 + i_{BR}) = \dfrac{(1 + i_{US})}{\dfrac{\lambda_0}{\lambda_0^F}}$

Nesse caso, pode-se perceber que se a taxa de câmbio para conversão, λ_0^F, fosse igual a taxa de câmbio de mercado, λ_0, então $i_{BR} = i_{US}$. Entretanto, no Brasil, a taxa de câmbio de conversão é igual à $PTAX_{T-1}$, assim a taxa de juros para títulos em R$ que pagam variação cambial fica sendo igual a:

$$(1 + i_{BR}) = \frac{(1 + i_{US})}{\dfrac{\lambda_0}{PTAX_{T-1}}}$$

A taxa de juros cupom cambial sujo deve ser utilizada em todas as operações financeiras que usam a PTAX do dia útil anterior para fazer conversões de R$ para US$, sendo as principais:

- todas as operações com títulos de renda fixa em reais (públicos ou privados);

- diversos contratos de derivativos (DDI, Swap US$ × CDI).

O cupom cambial sujo é dado pela seguinte expressão:

$$c_S = \left[\frac{\left(1 + pré\right)^{\frac{du}{252}}}{\dfrac{F}{TC_{t-1}}} - 1 \right] \times \frac{360}{dc}$$

Em que: *pré* = taxa de juro doméstica

F = dólar futuro

Por outro lado, a taxa de cupom cambial limpo deve ser utilizada nas operações que não convertem pela PTAX de (t – 1). Exemplos seriam operações de ACC, *eurobonus*, *euronotes*, entre outras. A expressão do cupom cambial limpo é:

$$c_L = \left[\frac{\left(1 + pré\right)^{\frac{du}{252}}}{\dfrac{F}{S}} - 1 \right] \times \frac{360}{dc}$$

Em que: S = dólar norte americano no mercado à vista

O entendimento do cupom cambial limpo é essencial para o entendimento do FRA de cupom, em que o objeto de negociação é justamente o cupom cambial limpo. As operações de FRA têm o objetivo de proteção para as empresas e as instituições financeiras do risco de oscilação do cupom cambial.

Interessante salientar que não existem posições em aberto dos contratos futuros de FRA. As operações realizadas nesse mercado são transformadas em duas operações posições no mercado futuro de DDI: uma, de mesma natureza, na ponta longa do DDI futuro, que corresponde ao vencimento do FRA e outra de natureza inversa, na ponta curta do DDI futuro, que corresponde ao primeiro vencimento de DDI futuro sendo negociado. As principais características operacionais dos contratos de FRA são:

- a negociação é de uma taxa entre dois vencimentos de DDI;
- o símbolo para negociação é FRC (FRA de cupom);
- vencimento base é fixo para todos os FRC (1º até o 3º dia antes do vencimento, quando passa a ser o 2º);
- é uma estratégia e não um contrato, não tem posição em aberto, que estarão no DDI;

- negociada em taxa anual linear para 360 dias corridos;
- preço do vencimento base é o ajuste do DDI vencimento base;
- quantidade do vencimento longo é a quantidade negociada em FRC, assim:

$$Q_{longa} = Q_{FRC} \, ;$$

- quantidade do vencimento base (ponta curta) será a quantidade de FRC descontada pela taxa negociada (manterá o financeiro equivalente nas duas pontas), dada pela seguinte fórmula:

$$Q_{curta} = \frac{Q_{FRC}}{\left(\dfrac{i_{FRC}}{100} \times \dfrac{dc_{FRC}}{360} + 1 \right)} \, ;$$

- preço do vencimento longo é obtido pela composição da taxa de ajuste do DDI curto (preço da operação) com a taxa de FRC negociada, calculado por:

$$P_{longa} = \left[\left(\frac{P_{curta}}{100} \times \frac{dc_{curta}}{360} + 1 \right) \times \left(\frac{P_{FRC}}{100} \times \frac{dc_{FRC}}{360} + 1 \right) - 1 \right] \times \frac{36.000}{dc_{longa}} \, ;$$

- o FRA de cupom cambial mostra-se mais estável que o DDI (afetado pela variação cambial contra a PTAX do dia anterior).

11.5.3.4.1 Exemplo de FRA

No dia 01/07, um banco vende 100 contratos de FRA a 2,75% a.a. (faltando 81 dias corridos para a sua maturidade). O PU da ponta curta, no dia da operação, foi de 99.635,69, faltando 21 dias corridos para seu vencimento. Qual as

taxas nas pontas curta e longa da operação? Qual o número de contratos em que o investidor fica posicionado no vencimento curto?

Para o cálculo da taxa na ponta curta, temos:

$$1 + \left(Cupom_{PC} \times \frac{21}{360} \right) = \frac{100.000}{99.635,69}$$

$$\therefore Cupom_{PC} = 6,27\% \text{ ao ano}$$

Para o cálculo da taxa na ponta longa temos:

$$Cupom_{PL} = \left\{ \left[\left(\left(0,0627 \times \frac{21}{360} \right) + 1 \right) \times \left(\left(0,0275 \times \frac{81-21}{360} \right) + 1 \right) \right] - 1 \right\} \times \frac{360}{81}$$

$$\therefore Cupom_{PL} = 3,67\% \text{ ao ano}$$

O número de contratos na ponta curta é dado por:

$$Q_{curta} = \frac{100}{\left(0,0275 \times \dfrac{81 - 21}{360} + 1\right)}$$

Q_{curta} = 99,54 $\cong$ 100 contratos

11.6 CONTRATO DE OPÇÕES

Os contratos de opções são modalidades mais recentes de operação nos mercados financeiros, sendo negociados há bem menos tempo que os contratos futuros. Existem dois tipos básicos de contratos de opções: *calls* (opções de compra) e *puts* (opções de venda). O detentor de uma *call* tem o direito de comprar um determinado ativo em uma certa data por um determinado preço. O detentor de uma *put* tem o direito de vender um dado ativo em uma certa data por um determinado valor. Para ter este direito de compra ou venda, o interessado deve pagar um determinado valor, chamado de prêmio, para a outra parte envolvida no negócio, que é conhecida como lançador da opção.

Os contratos de opções apresentam uma diferença básica em relação aos contratos futuros, ou seja, nos contratos de opções o detentor da opção (titular da opção) tem o direito, mas não a obrigação de comprar ou vender o ativo objeto, como ocorre nos contratos futuros. O preço do contrato, que é o valor futuro pelo qual o bem será negociado, é conhecido como preço de exercício (*strike price* ou *exercise price*) e a data em que a posição será exercida é conhecida como data do vencimento (*expiration date*, *exercise date* ou *maturity*). Uma opção europeia pode ser exercida somente na sua data de vencimento, enquanto que uma opção americana pode ser exercida a qualquer tempo até o vencimento, sendo esta última a utilizada com maior frequência no país. Segundo Hull (2009), há seis fatores que afetam os preços das opções:

i.   o preço do ativo objeto;

ii. o preço de exercício;

iii. o tempo para o vencimento;

iv. a volatilidade do preço da ação;

v.   a taxa de juros livre de risco; e

vi. os dividendos esperados durante a vida da opção.

Uma opção pode ser denominada como sendo:

*   *in the money*: se o preço de exercício é menor que o preço à vista;

*   *at the money*: se o preço de exercício é igual ao preço à vista;

*   *out of the money*: se o preço de exercício é maior do que preço à vista.

No mercado de opções existem, basicamente, quatro tipos de participantes:

i.   compradores de opções de compra;

ii. vendedores de opções de compra;

iii. compradores de opções de venda;

iv. vendedores de opções de venda.

Os compradores possuem posições compradas (*long positions*) e os vendedores possuem posições vendidas (*short positions*). A venda de opção é conhecida no mercado como lançamento de uma opção. Complementarmente, existem as opções flexíveis, que são aquelas opções de compra e venda que não são negociadas em pregão e sim no mercado de balcão, com as operações registradas através de um terminal eletrônico, em que as partes estabelecem livremente a dimensão e ordem de grandeza dos contratos, negociam os preços de exercício, o prêmio, inclusive diferindo-o no tempo, estabelecem o prazo de vencimento de acordo com as suas necessidades e possibilitam a inclusão de um atributo denominado "preço de barreira", que é um preço limitador de oscilação do preço a vista em relação ao preço de exercício na data do vencimento.

11.6.1 Introdução à precificação de opções

Para um entendimento mais adequado das operações realizadas utilizando opções é necessária a consideração de dois aspectos fundamentais desses instrumentos: a precificação e as estratégias operacionais. A determinação do preço desses produtos é fundamental para orientar as operações realizadas ajudando os *traders* a determinar o preço justo de um dado instrumento. O estudo da estratégia operacional é importante porque frequentemente os derivativos são utilizados em conjunto com outros instrumentos financeiros derivativos e não derivativos. Assim, nesta seção serão discutidos esses dois aspectos de forma sucinta.

A pedra fundamental na determinação do preço de opções nasceu com o trabalho pioneiro de Fisher Black e Myron Scholes, em 1973. O modelo por eles desenvolvido, e que recebeu significativas contribuições de Robert Merton, é conhecido como modelo de Black & Scholes, ou mais adequadamente de Black, Scholes e Merton como o próprio Fischer Black gostava de salientar. Scholes e Merton receberam o Prêmio Nobel de Economia em 1998 (Fischer Black falecera pouco tempo antes) em reconhecimento à verdadeira revolução na academia e na prática de finanças que eles causaram. A derivação do modelo exige conhecimentos matemáticos que fogem ao escopo deste texto. No entanto, a formulação final do modelo é relativamente simples e pode ser assim apresentada para opções de compra europeias sobre ações:

$$c = SN(d_1) - Xe^{-rT}N(d_2)$$

Em que:

c: preço de uma opção de compra (*call*) europeia sobre ações sem dividendos;

S: preço à vista (*spot*) do ativo objeto;

$N(x)$: é a função de distribuição de probabilidade acumulada para uma variável que é normalmente distribuída com média zero e desvio padrão 1 (isto é, a probabilidade de essa variável ser menor que x;

X: preço de exercício ou *strike*;

r: taxa de juros livre de risco;

T: prazo até o exercício da opção;

e: constante matemática 2,71828.

Tem- se os valores de d_1 e d_2:

$$d_1 = \{\ln (S/X) + (r + \sigma^2/2)T\}/\sigma\sqrt{T}$$
$$d_2 = d1 - \sigma\sqrt{T}$$

Em que: σ = volatilidade do ativo objeto.

> Para o cálculo do respectivo preço da opção, basta conhecer os valores de d_1 e d_2 e em seguida procurar os valores na tabela da distribuição normal acumulada (encontrada comumente nos textos de estatística). O exemplo abaixo demonstra esse desenvolvimento.

O preço de uma opção europeia de compra sobre um ativo que não paga dividendos com as seguintes características: $S = 40$, $\sigma = 30\%$, $T = 3$ meses, $X = 42$ e $r = 10\%$.

Dessa forma, temos:

$$c = 40N(d_1) - 42e^{-0,1 \times 0,25} N(d_2)$$
$$c = 40N(d_1) - 40,963 N(d_2)$$

Calculando-se d_1 e d_2:

$$d_1 = \{\ln (40/42) + (0,10 + 0,3^2/2)0,25\}/0,3\sqrt{0,25}$$
$$= - 0,0836$$
$$d_2 = -0,0209 - 0,3\sqrt{0,25} = -0,2336$$

Tem-se então:

$$c = 40N(- 0,0836) - 40,963N(- 0,2336)$$

Tomando-se os valores de d_1 e d_2 da Tabela dos valores de $N(x)$, usando somente duas casas decimais, temos:

$$c = 40 \times 0,4681 - 40,963 \times 0,4090 = 1,97$$

Dessa forma, o valor da *call*, segundo o modelo seria de $ 1,97. Outra formulação importante para a precificação de opções é a chamada paridade *put-call*. Existe uma relação entre o preço das opções de compra e de venda que pode ser apresentada da seguinte forma:

$$p + S = c + Xe^{-rT}$$

em que: p é o prêmio em uma opção de venda sobre a mesma ação objeto da *call* e com as mesmas condições. Temos, então:

$$p + 40 = 1,97 + 40,96$$
$$p = 2,93$$

Assim, os investidores podem aproveitar eventuais distorções existentes entre os preços de *calls* e *puts*. Esse tipo de operação é conhecido como arbitragem e pode levar a lucros relativamente sem riscos. Os operadores usam versões mais sofisticadas da formulação apresentada para levar em consideração aspectos da realidade não captados pelo modelo como custos de transação, por exemplo. Algumas observações, no entanto, são necessárias a respeito do uso do modelo na realidade das instituições financeiras. Inicialmente, das variáveis necessárias para o cálculo do preço da opção de compra europeia, somente a volatilidade do ativo objeto não é conhecida. A estimação da volatilidade torna-se fundamental para a adequada precificação das opções.

Uma outra utilidade do modelo é a chamada estimação da volatilidade implícita. Nesse tipo de aplicação, os operadores não calculam o preço das opções e comparam esses com a realidade. Alternativamente, eles assumem que os preços negociados nas bolsas estão corretos e calculam a volatilidade implícita por aquele preço de opção. A incógnita da equação deixa de ser o preço da opção e passa a ser a volatilidade. No exemplo apresentado acima, supondo que a opção esteja sendo negociada por $ 2,50 a volatilidade implícita para esse preço é de 36,67%. Essa volatilidade pode ser utilizada na gestão de riscos para estimar as perdas possíveis em portfólio de ações, por exemplo.

No que se refere à gestão de riscos, um portfólio de opções é afetado de forma não linear por variações no preço do ativo objeto. Essa relação entre a variação no preço do ativo objeto e o preço da opção é conhecido como delta da opção e é uma importante medida do risco inerente à carteira de investimentos. Outra variável importante é a sensibilidade do preço da opção às mudanças na volatilidade do ativo objeto, conhecida como vega da opção. Esses aspectos referem-se à operação das opções individualmente. No entanto, grande parte da operação com derivativos é feita por intermédio de estratégias operacionais envolvendo mais de um instrumento financeiro.

11.6.2 Estratégias com opções

Inicialmente, pode-se apresentar uma operação que envolve um ativo objeto e uma opção de compra. Neste primeiro exemplo, o investidor vende a descoberto uma ação e concomitantemente compra uma opção de compra. Os gráficos das operações individuais são apresentados em seguida:

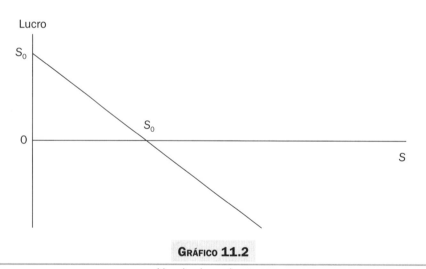

Gráfico 11.2
Venda descoberta.

A interpretação do gráfico acima é a seguinte: quanto maior o valor de S, maior o prejuízo do investidor, uma vez que esse está vendido no ativo. Seu lucro máximo ocorre quando o ativo perde todo o seu valor. Nesse cenário hipotético o seu lucro é o valor do ativo no momento no qual a operação foi realizada (S_0). O gráfico seguinte apresenta a situação para o titular de uma *call*.

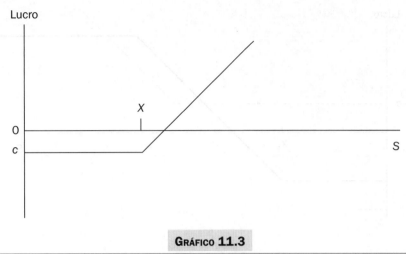

Gráfico 11.3
Titular *call*.

Para o titular da *call*, as perdas estão limitadas ao prêmio pago. O ponto de equilíbrio se dá quando o preço do ativo (S) atinge o valor de $X + c$, ou seja, atinge o *strike* mais o prêmio. Após esse ponto, o titular da operação terá lucros dependentes do valor de S.

O próximo gráfico representa a combinação das duas operações citadas (compra da *call* e venda do ativo). As linhas pontilhadas representam as operações originais e a linha cheia representa a operação resultante. Dessa forma, pode-se observar que a combinação de uma compra de *call* com a venda descoberta de uma ação corresponde à compra de uma *put*. Esse tipo de operação na qual uma opção é criada artificialmente (sintética) permite que os operadores criem opções que não estão disponíveis no mercado ou que tenham problemas de liquidez, por exemplo.

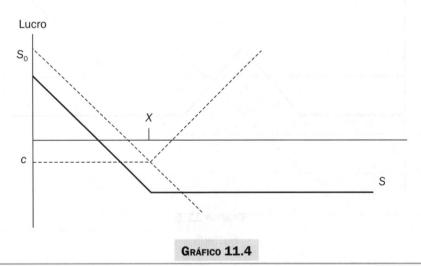

Gráfico 11.4
Titular *put*.

No Gráfico 11.5 é apresentada uma operação chamada de *bull spread* (*spread* de alta) com a compra e a venda simultânea de *calls* com *strikes* diferentes.

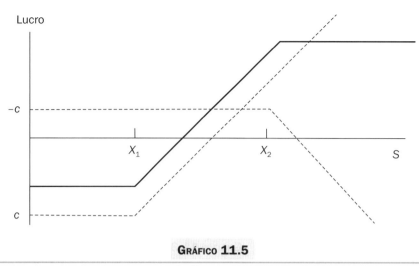

Gráfico 11.5

Bull spread.

A ideia fundamental da operação anterior é a seguinte: o operador abre mão de parte dos lucros possíveis com a alta do ativo objeto advindos da compra da *call*. A venda da *call* trava esses lucros. No entanto, o prêmio pago líquido é menor, uma vez que o operador também recebe o prêmio da venda da *call*. Menor custo e menor possibilidade de lucros. A operação mostrada no próximo gráfico é conhecida no mercado como *butterfly*.

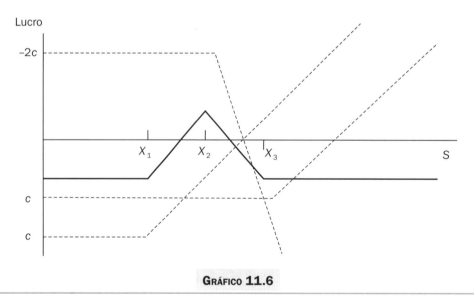

Gráfico 11.6

Butterfly.

Nessa operação, vemos claramente que o operador não está apostando na alta ou na baixa do título, mas, sim, na volatilidade, uma vez que ele somente ganha quando o preço fica próximo de $X2$. Assim, ele perde com grandes variações de preços. Essa estratégia (compra de duas *calls* com *strikes* diferentes $X1$ e $X3$ e venda de duas *calls* com *strike* intermediário $X2$) é adequada para aquelas instituições que estão apostando em preços estáveis no futuro.

O número de estratégias que podem ser realizadas com a combinação de opções, ativos à vista e outros contratos é muito grande. Aqui, somente algumas operações foram apresentadas. Entretanto, pode-se perceber claramente que combinações de opções geram instrumentos financeiros com novas características, O importante é lembrar que as operações com derivativos devem ser analisadas para fins econômicos, financeiros e contábeis do ponto de vista consolidado.

11.7 SWAPS

A palavra *swap* significa troca e é uma estratégia financeira em que dois agentes concordam em trocar fluxos futuros de caixa de uma maneira preestabelecida. Este tipo de contrato surgiu da necessidade de proteção ao risco que muitas empresas possuíam em meados da década de 1970 devido às suas atividades comerciais internacionais, muito afetadas pelas enormes variações das taxas de câmbio no período.

Um dos *swaps* mais utilizados neste período era o de taxa de câmbio, em que as partes trocavam o principal mais os juros em uma moeda pelo principal mais os juros em outra moeda. Este tipo de contrato trava o custo dos recursos pela eliminação dos riscos tanto para o principal como para os juros, sem importar qual seja a flutuação do câmbio nos mercados futuros. Na prática, ocorre quase que uma conversão de ativos e passivos de uma moeda para outra moeda. A partir destas trocas iniciais de moedas, o *swap* passou a ser utilizado para trocas de taxas de juros e até de mercadorias, sem que haja entrega efetiva, zerando-se as diferenças de valor.

Um dos tipos mais comuns de *swap* é aquele originado da necessidade que algumas empresas possuem de trocar seus empréstimos de taxas fixas para taxas flutuantes e vice-versa, por causa de vantagens que estas empresas possuem nestes mercados. Dessa forma uma empresa X concorda em pagar a Y fluxos de caixa indexados a juros prefixados sobre um principal por certo período; em troca Y concorda em pagar a X uma taxa flutuante sobre o mesmo principal pelo mesmo período de tempo.

No *swap*, o principal não é pago, pois constitui somente um valor base para cálculo dos juros (*notional value*), sendo a liquidação financeira feita por diferença (mediante verificação de quem tem mais a pagar do que a receber).

O *swap* pode ser visualizado como um contrato a termo, sendo que a BM&F denomina seus contratos de *swap* como contratos a termo de troca de rentabilidade. Isto ocorre porque se pode decompor o relacionamento dos agentes envolvidos em dois contratos a termo com as características especificadas. Os *swaps* não são negociados nos pregões da bolsa, sendo apenas registrados em seu sistema eletrônico. Os *swaps* também podem ser registrados na CETIP. As operações podem ser feitas com garantia, com garantia de somente uma das partes, e sem garantia. Nas operações com garantia na BM&F são exigidos depósitos de margens de garantia.

O *swap* é tipicamente uma operação de mercado balcão pois se adequa às necessidades específicas de cada agente. Ele pode ser feito entre dois clientes de uma instituição financeira ou um cliente e uma instituição financeira. A liquidação acontece, normalmente, na data de vencimento e para que haja encerramento antecipado do contrato é necessário um acordo entre as partes.

11.7.1 Exemplo de SWAP

Uma empresa tem dívida de R$ 15.000.000 com prazo de três meses (63 dias úteis) indexada 100% ao CDI. Entretanto os ativos dessa empresa são remunerados a uma taxa prefixada. Nesse contexto a empresa realiza um *swap*, na data zero, CDI (ponta ativa) × pré (ponta passiva), com o objetivo de casar a taxa de juro que vai pagar em sua dívida com a taxa de remuneração de seu ativo. Ao fazer a cotação do *swap* (com vencimento em 3 meses) com o banco OPORTUNO a empresa recebe as seguintes informações:

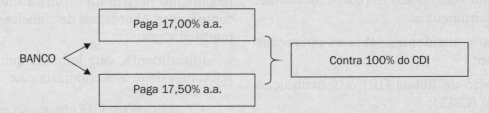

Sabendo que a taxa efetiva do CDI do período foi de 4,2247%, e que a empresa realizou o *swap*, podemos calcular o resultado dessa operação.

O resultado apurado nesse *swap* seria esquematizado por:

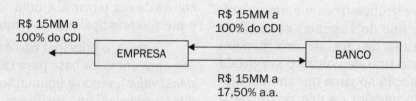

Assim, a empresa trocou o indexador de sua dívida que é o CDI por uma taxa prefixada de 17,50% a.a. O resultado da operação é:

No vencimento (após 3 meses)

Pagamento da dívida:

R$ 15 MM × 1,042247 = R$ 15.633.705

Resultado do *swap* para a empresa:

    Ponta Ativa   Ponta Passiva

R$ 15 MM × 1,042247 − R$ 15.000.000 × $(1,1750^{63/252})$ = + R$ 16.593

Resultado da operação *(hedge)*:

R$ 15.633.705 − R$ 16.593 = R$ 15.617.112 → equivale a uma taxa de 17,50% a.a.

11.8 TRIBUTAÇÃO DE DERIVATIVOS

Os aspectos tributários são bastante relevantes nas operações com instrumentos financeiros derivativos. Na essência, os derivativos são produtos de renda variável e deveriam ser tributados como tal. Entretanto, nem sempre é isso que ocorre, como, por exemplo, no caso do *swap* no mercado brasileiro.

As características dos derivativos e a complexidade desses produtos faz com que a legislação sobre a tributação desses instrumentos seja assunto extenso, pouco clarificado e em constante alteração, o que dificulta a aplicabilidade e fiscalização das normas. Devido ao caráter introdutório[7] do capítulo, apresentamos apenas alguns dos principais aspectos tributários com relação aos impostos incidentes sobre esses instrumentos.

Os impostos incidentes sobre as operações financeiras são:

- Imposto de Renda (IR) e Contribuição Social (CSLL);
- Imposto sobre Operações Financeiras (IOF);
- PIS e COFINS → somente impactam as pessoas jurídicas.

O foco aqui será na apuração do IR, que incide com a maior alíquota. Adicionalmente, é importante salientar que, como tanto pessoas físicas quanto pessoas jurídicas podem realizar operações com derivativos, e a tributação para cada uma delas é diferenciada, é sempre relevante saber qual entidade jurídica está operando.

Ressaltamos que os pontos centrais a serem considerados na elaboração de uma operação financeira com derivativos e suas consequências tributárias são: (i) o fato gerador, (ii) a base de cálculo, (iii) a alíquota, (iv) a operação, (v) o mercado onde essa operação é realizada, (vi) o responsável pelo pagamento do tributo e (vii) a identificação do contribuinte. Abordamos de maneira genérica esses pontos a seguir.

Inicialmente, vale lembrar que os conceitos relevantes de ordem tributária são:

- Fato gerador da obrigação tributária:
  1. Conceitua-se fato gerador toda situação definida em lei para o surgimento da obrigação tributária e que deve guardar

---

[7] Para mais detalhes, consultar Lopes, Galdi e Lima (2011).

uma estreita relação com a natureza do imposto ou da contribuição a que se aplica.

2. A identificação do fato gerador é o primeiro cuidado que devemos ter para saber se em uma situação predeterminada o imposto deve ser cobrado.

3. O fato gerador do Imposto de Renda é a aquisição da disponibilidade econômica ou jurídica da renda ou de qualquer acréscimo no patrimônio dos indivíduos e das empresas. Podemos citar como exemplo o rendimento auferido em um fundo de investimento e o ganho em uma operação de bolsa.

4. No caso do IOF sobre instrumentos financeiros (derivativos e não derivativos), não é necessário que o investidor obtenha qualquer resultado positivo em sua transação, pois o fato gerador deste imposto é a emissão, a transmissão, o pagamento ou o resgate do título negociado.

•   O responsável pelo pagamento dos tributos:

1. No mercado financeiro e de capitais, a responsabilidade pela apuração e o pelo pagamento do Imposto de Renda depende do tipo de operação.

2. Nas aplicações em títulos e valores mobiliários de renda fixa, em fundos de investimento e em operações de *swap*, a responsabilidade é da instituição financeira, corretora ou distribuidora que opera diretamente com o cliente e efetua o pagamento dos rendimentos auferidos na operação.

3. Em operações realizadas na Bolsa de Mercadorias & Futuros (BM&F) ou na Bolsa de Valores de São Paulo (BOVESPA), compete ao próprio contribuinte apurar e pagar o imposto devido.

4. No caso do IOF, a responsabilidade é sempre da instituição financeira, corretora, distribuidora ou seguradora que realiza operações de crédito, com títulos e valores mobiliários, de câmbio e de seguro.

A Lei nº 11.033, de 21/12/2004, promoveu significativas alterações no tratamento tributário das aplicações financeiras. Suas disposições entraram em vigor em 1/1/2005. Para os fundos de investimento e demais aplicações de renda fixa, foi adotado um critério de tributação decrescente, de acordo com o prazo de permanência dos recursos na aplicação:

•   aplicações de até 6 meses: 22,5%;

•   aplicações de 6 a 12 meses: 20%;

•   aplicações de 12 a 24 meses: 17,5%;

•   aplicações acima de 24 meses: 15%.

Importante salientar que os rendimentos auferidos em operações de *swap* sujeitam-se à incidência do Imposto de Renda na fonte à alíquota variável do IR incidente sobre operações de renda fixa (mesmo economicamente sendo um instrumento de renda variável). Estes rendimentos representam o resultado positivo auferido na liquidação da operação, inclusive quando da cessão do contrato de *swap*, e que é apurado pela diferença entre as variações das taxas, dos preços ou dos índices objeto do contrato. Como exemplo, pode-se considerar uma operação realizada em 12/07/0X na qual as empresas ABC e XVY contratam um *swap* de 90 dias com as seguintes características:

•   ABC paga (para XVY) taxa pré de 21,5% sobre R$500.000,00;

•   XVY paga (para ABC) taxa pós da CETIP sobre R$500.000,00.

Considerando-se que para o período do *swap* a taxa pós da CETIP foi de 23,00% a.a.:

•   o resultado do *swap* é positivo para ABC no valor de R$1.612,75;

•   o IRRF (22,5%) seria de R$ 362,87.

Na apuração do resultado obtido em *swap*, poderão ser deduzidos como custo da operação os valores pagos a título de cobertura (prêmio) contra eventuais perdas. Perdas incorridas nas operações de *swap* somente poderão ser deduzidas pelas pessoas jurídicas se a operação estiver registrada e contratada de acordo com as normas emitidas pelo Conselho Monetário Nacional e pelo Banco Central. O imposto será retido na fonte pela pessoa jurídica que efetuar o pagamento do rendimento ao cliente, na data da liquidação ou de cessão do respectivo contrato e recolhido ao Tesouro Nacional até o terceiro dia útil da semana subsequente a da retenção.

Os ganhos auferidos em operações realizadas em bolsas de valores, de mercadorias e assemelhadas, são tributados às seguintes alíquotas:

- operações operações *day-trade*: 20%;
- demais hipóteses: 15%.

As operações realizadas em bolsas de valores, mercadorias, de futuros e assemelhadas, exceto operações *day-trade*, ficam sujeitas à incidência do Imposto de Renda na fonte, à alíquota de 0,005%. As operações *day-trade* são tributadas na fonte nos seguintes termos:

- fonte: 1% sobre os ganhos obtidos diariamente;
- mensal: 20% sobre o ganho mensal (para o pgto. do IR mensal pode-se abater o IR já pago na fonte).

A antecipação de 0,005% retida na fonte poderá ser:

- deduzida do imposto sobre ganhos líquidos apurados no mês ou em meses subsequentes;
- compensada na declaração de ajuste se, após a dedução anterior, houver saldo de imposto retido;
- compensada com o imposto devido sobre o ganho de capital na alienação de ações.

A antecipação de 0,005% aplica-se também às operações realizadas no mercado de balcão, com intermediação, tendo por mercado objeto ações, ouro ativo financeiro e outros ativos financeiros negociados em bolsa, bem como às operações realizadas em mercados de liquidação futura fora de bolsa; entretanto, não se aplica às operações de exercício de opção.

Para solidificar os conceitos até aqui apresentados, segue o exemplo:

> - No dia 11/08/2005, um investidor vendeu taxa – 1000 contratos *DI* futuro ABR6 (160 *du*) – a 17,045325% a.a. (correspondente a um *PU* = 90.490) apostando em queda das taxas de juros. Ele encerrou sua posição no dia 15/08/2005, no final do pregão, a 16,845958% a.a. (correspondente a um *PU* = 90.700). O corretor concede um desconto de 90% da corretagem. Qual o resultado final desse investidor? Considere o Imposto de Renda incidente na operação.

Informações adicionais:

- liquidação financeira em $D + 1$;
- depósito da margem de garantia. Pela tabela de margens de garantia → R$ 4.000/contrato;
- TOB (corretagem) → 3%;
- emolumentos (taxa da bolsa) → 1% × TOB;
- taxa de registro → R$ 0,06/contrato;
- PU ajuste em 10/08 = 90.462,50;
- PU ajuste em 11/08 = 90.485,26;
- CDI 1 dia de 11/08 =16,38% a.a.;
- PU ajuste em 12/08 = 90.577,32;
- CDI 1 dia de 12/08 =16,39% a.a.

i) Depósito da margem de garantia:

R$ 4.000 × 1.000 contratos = – R$ 4.000.000

ii) TOB:

= 3% × (100.000 – 90.462,50) × R$ 1 × 1.000 × (1 – 0,9)

= – R$ 28.612,50

iii) Taxa da bolsa:

1% × TOB = 1% × R$ 286.125 = – R$ 2.861,25

iv) Taxa de registro:

R$ 0,06 × # contratos = R$ 0,06 × 1.000 = – R$ 60,00

- AJUSTES DIÁRIOS:
- 11/08/2005:

Valor do ajuste:

(90.485,26 – 90.490) × R$1 × 1.000

= – R$ 4.740

- 12/08/2005:

Cálculo do PU de ajuste corrigido:

R$ 90.485,26 × (1 + CDI11/08) =

R$ 90.485,26 × (1,1638)1/252 =
R$ 90.539,74

Valor do ajuste:

$$= (90.577,32 - 90.539,74) \times R\$ 1 \times 1.000$$

$$= + R\$ 37.580$$

- 15/08/2005:

    Cálculo do *PU* de ajuste corrigido:

    R\$ 90.577,32 × (1+CDI12/08) =

    R\$ 90.577,32 × (1,1639)1/252 =
    R\$ 90.631,89

    Valor do ajuste:

    $$= (90.700 - 90.631,89) \times R\$ 1 \times 1.000$$

    $$= + R\$ 68.110$$

v) Devolução da margem de garantia:

   R\$ 4.000 × 1000 contratos = + R\$ 4.000.000

vi) TOB:

   $$= 3\% \times (100.000 - 90.631,89) \times R\$ 1$$
   $$\times 1.000 \times (1 - 0,9)$$

   $$= - R\$ 28.104,33$$

vii) Taxa da bolsa:

   1% × TOB = 1% × R\$ 281.043,30 = − R\$ 2.810,43

viii) Taxa de registro:

   R\$ 0,06 × # contratos = R\$ 0,06 × 1.000 = − R\$ 60,00

Resultado em R\$ mil	
compra:	
TOB	−28.612,50
Emolumentos	−2.861,25
Registro	−60,00
venda:	
TOB	−28.104,33
Emolumentos	−2.810,43
Registro	−60,00
AJUSTES:	
11/08/2005	−4.740,00
12/08/2005	37.580,00
15/08/2005	68.110,00
RESULTADO ANTES IR	38.441,49
IR a recolher (15%)	−5.766,22
RESULTADO DEPOIS DO IR	32.675,27

11.8.1 Tributação de derivativos em instituições financeiras

A tributação de instituições financeiras é diferenciada das empresas não financeiras. Os rendimentos e ganhos auferidos por empresas não financeiras são incluídos em seus resultados operacionais. O imposto retido na fonte (operações de renda fixa, fundos de investimento e *swap*), ou pago pelo próprio contribuinte (operações de bolsa), é considerado antecipação e deduzido do devido sobre os resultados operacionais. A alíquota efetiva do Imposto de Renda nos ganhos das pessoas jurídicas no mercado é aquela incidente sobre o lucro apurado em sua atividade comercial, industrial ou de prestadora de serviços. Consideram-se pessoas jurídicas não financeiras aquelas cuja atividade principal não seja a captação ou a intermediação de recursos no mercado.

As instituições financeiras, corretoras, distribuidoras, seguradoras, empresas de capitalização e as empresas de arrendamento mercantil (*leasing*), quando realizam operações no mercado para sua carteira própria, ficam dispensadas da retenção do Imposto de Renda na fonte sobre os rendimentos apurados nas referidas operações.

Esses rendimentos e os ganhos apurados em bolsa integram, a exemplo das demais pessoas jurídicas, os seus resultados operacionais. Está também dispensado de retenção na fonte o imposto correspondente aos rendimentos auferidos pelas aplicações das reservas ou provisões técnicas das entidades abertas ou fechadas de previdência complementar, bem como das seguradoras que operam planos de benefícios previdenciários, caso optem por regime especial de tributação.

Outro aspecto central com relação à tributação das operações com derivativos de instituições financeiras é abordado no artigo 110 da Lei nº 11.196/2005. Este artigo relata que para efeito de determinação da base de cálculo da Contribuição para o PIS/PASEP, da COFINS, do IRPJ e da CSLL, as instituições financeiras e as demais instituições autorizadas a funcionar pelo Banco Central do Brasil devem computar como receitas ou despesas incorridas nas operações realizadas em mercados de liquidação futura:

I − a diferença, apurada no último dia útil do mês, entre as variações das taxas, dos preços ou dos índices contratados (diferença de curvas), sendo o saldo apurado por ocasião da liquidação do contrato, da cessão ou do encerramento da posição, nos casos de:

a) *swap* e termo;

b) futuro e outros derivativos com ajustes financeiros diários ou periódicos de posições cujos ativos subjacentes aos contratos sejam taxas de juros *spot* ou instrumentos de renda fixa para os quais seja possível a apuração dos critérios previstos;

II – o resultado da soma algébrica dos ajustes apurados mensalmente, no caso dos mercados futuros cujos ativos subjacentes aos contratos sejam mercadorias, moedas, ativos de renda variável, taxas de juros a termo ou qualquer outro ativo ou variável econômica para os quais não seja possível adotar o critério previsto;

III – o resultado apurado na liquidação do contrato, da cessão ou do encerramento da posição, no caso de opções e demais derivativos.

11.9 CONTABILIZAÇÃO DE DERIVATIVOS NO BRASIL[8]

Um detalhamento completo da contabilização de derivativos foge ao escopo do presente capítulo, contudo serão apresentados os pontos mais relevantes desse tema que atualmente estão vigentes no mercado brasileiro.

O processo de reconhecimento, mensuração e evidenciação de instrumentos financeiros e derivativos sofreu profundas alterações no ambiente brasileiro nos últimos anos. A Lei nº 11.638/07 iniciou a mudança e foi posteriormente complementada pela Lei nº 11.941/09 e pelos Pronunciamentos Contábeis emitidos pelo CPC. Adicionalmente, as instituições financeiras também devem seguir as normas emitidas pelo CMN e pelo BACEN. Nesse ambiente as empresas que operam com derivativos devem atentar para as exigências dos órgãos reguladores ao qual respondem, bem como ao texto da Lei para que o tratamento contábil dos derivativos seja

adequado. Do ponto de vista contábil, os derivativos possuem três características que os distinguem dos outros produtos normalmente tratados pela contabilidade. São elas:

- alavancagem indeterminada: ao contrário de operações de crédito, por exemplo, pode-se perder muito mais em derivativos do que o montante investido;

- velocidade: as operações com derivativos são realizadas *on-line*, o que contrasta com a velocidade tradicional de *reporting* das áreas de *back office*;

- complexidade: os produtos são relativamente complexos e exigem treinamento adicional por parte dos profissionais da contabilidade.

11.9.1 Contabilidade de derivativos – normas do CPC

Com relação à normatização emitida pelo CPC e que abrange derivativos, temos o CPC 38, CPC 39 e CPC 40.

a) **CPC 38 – Instrumentos Financeiros: Reconhecimento e Mensuração**

Essa norma estabelece os princípios para o reconhecimento e a mensuração dos ativos e passivos financeiros, de derivativos e de alguns contratos de compra e venda de itens não financeiros que podem se enquadrar como derivativos.

b) **CPC 39 – Instrumentos Financeiros: Apresentação**

Essa norma estabelece os princípios para a apresentação e classificação dos instrumentos financeiros.

c) **CPC 40 – Instrumentos Financeiros: Divulgações**

Essa norma estabelece como devem ser apresentadas as notas explicativas sobre instrumentos financeiros nas demonstrações financeiras.

O princípio fundamental é que todos os derivativos devem ser reconhecidos nas demonstrações financeiras pelo seu valor justo. Para esse tipo de transação, a única métrica relevante é o valor justo,

---

[8] Para uma apresentação detalhada desse tópico, consultar Lopes, Galdi e Lima (2011).

considerando que seu o custo histórico é zero ou pequeno em relação ao valor do ativo-objeto.

A classificação dos derivativos depende da intenção da entidade em utilizá-los como instrumentos de proteção (*hedge*) ou para especulação. Entretanto, a entidade deve comprovar por meio de uma documentação detalhada a efetividade da operação caso ela seja com o intuito de proteção (*hedge*). Caso a empresa consiga comprovar a eficácia da operação de proteção de maneira prospectiva, ela poderá dar um tratamento contábil diferenciado para o conjunto de itens que formam a operação. Esse procedimento é conhecido como contabilidade de operações de *hedge* (*hedge accounting*). Caso contrário, ou seja, se a empresa não conseguir comprovar a eficácia da operação de proteção ou se o derivativo for utilizado com o propósito de obtenção de lucros/especulação, o item necessariamente deve ser classificado como valor justo pelo resultado (VJPR) ativo ou passivo. Assim, todas as alterações no valor justo do derivativo devem ser consideradas no resultado da entidade e o valor justo do derivativo apresentado no balanço patrimonial (como ativo ou passivo).

Exemplo: Opções de compra

A Empresa Z compra uma opção de compra (*call*) de ações em 15/12/X5, com data de vencimento em 15/04/X6 e preço de exercício de $ 100/ação. Foram adquiridas 1.000 contratos de opções ao valor (prêmio) de $ 3/opção. Considerando que em 31/12/X5 o valor de mercado da opção é de $ 4/opção e que em 15/04/X6 o valor de mercado da opção é de $ 10/opção (logo, o valor da ação subjacente é de $ 110) e que a empresa Z decide exercer a opção, a contabilização seria:

Na compra da opção:

D – Derivativos: opções de compra	3.000
C – Caixa	3.000

Em 31/12/X5:

D – Derivativos: opções de compra	1.000
C – Ganho com derivativos	1.000

Em 15/04/X6:

D – Derivativos: opções de compra	6.000
C – Ganho com derivativos	6.000
D – Investimento em ações	110.000
C – Caixa	100.000
C – Derivativos: opções de compra	10.000

Exemplo: Contrato a termo

Em 01/01/X6 a empresa A entra em um contrato a termo de compra de barris de petróleo para 01/01/X8. O contrato foi realizado de acordo com as condições de mercado. Não há desembolso para a empresa A entrar no contrato. A empresa A não designa o contrato como instrumento de *hedge*. Ao final de 20X6 o valor justo do contrato a termo aumentou para $ 400.000. Ao final de 20X7 o valor justo do contrato a termo diminuiu para $ 350.000. As contabilizações seriam:

Em 01/01/X6:

O valor justo de um contrato a termo de compra é $f = (F_0 - K)e^{-rT}$, onde:

f é o valor justo do termo; K é o preço de entrega do termo original; F_0 é o preço a termo hoje; r é a taxa de desconto; e T é o prazo até o vencimento do contrato.

Assim, tem-se que na data em que a operação é feita, em condições de mercado, $F_0 = K$, portanto, o valor justo do contrato a termo é zero. Assim, nenhum lançamento é feito.

Em 31/12/X6:

D – Derivativos: contratos a termo	400.000
C – Ganho com derivativos (DRE)	400.000

Em 31/12/X7:

D – Perda com derivativos (DRE)	50.000
C – Derivativos: contratos a termo	50.000

Exemplo: *Swap*

Em 1º de janeiro de 20X8, a empresa W realiza uma operação de *swap* pré – CDI (ponta ativa é prefixada e ponta passiva indexada ao CDI) com duração de dois anos e valor nocional de R$ 100 milhões. Pelo contrato desse *swap*, ao final de cada trimestre a empresa recebe um pagamento fixo baseado em uma taxa de 16,5% ao ano e paga CDI + 0,5 pontos percentuais ao ano, com *reset* no início de cada trimestre (isso significa que a cada trimestre são consideradas as taxas a ele referentes). Os cálculos são feitos sobre o valor nocional. Em 1º de janeiro de 20X8, o CDI é de 16% ao ano. A Tabela 11.3 apresenta a diferença trimestral entre as taxas ativas e passivas do *swap*:

TABELA 11.3

Diferença nas pontas ativa e passiva do swap.

Período	Taxa do CDI anual	Taxa Passiva (CDI + 0,5pp)	Taxa ativa ao trimestre	Taxa passiva ao trimestre	Diferencial a receber/(pagar)
1TX8	16,00%	16,50%	3,891850%	3,891850%	0,000000%
2TX8	16,10%	16,60%	3,891850%	3,914138%	– 0,022287%
3TX8	16,30%	16,80%	3,891850%	3,958669%	– 0,066819%
4TX8	16,40%	16,90%	3,891850%	3,980913%	– 0,089063%
1TX9	16,30%	16,80%	3,891850%	3,958669%	– 0,066819%
2TX9	16,45%	16,95%	3,891850%	3,992030%	– 0,100180%
3TX9	16,50%	17,00%	3,891850%	4,003143%	– 0,111293%
4TX9	16,60%	17,10%	3,891850%	4,025359%	– 0,133509%

A Tabela 11.4 apresenta os respectivos resultados trimestrais durante a duração do *swap*.

TABELA 11.4

Cálculo do diferencial a pagar do swap.

Data	Taxa Flutuante ao ano (CDI a.a. + 0,5pp)	Diferença entre a ponta ativa (pré) e a ponta passiva (CDI + 0,5pp) ao trimestre	Diferencial a Receber/ (Pagar)	Pagamentos Restantes
1/01/20X8	16,50%	0,000000%	–	8
31/03/20X8	16,60%	– 0,022287%	R$ (22.287)	7
30/06/20X8	16,80%	– 0,066819%	R$ (66.819)	6
30/09/20X8	16,90%	– 0,089063%	R$ (89.063)	5
31/12/20X8	16,80%	– 0,066819%	R$ (66.819)	4
31/03/20X9	16,95%	– 0,100180%	R$ (100.180)	3
30/06/20X9	17,00%	– 0,111293%	R$ (111.293)	2
30/09/20X9	17,10%	– 0,133509%	R$ (133.509)	1
31/12/20X9	NA	NA	R$ –	0

A contabilização da operação de *swap* não designada como *hedge accounting* seria:

Na data de contratação do *swap*, ele tem um valor justo igual a zero, pois o prazo da operação é casado e a diferença entre as taxas de juros ativa (pré) e passiva (CDI + 0,5%) também é zero. Porém, nem sempre o *swap* terá valor justo igual a zero na contratação da operação. Quando o *swap* tiver um valor justo inicial, ele deve ser contabilizado em contas patrimoniais (de ativo, se positivo, ou passivo se negativo).

Com o CDI em 16,10% ao ano em 31/03/20X8, o cálculo do valor justo do *swap*, baseado em seu valor presente líquido, resultaria em uma variação negativa de R$ 134.195. A Tabela 11.5 apresenta os cálculos do valor justo, dadas as variações do CDI para cada período.

Tabela 11.5

Cálculo do valor justo do *swap*.

Data	Taxa Flutuante (CDI + 0,5pp)	Diferença entre a ponta ativa (pré) e a ponta passiva (CDI + 0,5pp)	Diferencial a Receber/ (Pagar)	Pagamentos Restantes	Valor Presente Líquido (@CDI + 0,5%)	Variação do VPL
1/01/20X8	16,50%	0,00%	R$ –	8	R$ –	NA
31/03/20X8	16,60%	– 0,10%	R$ (22.287)	7	R$ (134.195)	R$ (134.195)
30/06/20X8	16,80%	– 0,30%	R$ (66.819)	6	R$ (350.744)	R$ (216.550)
30/09/20X8	16,90%	– 0,40%	R$ (89.063)	5	R$ (396.705)	R$ (45.961)
31/12/20X8	16,80%	– 0,30%	R$ (66.819)	4	R$ (242.781)	R$ (153.924)
31/03/20X9	16,95%	– 0,45%	R$ (100.180)	3	R$ (278.050)	R$ (35.269)
30/06/20X9	17,00%	– 0,50%	R$ (111.293)	2	R$ (209.900)	R$ (68.150)
30/09/20X9	17,10%	– 0,60%	R$ (133.509)	1	R$ (128.343)	R$ (81.557)
31/12/20X9	NA	NA	R$ –	0	R$ –	R$ (128,343)

Em 31/03/20X8:

A empresa apura que tem que pagar R$ 22.287 pelo aumento do CDI do período. O seguinte lançamento seria feito:

D – Resultado com derivativos
(despesa financeira)   22.287

C – Disponibilidades/*Swap* –
Diferencial a pagar   22.287

Adicionalmente, a empresa deve contabilizar a variação no valor justo de seu *swap* em contas patrimoniais. Esse lançamento seria:

D – Perda com derivativos (resultado
financeiro)   134.195

C – *Swap* (passivo)   134.195

Em 30/06/20X8:

A empresa apura que tem que pagar R$ 66.819 pelo aumento do CDI do período. O seguinte lançamento seria feito:

D – Resultado com derivativos
(despesa financeira)   66.819

C – Disponibilidades/*Swap* –
Diferencial a pagar   66.819

Adicionalmente, a empresa deve contabilizar a variação no valor justo de seu *swap* em contas patrimoniais. Esse lançamento seria:

D – Perda com derivativos (resultado
financeiro)   216.550

C – *Swap* (passivo)   216.550

E assim prosseguir-se-ia com a mesma lógica de contabilização até o final do contrato. Percebe-se que com essa contabilização apura-se o valor presente do derivativo e este é representado no balanço patrimonial. No exemplo em análise, o investidor teria uma informação adicional no balanço sobre a posição patrimonial da empresa ao se considerar o valor justo do contrato de *swap*.

Em suma, pode-se dizer que o tratamento de derivativos, quando não considerados como parte de uma operação de *hedge* tratada dentro do arcabouço do *hedge accounting*, é relativamente direto. A complexidade reside, na maioria das vezes, na atribuição do valor justo do instrumento, o qual deve ser apresentado no balanço patrimonial da entidade. A partir do momento em que o valor justo é calculado, as suas variações devem ser reconhecidas no resultado como ganho ou perda de variação de valor justo do período.

11.9.2 Contabilidade de derivativos – normas do CMN e BACEN

O Banco Central do Brasil (BCB), por intermédio da Carta-Circular nº 3.082, de janeiro de 2002, emitiu orientações acerca da contabilização dos instrumentos financeiros mantidos por instituições financeiras e assemelhadas. Vale salientar que essa norma somente se aplica às instituições financeiras.

A Circular nº 3.082 do Banco Central estabelece os critérios para registro e avaliação contábil dos instrumentos financeiros derivativos. Os principais aspectos desse normativo são os seguintes:

- os contratos a termo têm tratamento em função da diferença entre o valor final contratado deduzido da diferença deste para o preço à vista do bem ou do direito em subtítulo retificador de uso interno da adequada conta de ativo ou passivo. As receitas e despesas são reconhecidas em razão do prazo dos contratos;

- nas operações com opções deve ser registrado o valor dos prêmios pagos ou recebidos na adequada conta de ativo ou passivo, nela permanecendo até o efetivo exercício da opção, se for o caso, quando então deve ser baixado como redução ou aumento do custo do bem ou do direito, pelo efetivo exercício, ou como receita ou despesa, no caso de não exercício, conforme o caso;

- nas operações de futuro deve ser registrado o valor dos ajustes diários na adequada conta de ativo ou passivo, devendo ser apropriados como receita ou despesa, no mínimo, por ocasião dos balancetes mensais e balanços;

- nas operações de *swap* deve ser registrado o diferencial a receber ou a pagar na adequada conta de ativo ou passivo, devendo ser apropriado como receita ou despesa, no mínimo, por ocasião dos balancetes mensais e balanços;

- nas operações com outros instrumentos financeiros derivativos, deve ser registrado em contas de ativo ou passivo de acordo com as características do contrato, inclusive aqueles embutidos (*embeded*), que devem ser registrados separadamente em relação ao contrato a que estejam vinculados;

- os valores de referência (*notional value*) dos derivativos deve ser registrado em contas de compensação;

- as receitas e despesas devem ser contabilizadas individualmente, sendo vedada a compensação. A compensação somente poderá ser feita por ocasião da apuração do resultado mensal, sendo apuradas dentro do próprio semestre e relativas a um mesmo contrato;

- os títulos e valores mobiliários adquiridos nas operações a termo devem ser contabilizados dentro das categorias apresentadas na Circular nº 3.068;

- as operações com derivativos devem ser avaliadas pelo valor de mercado, no mínimo, por ocasião dos balancetes mensais e balanços, computando-se a valorização ou desvalorização em contrapartida à adequada conta de receita ou despesa, no resultado do período;

- os critérios de apuração do valor de mercado dos derivativos deve ser feito conforme estabelecido na Circular nº 3.068;

- os instrumentos derivativos podem ser classificados como operações de *hedge* com o objetivo de proteger, no todo ou em parte, as exposições na variação do valor de mercado ou no fluxo de caixa dos instrumentos. Essas operações podem ser classificadas como *hedges* de risco de mercado (exposição à variação no valor de mercado do item objeto de *hedge*) e de fluxo de caixa (compensar a variação no fluxo de caixa futuro estimado da instituição);

- os derivativos classificados como *hedge* de fluxo de caixa devem ter a contrapartida de sua marcação a mercado registrada em conta destacada de patrimônio líquido, deduzidos dos efeitos tributários. A parte ineficaz do *hedge* deve ser registrada em contrapartida a adequada conta de receita ou despesa;

- as operações de *hedge* devem atender aos critérios de evidenciação documental, bem como compensar as variações nos itens sendo hedgeados na proporção de 80% a 125%;

- as operações de *hedge* não podem ter como contraparte empresas integrantes do consolidado econômico-financeiro;

- no que tange a evidenciação das operações de *hedge*, a instituição deverá evidenciar a política para sua utilização, os objetivos e estratégias de gerenciamento de riscos, particularmente a política de *hedge*, os riscos associados com cada estratégia, controles internos e parâmetros utilizados para o gerenciamento desses riscos e os resultados obtidos em relação aos objetivos propostos, critérios de avaliação e mensuração, métodos e premissas significativas aplicadas na apuração do valor de mercado, valores registrados em contas de ativo, passivo e compensação segregados, por categoria, risco e estratégia de atuação no mercado, aqueles com objetivo de *hedge* e de negociação;

- além dessas informações, é também necessário que a instituição financeira informe os valores agrupados por ativo, indexador de referência, contraparte, local de negociação (bolsa ou balcão) e faixas de vencimento, destacados os valores de referência, de custo, de mercado e em risco de carteira, ganhos e perdas do período, segregados aqueles registrados no resultado e em conta destacada do patrimônio líquido, valor líquido estimado dos ganhos e das perdas registradas em conta destacada do patrimônio líquido na data das demonstrações contábeis que se espera ser reconhecido nos próximos doze meses, valores e efeito no resultado do período que deixaram de ser qualificados como *hedge*, bem como aqueles transferidos do patrimônio líquido em decorrência do reconhecimento contábil das perdas e dos ganhos no item objeto de *hedge*, principais transações e compromissos futuros objeto de *hedge* de fluxo de caixa, destacados dos prazos para o previsto reflexo financeiro, valor e tipo das margens dadas em garantia.

Questões discursivas

1. O que são derivativos e onde são negociados?

2. Como funciona a negociação dos derivativos?

3. Qual o motivo de haver um mercado secundário para derivativos e por quem é organizado?

4. Quais as garantias e por quem são efetuadas em uma transação de derivativos com opções de compra?

5. Faça um resumo dos principais termos utilizados no mercado de opções.

Conceito	Definição
Prêmio	
Ativo-objeto	
Mês de Vencimento	
Preço de Exercício	

6. Conceitue o que é operação a termo. Como funciona a liquidação desse mercado e por quem é operada?

7. Faça um resumo dos custos de transações da operação a termo para um aplicador.

Conceito	Definição
Taxa de corretagem	
Taxa de registro	
Emolumentos	
Custos CBLC	
Tributação – Imposto de Renda	

8. Uma empresa importadora efetuará um pagamento de US$ 1 milhão em 11/08. Em 06/08, faz uma operação de *hedge* de mínima variância de dólar futuro SET3 a R$ 3,0315. Em 11/08, o dólar atingiu a cotação de R$ 3,0410. Dado que a razão de *hedge* é de 0,90 e que nesse dia o valor do contrato JAN3 é de R$ 3,0604, determine que tipo de operação deve ser realizada (compra/venda) e calcule o resultado dessa operação.

9. Calcule o PU de um contrato futuro de DI de um dia, cotado à taxa de 11,27% a.a., sabendo que esse contrato está a 32 dias úteis do vencimento.

10. Calcule a taxa anual de um contrato futuro de DI de um dia, cujo PU equivalente é de 98.225,00, a 25 dias úteis do vencimento.

Testes de múltipla escolha

1. As operações em bolsa são efetuadas nos seguintes mercados, exceto:

   a) à vista, no qual compradores e vendedores estabelecem um preço para um lote de ações a ser entregue e pago no prazo determinado, atualmente D + 3;

   b) a prazo, no qual são negociados os depósitos a prazo emitidos por instituições financeiras e que possui pagamentos de rendimentos em diversos meses do ano;

c) a termo, no qual as partes fixam um preço para a liquidação físico-financeira da ação em prazo futuro determinado;

d) de opções de compra ou venda, no qual as partes negociam o direito de comprar/vender a ação a preço e prazo futuro determinados;

e) futuro, no qual ocorre a compra ou venda de ação a um preço acordado entre as partes para liquidação em data futura específica.

2. **São características do mercado à vista, exceto:**

a) os custos das operações realizadas no mercado à vista são, basicamente, a taxa de corretagem pela intermediação, taxas de emolumentos, taxas de liquidação e as taxas de honorários e comissões dos agentes postais;

b) os preços são formados em pregão, pela dinâmica das forças de oferta e demanda de cada papel, o que torna a cotação praticada um indicador confiável do valor que o mercado atribui às diferentes ações;

c) são negociadas todas as ações de emissão de empresas admitidas à negociação na Bolsa, bem como direitos e recibos de subscrição, recibos de carteira selecionada de ações e outros ativos autorizados pela BOVESPA;

d) a realização de negócios no mercado à vista requer a intermediação de uma corretora que poderá executar a ordem de compra ou venda de seu cliente por meio de um de seus representantes (operadores);

e) o processo de liquidação abrange duas etapas entrega dos títulos e liquidação financeira.

3. **Assinale a alternativa correta:**

a) Os *swaps* têm características de contratos a termo.

b) Os *swaps* possuem mais similaridades como contrato futuro que com o contrato a termo.

c) Os *swaps* possuem mais similaridades com o contrato de opções que o contrato a termo.

d) Os *swaps* possuem mais similaridades com o contrato de opções que com o mercado de renda fixa.

e) Os *swaps* em nada se assemelham com o contrato a termo.

4. **Marque a alternativa errada:**

a) Só podem existir derivativos sobre ativos e mercadorias que possuem seu preço de negociação livremente estabelecido pelo mercado.

b) Não existem derivativos para mercadorias que possuem controle de preços, onde não há risco ou não há interesse por parte de um ou mais participantes o mercado.

c) Os derivativos podem ser financeiros e não financeiros.

d) Dentre os derivativos financeiros, destacam-se: taxas e juros, moedas, ações e boi gordo.

e) O principal objetivo dos derivativos é que agentes econômicos possam se proteger contra riscos de oscilações de preços, taxas de juros, variações cambiais, ou outros produtos existentes.

5. **Sobre as características dos derivativos, é incorreto afirmar que:**

a) O instrumento derivativo tem uma ou mais variáveis às quais se refere.

b) O instrumento derivativo possui um ou mais valores nocionais ou provisões de pagamentos ou ambos.

c) O instrumento derivativo não requer investimento inicial ou o investimento inicial requerido é relativamente pequeno.

d) Sua liquidação requer encerramento das posições com pagamento em dinheiro ou encerramento pela entrega de um ativo.

e) Prestam-se a ser referência para contratos derivativos, mercadorias que possuem controle de preços, onde não há risco ou não há interesse por parte de um ou mais participantes do mercado.

6. **Sobre *hedgers* e *hedges*, não se pode afirmar que:**

a) São agentes econômicos que desejam se proteger dos riscos derivados das flutuações adversas nos preços de *commodities*, taxas de juros, moedas estrangeiras ou ações.

b) Procuram reduzir o seu risco.

c) Normalmente, sua atividade econômica principal está diretamente relacionada com a produção ou o consumo da mercadoria.

d) O objetivo econômico do *hedge* é transferir o risco de preços para outro agente econômico, que se dispõe para assumir tal risco ou por ser um outro *hedge* ou por conta da expectativa de retorno sobre a posição especulativa que assume.

e) Em um exemplo de operação de *hedge* entre um cafeicultor, uma empresa de torrefação de café e um grande supermercado, o supermercado seria o *hedger*, que está numa posição vendida.

7. Sobre os especuladores, não se pode afirmar que:

a) São agentes econômicos, pessoas físicas ou jurídicas, que estão dispostos a assumir os riscos das variações de preços, motivados pelas possibilidades de ganhos financeiros.

b) Sua presença no mercado é indispensável, pois são eles quem se dispõem a assumir os riscos dos *hedgers*.

c) Os especuladores projetam os preços, ou seja, eles formam a expectativa dos preços dos bens.

d) Os mercados futuros estimulam a participação dos especuladores, pois sem eles as duas funções econômicas básicas dos mercados futuros – transparência de riscos e visibilidade de preços – na prática ficariam inviabilizadas.

e) Provocam distorções artificiais nos preços dos contratos para auferir ganhos fáceis, geralmente assumindo posição simultânea no derivativo e no ativo-subjacente.

8. Qual das alternativas abaixo não indica uma diferença verdadeira entre contratos a termo e futuro?

a) Enquanto mercado a termo pode ser negociado antes do vencimento, o mercado a termo não pode ser negociado.

b) O contrato de futuro é negociado na bolsa de mercados e futuros diferentemente do contrato a termo que é negociado pelas partes envolvidas.

c) O contrato a termo não pode ser negociado antes do vencimento diferente do contrato de futuro.

d) O objetivo do contrato de futuros é a proteção contra variações nos preços e especulação sem que haja na maioria das vezes transferência das mercadorias enquanto o contrato a termo é a proteção contra variações nos preços, normalmente com entrega do produto contratado.

e) Em ambos os contratos sempre são exigidos alto padrão de credibilidade.

9. Abaixo estão especificados mecanismos de proteção da *clearing*. Qual alternativa não indica uma afirmativa correta sobre os mecanismos utilizados para proteção:

a) Marcação a mercado das posições em aberto.

b) Ajuste apenas no final do contrato, para minimizar as perdas.

c) Estabelecimento de margens iniciais de garantia, calculadas sobre oscilações máximas.

d) Estabelecimento de limites de oscilação de mercado.

e) Limites de concentração de posições abertas.

10. Um comprador de uma opção *put* fechou com um lançador um preço de exercício para certa ação no valor de R$ 36,00, com um prêmio de R$ 3,00. No momento de exercer ou não a opção, o preço da ação, no mercado à vista, estava custando R$ 37,00. Marque a alternativa errada.

a) O lançador recebeu o prêmio de R$ 3,00, pois não importa se o titular exerça a opção ou não.

b) O titular não exerceu a opção, pois no mercado à vista o preço estava maior do que o preço de exercício.

c) O comprador da *put* espera que o preço caia o mais baixo possível.

d) O lançador amargou um prejuízo total de R$ 4,00 por não ter exercido a opção.

e) O comprador, caso exerça a opção ou não, tem uma despesa de R$ 3,00.

Parte V

Investidores Institucionais e outros Produtos

A quinta parte é composta por seis capítulos que discorrem sobre investidores institucionais, ou também chamados de investidores qualificados, e suas principais características operacionais. Adicionalmente, são abordados aspectos específicos de financiamento de empresas como as operações de *leasing* (arrendamento mercantil) e de *factoring* (fomento mercantil).

O Capítulo 12 trata dos fundos de investimento e suas características técnicas e operacionais. São apresentados aspectos sobre o cálculo das quotas, determinação da rentabilidade de fundos e outros aspectos relevantes das operações.

Os Capítulos 13 e 14 tratam das operações de financiamento utilizando as empresas de *leasing* e as empresas de *factoring*, respectivamente. Nesses dois capítulos são abordadas as principais características e peculiaridades desses importantes instrumentos de captação de recurso das empresas financeiras, sendo que as operações de *leasing* estão mais voltadas para financiamento de ativos fixos, como máquinas, equipamentos e ativos imobilizados em geral e as operações de *factoring* mais voltadas ao financiamento das atividades de giro (curto prazo) das empresas.

Os Capítulos 15, 16 e 17 apresentam as características operacionais das empresas que compõem o chamado "ramo SUSEP e PREVIC". São, portanto, tratados os diversos conceitos relacionados às entidades seguradoras, entidades de previdência complementar e entidades de capitalização e consórcio, respectivamente.

12

Fundos de Investimento

Mara Jane Contrera Malacrida e
Gerlando Augusto Sampaio Franco de Lima

12.1 INTRODUÇÃO

Os fundos de investimento caracterizam-se pela aplicação em conjunto de recursos de pessoas físicas e/ou jurídicas, buscando maior rentabilidade, uma vez que a soma de recursos aplicados, normalmente, é grande e que, portanto, podem ser obtidos preços e taxas melhores. Foram criados com o objetivo de reduzir o risco inerente às aplicações no mercado financeiro, uma vez que o fundo aplica seus recursos em diferentes ativos – títulos de renda fixa, títulos de renda variável e outros ativos –, os quais possuem riscos diferenciados. Desse modo, a diversificação dos títulos adquiridos pelo fundo (carteira do fundo) possibilita reduzir o risco de sofrer perdas com os investimentos.

Tradicionalmente, os fundos de investimentos são classificados como de renda fixa, aqueles compostos, em sua maioria, por aplicações em títulos que possuem uma taxa prefixada ou pós-fixada, porém baseada no mercado de juros e de renda variável, aqueles compostos, em sua maioria, por aplicações em ações e/ou títulos cuja taxa de retorno é variável, e não baseado diretamente no mercado de juros.

Quanto ao modelo de gestão dos fundos de investimentos pode ser de dois tipos: gestão ativa: é o tipo de gestão que tem como filosofia a seleção das melhores oportunidades de aplicação dentre às existentes no mercado financeiro, com perfil mais agressivo, buscando superar um índice de referência (*benchmark*); e gestão passiva: é o tipo de gestão que tem como filosofia investir de modo a procurar seguir a rentabilidade de um *benchmark*. Os investidores, ao escolhê-la, acreditam que não haja oportunidades para ganhos extraordinários, muitos diferentes do *benchmark* escolhido.

Através da Decisão Conjunta 10, de 02/05/2002, do Banco Central (BACEN) e da Comissão de Valores Mobiliários (CVM), a normatização e a fiscalização dos fundos de investimento de renda fixa, passaram também a ser de responsabilidade da CVM, pois, os fundos de investimento de renda variável já eram de sua responsabilidade.

As Instruções CVM 409, de 18/08/2004, 411, de 26/11/2004, 413, de 30/12/2004, 450, de 30 de março de 2007, 456, de 22 de junho de 2007, e 465, de 20 de fevereiro de 2008, representam a consolidação das normas dos fundos de renda fixa e renda variável.

12.2 CARACTERÍSTICAS E CONSTITUIÇÃO DOS FUNDOS DE INVESTIMENTO

Os fundos de investimento representam uma modalidade de investimento, constituída sob a forma de condomínio, que aplica em conjunto os recursos obtidos de pessoas físicas e/ou jurídicas que possuem objetivos comuns. Esses recursos são destinados à aplicação em títulos e valores mobiliários, em ativos disponíveis no mercado financeiro e de capitais e em quotas de fundos de investimento, os quais definirão as características do fundo.

O fundo será constituído por deliberação de um administrador que preencha os requisitos estabelecidos nas Instruções 409, 411, 413, 450, 456 e 465 da CVM, a quem incumbe aprovar, no mesmo ato, o regulamento do fundo.

De acordo com a regulamentação vigente, podem ser administradores de fundo de investimento as pessoas jurídicas autorizadas pela CVM para o exercício profissional de administração de carteira, nos termos do art. 23 da Lei nº 6.385, de 7/12/1976.

O fundo pode ser constituído sob duas formas de condomínio:

- aberto: em que os quotistas podem solicitar o resgate de suas quotas a qualquer tempo;
- fechado: em que as quotas somente podem ser resgatadas ao término do prazo de duração do fundo.

O funcionamento do fundo depende do prévio registro na CVM, do registro em cartório de títulos e documentos do regulamento; da elaboração do prospecto de divulgação, do nome do auditor independente, do número de inscrição no CNPJ e do preenchimento de formulário padronizado com as informações básicas do fundo.

12.3 CLASSIFICAÇÃO DOS FUNDOS DE INVESTIMENTO

O mercado, atualmente, classifica os fundos de investimento em renda fixa, renda variável e multimercado.

No entanto, de acordo com a Instrução CVM 409, de 18/08/2004, e alterações posteriores, os fundos de investimentos e os fundos de investi-

mentos em quotas de fundos de investimentos, conforme a composição de sua carteira, ou seja, de acordo com os ativos alocados no seu patrimônio, são classificados em sete tipos:

Fundo de curto prazo: os fundos classificados nessa classe devem aplicar seus recursos exclusivamente em títulos públicos federais ou privados prefixados ou indexados à taxa SELIC ou a outra taxa de juros, ou títulos públicos federais ou privados indexados a índices de preços.

O prazo máximo a decorrer até o vencimento dos títulos que compõem o seu patrimônio é de 375 dias e o prazo médio da carteira do fundo inferior a 60 dias. Os instrumentos financeiros derivativos podem ser utilizados somente para a proteção da carteira e a realização de operações compromissadas é permitida se forem lastreadas em títulos públicos federais.

Os títulos privados, a cima referidos, devem ter seu emissor classificado na categoria de baixo risco de crédito ou equivalente, com certificação por agência de classificação de risco localizada no país.

Para este tipo de fundo é vedada a cobrança de taxa de *performance*, exceto quando se tratar de fundo destinado a investidor qualificado.

Fundo referenciado: os fundos classificados nessa classe devem identificar em sua denominação o seu indicador de desempenho – *benchmark* – em função da estrutura dos ativos financeiros integrantes das respectivas carteiras, desde que atendidas, cumulativamente, as seguintes condições:

- tenham 80%, no mínimo, de seu patrimônio líquido representado, isolada ou cumulativamente, por títulos de emissão do Tesouro Nacional e/ou do Banco Central do Brasil; e títulos e valores mobiliários de renda fixa cujo emissor esteja classificado na categoria baixo risco de crédito ou equivalente, com certificação por agência de classificação de risco localizada no país;
- estipulem que 95%, no mínimo, da carteira seja composta por ativos financeiros de forma a acompanhar, direta ou indiretamente, a variação do indicador de desempenho escolhido; e
- restrinjam a respectiva atuação nos mercados de derivativos a realização de operações com o objetivo de proteger posições detidas à vista, até o limite dessas.

Para este tipo de fundo também é vedada a cobrança de taxa de *performance*, exceto quando se tratar de fundo destinado a investidor qualificado.

Fundo de renda fixa: os fundos classificados nessa classe devem possuir, no mínimo, 80% da carteira em ativos relacionados diretamente, ou sintetizados via derivativos, aos principais fatores de risco da carteira. Entende-se por principal fator de risco de um fundo aquele cuja variação produza, potencialmente, maiores efeitos sobre o valor de mercado da carteira do fundo. Os principais fatores de risco da carteira para este tipo de fundo devem ser a variação da taxa de juros doméstica ou de índice de preços, ou ambos.

Para este tipo de fundo também é vedada a cobrança de taxa de *performance*, exceto quando se tratar de fundo destinado a investidor qualificado ou se for classificado como de longo prazo.

Fundo de ações: os fundos classificados nessa classe devem possuir, no mínimo, 67% da carteira composta por ações admitidas à negociação no mercado à vista de bolsa de valores ou entidade do mercado de balcão organizado, bônus ou recibos de subscrição, quotas de fundos de ações, quotas de fundos de índices de ações e BDRs, níveis II e III. O principal fator de risco da carteira de um fundo classificado nessa categoria deve ser a variação de preços de ações admitidas à negociação no mercado à vista de bolsa de valores ou entidade do mercado de balcão organizado.

Fundo cambial: os fundos classificados nessa classe devem possuir, no mínimo, 80% da carteira em ativos relacionados diretamente, ou sintetizados via derivativos, aos principais fatores de risco da carteira. O principal fator de risco da carteira para este tipo de fundo deve ser a variação de preços de moeda estrangeira ou a variação do cupom cambial.

Fundo de dívida externa: os fundos classificados nessa classe devem aplicar:

- no mínimo, 80% de seu patrimônio líquido em títulos representativos da dívida externa de responsabilidade da União, os quais devem ser mantidos no exterior em conta de custódia, no Sistema Euroclear ou na LuxClear – *Central Securities Depositary of Luxembourg* (CEDEL);

- no máximo, 20% de seu patrimônio líquido em outros títulos de crédito transacionados no mercado internacional, os quais devem ser custodiados em entidades habilitadas a prestar esse serviço pela autoridade local competente.

Depois de atendidos os requisitos de composição estabelecidos, os recursos remanescentes, se houver, podem:

- ser direcionados à realização de operações em mercados organizados de derivativos no exterior, exclusivamente para fins de *hedge* dos títulos integrantes da carteira respectiva, ou ser mantidos em conta de depósito em nome do fundo, no exterior, observado, relativamente a essa última modalidade, o limite de 10% do seu patrimônio líquido;

- ser direcionados à realização de operações em mercados organizados de derivativos no país, exclusivamente para fins de *hedge* dos títulos integrantes da carteira respectiva e desde que referenciadas em títulos representativos de dívida externa de responsabilidade da União, ou ser mantidos em conta de depósito à vista em nome do fundo, no país, observado, no conjunto, o limite de 10% do seu patrimônio líquido.

Relativamente aos títulos de crédito transacionados no mercado internacional, o total de emissão ou coobrigação de uma mesma pessoa jurídica, de seu controlador, de sociedade por ele(a) direta ou indiretamente controladas e de suas coligadas sob controle comum não pode exceder 10% do patrimônio líquido do fundo.

Em relação aos recursos captados pelo fundo, é vedada a manutenção ou aplicação no país, exceto quando se tratar de aplicação de recursos remanescentes direcionados à realização de operações realizadas em mercados organizados de derivativos, referenciadas em títulos representativos de dívida externa de responsabilidade da União, ou ser mantidos em conta de depósito à vista em nome do fundo ou na aquisição de títulos públicos federais para a utilização como margem de garantia nas operações em mercados organizados de derivativos.

Fundo multimercado: os fundos classificados nessa classe devem possuir políticas de investimento que envolvam vários fatores de risco, sem o compromisso de concentração em nenhum fator em especial ou em fatores diferentes das demais classes definidas anteriormente.

Adicionalmente, os fundos classificados como referenciado, renda fixa, cambial, dívida externa e multimercado podem ser classificados como sendo de longo prazo, desde que definidos em seu regulamento ou prospecto, com o compromisso de obter o tratamento fiscal destinado a fundos de longo prazo previsto na regulamentação fiscal vigente. Para tal, deverá incluir a expressão "Longo Prazo" na denominação do fundo e atender às exigências legais para obter o referido tratamento fiscal.

O enquadramento diário aos limites estabelecidos e ao fator de risco da carteira do fundo, de forma a manter a classe adotada no regulamento e a política de investimento do fundo, é de responsabilidade do administrador e do gestor fundo.

Fundo de investimento para investidores qualificados: são fundos de investimento constituídos e destinados exclusivamente a investidores qualificados. Os empregados ou sócios das instituições administradoras ou gestoras do fundo podem ser admitidos como quotistas, desde que expressamente autorizados pelo diretor responsável da instituição perante a CVM.

De acordo com regulamentação vigente, são considerados investidores qualificados:

- instituições financeiras;
- companhias seguradoras e sociedades de capitalização;
- entidades abertas e fechadas de previdência complementar;
- pessoas físicas ou jurídicas que possuam investimentos financeiros em valor superior a R$ 300.000,00 e que, adicionalmente, atestem por escrito sua condição de investidor qualificado mediante termo próprio;
- fundos de investimento destinados exclusivamente a investidores qualificados; e
- administradores de carteira e consultores de valores mobiliários autorizados pela CVM, em relação a seus recursos próprios;
- regimes próprios de previdência social instituídos pela União, Estados, Distrito Federal e Municípios.

No entanto, é permitida a permanência, em fundos para investidores qualificados, de quotistas que não se enquadrem nas regras da Instrução CVM 409 e alterações posteriores, desde que tenham in-gressado anteriormente a estas regulamentações e continuem ainda aplicados nos respectivos fundos.

Desde que previsto em seu regulamento, esses fundos podem:

- admitir a utilização de títulos e valores mobiliários na integralização e resgate de quotas, com o estabelecimento de critérios detalhados e precisos para a adoção desses procedimentos, atendidas ainda, quando existirem, as correspondentes obrigações fiscais;
- dispensar a elaboração de prospecto, assegurando que as informações relativas aos prestadores de serviços do fundo, as condições de compra de quotas do fundo, compreendendo limites mínimos e máximos de investimento, os valores mínimos para movimentação e permanência no fundo e as informações sobre a tributação aplicável ao fundo e aos quotistas estejam contempladas no seu regulamento;
- cobrar taxas de administração e de *performance*, conforme estabelecido em seu regulamento; e
- estabelecer prazos para conversão de quota e para pagamento dos resgates diferentes daqueles previstos na Instrução CVM 409 e alterações posteriores.

Os regulamentos desses fundos, também, devem ser explícito no que se refere à exclusiva participação de investidores qualificados.

Fundos de investimento em quotas de fundos de investimento: esse tipo de fundo deve manter, no mínimo, 95% de seu patrimônio investido em quotas de fundos de investimento da mesma classe que consta na sua denominação (curto prazo, referenciado, renda fixa, cambial, ações, dívida externa), exceto os fundos de investimento em quotas denominados de multimercado, que podem investir em quotas de fundos de classes distintas.

Os restantes 5% do patrimônio do fundo podem ser mantidos em depósitos à vista ou aplicados em: títulos públicos federais, títulos de renda fixa de emissão de instituições financeiras; operações compromissadas, de acordo com regulamentação específica do Conselho Monetário Nacional (CMN).

Os percentuais acima mencionados devem ser cumpridos diariamente, com base no patrimônio líquido do fundo do dia imediatamente anterior.

São vedadas, para esse tipo de fundo, as aplicações em quotas de fundos que não sejam regulamentados pela Instrução CVM 409 e alterações posteriores, com exceção dos seguintes casos:

- Os fundos de investimento em quotas classificados como renda fixa e multimercado podem investir, até o limite de 10% do patrimônio líquido, em quotas de Fundo de Investimento Imobiliário (FII), de Fundos de Investimento em Direitos Creditórios (FIDC) e de Fundos de Investimento em Quotas de Fundos de Investimento em Direitos Creditórios, desde que previsto em seus regulamentos.

- Os fundos de investimento em quotas classificados como fundos exclusivos e os fundos de investimento em quotas classificados como multimercado, desde que destinados exclusivamente a investidores qualificados, podem adquirir quotas de fundos de investimento em empresas emergentes, de fundos de investimento imobiliário, de fundos de investimento em participações, de fundos de investimento em direitos creditórios e de fundos de investimento em quotas de FIDC, nos limites previstos nos seus regulamentos e prospectos, se houver.

Esse tipo de fundo não pode realizar aplicações em quotas de fundos exclusivos, uma vez que esses fundos pertencem sempre a um único investidor qualificado. Já os fundos de investimento classificados como de longo prazo somente podem investir em quotas de fundos de investimento também classificados como de longo prazo.

O prospecto desse fundo deve informar sobre a política de investimento, a taxa de administração dos fundos em que se pretenda investir, especificar o percentual máximo do patrimônio que pode ser aplicado em um só fundo de investimento e, se aplicar seus recursos em um único fundo de investimento, deverá divulgar o somatório da taxa de administração do fundo de investimento em quotas e do fundo investido.

Fundos exclusivos: todas as classes de fundos de investimento e de fundos de investimento em quotas de fundos de investimento podem ser classificados como exclusivos, desde que constituídos para receber aplicações exclusivamente de um único quotista. Somente os investidores qualificados, definidos anteriormente, podem ser quotistas desses fundos.

Os fundos classificados como previdenciários são os fundos exclusivos constituídos para receber aplicações de fundos de investimentos e fundos de Aposentadoria Programada Individual (FAPI), planos de previdência complementar aberta, de seguros de vida com cobertura por sobrevivência e de entidades fechadas de previdência privada.

Um investidor qualificado pode arbitrar todas as características de um fundo exclusivo. Ele pode definir o regulamento, estabelecer os ativos elegíveis, definir limites de risco etc. Esses são os motivos pelos quais os fundos exclusivos são muito comuns na indústria de fundos de investimento.

12.4 DIVULGAÇÃO DE INFORMAÇÕES E DE RESULTADOS DOS FUNDOS

O administrador de um fundo de investimento está obrigado a divulgar uma série de informações a respeito do fundo, dentre as quais podem-se citar: a divulgação diária do valor da quota e do patrimônio líquido do fundo, o envio de extrato mensal, aos quotistas, contendo, dentre as principais informações, os saldos e valores das quotas no início e no final do período, bem como as movimentações ocorridas no período, a rentabilidade auferida no período.

O administrador também é obrigado a divulgar imediatamente, através de correspondência a todos os quotistas, qualquer ato ou fato relevante, de modo a garantir a todos os quotistas o acesso a informações que possam, direta ou indiretamente, influenciar suas decisões quanto à permanência no fundo ou, no caso de outros investidores, quanto à aquisição das quotas.

O material de divulgação do fundo, assim como as informações a ele referentes, não podem estar em desacordo com o prospecto, o regulamento ou com os demais documentos protocolados na CVM, e não podem assegurar ou sugerir a existência de garantia de resultados futuros ou a isenção de risco para o investidor.

Qualquer divulgação de informação sobre os resultados do fundo só pode ser feita, por qualquer meio, após um período de carência de seis meses, a partir da data da primeira emissão de quotas.

Toda informação divulgada por qualquer meio, na qual seja incluída referência a rentabilidade do fundo, deve obrigatoriamente:

- mencionar a data do início de seu funcionamento;

- contemplar, adicionalmente à informação divulgada, a rentabilidade mensal e acumulada nos últimos 12 meses ou no período decorrido desde a sua constituição, se inferior, observado o período de carência de seis meses;

- ser acompanhada do valor do patrimônio líquido médio mensal dos últimos 12 meses ou desde sua constituição, se mais recente;

- divulgar o valor da taxa de administração e da taxa de *performance*, se houver, expressa no regulamento vigente nos últimos 12 meses ou desde a sua constituição, se mais recente; e

- destacar o público alvo do fundo e as restrições quanto à captação, de forma a ressaltar eventual impossibilidade, permanente ou temporária, de acesso ao fundo por parte de investidores em geral.

A divulgação de rentabilidade deverá ser acompanhada de comparação, no mesmo período, com índice de mercado compatível com a política de investimento do fundo, se houver, e, no caso de divulgação de informações que tenham por base análise comparativa com outros fundos de investimento, devem ser informados simultaneamente as datas, os períodos, a fonte das informações utilizadas, os critérios de comparação adotados e tudo o mais que seja relevante para possibilitar uma adequada avaliação, pelo mercado, dos dados comparativos divulgados.

Sempre que o material de divulgação apresentar informações referentes à rentabilidade ocorrida e períodos anteriores, deve ser incluída advertência, com destaque, de que:

- a rentabilidade obtida no passado não representa garantia de resultados futuros; e

- os investimentos em fundos não são garantidos pelo administrador ou por qualquer

mecanismo de seguro ou, ainda, pelo fundo garantidor de crédito.

Se o administrador contratar os serviços de empresa de classificação de risco, deverá apresentar, em todo material de divulgação, o grau mais recente conferido ao fundo, bem como a indicação de como obter maiores informações sobre a avaliação efetuada.

Quanto às demonstrações contábeis e aos relatórios de auditoria, o fundo deve ter escrituração própria e apresentá-las separadamente das do administrador.

O exercício social do fundo deve ser encerrado a cada 12 meses, o qual deve coincidir com o fim de um dos meses do calendário civil, quando serão levantadas as suas demonstrações contábeis relativas ao período findo.

As suas demonstrações contábeis, elaboradas de acordo com as normas específicas baixadas pela CVM, devem ser colocadas à disposição de qualquer interessado que as solicitar ao administrador, no prazo de 90 dias após o encerramento do período, e devem ser auditadas anualmente por auditor independente registrado na CVM, observadas as normas que disciplinam o exercício dessa atividade.

O Balanço Patrimonial dos fundos de investimento apresenta a seguinte estrutura:

TABELA 12.1

Estrutura do Balanço Patrimonial.

ATIVO	PASSIVO
Disponibilidades Aplicações	Exigibilidades
	PATRIMÔNIO LÍQUIDO Quotas emitidas Lucros acumulados

Os recursos investidos (registrados em quotas emitidas) são utilizados para a aquisição de títulos que irão compor a carteira do fundo (ativo). A valorização ou desvalorização desses títulos resulta na valorização ou desvalorização do patrimônio do fundo, o qual determina a valorização ou desvalorização da quota do fundo.

12.5 QUOTAS DOS FUNDOS – EMISSÃO E RESGATE

As quotas do fundo correspondem a frações ideais de seu patrimônio, as quais conferem iguais direitos e obrigações aos seus quotistas e são escriturais e nominativas.

O valor da quota do dia é resultante da divisão do valor do patrimônio líquido pelo número de quotas do fundo, apurados, ambos, no fechamento dos mercados em que o fundo atue.

No entanto, para os fundos de curto prazo, referenciados, renda fixa, exclusivos e previdenciários, o valor da quota do dia poderá ser calculado a partir do patrimônio líquido do dia anterior, devidamente atualizados por um dia. Nesse caso, o regulamento do fundo deverá definir se os eventuais ajustes decorrentes das movimentações ocorridas durante o dia serão lançados contra os quotistas que aplicarem no dia ou contra aos que resgatarem no dia ou contra o patrimônio do fundo.

A quota do fundo fechado pode ser transferida, mediante termo de cessão e transferência, assinado pelo cedente e pelo cessionário, ou através de bolsa de valores ou entidade de balcão organizado em que as quotas do fundo sejam admitidas à negociação. Já a quota de um fundo aberto não pode ser objeto de cessão ou transferência, salvo por decisão judicial, execução de garantia ou sucessão universal.

Os quotistas serão responsáveis por eventual patrimônio líquido negativo do fundo, ou seja, eles assumirão o prejuízo do fundo, sem prejuízo da responsabilidade do administrador e o gestor, se houver, em caso de inobservância da política de investimento ou dos limites de concentração previstos no regulamento e da legislação em vigor.

Na emissão das quotas do fundo deve ser utilizado o valor da quota do dia ou do dia seguinte ao da efetiva disponibilidade, pelo administrador ou intermediário, dos recursos investidos, conforme o disposto no regulamento.

A aquisição das quotas de fundos de investimento deve ser realizada em moeda corrente nacional, com exceção dos fundos destinados exclusivamente a investidores qualificados que podem admitir a utilização de títulos e valores mobiliários na aquisição e resgate de quotas.

O resgate de quotas de um fundo de investimento obedecerá às seguintes regras:

- o regulamento deve estabelecer o prazo entre o pedido de resgate e a data de conversão de quotas, ou seja, a data da apuração do valor da quota para efeito do pagamento do resgate;

- a conversão de quotas é feita pelo valor da quota do dia definido como data de conversão, ressalvada a hipótese de que nos fundos de curto prazo, referenciados, de renda fixa, exclusivos e previdenciários, pode ser utilizado o valor de quota diferente, para fins de resgate no mesmo dia do pedido, conforme dispuser o regulamento;

- o pagamento do resgate deve ser efetuado em cheque, crédito em conta-corrente ou ordem de pagamento, no prazo estabelecido no regulamento, que não poderá ser superior a cinco dias úteis, contados da data da conversão de quotas, exceto se tratar de fundos destinados exclusivamente a investidores qualificados, que podem estabelecer prazos para pagamentos dos resgates diferentes daqueles previstos da regulamentação existente;

- o regulamento pode estabelecer prazo de carência para resgate, com ou sem rendimento;

- é devida ao quotista uma multa de 0,5% do valor de resgate, a ser paga pelo administrador do fundo, por dia de atraso no pagamento do resgate de quotas, exceto se for em função de casos excepcionais.

O fundo cujo regulamento estabelecer data de conversão diversa da data de resgate, pagamento do resgate em data diversa do pedido de resgate ou prazo de carência para o resgate, deverá incluí-los com destaque na capa do prospecto e em todo material de divulgação, de forma clara e legível.

Em casos excepcionais de iliquidez dos ativos componentes da carteira do fundo, inclusive em decorrência de pedidos de resgates incompatíveis com a liquidez existente, ou que possam implicar alteração do tratamento tributário do fundo ou do conjunto dos quotistas, em prejuízo destes últimos, o administrador poderá declarar o fechamento do fundo para a realização de resgates, sendo obrigatória a convocação de assembleia-geral extraordinária (AGE), no prazo máximo de um dia, para deliberar, sobre as seguintes possibilidades: substituição do administrador, do gestor ou de ambos; reabertura ou manutenção do fechamento do fundo para resgate; possibilidade de pagamento de resgate em títulos e valores mobiliários; cisão do fundo; e liquidação do fundo.

O valor da quota é calculado diariamente dividindo-se o valor do patrimônio líquido atualizado pelo número de quotas emitidas:

$$\text{Valor da Quota} = \frac{\text{Patrimônio Líquido}}{\text{Quantidade de Quotas}}$$

Assim, a valorização/desvalorização diária dos títulos que compõem a carteira do fundo, bem como as receitas e despesas, o lucro ou prejuízo na venda de títulos, a taxa de administração, apropriação de dividendos, ou seja, a movimentação diária do fundo, afeta o seu patrimônio e, consequentemente, o valor da quota.

12.6 QUOTAS DOS FUNDOS – DISTRIBUIÇÃO E SUBSCRIÇÃO

A distribuição de quotas de fundo aberto independe de prévio registro na CVM e será realizada por instituições intermediárias contratadas pelo administrador do fundo e integrantes do sistema de distribuição de valores mobiliários.

Por outro lado, a distribuição de quotas de fundo fechado depende de prévio registro na CVM, de acordo as regras estabelecidas pela Instrução CVM 409 e alterações posteriores, e somente pode ser realizada por instituições integrantes do sistema de distribuição de valores mobiliários.

A subscrição das quotas de fundo fechado deve ser encerrada no prazo de 180 dias, a contar da data do início da distribuição, e as importâncias recebidas na integralização de quotas, durante o processo de distribuição de quotas, devem ser depositadas em banco comercial, banco múltiplo com carteira comercial ou Caixa Econômica em nome do fundo, sendo obrigatória sua imediata aplicação em títulos públicos federais ou em quotas de fundo de investimento classificado como de curto prazo.

Todo quotista ao ingressar no fundo deve atestar, mediante termo próprio, que:

- recebeu o regulamento e, se for o caso, o prospecto;

- tomou ciência dos riscos envolvidos e da política de investimento;

- tomou ciência da possibilidade de ocorrência de patrimônio líquido negativo, se for o caso, e, neste caso, de sua responsabilidade por consequentes aportes adicionais de recursos.

Esse termo próprio, devidamente preenchido e assinado pelo investidor, deve ser mantido pelo administrador ou pelas instituições intermediárias contratadas à disposição da CVM ou registrado em sistema eletrônico que garanta o atendimento às exigências.

12.7 A ADMINISTRAÇÃO DOS FUNDOS DE INVESTIMENTO

A administração de um fundo compreende o conjunto de serviços relacionados direta ou indiretamente ao funcionamento e à manutenção do fundo, que podem ser prestados pelo próprio administrador ou por terceiros por ele contratados, por escrito, em nome do fundo.

O administrador, além do serviço obrigatório de auditoria independente, pode contratar, em nome do fundo, com terceiros devidamente habilitados e autorizados, apenas os seguintes serviços:

1. gestão da carteira do fundo;

2. consultoria de investimentos;

3. atividades de tesouraria, de controle e processamento dos títulos e valores mobiliários;

4. distribuição de quotas;

5. escrituração da emissão e resgate de quotas;

6. custódia de títulos e valores mobiliários e demais ativos financeiros;

7. classificação de risco por agência especializada constituída no país.

Caso o administrador contrate os serviços numerados acima, ele deve figurar no contrato como interveniente anuente.

Os contratos firmados com terceiros devem conter cláusulas que estipule a responsabilidade solidária entre o administrador do fundo e os terceiros contratados pelo fundo, por eventuais prejuízos causados aos quotistas em virtude das condutas contrárias à lei, ao regulamento e aos atos normativos expedidos pela CVM, com exceção dos serviços de consultoria de investimentos, distribuição de quotas e custódia de títulos e valores mobiliários e demais ativos financeiros. Desse modo, o administrador e cada prestador de serviço contratado respondem perante a CVM, na esfera de suas respectivas competências, por seus próprios atos e omissões contrários à lei, ao regulamento do fundo e às disposições regulamentares aplicáveis.

O administrador, desde que observadas as limitações legais e as previstas na Instrução CVM 409 e alterações posteriores, tem poderes para praticar todos os atos necessários ao funcionamento do fundo de investimento, sendo responsável pela constituição do fundo e pela prestação de informações à CVM.

No regulamento, o administrador deve dispor sobre a taxa de administração, que remunerará todos os serviços prestados, com exceção dos serviços de auditoria independente, custódia de títulos, podendo, em alguns casos, haver remuneração baseada no resultado do fundo – taxa de *performance* –, bem como taxa de ingresso e saída.

Nos fundos de investimento abertos, as taxas de administração e de *performance* devem ser provisionadas por dia útil, sempre como despesa do fundo e apropriadas conforme estabelecido no regulamento.

O regulamento do fundo pode estabelecer a cobrança da taxa de *performance*, mas, para os fundos de curto prazo, fundos referenciados e os de renda fixa de curto prazo, só pode ser cobrada taxa de performance se eles forem fundos destinados a investidores qualificados.

A cobrança da taxa de *performance* para as demais classes de fundos, desde que não destinados a investidores qualificados, deve atender aos seguintes critérios:

- vinculação a um parâmetro de referência compatível com a política de investimento do fundo e com os títulos que efetivamente a componham;
- vedação da vinculação da taxa de *performance* a percentuais inferiores a 100% do parâmetro de referência;
- cobrança por período, no mínimo, semestral; e
- cobrança após a dedução de todas as despesas, inclusive da taxa de administração.

A cobrança de taxa de *performance* é vedada quando o valor da quota do fundo for inferior ao seu valor por ocasião da última cobrança efetuada, entretanto, é permitida a cobrança de ajuste sobre a *performance* individual do quotista que aplicar recursos no fundo posteriormente à data da última cobrança, exclusivamente nos casos em que o valor da quota adquirida for inferior, ao valor da mesma na data da última cobrança de taxa de *performance*.

É vedado ao administrador praticar os seguintes atos em nome do fundo:

- receber depósito em conta corrente;
- contrair ou efetuar empréstimos, salvo em modalidade autorizada pela CVM;
- prestar fiança, aval, aceite ou coobrigar-se sob qualquer outra forma;
- vender quotas à prestação, sem prejuízo da integralização a prazo de quotas subscritas;
- prometer rendimento predeterminado aos quotistas;
- realizar operações com ações fora de bolsa de valores ou de mercado de balcão organizado por entidades autorizadas pela CVM, ressalvadas as hipóteses de distribuições públicas, de exercício de direito de preferência e de conversão de debêntures em ações, exercício de bônus de subscrição e nos casos em que a CVM tenha concedido prévia e expressa autorização;
- utilizar recursos do fundo para pagamento de seguro contra perdas financeiras de quotistas; e
- praticar qualquer ato de liberalidade.

As obrigações do administrador de um fundo de investimento são muitas, e de modo geral, devem garantir a perfeito funcionamento do fundo, fazendo cumprir todas as exigências e obrigações que o fundo possa ter, além de buscar sempre as melhores condições para o fundo e defender os direitos dos quotistas.

O administrador e o gestor da carteira do fundo devem ser substituídos nas seguintes hipóteses: descredenciamento para o exercício da atividade de administração de carteira, por decisão da CVM; renúncia; ou destituição, por deliberação da assembleia-geral do fundo.

12.8 ENCARGOS DOS FUNDOS DE INVESTIMENTO

De acordo com regulamentação vigente (Instrução CVM 409 e alterações posteriores), as despesas que podem ser debitadas diretamente pelos fundos de investimentos são:

- taxas, impostos ou contribuições federais, estaduais, municipais ou autárquicas, que recaiam ou venham a recair sobre os bens, direitos e obrigações do fundo;

- despesas com o registro de documentos em cartórios, expedição e publicação de relatórios e informações periódicas;

- despesas com correspondência de interesse do fundo, inclusive comunicações aos quotistas;

- honorários e despesas do auditor independente;

- emolumentos e comissões pagas por operações do fundo;

- honorários de advogado, custas e despesas processuais correlatas, incorridas em razão de defesa dos interesses do fundo, em juízo ou fora dele, inclusive o valor da condenação imputada ao fundo, se for o caso;

- parcela de prejuízos não coberta por apólices de seguro e não decorrente diretamente de culpa ou dolo dos prestadores dos serviços de administração no exercício de suas respectivas funções;

- despesas relacionadas, direta ou indiretamente, ao exercício de direito de voto do fundo pelo administrador ou por seus representantes legalmente constituídos, em assembleias-gerais das companhias nas quais o fundo detenha participação;

- despesas com custódia e liquidação de operações com títulos e valores mobiliários, ativos financeiros e modalidades operacionais;

- despesas com fechamento de câmbio, vinculadas às operações ou com certificados ou recibos de depósitos de valores mobiliários;

- no caso de fundo fechado, a contribuição anual devida às bolsas de valores ou às entidades do mercado de balcão organizado em que o fundo tenha suas quotas admitidas à negociação; e

- as taxas de administração e de *performance*.

Adicionalmente, quaisquer despesas não previstas como encargos do fundo, inclusive as relativas à elaboração do prospecto, correm por conta do administrador, devendo ser por ele contratados.

12.9 TRIBUTAÇÃO DOS FUNDOS DE INVESTIMENTO

12.9.1 Imposto de Renda

A Lei nº 11.033, de 21 de dezembro de 2004, regulamentada pela Instrução Normativa SRF 487, de 30 de dezembro de 2004, alterou a tributação do mercado financeiro e de capitais, criando alíquotas de Imposto de Renda, sobre os ganhos de capital, diferenciadas e decrescente conforme o prazo do investimento, procurando assim, incentivar os investimentos de longo prazo. Assim, a partir de 1º de janeiro de 2005, as aplicações em fundos de investimento estavam sujeitas a esta nova regulamentação.

De acordo com a IN SRF 487, os fundos de investimento são classificados em duas categorias, de acordo com a composição de sua carteira, considerando:

- fundo de investimento de longo prazo: é aquele cuja carteira de títulos tenha prazo médio superior a 365 dias;

- fundo de investimento de curto prazo: é aquele cuja carteira de títulos tenha prazo médio igual ou inferior a 365 dias.

Nas aplicações em fundos de investimento de longo prazo, a incidência do imposto de renda na fonte sobre os rendimentos auferidos por qualquer beneficiário, inclusive pessoa física isenta, ocorrerá da seguinte maneira:

- os rendimentos serão tributados semestralmente, sendo no último dia útil dos meses de maio e novembro de cada ano, ou no resgate, se ocorrido em data anterior (art. 3º da Lei nº 10.892, de 13 de julho de 2004), à alíquota de 15%;

- os fundos de investimento com carência de até 90 dias para resgate de quotas com rendimento, a incidência do Imposto de Renda, à alíquota de 15%, ocorrerá na data em que se completar cada período de carência para resgate de quotas com rendimento ou no resgate de quotas, se ocorrido em outra data.

Por ocasião do resgate das quotas, será aplicada alíquota complementar de acordo com o prazo da aplicação:

- 22,5%, em aplicações com prazo de até 180 dias;
- 20%, em aplicações com prazo de 181 até 360 dias;
- 17,5%, em aplicações com prazo de 361 até 720 dias;
- 15%, em aplicações com acima de 720 dias;

Para os fundos de investimento de curto prazo, a Lei nº 11.053, de 29 de dezembro de 2004, em complemento à Lei nº 11.033 e a IN SRF 487, estabeleceu que os rendimentos obtidos estão sujeitos à incidência de imposto de renda na fonte, por ocasião do resgate, às seguintes alíquotas:

- 22,5%, em aplicações com prazo de até 180 dias;
- 20%, em aplicações com prazo acima de 180 dias;

Nos rendimentos desses fundos tributados semestralmente (último dia útil dos meses de maio e novembro de cada ano, ou no resgate, se ocorrido em data anterior, art. 3º da Lei nº 10.892, de 13 de julho de 2004), incidirá a alíquota de 20% e no resgate das quotas será aplicada alíquota complementar de 2,5%, se o resgate ocorrer no prazo de até 180 dias.

Contudo, essas novas regras não se aplicam aos fundos e clubes de investimento em ações, cujos rendimentos serão tributados exclusivamente no resgate de quotas, à alíquota de 15%.

Consideram-se fundos de investimento em ações aqueles cujas carteiras sejam constituídas, no mínimo, por 67% de ações negociadas no mercado à vista de bolsa de valores ou entidades assemelhadas (art. 8º da IN SRF 25, de 6 de março de 2001).

No entanto, se o fundo de investimento em ações ficar desenquadrado, ele passará a receber o mesmo tratamento tributário dispensado para os fundos de investimentos de longo prazo.

Para os fundos de investimentos de longo prazo, cujo prazo médio da carteira de títulos permaneça igual ou inferior a 365 dias por mais de três vezes ou por mais de 45 dias, no ano-calendário, ficará desenquadrado, passando então, a serem classificados como de curto prazo e sujeitando-se os novos rendimentos à tributação prevista para esta nova classificação.

As perdas apuradas no resgate de quotas de fundos de investimento (art. 4º da IN SRF119, de 10 de janeiro de 2002), ainda podem ser compensadas com rendimentos auferidos em resgates ou incidências posteriores, no mesmo ou em outro fundo de investimento administrado pela mesma pessoa jurídica, desde que sujeitos à mesma classificação, devendo a instituição administradora manter sistema de controle e registro em meio magnético que permita a identificação, em relação a cada quotista, dos valores compensáveis.

O valor do Imposto de Renda devido pelos fundos de investimento de renda fixa, quando de sua cobrança em data diferente da data de resgate, deve ter seu valor correspondente em moeda, convertido em quotas, às quais serão reduzidas do número de quotas possuídas pelo investidor (processo conhecido no mercado financeiro como "come quotas").

A base de cálculo do Imposto de Renda, para os fundos de investimento de renda fixa, são os ganhos de capital, dados pela valorização positiva do valor patrimonial da quota do fundo, líquidos do IOF, quando esse for aplicável.

Para efeitos da classificação dos fundos com sendo de longo prazo ou de curto prazo, deverá ser adotada a seguinte metodologia:

- prazo de cada vencimento de principal e juros: prazo remanescente de cada evento financeiro, entendido como sendo o número de dias contínuos entre a data para a qual se calcula o valor da quota do fundo e a data de cada vencimento, excluindo-se na sua contagem o dia de início e incluindo-se o de vencimento;
- prazo médio do título: média dos prazos de cada vencimento de principal e de juros ponderados pelos respectivos valores

nominais na data para a qual se calcula o valor da quota do fundo, sem considerar qualquer projeção de índice;

- prazo médio da carteira: média, ponderada pelos respectivos valores financeiros, dos prazos médios dos títulos da carteira;

- valor financeiro: valor contábil, diariamente avaliado, utilizado para o cálculo da quota do fundo.

O prazo médio da carteira do fundo deverá ser calculado diariamente e considerará apenas os seguintes títulos ou valores mobiliários e operações assemelhadas para o cálculo:

- depósito à vista;

- operações compromissadas, lastreadas em títulos, públicos e privados;

- títulos públicos federais;

- títulos privados: CDB, debêntures e outros títulos privados de renda fixa autorizados pela CVM a compor as carteiras dos fundos de investimento;

- operações conjugadas, que permitam a obtenção de rendimentos predeterminados, realizadas nos mercados de opções de compra e de venda em bolsa de valo-

res, de mercadorias e de futuros (*box*), no mercado a termo nas bolsas e valores, de mercadorias e de futuros, em operações de venda coberta e sem ajustes diários, e no mercado de balcão; e

- quotas de outros fundos de investimento.

Os prazos médios dos depósitos à vista serão sempre considerados como de um dia e das quotas dos fundos de investimento de longo prazo sempre como de 366 dias.

Serão excluídos do cálculo do prazo médio da carteira do fundo os seguintes títulos ou valores mobiliários e operações:

- títulos ou operações com data de vencimento ou liquidação indeterminada;

- operações com renda variável;

- operações com CDB de emissão do administrador, do gestor e de empresas dos respectivos conglomerados financeiros;

- quotas de fundos e clubes de investimento em ações;

- operações com direitos creditórios, conforme definição dada pela CVM; e

- operações com cédulas de crédito bancário (CCB).

Exemplo 12.1 de cálculo de prazo médio de uma carteira.

Títulos que compõem a carteira de um fundo	Valor aplicado	Prazo de vencimento (em dias)
Depósitos à vista	100	1
CDB	1.054	180
CDB	700	256
LTN	5.600	420
NTN	3.670	360

$$\text{Prazo médio do título: para os CDBs} = \frac{(1.054 \times 180) + (700 \times 256)}{(1.054 + 700)} = 210,33 \text{ dias}$$

$$\text{Prazo médio da carteira:} \frac{(100 \times 1) + (1.754 \times 210,33) + (5.600 \times 420) + (3.670 \times 360)}{(100 + 1.754 + 5.600 + 3.670)} = 363,38 \text{ dias}$$

Desse modo, de acordo com a legislação vigente, esse fundo se enquadraria como sendo de curto prazo e estaria sujeito às regras estabelecidas para os fundos com esta classificação.

No entanto, as alterações introduzidas pela Lei nº 11.033 não se aplicam:

- às instituições financeiras, inclusive às sociedades de seguro, previdência e capitalização, às sociedades corretoras de títulos, valores mobiliários e câmbio, às sociedades distribuidoras de títulos e valores mobiliários e às sociedades de arrendamento mercantil (art. 77, inciso I, da Lei nº 8.981, de 20 de janeiro de 1995); e

- aos investidores residentes e domiciliados no exterior, individual ou coletivo, que realizarem operações financeiras nos mercados de renda fixa ou de renda variável no país, de acordo com as normas e condições estabelecidas pelo Conselho Monetário Nacional (art. 16 da Medida Provisória nº 2.189-49, de 23 de agosto de 2001).

12.9.2 Imposto sobre Operações de Crédito, Câmbio e Seguro, ou relativas a Títulos ou Valores Mobiliários (IOF)

A Lei nº 5.143, de 20 de outubro de 1966, instituiu o Imposto sobre Operações Financeiras. Atualmente, o Decreto nº 4.494, de 3 de dezembro de 2002, alterado pelo Decreto nº 5.172, de 6 de agosto de 2004 e a Instrução Normativa nº 46, de 2 de maio de 2001, constituem a base que regulamenta o IOF.

Em relação aos fundos de investimento, as regras e alíquotas vigentes são:

O IOF será cobrado à alíquota de 0,5% ao dia sobre o valor de resgate de quotas de fundos de investimento, constituídos sob qualquer forma, na hipótese de o investidor resgatar quotas antes de completado o prazo de carência para crédito dos rendimentos. O valor do IOF, no entanto, fica limitado à diferença entre o valor da quota, no dia do resgate, multiplicado pelo número de quotas resgatadas, deduzido o valor do imposto de renda, se houver, e o valor pago ou creditado ao quotista.

O IOF será cobrado à alíquota máxima de 1,5% ao dia sobre o valor das operações com títulos e valores mobiliários, inclusive, nas operações com títulos e valores mobiliários de renda fixa e de renda variável, efetuadas com recursos provenientes de aplicações feitas por investidores estrangeiros em quotas de fundo de investimento imobiliário e de fundo mútuo de investimento em empresas emergentes, observados os seguintes limites:

- quando o referido fundo não for constituído ou não entrar em funcionamento regular: 10%; e

- no caso de fundo já constituído e em funcionamento regular, até um ano da data do registro das quotas na Comissão de Valores Mobiliários: 5%.

O IOF será cobrado à alíquota de 1% ao dia sobre o valor do resgate, cessão ou repactuação, limitado ao rendimento da operação, em função do prazo, conforme tabela regressiva do IOF, nas seguites aplicações:

- nas operações realizadas no mercado de renda fixa; e

- no resgate de quotas de fundos de investimento e de clubes de investimento.

Estão sujeitas à alíquota zero as operações:

- de titularidade das instituições financeiras e das demais instituições autorizadas a funcionar pelo Banco Central do Brasil;

- das carteiras dos fundos de investimento e dos clubes de investimento;

- do mercado de renda variável, inclusive as realizadas em bolsas de valores, de mercadorias, de futuros e entidades assemelhadas;

- de resgate de quotas dos fundos de investimento em ações, assim considerados pela legislação do Imposto de Renda;

- de titularidade de órgãos da Administração Pública Federal, Estadual, do Distrito Federal ou Municipal, direta, autárquica ou fundacional, de partido político, inclusive suas fundações, e de entidade sindical de trabalhadores.

A tabela regressiva do IOF é apresentada no Anexo 1 deste livro e, como se pode verificar a partir do 30º dia de aplicação não haverá valor de IOF a recolher, pois o limite de rendimento a ser pago de IOF é zero.

O IOF é cobrado na data da liquidação financeira da operação e deve ser recolhido ao Tesouro Nacional até o 3º dia útil da semana subsequente à de sua cobrança.

12.9.3 Contribuição Provisória sobre Movimentação ou Transmissão de Valores e de Créditos e Direitos de Natureza Financeira (CPMF)[1]

De acordo com a Lei nº 9.311, de 24 de outubro de 1996, as aplicações financeiras, na maioria dos casos, somente podiam ser efetivadas mediante transferência de recursos depositados em conta-corrente. Esse sistema gerava pagamento da Contribuição Provisória sobre Movimentação ou Transmissão de Valores e de Créditos e Direitos de Natureza Financeira (CPMF), já que praticamente todos os débitos em conta-corrente acarretavam a cobrança dessa contribuição.

A mesma lei previa que, vencido o prazo da aplicação, os recursos teriam que voltar para a conta-corrente. Assim, uma aplicação financeira feita pelo prazo de 30 dias – compra de um certificado de depósito bancário (CDB), por exemplo – teria que ser resgatada ao final desse prazo e os recursos precisavam retornar para a conta-corrente. Desse modo, caso o aplicador desejasse fazer nova aplicação com aqueles recursos, o dinheiro saía novamente da conta-corrente, gerando, portanto, nova cobrança de CPMF.

No entanto, a partir de 1º de outubro de 2004, quando passou a vigorar a Lei nº 10.892, de 13 de julho de 2004, para a realização de aplicações financeiras em nome de seus clientes, as instituições financeiras passaram a ter que abrir, para cada um, conta-corrente de depósitos para investimento, a chamada "conta investimento".

A conta investimento não pode ser utilizada para outra finalidade que não aplicação financeira, não podendo ser movimentada por meio de cheques, e o uso de cartão magnético é admitido com a finalidade de transferir recursos de conta-corrente para conta investimento, entre contas investimento e de conta investimento para conta-corrente, bem como para a realização de aplicações financeiras. Os saldos, eventualmente, mantidos na conta investimento não podem ser remunerados.

Na primeira aplicação (recursos novos), o dinheiro deve ser transferido para a conta investimento diretamente de uma conta-corrente da qual o aplicador seja o titular ou pelo menos um dos titulares, no caso de conta conjunta de pessoa física (a Lei nº 10.892 proíbe a abertura de conta conjunta, tanto corrente quanto de investimento, para pessoa jurídica), havendo nesse momento cobrança de CPMF.

A principal vantagem da conta investimento para o investidor é que, quando vencer o prazo da primeira aplicação, os recursos devem retornar à conta investimento, possibilitando que sejam novamente aplicados, na mesma ou em outra modalidade de investimento, sem que seja necessário o retorno do dinheiro para a conta-corrente. Dessa forma, há cobrança da CPMF somente quando da realização da primeira aplicação, podendo o investidor, a partir da segunda, migrar entre os vários tipos de investimentos e também transferir suas aplicações para qualquer outra instituição financeira, sem que haja novo pagamento daquela contribuição.

No caso de o investidor solicitar o resgate de recursos das contas investimento e não for realizar nova aplicação financeira, o pagamento é feito exclusivamente por meio de lançamento a crédito em sua conta-corrente individual ou em conta-corrente conjunta de que seja um dos titulares, por cheque, cruzado e intransferível, a ser depositado em sua conta-corrente, ou por TED emitida a crédito de sua conta-corrente.

Para alguns investidores é dispensada a abertura da conta investimento para a realização de aplicações financeiras, os quais são:

- investidores estrangeiros, na forma prevista na Resolução 2.689, de 2000, com as alterações introduzidas pela Resolução 2.742, de 2000, e regulamentação complementar;

- fundos ou clubes de investimento e pessoas físicas ou jurídicas cujas contas-correntes de depósito, quando da respectiva movimentação, não estejam sujeitas à incidência da CPMF ou se sujeitem a sua incidên-

---

[1] Os autores decidiram manter o texto em função de haver possibilidade de voltar a cobrança de CPMF.

cia à alíquota zero, na forma prevista na Lei nº 9.311, de 1996, com as alterações introduzidas pela Lei nº 10.306, de 2001, e pela Lei nº 10.892, de 2004, e regulamentação complementar.

O uso da conta investimento não é permitido para realizar os pagamentos relativos a:

- operações de compra e venda de ações, realizadas em recintos ou sistemas de negociação de bolsas de valores e no mercado de balcão organizado;
- contratos referenciados em ações ou índices de ações, negociados em bolsas de valores, de mercadorias e de futuros e intermediados por instituições financeiras, sociedades corretoras de títulos e valores mobiliários, sociedades distribuidoras de títulos e valores mobiliários e sociedades corretoras de mercadorias;
- ajustes diários exigidos em mercados organizados de liquidação futura;
- contas de depósitos judiciais e de depósitos em consignação em pagamento, de que tratam os parágrafos do art. 890 da Lei nº 5.869, de 11 de janeiro de 1973, introduzidos pelo art. 1º da Lei nº 8.951, de 13 de dezembro de 1994.

12.10 CONTABILIZAÇÃO DE UM FUNDO DE INVESTIMENTO

A seguir, é apresentado um exemplo de constituição e organização do fundo, aplicação, provisionamento das despesas e resgate de quotas.

No dia 02/01/X6, o Cliente PRS investiu num fundo de investimento de renda fixa que estava sendo lançado nesse dia e sua aplicação era a primeira captação do fundo.

O valor da quota estabelecido para o início das captações foi: 1 quota = $ 100,00.

O Cliente PRS investiu $ 100.000,00.

O valor da quota será calculado, de acordo com o regulamento do fundo, no fechamento do dia.

Desse modo, devem-se fazer os seguintes lançamentos em 02/01/X6: (os fundos de investimento utilizam o plano de contas do COSIF para a contabilização de suas operações)

Pela aplicação dos recursos do cliente:

Débito	BANCOS PRIVADOS – CONTA DEPÓSITOS	
	Banco Gama S.A.	$ 100.000,00
Crédito	QUOTAS A EMITIR	$ 100.000,00

Quando da entrada dos recursos no banco, não se sabe quanto desses recursos aplicados pertencem a pessoas físicas ou a pessoas jurídicas. Assim, deve-se proceder ao seguinte lançamento antes de contabilizar o valor correspondente a cada cliente, individualmente:

Débito	QUOTAS A EMITIR	$ 100.000,00
Crédito	QUOTAS A INDIVIDUALIZAR	
	Emissões	$ 100.000,00

Normalmente, a emissão de quotas a individualizar é feita de forma estimada. Na individualização do cliente, pessoa física ou pessoa jurídica, a diferença entre a quantidade de quotas estimadas e emitidas é acertada, sendo registrada nas emissões a quantidade real de quotas.

Neste caso, como se trata do dia do lançamento do fundo, cujo valor da quota é predeterminado, já é possível calcular a quantidade de quotas do cliente PRS e proceder à individualização das quotas. Nesse exemplo o cliente foi considerado pessoa física:

Débito	QUOTAS A INDIVIDUALIZAR	
	Emissões	$ 100.000,00
Crédito	PESSOAS FÍSICAS	
	Emissões	$ 100.000,00

A quantidade de quotas adquiridas pelo cliente PRS é:

Valor do investimento ÷ Valor da quota = Quantidade de quotas

$ 100.000,00 ÷ R$ 100,00 = 1.000 quotas

Nesse mesmo dia (02/01/X6), o gestor do fundo comprou um título (o exemplo será desenvolvido com a contabilização de apenas um título).

Pela aquisição dos títulos:

Débito	TÍTULOS DE RENDA FIXA	
	Notas do Tesouro Nacional	
	NTN pós-fixado	$ 100.000,00
Crédito	BANCOS PRIVADOS – CONTA DEPÓSITOS	
	Banco Gama S.A.	$ 100.000,00

No dia 03/01/X6, não houve nenhuma aplicação ou resgate. No entanto, deve-se proceder à valorização diária dos títulos, a mercado, constantes das carteiras dos fundos de investimento, em decorrência da necessidade de se apurar o valor da quota diariamente, devido à entrada e saída de condôminos do fundo.

Pela valorização diária do título e apuração do valor da quota em 03/01/X6:

NTN pós-fixado, a mercado, 03/01/X6	$ 102.050,00
Patrimônio líquido antes da taxa de administração	$ 102.050,00
Taxa de administração diária (2% a. a.)[2]	$ 8,10
Patrimônio líquido	$ 102.041,90
Saldo de quotas do dia anterior (02/01/X6)	1.000,00000
Valor da quota em 03/01/X6 ($102.041,90 ÷ 1.000,0000)	102,04190

Contabilização da atualização e apropriação dos rendimentos:

Débito	TÍTULOS DE RENDA FIXA	
	Notas do Tesouro Nacional	
	NTN pós-fixado	$ 2.050,00
Crédito	RENDAS DE TÍTULOS DE RENDA FIXA	
	Notas do Tesouro Nacional	$ 2.050,00

Contabilização do provisionamento diário da taxa de administração:

---

[2] Assumindo-se que a taxa de administração é de 2% ao ano, linear e com 252 dias úteis no ano.

Débito	DESPESAS DE TAXA DE ADMINISTRAÇÃO DO FUNDO	
	Taxa de administração efetiva	$ 8,10
Crédito	VALORES A PAGAR A SOCIEDADE ADMINISTRADORA	
	Taxa de administração efetiva	$ 8,10

No dia 04/01/X6, há um resgate de $ 20.000,00. A conversão do valor solicitado para resgate em quantidade de quotas, também é feito, de acordo com o regulamento do fundo, com base no valor da quota calculado no fechamento do dia. Primeiro, deve-se proceder à valorização diária dos títulos, a mercado, constantes das carteiras dos fundos de investimento, em decorrência da necessidade de se apurar o valor da quota diária.

NTN pós-fixado, a mercado, 04/01/X6	$ 104.730,00
Despesas de auditoria diária	$ 25,00
(–) Exigibilidades	$ 8,10
Patrimônio líquido antes da taxa de administração	$ 104.696,90
Taxa de administração diária (2% a.a.)	$ 8,31
Patrimônio líquido	$ 104.688,59
Saldo de quotas do dia anterior (03/01/X6)	1.000,00000
Valor da quota em 04/01/X6 ($104.688,59 ÷ 1.000,0000)	104,68859
Quotas Resgatadas ($20.000,00 ÷ 104,68859)	191,04279
Saldo de quotas em 04/01/X6	808,95721
Patrimônio líquido do fundo em 04/01/X6	$ 84.688,59

Contabilização da atualização e apropriação dos rendimentos:

Débito	TÍTULOS DE RENDA FIXA	
	Notas do Tesouro Nacional	
	NTN pós-fixado	$ 2.680,00
Crédito	RENDAS DE TÍTULOS DE RENDA FIXA	
	Notas do Tesouro Nacional	$ 2.680,00

Contabilização do provisionamento diário da despesa de auditoria independente:

Débito	DESPESAS DE SERVIÇOS TÉCNICO ESPECIALIZADO	
	Despesa com Auditoria Independente	$ 25,00
Crédito	OUTRAS DESPESAS DE ADMINISTRATIVAS	
	Provisão de Auditoria a Pagar	$ 25,00

Contabilização do provisionamento diário da taxa de administração:

Débito	DESPESAS DE TAXA DE ADMINISTRAÇÃO DO FUNDO	
	Taxa de administração efetiva	$ 8,31
Crédito	VALORES A PAGAR A SOCIEDADE ADMINISTRADORA	
	Taxa de administração efetiva	$ 8,31

No resgate, faz-se necessário apurar o rendimento obtido no período, que é a variação entre o valor aplicado e o resgatado, para fins de retenção do IOF e do Imposto de Renda na fonte.

Nesse exemplo, considerando-se 2 dias de aplicação:

Valor da quota da aplicação (02/01/X6) = $ 100,00000

Quantidade de quotas resgatadas = 191,04279

Valor resgatado = $ 20.000,00

$$\text{Rendimento obtido} = \text{Valor resgatado} - \text{valor aplicado}$$

$$\text{Rendimento obtido} = \$ 20.000,00 - \$ 19.1042,28 \ (191,04279 \times 100)$$

Rendimento obtido = $ 895,72

Cálculo do IOF = $ 20.000,00 × 2% = $ 400,00 (1% ao dia sobre o valor resgatado), ou

Limitado a 93% do rendimento obtido = 93% × $ 895,72 = $ 833,02.

Como o limite é superior ao valor calculado, o IOF retido é de $ 400,00

$$\text{Imposto de Renda} = 22,5\%[3] \times (\text{rendimentos} - \text{IOF})$$

$$\text{Imposto de Renda} = 22,5\% \times (\$ 895,72 - \$ 400,00)$$

Imposto de Renda = $ 111,54

---

[3] Valor da alíquota atual para os fundos com resgate até 180 dias. Para mais detalhes, ver item referente à tributação dos fundos.

$$\text{Resgate Líquido} = \text{Resgate Bruto} - (\text{IOF} + \text{Imposto de Renda})$$

$$\text{Resgate Líquido} = \$ 20.000,00 - \$ 400,00 - \$ 111,54$$

Resgate Líquido = $ 19.488,46

Contabilização pela provisão do resgate:

Débito	QUOTAS A INDIVIDUALIZAR	
	Resgates	$ 20.000,00
Crédito	QUOTAS A RESGATAR	$ 20.000,00

Contabilização pela variação no resgate das quotas (resgate com lucro)

Débito	(–) VARIAÇÕES NO RESGATE DE QUOTAS	$ 895,72
Crédito	QUOTAS A INDIVIDUALIZAR	
	Resgates	$ 895,72

Contabilização pela individualização das quotas (nesse caso o cliente é pessoa física)

Débito	PESSOAS FÍSICAS	
	Resgates	$ 19.104,28
Crédito	QUOTAS A INDIVIDUALIZAR	
	Resgates	$ 19.104,28

Contabilização pela provisão do Imposto de Renda

Débito	QUOTAS A RESGATAR	$ 111,54
Crédito	IMPOSTOS E CONTRIBUIÇÕES A RECOLHER	
	Imposto de Renda sobre resgate de quotas	$ 111,54

Contabilização pela provisão do IOF

Débito	QUOTAS A RESGATAR	$ 400,00
Crédito	IMPOSTOS E CONTRIBUIÇÕES A RECOLHER	
	IOF	$ 400,00

Contabilização pelo resgate dos títulos

Débito	BANCOS PRIVADOS – CONTA DEPÓSITOS	
	Banco Gama S.A.	$ 20.000,00
Crédito	TÍTULOS DE RENDA FIXA	
	Notas do Tesouro Nacional	
	NTN pós-fixado	$ 20.000,00

Contabilização pela liquidação do resgate (05/01/X6)

Débito	QUOTAS A RESGATAR	$ 19.488,46
Crédito	BANCOS PRIVADOS – CONTA DEPÓSITOS	
	Banco Gama S.A.	$ 19.488,46

Contabilização pelo recolhimento do Imposto de Renda (05/01/X6)

Débito	IMPOSTOS E CONTRIBUIÇÕES A RECOLHER	
	Imposto de Renda sobre resgate de quotas	$ 111,54
Crédito	BANCOS PRIVADOS – CONTA DEPÓSITOS	
	Banco Gama S.A.	$ 111,54

Contabilização pelo recolhimento do IOF (11/01/X6)

Débito	IMPOSTOS E CONTRIBUIÇÕES A RECOLHER	
	IOF	$ 400,00
Crédito	BANCOS PRIVADOS – CONTA DEPÓSITOS	
	Banco Gama S.A.	$ 400,00

Nesse exemplo, o regulamento do fundo estabeleceu que a data de conversão é a mesma que a do pedido de resgate, ou seja, a data da apuração do valor da quota para efeito do pagamento do resgate é a mesma da do pedido de resgate.

O prazo para pagamento do resgate, estabelecido no regulamento, é de um dia útil.

Se o Imposto de Renda fosse retido em outra data que não a de resgate do título, como prevê em alguns casos a legislação vigente, ele deveria ser calculado e convertido em quantidade de quotas, as quais seriam diminuídas da quantidade de quotas emitidas pelo fundo ("come quotas").

Neste exemplo, supondo-se que não teve nenhum resgate e que tivesse a incidência do Imposto de Renda no mês de maio,[4] o cálculo deveria ser feito:

Valor aplicado (02/01/X6) = $ 100.000,00

Valor do Patrimônio Líquido do Fundo em 31/05/X6 = $ 107.578,25 (valor arbitrado)

Quantidade de quotas = 1.000,00000

Valor da quota em 31/05/X6 = 107,57825

Rendimento obtido = $ 107.578,25 – $ 100.000,00

Rendimento obtido = $ 7.578,25

Valor do IOF a recolher caso ocorresse o resgate = 0 (prazo de aplicação maior que 30 dias corridos, conforme tabela regressiva de IOF)

Imposto de Renda = 20%[5] × (rendimentos – IOF)

Imposto de Renda = 20% × ($ 7.578,25 – $ 0,00)

Imposto de Renda = $ 1.515,65

Imposto de Renda em quantidade de quotas = $ 1.515,65 ÷ 107,57825 = 14,08881 quotas

O fundo possuía 1.000,00000 quotas emitidas, mas descontando o Imposto de Renda devido, vai ficar com 985,91119 quotas emitidas a 107,57825 cada uma.

12.11 FUNDOS DE INVESTIMENTO REGIDOS POR REGULAMENTAÇÃO PRÓPRIA

A instrução CVM 409, de 18/08/2004, e alterações posteriores, exclui de seu escopo os fundos de investimentos regidos por regulamentação própria, os quais são citados abaixo:

1. fundos de investimento em participações;

2. fundos de investimento em quotas de fundos de investimento em participações;

3. fundos de investimento em direitos creditórios;

4. fundos de investimento em direitos creditórios no âmbito do programa de incentivo à implementação de projetos de interesse social;

5. fundos de investimento em quotas de fundos de investimento em direitos creditórios;

6. fundos de financiamento da indústria cinematográfica nacional;

---

[4] Para mais detalhes, ver item referente a tributação dos fundos.

[5] Valor da alíquota atual para os fundos de curto prazo, com rendimentos tributados semestralmente nos meses de maio e novembro.

7. fundos mútuos de privatização – FGTS;

8. fundos mútuos de privatização – FGTS – Carteira Livre;

9. fundos de investimento em empresas emergentes;

10. fundos de índice, com quotas negociáveis em bolsa de valores ou mercado de balcão organizado;

11. fundos mútuos de investimento em empresas emergentes – capital estrangeiro;

12. fundos de conversão;

13. fundos de investimento imobiliário;

14. fundo de privatização – capital estrangeiro;

15. fundos mútuos de ações incentivadas;

16. fundos de investimento cultural e artístico;

17. fundos de investimento em empresas emergentes inovadoras;

18. fundos de aposentadoria individual programada (FAPI); e

19. fundos de investimentos em direitos creditórios não padronizados.

Dentre esses tipos de fundos, apenas serão abordados neste livro os fundos de investimento em direitos creditórios (FIDC), os fundos de investimento imobiliário (FII) e os fundos de índices (ETFs).

12.11.1 Fundos de investimentos em direitos creditórios (FIDC)

A Resolução 2.907, de 29 de novembro de 2001 e a Instrução CVM 356, de 17 de dezembro de 2001, e alterações posteriores autorizam e regulamentam a constituição e o funcionamento de fundos de investimento em direitos creditórios e de fundos de investimento em quotas de fundos de investimento em direitos creditórios. Os fundos de investimento em direitos creditórios foram criados com o objetivo de aplicarem seus recursos, preponderantemente, em direitos creditórios e em títulos representativos desses direitos, originários de operações realizadas nos segmentos financeiro, comercial, industrial e de serviços, buscando aumentar a liquidez no mercado de crédito e servindo como uma alternativa de financiamento para as empresas.

O FIDC é um fundo (condomínio) que destina parcela preponderante (aquela que exceder 50% do PL) dos recursos do respectivo patrimônio líquido para a aplicação em direitos creditórios (recebíveis de crédito).

O fundo de investimento em quotas de fundos de investimento em direitos creditórios (FICFIDC) é um fundo (condomínio) que destina no mínimo 95% do respectivo patrimônio líquido para a aplicação em quotas de FIDC.

São considerados direitos creditórios:

- os direitos e títulos representativos de crédito, originários de operações realizadas nos segmentos financeiros, comercial, industrial, imobiliário, de hipotecas, de arrendamento mercantil e de prestações de serviços; e

- as aplicações do fundo em *warrants* e em contratos mercantis de compra e venda de produtos, mercadorias e/ou serviços para entrega ou prestação futura, bem como em títulos ou certificados representativos desses contratos, desde que com garantia de instituição financeira ou de sociedade seguradora, observada, nesse último caso, a regulamentação específica da Superintendência de Seguros Privados (SUSEP).

Esses fundos podem ser constituídos na forma de condomínio aberto ou fechado e somente poderão receber aplicações, bem como ter quotas negociadas no mercado secundário, quando o subscritor ou o adquirente das quotas for investidor qualificado.

As quotas desses fundos são classificadas em dois tipos:

- quota de classe sênior: aquela que não se subordina às demais para efeito de amortização e resgate. Nos fundos fechados, pode ser dividida em séries, que são subconjuntos de quotas de classe sênior, diferenciados exclusivamente por prazos e valores para amortização, resgate e remuneração, quando houver; e

- quota de classe subordinada: aquela que se subordina às demais para efeito de amortização e resgate.

Cada classe ou série de quotas de sua emissão destinada à colocação pública deve ser classificada por agência classificadora de risco em funcionamento no país, tendo um valor mínimo para realização de aplicações de R$ 25.000,00.

Os prazos de amortização ou resgate devem ser estabelecidos, no regulamento do fundo, em relação a cada classe e série de quotas e cada série de quotas terá as mesmas características e conferirá a seus titulares iguais direitos e obrigações, de acordo com o regulamento.

Nas operações de cessão de créditos realizadas entre instituições financeiras e sociedades de arrendamento mercantil e fundos de investimento em direitos creditórios, fica vedada a aquisição de quotas do fundo pela instituição cedente, por seu controlador, por sociedade por ele direta ou indiretamente controladas e por coligadas ou outras sociedades sob controle comum, exceto quando se trate de quotas subordinadas às demais para efeito de resgate.

As quotas do fundo devem ter seu valor calculado pelo menos por ocasião das demonstrações financeiras mensais e anuais, mediante a utilização de metodologia de apuração do valor dos direitos creditórios e dos demais ativos financeiros integrantes da respectiva carteira, estabelecida no regulamento do fundo, de acordo com critérios consistentes e passíveis de verificação, amparados por informações externas e internas que levem em consideração aspectos relacionados ao devedor, aos seus garantidores e às características da correspondentes operação, adotando-se o valor de mercado, quando houver.

Para as quotas subordinadas, admite-se, nos termos do regulamento do fundo, que a aplicação, a amortização e o resgate sejam efetuados em direitos creditórios. Já para as quotas seniores, admite-se, apenas, o resgate em direitos creditórios, nos termos do regulamento, exclusivamente nas hipóteses de liquidação antecipada do fundo.

A administração do fundo pode ser exercida por banco múltiplo, por banco comercial, pela Caixa Econômica Federal, por banco de investimento, por sociedades de crédito, financiamento e investimento, por sociedade corretora de títulos e valores mobiliários ou por sociedade distribuidora de títulos e valores mobiliários.

Os FIDC, após 90 dias do início de suas atividades, devem manter, no mínimo, 50% de seu patrimônio líquido representado por direitos creditórios. O remanescente de seu patrimônio líquido pode ser aplicado em:

- títulos de emissão do Tesouro Nacional;
- títulos de emissão do Banco Central do Brasil;
- créditos securitizados pelo Tesouro Nacional;
- títulos de emissão de Estados e Municípios;
- certificados e recibos de depósito bancário; e
- demais títulos, valores mobiliários e ativos financeiros de renda fixa, exceto quotas do Fundo de Desenvolvimento Social (FDS).

No entanto, a regulamentação também permite aos FIDC realizar:

- operações compromissadas; e
- operações em mercados de derivativos, desde de que com o objetivo de proteger posições detidas à vista, até o limite dessas, respeitando as seguintes condições:
  - as operações podem ser realizadas tanto em mercados administrados por bolsas de mercadorias e de futuros, quanto no de balcão, nesse caso desde que devidamente registradas em sistemas de registro e de liquidação financeira de ativos autorizados pelo Banco Central do Brasil; e
  - nas operações devem ser considerados, para efeito do cálculo de patrimônio líquido do fundo, os dispêndios efetivamente incorridos a título de prestação de margens de garantia em espécie, ajustes diários, prêmios e custos operacionais, decorrentes da manutenção de posições em mercados organizados de derivativos, inclusive os valores líquidos das operações.

Essas possibilidades de aplicações visam aumentar a liquidez do fundo e/ou a rentabilidade de suas quotas.

Os direitos creditórios e os demais ativos integrantes da carteira do fundo, para aumentar a segurança dos cortistas, devem ser custodiados, bem como registrados e/ou mantidos em:

- conta de depósito diretamente em nome do fundo;

- contas específicas abertas no Sistema Especial de Liquidação e Custódia (SELIC); e

- sistemas de registro e de liquidação financeira de ativos autorizados pelo Banco Central do Brasil ou em instituições ou entidades autorizadas à prestação desses serviços pelo Banco Central e CVM, com exceção das aplicações do fundo em quotas de fundos de investimento financeiro e de fundo de aplicação em quotas de fundos de investimento.

Contudo, para evitar a concentração excessiva das aplicações dos recursos em direitos creditórios e/ou outras aplicações do fundo, a regulamentação estabeleceu limites para as aplicações. Relativamente às aplicações, o fundo poderá adquirir direitos creditórios e outros ativos de um mesmo devedor, ou de coobrigação de uma mesma pessoa ou entidade, no limite de 20% de seu patrimônio líquido. Esse percentual poderá ser aumentado se o devedor ou coobrigado for companhia aberta, instituição financeira ou equiparada ou tenha sua demonstrações financeiras elaboradas de acordo com a Lei nº 6.404/76 e auditadas por auditores independentes.

De acordo com a regulamentação, equiparam-se ao devedor ou coobrigado o seu acionista controlador, as sociedades por eles direta ou indiretamente controladas, suas coligadas e sociedades sob controle comum.

Os percentuais de aplicação, bem como os limites de aplicação, devem ser cumpridos diariamente, com base no patrimônio líquido do fundo do dia útil imediatamente anterior.

Para os fundos de investimento em quotas de fundos de investimento em direitos creditórios (FICFIDC), os recursos remanescente (5% do patrimônio líquido), podem ser aplicados em:

- títulos de emissão do Tesouro Nacional, títulos de emissão do Banco Central e créditos securitizados pelo Tesouro Nacional;

- títulos de renda fixa de emissão ou aceite de instituições financeiras; e

- operações compromissadas.

Para esses fundos, para evitar a concentração excessiva, a regulamentação também estabeleceu limites para aplicações em quotas de um mesmo fundo, as quais não podem exceder 25% de seu patrimônio líquido, sendo admitida, contudo, a extrapolação do referido limite, desde que prevista no regulamento do fundo.

12.11.2 Fundo de investimento imobiliário (FII)

A regulamentação desses fundos foi estabelecida, inicialmente, através da Lei nº 8.668, de 25 de junho de 1993. Atualmente as Instruções CVM 206, de 14 de janeiro de 1994, e 472, de 31 de outubro de 2008, complementam a regulamentação.

O fundo de investimento imobiliário é constituído sob a forma de condomínio fechado, ou seja, as quotas somente são resgatadas ao término do prazo de duração do fundo, cujos recursos são destinados à aplicação em empreendimentos imobiliários.

O prazo de duração poderá ser determinado ou indeterminado, conforme estabelecido no seu regulamento.

A administração do FII compete, exclusivamente, a bancos comerciais, bancos múltiplos com carteira de investimento ou carteira de crédito imobiliário, bancos de investimento, sociedades corretoras ou sociedades distribuidoras de valores mobiliários, sociedades de crédito imobiliário, caixas econômicas e companhias hipotecárias.

Esses fundos destinar-se-ão ao desenvolvimento de empreendimentos imobiliários, tais como construções de imóveis, aquisição de imóveis prontos, ou investimentos em projetos visando viabilizar à habitação e serviços urbanos, inclusive áreas rurais, para posterior alienação, locação ou arrendamento.

Dentre os requisitos exigidos para sua constituição e funcionamento, destaca-se que o fundo deve comprovar perante a CVM a subscrição junto ao público da totalidade das quotas objeto do registro de distribuição, ou seja, o fundo imobiliário só começa a funcionar quando todas as quotas estiverem vendidas.

A participação do fundo em empreendimentos imobiliários poderá se dar por meio da aquisição de ativos relacionados à atividade imobiliária, dentre os quais podem-se citar:

- quaisquer direitos reais sobre bens imóveis;

- ações, debêntures e outros títulos, que tenham sido objeto de registro ou de autorização pela CVM, desde que se trate de emissores cujas atividades sejam permitidas aos FII;

- quotas de outros FII;
- letras hipotecárias;
- letras de crédito imobiliário.

12.11.3 Quotas de quotas

Na aquisição de quotas, a instituição administradora destacará que os bens adquiridos com os recursos do fundo constituem patrimônio do fundo, ou seja, o quotista não poderá exercer qualquer direito real sobre os imóveis e empreendimentos integrantes do patrimônio do fundo, bem como não responde pessoalmente por qualquer obrigação legal ou contratual, relativamente a esses imóveis e empreendimentos, exceto quanto à obrigação de pagamento do valor integral das quotas subscritas.

As regras fiscais para estes fundos foram inicialmente estabelecidas pela Lei nº 8.668, que os criou, posteriormente alteradas pela Lei nº 9.779, de 19 de janeiro de 1999, e regulamentadas pela Instrução Normativa SRF 25, de 6 de março de 2001.

O fundo deverá distribuir a seus quotistas, no mínimo, 95% dos lucros auferidos, apurados segundo o regime de caixa, com base em balanço ou balancete semestral encerrado em 30 de junho e 31 de dezembro de cada ano. Esses lucros, quando distribuídos a qualquer beneficiário, inclusive pessoa jurídica isenta, sujeitam-se à incidência do imposto de renda na fonte à alíquota de 20%. Os fundos de investimento que aplicarem recursos em empreendimentos imobiliários que tenham como incorporador, construtor ou sócio, quotista que possua, isoladamente ou em conjunto com pessoa a ele ligada, mais de 25% das quotas do fundo, estão sujeitos à tributação aplicável às pessoas jurídicas (IN SRF 25).

As perdas incorridas na alienação de quotas de FII só podem ser compensadas com ganhos auferidos na alienação de quotas de fundo de mesma espécie.

A Resolução nº 2.248, de 8 de fevereiro de 1996, estabeleceu que pessoas físicas ou jurídicas, residentes e domiciliadas no exterior, fundos e outras entidades de investimento coletivo estrangeiros podem adquirir quotas desses fundos.

Quanto à divulgação de informações, as instituições administradoras dos fundos, devem divulgar semestralmente, no mínimo, as seguintes informações referentes ao fundo:

Demonstrações financeiras:

- balanço patrimonial;
- demonstração de resultado;
- demonstração do fluxo de caixa;
- parecer do auditor independente;
- relatório do representante dos quotistas, quando eleito;
- relatório da instituição administradora.

12.11.4 Fundos de índices – ETFs

A Instrução CVM nº 359, de 22 de janeiro de 2002, dispõe sobre a constituição, a administração e o funcionamento dos fundos de índices.

Fundos de índices ou *exchange traded funds* (ETFs) são fundos de ações que buscam replicar a composição de determinado índice, ou seja, ao adquirir quotas de um determinado fundo, o investidor passa a deter todas as ações componentes do índice a ele relacionado. Assim, o investidor não precisa comprar separadamente as ações de cada empresa que compõem determinado índice.

O fundo de índice busca obter desempenho semelhante à *performance* de determinado índice de mercado e, para tanto, sua carteira replica a composição desse índice, de acordo com regras determinadas por regulação específica.

Uma das principais vantagens é que ele permite investir em várias ações ao mesmo tempo, as quais, normalmente, representam os principais papéis colocados no mercado. Assim, com uma única operação, o investidor possui uma carteira diversificada de ações.

O fundo deve ser constituído sob a forma de condomínio aberto e o administrador do fundo precisa, periodicamente, ajustar a composição de sua carteira de modo a refletir as mudanças da composição do índice subjacente.

O fundo deve manter 95%, no mínimo, de seu patrimônio aplicado em valores mobiliários ou outros ativos de renda variável autorizados pela CVM, na proporção em que esses integram o índice de referência, ou em posições compradas no mercado futuro do índice de referência, de forma a refletir a variação e rentabilidade de tal índice.

Os demais 5% do patrimônio do fundo podem ser investido em:

- títulos públicos de emissão do Tesouro Nacional ou do Banco Central;
- títulos de renda fixa de emissão de instituições financeiras;
- quotas de fundo de investimento financeiro (FIF);
- operações compromissadas, realizadas de acordo com a regulamentação do Conselho Monetário Nacional; e
- operações com derivativos realizadas em bolsas de valores, em bolsas de mercadorias e futuros ou em mercados de balcão organizados.

Assim como as ações, o ETF é negociado no mercado secundário, por intermédio de bolsa de valores ou entidade do mercado de balcão organizado. De modo geral, tem-se uma aplicação diversificada em ações.

Questões discursivas

1. O que são os FIDCs (fundos de investimento em direitos creditórios) e onde são negociadas as suas cotas?

2. Com quantos membros é permitido se formar um clube de investimentos?

3. O que é taxa de *performance*?

4. O que é um fundo de ações?

5. O que é um clube de investimentos?

6. O que são os fundos referenciados?

7. O que são cotas de um fundo de investimento?

8. O que você entende por um fundo de investimento?

9. Do que consiste o "come-cotas"?

10. Qual a classificação dos fundos de investimento e sua composição?

Testes de múltipla escolha

1. Em um fundo de investimento:

a) a rentabilidade da cota é igual para todos os investidores;

b) os valores das cotas podem ser diferentes para diversos investidores, dependendo do valor aplicado;

c) não existe um valor de cota, existe um valor de investimento;

d) cada cotista pode determinar como gostaria de ter seu dinheiro aplicado;

e) dependerá da entrada do cotista no fundo.

2. O que são *"disclaimers"*?

a) São as aberturas e detalhamentos dos títulos que compõem os fundos de investimentos aos cotistas.

b) São os prospectos e os regulamentos de um fundo de investimentos, que devem ser assinados pelos cotistas.

c) São os detalhamentos sobre as aptidões do administrador do fundo de investimentos, que devem ser conhecidas e aprovadas pelos cotistas.

d) São regras que asseguram que o investidor receba todas as informações importantes e relevantes para uma decisão de investimento, evitando desta forma eventuais acusações de fraude ou má-fé na negociação.

e) É a classificação de um fundo de investimento.

3. "A meta determinará o risco do fundo." Esta afirmação:

a) é sempre verdadeira, pois dependendo do objetivo do fundo, serão adquiridos ativos financeiros de vários graus de risco, cuja composição deve constar no prospecto;

b) nem sempre é verdadeira, pois existe diversificação dos papéis;

c) não é verdadeira, pois meta e risco são duas coisas diferentes, principalmente quando se trata de fundos de investimento;

d) pode ou não ser verdadeira. Nem sempre a meta é atingida e nem sempre o fundo é de risco;

e) sempre falsa, pois o risco é determinado pelo mercado.

4. Nos fundos ativos:

a) o objetivo é acompanhar (replicar) um índice de referência;

b) o objetivo é superar um índice de referência;

c) o objetivo é diversificar o máximo possível à carteira de ativos;

d) o objetivo é ficar abaixo de um índice de referência;

e) o objetivo é não utilizar um índice de referência.

5. **Nos fundos passivos:**

a) o objetivo é acompanhar (replicar) um índice de referência;

b) o objetivo é superar um índice de referência;

c) o objetivo é diversificar o máximo possível à carteira de ativos;

d) o objetivo é ficar abaixo de um índice de referência;

e) o objetivo é não utilizar um índice de referência.

6. **O fundo cambial é:**

a) um fundo constituído sob a forma de condomínio fechado, onde os cotistas determinam em que tipos de moedas o fundo deve aplicar;

b) um fundo constituído sob a forma de condomínio aberto, e seus recursos destinam-se à aplicação em apenas dois tipos de moedas;

c) um tipo de fundo onde é exigido que, no mínimo, 80% da carteira estejam relacionados diretamente ou através de derivativos, à variação de preços de moeda estrangeira;

d) um fundo constituído sob a forma de condomínio aberto. A carteira é diversificada, entre os quais existem moedas, títulos públicos, derivativos, opções e até 80% de ações;

e) 100% do patrimônio líquido deve ser aplicado em títulos representativos da dívida externa de responsabilidade da União.

7. **Em um fundo de dívida externa:**

a) no mínimo, 80% de seu patrimônio líquido seja aplicado em títulos representativos da dívida externa de responsabilidade da União;

b) poderão ser utilizados títulos das dívidas externas dos Estados e Municípios;

c) o investidor não precisa se preocupar com o risco, pois os títulos do Governo têm risco zero;

d) 100% do patrimônio líquido deve ser aplicado em títulos representativos da dívida externa de responsabilidade da União;

e) devem possuir no mínimo em ativos relacionados diretamente ou sintetizados via derivativos.

8. **Que tipo de fundo tem como exigência 80% da carteira (no mínimo) relacionada à variação da taxa de juros doméstica ou índice de inflação?**

a) Os fundos referenciados.

b) Os fundos multimercados.

c) Os fundos exclusivos.

d) Fundo de ações.

e) Os fundos de renda fixa.

9. **Em um fundo aberto:**

a) a liquidez das cotas é imediata;

b) a rentabilidade está predefinida;

c) a liquidez das cotas é imediata e a rentabilidade está predefinida;

d) a liquidez das cotas normalmente está vinculada a um prazo predeterminado;

e) a liquidez depende do fundo.

10. **(IBA-2008) Um fundo de investimento tem 100% do PL investido em títulos prefixados. Nesse caso, é correto afirmar, sobre as cotas do fundo, que:**

a) se a curva de juros usada para marcar a mercado os títulos apresentar um deslocamento para cima, a cota do fundo marcada a mercado subirá na mesma proporção;

b) se a curva de juros usada para marcar a mercado dos títulos apresentar um deslocamento para cima, a cota do fundo marcada a mercado cairá;

c) se a curva de juros usada para marcar a mercado os títulos apresentar um deslocamento para baixo, a cota do fundo marcada a mercado cairá na mesma proporção;

d) título prefixado tem uma taxa de juros previamente conhecida. Como todos os títulos do fundo são prefixados, o valor de mercado deles não é sensível a movimentações na curva de juros, já que as taxas são previamente conhecidas, portanto a cota marcada a mercado não apresentará variação;

e) quando títulos prefixados são marcados a mercado não há variação nos seus preços e, portanto, as cotas do fundo também não sofrem variação.

13

Operação de *Leasing* – Arrendamento Mercantil

Marcial Tadeu Borelli e **Antônio Carlos Dias Coelho**

13.1 CONCEITUAÇÃO DA OPERAÇÃO

A operação de *leasing* é conhecida no mercado brasileiro sob a nomenclatura de *arrendamento mercantil*. De origem inglesa, o termo "*leasing*" deriva do verbo *to lease* (aluguel), entretanto a ideia subjacente à operação é fundamentada na concepção econômica de que os rendimentos de determinado bem provêm do seu uso e não da sua propriedade.

O arrendamento mercantil é representado por um contrato no qual uma empresa cede a terceiros o direito de usar bens de sua propriedade durante um período determinado. Tais bens devem ser entendidos em seu sentido amplo, caracterizando-se por imóveis, automóveis, máquinas, equipamentos etc.

Os intervenientes envolvidos na operação são:

- a arrendadora, empresa que aplica recursos na aquisição de bens escolhidos pela arrendatária e que serão objeto do contrato de arrendamento;
- a arrendatária, empresa que escolhe o bem junto ao fornecedor, e que passará a usá-lo mediante o pagamento de contraprestações pelo prazo acordado em contrato;

- o fornecedor, empresa que entrega o bem à arrendatária e o fatura à arrendadora.

A arrendatária escolhe o bem segundo suas necessidades operacionais e, ao assinar o contrato de arrendamento mercantil, solicita à arrendadora a aquisição do mesmo. A propriedade passa a ser da arrendadora e o uso, da arrendatária.

A legislação brasileira, por meio da Lei nº 6.099, de 12 de setembro de 1974, alterada pela Lei nº 7.132, de 26 de outubro de 1983, define o arrendamento mercantil como um negócio jurídico realizado entre pessoa jurídica, na qualidade de arrendadora, e pessoa física ou jurídica, na qualidade de arrendatária, e que tenha por objeto o arrendamento de bens adquiridos pela arrendadora, segundo especificações da arrendatária e para uso próprio da mesma.

A fim de destacar os elementos mais representativos da operação, são apresentadas as seguintes definições, em complemento daquela oferecida pela base legal brasileira:

- Segundo Vancil (1963, p. 15, apud SOUZA, 1997), trata-se de um contrato pelo qual a arrendatária aceita efetuar uma série de pagamentos à arrendadora que, no todo, excedem o preço de compra do bem adquirido. Os pagamentos são escalonados em período equivalente à maior parte da vida útil do bem. Durante esse período, o contrato é irrevogável pelas partes e a arrendatária está obrigada a continuar pagando as contraprestações.

- Já Rolin (1974, p. 17, apud SOUZA, 1997) afirma que o *leasing* é um financiamento destinado a oferecer aos industriais e aos comerciantes um meio flexível de dispor de um equipamento, arrendando-o em vez de comprando-o. Esta operação é realizada por sociedades especializadas que compram o bem, seguindo as especificações do futuro usuário, arrendando-o durante o prazo convencionado e mediante a percepção de contraprestações fixadas em contrato e que deve reservar à arrendatária uma opção de compra do bem ao término do período.

Como se pode observar, as definições citadas referem-se ao arrendamento mercantil como contrato, financiamento e negócio jurídico, mantendo a incerteza sobre a real natureza da operação; de outra parte, todas deixam claro o uso do equipamento pela parte arrendatária, não especificando muito bem o que se pagará à arrendadora: série de pagamentos (maior que o preço do bem) ou contraprestações, não se tratando, portanto, de simples aluguel ou locação.

Deste modo, semanticamente, o arrendamento mercantil tende a se distanciar da locação, na medida em que passa a especificar a operação de financiamento e a cessão do uso de bens. É oportuno destacar que, na língua inglesa, há também esta distinção para os termos *renting* (locação) e *leasing* (arrendamento).

13.2 HISTÓRICO

A origem da operação remonta à Antiguidade, sendo detectada referência a esse tipo de procedimento já nos códigos de Hamurábi, mais antigo código comercial de que se tem notícia. Nesse tempo, o aluguel era basicamente de terras e de instrumentos de trabalho, oferecido aos servos e a outros trabalhadores, por senhores e nobres. Esses nobres, na Idade Média, passam a usar o arrendamento como instrumento de posse das suas terras, permitindo que fossem usadas sem a perda da propriedade original pelos senhores feudais, ainda hoje existindo instituições daí decorrentes, como a enfiteuse e o aforamento.

Na época da colonização americana, tem-se notícia de que, nas viagens e em outras empreitadas, eram arrendados os veículos e as instalações principais, ficando os demais equipamentos por conta dos empreendedores.

Nos Estados Unidos, tal operação foi introduzida por volta de 1700 pelos colonos ingleses; entretanto, o registro da operação de leasing aparece por volta do início do século XX, por intermédio de fabricantes – *manufacturers lessors* – que, por dificuldades em vender, passaram a arrendar seus produtos. A expansão das operações assim ajustadas teve início em 1941, durante a Segunda Guerra Mundial, com o governo americano efetuando arrendamento de equipamentos bélicos aos países aliados sob a condição de, finda a guerra, os mesmos serem adquiridos pelo país ou devolvidos ao governo americano.

Na forma atual, credita-se a Boothe Jr., por volta de 1940/1950, a instituição de empresa especializada no arrendamento de bens e equipamentos. Este personagem era, na realidade, fornecedor de alimentos ao exército americano, durante a Segunda Guerra Mundial. Por escassez de capital próprio, ou mesmo de capacidade de financiamento pelas instituições financeiras, ele teve a ideia de tomar alugados para suas fábricas os equipamentos necessários à produção de alimentos.

Em 1954, Boothe Jr. cria a US Leasing, para fornecimento de máquinas à indústria, por intermédio do instituto do arrendamento mercantil, deflagrando este tipo de financiamento para as empresas que tivessem dificuldades em levantar recursos para a aquisição de seus equipamentos.

13.2.1 Histórico no Brasil e legislação

O desenvolvimento das operações de arrendamento mercantil no Brasil é atribuído às instituições financeiras americanas que operam em nosso país, sendo as primeiras operações reportadas como tendo sido efetuadas na década de 1960, por intermédio dos programas Colina do Farol, gerenciado pelo Bank of Boston, e SIAC, gerenciado pelo Citibank.

Diante da inexistência de regulamentação específica que tratasse dos aspectos fiscais, houve dificuldade de expansão das operações. A partir da Revolução de 1964, em decorrência da expansão industrial e aliada a uma apurada técnica financeira foi possível obter-se uma maior participação do arrendamento mercantil no país. Entretanto, as operações ganharam impulso a partir da década de 1970, quando os grupos financeiros internacionais, e também os nacionais, resolveram expandir as operações, divulgando-as por intermédio de suas redes de agências.

A legislação brasileira sobre o assunto não demorou muito; e já na década de 1970 as operações foram legalizadas por meio da Lei nº 6.099, de 12 de setembro de 1974, depois aditada pela Lei nº 7.132, de 26 de outubro de 1983, sendo que em 1996, por intermédio da Resolução CMN 2.309, o Conselho Monetário Nacional disciplinou e consolidou o conjunto de normas relativas à operação.

Após a edição dessa Resolução, houve ainda alterações introduzidas por aquele Conselho Monetário efetuadas por meio das Resoluções 2.465, de 19 de fevereiro de 1998, 2.595, de 26 de fevereiro de 1999, 2.659, de 29 de outubro de 1999 e 3.175, de 25 de fevereiro de 2004; o tratamento contábil das operações de *leasing* nas arrendadoras encontra-se consolidado no Plano Contábil do Sistema Financeiro Nacional (COSIF).

Tais normativos definem quais os atributos das operações que se enquadram nesta categoria para efeito fiscal e também definem as condições dos arrendamentos que serão considerados como financiamento e, portanto, os remetem para a égide do Banco Central do Brasil, que fica designado como responsável pela regulamentação, acompanhamento e autorização para o funcionamento de instituições especializadas para realizar as operações como arrendadoras, sistematizando toda a regulamentação infralegal.

Assim, por delegação de competência do Conselho Monetário Nacional, o Banco Central do Brasil define, por um lado, todo o sistema de arrendamento mercantil brasileiro, mas, de outro lado, compete à Secretaria da Receita Federal complementar o arcabouço jurídico e fiscal, inclusive definindo incentivos a tal tipo de operação; isso está posto por meio das Portarias MF 564, de 3 de novembro de 1978 e 113, de 26 de fevereiro de 1988.

Assim é que tais normas definem como entidades arrendadoras, para as modalidades de *leasing*

financeiro e *leasing* operacional,[1] as sociedades de arrendamento mercantil e os bancos múltiplos com carteiras de arrendamento mercantil.

Para realizar operações específicas de *lease back*[2] adicionam-se a essas as seguintes instituições financeiras: bancos de incremento, bancos de investimento, caixas econômicas e sociedades de crédito imobiliário.

O limite mínimo de capital realizado e de patrimônio líquido exigidos pela autoridade monetária para o caso das sociedades de arrendamento mercantil ou das correspondentes carteiras de banco múltiplo é de R$ 7.000.000,00.

Ademais, a concentração de risco por cliente não pode ultrapassar 25% do patrimônio líquido da entidade de arrendamento mercantil ou do capital destacado para a carteira correspondente, na forma do enquadramento normal para outros tipos de instituições financeiras. Do ponto de vista de limites para clientes, fica-se na dependência da política de crédito específica de cada instituição.

Cabe destacar que, para as operações de locação simples de equipamentos, veículos, eletrodomésticos etc. (*sales type lease*), estas serão praticadas por empresas locadoras especializadas ou diretamente por fabricantes, não se caracterizando arrendamento mercantil (*leasing*), mas tão somente operações de aluguel (*renting*).

A evolução do arrendamento mercantil, como fonte de financiamento no Brasil, deu-se basicamente na modalidade de *leasing* financeiro[3] e foi bastante direcionada também para pessoas físicas, com ligação preponderante no financiamento de veículos, como instrumento auxiliar da rede de concessionárias brasileiras, dado que permite melhor garantia explícita para o crédito, em vez da colateralização dos veículos.

Apresenta-se a seguir posição estatística das operações no Brasil, consoante dados coletados do *site* <http://www.leasingabel.com.br>. Salienta-se, ademais, que nesse sítio tal organização se dispõe a fornecer dados adicionais a interessados.

De pronto, já se visualiza que a atual posição do produto no Brasil é detida por apenas 37 instituições, as quais, juntas, detêm carteira de cerca de R$ 86 bilhões em mais de 4.270.000 contratos. Há uma

---

[1] Ver definição destes conceitos na seção 13.4.

[2] Ver definição deste conceito na seção 13.5.

[3] Ver definição do conceito na seção 13.4.

grande concentração dos negócios, eis que os ativos das dez maiores sociedades/carteiras respondem por cerca de 75% do saldo dos negócios na posição de dezembro de 2010. Outra característica é o valor médio dos contratos de cerca de R$ 20.000,00, confirmando a larga preferência do produto para o financiamento de bens duráveis para pessoas físicas.

Quadro 13.1

Valor presente da carteira de arrendamento – dezembro/2010.

Posição	Empresa	DEZEMBRO/2010		
		R$	Nº Contratos	Part.%
1	Banco Itauleasing S.A. Carteira Arrendamento Mercantil	12.768.810.315	535.507	14,7926
2	Santander Leasing S.A. Arrendamento Mercantil	9.734.961.090	563.455	11,2779
3	B BFB Leasing S.A.	8.266.493.667	562.395	9,5767
4	Banco Itaucard S.A. Arrendamento Mercantil	8.116.293.057	489.087	9,4027
5	Bradesco Leasing S.A. Arrendamento Mercantil	7.029.521.878	100.430	8,1437
6	Dibens Leasing S.A. Arrendamento Mercantil	4.351.716.878	205.323	5,0415
7	Banco Finasa S.A. – Carteira Arrendamento Mercantil	4.270.835.513	271.913	4,9478
8	BV Leasing Arrendamento Mercantil S.A.	3.979.789.647	202.771	4,6106
9	Banco Bradesco S.A. Arrendamento Mercantil	3.281.496.104	231.554	3,8016
10	HSBC Bank Brasil S.A. Arrendamento Mercantil	3.174.558.572	128.970	3,6777
11	ITAUBBA Leasing S.A.	2.548.030.948	136.756	2,9519
12	Safra Leasing S.A. Arrendamento Mercantil	2.375.229.523	56.117	2,7517
13	BB Leasing S.A. Arrendamento Mercantil	2.034.158.258	71.797	2,3566
14	Banco Alvorada S.A. Carteira de Arrendamento Mercantil	1.789.520.791	63.208	2,0732
15	Banco Volkswagen S.A. Arrendamento Mercantil	1.411.946.472	67.946	1,6357
16	Banco IBM S.A. Arrendamento Mercantil	1.378.566.589	974	1,5971
17	Banco Safra S.A. Carteira Arrendamento Mercantil	1.220.927.388	171.661	1,4144
18	Banco GMAC S.A. Arrendamento Mercantil	1.096.970.277	77.838	1,2708
19	Panamericano Arrendamento Mercantil S.A.	1.073.303.544	120.075	1,2434
20	Banco Itaú S.A.	945.530.488	82.530	1,0954
21	HP Financial Services Arrendamento Mercantil S.A.	831.055.166	2.386	0,9628
22	Mercedes-Benz Leasing do Brasil Arrend. Mercantil	773.628.321	9.775	0,8962
23	Cia. de Arrendamento Mercantil Renault do Brasil	626.210.230	32.521	0,7255
24	Toyota Leasing do Brasil S.A. Arrendamento Mercantil	610.791.552	20.570	0,7076
25	Alfa Arrendamento Mercantil S.A.	589.202.774	19.100	0,6826
26	BIC Arrendamento Mercantil S.A.	436.212.993	920	0,5054
27	Banco Santander S.A.	381.532.022	27.265	0,4420
28	Banco Commercial I.Trust do Brasil S.A. – Banco Múltiplo	318.741.416	4.395	0,3693
29	Leaseplan Arrendamento Mercantil S.A.	232.192.308	5.299	0,2690
30	Société Générale Leasing S.A. Arrendamento Mercantil	139.510.196	38	0,1616
31	BMG Leasing S.A. Arrendamento Mercantil	126.477.835	11.670	0,1465
32	Citibank Leasing S.A. Arrendamento Mercantil	107.631.531	318	0,1247
33	BMW Leasing do Brasil S.A. Arrendamento Mercantil	96.111.408	226	0,1113
34	Banco Guanabara S.A. – Arrendamento Mercantil	87.534.969	418	0,1014
35	Banco Volvo S.A. Arrendamento Mercantil	66.359.707	194	0,0769
36	Honda Leasing S.A. Arrendamento Mercantil	30.556.504	2.119	0,0354
37	Mercantil do Brasil Leasing S.A. Arrendamento Mercantil.	16.224.940	214	0,0188
TOTAL		86.318.634.871	4.277.735	100

Fonte: ABEL.

Quando se analisa a evolução dos contratos (Quadro 13.2 e Figura 13.1), nota-se que nos últimos 27 anos houve crescimento significativo no valor negociado por período, com crescimento consistente dessas operações até o ano de 2000, queda marcante nos anos de 1999 a 2004 e retomada do crescimento até o ano de 2010. O período de declínio decorreu de questões jurídicas envolvendo controvérsia acerca dos contratos celebrados com cláusula de VRG; com o STJ entendendo que o pagamento do VRG não descaracteriza a operação de *leasing*, se explica a retomada dos negócios com nesta modalidade de financiamento a partir de 2005.

QUADRO 13.2

Evolução dos negócios – período 1983 – 2010.

Ano	US$ (milhões)	Contratos	Ano	US$ (milhões)	Contratos
1983	686	n.d.	1997	12.199	551.329
1984	856	n.d.	1998	13.433	901.352
1985	1.302	57.056	1999	5.243	529.68
1986	1.567	59.695	2000	5.251	338.686
1987	844	21.788	2001	3.522	226.59
1988	1.921	49.653	2002	1.692	76.594
1989	1.055	34.032	2003	2.01	118.155
1990	1.213	37.125	2004	4.372	310.704
1991	2.019	79.468	2005	9.803	871.587
1992	2.783	69.959	2006	15.166	1.357.223
1993	4.15	80.806	2007	32.65	2.479.986
1994	6.612	162.91	2008	51.948	4.276.708
1995	8.383	183.336	2009	54.128	4.811.314
1996	5.11	124.948	2010	50.689	4.277.735

Fonte: ABEL.

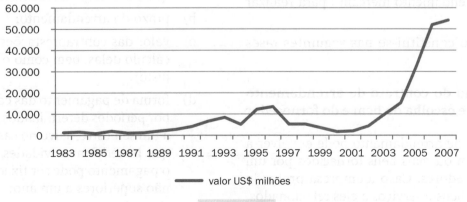

FIGURA 13.1

Evolução das operações de *leasing* – Brasil.

13.3 ASPECTOS OPERACIONAIS DO ARRENDAMENTO MERCANTIL

Conforme explicitado, os intervenientes que integram uma operação de arrendamento mercantil são a arrendadora, a arrendatária e o fornecedor. A arrendadora adquire o bem do fornecedor e a entrega é feita à arrendatária. A arrendadora é a legítima proprietária do bem, que foi adquirido segundo especificações da arrendatária que o utiliza mediante pagamento de contraprestações.

Uma operação de arrendamento, geralmente, tem a seguinte configuração:

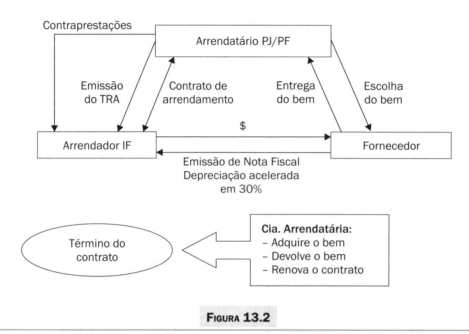

Figura 13.2

Fluxograma da operação.

13.3.1 Principais fases de uma operação de arrendamento mercantil

Após decidir-se pelo arrendamento mercantil como alternativa de financiamento para a aquisição do bem, a empresa arrendatária escolherá uma empresa de arrendamento mercantil para realizar a operação.

A operação constitui-se nas seguintes fases principais:

A. Elaboração do contrato de arrendamento mercantil e escolha do bem e do fornecedor

O contrato de arrendamento pode envolver a aquisição de um ou mais bens fornecidos por um ou mais fornecedores. Caso a empresa pretenda adquirir vários bens e serviços a eles relacionados, tais como instalação, transporte, frete etc., poderá efetuar um único contrato ou subdividir a operação por bens, firmando vários contratos.

Definidos o valor da operação, os bens, os serviços e respectivos fornecedores, será assinado um contrato que conterá os seguintes itens principais:

a) descrição dos bens que constituem o objeto do contrato, com todas as características que permitam sua identificação;

b) prazo do arrendamento;

c) valor das contraprestações ou fórmula de cálculo delas, bem como o critério de reajuste;

d) forma de pagamento das contraprestações por períodos determinados, não superiores a um semestre, salvo no caso de operações que beneficiem atividades rurais, quando o pagamento pode ser fixado por períodos não superiores a um ano;

e) condições para o exercício, por parte da arrendatária, do direito de optar pela renovação do contrato, pela devolução dos bens ou pela aquisição dos bens arrendados;

f) concessão à arrendatária de opções de compra dos bens arrendados, devendo ser estabelecido o preço para seu exercício ou critério utilizável na sua fixação;

g) despesas e encargos adicionais, inclusive despesas de assistência técnica, manutenção e serviços inerentes à operacionalidade dos bens arrendados, admitindo-se, ainda, para o arrendamento mercantil financeiro:

1. previsão de a arrendatária pagar o valor residual garantido (VRG) em qualquer momento durante a vigência do contrato, não caracterizando o pagamento do VRG o exercício da opção de compra;

2. reajuste de preço estabelecido para a opção de compra e para o VRG;

h) condições para eventual substituição dos bens arrendados, inclusive na ocorrência de sinistro, por outros da mesma natureza, que melhor atendam às conveniências da arrendatária;

i) demais responsabilidades que vierem a ser convencionadas, em decorrência de uso indevido ou impróprio dos bens arrendados, seguro previsto para a cobertura de risco dos bens arrendados, danos causados a terceiros pelo uso dos bens e ônus advindos de vícios dos bens arrendados;

j) faculdade de a arrendadora vistoriar os bens objetos de arrendamento e de exigir da arrendatária a adoção de providências indispensáveis à preservação da integridade dos referidos bens;

k) obrigações da arrendatária, nas hipóteses de inadimplemento (limitada à multa de 2% do valor em atraso), de destruição, de perecimento, ou de desaparecimento dos bens arrendados;

l) faculdade de a arrendatária transferir a terceiros no país, desde que haja anuência expressa da arrendadora, seus direitos e obrigações decorrentes do contrato, com ou sem corresponsabilidade solidária.

B. Ordem de compra

Após a assinatura do contrato, a arrendatária enviará ordem de compra à arrendadora para que esta adquira o bem, nas condições acordadas e especificações definidas pela arrendatária, junto ao fornecedor também indicado pela mesma, sendo que o bem deverá ser entregue nas condições e especificações definidas. Embora a empresa arrendadora seja a proprietária do bem, ela não assume nenhum ônus decorrente do não cumprimento das condições e especificações definidas pela arrendatária.

C. Recebimento e aceitação do bem pela arrendatária

A arrendatária deverá receber o bem e é de sua responsabilidade verificar se ele está de acordo com suas especificações anteriormente definidas.

Uma vez verificadas as especificações, a arrendatária deverá emitir o termo de recebimento e aceitação (TRA), que integra o contrato de arrendamento. O termo de recebimento e aceitação constitui o fato gerador para a cobrança das contraprestações do arrendamento e de outras obrigações contratuais assumidas pela arrendatária.

D. Realização de seguro

É comum a empresa arrendadora exigir da arrendatária a realização de seguro contra riscos diversos pelo período compreendido no contrato, sendo que as despesas correrão por conta da arrendatária.

O seguro raramente é dispensado, pois qualquer processo que envolva danos a terceiros poderá envolver a arrendadora que detém a propriedade do bem, embora conste em contrato que a responsabilidade seja da arrendatária.

E. Pagamento parcelado ao fornecedor

É possível ocorrer pagamentos parcelados ao fornecedor quando se adquirem bens fabricados por encomenda, na construção de imóveis ou fornecimento de bens que seguirão um cronograma de entrega.

Nessas condições, é comum a ocorrência de adiantamentos parciais efetuados pela arrendadora aos fornecedores, de tal sorte que na entrega do último bem é possível formalizar o contrato de arrendamento em definitivo, passando assim, após o recebimento do último TRA, a se constituir no fato gerador para a cobrança das contraprestações do arrendamento e de outras obrigações contratuais assumidas pela arrendatária.

Nessas situações de pagamentos parcelados, a arrendadora cobrará da arrendatária uma taxa de compromisso incidente sobre os adiantamentos efetuados do período compreendido entre a data do desembolso até a data efetiva da entrega do TRA do último bem entregue. A taxa de compromisso representa encargos financeiros sobre adiantamentos realizados.

Para o pagamento desses encargos, geralmente, são oferecidas à arrendatária as seguintes opções: pagá-los mensalmente; capitalizá-los até a data da entrega do último bem e efetuar o pagamento; e capitalizá-los até a data da entrega do último bem e incluí-los no valor do contrato, passando a integrar o custo de aquisição dos bens.

F. Término do contrato

Ao final do prazo constante do contrato de arrendamento, a arrendatária deverá exercer uma das seguintes opções quanto à destinação dos bens:

a) prorrogação do contrato por mais um período, em que serão estabelecidos novos valores para as contraprestações e para o VRG (*leasing* financeiro) ou valor de mercado (*leasing* operacional). Podem ser instituídas novas condições, de tal sorte que não fiquem asseguradas à arrendatária as mesmas condições do contrato anterior para a renovação do mesmo;

b) devolução do bem à arrendadora, condição em que geralmente a empresa arrendatária venderia o bem e pagaria o valor acordado no VRG à arrendadora (*leasing* financeiro) ou simplesmente o devolveria (*leasing* operacional);

c) aquisição do bem pelo VRG (*leasing* financeiro) ou pelo valor de mercado (*leasing* operacional). Nessa situação, a arrendadora emitirá nota fiscal de venda e a arrendatária deverá contabilizar o bem no seu ativo imobilizado pelo valor pago.

Caso a arrendatária adquira o bem e o aliene por valor superior ao adquirido, o excesso de preço será tributado, por meio de imposto sobre a renda.

G. Garantias adicionais do contrato

Normalmente, o próprio bem constitui garantia para a operação, uma vez que sua propriedade é conferida à arrendadora. Entretanto é possível a exigência de garantias adicionais, dependendo da condição do uso do bem e da situação econômico-financeira da arrendatária.

Tais garantias podem ser dadas por fiança bancária, aval, penhor mercantil, caução de duplicatas, aplicação financeira vinculada, alienação fiduciária de outros bens de propriedade da arrendatária, ações de empresas etc. Tais garantias adicionais são exigidas quando o valor recuperável do bem pode não acompanhar o saldo devedor ao longo do contrato, ou em função do risco de crédito da arrendatária.

H. Rescisão do contrato

O contrato de arrendamento não pode ser rescindido pela cláusula da irretratabilidade, entretanto, pode ocorrer a rescisão no caso de falecimento (arrendatária pessoa física), furto ou roubo do bem, sinistro com perda total ou parcial do bem e mudança do objeto social da arrendatária.

13.3.2 Aspectos fiscais

O efeito de operações de leasing na tributação dos agentes é muito específica, com detalhes normas estimuladoras da operação, como segue:

a) Imposto de Renda na arrendadora e na arrendatária: o valor das contraprestações na arrendadora é considerado receita operacional tributável e na arrendatária é tratado como despesa operacional dedutível.

b) Depreciação acelerada dos bens na arrendadora: no cálculo da quota de depreciação do bem sujeito a arrendamento mercantil, o prazo de sua vida útil poderá ser reduzido em 30%. Tal depreciação acelerada, contudo, aplica-se exclusivamente à operação de arrendamento mercantil que tenha como arrendatária pessoa jurídica e seja contratada por prazo equivalente a, no mínimo, 40% do prazo de vida útil normal do bem arrendado.

c) Imposto sobre Produtos Industrializados: o IPI incide sobre alguns bens destinados ao arrendamento mercantil. Nesses casos, deve integrar o custo do bem e ser ativado no imobilizado da arrendadora.

d) Imposto sobre Transmissão de Bens Imóveis: o ITBI incide nas empresas arrendadoras e arrendatárias em se tratando de imóveis.

e) Imposto Sobre Serviços: o ISS incide sobre as prestações de arrendamento mercantil e integra o valor das contraprestações efetuadas pela arrendatária.

13.4 CLASSIFICAÇÃO DAS OPERAÇÕES DE ARRENDAMENTO

No mercado nacional, as operações são classificadas e conhecidas por *leasing* financeiro e *leasing* operacional.

No primeiro caso, a operação assume a característica de financiamento, ensejando a maior probabilidade para que se finalize o procedimento, com a transferência definitiva do bem para a arrendatária, enquanto, no segundo, a sociedade de arrendamento pode efetuar vários arrendamentos de um mesmo bem.

Esquematicamente, são estas as diferenças entre as duas modalidades, sem o rigor técnico na diferenciação, isto é, às vezes a diferenciação é apenas necessária para o enquadramento da operação nos parâmetros tributários.

13.4.1 Arrendamento financeiro (*capital lease*)

a) As contraprestações e os demais pagamentos relacionados à única operação com determinado objeto recuperam o valor do bem e obtêm retorno sobre os recursos investidos na compra deste mesmo objeto;

b) as despesas de manutenção e assistência técnica do equipamento são de responsabilidade da arrendatária;

c) há o estabelecimento de valor residual garantido (VRG);

d) o preço da opção de compra ao final do arrendamento é livremente pactuado, tendo, obviamente, como parâmetro o VRG;

e) portanto, a arrendadora não mantém estoques dos bens, pois toda a recuperação do capital está garantida;

f) pela mesma razão (existência de VRG), o contrato é conceitualmente não cancelável;

g) logo, o risco de obsolescência do ativo é transferido totalmente à arrendatária, via procedimento de garantia de valor residual;

h) será sempre efetuado por instituição autorizada a funcionar pelo Banco Central do Brasil;

i) prazo mínimo do contrato: dois anos, para bens com vida útil igual ou inferior a cinco anos; e três anos para bens de vida útil acima de cinco anos;

j) o valor das contraprestações é despesa operacional para as pessoas jurídicas tributadas pelo lucro real e, portanto, dedutíveis do lucro operacional para efeito do Imposto de Renda, desde que relacionados intrinsecamente com a produção ou comercialização dos bens e serviços;

k) aceleração da depreciação (somente para pessoa jurídica).

13.4.2 Arrendamento operacional (*operational lease*)

a) O valor presente das contraprestações não poderá ser igual ou maior que 90% do custo do bem arrendado;

b) o prazo contratual do arrendamento não poderá exceder 75% da vida útil econômica do bem arrendado;

c) não se pactua o preço da opção de compra final, o qual obedecerá aos padrões de valor de mercado do bem naquele momento final;

d) assim, o risco de obsolescência é carregado pela arrendadora, já que ela poderá incorrer em perda ao final do contrato, se o valor de mercado estimado (VME) para o bem estiver além de seu efetivo valor residual;

e) vale dizer, nesta operação não há previsão de VRG, usando-se, para efeito de cálculos de contraprestação e custos financeiros, a ideia de VME;

f) os contratos de assistência técnica e manutenção podem ser de responsabilidade de qualquer das partes;

g) há opção efetiva de devolução do bem à arrendadora, a qual deve possuir estoques do mesmo e um mercado capaz de receber novamente o bem em arrendamento – geralmente, nesta operação, a arrendadora está associada ao fornecedor do bem;

h) prazo mínimo do contrato de 90 (noventa) dias.

13.5 TIPIFICAÇÃO DAS OPERAÇÕES

As operações relacionadas a seguir têm caráter meramente didático, representando diversas montagens de arrendamento em razão das fontes de recursos, das partes envolvidas, da geração dos bens objeto da operação e assim por diante, não tendo caráter exaustivo, e devendo ser entendidas como exemplos de montagens de sofisticadas operações de arrendamento mercantil:

a) *Lease back*: a operação conhecida como *lease back* – o tipo especial mais conhecido – caracteriza-se pelo fato de que a futura arrendatária vende equipamento, instalação, imóvel, patente, marca ou outro qualquer bem de sua atual propriedade à futura arrendadora; este bem é então repassado de volta à usuária original, com a ocorrência então de uma operação de *leasing* financeiro. O principal objetivo de tal procedimento é a criação de *funding* para capital de giro na arrendatária, com garantias mais robustas para a arrendadora. Lembremos que há regras fiscais específicas nesta operação, não se podendo, por exemplo, apurar prejuízo *dedutível na operação de desativação*.

b) *Leasing* internacional: cuja característica é tão somente operações em que as partes contratantes estão em países diferentes, adicionando-se, portanto, risco soberano ao processo e necessitando-se de adaptação de regras do comércio exterior; tal operação pode ser de *leasing* exportação, se a arrendatária está além fronteira; quando o fornecedor está fora do país, há o *leasing* importação, independentemente da localização da arrendadora; por fim, arrendadoras no exterior podem usar congêneres internas, que intermediam um subarrendamento até a arrendatária final; esta é, portanto, designação comum para operações que traspassam fronteiras cambiais.

c) *Leasing* FINAME: associado ao recebimento de financiamento do BNDES pela arrendadora, que arrenda o equipamento ao usuário final do ativo.

d) *Leasing vendor*: neste caso, percebe-se que a arrendadora está associada ao fabricante e ao fornecedor de bens de capital; nesta montagem, a exemplo da operação de capital de giro do mesmo nome, o risco é assumido pelo fornecedor do equipamento ou, alternativamente, este fornece garantias adicionais.

e) *Leasing* imobiliário: é alternativa à securitização pura e simples em processos ligados à construção e operação de empreendimentos como *shopping centers*, hotéis, hospitais e congêneres, os quais permanecem na propriedade da arrendadora, usando-se as dependências dos imóveis na forma de contratos de arrendamento. Em geral, envolve a construção de imóvel pago pela empresa arrendadora, segundo instruções da arrendatária, que irá arrendá-lo por um período grande de tempo devido ao dispêndio que envolve a operação.

f) *Leasing* habitacional: é alternativa para financiamento de habitações, em que o bem permanece em propriedade da arrendadora.

Opções mais sofisticadas representam operações com mobilização de altos montantes de capital, em projetos que envolvem não somente um equipamento, mas também a fábrica inteira ou plantas completas para produção e exploração econômicas. Os tipos mais usuais – de pouco uso no Brasil, onde os empresários exigem serem donos dos ativos – são:

a) *leasing* de participação ou de percentual: as contraprestações são definidas como percentagem do faturamento; é uma espécie de *joint venture* na forma de *leasing* e a arrendadora passa a ser sócia do empreendimento, mantendo a propriedade dos equipamentos fixos;

b) *leasing leverage*: também usado na montagem de grandes negócios; a arrendadora financia parte do investimento com recursos próprios e o restante do capital é buscado junto a capitalistas, seguradoras, fundos e outras fontes; estes podem participar do risco ou não, isto é, podem receber contraprestação fixada ou participação nos lucros;

c) *leasing underwriting*: neste caso, há um consórcio de sociedades de arrendamento mercantil para financiar projetos completos. Pode ser operação com criação de nova empresa arrendadora específica para o negócio ou por intermédio de pacote de contratos (assemelha-se a cosseguro e resseguro);

d) *leasing turn key*: caracteriza-se pelo financiamento da construção de toda a planta e arrendamento dela, após construída e com a entrega da chave à firma operadora; pode ter esquema de contrato e financiamento mais sofisticado ou não.

13.6 FONTES DE RECURSOS

A avaliação das empresas de arrendamento mercantil deve ser feita numa ótica de intermediário financeiro, pois, mesmo colocando em seus ativos os bens a serem arrendados e que serão operados pelas clientes arrendatárias, a substância de sua atividade é captar recursos para oportunizar o uso permanente de equipamentos por empresas industriais, comerciais e de serviços. Portanto, a estrutura do passivo da arrendadora depende da normatização respectiva pelo Banco Central e inclui as seguintes fontes de recursos:

- capital próprio;
- emissão de títulos e valores mobiliários:
    - debêntures;
    - *commercial paper*;
    - certificados de depósito interbancário;
    - *notes* e *bonds* (no exterior);
- empréstimos:
    - empréstimos com bancos externos;
    - empréstimos com bancos nacionais;
    - repasses de instituições oficiais (FINAME);

- cessão de créditos e de direitos creditórios;
- financiamento:
    - direto por fornecedores;
    - automática em operações de *vendor*;
    - por meio de consórcios.

Como se nota, há certa miscelânea na composição aceita pela autoridade monetária para a composição dos passivos. De um lado, valores mobiliários e repasses do tipo FINAME, restritos de intermediários financeiros; de outro lado, títulos característicos de empresas não financeiras, como debêntures e empréstimos de bancos nacionais; por último, possibilidades de captação com instrumentos financeiros permitidos a ambos os tipos de empresas.

13.7 RAZÕES ECONÔMICAS, FINANCEIRAS E ADMINISTRATIVAS DO ARRENDAMENTO MERCANTIL

Ao tentar responder à pergunta: "por que não manter as estruturas tradicionais de financiamento de capital de terceiros para a empresa, em vez de preparar sofisticado esquema de contratos para efetuar operação de arrendamento mercantil assemelhado às operações de financiamento", podemos nos deparar com as seguintes explicações:

a) a geração de receita nas empresas decorre do uso dos bens físicos, tangíveis e intangíveis e não da propriedade destes ativos, logo se explica por que será racional financiar tão somente o uso, por meio do arrendamento, e não financiar a compra do bem. Outra forma de examinar o assunto é concluindo que a cobertura das despesas com equipamentos (depreciação ou aluguel) só se dará com a geração de produtos pela utilização dos equipamentos;

b) a probabilidade de obsolescência antecipada tem se tornado risco adicional para a imobilização de bens tangíveis, mesmo porque a legislação tributária não considera diretamente a obsolescência tecnológica; isto seria outra razão para o financiamento indireto por intermédio do *leasing*. Uma vez que há melhor garantia, há melhores ajustes de prazo à produção de receitas segundo estimativas mercadológicas e não segundo a vida útil do bem;

c) desenvolve-se a possibilidade de boas práticas de governança corporativa, uma vez que se pode esperar a aderência da arrendadora à gestão do bem, pois este é de sua propriedade; é possível também gerenciamento mais flexível e transparente da apropriação da despesa referente ao desgaste do bem na arrendatária, que deixa de ser discricionária e passa a ser de caixa; ademais, o ajuste de taxas, custo de capital e juros da arrendadora e da arrendatária se dá por mecanismos de depreciação acelerada;

d) do ponto de vista financeiro, há aceleração automática da conversão do valor do bem em despesa, pela transformação da despesa de depreciação em despesa de aluguel; há vantagem fiscal a partir de menores prazos contratuais em relação à vida útil e ao fluxo de caixa do projeto, ficando a despesa melhor associada à receita.

As principais vantagens apresentadas pela opção de arrendamento em relação a outros tipos de financiamento são basicamente as seguintes:

a) o financiamento do bem pelo seu valor total, inclusive com inclusão de todas as despesas necessárias ao seu funcionamento; isto ocorre por causa da não transferência da propriedade. No caso de hipotecas, os bancos geralmente limitam o financiamento a uma percentagem do valor do bem;

b) por conta dos arranjos contratuais, a operação leva a menores riscos, gerando, por consequência, um esperado menor custo de capital;

c) este processo de arrendamento tende a produzir maior transparência que as operações de financiamento ou aluguel, além de vantagens fiscais automáticas; isto também traz expectativas de menor custo de capital;

d) os prazos de pagamento são associados ao uso do bem e não ao *funding* do financiador, melhorando a gestão de tesouraria das empresas e, por último, espera-se uma posição privilegiada da arrendadora frente a outros financiadores em caso de falência, novamente se esperando menor custo de capital.

13.8 TOMADA DE DECISÃO EM ARRENDAMENTO MERCANTIL

Item importante a ser administrado nos cálculos do *leasing* financeiro, na forma da equação apresentada a seguir, é o valor residual garantido (VRG) que servirá como orientador na determinação de todos os agregados financeiros envolvidos na operação.

O cálculo do valor residual ótimo (VRO) é que deve orientar a determinação do VRG, de modo que não haja impacto fiscal para a arrendadora, isto é, se VRG ≠ VRO, há impactos fiscais na arrendadora, que provocarão desdobramentos no custo da operação de arrendamento para o cliente usuário.

Isto se explica porque a recuperação do preço à vista numa operação de arrendamento se dá pelo recebimento das contraprestações e pelo recebimento do preço de opção de compra, medido pelo VRG. Então, se há diferenças entre VRO e VRG, haverá uma recuperação abaixo ou acima do valor do bem.

Assim, quando o VRG for superior ao VRO, a recuperação do valor do bem pelas contraprestações será menor; por consequência, a arrendadora diferirá o pagamento do IR. Como a despesa da arrendatária será menor, seu ganho fiscal será menor e esta exigirá menor taxa de juros.

Por outro lado, se o VRG for inferior ao VRO, então a recuperação do valor do bem pelas prestações será maior; a antecipação do lucro implicará em mais IR na arrendadora, por sua antecipação; isto fará com que a arrendadora exija maiores taxas. Do ponto de vista da arrendatária, haverá ganho fiscal, pois se antecipa a despesa na arrendatária. A decisão então se dará pela comparação do custo financeiro do arrendamento com a economia fiscal esperada.

$$VRO = 1 - \frac{n}{(0,7 * t)}$$

Em que:

VRO = valor residual ótimo;

n = prazo do *leasing*;

t = vida útil, segundo Regulamento do Imposto de Renda;

$0,7 * t$ = prazo de aceleração da depreciação.

Nesta fórmula simples, estão apresentados os itens necessários para o cálculo necessário às decisões acima comentadas, sendo que as condições para aceleração da depreciação podem ser assim estipuladas:

a) a diferença entre a percentagem do valor das contraprestações vencidas em relação ao valor total das contraprestações e a percentagem do prazo decorrido em relação ao prazo total do contrato têm que ser menores ou iguais a 10%;

b) a arrendatária seja pessoa jurídica, além de que o prazo da operação seja maior ou igual a 40% do prazo de vida útil do bem.

13.9 DECISÃO DE FINANCIAR

A tomada de decisão sobre realizar uma operação na visão da arrendadora é trivial, no sentido de que a sociedade de arrendamento mercantil, nesta situação, se coloca como um intermediário financeiro clássico. Será usado, portanto, o conceito de *spread* – diferença entre a taxa de rentabilidade efetiva da operação ativa e a taxa de custo efetivo da operação passiva.

Como no caso de arrendamento mercantil a taxa ativa não é expressa, portanto, é apenas um conceito, e as operações não são casadas financeiramente, isto é, necessariamente o retorno do ativo não está associado à devolução do recurso, o mercado de *leasing* toma esta decisão financeira calculando o conceito valor presente da margem.

Tal conceito se define como o valor futuro da margem descontado à taxa de captação (custo de oportunidade); já o valor futuro da margem se define como a diferença entre o valor futuro do fluxo de recebimentos originados pela operação de *leasing* e o valor futuro do fluxo de pagamentos da captação dos recursos. Vejamos exemplo simples para fixação do conceito de margem a valor presente.

Considerando fluxos de caixa únicos ao final do prazo da operação (prazos iguais na captação e na operação ativa de *leasing*):

- taxa de captação = 28% a.a. → 2,08% a.m.;
- taxa de aplicação = 40% a.a. → 2,2844% a.m.;
- prazo = dois anos;
- valor da operação/captação = $ 10.000,00;

- valor futuro do ativo = 10.000 × $(1,40)^2$ = 19.600;
- valor futuro da captação = 10.000 × $(1,28)^2$ = 16.384;
- valor presente da margem = (19.600 − 16.384)/$(1,28)^2$ = 1.963,00.

Considerando o pagamento de 24 prestações:

- valor das prestações futuras do ativo = 10.000 pv 2,844 i 24 n → pmt 580,57;
- valor presente das prestações = 580,57 pmt → 2,08 i → 24 n → pv 10.883,89;
- valor presente da margem = (10.883,89 − 10.000,00) = 883,89.

13.10 DECISÃO DE SE FINANCIAR POR MEIO DE *LEASING*

No caso da arrendatária, a decisão envolve as alternativas de comprar o bem a vista, tomar financiamento (ou emitir títulos) ou fazer o arrendamento mercantil. As grandes implicações nesta decisão financeira – portanto, levando em conta os parâmetros de valor do dinheiro no tempo – são vinculadas ao tratamento fiscal diferenciado para o arrendamento e a ativação do bem via compra.

O Modelo MDB (Myers, Dill e Bautista) usa o custo do empréstimo alternativo aplicado ao fluxo de caixa da operação de arrendamento, comparando o valor presente com o valor do ativo no momento da compra. Matematicamente, teríamos o seguinte modelo:

$$NPV = A_0 - \sum_{t=1}^{N} \frac{L_t((1-T) + D_t(T)}{(1+r)^t} - \sum_{t=1}^{N} \frac{R_t}{(1+r)^t}$$

Em que:

NPV = valor presente líquido da operação de *leasing*;

A_0 = valor do ativo no momento inicial;

L_t = Contraprestação no momento t;

T = alíquota do IR;

D_t = depreciação no momento t;

r = custo da dívida alternativa após IR;

R_t = pagamento do valor residual;

t = prazo de arrendamento.

O lado direito da equação representa o fluxo diferencial entre os fluxos esperados de arrendar ou comprar a vista, ou seja:

fluxo diferencial = {[opção de *leasing*] – [opção de compra à vista]}

Este fluxo diferencial descontado à taxa disponível para empréstimos de igual prazo, após efeitos tributários, levará ao valor presente para a empresa de cada uma das opções. Assim, se NPV > 0 então opta-se por *leasing*, pois o custo a valor presente será menor que o custo de adquirir a vista. Caso contrário, isto é, NPV < 0 então opta-se por comprar o ativo. Os somatórios no modelo são o valor presente do custo do *leasing*. Portanto, se o resultado for negativo, não se aceita o *leasing*.

Enfim, optando pela compra, a decisão por empréstimo (ou compra à vista) dependerá do custo de oportunidade dos recursos próprios comparado com o custo do empréstimo. Se o custo de capital próprio for menor que o do empréstimo após IR, opta-se por comprar à vista.

As variáveis efetivas de decisão são o efeito fiscal da operação de arrendamento mercantil comparado ao diferencial de taxa entre a do arrendamento e aquela do empréstimo, conforme se demonstra na Figura 13.3.

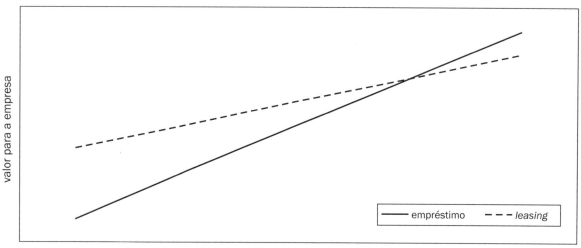

Figura 13.3

Diferenças de taxas entre empréstimos e *leasing*.

Assim, se a diferença de taxas entre a de arrendamento e a de empréstimo for baixa, o *leasing* proverá maior valor para a empresa, graças aos impactos fiscais positivos deste tipo de operação. De outro modo, com altas diferenças de taxas (com incremento relativo do custo do *leasing*), o empréstimo – ou financiamento com recursos próprios – gerará maior valor para a empresa.

Vamos desenvolver exemplo para esclarecer os conceitos, lembrando que o fluxo diferencial é feito pelo fluxo do *leasing* – fluxo de comprar:

Exemplo:

- valor do bem = $ 100.000;
- taxa *leasing* = 26,06% a.a.;
- taxa empréstimo = 17% a.a.;
- taxa depreciação = 20% a.a.;
- VRG = 43%;
- alíquota IR = 35%;
- prazo = 24 meses;
- VRG pago mensalmente.

Fluxo no momento zero: 0 – (–) 100.000,00 = [+] 100.000,00

Fluxos de 1 a 24: {(–) 2.252,07 + (–) 1.791,67} – [+] 583,33 = (–) 4.632,07

VP = [+] 100.000,00 CF$_0$ (–) 4.632,07 CF$_j$ 24 N$_j$ 0,856 i → NPV = 0

Cálculos intermediários:

depreciação = 100.000/60 = 1.666,67;

ganho fiscal depreciação = 1.666,67*0,35 = 583,33;

VRG mensal = 43.000/24 = 1.791,67;

VP do VRG = 1791,67 PMV 24 n 1,94864 i → PV 34.085,50;

prestação = 65.914,50 PV 1,94864 i 24 n → PMT 3.464,73;

líquida do imposto = 2.252,07 (3464*0,65);

r = ({[(1+0,17)^(1/12)] – 1}*0,65)*100 = 0,856.

No exemplo, chegamos a taxas de *leasing* e empréstimo que, dadas as situações de prazo e fiscais, tornam indiferente a escolha da modalidade de financiamento. Então, podem-se calcular para dadas circunstâncias pragmáticas as taxas de *leasing* e empréstimo que levam a este equilíbrio. É claro que podem também ser feitas simulações para outras realidades de condições fiscais e de prazos.

13.11 EXEMPLOS DE CÁLCULOS DE CONTRAPRESTAÇÕES

a) Considerando VRG no final e uso da tabela Price:

Valor do bem =	$ 94.000
Despesas, frete, serviços etc. =	$ 4.000
Comissão de compromisso incorporado =	$ 2.000
Valor do contrato =	$ 100.000

Vida útil do bem = 60 meses

Aceleração de depreciação de 30% = 60 × 0,7 = 42 meses

Prazo do contrato = 30 meses

Depreciação total = 30/42 = 71,4% = $ 71.400

VRG ideal = 28,6% = $ 28.600

Tributos diretos: ISS = 2% sobre o valor da prestação

Tabela Price:

N = 30

I = 4,5%

Pv = (chs) 100.000

Fv = 28.600

Pmt = 5.670

Prestação = Pmt/(1 – alíquota do ISS) = 5.670/0,98 = 5.786

b) Considerando VRG no início e uso da tabela Price:

Valor do bem =	$ 94.000
Despesas, frete, serviços etc. =	$ 4.000
Comissão de compromisso incorporado =	$ 2.000
Valor do contrato =	$ 100.000

Vida útil do bem = 60 meses

Aceleração de depreciação de 30% = 60 × 0,7 = 42 meses

Prazo do contrato = 30 meses

Depreciação total = 30/42 = 71,4% = $ 71.400

VRG ideal = 28,6% = $ 28.600

Tributos diretos: ISS = 2% sobre o valor da prestação

Tabela Price:

N = 30

I = 4,5%

Pv = (chs) 71.400

Fv = 0

Pmt = 4.383

Prestação = Pmt/(1 – alíquota do ISS) = 4.383/0,98 = 4.472

c) Considerando VRG diluído e uso da tabela Price:

Valor do bem =	$ 94.000
Despesas, frete, serviços etc. =	$ 4.000
Comissão de compromisso incorporado =	$ 2.000
Valor do contrato =	$ 100.000

Vida útil do bem = 60 meses

Aceleração de depreciação de 30% = 60 × 0,7 = 42 meses

Prazo do contrato = 30 meses

Depreciação total = 30/42 = 71,4% = $ 71.400

VRG ideal = 28,6% = \$ 28.600

Tributos diretos: ISS = 2% sobre o valor da prestação

Tabela Price:

$N = 30$

$I = 4,5\%$

Pv = (chs) 100.000

Fv = 0

Pmt = 6.139

$$\text{Prestação} = \text{Pmt}/(1 - \text{alíquota do ISS}) = 6.139/0,98 = 6.264$$
$$\text{VRG mensal} = 28.600/30 = 952$$
$$\text{Total} = 7.216$$

13.12 CONTABILIZAÇÃO

A empresa arrendadora, quando da aquisição de bens para uso da arrendatária, deverá contabilizar na conta de Bens Arrendados, integrante do Ativo Imobilizado, o montante correspondente ao preço de negociação, acrescido dos custos de transporte, seguros, impostos e outros gastos necessários à colocação dos bens em condições de funcionamento.

Os recursos a serem recebidos pela arrendadora decorrentes da contraprestação do direito de uso do bem arrendado são reconhecidos como receitas somente na data em que se tornarem realizáveis, segundo o regime de competência contábil. Tal contabilização deve ser efetuada de forma que o montante das contraprestações a receber seja retificado por valor correspondente à receita de arrendamento a apropriar.

Dessa forma, são efetuados os seguintes lançamentos:

a) Quando da formalização do contrato:

Na aquisição dos bens arrendados

D – Bens arrendados

C – Caixa

Pelo montante das contraprestações a receber

D – Arrendamentos a receber

C – Rendas a apropriar de arrendamentos a receber

Pelo valor residual garantido – VRG (*leasing* financeiro)

D – Valores residuais a realizar

C – Valores residuais a balancear

b) Quando as contraprestações se tornarem realizáveis:

Pela apropriação da receita de arrendamento

D – Rendas a apropriar de arrendamentos a receber

C – Rendas de arrendamento

Pelo valor residual garantido (*leasing* financeiro)

D – Valores residuais a balancear

C – Valores residuais a realizar

c) Quando do recebimento da contraprestação:

D – Caixa

C – Arrendamentos a receber

Pelo recebimento do VRG (*leasing* financeiro)

D – Caixa

C – Credores por antecipação de VRG

Pode ocorrer que a arrendadora aguarde um período de tempo para que o bem seja entregue pelo fornecedor, inclusive por encomenda da sua produção.

Nesta situação, é comum o fornecedor solicitar da arrendadora um adiantamento por conta do bem ainda a ser entregue. Ocorrendo tal adiantamento, a arrendadora cobrará da arrendatária, até a entrega do bem, uma remuneração pelo adiantamento efetuado, conhecida por comissão de compromisso.

Pode ocorrer também a situação de aquisição de vários bens integrantes de um mesmo contrato, fornecidos em datas distintas. Como o contrato somente pode ser fechado assim que o último bem for entregue, ocorre também a incidência da comissão de compromisso sobre os valores pagos previamente.

Os adiantamentos e as comissões de compromisso devem ser registrados, representando, assim, o direito da arrendadora de receber o bem do fornecedor e o direito de receber da arrendatária as comissões de compromisso. Ressalta-se que é facultado à arrendatária efetuar o pagamento das comissões de compromisso antes do recebimento dos bens arrendados.

Pelo adiantamento ao fornecedor

D – Adiantamentos a fornecedores

C – Caixa

Pela comissão de compromisso

D – Adiantamentos a fornecedores

C – Rendas a apropriar de comissão de compromisso

Caso haja recebimento das comissões de compromisso antes da entrega do bem, deve ser efetuada a seguinte contabilização:

Pela baixa do adiantamento e pelo reconhecimento das comissões de compromisso

D – Caixa

D – Rendas a apropriar de comissão de compromisso de arrendamentos

C – Adiantamentos a fornecedores

C – Rendas de arrendamento

d) Quando da entrega do bem objeto do adiantamento:

Pela apropriação dos adiantamentos

D – Bens arrendados

C – Adiantamentos a fornecedores

Pela comissão de compromisso não recebida

D – Arrendamentos a receber

C – Adiantamentos a fornecedores

D – Rendas a apropriar de comissão de compromisso

C – Rendas a apropriar de arrendamentos a receber

e) Quanto à depreciação dos bens, deve ser utilizada uma taxa mensal calculada em 70% do tempo de vida útil estimado pela Secretaria da Receita Federal para tais bens, registrando-se:

D – Depreciação de bens arrendados

C – Depreciação acumulada de bens de arrendamento

Cabe destacar que, conforme já comentado, a antecipação do registro da depreciação trata-se de um incentivo fiscal para a arrendadora, de forma a possibilitar a redução dos encargos para a arrendatária pela recuperação mais rápida do investimento, tornando a taxa da operação menos onerosa.

Ao final do contrato, quando da alienação do bem à arrendatária, pelo exercício da opção de compra, podem surgir situações nas quais o valor contábil do bem arrendado, retificado pelas depreciações acumuladas, seja superior ou inferior ao VRG.

Sendo superior ao VRG, haverá uma perda de capital para a arrendadora. Tal perda não será reconhecida no resultado do período em que for efetuada a opção de compra, mas, por determinação da Secretaria da Receita Federal, deverá ser contabilizada no Ativo Diferido e amortizada no período restante dos 70% do prazo de vida útil estimado dos bens arrendados.

D – Caixa

D – Perdas em arrendamento a amortizar

D – Depreciação acumulada de bens arrendados

C – Bens arrendados

Sendo inferior ao VRG, haverá um ganho de capital para arrendadora, que deverá ser reconhecido contabilmente, inclusive para fins tributários.

D – Caixa

D – Depreciação acumulada de bens de arrendamento

C – Bens arrendados

C – Lucro na alienação de bens arrendados

Pode ocorrer situação de alienação do bem arrendado a terceiros pelo não exercício da opção de compra pela arrendatária, podendo surgir as mesmas situações descritas em relação à suficiência ou não do VRG.

Registro do ganho ou perda na venda, cabendo destacar que a Secretaria da Receita Federal permite o reconhecimento da perda de capital verificada nas transações com terceiros:

D – Caixa

D – Depreciação acumulada de bens de arrendamento

C – Bens arrendados

C/D – Lucro na alienação de bens arrendados/ Prejuízo na alienação de bens arrendados

Registro da obrigação junto à arrendatária, pela venda a terceiros ser efetuada por valor superior ao VRG:

D – Caixa

D – Depreciação acumulada de bens de arrendamento

C – Bens arrendados

C – Credores diversos no país

C/D – Lucro na alienação de bens arrendados/ Prejuízo na alienação de bens arrendados

Pelo ressarcimento à arrendatária

D – Credores diversos no país

C – Caixa

13.12.1 A prevalência da essência sobre a forma

Os procedimentos contábeis descritos (determinados pela Secretaria da Receita Federal para atender a suas necessidades) não estão condizentes com os Princípios Fundamentais de Contabilidade, particularmente, no que se refere à prevalência da essência do fato econômico sobre a forma jurídica, ao se considerar que as operações de arrendamento mercantil financeiro deveriam ser registradas de forma similar às operações de crédito, com avaliação a valor presente.

Para minimizar os efeitos dessa prática, a arrendadora deverá, por imposição da Comissão de Valores Mobiliários – CVM (Instrução 58/86) e do Banco Central do Brasil (Circular 1.429/89), efetuar o cálculo a valor presente dos fluxos futuros de caixa de cada contrato, utilizando-se da taxa de retorno estabelecida, e compará-lo com o valor contábil.

O valor contábil será obtido da seguinte forma:

(+) Arrendamentos a Receber

(–) Rendas a Apropriar Arrend. a Receber

(+) Subarrendamentos a Receber

(–) Rendas a Apropriar Subarrendamentos a Receber

(+) Valores Residuais a Realizar

(–) Valores Residuais a Balancear

(+) Créditos de Arrendamento em Liquidação

(–) Rendas a Apropriar de Créditos de Arrend. em Liquidação

(+) Bens Arrendados

(–) Valor a recuperar

(+) Valor Residual Antecipado

(–) Depreciação Acumulada de Bens Arrendados

(+) Bens Não de Uso Próprio

(+) Perdas em Arrendamentos a Amortizar

(–) Amortização Acumulada do Diferido – Perdas em Arrend. a Amortizar

= Valor Contábil

O resultado da comparação será contabilizado da seguinte forma:

Se o valor presente de cada contrato for superior ao valor contábil, importando em ganho, hipótese em que a Secretaria da Receita Federal subavaliou o ativo e o patrimônio líquido da arrendadora:

D – Superveniência de depreciação

C – Rendas de arrendamentos

Se o valor presente de cada contrato for inferior ao valor contábil, importando em perda, hipótese em que a Secretaria da Receita Federal superavaliou o ativo e o patrimônio líquido da arrendadora.

D – Despesas de arrendamento

C – Insuficiência de depreciação

Exercício

Uma Sociedade de Arrendamento Mercantil efetuou uma operação de arrendamento mercantil financeiro com uma empresa arrendatária em 10/1/2011, tendo sido objeto do contrato um caminhão no valor de $ 100.000 com vida útil prevista de oito, anos nas seguintes condições:

a) data da 1ª contraprestação: 10/2/2011 calculada de acordo com a tabela Price.

b) prazo: 60 meses com juros de 2,5% a.m.

c) VRG de $ 6.000, pago em 60 parcelas mensais de $ 100, incluído na contraprestação.

Pede-se:

Operação de *Leasing* – Arrendamento Mercantil **291**

1. Calcular o valor de cada contraprestação e o total das contraprestações a receber.
2. Calcular quota de depreciação mensal, considerando o incentivo fiscal.
3. Calcular o valor presente da carteira nas datas de 10/1/2011, 31/1/2011, 10/2/2011 e 28/2/2011.
4. Efetuar a contabilização da operação, a apropriação dos encargos, nas datas-base: 10/1/2011, 31/1/2011, 10/2/2011, 28/2/2011, e a liquidação da operação em 10/1/2016, considerando-se que a arrendatária optou pela compra do caminhão.

1. Cálculo do valor da contraprestação, pela tabela Price:

60 n

100000 (chs) PV

2.5 i

PMT ----------
$ 3.235,34 (composta de $ 100,00 de VRG + $ 3.135,34 de contraprestação)

Total das contraprestações a receber = 60 × $ 3.135,34 = $ 188.120,40

2. Prazo para depreciação do caminhão (incentivado): 8 anos = 96 meses

96 × 30% = 29

96 − 29 = 67 meses corresponde ao novo prazo de vida útil do bem

Quota de depreciação mensal = $ 100.000,00/67 = $ 1.492,54

3. Valor presente da carteira:

Em 10/1/2011 o VP = $ 100.000,00

Em 31/1/2011: [$ 100.000,00 × $(1,025)^{(21/30)}$] = $ 101.743,51

Em 10/2/2011:

$ 3.235,34 (chs) PMT

2,5 i

59 n

PV = $ 99.264,67

Em 28/2/2011 [$ 99.264,67 × $(1,025)^{(18/30)}$] = $ 100.746,28

4. Lançamentos contábeis

Em 10/1/2011:

1. Pela aquisição do bem: $ 100.000,00

    D – Imobilizado de Arrendamento – Bens Arrendados

    C – Caixa

2. Registro do contrato pelo total das contraprestações a receber:

    $ 3.135,34 × 60 = $ 188.120,40

    D – Arrendamentos Financeiros a Receber

    C – Rendas a Apropriar de Arrendamentos Financeiros a Receber

3. Pelo Valor Residual Garantido – VRG contratado: $ 6.000,00

    D – Valores Residuais a Realizar

    C – Valores Residuais a Balancear

Em 31/1/2011:

4. Pela depreciação do bem: $ 1.492,54

    D – Depreciação de Bens Arrendados (despesa)

    C – Depreciação Acumulada de Bens de Arrendamento Financeiro

5. Pelo ajuste a valor presente: $ 3.236,05

    D – Superveniência de Depreciação

    C – Rendas de Arrendamentos Financeiros

(+) Arrendamentos Financeiros a Receber	$ 188.120,40
(−) Rendas a apropriar de Arr. Fin. a receber	($ 188.120,40)
(+) Valor Residual a Realizar	$ 6.000,00
(−) Valor Residual a Balancear	($ 6.000,00)
(−) Valor Residual Antecipado	
(+) Bens Arrendados	$ 100.000,00
(−) Depr. Acumulada de Bens Arrendados	($ 1.492,54)
= Valor Contábil do Contrato	$ 98.507,46
(−) Valor Presente do Contrato	$ 101.743,51

= Superveniência de Depreciação $ 3.236,05

Em 10/2/2011:

6. Pela apropriação de rendas: $ 3.135,34

   D – Rendas a Apropriar de Arrendamentos Financeiros

   C – Rendas de Arrendamentos Financeiros

7. Pelo recebimento da contraprestação: $ 3.135,34

   D – Caixa

   C – Arrendamentos Financeiros a Receber

8. Pelo VRG recebido antecipadamente: $ 100,00

   D – Caixa

   C – Credores por Antecipação de Valor Residual

9. Pela baixa

   D – Valores Residuais a Balancear

   C – Valores Residuais a Realizar $ 100,00

Em 28/2/2011:

10. Pela depreciação do bem: $ 1.492,54

    D – Depreciação de Bens Arrendados (despesa)

    C – Depreciação Acumulada Bens de Arrendamento Financeiro

11. Pelo ajuste da carteira a valor presente: $ 595,31

    D – Superveniência de Depreciação

    C – Rendas de Arrendamentos Financeiros

(+) Arrendamentos Financeiros a Receber	$ 184.985,06
(–) Rendas a apropriar de Arrendamento Financeiro a receber	($ 184.985,06)
(+) Valor Residual a Realizar	$ 5.900,00
(–) Valor Residual a Balancear	($ 5.900,00)
(–) Valor Residual Antecipado	($ 100,00)

(+) Bens Arrendados	$ 100.000,00
(–) Depreciação Acumulada de Bens Arrendados	$ 2.985,08
= Valor Contábil do Contrato	$ 96.914,92
(–) Valor Presente do Contrato	($ 100.746,28)
Superveniência de Depreciação	($ 3.831,36)

Ajuste = saldo superveniência anterior = $ 3.236,05

saldo superveniência atual = $ 3.831,36

ajuste = $ 595,31

Em 10/1/2016:

12. Pela apropriação de rendas: $ 3.135,34

    D – Rendas a Apropriar de Arrendamentos Financeiros

    C – Rendas de Arrendamentos Financeiros

13. Pelo recebimento da contraprestação: $ 3.135,34

    D – Caixa

    C – Arrendamentos Financeiros a Receber

14. Pelo VRG recebido antecipadamente: $ 100,00

    D – Caixa

    C – Credores por Antecipação de Valor Residual

15. Pela baixa: $ 100,00

    D – Valores Residuais a Balancear

    C – Valores Residuais a Realizar

16. Pela opção de compra do bem pela arrendatária

    D – Credores por Antecipação de VRG $ 6.000,00
    ($ 100,00 × 60)

    D – (–) Depreciação Acumulada de Bens Arrendados
    $ 89.552,40
    ($ 1.492,54 × 60)

    D – Perdas de Arrendamentos a Amortizar $ 4.447,60
    ($ 6.000,00 + $ 89.552,4 – $ 100.000,00)

    C – Bens Arrendados $ 100.000,00

Em 31/1/2016

17. Pela amortização das perdas, faltando ainda sete meses para depreciar o bem:

$ 4.447,60/7 = $ 635,37

D – Despesas de amortização

C – Amortização acumulada de Perdas

18. Pelo ajuste a valor presente:

D –Despesas de
   Arrendamento
   Mercantil $ 7.643,59

C – Superveniência
   de Depreciação $ 3.831,36 (saldo)

C – Insuficiência de
   Depreciação $ 3.812,23

(+) Perdas de Arrendamentos
   a amortizar $ 4.447,60

(–) Amort. Acumulada de
   Perdas de Arrendamento   ($ 635,37)

= Valor contábil da carteira $ 3.812,23

Valor presente da carteira   0,00

Insuficiência de depreciação $ 3.812,23

Em 28/2/2016

19. Pela amortização das perdas: $ 635,37

D – Despesas de amortização

C – Amortização Acumulada de Perdas de arrendamento

20. Pelo ajuste a valor presente: $ 635,37

D – (–) Insuficiência de depreciação

C – Rendas de Arrendamento Mercantil

(+) Perdas de Arrendamentos
   a amortizar $ 4.447,60

(–) Amort. Acumulada de
   Perdas de Arr.   ($ 1.270,74)

= Valor contábil da carteira $ 3.176,86

Valor presente da carteira   0,00

Insuficiência de depreciação $ 3.176,86

Ajuste da insuficiência: saldo anterior – saldo apurado:

$ 3.812,23 – $ 3.176,86 = $ 635,37

13.12.2 Arrendamento mercantil no contexto da convergência da contabilidade brasileira aos pronunciamentos emitidos pelo International Accounting Standard Board (IASB)

O início do processo de convergência da contabilidade nacional aos pronunciamentos internacionais de contabilidade, emitidos pelo IASB, se deu por intermédio da publicação da Lei nº 11.638, de 28/12/2007 e, particularmente, para o caso do arrendamento mercantil, é de se destacar a alteração do inciso IV do Artigo 179 da Lei nº 6.404, de 15/12/1976. Tal alteração modificou o conceito de ativo imobilizado no sentido de que, admite-se como tal, os direitos decorrentes de operações que transfiram os benefícios, riscos e controle desses bens.

Assim, tal alteração de conceituação abriu o caminho para a convergência das normas locais sobre arrendamento mercantil aos pronunciamentos internacionais de contabilidade, de tal sorte que as operações de arrendamento mercantil financeiro possam refletir sua essência econômica.

Nesse particular, cabe destacar que, apesar de tal possibilidade estar presente, a alteração legal ainda não se concretizou, haja vista que a norma legal local específica que trata da matéria – Lei nº 6.099/1974 – ainda não foi modificada no sentido de conceber para o caso do arrendamento mercantil financeiro a possibilidade do registro contábil que retrate a essência econômica da transação e não a sua forma legal.

De se destacar que o Conselho Monetário Nacional, consciente de que deveria haver a alteração da referida Lei nº 6.099 para que houvesse a convergência contábil para o arrendamento mercantil, editou em setembro de 2008 a Resolução 3.617 que ao reproduzir a definição trazida pela Lei nº 11.638, que alterou a redação do Artigo 179, inciso IV da Lei nº 6.404, de 15/12/1976, acrescentou à definição dada que não se contemplam os bens objeto de operações de arrendamento mercantil. Assim, o imobilizado de arrendamento deve continuar a ser registrado no ativo das entidades arrendadoras e, dessa forma, preserva-se as orientações contábeis consubstanciadas no COSIF, conforme já comentadas.

Entretanto, cabe destacar que o Comitê de Pronunciamentos Contábeis (CPC) em outubro de 2008 aprovou o Pronunciamento Técnico CPC 06 – Operações de Arrendamento Mercantil, que reproduz o International Accounting Standard IAS 17 – pronunciamento internacional emitido pelo IASB que trata do arrendamento.

O CPC 06 foi revisado e inclusive recepcionado pelo Conselho Federal de Contabilidade (CFC), por meio da Resolução 1.304, de novembro de 2010, que aprovou a NBC T 10.2 – Operações de Arrendamento Mercantil e, também, recepcionado pela Comissão de Valores Mobiliários, por meio da Deliberação 645, de dezembro de 2010, tornando o CPC 06 revisado obrigatório para as companhias abertas, aplicando-se aos exercícios encerrados a partir de dezembro de 2010 e às demonstrações financeiras de 2009 a serem divulgadas em conjunto com as demonstrações de 2010 para fins de comparação.

Dessa forma, a situação presente, considerando as normas emitidas pelo Conselho Monetário Nacional e aplicadas pelo Banco Central do Brasil, que preservam para as instituições reguladas pelo BACEN os dispositivos contidos na Lei nº 6.099 e demais normas infralegais consubstanciadas no COSIF, em cotejo com as normas emitidas pela Comissão de Valores Mobiliários que regulam as empresas abertas no Brasil, se produzirão, no Brasil, informações contábeis nas quais o imobilizado de arrendamento mercantil financeiro estará presente tanto nas demonstrações financeiras individuais da arrendadora, enquanto regulado pelo Banco Central do Brasil, como nas demonstrações financeiras individuais da arrendatária, sendo essa empresa regulada pela Comissão de Valores Mobiliários.

De se destacar que as normas expedidas pela CVM se aplicam tanto para as demonstrações individuais como para as demonstrações consolidadas das empresas abertas, sendo que ambas as demonstrações são obrigatórias para divulgação; já com relação às normas contábeis aplicáveis para as instituições reguladas pelo Banco Central do Brasil, deve-se atentar que devem ser aplicados os dispositivos constantes do COSIF para se proceder aos registros contábeis.

Fato é que o referido plano contábil aplicado às entidades reguladas pelo Banco Central ainda não contempla as alterações necessárias para que se produza a convergência contábil às normas internacionais de contabilidade o que implica dizer que as demonstrações individuais daquelas entidades

são apresentadas segundo os dispositivos daquele plano contábil.

Já para as demonstrações consolidadas, cabe destacar que até a edição da Resolução 3.786/2009, que exige que um determinado grupo de instituições financeiras e demais instituições autorizadas a funcionar pelo Banco Central do Brasil elaborem e divulguem anualmente a partir 31 de dezembro de 2010 demonstrações contábeis consolidadas adotando o padrão contábil internacional, de acordo com os pronunciamentos emitidos pelo IASB, o Banco Central não exigia a divulgação de demonstrações consolidadas.

O que se via na prática é que as empresas reguladas pelo Banco Central e que eram empresas abertas, divulgavam suas demonstrações consolidadas por exigência da Lei nº 6.404 e da Comissão de Valores Mobiliários e deveriam seguir as orientações contábeis daquela Comissão naquilo que não conflitasse com disposições emanadas pelo Conselho Monetário Nacional e Banco Central do Brasil. Assim com a aplicação da referida Resolução as entidades reguladas que possuem os atributos exigidos para divulgação deverão elaborar e publicar suas demonstrações financeiras consolidadas segundo os padrões internacionais de contabilidade.

Para as empresas que atuarem com o arrendamento mercantil financeiro, nas demonstrações financeiras individuais o bem arrendado ficará registrado em imobilizado de arrendamento e seguirá a forma legal para o reconhecimento contábil, enquanto que nas demonstrações financeiras consolidadas, seguindo o padrão internacional, tais ativos já deverão ser apresentados pela essência econômica da transação..

De se destacar que para o caso de arrendamento mercantil financeiro já havia conflito entre as normas do CFC e a Lei nº 6.099/1974, uma vez que aquele Conselho já determinava que as operações deveriam ser reconhecidas pela essência econômica das transações e não pela forma jurídica; cria-se um novo conflito, agora entre as normas da CVM e do Conselho Monetário Nacional, que provavelmente persistirá até que a Lei nº 6.099 seja modificada no sentido de abarcar as inovações trazidas pelo CPC 06 Revisado, que consubstancia os registros contábeis a serem efetuados pelas arrendadoras e pelas arrendatárias em operações de arrendamento mercantil.

13.12.3 Tratamento contábil do arrendamento mercantil financeiro segundo o CPC 06

Quando do início de uma operação de arrendamento mercantil financeiro, a arrendadora deverá proceder à baixa do bem objeto do contrato e reconhecer o fluxo de recebíveis pelo montante correspondente ao valor justo do ativo arrendado, acrescido de quaisquer outros custos diretos iniciais.

Já a arrendatário, por sua vez, reconhecerá o ativo objeto do contrato de arrendamento mercantil financeiro calculado pelo menor valor entre o valor justo ou valor presente dos pagamentos mínimos, acrescido dos custos diretos iniciais.

De se destacar que a taxa de desconto utilizada para o cálculo do valor presente do fluxo dos pagamentos mínimos corresponderá à taxa implícita da operação. Caso a taxa implícita não seja do conhecimento do arrendatário, ele deverá utilizar uma taxa de juros incremental que corresponda à taxa de juros que pagaria em uma operação semelhante, ou a taxa que, no início do prazo da operação de arrendamento, conseguiria em uma operação de crédito para adquirir o ativo objeto em uma situação semelhante à operação de arrendamento.

Em contrapartida ao ativo reconhecido, a arrendatária reconhecerá um passivo junto à arrendadora que corresponderá somente ao valor do ativo reconhecido, não sendo, nesse caso, considerados os custos diretos iniciais que integraram o valor do ativo.

Em decorrência do reconhecimento do ativo arrendado, a arrendatária apropriará, também, a despesa de depreciação.

Exemplo:

Em 31/12/X1, a arrendadora contrata uma operação de arrendamento mercantil financeiro com a arrendatária pelo prazo de 10 anos.

O valor justo do ativo arrendado é de R$ 200.000,00.

Em 31/12/X11 o valor justo esperado é de R$ 20.000,00.

A vida útil econômica do ativo arrendado é de 12 anos e seu valor residual é de R$ 2.000,00.

Houve o pagamento de R$ 5.000,00, a título de comissão pela contratação da operação, custo esse atribuível à arrendadora.

A arrendatária pagará R$ 544.329,60 pelo direito de uso do ativo arrendado em 120 parcelas de R$ 4.536,08.

Ao final do contrato, a arrendatária terá a opção de comprar o ativo arrendado por R$ 1.000,00 ou de devolvê-lo à arrendadora.

A taxa de juros implícita da operação é de 1% a/m e é de conhecimento da arrendatária.

Para colocar o ativo arrendado em funcionamento, a arrendatária despendeu R$ 7.000,00.

Em 31/12/X1

Arrendadora: baixará o ativo arrendado e registrará os recebíveis pelo valor líquido entre os recebíveis de arrendamento e as rendas a apropriar de arrendamento (correspondente ao valor justo do ativo arrendado de R$ 200.000,00, acrescido de custos diretos iniciais relativos à comissão paga de R$ 5.000,00). Os lançamentos contábeis serão:

D – Recebíveis de arrendamento
R$ 545.329,60 (4.536,08 × 120) + 1.000,00

C – Rendas a apropriar de arrendamento
R$ 340.329,60 545.329,60 – 205.000,00

C – Caixa   R$ 5.000,00

C – Imobilizado   R$ 200.000,00

Arrendatária: reconhecerá o imobilizado pelo menor valor entre o valor justo ou valor presente dos pagamentos mínimos (incluído o preço de exercício da opção de compra), acrescido dos seus custos diretos iniciais. Em contrapartida, registrará a obrigação contraída junto ao arrendador.

Como o valor presente dos pagamentos mínimos é igual a R$ 316.470,14 (Valor presente de 120 parcelas de R$ 4.536,08 descontadas a taxa de 1%, mais o valor presente do preço de exercício de R$ 1.000,00), portanto superior ao valor justo de R$ 200.000,00, a arrendatária deverá efetuar os seguintes lançamentos:

D – Ativo arrendado   R$ 207.000,00

C – Caixa   R$ 7.000,00

C – Obrigações a pagar   R$ 545.329,60

D – Despesas a apropriar   R$ 345.329,60

Em 31/01/X2

– A arrendadora deverá reconhecer receitas financeiras:

D – Caixa		R$ 4.536,08
C – Recebíveis de arrendamento		R$ 4.536,08
D – Rendas a apropriar 340.329,60/120		R$ 2.836,08
C – Rendas de arrendamento mercantil		R$ 2.836,08

– A arrendatária deverá reconhecer despesas financeiras e a despesa de depreciação:

D – Despesas de arrenda- -mento mercantil 345.329,60/120	R$ 2.877,74
C – Despesas a apropriar	R$ 2.877,74
D – Obrigações a pagar	R$ 4.536,08
C – Caixa	R$ 4.536,08
D – Despesas de depreciação (207.000 – 2.000)/144	R$ 1.423,61
C – Depreciação acumulada	R$ 1.423,61

Mensalmente, repetem-se esses lançamentos até a liquidação final da operação, quando os ativos serão baixados, segundo a contabilização para esse fato contábil.

Questões discursivas

1. Conceitue a operação de *leasing*.

2. Quem são os integrantes da operação de *leasing*?

3. Quais são os aspectos fiscais da operação de *leasing*?

4. Cite, pelo menos, cinco vantagens da operação de *leasing*.

5. Quais as diferenças entre o *leasing* operacional e o *leasing* financeiro?

6. Para que um contrato de arrendamento mercantil se configure como tal, quais as especificações mínimas a serem determinadas contratualmente?

7. Quais fontes de recursos podem ser envolvidas na operação de *leasing*?

8. Quais as principais vantagens apresentadas pela opção de arrendamento em relação a outros tipos de financiamento?

9. Qual o motivo de o seguro, na maioria dos casos, ser requisitado na operação de *leasing*? Sobre quem irá recair as despesas com seguros?

10. Existe a possibilidade de rescisão de contrato de *leasing*?

Testes de múltipla escolha

1. Leia as seguintes afirmativas sobre *leasing*:

   I – *Leasing* operacional é uma operação de financiamento sob a forma de locação particular, de médio a longo prazo, com base em um contrato, de bens móveis ou imóveis, em que intervêm uma empresa de *leasing* (arrendador), a empresa produtora do bem objeto do contrato (fornecedor) e a empresa que necessita utilizá-lo (arrendatária).

   II – *Leasing* financeiro é a operação, regida por contrato, praticada diretamente entre o produtor de bens (arrendador) e seus usuários (arrendatários), podendo o arrendador ficar responsável pela manutenção do bem arrendado ou por qualquer outro tipo de assistência técnica que seja necessária para seu perfeito funcionamento.

   III – O contrato de *leasing* financeiro, por ter um prazo mínimo definido pelo BACEN, não permite a sua quitação antes desse prazo. O direito de opção de compra do bem só é adquirido ao final do prazo de arrendamento.

   Estão corretas:

   a) apenas I;

   b) apenas II;

   c) apenas III;

   d) apenas II e III;

   e) I, II e III.

2. Calcule o valor do ajuste a valor presente da carteira de arrendamentos, considerando os dados a seguir:

   I – Arrendamentos a receber – R$ 20.000,00

   II – Rendas a apropriar de arrendamentos – R$ 20.000,00

Operação de *Leasing* – Arrendamento Mercantil **297**

III – Bens arrendados – R$ 17.000,00

IV – Depreciação acumulada – R$ 500,00

V – Valor presente da carteira de arrendamento: R$ 15.000,00

a) Superveniência de R$ 16.500,00.

b) Insuficiência de R$ 15.000,00.

c) Superveniência de R$ 1.500,00.

d) Insuficiência de R$ 1.500,00.

e) NDA.

3. **O banco múltiplo LSG realiza, dentre outras operações de crédito, arrendamento de veículos a terceiros, sob a modalidade de *leasing* financeiro. É correto afirmar que os bens objetos do arrendamento a terceiros deve ser contabilizado na Instituição Financeira:**

a) no ativo realizável a longo prazo;

b) no ativo imobilizado;

c) no ativo circulante;

d) no ativo circulante e no realizável a longo prazo, de acordo com os prazos das parcelas que faltam receber;

e) somente em notas explicativas, pois esse bem pertence à arrendatária e, portanto, não pertence à arrendadora.

4. **Qual o valor presente da carteira de arrendamentos, considerando os dados a seguir:**

– Arrendamentos a receber – $ 40.000,00

– Rendas a apropriar de arrendamentos – $ 40.000,00

– Bens arrendados – $ 20.000,00

– Depreciação acumulada – $ 2.000,00

– Valor presente da carteira de arrendamento – $ 1.000,00

a) Superveniência de $ 17.000,00.

b) Insuficiência de $ 18.000,00.

c) Insuficiência de $ 17.000,00.

d) Superveniência de $ 1.000,00.

e) Insuficiência de $ 1.000,00.

5. **(Banco do Brasil – 2010) O arrendamento mercantil (*leasing*) é uma operação com características legais próprias, como:**

a) destinação exclusivamente à pessoa jurídica;

b) cobrança de Imposto sobre Operações Financeiras (IOF);

c) cessão do uso de um bem, por determinado prazo, mediante condições contratadas entre arrendador e arrendatário;

d) prazo mínimo de arrendamento de três anos para bens com vida útil de até cinco anos;

e) aquisição obrigatória do bem pelo arrendatário ao final do prazo do contrato.

6. **(CETES – 2009) A modalidade conhecida como arrendamento mercantil ou *leasing* envolve o cliente (arrendatário) e a empresa de *leasing* (arrendador) e, dependendo do contrato, o cliente, ao encerramento do prazo contratual, poderá exercer o direito de compra do bem em pauta. Assinale a alternativa que aponta, corretamente, uma vantagem dessa modalidade.**

a) O arrendatário pode depreciar o bem e, consequentemente, aproveitar os benefícios tributários.

b) O risco de obsolescência do bem é do arrendador.

c) Usar o valor residual que normalmente o bem terá ao término do contrato.

d) Os pagamentos efetuados a título de aluguel são dedutíveis como despesas do exercício, com reflexos na liquidez da empresa.

e) Alterações e melhorias no bem não necessitam de aprovação do arrendador.

7. **(CAIXA – 2008) O *leasing*, também denominado arrendamento mercantil, é uma operação em que o proprietário de um bem móvel ou imóvel cede a terceiro o uso desse bem por prazo determinado, recebendo em troca uma contraprestação. Em relação às operações de *leasing* analise as afirmações a seguir.**

I – Ao final do contrato de *leasing*, o arrendatário tem a opção de comprar o bem por valor previamente contratado.

II – O *leasing* financeiro ocorre quando uma empresa vende determinado bem de sua propriedade e o aluga imediatamente, sem perder sua posse.

III – O *leasing* operacional assemelha-se a um aluguel, e é efetuado geralmente pelas próprias empresas fabricantes de bens, com prazo mínimo de arrendamento de 90 dias.

IV – Uma das vantagens do *leasing é que, durante o contrato, os bens arrendados fazem parte do Ativo da empresa, agregando valor patrimonial.*

V – O contrato de *leasing* tem prazo mínimo definido pelo Banco Central. Em face disso, não é possível a "quitação" da operação antes desse prazo.

Estão corretas APENAS as afirmações

a) I, III e V;

b) I, IV e V;

c) II, IV e V;

d) I, II, III e IV;

e) II, III, IV e V.

8. **(BND – 2004) A operação de *leasing* é uma operação de crédito, considerada um aluguel de equipamentos por um período estabelecido, com algumas características especiais. Em relação a essa operação, analise as afirmações de I a IV:**

I – O *leasing*, ou arrendamento mercantil, é uma operação em que o cliente pode fazer uso de um bem sem necessariamente tê-lo comprado.

II – A operação de *leasing* é destinada apenas para pessoas jurídicas do setor industrial.

III – Caso o cliente deseje adquirir o bem definitivamente deverá pagar o valor residual definido entre as partes no início do contrato.

IV – Os contratos de *leasing* são feitos por tempo indeterminado.

Marque a alternativa CORRETA:

a) São verdadeiros os itens I e II.

b) São verdadeiros os itens I, III e IV.

c) São verdadeiros os itens I e III.

d) São verdadeiros os itens III e IV.

e) Apenas o item III é verdadeiro.

9. **(Banco do Brasil – 2006) Analise: O princípio básico do I é o de que o lucro vem da II de um bem e não da sua III.**

Preenchem correta e respectivamente as lacunas I, II e III acima:

a) *Leasing* utilização propriedade

b) *Vendor* fabricação venda

c) Crédito direto ao consumidor utilização compra

d) Cheque especial aquisição fabricação

e) *Compror* utilização compra

10. **(Banco do Brasil – 2010) A empresa XYZW firmou um contrato de *leasing* financeiro de uma máquina. Caso queira adquirir essa máquina ao término do contrato, deverá pagar à empresa de *leasing*:**

a) o valor de mercado da máquina deduzido das contraprestações desembolsadas no período do contrato;

b) o valor da depreciação acumulada do bem;

c) 10% da soma das contraprestações desembolsadas no período do contrato;

d) o valor de mercado da máquina;

e) o valor residual garantido.

14

Factoring

André Moura Cintra Goulart e **Edilson Paulo**

14.1 DEFINIÇÃO

A atividade de *factoring*, ou fomento mercantil, pode ser caracterizada como uma forma de financiamento comercial no qual um pequeno comerciante, que encontra dificuldades para um financiamento convencional, vende suas faturas a uma sociedade de fomento mercantil, mediante um desconto sobre o valor de face. Assim, para ver seu capital de giro incrementado, o comerciante não precisa esperar que suas duplicatas sejam pagas, evitando um período de, por exemplo, 60 dias para receber os valores relativos às vendas realizadas a prazo.

A definição anterior, contudo, é limitada, pois enfoca apenas a aquisição de créditos como forma de financiamento e adiantamento de recursos a comerciantes. Uma definição mais ampla inclui a prestação de serviços por parte da empresa de *factoring*, conferindo mais sentido à expressão "fomento mercantil": prestação de serviços variados, em base contínua, conjugada com a aquisição de créditos das empresas, resultantes de suas vendas mercantis ou de prestação de serviços, realizadas a prazo.

A partir dessa definição mais ampla, verifica--se que a atividade de *factoring*, ao contrário do que muitos pensam, não se restringe apenas a um adiantamento de valores financeiros a uma empresa, por conta de vendas realizadas a prazo. Além da disponibilização de recursos através da aquisição de créditos de uma empresa, função básica desempenhada pela empresa de fomento mercantil, esta pode também prestar a seus clientes uma série de outros serviços. De maneira ampla, o fomento mercantil pode ser entendido como a prestação contínua de serviços de alavancagem mercadológica, de avaliação de fornecedores, clientes e sacados, de acompanhamento de contas a receber e de outros serviços, conjugada com a aquisição de créditos de empresas, resultantes de suas vendas ou prestações de serviços realizadas a prazo.

Dessa maneira, pode ser definido da seguinte forma: "*Factoring* é uma atividade comercial, mista e atípica, que soma prestação de serviços à compra de ativos financeiros" (LIMA, 2006).

O contrato de *factoring*, ou fomento mercantil, no tocante à aquisição de créditos, é aquele pelo qual uma empresa cede créditos decorrentes de sua atividade mercantil a outra empresa (*factoring*), a qual os adquire, mediante pagamento à vista, com uma margem de deságio, de onde tira sua remuneração, obrigando-se a cobrá-los na data ajustada.

Nessa linha, o *factoring* caracteriza-se, em sua essência, pela venda de um direito de crédito, feita diretamente pelo detentor deste crédito (o sacador), a uma instituição compradora (o *factor*), que fornece os recursos ao sacador, mediante um deságio sobre o valor de face deste direito de crédito que pode ser, por exemplo, uma duplicata ou um cheque (FORTUNA, 2002).

Dessa maneira, observa-se que o empresário operador de *factoring* dedica-se à compra de créditos advindos da atividade comercial de outras empresas, que realizam negócios a prazo, mediante a emissão de duplicatas mercantis ou até mesmo pelo recebimento de cheques pré-datados, ficando com valores a receber, porém necessitando de capital imediato, em caixa. Contudo, este é apenas um dos serviços oferecidos por uma *factoring*. O segmento de fomento mercantil oferece também um leque de outros serviços ao seu cliente. Logicamente que, a exemplo da compra e venda mercantil, a empresa de *factoring*, ao efetuar suas transações, o faz tendo em vista o lucro.

Apesar da atipicidade, o contrato de *factoring* é bilateral e tem objeto próprio e características que o identificam como tal. São marcantes o traço empresarial e empreendedor da atividade de *factoring*. As operações praticadas pelas empresas de *factoring* têm características tipicamente mercantis e não financeiras. As empresas dedicadas ao *factoring*, e que legalmente assim se propõem, não possuem o caráter nem a pretensão de atuarem como financeiras. Tanto é que a Resolução do Conselho Monetário Nacional nº 2.144/95 esclareceu que qualquer operação realizada por empresas de fomento mercantil – *factoring* – que não se enquadre no conceito legal, e que caracterize operação privada de instituição financeira, constitui ilícito administrativo e criminal. Vale ressaltar que as empresas de *factoring* devem seguir os seguintes preceitos:

a) não intermediar recursos de terceiros no mercado;

b) somente comprar créditos oriundos de legítimas transações comerciais;

c) somente operar com pessoas jurídicas;

d) não envolver, em suas atividades, a concessão de empréstimos nem a cobrança de juros (atividades exclusivas de instituições financeiras).

Conforme Lima (2006),

"faz-se mister salientar que, em ocorrendo descaracterização da essência e finalidade do *factoring*, configura-se outro instituto jurídico ou até mesmo situação real classificada como contravenção ou ilícito penal. Não constituem Factoring, por exemplo, as seguintes hipóteses: operações onde o contratante não seja pessoa jurídica; empréstimo com garantia de linha de telefone, veículos, cheques, etc.; empréstimo via cartão de crédito; alienação de bens móveis e imóveis; financiamento ao consumo; operações privativas das instituições financeiras; ausência de contrato de fomento mercantil".

Cabe observar que, além das duplicatas, outra modalidade de recebível de grande aceitação pelas empresas de *factoring* são os cheques pré-datados. Embora a Lei nº 7.357, de 2 de setembro de 1985 (Lei do Cheque), no seu art. 32, estabeleça que o cheque é uma ordem de pagamento a vista, o acórdão do Superior Tribunal de Justiça julgou procedente ação de indenização movida por particular contra uma sociedade comercial, que descontou cheque pré-datado antes da data previamente estipulada. Esta decisão sacramentou o que na prática representa uma das principais modalidades de parcelamento de débito nas transações comerciais no nosso país e, consequentemente, de recebíveis na mão das médias e pequenas empresas.

14.1.1 Relação com a compra e venda mercantil

No contrato de fomento mercantil, a empresa comercial ou de serviços literalmente vende seus créditos à *factoring*, e esta os adquire, pagando-os a vista, passando a ser a legítima detentora do título. Aqui aparece um ponto fundamental a ser destacado quanto a este tipo de contrato, que é a vedação do direito de regresso da *factoring* contra a empresa que lhe cedeu os créditos, em caso de inadimplência do devedor. O risco assumido do não pagamento do terceiro é, portanto, inerente a esta atividade. No entanto, responde a empresa que cedeu os créditos em caso de inexistência, nulidade ou vício do crédito, que lhe impossibilite o pagamento.

Surge aí mais um ponto de afastamento deste segmento da atividade financeira, ou de intermediação financeira, regulamentada pelo Banco Central. Na operação financeira, quer os títulos permaneçam em caução em mãos da instituição bancária para garantia do empréstimo concedido, quer sejam objeto de desconto, permanece a instituição com direito de regresso ou com as garantias decorrentes do aval e do endosso contra o sacador do título, que continua responsável pela liquidação do empréstimo tomado. Os créditos, quando representados por títulos de crédito, em especial a duplicata mercantil, são transferidos pelo instituto do endosso.

No fomento mercantil, a prática é de venda dos títulos de crédito mediante o *endosso em preto*, modalidade em que há indicação nominal da pessoa para quem é feita a transferência. Nesse tipo de procedimento, não há possibilidade de regresso no caso de inadimplência do devedor, que é o cliente da empresa que realizou a venda dos títulos.

Apesar de a inexistência do direito de regresso contra o devedor (no caso de inadimplência do título de crédito) ser apontada como uma das principais diferenças entre a atividade de desconto de títulos, desempenhada por instituições financeiras, e a atividade de *factoring*, cabe registrar que, segundo entendimento de setores ligados às atividades das empresas de *factoring*, existe, com base no artigo 94 do novo Código Civil, a possibilidade de regresso. Essa é uma questão que merece análise cuidadosa e envolve posicionamento também da autoridade monetária, o Banco Central, relativamente ao que caracteriza atividade privativa de instituição financeira.

A propósito, considerando a legislação vigente, incluindo a regulamentação do Banco Central, permanece o entendimento de que a atividade de *factoring* não se compatibiliza com o direito de regresso, assim como ressaltado por Neves e Viceconti (2007):

> "O que diferencia a operação de *factoring* (compra de títulos) da operação de desconto bancário é que a empresa de fomento mercantil compra o título sem direito de regresso, ou seja, caso o devedor não pague, o prejuízo será assumido por ela e não pelo cedente do título."

Para os dois autores referidos, é em decorrência disso que o deságio "cobrado" pela empresa de *factoring* costuma ser maior que o desconto bancário,

uma vez que ela assume integralmente o risco de crédito.

Também é oportuno citar o posicionamento de Lima (2006) sobre o assunto:

> "na jurisprudência é quase tranquilo a impossibilidade de regresso, apesar da efetiva prática desse instrumento. Como cada vez mais há 'títulos voadores' no mercado, a escolha dos créditos está mais e mais rigorosa, pois as empresas de *factoring* não querem assumir perdas constantes no seu negócio. Assim, somente são aceitos títulos quase sem riscos ou com procedência conhecida e fundada. Nestes termos, as próprias faturizadas têm sugerido uma menor comissão, garantindo, por outro lado, os direitos creditícios dos títulos. Como ainda não há norma regulamentando o *factoring* (ausência de proibição expressa), não é proibido usar-se de tais meios, apesar da jurisprudência rechaçá-los".

Conforme observa o autor, apesar de observar-se, na prática, o regresso contra a empresa que alienou os títulos de crédito, a jurisprudência o rechaça, o que permite deduzir não haver base legal para o direito de regresso nas operações de fomento mercantil. Diante disso, as empresas de *factoring* têm adotado o procedimento de realizar uma escolha rigorosa dos créditos objeto de aquisição, buscando mitigar as possibilidades de perda. Passam, assim, a ser de mais difícil aceitação os créditos com risco ou de procedência não conhecida de maneira satisfatória. Ao mesmo tempo, em decorrência desse processo, é natural esperar-se e observa-se uma redução dos fatores de desconto dos títulos adquiridos, uma vez que a magnitude do desconto é proporcional ao risco intrínseco da operação.

Lima (2006) ainda acrescenta:

> "para efeitos operacionais, para que o direito de regresso seja aceito e corretamente operado pelas empresas de *factoring*, tal diferenciação deve estar absolutamente explícita no contrato de faturização, com a especificação de que se trata de contrato constando de cláusula de responsabilização do cedente dos créditos (contrato *pro solvendo*) e com endosso (transferência) nos títulos negociados".

Cumpre mencionar, ainda, que a transferência do título de crédito para a empresa de *factoring* requer a comunicação ao cliente devedor. O devedor, no caso, é o cliente da empresa que vende os títulos de crédito representativos de suas vendas a prazo para uma empresa de fomento mercantil. E, mais do que a comunicação, requer-se que este devedor manifeste sua aceitação quanto à transferência de titularidade de sua dívida, o que, a propósito, representa, para o devedor, a existência de um novo credor. A seguir, é ilustrada a exigibilidade de comunicação ao cliente devedor no contexto da transferência do título de crédito.

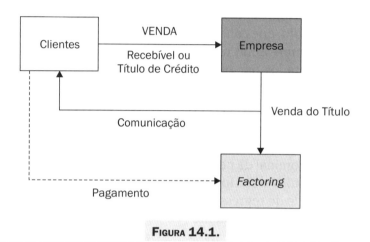

Figura 14.1.

14.1.2 Prestação de serviços

Modernamente, as empresas de fomento mercantil não se restringem à simples aquisição de crédito, podendo tornar-se verdadeiras parceiras das empresas que as contratam. Neste ponto, assume relevância o aspecto da prestação de serviços, destacando-se: serviço de consultoria e aconselhamento, indicação de negócios com menor grau de risco, serviços de contabilidade,[1] auxílio no relacionamento com fornecedores, aquisição de matéria-prima e inúmeras outras facilidades. São reais assistentes do empresário, oferecendo seus serviços, mediante remuneração, para que deles a empresa contratante obtenha vantagens em sua atividade, tais como aumento da produtividade e da lucratividade, despreocupação com cobranças de créditos, disponibilidade imediata de valores imobilizados, assessoria de negócios, enfim, uma gama imensa de benefícios.

14.1.3 A legalidade da atividade de *factoring*

Nos últimos tempos, a mídia tem veiculado com maior frequência notícias sobre *factoring*. Não é incomum, nessas notícias, utilizar-se o termo *factoring* para denominar a compra de créditos de pessoas físicas que, na maioria das vezes, procuram "trocar" cheques pós-datados. Aí repousa outro dogma mantido acerca do fomento mercantil. A princípio, deve-se afastar a ideia de que a atividade de *factoring* é ilícita, comparável à do agiota. A atividade do *factoring*, como diz a tradução para o português brasileiro, o fomento mercantil, deve ser entendida como um auxílio, uma alavancagem, um suporte oferecido aos comerciantes, no sentido de desenvolver e incentivar tal atividade. As empresas desse ramo não emprestam dinheiro a juros, muito menos cobram juros. Simplesmente adquirem créditos provenientes das atividades de empresas comerciais, industriais e de serviços, recebendo em contraprestação um desconto do valor do título, pactuado entre as partes, chamado de fator de compra. *Factorings*, as legalmente estabelecidas, não concedem empréstimos e não recebem juros, além de atuarem sob monitoramento do Banco Central e da Associação Nacional das Sociedades de Fomento Mercantil – *Factoring* (ANFAC), entidade com atuação no país desde 1982. A *factoring* é atividade legalmente instituída e operada no país,

---

[1] Quanto aos "serviços de contabilidade", não se referem à assunção plena de responsabilidade pela contabilidade da empresa, o que inclui, por exemplo, assinar balanços e responsabilizar-se pelas demonstrações contábeis e outras atividades perante órgãos reguladores e de fiscalização. Para isso, requer-se registro junto aos conselhos competentes de contabilidade. Os serviços de contabilidade referem-se a atividades gerais de assessoria, tendo em vista contribuir com o aprimoramento das atividades das empresas clientes.

sendo que, para possuir a condição de empresa de fomento mercantil, a empresa deve estar constituída e trabalhar de acordo com as normas vigentes.

14.1.4 *Factoring* versus atividades bancárias

As *factoring* não praticam atividade de banco. Leite (2011) apresenta estudo em que diferencia as duas atividades, elucidando as diferenças, que podem ser mostradas no quadro a seguir:

Banco	Factoring
Intermediação financeira, com captação e aplicação de recursos de terceiros. De um lado, capta recursos de terceiros no mercado e, de outro, os empresta, em operações ativas de crédito.	Operação de compra de créditos somada à prestação de serviços. Na parte relativa à compra de crédito, não existe uma operação de crédito como é feita pelas instituições financeiras.
Utiliza recursos da poupança popular.	Recursos próprios. Não opera com recursos captados junto ao público.
Remuneração com cobrança de juros.	Ganha sua remuneração na compra, a um valor menor, de um bem móvel (créditos) e prestação de serviços.

Além disso, a Circular nº 2.715/96, do Banco Central do Brasil, mais uma vez diferenciando as atividades, permitiu às instituições financeiras a realização de operações de crédito e aporte de recursos em empresas de fomento mercantil.

Ressalte-se que a atividade de *factoring* é de natureza essencialmente mercantil, sendo desenvolvida por empresa comercial, cujo pré-requisito é o registro na Junta Comercial. Contrapõe-se, portanto, à atividade bancária, cujo objeto é a intermediação financeira (captação de recursos e concessão de empréstimos), com a cobrança de juros nas operações ativas de crédito (empréstimos e financiamentos), tendo como pré-requisito a autorização do Banco Central do Brasil e também estando sujeita à fiscalização desta autoridade monetária.

Vale apresentar um exemplo de desconto bancário, operação realizada por instituição financeira, com o adiantamento de recursos (empréstimo), pelo banco, mediante o desconto de valores a se-

rem recebidos futuramente pelo cedente do título de crédito:

> Título com valor futuro de $ 1.000;
>
> Vencimento em 30 dias;
>
> Taxa de 3% a.m.;
>
> Banco antecipa $ 970, e se habilita a receber do sacado, os $ 1.000, no vencimento.

Importante registrar que o banco tem direito de regresso contra o cedente do título, no caso de inadimplência.

Na atividade de *factoring*, também há "desconto" sobre valor de face do título adquirido, com base no que se chama fator de compra. Na prática, o fator de compra assemelha-se aos juros cobrados no desconto bancário de duplicatas. Para assumir o crédito, a empresa de *factoring* "cobra" remuneração dos títulos de mercado (custo de oportunidade), mais *spread* que cubra custos e riscos associados à inadimplência. Por tratar-se de operação comercial, não há direito de regresso, salvo em casos de fraude, em que há possibilidade de ação judicial contra cliente.

Observa-se, assim, que as atividades de desconto bancário de duplicatas e de aquisição de créditos por parte de empresas de *factoring*, apesar de algumas diferenças, guardam significativa similaridade.

Além do que já foi citado, é importante ressaltar que a sociedade de fomento mercantil trabalha com recursos próprios ou realiza captações através de empréstimos bancários (conta garantida) ou debêntures e notas promissórias comerciais, não captando recursos no mercado, junto ao público, como fazem os bancos.

Quanto às fontes de receitas, enquanto os bancos auferem retornos a partir da intermediação financeira (com resultados gerados a partir da diferença entre as taxas cobradas na operações ativas de crédito e as taxas pagas nas operações de captação junto aos clientes poupadores/investidores), as empresas de *factoring* apresentam basicamente dois tipos de faturamento:

- aquisição de créditos por valor inferior ao "valor de face" (valor futuro);

- prestação de serviços para micro e pequenas empresas:

- cobrança, cadastro, gestão de contas a receber e a pagar, orientação mercadológica etc.;

- preço do serviço: 0,25% a 3% do faturamento do cliente;

- há incidência de ISS.

Com base no exposto, podem ser citadas algumas distorções da atividade de fomento mercantil:

- operações onde o contratante não seja pessoa jurídica (apenas PJ podem ser clientes do *factoring*, sendo vedada, portanto, a operação com pessoa física).

- realizar atividades privativas de instituições financeiras (empréstimos, cobrança de juros, intermediação financeira);

- financiamento ao consumo;

- empréstimo com garantia de linha de telefone, veículos, cheques etc.;

- empréstimo via cartão de crédito;

- agiotagem (como na compra de cheques com grande deságio);

- ausência de contrato de fomento mercantil. Inexistência de contrato de prestação de serviços/fomento mercantil;

- alienação de bens móveis e imóveis.

Na seção a seguir, apresenta-se um exemplo de operação de *factoring*, com utilização do fator de compra.

14.1.5 Exemplo de operação de *factoring*

O fator de compra é utilizado pela *factoring* na aquisição de créditos, sendo base para o deságio no valor de face do ativo adquirido (duplicata).

A definição do fator de compra depende de alguns aspectos, como:

- custo de *funding* das empresas de *factoring*;

- despesas administrativas e de cobrança da empresa de *factoring*;

- *spread* representativo do risco do crédito;

- custo de oportunidade (aplicações financeiras);

- impostos;

- margem de lucratividade esperada.

Cumpre observar que a taxa de desconto bancário também funciona como parâmetro na definição do fator de compra.

O fator utilizado para o cálculo do valor de aquisição dos créditos (pela *factoring*) é divulgado diariamente pela Associação Nacional das Sociedades de Fomento Mercantil – *Factoring* (ANFAC), funcionando como sinalizador/parâmetro para compra de créditos pelas sociedades de fomento mercantil.

A seguir, é apresentado um exemplo de cálculo do fator de compra, conforme metodologia da ANFAC.

No cálculo do fator de compra, são considerados os seguintes elementos:

- Custo de oportunidade

  Parâmetro é a rentabilidade oferecida pelo certificado de depósito bancário (CDB):

  CDB = 14% a.a. → 1,10% a.m

- Custo operacional (despesas administrativas), com estimativa (para 30 dias) em função do tamanho da carteira ativa da *factoring*:

  - valor da carteira considerado: R$ 1 milhão;

  - estimativa do custo operacional não superior a 1% da carteira ativa da *factoring*.

- Carga tributária:

  - estimativa (para 30 dias): todos os impostos totalizam 1,6% do valor da carteira ativa ou do valor do ativo descontado.

- Margem de risco e lucratividade:

  - estimativa: média de 0,80%.

Com base nas estimativas apresentadas e nos elementos considerados, é a seguinte a composição do fator de compra:

Custo de oportunidade:	1,10%
Custo operacional:	1,00%
Carga tributária:	1,60%
Margem de lucratividade:	0,80%
TOTAL:	4,50%
Ad valorem:	1,00%
Fator:	5,50%

Ao valor obtido é acrescido percentual a título de *ad valorem* (prestação de serviços): 1% do valor da carteira ou ativo, compondo um fator (com *ad valorem*) de: 5,50%. O *ad valorem* representa a remuneração pelos demais serviços prestados pela *factoring* à empresa cliente, com consultoria, auxílio no relacionamento com fornecedores e em outros processos operacionais e administrativos.

Segue exemplo de aplicação do fator na aquisição de título de crédito:

- título de $ 10.000, vencimento em 30 dias;
- valor de aquisição:
$ 10.000 × (1 – 0,045) = $ 9.550;
- receita pelo diferencial "valor futuro" – "valor de aquisição" = $ 450.
- Receita *ad valorem*:
0,01 × $ 10.000 = $ 100;
- Despesas:
"Custo operacional":
0,01 × $ 10.000 = $ 100
Carga tributária:
0,016 × $ 10.000 = $ 160

Total despesas: $ 260

- Lucro: receitas (–) despesas
$ 450 – $ 260 = $ 290

Quanto aos tributos incidentes:

- Na prestação de serviços:
ISS sobre preço do serviço prestado (média de 0,90%);
Cofins: 7,6% s/ faturamento mensal;
PIS: 1,65% s/ faturamento mensal;
IR 15% sobre lucro real (ou arbitrado);
CSSL: 9% sobre lucro real;
Adicional de IR: 10% s/ lucro real acima de R$ 20 mil mensais.

- Na compra de crédito: sobre diferença auferida entre valor futuro (de face) e valor de aquisição:
Cofins: 7,6% sobre diferença (em litígio);
PIS: 1,65% sobre diferença;
IR: 15% s/ lucro real;
CSSL: 9% s/ lucro real;
IR Adicional de 10% sobre lucro acima de R$ 20 mil mensais;
IOF: 0,0041 % a.d., a cargo da empresa cliente, recolhido pela *factoring*, sobre valor de aquisição (*sub judice*).

Assim, o resultado da operação é expresso a seguir:

Operação – R$ 10.000				
	Alíquota	Aquisição	Serviço	Total
Receita		450,00	100,00	550,00
ISS	0,90%	–	0,90	(0,90)
COFINS	7,60%	34,20	7,60	(41,80)
PIS	1,65%	7,43	1,65	(9,08)
Receita Líquida		408,38	89,85	498,23
Custo Operacional				(100,00)
LAIR				398,23
IR	15%			(59,73)
CSLL	9%			(35,84)
Lucro após IR e CSLL				302,65
Custo de Oportunidade				(110,00)
Lucro Líquido				192,65

14.2 ORIGEM HISTÓRICA E EVOLUÇÃO

14.2.1 Surgimento do *factoring*

A origem do *factoring* remonta à origem da própria humanidade, surgindo juntamente com as primeiras relações de comércio estabelecidas. A palavra "*factoring*" é formada pelo radical *factor*, cuja origem etimológica vem do latim do substantivo do verbo *facere*, que significa fazer. Portanto, *factor* era o *fazedor* de negócios dos romanos, ou seja, o agente mercantil. A prestação de serviços de gestão de negócios é outro ponto essencial na atividade atual de *factoring*. Historicamente, percebe-se que o aspecto de prestação de serviços surgiu antes do aspecto da compra de créditos, isto é, o *factoring* surgiu como um prestador de serviços a comerciantes e, na ampliação do leque de opções oferecidas aos clientes, na tentativa de literalmente fomentar seus negócios, passou a possibilitar um adiantamento de suas vendas a prazo. Nessa visão, o *factoring* é um contrato originariamente de prestação de serviços, ao qual se adicionou a função de fornecedores de recursos.

Segundo Leite (2011), a origem do *factoring* moderno remonta ao século XVI. Nessa época, a Inglaterra enviava aos Estados Unidos empreendedores britânicos ou irlandeses, chamados *cotton-factors*, para prestar assistência à incipiente indústria têxtil local. A primeira sociedade de *factoring* americana surgiu em 1808, em Nova York, quando um rico negociante que assessorava a comercialização de produtos de pequenas indústrias têxteis propôs a seus clientes comprar a vista o que vendiam a prazo. Assim, as empresas passaram a transferir ao *factor* créditos a receber, resultantes de vendas a terceiros. O *factor* assumia as despesas de cobrança e os riscos de não pagamento.

Os aspectos jurídicos dessa atividade foram estudados pela primeira vez em 1974 pelo Instituto Internacional para Unificação do Direito Privado (Unidroit). Em 1988, o Unidroit organizou a Convenção Diplomática de Ottawa, patrocinada pelo Governo do Canadá, para tratar especificamente do *factoring*. Participaram da Convenção 52 países, entre os quais o Brasil. As conclusões do encontro foram reunidas em documento assinado por todos os participantes e ficaram conhecidas como Doutrina Ottawa, que vem servindo, desde então, como fundamento ao desenvolvimento das atividades de fomento mercantil.

14.2.2 O *factoring* no Brasil

No Brasil, a atividade de fomento mercantil teve início em 1982, juntamente com a criação da Associação Nacional das Sociedades de Fomento Mercantil – *Factoring* (ANFAC) presidida desde a sua origem pelo Sr. Luiz Lemos Leite. Foi o início da atividade regulamentada do *factoring* no Brasil, com 11 empresas participando do nascimento da referida instituição.

Ocorreram, desde o início, resistências e restrições ao *factoring*, causando empecilhos à expansão do segmento.

O Banco Central do Brasil, através da Circular nº 703, de 16 de junho de 1982, proibiu as atividades de *factoring*. Para Leite (2011), "foi um documento infeliz, ambíguo e injurídico, que não definiu nem proibiu o *factoring*, mas atrasou e distorceu a sua prática no Brasil".

Em 1988, o Banco Central do Brasil, através da Circular nº 1.359/88, revogou a Circular nº 703/82, que fazia restrição ao *factoring*. Com o advento da Lei nº 8.981, de 20 de janeiro de 1995, no art. 28, § 1º, alínea *c*-4, o legislador fez referências às operações peculiares ao *factoring*, traçando os contornos da vocação daquelas empresas. A partir da promulgação da Lei, em referência, o Conselho Monetário Nacional, através do Banco Central do Brasil, editou a Resolução nº 2.144, de 22 de fevereiro de 1995, regulamentando o referido dispositivo legal.

De acordo com a Lei nº 8.981/95, não podem ser legalmente acolhidas no *factoring* transações que não sejam notoriamente mercantis ou de prestações de serviços, revestidas das normas de regime jurídico.

A partir da edição da Resolução nº 2.144, ficaram bem delineados os campos de atuação das instituições financeiras autorizadas a funcionar pelo Banco Central do Brasil, como também das empresas de fomento mercantil.

A sociedade brasileira tem convivido com um grande contingente de pessoas desprovidas de ética que, impropriamente, vêm utilizando o *factoring* para praticarem agiotagem, estelionato e outros crimes, a exemplo da indução de pessoas a erro, para auferirem vantagens ilícitas. Existem, portanto, empresas que dizem desenvolver atividades de *factoring*, mas praticam, na verdade, operações diferenciadas: captam recursos no mercado, descontam cheques pós-datados oriundos de vendas ao consumidor e emprestam dinheiro mediante garantia fiduciária, transferindo a propriedade de veículo. Empresas que atuam no mercado com tais atividades estão praticando crime. Como já referido, não se trata de operações de *factoring*.

O fomento mercantil, no Brasil, portanto, é uma atividade que não se encontra totalmente regulamentada e seus fundamentos são regidos, basicamente, pelos princípios do Direito Comercial.

A regulamentação do *factoring*, com lei específica tratando do assunto, ainda não é uma realidade no Brasil, porém há projeto em tramitação no Congresso Nacional. Tal projeto é transcrito ao final deste capítulo.

14.3 ESPÉCIES DE *FACTORING*

O fomento mercantil não existe apenas em sua modalidade convencional. Além do *conventional factoring*, existem o *maturity factoring*, o *trustee*, o *export factoring* e o *factoring* matéria-prima. Cada uma dessas espécies, apesar de não possuírem todas as características do *factoring*, com exceção do convencional, possuem nítidos traços deste instituto, ora privilegiando seu aspecto de adquirente de créditos, ora de prestador de serviços.

14.3.1 *Conventional factoring*

Também chamado de tradicional, ou de *old line factoring*, é o fomento mercantil propriamente dito. Abrange todos os aspectos já vistos, de prestação de serviços, destacando-se pelo adiantamento de valores a comerciantes que realizam vendas a prazo. Também é marcado pela garantia que oferece ao comerciante, já que, ao adquirirem os créditos, mediante endosso ou cessão, arcam com a possibilidade de inadimplência do sacado ou devedor, não havendo direito de regresso contra a empresa cedente dos créditos, exceto quanto a vícios do crédito em si, quanto à sua existência ou validade. Nesta espécie, existe a compra e venda de direitos futuros, passando a *factoring* a ser a legítima detentora dos créditos que adquiriu, podendo exigi-los na data de seu vencimento, bem como se valer de qualquer medida necessária para obter o pagamento. É a espécie maciçamente mais utilizada, sendo, também por isso, a mais estudada. Ao falar em *factoring*, necessariamente a imagem que se faz é desta modalidade, pois foi desta maneira

que este instituto se desenvolveu e repercutiu em todo o mundo. Foi com estas características que o *factoring* surgiu e foi difundido e é reconhecido como prática comercial.

14.3.2 *Maturity factoring*

Apesar de figurar como uma espécie de *factoring*, não parece o *maturity factoring* exatamente uma representação deste contrato. Nesta espécie, não ocorre o adiantamento do valor dos créditos da empresa comercial. A empresa cede os créditos a *factoring* com o intuito de que esta efetue a cobrança dos mesmos na data ajustada, bem como também se comprometa a realizar os pagamentos à empresa-cliente. Praticamente, trata-se de uma terceirização do setor de cobranças da empresa, aliada à garantia de recebimento e à prestação de serviços que, como já visto, caracteriza o contrato de *factoring*. Esta espécie se destaca muito mais pela prestação de serviços do que propriamente pela compra e venda de títulos.

14.3.3 *Trustee*

Neste tipo de contrato, a *factoring* administra todas as contas de seu cliente, assessorando-o na expansão de seus negócios, além de comprar seus direitos creditórios. Trata-se da total gestão financeira e de negócios da empresa comercial pela empresa de fomento mercantil.

14.3.4 O *factoring* exportação

Serve para comercializar no exterior bens produzidos por empresa-cliente do *factoring*. Nesta espécie, fica clara a denominação de fomento mercantil, já que a função do *factoring* é exatamente incrementar os negócios de seus clientes, promovendo e divulgando seus produtos e serviços no exterior, colocando uma assessoria de comércio exterior à disposição do cliente, serviço este que, pelo custo específico, talvez não pudesse ser suportado pelo empresário, nem feito por conta própria.

14.3.5 *Factoring* matéria-prima

A empresa de *factoring* transforma-se em intermediária entre a empresa fomentada e seu fornecedor de matéria-prima. A *factoring* compra a vista o direito futuro deste fornecedor e a empresa paga à *factoring* com o faturamento gerado pela transformação desta matéria-prima.

14.4 IMPORTÂNCIA DA ATIVIDADE

Hoje em dia, constata-se a importância do fomento mercantil no mercado, pois constitui setor embasado e produtivo, tanto para seus praticantes quanto para os que de seus serviços se utilizam. As mais de 700 sociedades de fomento mercantil filiadas à ANFAC são sociedades legalmente constituídas, com sua atividade econômica definida em seu objeto social, e registradas nas Juntas Comerciais, as quais firmam um termo de compromisso de praticar o *factoring* como fomento mercantil, dentro da legalidade. Além de não trazer novas dívidas às empresas, o *factoring* reflete sobremaneira na clientela da empresa comercial, já que, com o subsídio da *factor*, pode disponibilizar a seus clientes vendas a prazo, sem que isso signifique comprometimento financeiro. Para garantia da lisura das operações de fomento mercantil, a ANFAC atua no controle do funcionamento das empresas, sendo tal entidade dotada de um Conselho de Ética, com fiscalização em todas as suas afiliadas.

O fomento mercantil, praticado dentro da legalidade, pode oferecer benefícios para a empresa cliente, cabendo destacar os seguintes:

a) parceria: aconselhamento ao empresário em suas decisões importantes e estratégicas, além do apoio às suas atividades rotineiras;

b) eliminação de seu endividamento;

c) melhora da competitividade no ramo de negócio e racionalização dos custos, permitindo-lhe aprimorar a produção e as vendas.

Dentro desses benefícios, observam-se as seguintes vantagens: dinheiro em caixa para movimentação dos negócios; assessoria administrativa; compra de matéria-prima; administração do caixa; assessoria contábil; cobrança de contas e outros serviços para os quais tenha preparo e competência, no sentido de contribuir com a atividade mercantil da empresa-cliente.

14.5 ASPECTOS CONTÁBEIS, TRIBUTÁRIOS E LEGAIS

14.5.1 Aspectos contábeis

A operação de *factoring* representa compra e venda mercantil. Nessa transação, as empresas clientes vendem a vista os seus direitos (créditos) resultantes de suas vendas mercantis realizadas a prazo, materializadas em títulos de crédito, que são comprados, à vista, pela sociedade de fomento mercantil.

Através do endosso nos títulos negociados, as empresas clientes transferem a titularidade de seus direitos à sociedade de fomento mercantil, que passa a ser a sua única e legítima proprietária, sendo os títulos adquiridos incorporados ao ativo patrimonial e contabilizados como títulos a receber na sociedade de fomento mercantil.

A Secretaria de Receita Federal decidiu, por meio do Ato Declaratório Normativo da Coordenação do Sistema de Tributação nº 51, de 28 de setembro de 1994:

- Para a empresa que alienou o título de crédito, a diferença entre o valor de face e o valor de venda, oriunda da venda de duplicata para a empresa de *factoring*, poderá ser computada como despesa operacional, na data da respectiva transação.

Dessa maneira, um ativo existente na forma de título de crédito a ser recebido (Duplicatas a Receber) é vendido, deixa de "existir" na contabilidade da empresa que o aliena, transformando-se em caixa. No entanto, o valor outrora registrado em Duplicatas a Receber é maior do que o valor registrado na conta Caixa (ou Bancos) no momento da transferência do título. Essa diferença é registrada como despesa. É como se um ativo tivesse perdido valor, sendo a despesa a representação contábil dessa perda, com impacto em resultado na magnitude da diferença entre o valor contábil do ativo que existia (em Duplicatas a Receber) e o valor pelo qual foi vendido, então registrado em Caixa.

- Para as empresas de *factoring*, a receita a ser contabilizada na data da operação é determinada pela diferença entre a quantia expressa no título de crédito adquirido e o valor pago pela sua aquisição.

Razoável que a empresa de *factoring* registre uma receita, pois está adquirindo, por um determinado valor algo que, em tese, vale mais do que o montante pago pela aquisição, ou que, expressando de outra maneira, representa o direito de recebimento de um valor maior do que aquele que se está pagando. A lógica é que ganha uma receita a empresa que compra por R$ 10,00 um ativo que, na realidade, vale R$ 12,00, ou que representa o direito de receber R$ 12,00 (sem considerar, neste caso, o efeito financeiro relativo ao tempo que se espera para receber o referido valor).[2] Neste caso, houve um decréscimo na conta Caixa da empresa que adquire o ativo, no valor de R$ 10,00 (lançamento a crédito no valor de R$ 10,00), e um incremento de R$ 12,00 na conta Duplicatas a Receber (mediante um lançamento a débito na conta de ativo de Duplicatas a Receber), representando o direito de se receber este valor. A diferença entre o valor que existia em Caixa e que passou a existir em conta representativa de Títulos a Receber constitui justamente a receita obtida com a aquisição da duplicata.

Exemplo:

A loja de microcomputadores "Telejogo" vendeu duplicatas a receber de sua propriedade, relacionadas a vendas de equipamento a prazo, com o valor de face de R$ 10.000,00, à empresa de *factoring* "Vamos Faturar", com deságio de 15%. Dessa maneira, para concretizar a aquisição das duplicatas, Vamos Faturar realizou depósito bancário a favor da Telejogo no valor de R$ 8.500,00.

Na empresa que vendeu os títulos, a Telejogo, seriam necessários os seguintes lançamentos:

1. A débito na conta Bancos (Caixa), no valor de R$ 8.500,00, representando o valor recebido pela venda das duplicatas.

2. A crédito na conta de Duplicatas a Receber, no valor de R$ 10.000,00, representando a baixa dos títulos alienados.

3. A débito em conta de despesa Deságio de Títulos Alienados (Despesa Financeira), no valor de R$ 1.500,00, representando a diferença entre o valor de face do ativo vendido e o valor recebido pela alienação.

Na empresa de fomento mercantil que adquiriu os títulos (Vamos Faturar), caberiam os seguintes lançamentos:

1. A crédito na conta Bancos (Caixa), no valor de R$ 8.500,00, representando o valor pelo qual se comprou as duplicatas e que foi depositado a favor da Telejogo.

2. A débito da conta de Títulos a Receber, no valor de R$ 10.000,00, representando o direito adquirido de receber pagamentos dos devedores dos títulos de crédito adquiridos, no caso, clientes da empresa Telejogo.

3. A crédito em conta de receita operacional (receita operacional de natureza financeira), no valor de R$ 1.500,00, representando a diferença entre o valor do ativo comprado e o valor pago pela aquisição.

14.5.2 Aspectos tributários

As receitas auferidas pelas empresas do segmento de *factoring* submetem-se a dois regimes distintos de tributação, em virtude dos tipos de negócios efetuados com seus clientes. Estes negócios dividem-se em duas partes, como visto anteriormente, uma parcela de serviços prestados e outra de compra de créditos relativos a vendas a prazo.

Para melhor compreensão, são explicitados, a seguir, os dois regimes:

• **prestação de serviços**: objeto da incidência do Imposto sobre Serviços (ISS), tributo municipal que tem como fato gerador a prestação de serviços de qualquer natureza. A alíquota é definida em cada município (segundo Leite, 2011, a alíquota média é de 0,90%) e cobrada sobre o valor da nota fiscal de serviços da empresa de *factoring*. Além do ISS, há, na prestação de serviços, a incidência da COFINS (3% sobre

---

[2] Apesar de não ser propósito, neste capítulo, a discussão do efeito financeiro relacionado ao tempo que se espera para receber um determinado montante de recursos, pode-se compreender a ideia ao se pensar que naturalmente se prefere receber R$ 10,00 hoje do que R$ 12,00 daqui a 20 anos. Por outro lado, de maneira geral, é preferível receber R$ 12,00 amanhã do que R$ 10,00 hoje; não seria válida essa previsão de preferência em casos específicos: quando se precisa urgentemente do dinheiro (no caso, os R$ 10,00), para saciar a fome, por exemplo; ou quando se está em um contexto de grande inflação, não valendo a pena aguardar um dia para receber R$ 12,00, tendo em vista que se receber R$ 10,00 hoje e aplicar no mercado financeiro, no dia seguinte se possuirá mais que R$ 12,00 (mas, neste caso, a taxa nominal de retorno diário teria que ser vultosa, superior a 20%).

faturamento mensal), PIS (1,65% sobre faturamento mensal), IR (15% sobre Lucro Real), CSSL (9% sobre Lucro Real) e Adicional IR (10% sobre Lucro Real acima de R$ 20.000 mensais);

- **diferença auferida na compra de créditos**: neste tipo de contrato, os tributos que devem ser recolhidos são: COFINS (3% ou 7,6% sobre diferença entre valor de aquisição e valor de face) – em litígio, PIS (1,65% sobre diferença entre valor de aquisição e valor de face), IR (15% sobre Lucro Real), CSSL (9% sobre Lucro Real) e Adicional IR (10% sobre Lucro Real acima de R$ 20.000 mensais). Além desses tributos, nessa operação, há a incidência do IOF (Imposto sobre Operações de Crédito, Câmbio e Seguro ou relativos a Títulos e Valores Mobiliários), que fica a cargo da empresa cliente, mas sendo recolhido pela empresa de *factoring*. A alíquota é de 0,0041% a.d., tendo como base de cálculo o valor líquido do título adquirido (valor de face menos o valor do diferencial). A cobrança do IOF também está *sub judice* até este momento.

Convém ressaltar que as receitas relativas à diferença entre o valor de face dos títulos adquiridos e o valor despendido na aquisição devem ser contabilizados integralmente pela *factoring* no momento da compra das duplicatas, o que enseja tributação de Imposto de Renda. Na seção anterior, encontra-se descrita a contabilização requerida, conforme Ato Declaratório nº 51 da Secretaria de Receita Federal, de 28 de setembro de 1994, que oferece definições quanto ao regime aplicável relativamente ao Imposto de Renda.

14.5.3 Aspectos legais

Quanto aos aspectos legais, verifica-se que a legislação sobre a atividade de *factoring* é bastante dispersa em diversas leis e normativos. Até o momento, é observada a carência de legislação tratando especificamente sobre o tema. Há diversas fontes normativas e pronunciamentos que oferecem arcabouço legal, regras e parâmetros de conduta para a atividade, conforme a seguir exposto:

- Convenção de Genebra (Decreto nº 57.663/63);
- Decretos nos 22.626/33 (Lei da Usura) e 4.494/02;
- Leis nos 9.249/95 (art. 15), 9.430/96 (art. 58), 9.532/97 (art. 58), 5.474/68 (duplicatas), 7.357/85 (cheques);
- Medida Provisória nº 2.172/01;
- Resolução CMN (Conselho Monetário Nacional) nº 2.144/95 e Circular do Banco Central do Brasil nº 1.359/88;
- Resolução nº 2, do COAF, de 13 de abril de 1999; Lei nº 9.613/98;
- Constituição Federal: art. 5, incisos II e XIII, art. 170;
- Ato Declaratório nº 51/94 da SRF;
- Código Civil: arts. 594 (prestação de serviços), 481, 482, 487, 491 (compra e venda), 286 e 298 (cessão de créditos), 441, 446 (vícios redibitórios), 447, 457 (evicção) e 264, 265 (solidariedade passiva);
- Código Civil – Lei nº 3.071, de 1º de janeiro de 1916 – arts. 275 ao 296, 441 ao 457, 593 ao 609, 1.065 a 1.078 e 1.216 a 1.236;
- Código Comercial – Lei nº 556, de 25 de junho de 1850 – arts. 191 a 220;
- Lei Bancária nº 4.595/64, arts. 17, 18, 44 (mercado marginal);
- Código Penal (art. 160), Lei nº 1.521/51 e Medida Provisória nº 2.172/01 (contravenção).

Porém, já em 1995, o Projeto de Lei do Senado nº 230/95 teve como objetivo condensar em um único texto a atual legislação que se desenvolveu para o Projeto de Lei da Câmara nº 13, de 2007, que dispõe sobre as operações de fomento mercantil – *factoring* –, e dá outras providências e que já foi aprovada no Plenário do Senado em julho de 2010, teve parecer favorável da Comissão de Assuntos Econômicos em abril de 2010 e da Comissão de Constituição, Justiça e Cidadania em abril de 2008.

O Projeto de Lei nº 13 de 2007 retornou à Câmara dos Deputados agosto de 2010. A redação final do projeto iniciada pelo deputado João Herrmann está disponível em:

http://www.senado.gov.br/atividade/materia/
detalhes.asp?p_cod_mate=80244.

No projeto de lei (PLC 13/2007), que trata da regulamentação do setor, denomina-se a atividade de "fomento empresarial", considerando como sinônimas as expressões fomento mercantil, fomento comercial, faturização e *factoring*.

Questões discursivas

1. Conceitue a atividade de *factoring*.

2. Quais as diferenças entre a atividade bancária e a atividade de *factoring*?

3. Quais foram as intervenções do BACEN nas atividades de *factoring* e por quê?

4. Quais os benefícios para as empresas que se utilizam do *factoring*?

5. Quais são as modalidades de *factoring* existentes?

6. Cite benefícios que o fomento mercantil, ou *factoring*, possibilita.

7. Dentre os benefícios apresentados pelas *factorings*, quais as vantagens observadas?

8. Conceitue o *conventional factoring*.

9. Como se dão as relações de compra e venda mercantil?

10. Além das duplicatas, qual outro título é de grande aceitação para as empresas de *factoring*?

Testes de múltipla escolha

1. Assinale a alternativa correta sobre *factoring* no Brasil:

   a) A *factoring* realiza intermediação de recursos de terceiros.

   b) A remuneração da *factoring* é derivada da cobrança de juros com base no valor de face de títulos comerciais.

   c) O risco da *factoring* está associado à capacidade de pagamento da empresa comercial de relacionamento.

   d) O direito de regresso que possui a *factoring* é um meio de minimizar seu risco.

   e) Nenhuma das alternativas anteriores.

2. São recursos financeiros passíveis de serem utilizados pelas *factorings* no Brasil, exceto:

   a) recursos próprios;

   b) empréstimo bancários;

   c) letras de câmbio;

   d) recursos de empresas coligadas;

   e) lucros de exercícios anteriores.

3. A definição do fator, na atividade de fomento mercantil, depende de alguns aspectos, exceto:

   a) custo de *funding* das empresas de *factoring*;

   b) despesas administrativas e de cobrança da empresa de *factoring*;

   c) impostos;

   d) valor do patrimônio líquido esperado da empresa de fomento mercantil;

   e) margem de lucratividade esperada.

4. Qual o principal *funding* das empresas de fomento mercantil no Brasil?

   a) Através de emissão de debêntures.

   b) Através de emissão de *commercial papers*.

   c) Através de linhas de crédito bancário.

   d) Através de emissão de *bonds*.

   e) Através de letras hipotecárias.

5. Analise afirmativas abaixo sobre *factoring*:

   I. Uma operação de *factoring* consiste na aquisição de direitos creditórios resultantes de vendas mercantis a prazo.

   II. Os títulos de crédito descontados por meio do *factoring* servem como garantia da operação, caso o sacador não realize o pagamento da dívida no prazo e na forma combinados.

   III. O risco de crédito dos títulos que são objeto das operações de *factoring* é de responsabilidade da empresa vendedora.

   IV. Há incidência de IOF sobre os juros pagos em uma operação de *factoring*.

   É correto o que consta em:

a) I, apenas;

b) I, II e III, apenas;

c) III e IV, apenas;

d) II, III e IV, apenas;

e) I, II, III e IV.

6. **Marque a alternativa correta. Um grupo estrangeiro, para constituir uma empresa de *factoring*, depende de:**

a) autorização do Banco Central, pois nesse caso se equipara a uma instituição financeira;

b) não há necessidade de qualquer autorização governamental, a não ser da SUSEP;

c) autorização dos órgãos competentes, que devem observar a legislação aplicada ao ingresso de capital estrangeiro;

d) não pode ser constituída, ainda, no Brasil uma empresa de *factoring* com controle estrangeiro;

e) nenhuma das alternativas

7. **Marque a alternativa correta. As operações de *factoring* podem ser realizadas:**

a) somente por empresas de micro, pequeno e médio porte;

b) somente para pessoas físicas que não exerçam atividades liberais;

c) para toda e qualquer empresa e para pessoas físicas que exerçam atividades comerciais, inclusive liberais;

d) para toda e qualquer empresa, com exceção apenas daquelas que se dediquem à atividade agropecuária;

e) nenhuma.

8. **Nas assertivas abaixo, preencha com a letra "B" quando for atividade bancária, e com letra "F" para a atividade de *factoring*:**

a) (   ) Realiza a intermediação financeira, com captação e aplicação de recursos de terceiros.

b) (   ) Utiliza recursos da poupança popular.

c) (   ) Utiliza-se de recursos próprios para realizar atividade.

d) (   ) Ganha sua remuneração na compra, a um valor menor, de um bem móvel (créditos), através de um fator, e presta, também, serviços.

e) (   ) Remuneração com cobrança de juros.

9. **Dos itens abaixo, qual não indica um preceito que as empresas de *factoring* devem seguir?**

a) Não intermediar recursos de terceiros no mercado.

b) Somente comprar créditos oriundos de legítimas transações comerciais.

c) Somente operar com pessoas jurídicas.

d) Não envolver, em suas atividades, a concessão de empréstimos nem a cobrança de juros (atividades exclusivas de instituições financeiras).

e) Adquirir créditos de atividades oriundas de atos ilícitos ou obscuros.

10. **(BANCO DO BRASIL – 2010) A operação de antecipação de um recebimento, ou seja, venda de uma duplicata (crédito a receber) para uma sociedade de fomento mercantil, mediante o pagamento de uma taxa percentual atrelada ao valor de face da duplicata, constitui o**

a) *leasing*;

b) *hot money*;

c) *spread*;

d) *factoring*;

e) *funding*.

15

Seguros

Marcia Regina Calvano Machado e Edilson Paulo

15.1 INTRODUÇÃO

A atividade de seguros surgiu como tentativa de diminuir grandes perdas ocasionadas por fenômenos naturais, através da reunião de indivíduos e entidades para que coletivamente pudessem suportar possíveis perdas individuais – base do mutualismo. De uma forma ou de outra, mesmo sem ser por meio de relações jurídicas estabelecidas através dos contratos, o homem sempre procurou prevenir-se de eventuais sinistros que pudessem prejudicar o seu patrimônio ou a sua vida.

A atividade securitária já era conhecida no século XIII a.C. Os comerciantes da Babilônia acordaram entre si que, caso durante a travessia do deserto houvesse a perda de um camelo, seu dono receberia outro animal como indenização, pago pelos demais criadores. Os seguros atingiram pleno desenvolvimento como conceito comercial no século XVIII, na Inglaterra. A partir daí, se expandiram para o resto do mundo.

As funções sociais do seguro são:

a) proteção aos indivíduos pela liberação de recursos para reparar perdas ocorridas;

b) promover a formação de poupança, pois os recursos arrecadados das atividades das seguradoras são aplicados em investimentos que objetivam garantir as necessidades financeiras que os segurados possam ter no futuro;

c) garantir operações mercantis e créditos em transações comerciais que necessitam de garantias, facilitando a efetivação dos negócios e, por sua vez, minimizando os riscos e os custos das operações mercantis;

d) contribuir para a minimização de sinistros, pois as seguradoras incentivam e financiam, através de prêmios, bônus, descontos etc., iniciativas que venham a proteger os indivíduos e entidades, e seu patrimônio.

Assim, empresas seguradoras despertam particular interesse, por partes dos órgãos reguladores da economia e pelos demais agentes do mercado de capitais, por isso, a atividade de seguros sofre um rígido controle e forte regulamentação.

15.2 DEFINIÇÃO

Segundo o art. 757 do Código Civil, "pelo contrato de seguro, o segurador se obriga, mediante o pagamento de prêmio, a garantir interesse legítimo do segurado, relativo a pessoa ou a coisa, contra riscos predeterminados".

Mendes (1977, p. 11) conceitua seguro "como uma operação aleatória segundo a qual um grupo de indivíduos, suficientemente grande, sujeito a um risco comum, se reúne com o fim de repartir entre eles os prejuízos (danos ou perdas) sofridos por alguns".

Para a International Accounting Standard Board (IASB, 2004), seguro é um contrato pelo qual uma das partes (seguradora) aceita riscos significativos da outra (segurado), obrigando-se com a outra (segurado) a ressarci-lo, ou a terceiros, por elas indicadas (prejudicados ou beneficiários), se um determinado evento futuro incerto ocorrer (sinistro).

Com a contratação de um seguro, é possível, quando da ocorrência de um dano a um bem ou serviço anteriormente segurado, mediante pagamento antecipado de um prêmio, receber uma indenização que permita a reposição integral (ou parcial) do bem ou serviço.

O principal negócio das empresas seguradoras é, exatamente, assumir os riscos a que seus clientes estão diretamente expostos.

Já as características da atividade seguradora são:

- mutualismo: os prejuízos não são suportados individualmente, e sim distribuídos entre os diversos segurados, ou seja, as empresas seguradoras utilizam os prêmios pagos por segurados que não tiveram sinistro para indenizar os segurados que o tiveram;

- aleatoriedade: depende de acontecimento futuro e incerto, seja quanto a sua realização ou quanto à data de sua ocorrência;

- indenização: visa indenizar o segurado ou beneficiário somente os prejuízos sofridos, ou seja, o recebimento de indenização não pode propiciar lucro a quem a recebe. Por isso, o art. 778 do Código Civil estabelece que no seguro de dano, a garantia prometida não pode ultrapassar o valor do interesse segurado no momento da conclusão do contrato;

- reversão do ciclo produtivo: o valor do prêmio é calculado e recebido pelas seguradoras antes da ocorrência de sinistros, ou seja, sem que as seguradoras conheçam os seus custos efetivos.

Apólice de seguro é o contrato pelo qual as partes estabelecem os riscos assumidos, o início e fim de sua validade, o limite da garantia e o prêmio devido e, quando for o caso, o nome do segurado e do beneficiário.

O prêmio de seguro é o montante em dinheiro que uma companhia seguradora recebe do segurado para garantir a cobertura de um sinistro. É estabelecido, principalmente, pelo fluxo de caixa para garantir as indenizações e probabilidade de ocorrência do sinistro contratado. Para garantir que a apólice possa compensar os segurados de suas perdas, as companhias investem os recursos em um portfólio de ativos financeiros e que produzam um maior volume de entradas de caixa no qual possam, então, usar para o pagamento de futuras indenizações.

Atualmente, no Brasil o setor de seguros é dividido em três categorias:

- seguros de danos (também conhecido como elementares): visam a garantia de perdas e danos, ou responsabilidades provenientes de riscos de fogo, transporte, acidentes pessoais e outros eventos que possam ocorrer afetando coisas e bens, obrigações, responsabilidades, garantias e direitos;

- seguros de pessoas (ou vida): são os que, com base na duração da vida humana, visam garantir o pagamento a segurados ou beneficiários, dentro de determinado prazo e condições, de quantia certa, renda ou outro benefício;

- seguro-saúde: o objetivo é o reembolso de despesas com cirurgias, estadas em hospitais, tratamento e consultas médicas feitas pelo segurado. Poderá cobrir consultas médicas de rotina, o que deverá ser especificado no contrato, elevando o valor do prêmio a ser pago. Existem certos contratos em que são montados convênios médico-hospitalares, nos quais o segurado tem um limite estabelecido no seu contrato, dentro do qual não precisará desembolsar nada ao se utilizar dos serviços conveniados.

Existe uma diferença de natureza de pagamento do valor do seguro: nos seguros de danos e de saúde o pagamento é de natureza indenizatória, enquanto o seguro de pessoas não se refere à reparação de danos materiais.

Os dois primeiros possuem como marco regulatório o Decreto-lei nº 73/1966 e sua regulação e fiscalização estão a cargo do Ministério da Fazenda. Já o seguro saúde, com o início de vigência da Lei nº 9.656/1998, está subordinado ao Ministério da Saúde. Para fins didáticos, a primeira parte deste capítulo será dedicada ao seguro de vida e danos; a seguir será tratado o seguro saúde.

15.3 SEGURO DE VIDA E DE DANOS

15.3.1 Sistema Nacional de Seguros Privados

O Decreto-lei nº 73/1966, alterada pela Lei Complementar nº 126/2007, instituiu o Sistema Nacional de Seguros Privados (SNSP), composto da seguinte forma:

a) Conselho Nacional de Seguros Privados (CNSP);
b) Superintendência de Seguros Privados (SUSEP);
c) resseguradoras;
d) sociedades autorizadas a operar em seguros privados;
e) corretoras de seguros habilitadas.

FIGURA 15.1

Sistema Nacional de Seguros Privados.

a) **Conselho Nacional de Seguros Privados (CNSP)**

O CNSP é o órgão principal na estrutura do SNSP e sua principal atribuição é a de fixar as diretrizes e normas da política de seguros privados, objetivando promover a expansão do mercado segurador de acordo com o crescimento do país.

Sua composição foi definida pelo Decreto-lei nº 73/1966, sendo posteriormente alterada pela Lei nº 10.190/2001 e pelas Leis Complementares nºs 126/2007 e 137/2010. O CNSP é composto pelo Ministro de Estado da Fazenda, Superintendente da SUSEP e representantes do Ministério da Justiça, Ministério da Previdência e Assistência Social, Banco Central do Brasil e Comissão de Valores Mobiliários.

As principais atribuições do CNSP determinadas pelo art. 32 do Decreto-lei nº 73/1966 c/c Decreto-lei nº 261/1967 e Lei Complementar nº 109/2001 são as seguintes:

- fixar diretrizes e normas da política de seguros privados, de capitalização e de previdência complementar aberta;
- regular a constituição, a organização, o funcionamento e a fiscalização dos que exercem atividades subordinadas ao Sis-

tema Nacional de Seguros Privados, bem como a aplicação das penalidades previstas;

- fixar as características gerais dos contratos de seguro, previdência complementar aberta, capitalização;

- estabelecer as diretrizes gerais das operações de resseguro;

- prescrever os critérios de constituição das seguradoras, entidades de previdência complementar aberta e resseguradoras, com fixação dos limites legais e técnicos das respectivas operações;

- fixar normas gerais de contabilidade e estatística para as seguradoras, sociedades de capitalização, entidades de previdência complementar aberta e resseguradoras;

- disciplinar a corretagem do mercado e a profissão de corretor e fixar as condições de constituição e extinção das entidades autoreguladoras do mercado de corretagem.

b) Superintendência de Seguros Privados (SUSEP)

A SUSEP é uma autarquia dotada de personalidade jurídica de direito público com autonomia administrativa e financeira. É responsável pelo controle e fiscalização dos mercados de seguro, previdência complementar aberta, resseguro e capitalização. Também é a executora das políticas traçadas pelo CNSP. As principais atribuições da SUSEP, determinadas pelo art. 36 do Decreto-lei nº 73/1966, são as seguintes:

- fiscalizar a constituição, a organização, o funcionamento e a operação das seguradoras, sociedades de capitalização, entidades de previdência complementar aberta e resseguradoras;

- aprovar os limites de operações das seguradoras, em conformidade com os critérios fixados pelo CNSP;

- zelar pela defesa dos interesses dos consumidores dos mercados supervisionados;

- promover a estabilidade dos mercados sob sua jurisdição, assegurando sua expansão e o funcionamento das entidades que neles operem;

- zelar pela liquidez e solvência das seguradoras que integram o mercado;

- disciplinar e acompanhar os investimentos adquiridos pelo mercado segurador, em especial os adquiridos para garantir as provisões técnicas;

- fiscalizar a execução das normas gerais de contabilidade e estatística fixadas pelo CNSP para as seguradoras, sociedades de capitalização, entidades de previdência complementar aberta e resseguradoras; e

- cumprir e fazer cumprir as deliberações do CNSP e exercer as atividades que o CNSP delegar.

c) Resseguradoras

Resseguro é a operação de transferência de riscos de uma cedente, com vistas a sua própria proteção, para um ou mais resseguradores. Conforme Resolução CNSP nº 168/2007, as resseguradoras são classificadas em:

- local: ressegurador sediado no país, constituído sob a forma de sociedade anônima, que tenha por objeto exclusivo a realização de operações de resseguro e retrocessão;

- admitido: ressegurador sediado no exterior, com escritório de representação no país, que tenha sido cadastrado na SUSEP como admitido para realizar operações de resseguro e retrocessão;

- eventual: empresa resseguradora estrangeira sediada no exterior, com escritório de representação no país, que tenha sido cadastrada na SUSEP como eventual para realizar operações de resseguro e retrocessão.

A sociedade seguradora deverá assegurar a ressegurador ou resseguradores locais a oferta preferencial de cada cessão de resseguro, no montante mínimo de 40% dos prêmios cedidos, com exceção dos ramos seguro garantia, de crédito à exportação, rural e de crédito interno.

d) Sociedades seguradoras

O mercado de seguros é operado por sociedades seguradoras constituídas sob a forma de sociedades anônimas, com ações nominativas (Leis n°s 6.404/1976 e 10.303/2001).

As seguradoras recebem autorização para operar em seguros de danos, de vida ou em ambos. As seguradoras que possuem autorização para operar exclusivamente em vida podem, também, comercializar planos previdenciários, conforme dispõe a Lei Complementar nº 109/2001.

A autorização para funcionamento é concedida pelo Ministro de Estado da Fazenda, após análise pela Superintendência de Seguros Privados (SUSEP). As seguradoras não podem requerer concordata e não estão sujeitas à falência, salvo, neste último caso, se decretada a liquidação extrajudicial, o ativo não for suficiente para o pagamento de pelo menos a metade dos credores quirografários, ou quando houver indícios da ocorrência de crime falimentar.

e) Corretoras de seguros

O corretor de seguros, pessoa física ou jurídica, é o intermediário legalmente autorizado a angariar e promover contratos de seguro entre as sociedades seguradoras e as pessoas físicas ou jurídicas de direito privado. Na contratação da apólice, o corretor é o representante do segurado.

O exercício da profissão, de corretor de seguros, depende de prévia habilitação e registro junto à SUSEP.

15.3.2 Assunção de riscos pelas sociedades seguradoras

O negócio de uma sociedade seguradora é assumir o risco do segurado de ocorrência de um evento causador de prejuízo, denominado sinistro. Para Silva (1997), a administração de risco de uma companhia seguradora pode seguir três passos:

1. Política de prevenção de riscos: a seguradora deve assumir somente riscos que possibilitem minimizar as variações nos resultados esperados, homogeneizar sua carteira e diversificar sua atuação geográfica.

2. Distribuição do risco: como não existe uma forma de eliminar as flutuações nos resultados, devido o próprio caráter da atividade, a seguradora pode definir qual o risco que será assumido por seu próprio patrimônio e a parte que será transferida.

3. Transferência de riscos: o risco remanescente, que não pode desaparecer com a política de aceitação e retenção, deve ser transferido para outras operadoras por um preço previamente combinado, sendo que essa é a política de cosseguro, resseguro, retrocessão etc.

Cosseguro é a repartição das responsabilidades dos riscos assumidos entre duas ou mais seguradoras. Esse tipo de operação deve ter anuência do futuro segurado, pois, apesar de apólice única, é como se o segurado tivesse firmado contratos de seguros com todas as seguradoras que participam do cosseguro, cada uma respondendo com um percentual do risco.

Resseguro é uma operação na qual ocorre a transferência de uma parte do risco da companhia de seguros para uma companhia resseguradora. Ao contrário do cosseguro, não há participação do segurado final nesse contrato.

Retrocessão é a operação na qual o ressegurador repassa ao mercado segurador nacional ou do exterior parte de sua responsabilidade.

O risco está relacionado ao evento futuro, possível e incerto, cuja realização não dependa da vontade das partes, e deve ser mensurável e causar prejuízo de ordem econômica (ANDREZO; LIMA, 2007). Então, pergunta-se:

- Como mensurar possíveis riscos de prejuízos ambientais na construção de usina nuclear?

- Um projeto de embarcação marítima para comemorar os 500 anos do descobrimento poderia contratar um seguro?

- Como mensurar um possível prejuízo de um atleta em contusão grave? Ou risco de vida e acidentes de torcedores em partidas de futebol?

- Como avaliar riscos de perdas a clientes em atividades profissionais para elaboração de um seguro?

- A realização do sinistro deve realmente ser incerta? Mas como ficaria o seguro de vida se realmente, em algum momento, toda e qualquer pessoa viesse a falecer?

No caso de avaliação de seguros de acidentes, enchentes e incêndios podem ser previstos e mensurados pela ocorrência dos mesmos em momentos anteriores. Entretanto, as perguntas anteriores são mais complexas de serem respondidas, pois não são eventos corriqueiros, mas que podem ser plenamente segurados.

A definição dos volumes de riscos a serem aceitos por uma seguradora, bem como o valor dos prêmios a serem cobrados, é assunto complexo, que envolve profundos conhecimentos atuariais.

15.3.3 Grupos e ramos de seguros

Conforme Circulares SUSEP nⁿᵒˢ 354/2007 e 395/2009:

- grupo corresponde ao conjunto de ramos que possuem alguma característica em comum;

- ramo corresponde ao conjunto de coberturas diretamente relacionadas ao objeto ou objetivo do plano de seguro;

- cobertura é a designação genérica dos riscos assumidos pelo segurador.

Assim, por exemplo, uma apólice coletiva que ofereça as coberturas de morte, invalidez permanente por acidente e invalidez laborativa permanente total por doença é classificada como do ramo Vida grupo Pessoas Coletivo. O Quadro 15.1 ilustra os grupos e alguns ramos existentes e sua codificação:

Quadro 15.1

Ramos e grupos de seguros.

Grupo	Nome do Grupo	Identificador do Ramo	Nome do Ramo
01	Patrimonial	12	Assistência – Bens em Geral
01	Patrimonial	14	Compreensivo Residencial
01	Patrimonial	15	Roubo
01	Patrimonial	16	Compreensivo Condomínio
01	Patrimonial	18	Compreensivo Empresarial
01	Patrimonial	41	Lucros Cessantes
01	Patrimonial	67	Riscos de Engenharia
01	Patrimonial	71	Riscos Diversos
01	Patrimonial	73	Global de Bancos
01	Patrimonial	95	Garantia Estendida/Extensão de Garantia – Bens em Geral
01	Patrimonial	96	Riscos Nomeados e Operacionais
02	Riscos Especiais	34	Riscos de Petróleo
02	Riscos Especiais	72	Riscos Nucleares
02	Riscos Especiais	74	Satélites
03	Responsabilidades	10	R. C. de Administradores e Diretores – D&O
03	Responsabilidades	13	R. C. Riscos Ambientais
03	Responsabilidades	51	R. C. Geral
03	Responsabilidades	78	R. C. Profissional
05	Automóvel	20	Acidentes Pessoais de Passageiros – APP
05	Automóvel	24	Garantia Estendida/Extensão de Garantia – Auto
05	Automóvel	25	Carta Verde
05	Automóvel	26	Seguro Popular de Automóvel Usado
05	Automóvel	31	Automóvel – Casco
05	Automóvel	42	Assistência e Outras Coberturas – Auto
05	Automóvel	53	Responsabilidade Civil Facultativa Veículos – RCFV
05	Automóvel	88	DPVAT
06	Transportes	21	Transporte Nacional
06	Transportes	22	Transporte Internacional
06	Transportes	23	Resp. C. T. Rodoviário Interestadual e Internacional – RC ÔNIBUS
06	Transportes	28	Responsabilidade Civil Facultativa Veículos – RCFV Ônibus
06	Transportes	32	Resp. Civil do Transportador de Carga em Viagem Internacional – RCTR-VI-C

Grupo	Nome do Grupo	Identificador do Ramo	Nome do Ramo
06	Transportes	38	Resp. Civil do Transportador Ferroviário Carga – RCTF-C
06	Transportes	44	R. C. Transp. em Viagem Internacional pessoas transportadas ou não – Carta Azul
06	Transportes	52	Resp. Civil do Transportador Aéreo Carga – RCTA-C
06	Transportes	54	Resp. Civil do Transportador Rodoviário Carga – RCTR-C
06	Transportes	55	Resp. Civil do Transportador Desvio de Carga – RCF-DC
06	Transportes	56	Resp. Civil do Transportador Aquaviário Carga – RCA-C
06	Transportes	58	Resp. Civil do Operador do Transporte Multimodal – RCOTM-C
07	Riscos Financeiros	43	*Stop Loss*
07	Riscos Financeiros	46	Fiança Locatícia
07	Riscos Financeiros	48	Crédito Interno
07	Riscos Financeiros	49	Crédito à Exportação
07	Riscos Financeiros	75	Garantia Segurado – Setor Público
07	Riscos Financeiros	76	Garantia Segurado – Setor Privado
09	Pessoas Coletivo	29	Auxílio Funeral
09	Pessoas Coletivo	36	Perda do Certificado de Habilitação de Voo – PCHV
09	Pessoas Coletivo	69	Viagem
09	Pessoas Coletivo	77	Prestamista (exceto Habitacional e Rural)
09	Pessoas Coletivo	80	Educacional
09	Pessoas Coletivo	82	Acidentes Pessoais
09	Pessoas Coletivo	83	Dotal Misto
09	Pessoas Coletivo	84	Doenças Graves ou Doença Terminal
09	Pessoas Coletivo	86	Dotal Puro
09	Pessoas Coletivo	87	Desemprego/Perda de Renda
09	Pessoas Coletivo	90	Eventos Aleatórios
09	Pessoas Coletivo	93	Vida
09	Pessoas Coletivo	94	VGBL/VAGP/VRGP/VRSA/VRI
10	Habitacional	61	Seguro Habitacional em Apólices de Mercado – Prestamista
10	Habitacional	65	Seguro Habitacional em Apólices de Mercado – Demais Coberturas
10	Habitacional	66	Seguro Habitacional do Sistema Financeiro da Habitação
11	Rural	01	Seguro Agrícola sem cobertura do FESR
11	Rural	02	Seguro Agrícola com cobertura do FESR
11	Rural	03	Seguro Pecuário sem cobertura do FESR
11	Rural	04	Seguro Pecuário com cobertura do FESR
11	Rural	05	Seguro Aquícola sem cobertura do FESR
11	Rural	06	Seguro Aquícola com cobertura do FESR
11	Rural	07	Seguro Florestas sem cobertura do FESR
11	Rural	08	Seguro Florestas com cobertura do FESR
11	Rural	09	Seguro da Cédula do Produto Rural
11	Rural	30	Seguro Benfeitorias e Produtos Agropecuários
11	Rural	62	Penhor Rural
11	Rural	64	Seguros Animais
11	Rural	98	Seguro de Vida do Produtor Rural
12	Outros	79	Seguros no Exterior
12	Outros	85	Saúde – Ressegurador Local
12	Outros	99	Sucursais no Exterior
13	Pessoas Individual	29	Auxílio Funeral
13	Pessoas Individual	36	Perda do Certificado de Habilitação de Vôo – PCHV
13	Pessoas Individual	69	Viagem
13	Pessoas Individual	77	Prestamista (exceto Habitacional e Rural)
13	Pessoas Individual	80	Educacional
13	Pessoas Individual	81	Acidentes Pessoais
13	Pessoas Individual	83	Dotal Misto
13	Pessoas Individual	84	Doenças Graves ou Doença Terminal

Grupo	Nome do Grupo	Identificador do Ramo	Nome do Ramo
13	Pessoas Individual	86	Dotal Puro
13	Pessoas Individual	87	Desemprego/Perda de Renda
13	Pessoas Individual	90	Eventos Aleatórios
13	Pessoas Individual	91	Vida
13	Pessoas Individual	92	VGBL/VAGP/VRGP/VRSA/VRI
14	Marítimos	17	Seguro Compreensivo para Operadores Portuários
14	Marítimos	28	Responsabilidade Civil Facultativa para Embarcações – RCF
14	Marítimos	33	Marítimos (Casco)
14	Marítimos	57	DPEM
15	Aeronáuticos	28	Responsabilidade Civil Facultativa para Aeronaves – RCF
15	Aeronáuticos	35	Aeronáuticos (casco)
15	Aeronáuticos	37	Responsabilidade *Civil Hangar*
15	Aeronáuticos	97	Responsabilidade do Explorador ou Transportador Aéreo – RETA

Fonte: SUSEP.

15.3.4 A indústria de seguros no Brasil

A indústria de seguros apresentou significativo crescimento nos últimos anos. De 2006 a 2010, o prêmio direto consolidado[1] teve crescimento aproximado de 80% em termos nominais. A Tabela 15.1 e o Gráfico 15.1 ilustram essa evolução.

TABELA 15.1

Evolução do prêmio direto – mercado de seguros consolidado.

Valores em R$ milhões

	Jan.	Fev.	Mar.	Abr.	Maio	Jun.	Jul.	Ago.	Set.	Out.	Nov.	Dez.	Total
2010	6.929,77	6.086,40	7.459,12	7.210,14	6.727,78	6.733,63	7.078,88	7.867,57	7.718,71	7.539,15	8.521,36	–	79.872,52
2009	5.569,16	5.017,44	6.003,55	5.874,06	6.117,11	6.493,76	6.457,71	6.345,72	6.833,88	6.563,61	6.858,40	8.476,46	76.610,87
2008	5.705,85	4.837,18	5.290,53	5.479,29	5.451,36	6.002,54	5.764,21	5.563,46	5.649,80	5.626,63	5.300,59	7.144,91	67.816,35
2007	4.927,32	3.934,33	4.624,96	4.379,49	4.957,68	4.651,72	5.096,94	5.026,01	4.405,11	5.169,94	5.415,77	5.853,83	58.443,09
2006	4.629,40	3.332,15	4.091,47	3.544,51	4.153,68	3.880,86	4.032,87	4.423,22	3.929,52	4.132,55	4.476,45	5.547,05	50.173,73

Fonte: SUSEP.

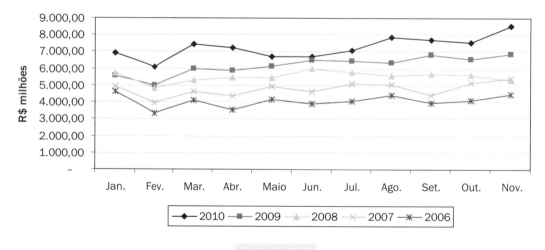

GRÁFICO 15.1

Evolução do prêmio direto.

---

[1] Prêmio direto = prêmio emitido – cancelamento – restituição – desconto.

O principal grupo de seguros comercializado em 2010 (dados até novembro) foi o de pessoas (coletivo e individual), que representou 57% dos prêmios diretos no período. Quando se excluem, porém, os seguros de acumulação, basicamente VGBL, o grupo automóvel ganha destaque, com participação de 42% nos prêmios diretos.

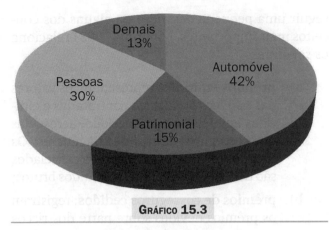

Gráfico 15.3

Prêmio direto sem VGBL.

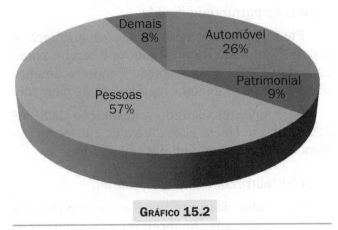

Gráfico 15.2

Prêmio direto com VGBL.

No que tange às companhias seguradoras, a Tabela 15.2 apresenta as dez maiores por prêmio direto nos principais grupos. No grupo de pessoas, verifica-se uma grande concentração de mercado, com a Bradesco Vida e Previdência responsável por mais de 26% dos prêmios diretos. As cinco maiores seguradoras respondem por mais de 70% do mercado. Pelas características do grupo, destacam-se as seguradoras ligadas a instituições bancárias.

Tabela 15.2

Principais seguradoras por grupo.

GRUPO: PESSOAS		GRUPO: AUTOMÓVEIS		GRUPO: PATRIMONIAL	
Seguradoras	Particip. Prêmio Direto (%)	Seguradoras	Particip. Prêmio Direto (%)	Seguradoras	Particip. Prêmio Direto (%)
Bradesco Vida e Previdência	26,98	Porto Seguro Cia. de Seg. Gerais	13,72	Itaú Seguros	25,74
Itaú Vida e Previdência	14,82	Bradesco Auto/Re Cia. Seguros	12,85	Mapfre Vera Cruz Seguradora	8,22
Brasilprev Seguros e Previdência	14,44	Sul América Cia. Nac. de Seguros	9,03	Allianz Seguros	6,76
Santander Seguros	10,39	Brasilveículos Cia. de Seguros	6,76	Bradesco Auto/Re Cia. Seguros	5,98
Caixa Vida e Previdência	5,94	Mapfre Vera Cruz Seguradora	6,75	Marítima Seguros	4,27
Itaú Seguros	3,44	Itaú Seguros de Auto e Residência	6,58	Porto Seguro Cia. de Seg. Gerais	4,24
Cia. de Seguros Aliança do Brasil	3,21	HDI Seguros	5,53	Virginia Surety Cia. de Seguros	3,51
HSBC Vida e Previdência	2,90	Liberty Seguros	5,21	Cia. de Seguros Aliança do Brasil	3,36
Mapfre Vera Cruz Vida e Previdência	1,80	Allianz Seguros	4,47	Itaú Seguros de Auto e Residência	3,32
Metropolitan Life Seguros e Previd.	1,59	Azul Cia. de Seguros Gerais	4,21	Santander Brasil Seguros	3,01

Fonte: SUSEP.

O grupo Automóvel é o que apresenta maior concorrência, embora as cinco primeiras do *ranking* juntas representem quase 50% do mercado. Já no grupo Patrimonial, o destaque absoluto é a Itaú Seguros que concentra mais que 25% dos prêmios diretos.

15.3.5 Aspectos contábeis sobre seguradoras

A contabilidade das seguradoras é padronizada, facilitando a preparação de relatórios e estatísticas por parte da SUSEP e/ou dos diversos usuários da contabilidade. Como alguns termos em empresas de seguros são muito específicos, apresentamos a seguir uma pequena descrição de alguns dos conceitos mais importantes. Luporini (1993) relaciona os seguintes:

a) **prêmios emitidos**: representam os valores das apólices de seguros contratadas e emitidas em determinado período, acrescidas dos cosseguros aceitos de congêneres. Os prêmios restituídos e os seguros cancelados são deduzidos dos prêmios emitidos brutos;

b) **prêmios de cosseguros cedidos**: registram os prêmios devidos sobre parte dos riscos que são transferidos para outras congêneres. Essa rubrica funciona como redutora dos prêmios emitidos;

c) **prêmios de resseguros cedidos**: à semelhança do anterior, representa a porção dos riscos que são transferidos para resseguradoras. Também reduz o montante dos prêmios emitidos;

d) **prêmios retidos**: registra a parcela dos seguros contratados que ficarão em poder da própria companhia;

e) **variação da provisão de prêmios não ganhos**: indica a parcela da produção passada, registrada a título de provisão de prêmios não ganhos, que será revertida para receita, pelo princípio de competência de exercício, de acordo com a vigência de cada apólice de seguro;

f) **prêmios ganhos**: representam as receitas propriamente ditas de uma companhia de seguros. São apurados deduzindo-se dos prêmios retidos a variação da provisão dos prêmios não ganhos;

g) **sinistros retidos**: esse grupo demonstra o valor líquido das indenizações que devem ser suportadas pela própria companhia de seguros;

h) **despesas de comercialização**: compreendem as comissões de corretagem e de angariação concedidos.

O fato gerador da receita no mercado de seguros é a vigência do risco. Seguindo o princípio contábil da competência, as despesas inerentes ao processo de comercialização e que estejam diretamente associadas à obtenção do negócio serão apropriadas segundo o mesmo critério e pelo mesmo prazo da apropriação da receita a elas associadas.

15.3.6 Patrimônio líquido ajustado (PLA)

Devido às especificidades encontradas pelas atividades de seguros, houve a necessidade dos agentes reguladores em "adequar" o patrimônio líquido contábil das seguradoras. Os principais ajustes referem-se à probabilidade de realização dos fluxos de caixa de alguns ativos, assim aqueles considerados de improvável realização serão excluídos do patrimônio líquido.

Então, após uma série de ajustes, encontra-se o patrimônio líquido ajustado, que servirá como parâmetro para a fiscalização e monitoramento desse setor pelos agentes reguladores de mercado.

Basicamente, segundo a Resolução CNSP nº 222/2010, se fazem necessários os ajustes ao patrimônio líquido contábil das seguradoras:

(+) patrimônio líquido contábil;

(–) valor das participações societárias em sociedades financeiras e não financeiras, classificadas como investimentos nacionais de caráter permanente, considerando ágio e perdas esperadas;

(–) valor das participações societárias em sociedades financeiras e não financeiras, classificadas como investimentos de caráter permanente no exterior, considerando ágio e perdas esperadas;

(–) despesas antecipadas não relacionadas a resseguro;

(–) créditos tributários decorrentes de prejuízos fiscais de Imposto de Renda e bases negativas de contribuição social;

(–) ativos intangíveis;

(–) imóveis de renda urbanos e fundos de investimentos imobiliários com lastro em imóveis urbanos, classificados como investimentos de caráter permanente, considerando reavaliação, perdas esperadas e depreciação, que excedam 8% do total do ativo;

(–) imóveis de renda rurais e fundos de investimentos imobiliários com lastro em imóveis rurais, classificados como investimentos de caráter permanente, considerando reavaliação, perdas esperadas e depreciação;

(–) ativo diferido;

(–) direitos e obrigações relativos à operação de sucursais no exterior;

(–) obras de arte;

(–) pedras preciosas;

(=) patrimônio líquido ajustado (PLA).

15.3.7 Capital mínimo requerido

As seguradoras devem apresentar mensalmente PLA igual ou superior ao capital mínimo requerido a fim de oferecer um mínimo de segurança em relação à sua capacidade e solidez financeira, considerando os tipos de riscos que serão assumidos.

O capital mínimo será constituído pela soma do capital base e do capital adicional. O capital base é constituído pelo somatório de uma parcela fixa de R$ 1.200.000,00, correspondente à autorização para operar em seguros, com parcelas variáveis, em função da operação em cada uma das regiões do país, conforme Tabela 15.3.

TABELA 15.3

Parcela variável do capital base de seguradoras, conforme região em que elas estejam autorizadas a operar.

Região	Unidades da Federação	R$
1	AM, PA, AC, RR, AP, RO	120.000,00
2	PI, MA, CE	120.000,00
3	PE, RN, PB, AL	180.000,00
4	SE, BA	180.000,00
5	GO, DF, TO, MT, MS	600.000,00
6	RJ, ES, MG	2.800.000,00
7	SP	8.800.000,00
8	PR, SC, RS	1.000.000,00

Fonte: Resolução CNSP nº 227, de 6 de dezembro de 2010.

Assim, por exemplo, o capital base de uma seguradora autorizada a operar somente em São Paulo é de R$ 10 milhões (R$ 1,2 milhão da parcela fixa e R$ 8,8 milhões da parcela variável). Já o capital base de uma seguradora autorizada a operar em todo território nacional é de R$ 15 milhões (R$ 1,2 milhão da parcela fixa e R$ 13,8 milhões para parcela variável, equivalente ao somatório das parcelas de todas as regiões).

O capital adicional corresponde ao montante que a seguradora deverá manter para garantir os riscos inerentes à sua operação. Atualmente, estão regulados o capital adicional baseado no risco de subscrição (Resolução CNSP nº 158/2006, alterada pela Circular SUSEP 411/2010) e o capital adicional baseado no risco de crédito das sociedades seguradoras (Resolução CNSP nº 228/2010).

Atualmente, o capital mínimo requerido de uma seguradora pode ser assim resumido:

$$CMR = \underbrace{CBPF + CBPV}_{Capital\ Base} + \underbrace{CARS + CARC}_{Capital\ Adicional}$$

No qual:

CMR: capital mínimo requerido;

CBPF: parcela fixa do capital base;

CBPV: parcela variável do capital base;

CARS: capital adicional baseado no risco de subscrição;

CARC: capital adicional baseado no risco de crédito.

No caso de insuficiência do PLA em relação ao capital mínimo requerido:

- insuficiência até 30%: a seguradora deverá apresentar plano corretivo de solvência;
- insuficiência de 30% a 50%: a seguradora deverá apresentar plano de recuperação de solvência;
- insuficiência de 50% a 70%: regime especial de direção fiscal;
- insuficiência superior a 70%: liquidação extrajudicial.

15.3.8 Margem de solvência

Segundo Costa (2004, p. 52), *"a solvência é a capacidade de uma entidade cumprir os seus compromissos assumidos. Quando a entidade é uma seguradora, o assunto torna-se ainda mais sério, pois a essência das operações de seguros é o risco".*

Conforme disposições transitórias da Resolução CNSP nº 227/2010, até que o Conselho Nacional de Seguros Privados regule as regras de requerimento de capital pertinentes aos riscos de mercado, legal e operacional, o capital mínimo requerido para as sociedades seguradoras deverá ser o maior valor entre a soma do capital base com o capital adicional e a margem de solvência.

Segundo Resolução CNSP 08/1989, alterada pela Resolução CNSP 55/2001, o patrimônio líquido ajustado da seguradora deve ser o maior entre:

- 20% da receitas totais dos prêmios retidos nos últimos 12 meses; e

- 33% da média anual dos sinistros retidos nos últimos 36 meses.

15.3.9 Limite técnico

É o montante de recursos referente à responsabilidade que a seguradora pode reter em cada risco isolado, que segundo a atual legislação (Resolução CNSP nº 40/2000) o limite máximo é de 3% sobre o patrimônio líquido ajustado. No caso de alguma seguradora ultrapassar este limite, ela deverá repassar parte dos riscos (e consequentemente, o referido prêmio) para outras seguradoras (cosseguro) ou para resseguradoras (resseguro).

15.3.10 Provisões técnicas obrigatórias, de acordo com a legislação brasileira

As provisões técnicas são constituídas a fim de assegurar o cumprimento dos contratos de seguros pelas sociedades seguradoras. Na constituição das provisões técnicas, as sociedades seguradoras não poderão deduzir a parcela de prêmio ou contribuição transferida a terceiros, nem a parcela do sinistro ou benefício recuperável de terceiros, em operações de resseguro.

Além das provisões técnicas obrigatórias, contidas na Resolução CNSP nº 162/2006 e alterações posteriores, as seguradoras podem constituir outras provisões, desde que previstas em nota técnica atuarial e mediante prévia autorização da SUSEP.

15.3.10.1 Provisão de Prêmios Não Ganhos (PPNG)

Deve ser constituída para a cobertura dos sinistros a ocorrer referentes aos riscos vigentes na data base de cálculo.

É calculada conforme fórmula a seguir:

$$PPNG = \frac{\text{período de risco a decorrer}}{\text{período total de cobertura de risco}} \times \text{prêmio comercial retido}$$

FIGURA 15.2

Provisão de prêmio ganhos.

No qual prêmio comercial retido corresponde ao valor recebido ou a receber do segurado, líquido de cancelamentos, restituições e de parcelas de prêmios transferidas em cosseguro cedido.

Contabilmente, a PPNG é utilizada para diferimento da receita de prêmio, que deve ser reconhecida em conforme o período de abrangência do contrato.

15.3.10.2 Provisão de Insuficiência de Prêmios (PIP)

Deve ser constituída se for constatada insuficiência da PPNG para a cobertura de sinistros a ocorrer, ao longo dos prazos e decorrer referentes aos riscos vigentes na data da base de cálculo. É calculada através de nota técnica atuarial.

15.3.10.3 Provisão de Sinistros a Liquidar (PSL)

Constituída com base em estimativas do valor provável das indenizações e despesas relacionadas a pagar referentes a avisos de sinistros recebidos até a data da base de cálculo, deduzida a parcela relativa a recuperação cosseguros cedidos.

15.3.10.4 Provisão de IBNR (*Incurred But Not Reported*)

A provisão IBNR representa o montante esperado de sinistros ocorridos em riscos assumidos na carteira e não avisados até a data-base do cálculo, que segundo o regime contábil deve ser estimado para melhor refletir a situação real da companhia.

O total das provisões técnicas deve ser coberto por ativos garantidores, que devem ser registrados na SUSEP e não podem ser alienados nem ter ônus ou encargos sem prévia e expressa autorização da SUSEP, sendo nulas, de pleno direito, as alienações realizadas ou os gravames constituídos. Em caso de insuficiência de cobertura (ativos garantidores) das provisões técnicas ou de má situação econômico-financeira da seguradora, a SUSEP pode, além de outras providências cabíveis, nomear, por tempo indeterminado, às expensas da seguradora, um diretor-fiscal com as atribuições e as vantagens que lhe forem indicadas pelo CNSP.

A aplicação dos ativos garantidores deve obedecer aos limites estipulados pelo Conselho Monetário Nacional através da Resolução CMN nº 3.042/02, a alterações posteriores.

15.4 SEGURO-SAÚDE

A regulamentação do setor de saúde suplementar no Brasil exigiu que as seguradoras que atuassem no segmento do seguro saúde se transformassem em seguradoras especializadas, passando a estar subordinadas a uma nova estrutura de regulação e fiscalização vinculada ao Ministério da Saúde, juntamente com outras modalidades de operadoras de planos de saúde privados.

Com a aprovação da Lei nº 9.656/98, que regulamentou o setor de saúde suplementar no Brasil e criou o Conselho de Saúde Suplementar (CONSU), tornou-se necessário equiparar as operações de seguro saúde aos planos privados de assistência à saúde, de forma a adaptar tais operações aos requisitos legais.

A Agência Nacional de Saúde Suplementar (ANS), criada pela Lei nº 9.961, de 28 de janeiro de 2000, é uma autarquia sob regime especial, vinculada ao Ministério da Saúde. Sua missão é promover a defesa do interesse público na assistência suplementar à saúde, regulando as operadoras setoriais, inclusive quanto às suas relações com prestadores e consumidores, contribuindo, assim, para o desenvolvimento das ações de saúde no país.

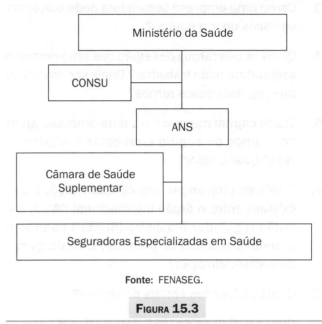

Fonte: FENASEG.

FIGURA 15.3

Sistema de saúde suplementar no Brasil.

A Lei nº 10.185, de 12 de fevereiro de 2001, enquadrou o seguro-saúde como plano privado de assistência à saúde e a sociedade seguradora especializada em saúde como operadora de plano de assistência à saúde, para efeito da Lei nº 9.656, de 1998.

Com o advento da RDC nº 65/01, a ANS regulamentou este segmento, aplicando-se, no que coube, às sociedades seguradoras especializadas em saúde, o disposto nas normas da SUSEP e do CNSP, publicadas até 21 de dezembro de 2000, cujas matérias não tenham sido disciplinadas pela ANS e pelo CONSU.

Questões discursivas

1. Qual a origem do seguro?

2. A empresa "Xaxim Suspenso" possui uma fábrica no norte de Santa Catarina. Com a grande incidência de furacões no mundo todo, ela decide contratar um seguro para suas instalações. A empresa Xaxim está um pouco temerosa com os riscos que terá com essa contratação, por isso quer contratar o seguro com duas seguradoras, do mesmo bem. A empresa Xaxim pode

realizar essa operação? Caso ocorra o sinistro, a empresa receberá o valor do bem pelas duas seguradoras?

3. Como uma empresa seguradora pode pulverizar os riscos de um seguro?

4. Quais os três ramos de seguro que uma empresa seguradora pode trabalhar? Quais são os órgãos que regulam esses ramos?

5. Existe capital mínimo para uma empresa atuar nos ramos de seguro elementar e seguro de vida? Qual o valor?

6. Quais as diferenças nas contabilizações que existem entre o órgão internacional (IASB) e o órgão regulador brasileiro (SUSEP) quando o assunto é receitas de prêmios? E as despesas de comercialização?

7. Quais as funções sociais do seguro?

8. Qual a definição da IASB, International Accounting Standards Board, *referente ao seguro*?

9. Quais as características da atividade seguradora?

10. No Brasil, como são divididas as categorias do setor de seguros?

Testes de múltipla escolha

1. Na atividade de seguros, podemos afirmar que prêmios retidos são:

   a) prêmios que os segurados ganham por não utilizar o seguro, o que barateia a próxima contratação do seguro;

   b) os prêmios por excelência na proteção dos segurados que uma companhia obtém ao logo de sua história;

   c) valores de indenização que a seguradora não repassou ao segurado por suspeita de fraudes;

   d) valores das apólices de seguros contratados em determinado período que ficam em poder da própria companhia;

   e) valores que o Governo repassa às seguradoras que atuam em projetos de assistência social.

2. Na atividade de seguros podemos afirmar que provisões técnicas são:

   a) provisões atuariais sobre o desenvolvimento de técnicas de fraudes e sinistralidade;

   b) provisões contingênciais, trabalhistas e fiscais da empresa seguradora;

   c) provisões atuariais sobre a receita de aplicação financeira oriunda dos prêmios recebidos;

   d) valores projetados de prejuízo operacional em períodos futuros;

   e) provisões atuariais mínimas que representam a perspectiva de necessidade de recursos para a seguradora honrar as obrigações assumidas.

3. De acordo com a legislação brasileira, as seguradoras brasileiras devem constituir obrigatoriamente as seguintes provisões técnicas, EXCETO:

   a) provisão de sinistros não cobertos em contrato;

   b) provisão de prêmios não ganhos;

   c) provisão de insuficiência de prêmios;

   d) provisão de sinistros a liquidar;

   e) provisão de sinistros ocorridos mas não avisados.

4. Na atividade de seguros, podemos afirmar que limite técnico é:

   a) falta de preparo dos atuários na previsão de sinistros e cenários econômicos;

   b) o montante de recursos referente à responsabilidade que a seguradora pode reter em cada risco isolado;

   c) capacidade de uma empresa cumprir seus compromissos assumidos;

   d) valor máximo cobrado pelas seguradoras para assumir um risco;

   e) incapacidade de uma seguradora comprar um novo veículo a um segurado.

5. Dada as afirmações a seguir, assinale a alternativa correta:

   I – Seguradora é a empresa que tem por finalidade básica assumir os riscos de terceiros, mediante o recebimento de quantia previamente acordada.

II – A SUSEP é o órgão responsável pela fiscalização e regulamentação de entidades seguradoras, de previdência aberta e de capitalização.

III – Para pulverizar os altos riscos assumidos por entidades seguradoras, elas utilizam-se de operações de cosseguro, resseguro e retrocessão.

IV – A ocorrência do sinistro representa a realização do risco previsto no contrato de seguro.

a) I e II estão corretas

b) I e IV estão corretas.

c) I, II e III estão corretas.

d) I, III e IV estão corretas.

e) Todas as afirmações estão corretas.

6. **De acordo com a legislação brasileira, as seguradoras devem constituir obrigatoriamente as seguintes provisões técnicas, EXCETO:**

a) provisão de sinistros não cobertos em contrato;

b) provisão de prêmios não ganhos;

c) provisão de insuficiência de prêmios;

d) provisão de sinistros a liquidar;

e) provisão de sinistros ocorridos mas não avisados.

7. **Pode-se dizer, relativamente ao seguro que:**

a) Seus principais elementos são o comensalismo, a incerteza e a previdência.

b) Não há restrição para que seja feito mais de um seguro para o mesmo bem, desde que por intermédio de diferentes companhias de seguro.

c) A apólice é a formalização do acordo firmado entre as partes, no qual a seguradora se compromete a pagar, por prazo determinado, o valor do bem segurado, havendo a concretização de algum sinistro nela não previsto.

d) A franquia é o limite de participação do segurado nas perdas decorrentes do sinistro.

e) A sinistralidade é a qualidade de ser suspeito, provocando a incerteza quanto à sua ocorrência ou confiabilidade.

8. **Relativamente à atividade de seguro, pode-se afirmar que:**

a) No resseguro, o ressegurador pode repassar ao mercado segurador nacional os excessos e responsabilidades que ultrapassarem o limite da sua capacidade econômica de indenizar.

b) No cosseguro, cada segurador fica responsável por uma quota ou parte total do seguro e o prêmio pago é dividido na proporção das quotas de cada segurador.

c) O seu alcance social pode ser descrito pelo fato de prover proteção individual ou coletiva; ser um instrumento de formação de poupança; poder representar uma proteção operacional; e se esforçar para que haja redução do número de casos nos quais fica obrigada a indenizar o segurado, dada a sua ocorrência.

d) Podem ser constituídas sob a forma de sociedades por ações ou cooperativas agrícolas, quando for o caso.

e) Todas as alternativas anteriores.

9. **(BANCO DO BRASIL – 2010) A Superintendência de Seguros Privados (SUSEP) é o órgão responsável pelo controle e fiscalização do mercado de seguros, previdência privada aberta e capitalização. Em relação a esse órgão, considere as atribuições abaixo.**

I – Cumprir e fazer cumprir as deliberações do Conselho Nacional de Seguros Privados.

II – Zelar pela defesa dos interesses dos consumidores do mercado de seguros, previdência privada aberta e capitalização.

III – Regular e fiscalizar as operações de compra e venda de ações e títulos públicos realizadas no mercado balcão.

IV – Prover recursos financeiros para as sociedades do mercado de seguros, previdência privada aberta e capitalização por meio de aporte de capital, quando necessário.

V – Disciplinar e acompanhar os investimentos das entidades do mercado de seguros, previdência privada aberta e capitalização, em especial os efetuados em bens garantidores de provisões técnicas.

São atribuições da SUSEP, apenas:

a) I, II e IV;

b) I, II e V;

c) III, IV e V;

d) I, II, III e IV;

e) II, III, IV e V.

10. (SUSEP – 2010) A competência do Conselho Nacional de Seguros Privados (CNSP) em confronto com a da Superintendência de Seguros Privados (SUSEP) evidencia:

a) tratar-se de autarquias federal e estadual, respectivamente;

b) operarem no mesmo plano hierárquico;

c) caber ao CNSP estabelecer as diretrizes aplicáveis aos seguros privados sendo a SUSEP órgão executivo;

d) pouca coordenação entre as duas entidades no delineamento da política de seguros privados;

e) haver conflitos regulatórios dada a sofisticação do sistema securitário.

16

Previdência Complementar

Marcia Regina Calvano Machado e **Edilson Paulo**

16.1 INTRODUÇÃO

As entidades de previdência complementar têm por objeto instituir planos privados de concessão de pecúlios ou de rendas mediante contribuição de seus participantes, dos respectivos patrocinadores e/ou instituidores ou de ambos. O regime de previdência complementar possui as seguintes características:

- complementar e independente em relação ao regime geral de previdência social;
- facultativo;
- benefício baseado na constituição de provisões.

As entidades de previdência complementar são classificadas em: entidades fechadas de previdência complementar (EFPC) e entidades abertas de previdência complementar (EAPC). Nestas últimas estão incluídas as seguradoras autorizadas a oferecer planos de benefícios.

As EFPC, também conhecidas como fundos de pensão, constituem-se sob a forma de fundação ou sociedade civil e possuem como principais características: ausência de finalidade lucrativa, abrangência restrita aos empregados ou servidores vinculados, respectivamente, a empresas da iniciativa privada ou aos entes estatais. Elas são reguladas e fiscalizadas pelo Ministério da Previdência e Assistência Social, através do Conselho Nacional de Previdência Complementar (CNPC) e da Superintendência Nacional de Previdência Complementar (PREVIC).

Já as EAPC são constituídas sob a forma de sociedade anônima, com exceção das entidades abertas sem fins lucrativos já autorizadas a funcionar quando entrou em vigor a Lei Complementar nº 109/01, que podem manter sua organização jurídica como sociedade civil. Os planos abertos de previdência complementar são acessíveis a quaisquer pessoas físicas e são reguladas e fiscalizadas pelo Ministério da Fazenda, por intermédio do Conselho Nacional de Seguros Privados (CNSP) e da Superintendência de Seguros Privados (SUSEP).

A cobertura de previdência complementar básica é a cobertura por sobrevivência, que garante o pagamento de benefício pela sobrevivência do participante ao período de diferimento contratado, ou pela compra, mediante pagamento único, de renda imediata. Os planos de previdência complementar poderão oferecer a cobertura por sobrevivência isoladamente ou em conjunto com coberturas de risco, tais como pecúlio em caso de morte, seguro de vida em grupo e acidentes pessoais etc. O foco deste capítulo é a cobertura por sobrevivência, já que a cobertura de risco se assemelha ao seguro.

A previdência complementar surgiu no Brasil no início do século XX, com a criação das primeiras caixas de assistência mútua, sociedades civis e fundações, organizadas de acordo com o Código Civil de 1916.

A Lei nº 6.435, de 15 de julho de 1977, normatizou e disciplinou o funcionamento do sistema de previdência complementar, proporcionando condições para sua integração ao processo econômico do país, bem como determinou padrões mínimos adequados à segurança econômico-financeira do sistema.

Em 2001, a Lei nº 6.435/77 foi revogada pelas Leis Complementares nºs 109/2001 (que contempla regras gerais) e 108/2001 (que prevê regras específicas para as EFPC que possuem como patrocinadoras pessoas jurídicas de direito público). Esse novo ordenamento jurídico trouxe vários avanços no mercado de previdência complementar que possibilitaram seu crescimento, entre os quais pode ser destacado o direito à portabilidade (migração do montante acumulado) pelos participantes.

Em 2004, visando incentivar o investimento de longo prazo, a Lei nº 11.053 instituiu a regime de tabela regressiva de Imposto de Renda como opção para os participantes de planos de previdência complementar. Assim, ao contratar um plano de benefícios, o participante deve escolher um dos planos de tributação, descritos na tabela a seguir:

TABELA 16.1

Opções de IR em planos de previdência complementar.

Tabela Progressiva do IR	Tabela Regressiva do IR
O valor do benefício é somado a outras rendas do assistido para se calcular o valor do IR anual a ser pago.	O valor do IR do plano de benefício é calculado a parte das outras rendas.
Alíquota: zero, para base de cálculo anual até R$ 13.968,00; 15%, para base de cálculo anual de R$ 13.968,00 até R$ 27.912,00; 27,5%, para base de cálculo anual acima de R$ 27.912,00.	Alíquota: 35%, para recursos com prazo de acumulação inferior ou igual a 2 anos; 30%, para recursos com prazo de acumulação superior a 2 anos e inferior ou igual a 4 anos; 25%, para recursos com prazo de acumulação superior a 4 anos e inferior ou igual a 6 anos; 20%, para recursos com prazo de acumulação superior a 6 anos e inferior ou igual a 8 anos; 15%, para recursos com prazo de acumulação superior a 8 anos e inferior ou igual a 10 anos; e 10%, para recursos com prazo de acumulação superior a 10 anos.

Fonte: Secretaria da Receita Federal.

A mesma legislação prevê a utilização do montante acumulado pelo participante em plano de previdência complementar como garantia de empréstimos imobiliários. Esta possibilidade está dependendo de regulamentação para a aplicação efetiva.

16.2 ENTIDADES FECHADAS DE PREVIDÊNCIA COMPLEMENTAR

Planos de benefícios de entidades fechadas poderão ser instituídos por patrocinadores e instituidores. São denominados patrocinadores empresas ou grupo de empresas. Instituidores são associações ou pessoas jurídicas de caráter profissional, classista ou setorial.

As entidades fechadas podem ser qualificadas da seguinte forma:

I – de acordo com os planos que administram:

a) de plano comum, quando administram plano ou conjunto de planos acessíveis ao universo de participantes;

b) com multiplano, quando administram plano ou conjunto de planos de benefícios para diversos grupos de participantes, com independência patrimonial.

A Previ, por exemplo, é uma entidade multiplano, já que ela administra: plano na modalidade de benefício definido, que tem como participantes os funcionários do Banco do Brasil e da Previ que ingressaram nos quadros dessas empresas até 1997; plano na modalidade contribuição definida para a sua parte geral e benefício definido para os benefícios de risco, para os funcionários que ingressaram a partir de 1998; e plano de pecúlios, aberto a todos os participantes dos planos de benefícios da Previ.

II – de acordo com seus patrocinadores ou instituidores:

a) singulares, quando estiverem vinculadas a apenas um patrocinador ou instituidor; e

b) multipatrocinadas, quando congregarem mais de um patrocinador ou instituidor.

Como exemplo de EFPC singulares temos a Previ, que tem como único patrocinador o grupo financeiro do Banco do Brasil. A Petros ilustra um caso de plano multipatrocinado, conforme detalhado na Tabela 16.2:

TABELA 16.2

Patrocinadoras dos planos administrados pela Petros.

Plano	Patrocinadoras
Plano Petros	Petrobras
	Petros
	BR
	Petroquisa
	Gaspetro
	Refap
	Interbrás
	Petromisa
	DSM Elastômeros
	PQU
	Braskem
	Trikem
	Ultrafértil
	Copesul
	Petroflex
	Nitriflex
Plano YPF	Repsol YPF Brasil
	Dispal
Plano Cachoeira Dourada	CDSA
Plano Transpetro	Transpetro
Plano DBA	DBA
Plano Concepa	Concepa
Plano SAT	SAT
	Petromarketing
	Caraú
Plano Triunfo	Triunfo
Plano IBQ	IBQ
Plano PQU	PQU
Plano Simesp-Simepar	Simesp
	Simepar
Plano Ibraprev	IBA
Plano Copesulprev	Copesul
Plano Culturaprev	Assaim
	Cooperativa de Teatro
	Sindmusi
	Sated/SE

Fonte: Relatório de Administração Petros – Exercício 2004.

16.3 ENTIDADES ABERTAS DE PREVIDÊNCIA COMPLEMENTAR

Os planos de benefícios instituídos por entidades abertas poderão ser:

I – individuais, quando acessíveis a quaisquer pessoas físicas; ou

II – coletivos, quando tenham por objetivo garantir benefícios previdenciários a pessoas físicas vinculadas, direta ou indiretamente, a uma pessoa jurídica contratante.

Os planos individuais são aqueles contratados quando um participante se dirige a uma EAPC para contratar um plano. Já os coletivos estão relacionados a benefícios trabalhistas oferecidos por empresas a seus funcionários. Nestes planos, para que o participante tenha direito de resgatar ou de portabilidade das contribuições efetuadas pela pessoa jurídica contratante, devem ser respeitadas as cláusulas de *vesting*, definidas no contrato.

Portabilidade é direito garantido ao participante de, durante o período de diferimento e na forma regulamentada, movimentar os recursos aportados (provisão matemática de benefícios a conceder) para outros planos. Cláusulas de *vesting* são as constantes do contrato entre a EAPC e a instituidora, a que o participante, tendo expresso e prévio conhecimento de suas disposições, está obrigado a cumprir para que lhe possam ser oferecidos e postos a sua disposição os recursos da provisão decorrentes das contribuições pagas pela instituidora. Por exemplo, pode estar definido que o participante só terá direito a 100% do capital aportado pela instituidora após cinco anos no mesmo emprego.

Para obterem autorização para operar, as entidades abertas de previdência complementar sob a forma de sociedades por ações devem possuir capital mínimo, calculado pela soma de uma parcela fixa de R$ 1.200.000,00 com uma parcela variável obtida de acordo com a área de atuação da entidade, conforme Tabela 16.3:

TABELA 16.3

Parcela variável do capital mínimo das EAPC.

Região	Unidades da Federação	R$
1ª	AM, PA, AC, RR, AP, RO	120.000,00
2ª	PI, MA, CE	120.000,00
3ª	PE, RN, PB, AL	180.000,00
4ª	SE, BA	180.000,00
5ª	MG, GO, DF, ES, TO, MT, MS	600.000,00
6ª	RJ	1.800.000,00
7ª	SP	2.400.000,00
8ª	PR, SC, RS	600.000,00
Nacional		6.000.000,00

Fonte: Resolução CNSP nº 227, de 13 de maio de 2010.

16.4 FUNCIONAMENTO DO PLANO DE PREVIDÊNCIA COMPLEMENTAR

Segundo Alvernaz e Jardim (2005, p. 1), a questão básica da previdência complementar é "acumular recursos que sejam suficientes para gerar um benefício que começará a ser pago em uma determinada data por um período definido ou indefinido de tempo". Os mesmos autores explicam que, independentemente da modalidade de plano de previdência complementar, o seu funcionamento é único: partindo-se da data de entrada no plano, inicia-se o período de capitalização, que vai até a data de aposentadoria, quando então é iniciado o pagamento do benefício até a ocorrência do último pagamento.

O prazo coberto pelo plano de previdência complementar pode ser dividido em duas fases. A primeira, denominada período de capitalização ou de diferimento, corresponde "ao período compreendido entre a data de início de vigência da cobertura por sobrevivência e a data contratualmente prevista para início do pagamento" (inciso XXV do artigo 5º da Resolução CNSP nº 131/05). É nessa fase que ocorre a acumulação de recursos, provenientes da contribuição de participantes, patrocinadores e/ou instituidores e dos juros dos investimentos dos valores aportados, que irá financiar o pagamento dos benefícios.

A segunda etapa, denominada de período de pagamento de benefício, representa "o período em que o assistido (ou assistidos) fará jus ao pagamento do benefício, sob a forma de renda, podendo ser vitalício ou temporário" (inciso XXV do artigo 5º da Resolução CNSP nº 131/05).

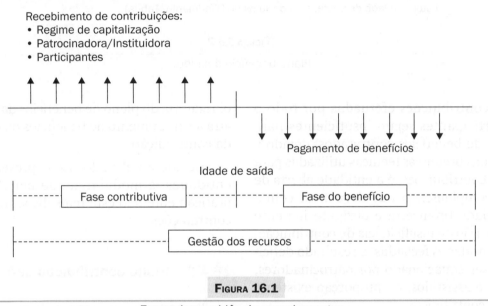

FIGURA 16.1
Fases da previdência complementar.

As entidades de previdência complementar poderão oferecer aos seus participantes planos de benefícios nas modalidades de benefício definido, contribuição definida e contribuição variável.

16.4.1 Plano benefício definido

É aquele em que o valor do benefício, pagável de uma única vez ou sob a forma de renda, e das respectivas contribuições é estabelecido previamente na proposta de inscrição (inciso II do artigo 8º da Resolução CNSP nº 131/05). O artigo 2º da Resolução CGPC nº 16/05 define "por plano de benefício de caráter previdenciário na modalidade de benefício definido aquele cujos benefícios programados têm seu valor ou nível previamente estabelecidos, sendo o custeio determinado atuarialmente, de forma a assegurar sua concessão e manutenção".

Neste caso, o participante, ao contratar um plano de previdência, define qual será o valor do benefício a ser recebido na idade estipulada para início do recebimento da renda contratada. Sabendo a idade de saída do participante, o valor do benefício na idade de saída e a estimativa de rendimento dos recursos aportados, é calculado quanto o participante terá que contribuir. O valor das contribuições é calculado tendo por base premissas atuariais, como a taxa de juros, as tábuas biométricas e o índice de atualização de benefícios. É comum o valor do benefício estar atrelado ao valor do salário do participante, no caso de fundos de pensão.

Na modalidade benefício definido, o valor da renda a receber não está atrelado ao montante acumulado durante o período de diferimento, mas ao que foi pactuado na contratação do plano. Nesta modalidade, o mutualismo entre os participantes está presente durante todo o período de vigência do contrato, o que significa dizer que não há individualização dos fundos de cada participante.

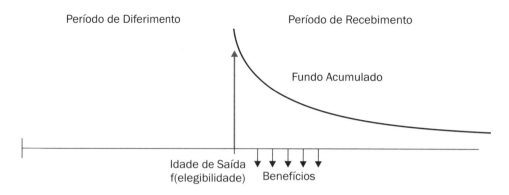

Figura 16.2

Plano benefício definido.

Caso as contribuições efetuadas por todo o grupo de participantes sejam insuficientes para o pagamento de benefícios contratados, devido à inadequação das premissas técnicas utilizadas para o cálculo das contribuições, é a entidade aberta de previdência complementar que deve arcar com a responsabilidade financeira e obrigatoriamente constituir provisão de insuficiência de contribuição. No caso das entidades fechadas, o resultado deficitário deverá ser equacionado por patrocinadores, participantes e assistidos, na proporção existente entre as suas contribuições.

Os resultados superavitários seguem a mesma lógica. As EAPC se beneficiam do resultado favorável. As EFPC, como não possuem finalidade lucrativa, devem destinar o resultado à constituição de reserva de contingência, para garantia de benefícios, até o limite de 25% do valor das reservas matemáticas. Quando a reserva de contingência atingir o máximo permitido, com os valores excedentes será constituída reserva especial para revisão do plano de benefícios. A não utilização da reserva especial por três exercícios consecutivos determinará a revisão obrigatória do plano de benefícios da entidade, seja através de aumento de benefícios ou de diminuição da contribuição.

Devido ao elevado risco apresentado para as entidades, a modalidade de benefício definido praticamente não está mais disponível para novas contratações.

16.4.2 Plano contribuição definida

Entende-se por plano de benefícios de caráter previdenciário na modalidade de contribuição definida aquele cujos benefícios programados têm seu valor permanentemente ajustado ao saldo de conta mantido em favor do participante, inclusive na fase de percepção de benefícios, considerando o resultado líquido de sua aplicação, os valores aportados e os benefícios pagos (art. 3º da Resolução CGPC nº 16/05).

Neste plano, o participante arca com todos os riscos atuariais, tanto no período de diferimento quanto no de recebimento.

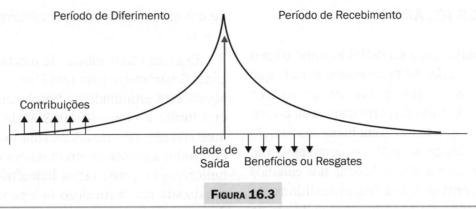

FIGURA 16.3

Plano contribuição definida.

16.4.3 Contribuição variável

De acordo com a definição da Resolução CNSP nº 131/05, na modalidade contribuição variável

"o valor e o prazo de pagamento das contribuições podem ser definidos previamente; e o valor do benefício, pagável de uma única vez ou sob a forma de renda, por ocasião da sobrevivência do participante ao período de diferimento, é calculado com base no saldo acumulado da respectiva provisão matemática de benefícios a conceder e no fator de cálculo".

Já para a Resolução CGPC nº 16/05,

"plano de benefícios de caráter previdenciário na modalidade de contribuição variável é aquele cujos benefícios programados apresentem a conjugação das características das modalidades de contribuição definida e benefício definido".

Na modalidade de contribuição variável, o montante de benefícios que o participante terá direito a receber está vinculado ao valor acumulado durante o período de diferimento. Na primeira fase do contrato, as provisões de benefícios são individualizadas para cada participante, limitando-se a uma acumulação financeira de recursos. Dessa forma, na fase de acumulação, não há que se falar em riscos atuariais.

Caso o participante opte por receber seu benefício em uma única parcela, a importância a ser recebida corresponderá ao total de sua provisão de benefícios até aquele momento. Neste caso, o investimento em previdência complementar é equivalente a outros investimentos no mercado financeiro.

No entanto, na hipótese de escolha da percepção de renda, por período definido de tempo ou vitalícia, o valor mensal de benefício a receber é calculado com base no fundo acumulado financeiramente pelo participante e no fator de cálculo, que corresponde ao "resultado numérico, calculado mediante a utilização de taxa de juros e tábua biométrica" (inciso XVI do art. 5º da Resolução CNSP nº 131/05).

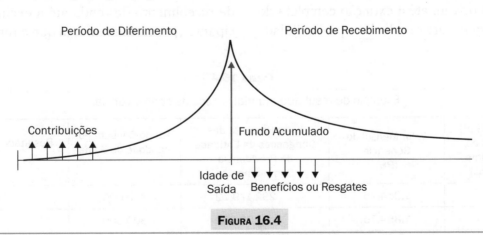

FIGURA 16.4

Plano contribuição variável.

16.5 RISCOS ATUARIAIS

O risco atuarial pode ser definido como o risco decorrente da adoção de premissas atuariais que não se confirmem, ou que se revelem agressivas e pouco aderentes à massa de participantes ou do uso de metodologias que se mostrem inadequadas. No caso das entidades de previdência complementar, as premissas atuariais são utilizadas nos cálculos do valor das contribuições (na modalidade de benefício definido), do benefício (modalidade de contribuição variável com benefício na forma de renda) e das provisões matemáticas de benefícios (nas duas modalidades).

Os riscos atuariais comuns aos planos abertos e fechados de previdência complementar são: risco de sobrevivência e risco de taxa de juros e retorno de investimentos, que serão analisados a seguir.

Nos fundos de pensão, como muitas vezes o valor do benefício corresponde ao complemento da previdência social para que o assistido mantenha o mesmo provento de funcionários da ativa, há incidência de outros riscos, tais: aumento real de salário e achatamento dos benefícios da previdência social.

16.5.1 Risco de sobrevivência

Ocorre quando a tábua de mortalidade utilizada pela entidade aberta de previdência complementar se mostra inadequada à população coberta. Vilanova (1969, p. 16) define tábua de mortalidade como "uma tabela que apresenta o número de pessoas vivas e de pessoas mortas, em ordem crescente de idade, desde a origem até a extinção completa do grupo". É utilizada para se calcular a probabilidade de um indivíduo de idade x sobreviver até a idade $x + 1$.

Existem várias tábuas de mortalidade no mercado. O parâmetro para previdência complementar aberta está estipulado na Resolução CNSP nº 131, que limita a tábua AT-1983 Male como taxa de mortalidade máxima. A mesma norma faculta às entidades abertas de previdência complementar indicarem no plano tábua biométrica elaborada e atualizada por instituição independente, a partir de experiência da própria entidade ou de mercado. Neste caso, no cálculo do valor do benefício na modalidade contribuição variável, será utilizada a tábua atualizada até a idade de saída do participante, minimizando o risco de sobrevivência ao período de pagamento de benefícios.

Já para os planos de benefícios mantidos pelas EFPC, a Resolução CGPC nº 18/06 estabelece que a expectativa de vida gerada pela tábua utilizada pela entidade deve ser pelo menos igual à obtida utilizando-se a AT-83, permitidas algumas exceções desde que comprovadas por relatório atuarial com teste de aderência da hipótese adotada para a população coberta. Está em estudo a alteração para uma tabela mais conservadora.

Para ilustrar o risco de sobrevivência, suponha que o participante A de um plano de contribuição variável tenha pleiteado início de recebimento de sua renda vitalícia. Na idade de saída, 55 anos, seu fundo constituído era de R$ 300.000,00. A EAPC calculou o valor de seu benefício em R$ 1.854,75, considerando a tábua de mortalidade AT 83 e taxa de juros equivalente a 6% ao ano. A Tabela 16.4 demonstra o resultado atuarial, conforme período de recebimento de renda até a exclusão do participante (por falecimento, já que é renda vitalícia):

TABELA 16.4

Exemplo de resultado atuarial – risco de sobrevivência.

Prazo até a Exclusão do Participante (em Anos)	Valor Mensal do Benefício (R$)	Valor Presente das Obrigações da Entidade de Previdência Complementar	Fundo Constituído na Idade de Saída	Resultado Atuarial
25	1.854,75	292.179,72	300.000	+ 7.820,27
26,9	1.854,75	300.000	300.000	0
30	1.854,75	314.600,89	300.000	– 14.600,89

16.5.2 Risco de taxa de juros e retorno dos investimentos

Para calcular o valor presente dos compromissos de um plano de aposentadoria, deve ser utilizada uma hipótese de taxa de juros. O limite máximo de taxa de juros real, estabelecido pela Resolução CNSP nº 131 para as EAPC e pela Resolução CGPC nº 11/02 para as EFPC, é de 6% ao ano ou seu equivalente efetivo mensal.

16.6 PRODUTOS EXISTENTES NO MERCADO

Existem vários tipos de produtos de previdência complementar ofertados pelas entidades, que podem variar conforme as garantias oferecidas: atualização de valores; rentabilidade mínima; as duas; ou nenhuma das duas. Os principais são:

- planos tradicionais: garantem um rendimento mínimo anual equivalente à correção monetária + taxa de juros (ex.: IGP-M + 6% ao ano) e foram introduzidos em uma época em que tanto inflação quanto taxas de juros ainda eram elevados. Caso o resultado financeiro das aplicações dos recursos captados com as contribuições ao plano fique acima do rendimento mínimo garantido, parte deste excedente pode ser repassado para o segurado, em uma proporção que geralmente varia entre 50 e 80% do total do excedente. Ao contrário dos novos planos, os planos tradicionais não são estruturados como fundos e, portanto, não é possível acompanhar o valor das suas aplicações diariamente;

- planos geradores de benefícios livres (PGBL): não há garantia de rendimento mínimo, mas, em contrapartida, o participante recebe integralmente o resultado financeiro, isto é, o resultado das aplicações dos recursos captados com contribuições ao plano. Permitem ao participante escolher entre perfis distintos de investimento:
  - soberano: investe apenas em títulos do governo, ou seja, títulos ou créditos securitizados do Tesouro Nacional ou Títulos do Banco Central;

  - renda fixa: além das aplicações acima, também permite o investimento em outros tipos de títulos de renda fixa, como CDBs, debêntures etc.;

  - composto: também permite aplicações em renda variável, como, por exemplo, ações ou fundos de ações, *commodities* etc., desde que não ultrapassem 49% do patrimônio do fundo.

- vida gerador de benefícios livres (VGBL): essa modalidade de seguro de vida combina os tradicionais seguros de vida com características dos planos de previdência complementar;

- fundo de aposentadoria programada individual (FAPI): não garante um rendimento mínimo e repassa todo o resultado financeiro, ou seja, o risco durante o período de contribuição é do participante, a empresa não assume a perda gerada na carteira. Os FAPIs são constituídos sob a forma de condomínio aberto e podem ser instituídos e administrados por instituições financeiras ou por sociedades seguradoras autorizadas a funcionar pela SUSEP.

16.7 PROVISÕES TÉCNICAS

Para a garantia de suas operações, as entidades de previdência complementar constituirão provisões técnicas com os critérios e as normas fixados pelo órgão regulador e fiscalizador.

A principal provisão, e única em comum dos planos abertos e fechados, é a provisão matemática de benefícios que corresponde ao valor atual dos compromissos da entidade com seus participantes e assistidos, conforme detalhado a seguir:

Provisão matemática de benefícios:

- a conceder: abrange os compromissos assumidos pela entidade com os participantes do respectivo plano, enquanto não ocorrido o evento gerador do benefício;

- concedidos: corresponde ao valor atual dos benefícios cujo evento gerador tenha ocorrido.

Além da provisão de benefícios, a entidade aberta de previdência complementar deverá constituir as seguintes provisões:

- provisão matemática de benefícios a regularizar: corresponde ao valor total de pecúlio e rendas vencidos, não pagos em decorrência de eventos ocorridos, inclusive a atualização de valor cabível. Devem ser considerados nesta provisão os valores estimados pela EAPC referentes às ações judiciais e os resultantes de sentença transitada em julgado;

- provisão de resgates e/ou outros valores a regularizar: abrange os valores referentes aos resgates a regularizar, às devoluções de prêmios/contribuições e às portabilidades solicitadas e, por qualquer motivo, ainda não transferidas para a entidade/sociedade seguradora receptora;

- provisão de eventos ocorridos e não avisados (IBNR): deve ser constituída para eventos ocorridos, mas não avisados até a data base de cálculo;

- provisão de excedentes financeiros: quando for prevista a reversão dos resultados de excedentes financeiros. No período de diferimento, deverá ser revertida para a provisão matemática de benefícios a conceder. No período de recebimento, será creditada aos assistidos ou revertida para a provisão matemática de benefícios concedidos. Enquanto não utilizada, a provisão técnica de excedentes financeiros poderá ser utilizada na cobertura de déficits;

- provisão de excedentes técnicos: abrange valores de excedentes técnicos provisionados, quando previstos no plano;

- provisão para despesas administrativas: deve ser constituída para cobrir despesas administrativas do plano;

- provisão de oscilação de riscos: deve ser constituída para cobertura de eventuais desvios nos compromissos esperados;

- provisão de oscilação financeira: será constituída e terá seus valores utilizados conforme legislação em vigor;

- provisão de insuficiência de contribuições: será constituída se for constatada insuficiência das provisões matemáticas. A necessidade de constituição desta provisão deverá ser apurada em avaliação atuarial;

- provisão de riscos não expirados: deve ser calculada *pro rata die*, com base nas contribuições líquidas recebidas no mês.

As entidades fechadas de previdência complementar, em caso de déficit atuarial equacionado (via compromissos assumidos pela patrocinadora, participantes e assistidos), deverá apresentar uma conta retificadora do passivo, denominada provisão matemática a constituir. Essa provisão define, atuarialmente, o valor atual de parte dos compromissos da entidade para com seus participantes ainda não integralizados, mas que já possui cobertura assegurada pelo(s) patrocinador(es) e/ou pelos próprios participantes.

16.8 APLICAÇÃO DOS ATIVOS GARANTIDORES

A aplicação dos recursos correspondentes às reservas, às provisões e aos fundos das entidades de previdência complementar será feita conforme diretrizes estabelecidas pelo Conselho Monetário Nacional, conforme resumo contido na Tabela 16.5.

TABELA 16.5

Aplicação dos ativos garantidores das entidades de previdência complementar aberta.

	EAPC
Legislação que define quais os ativos e os valores percentuais máximos em que devem ser aplicados os recursos garantidores das provisões técnicas	Resolução CMN nº 3.042/02, alterada pela Resolução CMN nº 3.308/05
Limite máximo de aplicação em renda fixa	100%
Limite máximo de aplicação em renda variável	49%
Limite máximo de aplicação em imóveis	Urbanos: 18% (até 2006) 8% (a partir de 2007) Fundos Imobiliários: 10%
Limite máximo de aplicação em operações com participantes	–

Fontes: Resolução CMN nº 3.042/02 e alterações posteriores e Resolução CMN nº 3.121/03 e alterações posteriores.

Os limites especificados anteriormente são subdivididos em carteiras e sujeitos a outras restrições.

Sobre as entidades fechadas de previdência complementar, segundo Resolução CMN nº 3.792/2009, tem-se os seguintes valores nos artigos demonstrados abaixo:

"Art. 35. Os investimentos classificados no segmento de renda fixa devem observar, em relação aos recursos de cada plano, os seguintes limites:

I – até cem por cento em títulos da dívida pública mobiliária federal;

II – até oitenta por cento no conjunto dos ativos classificados no segmento de renda fixa, excluídos os títulos da dívida pública mobiliária federal, observados adicionalmente os limites estabelecidos no inciso III; e

III – até vinte por cento em cada uma das seguintes modalidades:

a) cédulas de crédito bancário (CCB), certificados de cédulas de crédito bancário (CCCB) e notas promissórias;

b) notas de crédito à exportação (NCE) e cédulas de crédito à exportação (CCE);

c) cotas de fundos de investimento em direitos creditórios (FIDC) e cotas de fundos de investimento em cotas de fundos de investimento em direitos creditórios (FICFIDC);

d) certificados de recebíveis imobiliários (CRI);

e) cédulas de crédito imobiliário (CCI);

f) cédulas de produto rural (CPR), certificados de direitos creditórios do agronegócio (CDCA), certificados de recebíveis do agronegócio (CRA) e warrant agropecuário (WA); ou

g) conjunto dos demais títulos e valores mobiliários de emissão de companhias abertas, excetuando-se as debêntures, ou de companhias securitizadoras.

Art. 36. Os investimentos classificados no segmento de renda variável devem observar, em relação aos recursos de cada plano, o limite de até setenta por cento, observados adicionalmente os seguintes limites:

I – até setenta por cento em ações de emissão de companhias abertas admitidas à negociação no segmento Novo Mercado da BM&FBovespa;

II – até sessenta por cento em ações de emissão de companhias abertas admitidas à negociação no segmento Nível 2 da BM&FBovespa;

III – até cinquenta por cento em ações de emissão de companhias abertas admitidas à negociação no segmento Bovespa Mais da BM&FBovespa;

IV – até quarenta e cinco por cento em ações de emissão de companhias abertas admitidas à negociação no segmento Nível 1 da BM&FBovespa;

V – até trinta e cinco por cento em ações de emissão de companhias abertas não mencionadas nos itens I a IV, bem como em cotas de fundos de índice referenciados em ações admitidas à negociação em bolsa de valores;

VI – até vinte por cento em títulos e valores mobiliários de emissão de SPE; e

VII – até três por cento nos demais investimentos classificados no segmento de renda variável.

Art. 37. Os investimentos classificados no segmento de investimentos estruturados devem observar, em relação aos recursos de cada plano, o limite de até vinte por cento, observados adicionalmente os seguintes limites:

I – até dez por cento em cotas de fundos de investimento imobiliário; e

II – até dez por cento em cotas de fundos de investimento e em cotas de fundos de investimento em cotas de fundos de investimento classificados como multimercado.

Art. 38. Os investimentos classificados no segmento de investimentos no exterior devem observar, em relação aos recursos de cada plano, o limite de até dez por cento.

Art. 39. Os investimentos classificados no segmento de imóveis devem observar, em relação aos recursos de cada plano, o limite de até oito por cento.

Art. 40. Os investimentos no segmento de operações com participantes devem observar, em relação aos recursos garantidores de cada plano de benefícios, o limite de até quinze por cento."

16.9 CONTABILIDADE DAS ENTIDADES DE PREVIDÊNCIA COMPLEMENTAR

Embora prestem o mesmo tipo de serviço aos participantes, plano de benefícios, as entidades abertas e fechadas de previdência complementar, por serem reguladas e fiscalizadas por órgãos diferentes, possuem formas de contabilização bastante distintas.

As entidades fechadas de previdência complementar, visando atender à legislação que estipula contabilização em separado caso seja oferecido aos participantes plano de saúde, contabilizam suas operações por gestão de atividade. Assim, a contabilidade das entidades fechadas de previdência complementar é separada em três gestões e um fluxo de investimento:

- gestão previdencial: registra todas as receitas vinculadas à arrecadação de contribuições para formação de reservas técnicas e as despesas com pagamento de benefícios;
- gestão assistencial: registra os fatos administrativos assistenciais (plano de saúde);
- programa de investimento: registra as atividades vinculadas à aplicação dos recursos dos planos, as receitas e variações de valor dos ativos e as despesas ou investimentos realizados;
- gestão administrativa: registra as atividades, as receitas e as despesas destinadas a dar suporte administrativo para gestão da EFPC e seus planos.

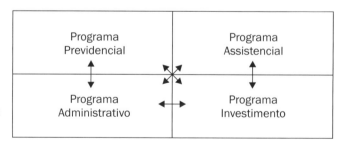

FIGURA 16.5

Contabilidade por programas.

Uma diferença significativa entre a contabilidade das entidades abertas e fechadas diz respeito ao patrimônio líquido. As EAPC, por terem finalidade lucrativa, possuem patrimônio líquido como qualquer sociedade anônima. Já as EFPC, que não visam ao lucro, possuem reservas e fundos.

As reservas demonstram o resultado técnico das operações do fundo de pensão – superávit e déficit acumulado.

Os fundos são utilizados para coberturas de eventuais insuficiências. Assim, a estrutura sintética do balanço patrimonial sintético de uma EFPC é:

Estrutura do Balanço Patrimonial

ATIVO	PASSIVO
DISPONÍVEL	EXIGÍVEL OPERACIONAL
REALIZÁVEL	Gestão Previdenciária
Gestão Previdencial	Gestão Administrativa
Gestão Administrativa	Investimentos
Investimentos	2.2 EXIGÍVEL CONTINGENCIAL
Títulos Públicos	Gestão Previdenciária
Créditos Privados e Depósitos	Gestão Administrativa
Ações	Investimentos
Fundos de Investimento	
Investimentos Imobiliários	
Derivativos	PATRIMÔNIO SOCIAL
Empréstimos	Patrimônio de Cobertura do Plano
Outros realizáveis	Provisões Matemáticas
	Equilíbrio Técnico
PERMANENTE	Fundos
GESTÃO ASSISTENCIAL	GESTÃO ASSISTENCIAL
TOTAL DO ATIVO	TOTAL DO PASSIVO

As diferenças de sistema contábil entre as EAPC e EFPC podem ser resumidas na Tabela 16.6.

Tabela 16.6

Diferenças de sistema contábil.

Entidades Abertas de Previdência Complementar	Entidades Fechadas de Previdência Complementar
Contabilidade por elementos	Contabilidade por gestão de programas
Patrimônio líquido	Patrimônio de Cobertura e Fundos
Provisões técnicas: Provisão Matemática de Benefícios. Provisão Matemática de Benefícios a Regularizar. Provisão de Resgates e/ou Outros Valores a Regularizar. Provisão de Eventos Ocorridos e Não Avisados (IBNR). Provisão de Excedentes Financeiros. Provisão de Excedentes Técnicos. Provisão para Despesas Administrativas. Provisão de Oscilação de Riscos. Provisão de Oscilação Financeira. Provisão de Insuficiência de Contribuições. Provisão de Riscos não Expirados.	Provisões Técnicas: Provisão Matemática de Benefícios. Provisão Matemática a Constituir.
Capital mínimo.	–

Questões discursivas

1. **Leia o texto abaixo e responda a pergunta.**

   "Os três pilares já foram mais firmes... – A maioria de nós já ouviu falar do conceito dos três pilares da previdência. Segundo ele, a renda de um aposentado é garantida por três pilares: Previdência Social, a Previdência Complementar Fechada e a Previdência Aberta/Poupança. Não há como negar que ao menos um destes pilares não está tão sólido quanto antes. E, aqui estamos falando da Previdência Social. Diante do maior envelhecimento da população e alongamento da expectativa de vida das pessoas, quase todos os países estão sendo forçados a rever seus sistemas previdenciários. Para você, isso deve se traduzir no pagamento de benefícios proporcionalmente menores aos que eram recebidos pelas pessoas que se aposentaram há algum tempo. Além disso, nem todos nós temos acesso ao chamado segundo pilar, ou seja, aquele que é representado pelas contribuições que efetuamos para os planos de previdência oferecidos pelas nossas empresas. Afinal, as micro e pequenas empresas ainda são grandes empregadoras no Brasil, respondendo por 60% da força de trabalho, mas ainda são muito poucas as que conseguem oferecer este tipo de benefício aos seus funcionários. Finalmente, não é fácil construir o terceiro pilar, composto da previdência privada individual, ou outros investimentos que você possa ter. Pior ainda, as estatísticas indicam que ao menos 40% da renda de aposentadoria das pessoas é composta por este pilar. Este é, na verdade, o grande dilema da vida moderna. Nosso futuro depende cada vez do que acumulamos individualmente ao longo da vida, mas temos mais dificuldade em poupar!" (INFO MONEY PESSOAL. Aposentadoria: cinco verdades que todos devem saber, 21/10/2005).

   A partir do texto acima, percebe-se a importância da previdência – seja ela aberta, fechada ou pública – para a população. Com relação às previdências complementares abertas e fechadas, quais são os riscos que elas correm? Justifique a sua resposta.

2. **Quais as tábuas de mortalidade mínimas que as entidades de previdência aberta e fechada devem utilizar?**

3. Você, como grande e potencial investidor do mercado financeiro, percebeu que seu fundo de investimento previdenciário não está obtendo rentabilidades mínimas em relação às taxas reais de inflação e juros reais de mercado. Com isso, avaliando outros fundos de investimento previdenciários, você percebe que a instituição financeira concorrente da sua possui rentabilidades melhores. Com isso, qual instituto você pode exercer sobre esse caso e qual a perda que poderá ocorrer fazendo-se uso desse instituto?

4. Há diferença no processo de contabilização das entidades de previdência fechada e aberta?

5. O que são riscos atuariais?

6. Dê exemplos de riscos atuariais e explique-os.

7. Quais são os principais produtos de uma entidade aberta de previdência complementar (EAPC)?

8. Indique qual a questão básica da previdência complementar.

9. Defina o que é plano de benefício definido.

10. Para os planos de previdência complementar e aberta, qual a principal função das provisões? Dê um exemplo.

Testes de múltipla escolha

1. Com relação aos ativos garantidores nas entidades de previdência, é correto afirmar que:
   a) são ativos que garantem o pagamento das despesas administrativas da entidade de previdência;
   b) são ativos que devem ser vendidos diariamente para o pagamento dos benefícios dos participantes;
   c) são recursos que garantem as provisões técnicas e podem ser alocados em títulos de renda fixa, de renda variável e em imóveis;
   d) só podem ser títulos de renda fixa ou imóveis;
   e) são representados pelos ativos imobilizados da companhia (ativo permanente).

2. Assinale a alternativa correta:
   a) No plano de benefício definido, a entidade de previdência não assume o compromisso de pagamento de contribuições aos aposentados que aderiram aos respectivos planos.
   b) Para a avaliação de risco de insolvência ou de liquidez, as entidades de previdência que operam planos de benefícios definidos se utilizam de recursos atuariais para determinação da sobrevida média da população, mas isso não tem reflexo algum sobre o cálculo das contribuições necessárias ao *funding* desses benefícios.
   c) No plano de contribuição definida, as contribuições dos participantes é que são previamente definidas, tanto em valor como em periodicidade, sendo as contribuições das patrocinadoras variáveis, dependendo da situação econômico-financeira das mesmas.
   d) No plano de benefício definido, caso o regulamento estabeleça que o benefício deverá complementar a aposentadoria pública, mantendo a mesma remuneração da fase ativa, na hipótese de o sistema público diminuir o valor teto de benefício, mesmo respeitando os direitos adquiridos, será necessário um ajuste no valor ou mesmo uma alteração do regulamento do plano.
   e) Nenhuma das afirmativas anteriores.

3. Quanto à previdência complementar, pode-se afirmar que:
   a) Os valores dos benefícios desse programa são vinculados aos valores dos benefícios da previdência social básica.
   b) No caso da previdência aberta, esta é destinada a uma clientela geral, desde que atrelada a uma determinada companhia aberta.
   c) As entidades têm sua constituição, organização e funcionamento subordinados à prévia autorização do governo federal.
   d) O plano de contribuição definida para as entidades de previdência não representam qualquer risco de liquidez.
   e) As entidades fechadas deverão manter estrutura mínima composta por conselho deliberativo, conselho fiscal e diretoria-executiva.

4. Faça a correspondência entre as colunas.

I – Riscos atuariais

II – Plano: benefício definido

III – Plano: contribuição definida

IV – Provisão matemática a constituir

( ) Define, atuarialmente, o valor atual de parte dos compromissos da entidade para com seus participantes ainda não integralizados, mas que já possuem cobertura assegurada pelo(s) patrocinador(es) e/ou pelos próprios participantes.

( ) É um plano de acumulação de capital, em que o benefício será diretamente proporcional ao que foi acumulado e capitalizado ao longo do tempo.

( ) Riscos decorrentes da adoção de premissas atuariais que não se confirmem, ou que se revelem agressivas e pouco aderentes à massa de participantes ou do uso de metodologias que se mostrem inadequadas.

( ) O participante e/ou a empresa, ao contratar um plano de previdência, define qual será o valor do benefício a ser recebido na idade de saída.

5. Sobre as entidades de previdência, tem-se as seguintes afirmativas:

I – Os ativos garantidores das entidades fechadas de previdência são os mesmos para as entidades abertas.

II – A SUSEP é o órgão normatizador para todos os tipos de entidades de previdência.

III – Os recursos das entidades fechadas de previdência devem ser discriminados, controlados e contabilizados, de forma individual para cada plano de benefícios, sendo vedada a realização de operações entre planos de benefícios, exceto em casos especiais.

IV – As EFPC podem realizar operações com derivativos que se caracterizem como renda fixa, seja na BOVESPA ou na BM&F.

Com isso, marque a alternativa correta:

a) I e II estão corretas;

b) III e IV estão corretas;

c) I, II e III estão corretas;

d) I, III e IV estão corretas;

e) todas as afirmações estão corretas.

6. Dadas as afirmações a seguir, assinale a alternativa correta:

I – A previdência privada foi criada com o objetivo de complementar ou suplementar os benefícios do seguro social provido pelo Estado.

II – Previdência aberta é destinada a grupos restritos, tais como empregados de determinadas empresas e membros de determinados sindicatos.

III – Nos planos de benefícios definidos, entidade de previdência assume o compromisso de pagamento de benefícios de aposentadoria predefinidos.

a) I e II estão corretas.

b) I e III estão corretas.

c) II e III estão corretas.

d) I, III e IV estão corretas.

e) Todas as afirmações são falsas.

7. Com relação aos ativos garantidores nas entidades de previdência, é correto afirmar que:

a) são ativos que garantem o pagamento das despesas administrativas da entidade de previdência;

b) são ativos que devem ser vendidos diariamente para o pagamento dos benefícios dos participantes;

c) são recursos que garantem as provisões técnicas e podem ser alocados em títulos de renda fixa, de renda variável e em imóveis;

d) só podem ser títulos de renda fixa ou imóveis;

e) são representados pelos ativos imobilizados da companhia (ativo permanente).

Previdência Complementar 345

8. São características das entidades abertas de previdência privada (EAPP), exceto:

   a) podem ser com ou sem fins lucrativos;

   b) os planos de cobertura são pré-aprovados pela SUSEP;

   c) não existem riscos atuariais;

   d) podem ou não garantir rentabilidade;

   e) um exemplo de um de seus produtos é o PGBL.

9. (Banco do Brasil – 2006) Dentre as modalidades de investimento abaixo, aquela que permite a dedução dos valores investidos na Declaração de Ajuste Anual do Imposto de Renda, até o limite de 12% da renda bruta do contribuinte, é:

   a) o CDB;

   b) o VGBL;

   c) o Fundo de Investimento Referenciado DI;

   d) a Caderneta de Poupança;

   e) o PGBL.

10. O capital mínimo de uma EAPC que opera em todo o território brasileiro é (0,5):

   a) R$ 6.000.000,00;

   b) R$ 1.200.000,00;

   c) R$ 12.000.000,00;

   d) R$ 7.200.000,00;

   e) R$ 600.000,00.

17

Capitalização e Consórcio

Marcia Regina Calvano Machado e **Edilson Paulo**

Este capítulo objetiva apresentar a definição e as principais características dos produtos capitalização e consórcio, bem como a contabilização dessas operações.

17.1 CAPITALIZAÇÃO

17.1.1 Introdução

Capitalização pode ser entendida como uma poupança ou economia programada, combinada ou não com um sorteio. O Decreto-lei nº 261, de 28 de fevereiro de 1967, definiu sociedades de capitalização como

> "as que tiverem por objetivo fornecer ao público, de acordo com planos aprovados pelo Governo Federal, a constituição de um capital mínimo perfeitamente determinado em cada plano, e pago em moeda corrente, em um prazo máximo indicado no mesmo plano, à pessoa que possuir um título, segundo cláusulas e regras aprovadas e mencionadas no próprio título".

Para fins didáticos, pode-se comparar a capitalização com uma caderneta de poupança com as seguintes adaptações: pode oferecer o aspecto lúdico do sorteio, prevê uma taxa de carregamento sobre o valor investido e pode instituir penalidade no caso de resgate antes do encerramento de seu prazo de vigência.

Ultimamente, tem-se associado capitalização à compra programada de bens. No entanto, deve ser ressaltado que não há vínculo entre o valor do bem que se almeja e o valor do título de capitalização na época do resgate. O montante a ser resgatado, que depende do prêmio pago, do percentual da cota de capitalização, do índice de atualização monetária e da taxa de juros aplicada, pode ser inferior ou superior ao valor do bem na época do resgate.

Título de capitalização é considerado, para fins legais, como título de crédito, podendo ser livremente negociado pelo subscritor, desde que seja feita comunicação por escrito à sociedade de capitalização.

O Sistema Nacional de Capitalização é constituído pelo Conselho Nacional de Seguros Privados (CNSP), responsável por fixar as diretrizes e as normas da política de capitalização e por regulamentar as operações das sociedades do ramo; pela Superintendência de Seguros Privados (SUSEP), que é o órgão executor da política de capitalização; pelas sociedades autorizadas a operar em capitalização; e pelos corretores.

A capitalização se originou na França, em 1850. Segundo Amador (2002, p. 26)

"o inventor da capitalização teria sido um certo Paul Viget, que a teria dado à luz sob a forma de uma sociedade em participação integrada por 250 associados, que contribuíam com 10 centavos por semana para a constituição de um fundo comum, que se destinaria à distribuição por sorteios de 100 francos, realizados na Páscoa, São João e Natal. Podiam concorrer todos os associados que se achassem em dia com suas contribuições".

A primeira sociedade de capitalização foi autorizada a funcionar no Brasil em 1929, nove anos após o Decreto nº 14.593, de 31 dezembro de 1920, primeira norma que trata desse tipo de operação. Contador e Ferraz (1999, p. 3) resumem a história da capitalização no Brasil da seguinte forma:

"Primeiro, o mercado cresce até a década de quarenta, e contrai em seguida, possivelmente em resposta ao crescimento da inflação numa época sem a proteção da correção monetária. Em 1964, a formalização da correção monetária estimulou o crescimento do mercado financeiro. [...] Estes títulos reconquistam a atratividade e o mercado cresce, praticamente sem maio-res percalços, com exceção das oscilações do período inflacionário e confuso de 1984-90."

17.1.2 Sociedade de capitalização

As sociedades de capitalização são organizadas sob a forma de sociedade anônima, não podem distribuir lucros ou quaisquer fundos correspondentes às reservas patrimoniais, se essa distribuição prejudicar o investimento obrigatório de capital e reserva; não podem requerer concordata e somente estão sujeitas à falência se, decretada a liquidação extrajudicial, o ativo não for suficiente para o pagamento de pelo menos a metade dos credores quirografários, ou quando houver fundados indícios da ocorrência de crime falimentar.

A autorização de funcionamento das sociedades de capitalização será concedida através de Portaria do Ministro da Fazenda, mediante requerimento firmado pelos incorporadores, dirigido ao CNSP e apresentado por intermédio da SUSEP. Os requisitos para concessão de autorização de funcionamento são: a sociedade estar regularmente constituída e possuir o capital social e o patrimônio líquido exigido à data da autorização; os acionistas-controladores possuírem reputação ilibada; os membros do Conselho de Administração, Fiscal e Diretores possuírem reputação ilibada e capacitação técnica.

O capital mínimo exigido para uma sociedade operar em capitalização, estabelecido pela Resolução CNSP nº 227/10, é obtido pela soma da parcela fixa de R$ 1.800.000,00 com a parcela variável, demonstrada na Tabela 17.1.

TABELA 17.1

Capital mínimo para sociedades de capitalização.

Região	Unidades da Federação	R$
1ª	AM, PA, AC, RR, AP, RO	180.000,00
2ª	PI, MA, CE	180.000,00
3ª	PE, RN, PB, AL	270.000,00
4ª	SE, BA	270.000,00
5ª	MG, GO, DF, ES, TO, MT, MS	900.000,00
6ª	RJ	2.700.000,00
7ª	SP	3.600.000,00
8ª	PR, SC, RS	900.000,00
Nacional		10.800.000,00

Fonte: Resolução CNSP nº 227, de 2010.

17.1.3 Títulos de capitalização

As sociedades de capitalização somente poderão operar planos e emitir títulos segundo condições aprovadas pela SUSEP, observada a legislação em vigor.

Obrigatoriamente, nas condições gerais dos títulos de capitalização deverá haver cláusula prevendo a atualização monetária de valores inerentes ao contrato, de acordo com critério livremente pactuado entre as partes. As condições gerais dos títulos poderão prever a participação dos subscritores nos lucros da empresa.

A Circular SUSEP nº 365, de 27 de maio de 2008, estabelece que o prazo de vigência mínimo para os títulos de capitalização é de 12 meses.

17.1.3.1 Modalidades de títulos de capitalização

Os títulos de capitalização são comercializados nas modalidades de pagamento mensal (PM), pagamento único (PU) e pagamentos periódicos (PP).

Pagamento mensal (PM): é um plano em que os seus pagamentos, geralmente, são mensais e sucessivos. É possível que, após o último pagamento, o plano ainda continue em vigor, pois seu prazo de vigência pode ser maior do que o prazo de pagamento estipulado na proposta.

Pagamento único (PU): é um plano em que o pagamento é único (realizado uma única vez), tendo sua vigência estipulada na proposta.

Pagamentos periódicos (PP): o título em que não há correspondência entre o número de pagamentos e o número de meses de vigência, sendo prevista a realização de mais de um pagamento.

Além das modalidades de pagamento, há a divisão legal dos títulos de capitalização em:

- **Modalidade tradicional:** define-se como modalidade tradicional o título de capitalização que tem por objetivo restituir ao titular, ao final do prazo de vigência, no mínimo, o valor total dos pagamentos efetuados pelo subscritor, desde que todos os pagamentos previstos tenham sido realizados nas datas programadas.

- **Modalidade compra-programada:** define-se como modalidade compra-programada o título de capitalização em que a sociedade de capitalização garante ao titular, ao final da vigência, o recebimento do valor de resgate em moeda corrente nacional, sendo disponibilizada ao titular a faculdade de optar, se esse assim desejar e sem qualquer outro custo, pelo recebimento do bem ou serviço referenciado na ficha de cadastro, subsidiado por acordos comerciais celebrados com indústrias, atacadistas ou empresas comerciais.

- **Modalidade popular:** define-se como modalidade popular o título de capitalização que tem por objetivo propiciar a participação do titular em sorteios, sem que haja devolução integral dos valores pagos. Normalmente, essa modalidade é a utilizada quando há cessão de resgate a alguma instituição.

- **Modalidade incentivo:** entende-se por modalidade incentivo o título de capitalização que está vinculado a um evento promocional de caráter comercial instituído pelo subscritor. O subscritor nesse caso é a empresa que compra o título e o cede total ou parcialmente (somente o direito ao sorteio) aos clientes consumidores do produto utilizado no evento promocional.

17.1.3.2 Prêmio

Prêmio é o valor pago pelo adquirente para quitação do título de capitalização. No caso de aquisição a vista, trata-se de um PU; no caso de aquisição a prazo, um PM ou PP.

O prêmio do título de capitalização é constituído dos seguintes componentes:

Cota de capitalização

As cotas de capitalização representam o percentual de cada pagamento que será destinado à constituição do capital a ser resgatado. Ela é destinada à formação do montante capitalizado ou do valor do título ao seu vencimento, capitalizado à taxa de juros prevista no respectivo plano.

Na Circular SUSEP nº 365/2008, no art. 27, há os percentuais relativos às cotas de capitalização, devendo obedecer aos seguintes critérios:

- nos títulos de pagamento único (PU) em que haja a realização de sorteios, ressalvado o disposto no inciso III do mesmo artigo, o percentual destinado à formação da provisão matemática para resgate deverá ser, no mínimo, 70 % (setenta por cento) do valor do pagamento, qualquer que seja o prazo de vigência do título;

- nos títulos de pagamentos mensais (PM) ou de pagamentos periódicos (PP), em que haja a realização de sorteios, o percentual destinado à formação da provisão matemática para resgate deverá ser, no mínimo, 10% (dez por cento) do valor de cada pagamento, nos primeiros três meses de vigência, e 70% (setenta por cento), a partir do quarto mês de vigência, sendo que a média aritmética do percentual de capitalização de todos os pagamentos, até o final da vigência do título, deverá corresponder a, no mínimo, 70% (setenta por cento), qualquer que seja o prazo de vigência do título;

- nos títulos de pagamento único (PU) com 12 (doze) meses de vigência e pertencentes às modalidades incentivo ou popular, o percentual destinado à formação da provisão matemática para resgate deverá ser, no mínimo, 50 % (cinquenta por cento) do valor do pagamento; e

- nos títulos em que não haja sorteio, os percentuais destinados à formação da provisão matemática para resgate deverão corresponder, no mínimo, a 98% (noventa e oito por cento) de cada pagamento.

Cota de sorteio

Destinada a custear sorteios, se previstos no plano. O percentual destinado aos sorteios está limitado a 15% do custo total na modalidade compra-programada; mínimo de 5% e máximo de 25% na modalidade popular; 25% no máximo para modalidade incentivo; e, no máximo 15%, na modalidade tradicional.

Caso o título de capitalização preveja sorteio do tipo "premiação instantânea" (mais conhecido como raspadinha), o limite máximo para essa premiação é de 30% da cota de sorteio. Assim, caso a cota de sorteio seja de 25% do prêmio, somente 7,5% poderá ser destinado à premiação instantânea.

Cota de carregamento

Utilizada para cobrir as despesas gerais para a colocação e administração do plano, tais como reservas de contingência e despesas com corretagem, colocação e administração do título de capitalização, além dos custos de seguro e de pecúlio, se previstos em suas condições gerais.

17.1.4 Sorteio

O título de capitalização poderá participar de sorteios, podendo o título sorteado continuar em vigor ou não, já que o sorteio poderá ser considerado forma antecipada de liquidação do título de capitalização.

O aspecto lúdico do sorteio é o grande atrativo da capitalização, já que o rendimento do capital acumulado pode ser inferior ao verificado na caderneta de poupança.

Os sorteios poderão utilizar os resultados de sistemas oficiais de premiação, bem como os obtidos através de processos próprios. Neste último caso, o titular tem o direito de presenciar sua apuração.

As sociedades de capitalização somente poderão comercializar títulos em que o valor máximo de cada sorteio, por data e por série, seja igual a 10% do seu último patrimônio líquido auditado.

17.1.5 Resgate

O capital a ser resgatado é constituído da cota de capitalização dos prêmios pagos acrescidos dos juros. Esse montante que vai sendo formado denomina-se provisão matemática para resgate e é a base de cálculo para o valor a que o subscritor terá direito ao efetuar o resgate do seu título. A sociedade de capitalização em hipótese alguma poderá se apossar do capital, mesmo nos casos de títulos suspensos ou caducos por inadimplemento no pagamento do prêmio. Na hipótese de resgate após o prazo de vigência, ou se for previsto obrigatoriamente quando o título for sorteado, o capital resgatado corresponderá à integralidade (100%) da provisão matemática para resgate.

Na hipótese de resgate antecipado, a sociedade de capitalização deverá restituir, no mínimo, os seguintes percentuais aplicados ao valor da respectiva provisão matemática:

Resgate Antecipado	Percentual Mínimo
Até o final do 6º mês	90%
A partir do 7º mês até o 24º mês	95%
A partir do 25º mês até 3/4 do prazo de vigência	95%
A partir de 1/4 do prazo de vigência	100%

Para efeito de aplicação do percentual, deverá ser considerada a data em que o pagamento será efetivamente disponibilizado ao titular, qualquer que tenha sido a data da solicitação do resgate antecipado. O disposto na Circular 365 não se aplica à modalidade compra-programada.

17.1.6 Provisões técnicas

Para garantia de suas operações, as sociedades autorizadas a operar em capitalização devem constituir, mensalmente, as seguintes provisões técnicas:

- provisão matemática para resgate: deve ser calculada para cada título que estiver em vigor ou suspenso durante prazo previsto em nota técnica atuarial. Corresponde às cotas de capitalização atualizadas monetariamente;

- provisão para resgate de títulos: deve ser constituída a partir da data do evento gerador de resgate (término do prazo de vigência do título ou solicitação de resgate antecipado) até a data do pagamento do resgate, nas modalidades a seguir:
  - títulos vencidos: modalidade que deve ser constituída para todos os títulos com prazo de vigência concluído; e
  - títulos antecipados: modalidade que deve ser constituída para todos os títulos cancelados após o prazo de suspensão ou em função de evento gerador de resgate.

- provisão para sorteios a realizar: deve ser constituída para cada título cujos sorteios já tenham sido custeados, mas que, na data da constituição, ainda não tenham sido realizados;

- provisão de sorteios a pagar: deve ser constituída para todos os títulos já sorteados e ainda não pagos.

- provisão administrativa: deve ser constituída para cobrir despesas administrativas do plano, sendo calculada conforme metodologia aprovada em nota técnica atuarial.

- provisão para participação nos lucros de títulos ativos: deve ser constituída para cada título em vigor, ou suspenso durante prazo previsto em nota técnica atuarial, que tenha adquirido direito a participação nos lucros, conforme definido nas características do plano.

- provisão para contingências: deve ser constituída para cobrir eventuais insuficiências relacionadas aos sorteios realizados e à remuneração dos títulos, sendo calculada conforme metodologia aprovada em nota técnica atuarial.

17.1.7 Ativos garantidores

Para a sua garantia efetiva, as provisões técnicas deverão estar cobertas com aplicações que satisfaçam às condições mínimas de segurança, rentabilidade e liquidez, tendo em vista a estabilidade econômico-financeira das sociedades de capitalização. A aplicação dos ativos garantidores deve obedecer às diretrizes estipuladas pelo Conselho Monetário Nacional, através da Resolução CMN nº 3.308, de 31 de agosto de 2005. Os principais limites de aplicação estão resumidos na Tabela 17.2.

TABELA 17.2

Limites de aplicação dos ativos garantidores pelas sociedades de capitalização.

Renda fixa	Até 100%
Renda Variável	Até 49%
Imóveis	Até 12% Em 2007 passa para até 8%

Os bens garantidores das provisões técnicas deverão ser registrados na SUSEP e não poderão ser alienados, prometidos alienar ou de qualquer forma gravados sem sua prévia e expressa autorização, sendo nulas de pleno direito as alienações realizadas ou os gravames constituídos com violação desta regra.

17.1.8 Contabilidade

O fato gerador das receitas decorrentes de contribuições é o efetivo recebimento das contribuições. A exceção é o título de capitalização de pagamento único (PU), pré-impresso e com valor fixo definido, destinado à comercialização em massa, que deverá ser registrado na emissão, em contrapartida com o grupo "operações com títulos de capitalização", cancelando-se os títulos não comercializados no final do período de comercialização.

Pode-se questionar se o reconhecimento da receita das sociedades de capitalização no momento do recebimento das contribuições e não no momento da venda do título está de acordo com o princípio contábil da competência.

Iudícibus (2010) esclarece que o melhor momento para se reconhecer receita é quando as seguintes condições são observadas: a maior parte do esforço em se obter a receita já foi desenvolvida, é possível estabelecer um valor objetivo de mercado para a transação e todo o custo do produto ou serviço vendido e outras despesas diretamente associáveis são conhecidos.

No caso da capitalização, a primeira condição só é atendida no momento do recebimento do prêmio, porque, ao adquirir um título de capitalização, não há nada que obrigue o titular a pagar as contribuições. No caso de inadimplência, o titular não pode participar dos sorteios, mas ele tem direito de resgatar seu capital acumulado. A sociedade de capitalização não tem como cobrar os prêmios não pagos, seja de forma administrativa, seja judicial.

17.1.9 Contabilização das principais operações das sociedades de capitalização

Exemplo:

Título de Capitalização na modalidade PM

Valor mensal do prêmio: $ 100,00

Tamanho da série: 10.000 (totalmente vendida)

Cota de capitalização: 70%

Cota de sorteio: 20%

Cota de carregamento: 10%

Prazo de vigência do título: 12 meses

Valor do sorteio (mensal): $ 200.000,00

Penalidade em caso de resgate antecipado: 10%

Para facilitar o entendimento, não foram consideradas a atualização nem a incidência de juros na provisão matemática para resgates.

1º ao 4º mês:

Recebimento do prêmio:

Reconhecimento da receita

D – Disponibilidades

C – Receita com Título de
Capitalização   4.000.000,00 (a)

Constituição de Provisões

D – Despesas com Resgates

C – Provisão Matemática
para Resgate   2.800.000,00 (b)

D – Despesas com Sorteio

C – Provisão para Sorteios
a Realizar   800.000,00 (c)

Sorteio

D – Provisão para Sorteios a Realizar

C – Provisão de Sorteios
a Pagar   800.000,00 (d)

D – Provisão de Sorteios a Pagar

C – Disponibilidades   800.000,00 (e)

4º mês:

Um subscritor do título solicita resgate antecipado de um título no quarto mês de vigência

D – Provisão Matemática
para Resgate   280,00 (f)

C – Provisão para Resgate
de Títulos Antecipados   252,00 (f)

C – Receitas com Resgates
de Títulos   28,00 (f)

D – Provisão para Resgate de
Títulos Antecipados

C – Disponibilidades   252,00 (g)

5º ao 12º mês:

Recebimento do prêmio:

Reconhecimento da receita

D – Disponibilidades

C – Receita com Título
    de Capitalização   7.999.200,00 (h)

Constituição de Provisões

D – Despesas com Resgates

C – Provisão Matemática
    para Resgate   5.599.440,00 (i)

D – Despesas com Sorteio

C – Provisão para Sorteios
    a Realizar   1.599.840,00 (j)

Sorteio

D – Provisão para Sorteios a Realizar

C – Provisão de Sorteios
    a Pagar   1.599.840,00 (k)

D – Provisão de Sorteios
    a Pagar

C – Disponibilidades   1.599.840,00 (l)

Término da vigência do título de capitalização

D – Provisão Matemática para Resgate

C – Provisão para Resgate
    de Títulos Vencidos   8.399.160,00 (m)

D – Provisão para Resgate
    de Títulos Vencidos

C – Disponibilidades   8.399.160,00 (n)

Disponibilidades	
(a) 4.000.000	
	800.000 (e)
	252 (g)
(h) 7.999.200	
	1.599.840 (l)
	8.399.160 (n)

Receita com Título de Capitalização	
	4.000.000 (a)
	7.999.200 (h)

Despesas com Resgates	
(b) 2.800.000	
(i) 5.599.440	

Provisão Matemática para Resgate	
	2.800.000 (b)
(f) 280	
	5.599.440 (i)
(m) 8.399.160	

Despesas com Sorteio	
(c) 800.000	
(j) 1.599.840	

Provisão para Sorteios a Realizar	
(d) 800.000	800.000 (c)
	1.599.840 (j)
(k) 1.599.840	

Provisão de Sorteios a Pagar	
(e) 800.000	800.000 (d)
	1.599.840 (k)
(l) 1.599.840	

Provisão para Resgate de Títulos Antecipados	
	252 (f)
(g) 252	

Receita com Resgate de Títulos	
	28 (f)

Provisão para Resgate de Títulos Vencidos	
(m) 8.399.160	8.399.160 (m)

17.2 CONSÓRCIO

17.2.1 Introdução

Consórcio é uma reunião de pessoas físicas e/ou jurídicas, em grupo fechado, promovida pela administradora, com a finalidade de propiciar a seus integrantes a aquisição de bens móveis ou conjunto de bens móveis, em bem imóvel ou em serviço ou conjunto de serviços de qualquer natureza. O consórcio pode ser considerado um mecanismo de compra programada de um bem, através da formação de um grupo em que todos os integrantes contribuem mensalmente com um percentual do valor do bem almejado. Os recursos coletados mensalmente irão financiar a compra do bem do integrante contemplado a cada mês.

O único encargo presente nas prestações de um consórcio é o percentual fixo a título de taxa de administração, ou seja, não há a incidência de juros, o que se constitui na grande vantagem desta modalidade na aquisição parcelada de um bem.

O consorciado, contemplado ou não, tem liberdade para transferir, a qualquer momento do plano de consórcio, sua cota a terceiros, desde que homologado pela administradora do grupo.

A maioria dos estudos afirma que a origem do consórcio se deu, no Brasil, no início da década de 1960. Nesta época, a industrialização no país teve grande impulso e as empresas precisavam vender sua produção. No entanto, o mercado financeiro do país não dispunha de produtos adequados para conceder financiamento a longo prazo aos consumidores. Esta conjugação de fatores criou o ambiente favorável à criação do consórcio.

Em que pese estar em operação há mais de 40 anos, a atividade de consórcio ainda não possui legislação própria, sendo regulamentada apenas por normas do Banco Central, que detém as atribuições pertinentes a regulamentação, fiscalização e aplicação de punições. Atualmente, está em tramitação no Congresso Nacional o Projeto de Lei nº 530/03, que dispõe sobre consórcio.

17.2.2 Administradora de consórcio e grupos de consórcio

Administradora é a prestadora de serviços com a função de gestora nos negócios do grupo, nos termos do contrato. As administradoras de consórcio devem ter como objeto exclusivo de sua atividade a administração de grupos de consórcio, com exceção das associações ou entidades civis sem fins lucrativos autorizadas a administrar grupos de consórcio.

Grupo de consórcio é uma sociedade de fato, constituída na data da realização da primeira assembleia-geral ordinária por consorciados reunidos pela administradora, para fins de aquisição de bens, com prazo de duração previamente estabelecido.

Um grupo de consórcio é autônomo em relação aos demais, possuindo patrimônio próprio, que não se confunde com o da administradora, de forma que a contabilidade deve ser segregada para cada grupo de consórcio e para a administradora.

Podem ser objeto de grupo de consórcio divididos nas seguintes classes:

- **Classe I:** veículo automotor (automóveis, camionetas, utilitários, *buguies*, motocicletas, motonetas, ciclomotores, triciclos, ônibus, micro-ônibus, caminhões, tratores etc.), aeronave, embarcação, máquinas e equipamentos.

- **Classe II:** produtos eletroeletrônicos e demais bens móveis duráveis ou conjunto de bens móveis, nacionais ou importados, excetuados os referidos na Classe I.

- **Classe III:** bens imóveis que poderão ser residenciais, comerciais, rurais, construídos ou na planta e terrenos, incluindo-se reforma e imóvel vinculado a empreendimento imobiliário.

- **Classe IV:** serviço de qualquer natureza.

O prazo de duração do grupo é o lapso de tempo que o consorciado dispõe para o pagamento do crédito contratado. Esse prazo será prefixado pela administradora e constará obrigatoriamente de contrato.

17.2.3 Prestações do consórcio

As prestações do consórcio são compostas por:

- fundo comum: os recursos do fundo comum são utilizados para pagamento dos bens ou serviços turísticos adquiridos pelos consorciados contemplados e para pagamento de crédito em espécie, devoluções e restituições de recursos aos consorciados e excluídos dos respectivos grupos. Sempre que o preço do bem, conjunto de bens ou serviço turístico referenciado no contrato for alterado, o montante do saldo do fundo comum que passar de uma assembleia para outra deverá ser alterado na mesma proporção, o que significa dizer que o valor da prestação é atrelado ao valor de um bem novo. A amortização é constante e depende do número de meses contratados. Assim, por exemplo, em um grupo com duração de 100 meses, o fundo comum corresponderá a 1% do valor do bem ou serviço;

- taxa de administração: é a remuneração da administradora pela formação, organização e administração do grupo de consórcio, sendo o único encargo das prestações;

- fundo de reserva: facultativo, destina-se a suprir eventual insuficiência de receita por falta de pagamento da prestação mensal;

- contratação de seguro: facultativa.

Os percentuais de fundo comum e de reserva, taxa de administração e prêmio de seguro são determinados no contrato que o consorciado assina quando formaliza sua adesão ao grupo de consórcio.

Os recursos dos grupos de consórcio, coletados pelas administradoras, serão obrigatoriamente depositados em banco múltiplo com carteira comercial, banco comercial ou caixa econômica.

A administradora de consórcio efetuará o controle diário da movimentação das contas componentes das disponibilidades dos grupos de consórcio, inclusive os depósitos bancários, com vistas à conciliação dos recebimentos globais, para identificação analítica por grupo de consórcio e por consorciado contemplado cujos recursos relativos ao crédito estejam aplicados financeiramente.

Os montantes recebidos dos consorciados, enquanto não utilizados nas finalidades a que se destinam, conforme previsão contratual, devem permanecer aplicados financeiramente junto aos recursos do fundo comum do grupo, revertendo para esse fundo o rendimento financeiro líquido dessas aplicações.

17.2.4 Contemplação

É a atribuição ao consorciado do direito de utilizar o crédito. É feita exclusivamente por meio de sorteios e lances, podendo a contemplação por lances ocorrer somente após a contemplação por sorteio, ou se esta não for realizada por insuficiência de recursos.

A contemplação está condicionada à existência de recursos suficientes no grupo para a aquisição do bem, conjunto de bens ou serviço turístico em que o grupo esteja referenciado.

17.2.5 Encerramento do grupo

Dentro de 60 dias da contemplação de todos os consorciados e da colocação do crédito à disposição, a administradora, observada a seguinte ordem, deverá comunicar:

I – aos consorciados que não tenham utilizado o respectivo crédito que os mesmos estão à disposição para recebimento em espécie;

II – aos excluídos que estão à disposição os valores relativos à devolução das quantias por eles pagas;

III – aos demais consorciados que estão à disposição os saldos remanescentes no fundo comum e, se for o caso, no fundo de reserva, proporcionalmente ao valor das respectivas prestações pagas.

Considera-se excluído o consorciado não contemplado que não honrou com os pagamentos das prestações.

O encerramento contábil do grupo deve ser efetivado no prazo máximo de 30 dias após a entrega de todos os créditos devidos, o recebimento de todos os débitos ou esgotados todos os meios de cobrança admitidos em direito e, se for o caso, a devolução de recursos devidos aos consorciados e excluídos. A critério da administradora, o encerramento contábil do grupo também poderá ser efetivado 180 dias após as comunicações mencionadas, observando-se que:

I – os recursos não procurados por consorciados ou excluídos e os valores pendentes de recebimento, objeto de cobrança judicial, serão transferidos para a administradora;

II – a administradora manterá controle individualizado dos valores transferidos;

III – esgotados os meios de cobrança, a administradora baixará os valores não recebidos;

IV – os valores recuperados serão rateados proporcionalmente entre os consorciados do respectivo grupo.

Questões discursivas

1. O que é um título de capitalização?

2. Qual o prazo mínimo de vigência de um título de capitalização?

3. Quais são as modalidades de títulos de capitalização? Descreva suas características.

4. O que são ativos garantidores? Existem limites para sua utilização?

5. Qual a importância de uma administradora de consórcio?

6. Como é calculado o número de participantes de um grupo de consórcio?

7. Como se encerra um grupo de consórcio?

8. Descreva aspectos contábeis das administradoras de consórcios.

9. Quais as durações máximas de grupos de consórcios?

10. Faça um resumo do limite de aplicação dos ativos garantidores.

Testes de múltipla escolha

1. "Sistema que um conjunto de pessoas físicas ou jurídicas forma um grupo fechado, com a finalidade de acumular poupança para adquirir bens, direitos ou serviços." Tal definição refere-se a:

   a) capitalização;

   b) clubes de investimento;

   c) fundos de investimento;

   d) consórcio;

   e) bolsa de investimentos privados.

2. Assinale a alternativa correta:

   a) As sociedades de capitalização são organizadas sob a forma de sociedade anônima, limitada ou por cotas de responsabilidade.

   b) As sociedades de capitalização têm o direito de, a qualquer momento, distribuir lucros ou fundos correspondentes às reservas patrimoniais.

   c) A autorização de funcionamento das sociedades de capitalização será concedida através de Carta-Circular do Banco Central do Brasil e com liberação da Receita Federal.

   d) Historicamente, a capitalização se originou na Ex-União Soviética após o período da guerra fria.

   e) No momento da constituição a sociedades de capitalização devem possuir capital mínimo para o funcionamento.

3. Assinale a alternativa incorreta:

   a) Prêmio é o valor pago pelo adquirente para quitação do título de capitalização.

   b) A sociedade de capitalização pode garantir que um titulo específico seja sorteado em um período menor que 15 dias.

   c) O prêmio do título de capitalização é constituído por: quota de capitalização, quota de sorteio, quota de carregamento.

   d) O título de capitalização poderá participar de sorteios, podendo o título sorteado continuar em vigor ou não.

   e) O capital a ser resgatado é constituído da quota de capitalização dos prêmios pagos acrescidos dos juros.

4. As sociedades autorizadas a operar em capitalização devem constituir, mensalmente, as seguintes provisões técnicas, exceto:

   a) provisão para sorteios a realizar;

   b) provisão para resgate de títulos;

   c) provisão para oscilação do risco de crédito dos consorciados;

   d) provisão de sorteios a pagar;

   e) provisão matemática para resgate.

5. Com relação à contabilidade das instituições de capitalização, pode-se afirmar que:

a) As sociedades de capitalização são obrigadas a elaborar e publicar demonstrações financeiras mensalmente.

b) As demonstrações financeiras obrigatórias abrangem apenas os seguintes relatórios: Balanço Patrimonial, Demonstração dos Resultados, Demonstração das Origens e Aplicações de Recursos, e Demonstração das Mutações do Patrimônio Líquido.

c) Deve ser feita, obrigatoriamente, a publicação no *Diário Oficial da União* ou no jornal oficial dos Estados.

d) Segundo legislação, o reconhecimento das receitas decorrentes de contribuições é sempre pelo regime de competência, independente do recebimento.

e) O procedimento de reconhecimento da receita está de acordo com as práticas internacionais e de acordo com a teoria da contabilidade.

6. **Assinale a alternativa incorreta:**

a) O consórcio pode ser considerado um mecanismo de compra programada de um bem.

b) Os recursos coletados mensalmente irão financiar a compra do bem do integrante contemplado a cada mês.

c) O único encargo presente nas prestações de um consórcio é o percentual fixo a título de taxa de administração.

d) O consorciado, contemplado ou não, tem liberdade para transferir, a qualquer momento do plano de consórcio, sua cota a terceiros, desde que homologado pela administradora do grupo.

e) Segundos estudos, a origem do consórcio foi na Inglaterra em meados do século XX.

7. **Podem ser objetos de consórcio, exceto:**

a) bens não duráveis;

b) bens móveis duráveis;

c) bens imóveis;

d) serviços turísticos;

e) veículos.

8. **As prestações do consórcio podem ser compostas pelos seguintes itens, exceto:**

a) fundo de reserva;

b) contratação de seguro;

c) taxa de corretagem;

d) fundo comum;

e) taxa de administração.

9. **Sobre consórcio, assinale a afirmativa correta:**

a) Os grupos de consórcio são constituídos com finalidade de obtenção de lucro.

b) Para garantir transparência, os recursos dos grupos de consórcio devem integrar a contabilidade da administradora de consórcio.

c) O grupo de consórcio é remunerado e se viabiliza por meio da taxa de administração

d) O grupo de consórcio não tem autonomia em relação aos demais grupos, caso sejam administrados pela mesma instituição.

e) O grupo de consórcio é constituído com tempo definido.

10. **Assinale a alternativa incorreta:**

a) Prêmio é o valor pago pelo adquirente para a quitação do título de capitalização.

b) A sociedade de capitalização pode garantir que um título específico seja sorteado em um período menor que 15 dias.

c) O prêmio do título de capitalização é constituído por: quota de capitalização, quota de sorteio, quota de carregamento.

d) O título de capitalização poderá participar de sorteios, podendo o título sorteado continuar em vigor ou não.

e) O capital a ser resgatado é constituído da quota de capitalização dos prêmios pagos acrescidos de juros.

Parte VI

Aspectos Adicionais

A Parte VI é composta por três capítulos que discorrem aspectos extremamente relevantes sobre o mercado de capitais e que estão mais ligados à dinâmica das operações e à confiabilidade do sistema.

Primeiramente, o Capítulo 18 apresenta aspectos relevantes na dinâmica informacional do mercado de capitais, tratando de aspectos como eficiência do mercado, informações privilegiadas e políticas de divulgação de informações por meio da área de relações com investidores das empresas.

O Capítulo 19 fala sobre aspectos a que todos aqueles que atuam ou atuarão no mercado financeiro devem estar atentos: os crimes de lavagem de dinheiro. Nesse capítulo são tratados os principais aspectos sobre o combate e a prevenção ao crime de lavagem de dinheiro e ocultação de divisas, bem como as implicações para os agentes praticantes ou coniventes ao crime.

O Capítulo 20 fala sobre os principais pilares da governança corporativa, apresentando as implicações e benefícios de uma postura correta em relação aos diversos agentes envoltos nas empresas.

18

A Sistemática da Informação no Mercado de Capitais e a Importância das Relações com os Investidores

Diego Carneiro Barreto, **Rodrigo Lopes da Luz** e
Silvia Maura Rodrigues Pereira

18.1 INTRODUÇÃO

O mercado de capitais resulta da conjunção entre as necessidades de agentes investirem e empresas empregarem recursos. Nesse mercado, a informação ganha relevância crítica, uma vez que compradores e vendedores analisam todas as informações divulgadas que possam ter impacto nos preços dos títulos negociados ou em processo de emissão. Esse impacto sobre os preços dos títulos se dá, em maior ou menor escala, por meio da formação de expectativas de risco/retorno, logo, o valor de uma ação, debênture ou outros valores mobiliários é moldado a partir do fluxo de informações sobre os mesmos.

Na última década, os mercados de capitais americano e brasileiro sofreram forte atuação reguladora por parte de seus congressos, das autarquias Securities and Exchange Commission (SEC) e Comissão de Valores Mobiliários (CVM), e entidades de mercado como a NYSE e a BM&FBovespa, com foco nas informações divulgadas e seu impacto no preço dos ativos.

A CVM publicou, em 2002, a Instrução nº 358[1] prevendo regras específicas para a divulgação das

informações, enquanto os Estados Unidos editaram, em 2000, a *Regulation FD (Fair Disclosure)*,[2] para regulamentar a divulgação de informações por emissores, e para evidenciar as proibições contra a negociação com informação privilegiada,[3] a fim de equalizar o acesso à informação.

---

divulgação de informações na negociação de valores mobiliários e na aquisição de lote significativo de ações de emissão de companhia aberta, estabelece vedações e condições para a negociação de ações de companhia aberta na pendência de fato relevante não divulgado ao mercado.

[2] Por meio da *Regulation FD*, a Securities and Exchange Commission adotou novas regras para endereçar três questões ao mercado de capitais americano: (i) a divulgação seletiva pelos emissores de informação relevante não pública; (ii) quando o risco de negociação com informação relevante ascende em conexão com o "uso" ou "posse de conhecimento" pelo negociador de bolsa de informação relevante não pública; e (iii) quando o rompimento de família ou outro relacionamento fora de negócio pode ascender risco amparado pela teoria da desapropriação da negociação com informação relevante não pública.

[3] Informações privilegiadas são aquelas que podem alterar a decisão de investimento de um investidor. A caracterização de uma informação como privilegiada depende do julgamento da administração. Geralmente os resultados da companhia, antes de divulgados, aquisições ou venda de ativos significativos, contratos importantes, movimentações de executivos de alto escalão são informações privilegiadas. Ver Instrução 358 da CVM.

---

[1] Dispõe sobre a divulgação e uso de informações sobre ato ou fato relevante relativo às companhias abertas, disciplina a

No campo acadêmico, a principal teoria sobre o papel da informação no mercado, a Teoria dos Mercados Eficientes, propõe que os preços dos ativos nos mercados devem incorporar todas as informações disponíveis. Um mercado eficiente de capitais é aquele nos quais os preços dos títulos refletem completamente as informações disponíveis.

18.2 TEORIA DE MERCADOS EFICIENTES

A Hipótese de Mercados Eficientes foi apresentada, inicialmente, por Eugene Fama e surgiu com o desenvolvimento da Moderna Teoria de Finanças na década de 1960, fornecendo um fundamento teórico que permitia relacionar as informações contábeis com os preços dos ativos no mercado. O mercado eficiente pode ser entendido como o estado de equilíbrio de mercado, no qual, em concorrência perfeita, oferta e procura, levam a preços de equilíbrio, o que faz com os lucros econômicos de longo prazo tendam a zero.

Segundo Jaffe, Ross e Westerfield (2007),

"A hipótese de mercado eficiente apresenta implicações para investidores e empresas: – Como a informação se reflete imediatamente nos preços, os investidores só devem esperar obter uma taxa normal de retorno. O conhecimento da informação, ao ser divulgada, não traz vantagem alguma a um investidor. O preço ajusta-se antes de que possa negociar a ação com o uso da informação. – As empresas devem esperar receber o valor justo dos títulos que vendem. A palavra justo significa que o preço que recebe pelos títulos emitidos é igual a seu valor presente. Portanto, em mercados eficientes de capitais não existem oportunidades valiosas de financiamento decorrentes de enganar os investidores."

Deduz-se, então, que o mercado eficiente seria aquele no qual os agentes que possuem as mesmas informações, aversão a risco e capacidade de interpretação e precificação da informação, avaliam todas as informações relevantes que se tornam disponíveis de forma imparcial e as precificam imediatamente. Para assumir esta hipótese, a Teoria considera que (i) não existem custos de transação, (ii) toda informação disponível é acessível a todos os participantes do mercado a custos irrisórios e

(iii) todos os participantes possuem expectativas homogêneas em relação ao efeito das informações disponíveis nos preços dos ativos.

18.3 ASSIMETRIA DE INFORMAÇÕES

Estudos empíricos em mercados demonstram, no entanto, que existe assimetria informacional (quando um dos participantes tem informação capaz de impactar o preço de um ativo enquanto os outros não a possuem), o que induz a alocação não eficiente de recursos por participantes, em função da incerteza em relação ao comportamento de outros. Este pode não negociar o ativo a fim de minimizar o risco da negociação e de retorno.

Dessa forma, o processo de divulgação das informações demandada pelos agentes reguladores e aqueles espontaneamente adotados pelas companhias têm por finalidade reduzir a assimetria informacional, potencial ou existente.

Mesmo assim, Salotti e Yamamoto (2006) dizem que "*a qualidade da informação influencia o nível de divulgação das informações voluntárias no mercado de capitais, ou seja, as empresas são estimuladas a divulgar mais informações voluntariamente quando as informações impactam positivamente nos preços das ações*". Suas pesquisas indicam que os padrões determinados por reguladores são relevantes, no entanto, persistem questões sobre sua efetividade.

Healy e Palepu (2001) afirmam que analistas de investimento cumprem papel relevante na interpretação e geração de novas informações por meio de suas previsões de lucros e recomendações de compra/venda de ações, mas verificaram que, enquanto a teoria sugere que os auditores têm papel fundamental para garantir a credibilidade das demonstrações contábeis, estudos empíricos não a sustentam. Concluíram que empresas com (i) intenção de realizar emissões no mercado se sentem estimuladas por promover o *disclosure* voluntário; (ii) menor poder em relação ao mercado no caso de empresas com desempenho recorrentemente ruins leva seus administradores a se explicarem mais fornecendo informações adicionais; (iii) controle acionário concentrado podem ser estimuladas a prestarem menos informações, ocorrendo o contrário quando o controle pulverizado; (iv) os administradores que desejam negociar ações da companhia são estimulados a fazer divulgações voluntárias para não correr o risco da acusação de prática delituosa; (v) um ambiente legal de alto risco pode estimular a divulgação de informações e (vi) concorrência ativa são inibidas a prestarem *disclosure* voluntário, para preservar sua vantagem competitiva. Em resumo, as características da empresa e do mercado podem influenciar diretamente na assimetria informacional.

Pela ótica do sistema legal, Ball, Kothari e Robin (2000) verificam que há diferenças entre as demandas contábeis em países com contextos institucionais diferentes (países de *common law* e *civil law*), em relação à tempestividade e conservadorismo do lucro contábil. Verificou-se que a tempestividade do resultado contábil é significantemente melhor em países de *common law* do que em países *civil law*, pois incorporam mais rapidamente informações sobre perdas econômicas. Concluem também que tempestividade e conservadorismo, juntos, capturam muito do conceito usual de transparência das demonstrações financeiras e que aspectos institucionais, tais como mecanismos de governança corporativa, que variam ao longo do tempo, afetam a divulgação.

Bushman e Piotroski (2006) exploraram os incentivos para divulgação criados a partir da estrutura institucional da economia, a premissa é de que a estrutura legal/judicial, as regras para valores mobiliários e a política econômica dos países criam incentivos que influenciam o comportamento dos executivos, investidores, reguladores e outros participantes do mercado. Verificou-se que países com elevada qualidade do sistema judicial reflete notícias ruins nos relatórios mais rápido que empresas de países com baixa qualidade do sistema judicial. Também se verificou que atuações mais fortes no cumprimento das leis de valores mobiliários demoram em reconhecer boas notícias nos resultados em relação a países com fraco *enforcement* legal. Em contrapartida, o *enforcement* privado nas leis de valores mobiliários não impactam no conservadorismo. Também, em países com maiores riscos de expropriação de ativos, as boas notícias são reconhecidas lentamente, enquanto que as más notícias são reconhecidas mais rapidamente.

Bushman et al. (2004) verificam que a transparência limitada (baixo *disclosure*) de uma empresa aumenta a demanda por sistemas e mecanismos de governança mais rígidos para compensar os problemas derivados da baixa evidenciação. Foi investigado como a concentração de propriedade, os incentivos de gestores e a estrutura de gestão variam de acordo com a tempestividade dos resultados e a complexidade organizacional medida pela dispersão geográfica e diversidade do *mix* de produtos. Foram encontradas evidências de que a concentração de propriedade e os incentivos dos gestores baseado em planos de ações e a reputação dos gestores variam inversamente com a tempestividade do resultado e que a concentração de propriedade e os incentivos aos gestores aumentam de acordo com a complexidade da empresa.

Portanto, fica claro pelos estudos citados que, ao se observar o mercado e seus agentes, é possível deduzir que o mercado real não é eficiente e que a estrutura legal e dos agentes de mercado são de suma importância para o entendimento do comportamento das informações em um específico mercado de capitais.

18.4 SELEÇÃO ADVERSA E RISCO MORAL

Do ponto de vista teórico, a seleção adversa ocorre quando um comprador racional interpreta informação não divulgada (ausência da mesma em função de expectativa da divulgação) como uma informação não favorável sobre o valor ou qualidade do ativo. Desse modo, a estimativa do valor do ativo passa a ser adversa, ou seja, na falta de informação, os investidores descontam o valor dos ativos até que se torne interessante para a companhia revelar a informação, mesmo que desfavorável.

Como em qualquer processo informacional de qualquer mercado de capitais, há a obrigação de divulgar uma quantidade considerável de informações. Adicionalmente, os administradores possuem a prerrogativa de divulgar informações voluntárias que são úteis para avaliar as perspectivas da empresa. A questão é: em quais circunstâncias um administrador divulgará essa informação?

Comparando as empresas A e B, se A espera um retorno de 30% ao ano e não divulga da forma adequada (baixo *disclosure*) e B, que espera retorno de 20%, divulga isso amplamente (alto *disclosure*), os investidores tenderiam a investir na empresa B e perderiam uma rentabilidade maior de A (de 30%). Esse caso caracteriza uma situação de seleção adversa.

Em contrapartida, o risco moral relaciona-se às atitudes de esconder, manipular ou fraudar a informação. Segundo o Dicionário Cambridge, "*hazard*" *é "to risk doing something which might cause harm (physical or other injury or damage) to someone or something else".* Assim, risco moral (*moral hazard*) *é a possibilidade de uma pessoa agir desonestamente, e, em geral, surge quando as pessoas agem de uma determinada forma acreditando (ou sabendo) que não serão punidas ou prejudicadas e sairão ilesas.*

Estudado na teoria microeconômica, esse conceito corresponde ao comportamento de agentes econômicos que, ao receber determinado tipo de cobertura ou seguro para suas ações, diminui os cuidados correspondentes a essas ações. Em operações de seguros, por exemplo, o risco moral é quando a pessoa, ao assinar um contrato de seguro, age de maneira a facilitar a ocorrência de um sinistro, diminuindo seu cuidado com o veículo, ou ainda refere-se ao risco do segurado poder causar intencionalmente um sinistro.

No caso do mercado de capitais, seria o caso em que administradores, ao receber recursos de investidores, não tomam os devidos cuidados para assegurar e maximizar o capital que lhe foi confiado, assim, os acionistas não têm como garantir que os administradores de suas empresas agirão de modo a maximizar o valor da firma. Essa é uma discussão moderna, resultante da crise financeira mundial de 2008.

Na prática, a partir do exemplo anterior, suponha que exista uma empresa C que tem expectativa de retorno real de 5% mas, que informa ao mercado uma rentabilidade esperada de 25%. Assim, os investidores iriam alocar seus recursos no investimento C, pois, ele fornece mais informações que a empresa A e tem suposto resultado esperado maior que a empresa B.

Essa assimetria informacional cria então distorções nos preços, permitindo então a atuação de agentes de modo a arbitrar os preços dos ativos, comprovados pelos conhecidos casos em que a conduta humana ultrapassou os limites da regulamentação e da ética.

No Brasil, as regras sobre o tratamento da informação são emanadas, principalmente, pela CVM e BM&FBovespa. Do lado corporativo, o profissional de Relações com Investidores é o responsável pela comunicação das informações ao mercado. As peculiaridades dessa atividade intensa e dinâmica serão descritas nos próximos tópicos deste capítulo.

18.5 RELAÇÕES COM INVESTIDORES: PAPEL NA REDUÇÃO DA ASSIMETRIA DE INFORMAÇÃO

18.5.1 Tratamento da assimetria em uma companhia aberta

18.5.1.1 Visão geral de relações com investidores

Falar do papel da função de comunicação corporativa "relações com investidores", na redução da assimetria de informação, começa por uma breve visão de como a função se desenvolveu, o que se propõe e como funciona.

Relações com investidores (RI) surgiu nos Estados Unidos há uns 40-50 anos, fruto do interesse das companhias de capital aberto em se manterem competitivas por recursos no mercado de capitais. É a necessidade de obter recursos por meio da emissão de títulos de dívida e ações, nas melhores condições possíveis, para executar sua estratégia de expansão, que impele as companhias a cultivar e cuidar do seu relacionamento com o mercado investidor.

A função RI se propõe, portanto, a conduzir o processo de comunicação (implicando a gestão da informação e do relacionamento) entre a companhia e o mercado investidor com a finalidade de assegurar-lhe a condição de levantar recursos no mercado de capitais a custos competitivos. Como bem colocado por Grimard (2008) o "princípio-chave de Relações com Investidores é ajudar a promover os títulos emitidos pela companhia – ações, debêntures ou instrumentos híbridos – atendendo à legislação, com ênfase prioritário em prover acesso igual à informação a todos". Esse princípio se sustenta na crença de que, munido de informações que o permita tomar decisões com conforto, o mercado avaliará corretamente o valor econômico da companhia e possibilitará com que ela capte recursos na condições mais favoráveis possíveis, isto é, pelo menor custo de capital, *ceteris paribus*.

O caráter voluntário e promocional da atividade de RI não implica a interpretação de que a companhia não esteja rigorosamente comprometida em fornecer informações fidedignas sobre o seu negócio. Adicionalmente, relações com investidores é, de longe, a mais regulada das atividades da comunicação corporativa. As obrigações de companhia aberta, as quais o RI está sujeito, exigem a divulgação de informações periódicas, em formulários padronizados com conteúdos especificados, por meios e canais que podem ser verificados, e responsabilizam e punem seus principais executivos quando as regras não são seguidas ou as informações providas não são verídicas.

Nessa extensa regulamentação, destacam-se duas restrições que fazem do RI uma das mais complexas das atividades de comunicação institucionais, são elas: as restrições relacionadas à divulgação de informações privilegiadas e prospectivas.

Informações prospectivas são aquelas que se referem ao futuro das companhias como, por exemplo expectativas de crescimento de receita, lucro e geração de caixa, novos clientes, expansões, movimento de preços e concorrência, entre outras.

A complexidade se constitui porque, apesar de todos saberem das restrições que se aplicam a essas informações, elas são as que todos querem. Por mais sutis as investidas feitas para obtê-las, essas são frequentes e a divulgação inadvertida ou não de informações privilegiadas e/ou a não realização de informações prospectivas, envolvem riscos e penalidades para as companhias e seus executivos.

A preocupação com o uso da informação privilegiada é a de impedir que seus detentores se beneficiem em detrimento ou prejuízo de outros. É o caso clássico do *insider trading*. A exigência de não seletividade implica na divulgação simultânea para o mercado por meio de mecanismos estipulados pelos órgãos reguladores. Nesse aspecto, existe uma diferença conceitual entre a regra americana e a brasileira. Nos EUA, uma informação se torna pública quando é objeto de divulgação ampla. Na prática, a Securities and Exchange Commission (SEC) aceita a distribuição eletrônica simultânea da informação para todo e qualquer órgão da mídia no circuito americano. O arquivamento no próprio sistema da SEC também é exigido e pode ser usado em substituição, mas não é prioritário. No Brasil, a informação só se torna pública quando o documento é arquivado no sistema eletrônico IPE da CVM/BM&FBovespa.

Em relação às informações prospectivas, a preocupação é com a sua não concretização no futuro, o que pode ser interpretado, pelo mercado ou órgãos reguladores, como tentativa, por parte da administração da companhia, de enganar o investidor. Por esse motivo, a divulgação de informações prospectivas é cercada de exigências, entre as quais, a que se destaca no mercado americano, é a leitura de um discurso padrão que avisa o investidor, a cada texto, que informações prospectivas podem não se materializar e que a companhia pode não se comprometer a atualizá-las (essa prática advém das *Safe Harbor Rules*).

18.5.1.2 Programa de RI: marketing e comunicação financeira

Com o intuito de atingir os objetivos: (i) preservar o acesso ao capital, (ii) atender às exigências de divulgação, (iii) comunicar o valor intrínseco do negócio (incluído a administração de expectativas), (iv) construir relacionamentos com investidores e (v) prover à administração o *feedback* do mercado (*NIRI-Body of Knowledge*), a companhia implementa um programa de RI que, para fins didáticos, pode ser dividido em quatro componentes principais: (a) Posicionamento do negócio; (b) Clientes: investidores e analistas; (c) Comunicação; (d) Planejamento estratégico e cultura de companhia aberta, que constituem um processo de contínua retroalimentação.

Posicionamento do negócio

O ponto de partida de um programa de RI é o conhecimento do "produto" que será levado ao mercado e, no caso de uma companhia, isso significa conhecer o seu negócio como especialista. Isso inclui:

- o setor de atuação (maturidade, potencial de crescimento, nível de risco, tipo de concorrência, regulamentação);
- características da companhia (posição de mercado, estratégia, modelo de negócio, variáveis críticas de valor (*value drivers*), fatores de risco, proposta de valor (subavaliada/crescimento), valores intangíveis (patentes, marcas, capital humano, relacionamento com clientes/fornecedores, qualidade da administração, acionistas controladores, governança), indicadores financeiros e operacionais;
- características do título (remuneração, liquidez, volatilidade, ativos concorrentes).

O conhecimento econômico-financeiro/contábil (incluindo os diversos métodos de avaliação econômico-financeira) do profissional de RI é fundamental nessa etapa. Uma vez conhecido o produto, é preciso posicioná-lo por meio do discurso (mensagens de investimento, *equity stories*) e imagem (identidade visual) e práticas comunicativas.

Esse componente do programa de RI é crítico para ter claro qual a proposta de valor e características de investimento que possuem os títulos da companhia. Se, por exemplo, o *float* (quantidade de ações negociadas em relação ao total de ações de uma companhia) de mercado for pequeno, talvez não haja liquidez suficiente para atrair grandes investidores. Se a companhia passa por mudanças em seu modelo de negócios, alterações estruturais no setor, crescimento acelerado, seu *run rate* fica prejudicado, pois há menor previsibilidade de resultados, isto é, há mais risco. Será que a ação de uma empresa com essas características é o tipo de investimento para pessoas físicas que não se dedicam tempo integral e não fazem acompanhamentos minuciosos? O ponto aqui não é sugerir que o RI deve evitar um ou outro tipo de investidor, mas conhecendo bem as características do investimento pode direcionar seus esforços de marketing para obter melhor retorno.

Clientes: investidores e analistas

O RI precisa desenvolver profundo conhecimento do mercado de capitais e da sua "clientela": investidores e analistas. O método de *marketing* utilizado para esse fim é a segmentação que em RI é bastante padronizada: dívida/ações; *buy/sell-side*; institucional/indivíduo. Os institucionais podem ainda ser segmentados por tipo (fundo de pensão, mútuo, *hedge*) e/ou perfil de investimento (*value, growth,* GARP etc.).

É preciso conhecer as necessidades de cada segmento, seus estilos, métodos e perfis de investimento. Para isso, outros recursos do marketing como inteligência de mercado, estudos de percepção (pesquisas), análise da base acionária própria e de concorrentes devem ser utilizados.

Um dos objetivos-fins desse conhecimento é inferir comportamentos e maximizar o valor da companhia buscando investidores cujos perfis de investimento mais se adéquem ao que a companhia e seus títulos têm a oferecer. O *targeting* consiste na busca de investidores que darão à base acionária o perfil estabilidade/liquidez que lhe maximize o valor.

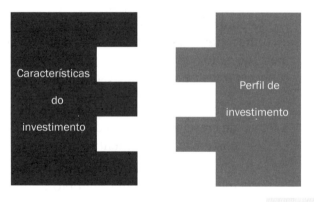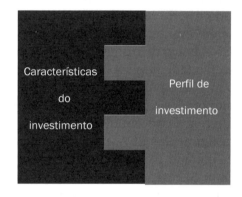

Figura 18.1

Targeting.

O outro objetivo de conhecer profundamente os investidores é a adequação do discurso e da estrutura de atendimento. Na medida em que o investidor, pessoa física torna-se um participante importante no mercado, o RI precisa se questionar se há mais eficiência em criar uma estrutura de atendimento de "massa" para esse público já que o atendimento personalizado tem alto custo. Normalmente, quando a companhia entende que vale a pena cultivar o interesse do investidor pessoa física, a segmentação do atendimento deve auferir melhor relação custo/retorno bem como melhor atendimento.

As companhias deveriam zelar pela busca da simetria informacional, para um melhor entendimento do mercado. Considerando que a base acionária de uma determinada companhia seja de 50% de investidores profissionais e 50% de investidores não profissionais (pessoas físicas), a área de RI tem que levar em consideração as diferentes demandas. Portanto, para facilitar o entendimento, o quadro abaixo apresenta as necessidades de cada público.

Investidores profissionais	Investidores não profissionais
Enfoque analítico nas demonstrações financeiras	Enfoque analítico no aspecto operacional
Foco em recompra de ações	Foco em dividendos
Relatório *on-line*	Relatório impresso
Análise gerencial da operação	Glossário, FAQ
Grande importância à tempestividade da informação	Menor importância à tempestividade da informação

Dessa forma, entendendo a base acionária, a companhia pode transmitir sua informação de forma segmentada e atender sua demanda de forma específica.

Comunicação com o mercado investidor

O programa de comunicação é o meio pelo qual se promove o investimento, aumenta a visibilidade e se reduz a assimetria de informações. Ele é composto por ações e ferramentas utilizadas para construir o relacionamento com o mercado. A comunicação apresenta o "produto" à "clientela". Alguns aspectos sobre o programa de comunicação são fundamentais:

- Reúne materiais escritos (obrigatórios e voluntários), incluindo o *website*, bem como atividades face a face ou intermediadas por tecnologia de comunicação (*conference calls*, *webcasts*, telefonia, *e-mail*, mídia social).

- Comunicação é um processo interativo: tão importante como preparar suas mensagens é ouvir como são interpretadas. O RI deve criar oportunidades interativas para ouvir o que pensa o investidor.

- A transparência é exercida por meio da comunicação, ou seja, do comportamento.

- O importante em comunicação não é uma ou outra ação ou ferramenta, mas o uso coordenado, tempestivo, consistente e regular, de todas para criar previsibilidade, hábitos, e interação contínua com o mercado.

Se não fosse pelo esforço voluntário do RI de anunciar seus resultados por meio de um *release*, disponibilizá-los para fácil acesso em um *website*, comentá-los e esclarecer dúvidas em uma *conference call* e/ou em conversas telefônicas, um simples ITR faria muito pouco para a redução da assimetria de informação. Um estudo realizado por Kimbrough investigou e concluiu que o impacto das *conference calls* de resultados na velocidade de absorção dos resultados das companhias pelo mercado investidor era positivo bem como era a sua contribuição para reduzir os erros e a dispersão nas projeções feitas por analistas de investimento após a divulgação de resultados trimestrais (KIMBROUGH, 2005).

Planejamento estratégico e cultura de companhia aberta

Aqui, o RI fecha o círculo devolvendo à companhia um conjunto de informações que mostram como o mercado vê e avalia seu negócio e títulos.

Em nível de diretoria executiva e conselho de administração, essas informações devem ser usadas como ingredientes importantes no processo de planejamento estratégico para que as estratégias elaboradas gerem retorno adequado para manter a companhia competitiva por capitais.

Visto pela perspectiva do marketing, esse processo é análogo a ouvir quais alterações o consumidor está pedindo que se faça para tornar o produto mais atraente. Em contrapartida, a administração deve munir o RI com informações adequadas para a formulação de um discurso, ponderado e consistente, que o RI passará para o mercado no dia a dia de relacionamento. Isso implica antecipar questões potencialmente problemáticas para um eficaz gerenciamento de expectativas.

Adicionalmente, o RI exerce papel fundamental na comunicação com os funcionários disseminando a cultura de companhia aberta. Isso implica fazer conhecer a companhia pela ótica do negócio e por seu papel como criadora de riqueza para a sociedade, e não, meramente, pelos seus produtos, serviços e marca. Para que isto aconteça, o RI deve estabelecer processos de comunicação interno perenes com fins de propiciar o engajamento dos funcionários.

18.5.2 Tratamento da informação antes da abertura de capital (IPO)

Enquanto os relatórios e diversos documentos de divulgação obrigatórios têm papel fundamental no estabelecimento de um padrão de *disclosure* mínimo para proteger o investidor, vimos, pelo exposto acima, que são as atividades promocionais do programa de RI que dão visibilidade ao negócio da companhia e propagam o seu valor econômico.

Nesse sentido, nada impede que uma companhia de capital fechado divulgue informações sobre seu negócio fazendo com que adquira visibilidade e seja conhecida de dois a três anos antes de iniciar os procedimentos para a abertura de capital, momento no qual, passam a vigorar as regras do período de silêncio.

Uma companhia só tem a ganhar posicionando seu negócio com antecedência. Isso lhe dá a oportunidade de testar esse posicionamento, ouvir opiniões e medir como seu discurso é recebido e avaliar os aspectos de seu negócio que podem ser difíceis de comunicar. Ela tem a chance de calibrar o nível de informação que divulga e como, com o intuito de se tornar conhecida, fazendo que tenha condições de maximizar seu valor na negociação com os bancos de investimento e posteriormente com os investidores.

Essa atitude proativa não quer dizer que a companhia possa dizer qualquer coisa sobre si mesma. Pelo contrário, desde o início, ela deve observar os princípios de transparência e regularidade, ou seja, adotar uma cultura de companhia aberta, mesmo não o sendo.

Adicionalmente, ela precisa criar procedimentos internos que assegurem fluxos sustentáveis para as informações que pretende abrir. Isso fará com que perceba que não é trivial estar preparada para divulgar informações sobre o seu negócio, embora tenha a vantagem de se programar e ir testando a qualidade das informações muito antes de ser obrigada a divulgá-las.

Divulgar informações sobre o negócio que não se sustentam pelos acontecimentos provocará a mesma perda de credibilidade que pode ocorrer com uma companhia aberta. Portanto, o processo de adotar práticas de divulgação de companhia aberta, sem o ser, não deve ser um projeto oportunista, muito pelo contrário, precisa ser adotado da mesma seriedade que envolve os procedimentos de abertura de capital e a manutenção de capital aberto. O fator motivador principal são as vantagens na avaliação continua do seu negócio pelo mercado como um elemento de contribuição para a redução do custo de capital e a manutenção do acesso a recursos do mercado de capitais.

18.6 SISTEMA DE DIVULGAÇÃO NO MERCADO DE CAPITAIS BRASILEIRO

18.6.1 Regulação e autorregulação

As informações que as empresas listadas em bolsa são obrigadas a divulgar ao mercado, aos acionistas e aos investidores estão definidas nas Leis nº 6.385/76, nº 6.404/76 e na regulamentação da CVM. O sistema de divulgação é por meio dos sistemas IPE ou CVMWIN, sistemas de envio de arquivos da CVM que tem interface simultânea com a BM&FBOVESPA.

No campo da autorregulação, há diversas entidades que colaboram com o tratamento das informações no mercado de capitais, como a Associação Brasileira das Companhias Abertas (ABRASCA), com seu código de auto regulação e boas práticas das companhias abertas, o Instituto Brasileiro de Governança Corporativa (IBGC), com seu código das melhores práticas de governança corporativa, o Comitê de Orientação para Divulgação de Informações ao Mercado (CODIM), com a missão de elaboração de pareceres de orientação para alinhar as melhores práticas de divulgação, a BM&FBOVESPA, com os níveis diferenciados de governança corporativa. Assim como essas, existem outras entidades como a Associação de Investidores no Mercado de Capitais (AMEC); Associação Brasileira dos Bancos de Investimento (ANBID); Associação Nacional das Corretoras de Valores, Câmbio e Mercadorias (ANCOR); Associação Brasileira das Entidades dos Mercados Financeiros e de Capitais (ANBIMA), dentre outras.

Devido à ineficiência dos mercados no que tange a comunicação, as entidades reguladoras e autorreguladoras criaram regulamentos e/ou códigos para assegurar que as informações sejam amplamente divulgadas pelas companhias, com o objetivo de reduzir a assimetria informacional, descritas a seguir.

18.6.1.1 Informações periódicas

As informações periódicas são aquelas, que por força de lei são obrigatórias ou padronizadas, que por sua vez, são previstas no calendário de eventos corporativos, que são, resumidamente:

- *Formulário cadastral*: seu objetivo é reunir em um único documento informações sobre os dados e características principais do emissor e dos valores mobiliários por ele emitidos que antes eram disponibilizadas ao mercado de forma dispersa.

- *Formulário de referência*: a instrução CVM nº 480/09 criou o formulário de referência em substituição ao formulário IAN, que passará a se constituir na principal fonte de informação sobre o emissor. Esse novo documento procura ampliar a quantidade e a qualidade das informações que serão colocadas à disposição dos investidores e do mercado periodicamente, aproximando as regras brasileiras dos padrões recomendados pelas instituições internacionais especializadas em mercado de valores mobiliários.

- *Demonstrações financeiras padronizadas (DFP)*: o formulário DFP traz as demonstrações do acumulado no exercício social, além dos dados referentes aos dois exercícios anteriores.

- *Informações Trimestrais (ITR)*: o formulário ITR deve ser preenchido com os dados das informações contábeis trimestrais elaboradas de acordo com as regras contábeis aplicáveis ao emissor e é acompanhado do relatório de revisão especial, emitido por auditor independente registrado na CVM.

- *Demonstrações financeiras*: as demonstrações financeiras, acompanhadas do relatório da administração, do parecer do auditor independente, do parecer do conselho fiscal ou órgão equivalente, se houver, acompanhado de eventuais votos dissidentes; da proposta de orçamento de capital preparada pela administração, se houver; da declaração dos diretores de que reviram, discutiram e concordam com as opiniões expressas no parecer dos auditores independentes, informando as razões, em caso de discordância; e da declaração dos diretores

de que reviram, discutiram e concordam com as demonstrações financeiras devem ser elaboradas ao final de cada exercício.

- *Assembleia geral ordinária (AGO)*: a realização de assembleias gerais ordinárias é um instrumento imprescindível para o processo de participação dos acionistas nas deliberações que afetam a realidade da empresa e dos investimentos. Em face da evolução dos programas de governança corporativa das companhias, no que tange a ampliação dos direitos dos acionistas minoritários, as assembleias tendem a contar com um número cada vez mais expressivo de participantes, por conta da dispersão acionária das companhias e da chegada dos investidores individuais. Ademais, a Instrução nº 481/09 da CVM regulamentou as informações e documentos a serem divulgados para instruir o exercício do direito de voto dos seus acionistas em assembleia e normas para os pedidos públicos de procuração para exercício do direito de voto, com o objetivo de possibilitar que os acionistas da companhia tenham tempo suficiente para se organizar antes da assembleia geral.

- *Reuniões do conselho de administração*: as reuniões são definidas pela administração e preestabelecidas de acordo com o regimento interno de cada conselho de administração das companhias.

18.6.1.2 Informações eventuais

Diferentemente das informações periódicas, as informações eventuais são voluntárias, não há limites de divulgação, ocorrem em momentos extraordinários, que sempre coincide com o surgimento de um ato ou fato relevante.

Segundo o Guia de Relações com Investidores do Instituto Brasileiro de Relações com Investidores, ir além do cumprimento das exigências legais e organizar a divulgação regular de informações voluntárias ao mercado é uma estratégia que agrega valor à companhia aos olhos dos investidores. Abaixo, é possível encontrar alguns exemplos de informações eventuais:

- *Comunicado ao mercado*: normalmente, as companhias utilizam desse canal de informação, para fazer comunicar o mercado de capitais sobre um determinado assunto que a companhia julgue necessário, ou seja, com a intenção persuasiva, onde o obrigatório não te possibilita isso. Dessa forma, a excelência nas práticas de RI adotadas se mede principalmente através do nível de qualidade e temporalidade das informações voluntariamente oferecidas, segundo o IBRI.

- *Assembleia geral extraordinária*: segue as mesmas regras da assembleia geral ordinária (AGO), com relação ao pedido público de procuração, edital de convocação e envio das deliberações para CVM. A única diferença, dependendo da matéria a ser votada, é o quorum de instalação e de participação da assembleia. No que se referir à alteração de estatuto social, a companhia deverá divulgar as alterações através da metodologia "de" "para" para que o investidor possa visualizar facilmente os itens que serão objetos de alteração bem como os efeitos econômicos e financeiros que tal alteração causará.

- *Ato ou fato relevante*: de acordo com a Instrução nº 358 da CVM, por meio do seu artigo 2º, considera-se relevante qualquer decisão de acionista controlador, da assembleia geral ou dos órgãos de administração da companhia aberta, ou qualquer outro ato ou fato de caráter político-administrativo, técnico, negocial ou econômico-financeiro ocorrido ou relacionado aos seus negócios que possa influir de modo ponderável: (i) na cotação dos valores mobiliários de emissão da companhia aberta ou a eles referenciados; (ii) na decisão dos investidores de comprar, vender ou manter aqueles valores mobiliários; e/ou (iii) na decisão dos investidores de exercer quaisquer direitos inerentes à condição de titular de valores mobiliários emitidos pela companhia ou a eles referenciados. A divulgação de ato ou fato relevante tem por objetivo assegurar aos investidores, em tempo hábil e de forma eficiente, as informações necessárias para as suas decisões de comprar, vender, manter valores e/ou de exercer direitos inerentes à condição de titular.

Política de divulgação de ato ou fato relevante

Toda companhia aberta deve, por deliberação do conselho de administração, adotar política de divulgação de ato ou fato relevante, contemplando procedimentos relativos à manutenção de sigilo acerca de informações relevantes não divulgadas, conforme artigo 16 da Instrução da CVM nº 358.

Por meio da política de divulgação de ato ou fato relevante, a companhia deve comunicar formalmente os acionistas controladores, diretos ou indiretos, diretores, membros do conselho de administração, do conselho fiscal e de quaisquer órgãos com funções técnicas ou consultivas, criados por disposição estatutária, ou por quem quer que, em virtude de seu cargo, função ou posição na companhia aberta, sua controladora, suas controladas ou coligadas, e obter a respectiva adesão formal, em instrumento que deverá ser arquivado na sede da companhia.

Portanto, a política de divulgação de ato ou fato relevante tem o compromisso de garantir qualidade e consistência de suas informações, visando a simetria informacional, assim como igualdade de tratamento entre os acionistas e acesso à informação de forma tempestividade, respeitada às exigências legais e regulatórias.

18.6.2 Política de negociação de valores mobiliários

A política de negociação de valores mobiliários tem por objetivo estabelecer regras de negociação aos acionistas controladores, diretores, conselheiros e outros funcionários que detêm informações privilegiadas sobre a companhia. O objetivo é evitar com que o detentor da informação privilegiada não negocie os valores mobiliários motivado por um dado ou informação ainda não disponível ao público. Caso ocorra negociação dentro desses parâmetros, a CVM deve autuar a companhia e o executivo ou pessoal que obteve tal privilegio.

A Instrução nº 358 da CVM, por meio do seu artigo 15, prevê que a companhia aberta poderá, por deliberação do conselho de administração, aprovar política de negociação das ações de sua emissão por ela própria, pelos acionistas controladores, diretos ou indiretos, diretores, membros do conselho de administração, do conselho fiscal e de quaisquer órgãos com funções técnicas ou consultivas, criados por disposição estatutária.

De acordo com o Anuário de Governança Corporativa 2010, do universo de companhias pesquisadas para o anuário, 79% divulgam essa política, seguindo o recomendado pelo Instituto Brasileiro de Governança Corporativa (IBGC). Preocupação constante nas companhias de capital aberto.

Portanto, ao adotar uma política de negociação dos valores mobiliários, a companhia dá um grande passo em prol da governança corporativa, pois iguala as pessoas com acesso de informação privilegiada com os acionistas minoritários na hora de compra e venda de ações.

18.7 PROATIVIDADE CORPORATIVA

A comunicação exercida pela área de RI tem por objetivo disponibilizar as informações, quer sejam operacionais, financeiras, estratégicas ou outro tipo de informação dependendo da particularidade do negócio, ao seu público visando à redução da assimetria da informação e consequentemente a redução do custo de capital.

A busca pela simetria da informação é uma das principais métricas da área de RI, pois as empresas possuem uma preocupação cada vez maior, a de transmitir informações e atingir segmentos de públicos específicos, pois atualmente os públicos estão mais exigentes e participativos no que se refere a seus direitos e interesses. Veja, a seguir, algumas iniciativas que a área de RI deve considerar como proatividade corporativa com a intenção reduzir a assimetria informacional.

18.7.1 *Website* de RI

A facilidade de acesso a informações que a Internet facilita ao público garante à companhia um meio rápido, eficiente, eficaz e democrático de difusão de informações. Para a área de RI, é mais um meio de comunicação que permite encontrar novas soluções para atingir seus públicos.

Segundo o Guia de Relações com Investidores do IBRI, os *websites* de RI têm evoluído de tal modo que chegam até a ocupar, em alguns casos específicos, o papel de *website* institucional da companhia.

Um *website* de RI tem que duas premissas básicas: (i) qualidade e a acessibilidade que proporcionará ao investidor a facilidade ao acesso da

informação e (ii) atualização do conteúdo das informações acompanhada de seu histórico em especial as informações financeiras. Como não há limites de capacidade, o profissional de RI, com objetivo de garantir a simetria informacional, pode usar a interatividade para divulgar as outras informações, como comunicados, anúncios de dividendos, planilhas com fundamentos e outros.

O *website* de RI tem como objetivo apresentar as informações de forma transparente e uniforme, abrir canais de comunicação com acesso fácil e tempestivo, disponibilização das informações corporativas em um único local e diminuir a quantidade de solicitações por meio da antecipação da demanda.

De acordo com o Guia de Relações com Investidores do IBRI, "os *websites* de RI são uma interface que permite aos investidores não apenas gerenciar informações *on-line*, mas também acessar e interagir diretamente com a área de RI". Ou seja, a necessidade de informações faz com que os investidores busquem essa aproximação com o profissional de RI.

18.7.2 Relatório anual

Nos dias atuais, os balanços tradicionais, que normalmente são publicados no primeiro trimestre do ano, servem apenas para cumprimento de uma exigência legal, devido à nova demanda de *stakeholders*. Para atender essa nova demanda, surge então o relatório anual, que é uma importante peça de comunicação e de prestação de contas da empresa com os *stakeholders*.

Nesse relatório encontram-se a mensagem de abertura, escrita pelo presidente do conselho de administração ou pelo presidente da diretoria, o conjunto das demonstrações financeiras, acompanhadas do parecer da auditoria independente e do conselho fiscal, quando for o caso. Também são comuns informações sociais e ambientais, além da prestação de contas dos compromissos assumidos perante as boas práticas de governança corporativa em um exercício social completo, comparativamente a exercícios anteriores.

Voluntariamente, há um movimento mundial para que as empresas adotem as diretrizes propostas pela *Global Reporting Initiative* (GRI) em sua versão nº 3 para os relatórios, abordando os aspectos socioambientais, além dos econômico-financeiros, formando assim o tripé da sustentabilidade.

As diretrizes da GRI estão estruturadas em duas partes. A Parte 1: Princípios e Orientações define o "como relatar", trazendo orientações para definição do conteúdo do relatório, assegurar a qualidade da informação e estabelecer o limite ou escopo do relatório, e a Parte 2: Conteúdo do Relatório, ou o "o que relatar", estabelece referências para relatar o perfil da organização, sua forma de gestão (governança, compromisso e engajamento) e finalmente os indicadores de desempenho.

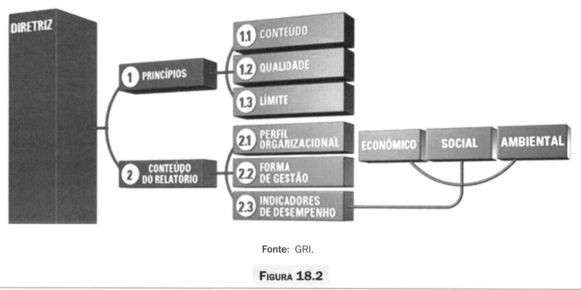

Fonte: GRI.

Figura 18.2

Diretrizes da GRI.

Ao adotar as diretrizes da GRI, é recomendável que a empresa adote também as recomendações da Associação Brasileira das Companhias Abertas (ABRASCA), para que se tenha uma única peça de relatório anual.

18.7.3 Divulgação de resultados

De acordo com o pronunciamento de orientação nº 8, do Comitê de Orientação para Divulgação de Informações ao Mercado (CODIM), a divulgação de resultados é um conjunto e ferramentas utilizados na divulgação e disseminação das informações pelas companhias visando à melhoria contínua da qualidade das informações prestadas em sintonia com a legislação e regulamentação vigentes.

A companhia deve adotar procedimentos de controle das informações não públicas e deve promover a conscientização de todos os colaboradores que lidam com informações privilegiadas. Deve-se sedimentar a conscientização do caráter confidencial dessas informações e preservar valiosos princípios norteadores do mercado de valores mobiliários, com o objetivo de que todos os públicos estratégicos tenham acesso à mesma informação e no mesmo momento, e que o dever de lealdade dos administradores perante os acionistas e a companhia seja observado.

A companhia deve se preocupar com a qualidade, divulgando informações verdadeiras, completas, consistentes, e em linguagem simples, clara e concisa para evitar a assimetria informacional. Importante também é a atenção com o horário da divulgação de resultados. Esse deve ser, sempre que possível, antes do início ou depois do encerramento dos negócios nos mercados em que os valores mobiliários da companhia forem listados, prevalecendo o horário de funcionamento do mercado brasileiro em caso de incompatibilidade.

Juntamente com as demonstrações financeiras e das suas peças que o acompanham, deve-se divulgar o *release* de resultado. O objetivo é assegurar a compreensão e disseminar o desempenho da companhia no período a todos os públicos estratégicos, de forma clara, sintética e consistente com o fim específico de evitar que o investidor e demais públicos estratégicos da companhia sejam levados a erro por compreensão inadequada das informações disponibilizadas.

18.7.4 Apresentações públicas e reuniões restritas

O CODIM, por meio do seu pronunciamento de orientação nº 2, indica que as "apresentações públicas periódicas" ou reuniões públicas são aquelas realizadas no âmbito de um cronograma prévio e específico determinado pelas companhias abertas. Em seu conceito, são exclusivamente com o objetivo de divulgar e esclarecer o mercado acerca de suas informações periódicas, fora do contexto de uma oferta pública.

As reuniões públicas ou restritas são realizadas depois da divulgação dos resultados e representam uma das formas mais eficientes das empresas de garantirem a simetria das informações ao prestarem informações e esclarecerem o mercado sobre seu desempenho passado e, principalmente, sobre suas perspectivas, bem como para receberem informações sobre as principais demandas dos seus públicos estratégicos. Essas reuniões visão demonstrar seu comprometimento com a transparência e interação com o mercado.

A apresentação de uma reunião pública ou restrita deve conter informações detalhada sobre as principais iniciativas nas diversas áreas da empresa; lançamentos de produtos; mudanças de estratégia; tendências setoriais; questões regulatórias e de legislação; dados sobre governança corporativa; responsabilidade social e ambiental; investimentos; política de distribuição de dividendos e demais aspectos conjunturais e institucionais que tenham contribuído para o desempenho, bem como suas perspectivas.

Essas reuniões podem ser direcionadas para públicos específicos, tais como acionistas, analistas, investidores, veículos e profissionais da mídia, dentre outros, privilegiando a tempestividade, equidade e transparência das informações.

Nas reuniões, os comentários sobre o desempenho e/ou projeções da companhia devem se basear nos relatórios sobre os trimestres anteriores, já devidamente arquivados nos órgãos reguladores e amplamente divulgados, e devem procurar focar o longo prazo.

Questões discursivas

1. O que é mercado eficiente?

2. O que é assimetria de informações?

3. Quando ocorre o processo de seleção adversa?

4. O que é risco moral (*moral hazard*)?

5. Quais são as principais informações periódicas obrigatórias para companhias abertas?

6. Quais são as principais informações eventuais para companhias abertas?

7. O que é um fato relevante e quais suas implicações?

8. O que é e qual a importância da assembleia-geral extraordinária?

9. Qual o objetivo da política de negociação de valores mobiliários?

10. Quais as premissas básicas e o objetivo de um *website* de RI?

Testes de múltipla escolha

1. O objetivo da *regulation FD* (*fair disclosure*) é:

   a) regulamentar a negociação de títulos no mercado norte-americano;

   b) regulamentar a prática comercial entre países;

   c) regulamentar o uso de informações para prática comercial e negociação de títulos entre países ligados à Organização Mundial de Comércio, em especial à relação entre países europeus e asiáticos;

   d) regulamentar a divulgação de informações por emissores, e para evidenciar as proibições contra a negociação com informação privilegiada, a fim de equalizar o acesso à informação;

   e) desenvolver a moderna teoria de finanças, fornecendo um fundamento teórico que permitia relacionar as informações contábeis com os preços dos ativos no mercado.

2. As alternativas a seguir referem-se às hipóteses de mercado eficiente, exceto:

   a) no mercado eficiente, não existe ações que proporcionem perdas aos investidores já que toda informação ajuda os investidores a escolherem somente as empresas com informações mais transparentes;

b) no mercado eficiente, todos os participantes possuem expectativas homogêneas em relação ao efeito das informações disponíveis nos preços dos ativos;

c) no mercado eficiente, não existem custos de transação;

d) mercado eficiente é aquele no qual os agentes que possuem as mesmas informações, aversão a risco e capacidade de interpretação e precificação da informação;

e) mercado eficiente é aquele no qual os agentes avaliam todas as informações relevantes que se tornam disponíveis de forma imparcial e as precificam imediatamente.

3. **Para assumir a hipótese do mercado eficiente, a teoria considera que:**

I – não existem custos de transação;

II – toda informação negativa sobre a empresa é divulgada sempre que seu efeito for relevante para os grandes investidores;

III – toda informação disponível é acessível a todos os participantes do mercado a custos irrisórios;

IV – o preço dos ativos deverá incluir o valor de transação mais todos os custos associados a sua compra ou venda;

V – todos os participantes possuem expectativas homogêneas em relação ao efeito das informações disponíveis nos preços dos ativos.

Estão corretas as afirmações:

a) I, II e III;

b) III, IV e V;

c) I, III e V;

d) II, III e IV;

e) II, IV e V.

4. **Seleção adversa ocorre quando:**

a) um comprador racional interpreta informação não divulgada como uma informação não favorável;

b) uma informação prejudica o desempenho financeiro de uma empresa;

c) um investidor obtém ganhos adicionais por utilizar informação privilegiada;

d) uma empresa vende produtos de qualidade inferior e divulga informações falsas sobre esse produto, tentando ludibriar os consumidores;

e) um investidor considera uma determinada informação divulgada como desfavorável ao fluxo de caixa da empresa.

5. **Risco moral relaciona-se**

a) aos riscos inerentes a qualquer operação do mercado de capitais;

b) às atividades operacionais com elevado risco de *default* em função da gestão da empresa;

c) às atitudes de esconder, manipular ou fraudar a informação;

d) aos riscos financeiros derivados da alavancagem não suportada pela empresa;

e) às atividades contra a moral e bons costumes de determinada sociedade, em especial a crimes contra o patrimônio público.

6. **A área de Relações com Investidores tem papel fundamental:**

a) no acompanhamento das atitudes dos investidores;

b) na redução da assimetria de informação;

c) na divulgação de políticas públicas;

d) na elaboração de apresentações restritas aos investidores qualificados;

e) no controle das atividades da gestão das empresas.

7. **Qual das alternativas a seguir <u>não</u> representa um objetivo das companhias ao implementar um Programa de RI?**

a) Atender às exigências de divulgação.

b) Comunicar o valor intrínseco do negócio (incluído a administração de expectativas).

c) Construir relacionamentos com investidores.

d) Aumentar o número de informações positivas sobre as empresas.

e) Prover a administração com o *feedback* do mercado.

8. **Considera-se ato ou fato relevante qualquer decisão de acionista controlador, da assembleia-geral ou dos órgãos de administração da companhia aberta, ou qualquer outro ato ou fato de caráter político-administrativo, técnico, negocial ou**

econômico-financeiro ocorrido ou relacionado aos seus negócios que possa influir de modo ponderável:

I – na cotação dos valores mobiliários de emissão da companhia aberta ou a eles referenciados;

II – na decisão dos investidores de comprar, vender ou manter aqueles valores mobiliários;

III – na decisão dos investidores de exercer quaisquer direitos inerentes à condição de titular de valores mobiliários emitidos pela companhia ou a eles referenciados.

Estão corretas:

a) apenas I;

b) apenas II e III;

c) apenas I e III;

d) nenhuma está correta;

e) todas estão corretas.

9. **O *website* de RI tem como objetivo:**

a) apresentar as informações de forma transparente e uniforme, abrir canais de comunicação com acesso fácil e tempestivo;

b) divulgar produtos e serviços da companhia de forma ampla;

c) divulgar informações referentes às normas contábeis e setoriais em que a empresa está envolvida;

d) divulgar estatísticas comparativas entre os principais concorrentes e exaltar as principais características da empresa e ocultar os pontos fracos;

e) divulgar informações de caráter geral sobre economia, finanças e, sempre que possível divulgar os principais produtos oferecidos.

10. **As apresentações públicas periódicas ou reuniões públicas são aquelas:**

a) realizadas unicamente com os acionistas controladores. Em seu conceito, são exclusivamente com o objetivo de divulgar e esclarecer os controladores acerca de suas informações periódicas;

b) realizadas mensalmente com todos os membros integrantes da gestão da empresa. Em seu conceito, são exclusivamente com o objetivo de divulgar e esclarecer aspectos financeiros e contábeis;

c) realizadas no âmbito de um cronograma prévio e específico determinado pelas companhias abertas. Em seu conceito, são exclusivamente com o objetivo de divulgar e esclarecer o mercado acerca de suas informações periódicas, fora do contexto de uma oferta pública;

d) realizadas anualmente com todos os membros do conselho de administração. Em seu conceito, são exclusivamente com o objetivo de divulgar e esclarecer aspectos financeiros, operacionais, econômicos e contábeis;

e) realizadas casualmente e têm como objetivo principal atrair novos investidores e apresentar os diferenciais da empresa em termos financeiros.

19

Crime de Lavagem de Dinheiro

Renê Coppe Pimentel

19.1 INTRODUÇÃO

Conforme estudo já mencionado neste livro, em 1912 Schumpeter[1] divulgou um trabalho que viria a se tornar referência e base de diversas pesquisas sobre a relação entre o crescimento do mercado financeiro e o desenvolvimento econômico. A partir de diversos estudos subsequentes, criou-se uma aceitação generalizada de que existe uma forte relação entre o crescimento do mercado financeiro e o desenvolvimento econômico.

Porém, pode existir um lado obscuro nessa teoria. Da mesma forma que o mercado financeiro pode promover o desenvolvimento de uma nação, ele pode servir de ferramenta para o desenvolvimento de práticas subversivas como o tráfico de narcóticos e armas, corrupção, terrorismo, extorsão mediante sequestro e diversos outros crimes que vemos frequentemente nos noticiários.

Os recursos obtidos de forma ilegal, por meio de crimes, acabam circulando pelo sistema financeiro dos diversos países e, com a utilização de diversos métodos a serem vistos neste capítulo, se tornam recursos aparentemente lícitos, fortalecendo e refinanciando organizações criminosas.

Em pesquisa efetuada em 2002,[2] o Banco Mundial apontou cinco fatores intimamente relacionados com a lavagem do dinheiro:

a) solidez do sistema financeiro – sistema bancário não transparente e regulamentação e supervisão inadequadas do sistema pelos órgãos supervisores formam ambiente propício à lavagem de dinheiro;

b) desenvolvimento do sistema financeiro – produtos e serviços típicos de mercados mais desenvolvidos, tais como derivativos, *leasing* e meios eletrônicos de transferência, dificultam a detecção dos ilícitos;

c) tamanho da economia informal – dificuldade de segregar o legal do ilegal em

---

[1] SCHUMPETER, Joseph A. *The theory of economic development*. Cambridge: Harvard University Press, 1934; New York: Oxford University Press, 1961. Publicado inicialmente na Alemanha em 1912.

[2] Disponível em: <http://www.iadb.org/res/publications/pubfiles/pubB-2005E_8782.pdf>.

economias formadas por grande número de pequenos agentes responsáveis pela produção e serviço;

d) qualidade das instituições governamentais – instituições "fracas" reduzem a resistência à lavagem de dinheiro; e

e) qualidade da governança corporativa – em evidência diante de acontecimentos recentes de fraudes e escândalos contábeis em grandes corporações, tendo que quanto mais se opta por boas práticas de governança, menor o risco de fraudes.

Por isso, o combate à lavagem de dinheiro assume importância destacada entre as instituições integrantes do sistema financeiro. Com controle e denúncia sobre atividades financeiras suspeitas e punição de agentes criminosos e facilitadores da lavagem de dinheiro, as instituições do sistema financeiro podem ajudar na prevenção e repressão de atividades marginais à economia formal ou práticas criminosas.

Em estudo do Banco Interamericano de Desenvolvimento[3] são relacionadas as seguintes implicações da lavagem de dinheiro:

a) distorções econômicas – em geral, quem faz lavagem de dinheiro realiza investimentos para disfarçar sua origem ilícita em atividades ineficientes, tendo como efeitos oferta de produtos a preços inferiores aos de mercado e prejuízo da concorrência;

b) volatilidade dos fluxos de capital internacional, das taxas de juros e das taxas de câmbio devido às movimentações internacionais de moeda;

c) risco à integridade e à reputação do sistema financeiro, com a possibilidade de grandes quantias de dinheiro "lavado" circularem por instituições financeiras rapidamente, e afetar a reputação e a confiabilidade dessas instituições;

d) diminuição dos recursos governamentais pela dificuldade de arrecadação de impostos em transações relacionadas com a lavagem de dinheiro e por prejudicar economicamente quem paga tributos; e

e) repercussões socioeconômicas – crescimento do crime em geral, problemas sociais e aumento dos custos implícitos e explícitos do sistema penal como um todo.

19.2 HISTÓRICO E CONCEITOS

A lavagem de dinheiro (*money laundering*) é uma prática antiga na história, como, por exemplo, a dissimulação de impostos por senhores feudais (vassalos) aos reis (suseranos) durante a Idade Média; a transformação em recursos lícitos de atividades provenientes de roubo de embarcações por piratas do século XVII; o famoso caso, imortalizado em filmes, da máfia de Al Capone nos EUA em meio à "Lei Seca" na primeira metade do século XX.

A lavagem de dinheiro refere-se ao processo de conversão de recursos financeiros originários de uma atividade criminosa, em fundos de origem aparentemente lícita. Assim, trata-se de aplicação dos lucros, obtidos nas diversas modalidades do crime organizado, em atividades legais e seu retorno ao financiamento de ações criminosas.

A Lei nº 9.613/98 em seu artigo 1º, define que crimes de "lavagem" ou ocultação de bens, direitos e valores são condutas caracterizadas por meio da ocultação, dissimulação da natureza, origem, localização, disposição, movimentação ou propriedade de bens, direitos ou valores, oriundos de crimes como: tráfico de entorpecentes, terrorismo e seu financiamento, contrabando ou tráfico de armas, extorsão mediante sequestro, crimes contra administração pública nacional ou estrangeira, crimes contra o sistema financeiro nacional e os praticados por organizações criminosas.

De forma simples, lavagem de dinheiro refere-se ao ato de "limpar o dinheiro sujo", tornando lícitos (legais) recursos provenientes de alguma atividade ilícita desenvolvida por indivíduos ou organizações criminosas.

O crime de lavagem de dinheiro passou a ser combatido de forma organizada, sistematizada e globalizada a partir de 1988, ano da Convenção de Viena (na Áustria). A Convenção teve como principal objetivo unir forças de diversos países no combate ao narcotráfico e seu financiamento. Esse financiamento era principalmente feito por meio de recursos "lavados" oriundos do próprio tráfico internacional de entorpecentes. O Brasil aderiu à

---

3   IPES 2005 – UNLOCKING CREDIT: The quest for deep and stable bank lending.

Convenção de Viena em 1991 por meio do Decreto nº 154.

No ano de 1989, foi criada a *Financial Action Task Force on Money Laundering* (FATF) ou Grupo de Ação Financeira (GAFI) por iniciativa dos países do G-7 e da União Europeia. O FATF é uma instituição intergovernamental cuja função é desenvolver e promover políticas nacionais e internacionais de combate à lavagem de dinheiro e ao financiamento do terrorismo. Trata-se de um órgão de elaboração de políticas de reforma legislativa e regulatória sobre essa área.

Desde sua criação, o FATF tem se esforçado em adotar e implementar meios de combate ao uso do sistema financeiro por criminosos. Para isso, foi estabelecida uma série de 40 recomendações em 1990. Essas recomendações formam o "guia básico" de procedimentos contra lavagem de dinheiro e foram revisadas em 1996 e em 2003 com a finalidade de adaptar-se às modernas práticas e tendências criminosas. Em 2004 foram elaboradas mais nove recomendações especiais contra o financiamento do terrorismo.

Em janeiro de 2011, o FATF tinha em sua composição 36 membros, sendo 34 países e 2 representações (Gulf Cooperation Council and the European Commission). Entre os países estão os integrantes do G-7, países da Europa, o Brasil, a Argentina, o México, a África do Sul, entre outros.[4] O Gulf Cooperation Council (GCC) é um comitê de implementação de políticas de combate à lavagem de dinheiro e ao financiamento do terrorismo, sendo constituído pelos seguintes países: Bahrein, Kuwait, Omã, Catar, Arábia Saudita e os Emirados Árabes Unidos.

Outra instituição importante no cenário internacional de prevenção de crimes de lavagem de dinheiro é o *Financial Crimes Enforcement Network* (FinCEN), criado em 1990 e que tem a finalidade de atuar no combate aos crimes contra o sistema financeiro norte-americano. A Unidade de Inteligência Financeira dos EUA (USFIU),[5] além das atividades no mercado norte-americano, tem a função de conseguir parceiros e dar assistência técnica aos países colaboradores criando uma rede de informações na prevenção e detecção de crimes financeiros.

Em 1995, os EUA iniciaram uma agressiva campanha para formar uma rede de contatos e cooperação internacional com o objetivo de promover ajuda mútua e troca de dados e informações por meio de uma base de dados mundial acessível instantaneamente por todos os seus membros. Essas informações seriam disponibilizadas pelas Unidades de Inteligência Financeira (FIU – *Financial Intelligence Unit*) no intuito de combater a lavagem de dinheiro e o financiamento do terrorismo.

A iniciativa de se criar essa rede de cooperação e inteligência mundial era do interesse de diversos países. Assim, os principais países desenvolvidos se uniram em 1995 e criaram o *Egmont Group of Financial Intelligence Units* (FIU) em um encontro no palácio Egmont-Arenberg, em Bruxelas (daí o nome *Egmont Group*).

O *Egmont Group* é uma associação global de unidades operacionais de inteligência trabalhando bilateralmente. Em 2009, possuía uma rede internacional de 115 países, dentre eles o Brasil, que haviam implantado os centros nacionais de inteligência financeira (FIU).

Segundo o *Egmont Group*, as FIUs são agências centrais de inteligência de diversos países. Essas agências são responsáveis pelo recebimento, análise e distribuição de denúncias de procedimentos supostamente criminosos com base na legislação vigente em cada país em relação ao combate ao crime de lavagem de dinheiro.[6]

No Brasil, a FIU é representada pelo Conselho de Controle de Atividades Financeiras (COAF), criado no ano de 1998 no âmbito do Ministério da Fazenda e que tem como finalidade, de acordo com o artigo 14 da Lei nº 9.613/98, "[...] disciplinar, aplicar penas administrativas, receber, examinar e identificar as ocorrências suspeitas de atividades ilícitas previstas nesta Lei, sem prejuízo da competência de outros órgãos e entidades".

---

[4] Para maiores informações sobre a instituição, suas recomendações ou países que a compõe, sugerimos o *website* da organização: <http://www.fatf-gafi.org>.

[5] USFIU – *U.S. Financial Inteligence Unit* (FinCEN). Disponível em: <http://www.fincen.gov/>.

[6] Para maiores informações sobre o *Egmont Group* indicamos o *website* da organização: <http://www.egmontgroup.org/>.

> **Curiosidade**: a origem da expressão "lavagem de dinheiro" remonta às organizações mafiosas norte--americanas, que, na década de 1920, aplicavam em lavanderias ou "lava-rápidos" o capital obtido com atividades criminosas. Esses negócios movimentavam dinheiro rapidamente, o que facilitava a mistura do dinheiro ganho legalmente com o proveniente de atividades ilícitas.

19.3 AS REGRAS NO BRASIL

19.3.1 Lei nº 9.613/98[7]

No Brasil a primeira lei que trata especificamente do crime de "lavagem de dinheiro" é a Lei nº 9.613 de 3 de março de 1998. A lei "dispõe sobre os crimes de 'lavagem' ou ocultação de bens, direitos e valores; a prevenção da utilização do sistema financeiro para os ilícitos previstos nesta Lei; cria o Conselho de Controle de Atividades Financeiras (COAF), e dá outras providências".

Conforme mencionado anteriormente, o artigo 1º da Lei nº 9.613/98 define que a conduta tipificada da lavagem de dinheiro é a ocultação, dissimulação da natureza, origem, localização, disposição, movimentação ou propriedade de bens, direitos ou valores, oriundos de crimes como: narcotráfico, terrorismo, contrabando ou tráfico de armas, extorsão mediante sequestro, crimes contra administração pública, Sistema Financeiro Nacional e os praticados por organizações criminosas.

A lei determina que os agentes, pessoas jurídicas (ou físicas) que atuam no sistema financeiro, no sistema imobiliário, na comercialização de joias, metais e pedras preciosas, artes e antiguidades ou ainda bens de luxo ou de alto valor ou exerçam atividades que envolvam grande volume de recursos em espécie devem manter controles cadastrais de seus clientes, registros das transações e atender às solicitações dessas informações quando solicitado pelos órgãos competentes.

Os agentes citados também deverão dispensar especial atenção às operações que possam representar crimes contra o sistema financeiro. Deverão ainda comunicar às autoridades competentes as transações suspeitas no prazo de 24 horas, sem, no entanto, dar ciência ao cliente suspeito.

As instituições (ou pessoas), bem como seus administradores, que deixarem de cumprir as disposições legais (de controle e denúncia dos clientes) sofrerão as seguintes sanções:

> *"I – advertência;*
>
> *II – multa pecuniária variável, de um por cento até o dobro do valor da operação, ou até duzentos por cento do lucro obtido ou que presumivelmente seria obtido pela realização da operação, ou, ainda, multa de até R$ 200.000,00 (duzentos mil reais);*
>
> *III – inabilitação temporária, pelo prazo de até dez anos, para o exercício do cargo de administrador das pessoas jurídicas referidas no art. 9;*
>
> *IV – cassação da autorização para operação ou funcionamento."*

A lei determina ainda a punição às pessoas envolvidas no processo de crime financeiro e estabelece como condenação, além das previstas no Código Penal:

> *"I – A perda, em favor da União, dos bens, direitos e valores objeto de crime previsto nesta Lei, ressalvado o direito do lesado ou de terceiro de boa-fé;*
>
> *II – A interdição do exercício de cargo ou função pública de qualquer natureza e de diretor, de membro de conselho de administração ou de gerência das pessoas jurídicas referidas, pelo dobro do tempo da pena privativa de liberdade aplicada."*

Seis anos após a entrada em vigor da Lei nº 9.613/98, em virtude de um diagnóstico de indicadores de ineficiência, mesmo com avanços iniciais reconhecidos internacionalmente, foi elaborada a Estratégia Nacional de Combate à Lavagem de Dinheiro (ENCLA).

A ENCLA (2004) teve como uma de suas metas ampliar a atuação do colegiado nas ações de inteligência. A estrutura do COAF foi atualizada com a inclusão de representantes de órgãos do Poder Executivo que não possuíam, anteriormente, representação no plenário do Conselho. A estratégia de inteligência é definida anualmente, com a participação de agentes e órgãos públicos e parceiros, de todas as esferas de governo, com o propósito

---

[7] Uma abordagem mais ampla e detalhada sob o ponto de vista jurídico e penal pode ser obtida em Mendroni (2006).

de definir ações articuladas, compartilhar informações, coordenar as ações do Estado. O acompanhamento é feito pelo Gabinete de Gestão Integrada de Prevenção e Combate à Lavagem de Dinheiro (GGI-LD), composto pelos principais órgãos públicos federais e estaduais, do Governo, Poder Judiciário e Ministério Público.

19.3.2 Implementação e fiscalização da Lei nº 9.613/98

A Lei nº 9.613/98, além de tipificar o crime de lavagem de dinheiro, criou o Conselho de Controle de Atividades Financeiras (COAF) com função de coordenar e propor mecanismos de cooperação e de troca de informações, disciplinar e aplicar penas administrativas, sem prejuízo da competência de outros órgãos e entidades. O COAF tem a missão de promover o esforço conjunto dos diversos órgãos governamentais que tenham papel importante no processo de combate à lavagem de dinheiro, tendo inclusive a tarefa de regulamentar e elaborar legislações específicas para os setores sujeitos a sua competência.

O COAF é um órgão de deliberação estruturado no Ministério da Fazenda e composto por integrantes do quadro de pessoal efetivo do Banco Central do Brasil, da Comissão de Valores Mobiliários, da Superintendência de Seguros Privados, da Procuradoria-Geral da Fazenda Nacional, da Secretaria da Receita Federal, do Órgão de Inteligência do Poder Executivo, do Departamento de Polícia Federal e do Ministério das Relações Exteriores.

No Brasil, com coordenação geral do COAF, os agentes do governo responsáveis pela supervisão em suas respectivas áreas de atuação são os encarregados de promover a aplicação da Lei nº 9.613/98. Esses agentes são: o Banco Central do Brasil (BACEN), a Comissão de Valores Mobiliários (CVM), a Superintendência de Seguros Privados (SUSEP), e a Secretaria de Previdência Complementar (SPC, atual PREVIC). As demais áreas que não estejam sob supervisão de algum desses órgãos é, então, supervisionada diretamente pelo COAF. A seguir estão definidas as áreas de atuação de cada um dos agentes:

Instituições financeiras	BACEN
Compra e venda de moeda estrangeira ou ouro	BACEN
Bolsas de valores e valores mobiliários	CVM
Bolsa de mercadorias	COAF
Bolsa de mercadorias e futuros	CVM
Seguro, capitalização e previdência privada	SUSEP
Entidades fechadas de previdência privada	SPC/PREVIC
Cartões de crédito	COAF
Administradoras de consórcios	BACEN
Meio eletrônico ou magnético para transferência de fundos	COAF
Empresas de arrendamento mercantil (*leasing*)	BACEN
Empresas de fomento comercial (*factoring*)	COAF
Sorteios	COAF
Promoção imobiliária e compra/venda de imóveis	COAF
Bingos	COAF
Comércio de joias, pedras e metais preciosos	COAF
Objetos de arte e antiguidades	COAF

19.3.3 O BACEN no combate à lavagem de dinheiro

Como uma das autoridades encarregadas em promover a aplicação da Lei nº 9.613/98, o BACEN editou normas no intuito de que as instituições financeiras mantivessem cadastros atualizados de clientes e controles internos adequados para avaliar compatibilidade entre movimentações de recursos, atividade econômica e capacidade financeira dos usuários do SFN. Operações e situações suspeitas devem, então, ser comunicadas ao BACEN.

Entretanto, para promover a aplicação da Lei, a sua atuação vai além da edição de normas. A qualidade dos controles internos das instituições financeiras voltados para prevenção de lavagem de dinheiro são diretamente avaliados.

O normativo inicial do BACEN foi a Circular nº 2.852/98, com efeitos a partir de 1º/3/1999, e definiu os procedimentos a serem adotados pelo SFN na prevenção e combate às atividades relacionadas com os crimes previstos na Lei nº 9.613/98. Após o normativo citado, circulares e cartas-circulares foram editadas posteriormente, culminando na Circular nº 3.461/2009, que consolida as regras e procedimentos a serem adotados na prevenção e combate às atividades relacionadas com os crimes previstos na referida Lei.

Dentre o que estabelece essa última Circular, destaca-se que as instituições financeiras e demais instituições autorizadas a funcionar pelo BACEN devem:

a) implementar **políticas e procedimentos internos de controle** destinados a prevenir sua utilização na prática dos crimes de que trata a Lei nº 9.613/98 (art 1º);

b) coletar e manter atualizadas as informações cadastrais de seus **clientes permanentes**, incluindo, no mínimo, informações cadastrais solicitadas de depositantes previstas na Resolução nº 2.025, valores de renda ou faturamento e patrimônio e declaração firmada sobre os propósitos e natureza da relação de negócio com a instituição (art 2º);

c) obter informações cadastrais[8] de seus **clientes eventuais**, do proprietário e do destinatário dos recursos envolvidos na operação ou serviço financeiro (art 3º);

d) coletar de seus clientes permanentes informações que permitam caracterizá-los ou não como **pessoas politicamente expostas**[9] e identificar a origem dos fundos

envolvidos nas transações dos clientes assim caracterizados (art. 4º);

e) manter registros específicos das operações de transferência de recursos (art. 7º); e

f) manter registros específicos da emissão ou recarga de valores em um ou mais cartões pré-pagos (art. 8º).

Quanto às informações ao COAF, devem ser comunicadas (art. 13):

a) operações realizadas ou serviços prestados cujo valor seja igual ou superior a R$ 10.000,00 que possam configurar indícios dos crimes previstos na Lei nº 9.613/98;

b) operações realizadas ou serviços prestados que configurem artifício para burlar os mecanismos de identificação, controle e registro;

c) operações realizadas ou os serviços prestados, **qualquer que seja o valor**, a pessoas que reconhecidamente tenham perpetrado ou intentado perpetrar atos terroristas ou neles participado ou facilitado o seu cometimento, bem como a existência de recursos pertencentes ou por eles controlados direta ou indiretamente; e

d) os atos suspeitos de financiamento do terrorismo.

De forma complementar, os bancos comerciais, a Caixa Econômica Federal e os bancos múltiplos com carteira comercial ou de crédito imobiliário, as sociedades de crédito imobiliário, as sociedades de poupança e empréstimo e as cooperativas de crédito, devem manter registros específicos das operações de depósito em espécie, saque em espécie, saque em espécie por meio de cartão pré-pago ou pedido de provisionamento para saque. Esse sistema de registro dessas operações deve permitir a identificação em situações em que (art. 9º).

a) os valores sejam iguais ou superiores a R$100.000,00;

b) apresente indícios de ocultação ou dissimulação da natureza, da origem, da localiza-

---

[8] "I – pessoa natural (nome completo, dados do documento de identificação e CPF);

II – pessoa jurídica (a razão social, CNPJ)."

[9] Consideram-se pessoas politicamente expostas os agentes públicos que desempenham ou tenham desempenhado, nos

últimos cinco anos, no Brasil ou em países, territórios e dependências estrangeiros, cargos, empregos ou funções públicas relevantes, assim como seus representantes, familiares e outras pessoas de seu relacionamento próximo.

ção, da disposição, da movimentação ou da propriedade de bens, direitos e valores; e

c) ocorra emissão de cheque administrativo, TED ou de qualquer outro instrumento de transferência de fundos contra pagamento em espécie, de valor igual ou superior a R$ 100.000,00.

19.3.4 Normativos de outros órgãos

Destaque foi dado ao BACEN em virtude do importante papel que as instituições financeiras têm no controle e comunicação de operações suspeitas. Entretanto, é importante destacar que outros órgãos que supervisionam suas respectivas áreas de atuação também editaram suas normas específicas. Dentre esses, podem ser destacados:

a) CVM – iniciou a regulamentação de procedimentos com a Instrução CVM 301/99 que dispõe sobre a identificação, o cadastro, o registro, as operações, a comunicação, os limites e a responsabilidade administrativa de assuntos tratados na Lei nº 9.613/98 (revogada pela Instrução CVM 463/08, que inclui também procedimentos a serem observados para o acompanhamento de operações realizadas por pessoas politicamente expostas);

b) SUSEP – iniciou a regulamentação de procedimentos com a Circular 089/99. Com seguidas evoluções normativas sobre o assunto, os procedimentos estão previstos pela Circular 380/2008, que dispõe sobre os controles internos específicos para a prevenção e combate à lavagem de dinheiro e ocultação de bens, direitos e valores, além do acompanhamento das operações realizadas e as propostas de operações com pessoas politicamente expostas e da prevenção e coação do financiamento ao terrorismo; e

c) SPC – iniciou a regulamentação de procedimentos com a Instrução Normativa SPC nº 22/99.Os procedimentos são atualmente previstos pela Instrução SPC nº 26/2009, que estabelece orientações e procedimentos a serem adotados pelas entidades fechadas de previdência complementar em observância ao disposto no art. 9º da Lei nº 9.613/98

e no acompanhamento das operações realizadas por pessoas politicamente expostas.

19.4 O PROCESSO DE LAVAGEM DE DINHEIRO

De acordo com práticas nacionais e internacionais de combate à lavagem de dinheiro, divide-se o processo de lavagem em três etapas: (1) a etapa da colocação (*placement*); (2) a etapa da ocultação, difusão ou camuflagem (*layering*); e (3) o processo de integração (*integration*).

Essas etapas podem ocorrer em momentos distintos ou simultaneamente. Basicamente, elas têm como intuito:

a) o distanciamento, a desconexão e despersonalização dos recursos de suas origens verdadeiras, evitando associação dos fundos com o crime que os originou;

b) o encobrimento e disfarce de suas origens por meio de várias transações e operações dificultando o rastreamento desses recursos;

c) a reintegração, aparentemente lícita, dos recursos à economia e, consequentemente, retorno do dinheiro ao refinanciamento criminal, depois de ter sido "devidamente lavado" no ciclo de lavagem e ser considerado "limpo".

O COAF define e comenta essas três etapas como segue:

• *Colocação*: a primeira etapa do processo é a colocação do dinheiro no sistema econômico. Objetivando ocultar sua origem, o criminoso movimenta o dinheiro em países com regras mais permissivas e naqueles que possuem um sistema financeiro liberal. A colocação se efetua por meio de depósitos, compra de instrumentos negociáveis ou compra de bens. Para dificultar a identificação da procedência do dinheiro, os criminosos aplicam técnicas sofisticadas e cada vez mais dinâmicas, tais como o fracionamento dos valores que transitam pelo sistema financeiro e a utilização de estabelecimentos comerciais que usualmente trabalham com dinheiro em espécie.

- **Ocultação**: a segunda etapa do processo consiste em dificultar o rastreamento contábil dos recursos ilícitos. O objetivo é quebrar a cadeia de evidências ante a possibilidade da realização de investigações sobre a origem do dinheiro. Os criminosos buscam movimentá-lo de forma eletrônica, transferindo os ativos para contas anônimas – preferencialmente, em países amparados por lei de sigilo bancário – ou realizando depósitos em contas "fantasmas".

- **Integração**: nesta última etapa, os ativos são incorporados formalmente ao sistema econômico. As organizações criminosas buscam investir em empreendimentos que facilitem suas atividades – podendo tais sociedades prestar serviços entre si. Uma vez formada a cadeia, torna-se cada vez mais fácil legitimar o dinheiro ilegal.

A correta identificação dessas etapas nos crimes de lavagem é extremamente importante para a atuação e o combate às práticas criminosas, pois os pontos mais sensíveis e delicados no processo de lavagem do dinheiro são:

a) entrada do dinheiro em espécie no sistema financeiro (colocação);

b) transferências, tanto dentro quanto fora do sistema financeiro (ocultação);

c) e os fluxos de dinheiro entre diferentes países (integração).

Estes são normalmente os momentos nos quais os lavadores se encontram mais expostos e vulneráveis e por isso as autoridades do mundo inteiro, em graus diferentes de intensidade e eficiência, tentam se concentrar no combate à lavagem de dinheiro partindo destes pontos de fraqueza.

Os "lavadores de dinheiro" concentram grande parte de seus esforços na busca e/ou criação de justificativas, meios, coberturas e disfarces para que as operações deles não pareçam suspeitas e não sejam detectadas, sobretudo na hora em que forem sujeitas aos pontos de exposição e fraqueza anteriormente indicados.[10]

Em geral, os criminosos utilizam-se de atividades comerciais e/ou instituições financeiras para justificar relevantes depósitos bancários em dinheiro, ou dividem os depósitos em pequenas frações para disfarçar e reduzir o risco no ponto fraco da entrada do dinheiro no sistema financeiro.

Esses disfarces podem ser feitos por instituições comerciais como restaurantes, bares, casas noturnas, empresas de prestação de serviços etc., ou ainda por meio de operação de *trading* internacional ou centros *offshore* para transferir dinheiro de um país para outro e dificultando ainda mais o rastreamento de operações entre países diferentes, especialmente quando as operações envolvem paraísos fiscais.

Como a maioria das atividades criminosas recebe dinheiro em espécie, a introdução desses recursos é comumente misturada com recursos oriundos de atividades comerciais legais, dificultando a identificação e separação da origem dos recursos de atividades legais e criminosas.

Em levantamento de cem casos avaliados pelas unidades de inteligência financeira (FIUs), membros do Grupo de Egmont, foram definidos seis indicadores mais frequentemente observados:

a) grandes movimentações de dinheiro em espécie, com acumulo de cédulas de baixo valor, de difícil rastreamento, com posterior incorporação ao sistema bancário;

b) transferência atípica ou não justificável de recursos de e para jurisdições estrangeiras;

c) transação ou atividade comercial estranha, com movimentações de recursos que implicam em prejuízos ou em taxa de retorno reduzida, com indicio de foco na movimentação de recursos;

d) movimentações grandes e/ou rápidas de recursos, com divisão dos valores em várias contas, instituições e jurisdições diferentes, sem preocupação com taxas bancárias;

e) riqueza incompatível com o perfil do cliente; e

f) atitude defensiva em relação a perguntas, pois pessoas "honestas" são mais dispostas a responder perguntas sobre suas finanças para melhor gestão de seus recursos.

---

[10] De acordo com o *website* <http://www.fraudes.org/>. Para mais detalhes, consultar o *site*.

19.5 MÉTODOS UTILIZADOS NA LAVAGEM DE DINHEIRO

É importante ter em mente que o objetivo dos meios utilizados para lavagem de dinheiro não é conseguir auferir lucro, mas sim a dissimulação da origem ilícita dos valores. Nesse sentido, negócios considerados inviáveis economicamente são instalados. Um exemplo simples é a utilização de combinações de apostas em jogos de loteria que se destinam a não perder muito dinheiro e conseguir uma comprovação de origem de parte da quantia.

A lavagem de dinheiro pode ser conseguida facilmente se houver conluio entre organizações criminosas e entidades comerciais, financeiras, seguradoras etc. Se, por exemplo, uma instituição bancária é conivente com o crime, será muito difícil para que os órgãos fiscalizadores identifiquem uma operação irregular, isso porque essas são instituições que favorecem o processo de colocação e ocultação dos recursos provenientes do crime, não identificando pontos em que o crime seria potencialmente identificável. A seguir, serão apresentados alguns exemplos de práticas utilizadas no processo de lavagem de dinheiro.

19.5.1 Operações bancárias

As operações bancárias talvez sejam as mais utilizadas formas para lavar dinheiro e transferir recursos entre agentes dentro e fora do país. Daí a grande preocupação do BACEN e de outros órgãos no combate aos crimes financeiros.

Caso um banco seja conivente com o crime ou passivo em relação ao seu combate, torna-se muito difícil para as autoridades combater o crime organizado e seu financiamento mediante o processo de lavagem de dinheiro. Por isso, o melhor método para lavar dinheiro continua sendo o de possuir ou controlar de alguma forma um banco (seja agindo em cumplicidade com seus acionistas, funcionários ou com um grande número de seus depositantes).

Segundo o COAF, "o sistema financeiro é o setor mais afetado e o mais utilizado nos processos de lavagem de dinheiro, o que faz com que ele seja, sem dúvida, o principal objeto de preocupação por parte dos grupos que estudam o fenômeno e trabalham para seu combate".

Novas tecnologias, processamento *on-line* de operações de transferência de dinheiro que facilitam a sua rápida circulação e transações complexas favorecem o processo de dissimulação da origem ilegal e, consequentemente, dificulta o combate e ações preventivas contra operações criminosas.

Algumas práticas frequentes dos criminosos para driblar a fiscalização de uma instituição bancária são:

a) dividir o alto volume de recursos em pequenas partes que não caracterizem operação de risco e não sejam apresentadas aos órgãos fiscalizadores. No Brasil, esse limite permitido por transação é de até R$ 10.000,00 (dez mil reais), conforme o artigo 13 da Circular nº 3.461/2009. Acima deste valor, as instituições bancárias devem informar o BACEN;

b) transferências sequenciais entre diversas contas em diferentes bancos e, logo em seguida, com saque em dinheiro "na boca do caixa", dificultando o rastreamento dos depósitos;

c) abertura de contas em nome de clientes "fantasmas";

d) trocas de grandes quantidades de notas de pequeno valor por notas de grande valor ou em moeda estrangeira, ou trocas de grandes valores em moeda estrangeira por moeda nacional.

e) operações elevadas com *traveller checks*;

f) elevadas aplicações no mercado de títulos e valores mobiliários ou de derivativos;

g) mescla de recursos oriundos de atividades criminais com atividades legais.

Algumas recomendações para instituições bancárias no combate à lavagem de dinheiro são frequentemente divulgadas como, por exemplo, atenção redobrada no controle das operações descritas acima e, principalmente, conhecer bem o cliente que está atendendo, política "Conheça Seu Cliente".

Recomenda-se conhecer o cliente e suas atividades de forma mais abrangente possível, tendo respostas imediatas a perguntas do tipo: "O que o cliente faz?"; "Os dados de identificação, residência, formas de contato existem de fato e são relativas ao cliente?"; "Quanto fatura?"; "Seus ativos e instalações são condizentes com o faturamento?"; "Operações de valores elevados com o exterior fazem parte normal da atividade do cliente?"; "Qual a origem dos valores que traz ao banco?" etc.

Se todas essas perguntas são passíveis de respostas e averiguação e nenhum indício de fraude é encontrado, o processo de lavagem de dinheiro torna-se muito dificultado. Para isso recomenda-se, então, *conhecer o cliente* desde o momento de abertura da conta, sendo sugerida, se necessário, eventuais visitas *in loco* ao cliente.

CASO GEOFFREY

Geoffrey visitou várias agências de seu banco na Europa para depositar volumes consideráveis de dinheiro em espécie na conta de sua empresa. Os valores variavam entre US$ 15.000 e US$ 40.000. As agências eram todas relativamente próximas umas das outras e ele pôde visitar todas num só dia. Como essa instituição financeira dispunha de procedimentos automatizados de monitoramento de contas, os diversos depósitos desencadearam um alerta inicial e a movimentação da conta foi encaminhada para exame de um supervisor de contas.

De acordo com os registros, Geoffrey era cidadão de um país africano e, seu negócio era exportar produtos elétricos de segunda mão da África. Fundos eram transferidos para contas na África a intervalos irregulares, presumivelmente para pagar pelos produtos. Os créditos eram aparentemente provenientes da venda desses bens na Europa, mas a instituição financeira desconfiou do fato dos depósitos serem depositados em dinheiro.

Após analise de relatórios e registros do banco, a "FIU" do país pediu documentos que comprovassem o embarque de produtos da África, solicitados pelo banco a Geoffrey. Foram apresentadas notas e faturas de transporte aéreo, que deveriam comprovar os tais embarques. Comparadas as notas com a movimentação dos dados da conta e com contatos com a alfândega, foram acompanhados os posteriores carregamentos de produtos elétricos ligados à empresa de Geoffrey, vindos da África. A alfândega identificou um carregamento que continha uma grande quantidade de maconha, avaliada em mais de US$ 300.000.

O chefe da organização na África – que não era Geoffrey – foi identificado e condenado a seis anos de prisão por tráfico de drogas, ele havia lucrado mais de US$ 1.500.000 com o tráfico de drogas e por isso autorizou uma ordem de confisco nesse valor. Geoffrey foi acusado de lavagem de dinheiro.

Fonte: Egmont e GAFI/FATF (adaptado).

19.5.2 Estabelecimentos comerciais

Frequentemente, organizações criminosas utilizam estabelecimentos comerciais de massa como casas noturnas, restaurantes, bares etc. Esses estabelecimentos são alvos comuns para lavagem de dinheiro porque não é possível comprovar se o estabelecimento recebeu o número de clientes declarado ou se o faturamento representa realmente os recursos obtidos com atividades legais. Portanto, a origem do dinheiro ilícito pode facilmente ser transformada em limpa declarando que foram atendidos milhares de clientes quando de fato foram apenas algumas dezenas ou, no máximo, centenas.

Em geral, os estabelecimentos são de propriedade dos próprios criminosos, ou ainda de parentes ou "laranjas", o que dificulta ainda mais a identificação dos reais criminosos. O objetivo primário do estabelecimento (instrumento da lavagem) não é servir os clientes, mas apenas lavar o dinheiro do criminoso.

Muitas vezes são utilizadas empresas de fachada, que são legalmente constituídas para uma atividade lícita, em geral, possuem um endereço e local físico, mas não existe atividade alguma do que a empresa realmente se propõe em seu estatuto social.

Também são criadas as empresas fictícias que somente existem no papel. O endereço oficial sequer existe na realidade, o nome da rua ou o número indicado no estatuto não existe ou residem pessoas que nada têm a ver com o processo de lavagem. Frequentemente vemos em noticiários a abertura de empresas em nome de pessoas que já morreram ou a utilização de idosos de origem humilde que acabam sendo utilizados pela organização criminosa como "laranjas".

Uma recomendação para se evitar participação em operações ilícitas, além de não aceitar propostas de transações suspeitas, é o de não emitir "notas fiscais frias", pois elas poderão ser usadas, por exemplo, por um restaurante para demonstrar que comprou ingredientes a um elevadíssimo faturamento.

CASO HARRY

Harry, dono de um posto de serviço para automóveis numa pequena cidade da Europa, dispunha de muito dinheiro em espécie. Alguns anos antes, ele havia dado um grande desfalque numa empresa em que trabalhou. Mesmo com gastos consideráveis, pensou em levar o dinheiro para o banco com medo de manter o dinheiro em sua própria casa. Com a utilização de sua empresa como fachada, inseriu o dinheiro como parte de sua receita regular. Com um depósito de US$ 14.000, a maior parte em notas já velhas, disse ao banco que o valor correspondia ao faturamento de sua garagem naquele dia.

Com a desconfiança dos funcionários do banco, pois acharam estranho o volume de dinheiro recebido pela garagem de uma cidade pequena em um só dia. O banco comunicou o depósito à "FIU" nacional, que decidiu divulgar um relatório para a polícia. Com base nas informações recebidas, a polícia fez uma busca na casa de Harry e revelou US$ 50.000 no seu próprio cofre e grande volume na conta de sua mãe, em outra instituição financeira. A polícia conseguiu autorização legal para fazer uma busca no cofre de segurança e lá encontrou outros US$ 625.000. Harry percebeu que as provas eram irrefutáveis e contou à polícia sobre outros US$ 95.000 que havia escondido na casa de sua mãe e confessou a fraude, a apropriação indébita e a sonegação fiscal que vinha escondendo há algum tempo.

Fonte: Egmont e GAFI/FATF (adaptado).

19.5.3 Negociação de bens de alto valor

Um indivíduo adquire bens de alto valor de mercado, porém a transação é sub ou superavaliada. Alguns exemplos são de operações com imóveis, máquinas e equipamentos, veículos, barcos, aviões etc.

Nesses casos, os bens são negociados por um valor real (de mercado) e, no entanto, são registrados por valores fictícios. Imagine, por exemplo, que um criminoso compra um imóvel pelo valor de $ 400 mil, porém o valor declarado da transação, por meio de recibo, é de apenas $ 200 mil. Nesse caso, o criminoso teria "lavado" $ 200 mil. Imagine também que algum tempo depois ele transferiu a propriedade desse imóvel para um "laranja" por $ 500 mil. Serão mais $ 500 mil "lavados" (pois a posse – diretamente – e a propriedade – indiretamente – continuam com o criminoso).

Existe, ainda, uma série de operações imobiliárias, partindo de incorporações para chegar a operações de compra e venda de imóveis, que se prestam muito bem a operações de integração de recursos lavados.

Também são comumente utilizados bens que tenham mercado para negociação "informal", ou seja, que não exista identificação ou transferência de propriedade como, por exemplo, o mercado de ouro, joias, pedras preciosas, obras de arte, antiguidade, bens de luxo etc.

Nesses casos as transações não são, em sua grande maioria, registradas por nenhum órgão específico (mercado informal), bem como a propriedade dos bens não é identificada. Os bens possuem altos valores e são facilmente comercializados.

Outra característica desse mercado é a extrema subjetividade na valoração dos bens. Ora, é muito difícil determinar ao certo quanto vale uma obra de arte, uma joia ou uma peça de antiguidade. Em geral esses preços são determinados com base em fatores intrínsecos a cada pessoa, o que pode fazer com que uma obra de arte passe de um valor de $ 2 mil para $ 2 milhões em pouco tempo.

19.5.4 Estabelecimentos *offshore*

O processo baseia-se na criação de estabelecimentos *offshore* por meio de abertura de companhias anônimas em países onde é garantido o sigilo. A empresa *offshore* concede empréstimos baseados no dinheiro lavado, que forma parte do capital da companhia, e quando o dinheiro retorna do empréstimo possui uma natureza aparentemente idônea. Além disso, para aumentar os lucros, os criminosos reivindicam dedução de imposto nos reembolsos do empréstimo e dos juros que eles mesmos se pagarão.

Também é utilizado o envio de falsas notas de exportação/importação, bem como a negociação de produtos ou serviços superfaturados movimentando o dinheiro de uma companhia e país para outro. Sendo que as notas fiscais servem para confirmar e ocultar a origem do dinheiro colocado em instituições financeiras.

19.5.5 Instituições seguradoras

Os contratos de seguros são caracterizados pelo recebimento de um prêmio relativamente baixo em comparação com o valor do bem segurado, porém, pressupõe o possível pagamento de um valor elevado em determinados casos. Isso faz com que as seguradoras sejam muito visadas nas operações de lavagem de dinheiro.

Para que uma instituição seguradora seja instrumento da lavagem de dinheiro, é geralmente necessário o conluio e a cumplicidade da instituição ou de funcionários do alto escalão ou aptos a burlar o esquema de combate a fraudes.

Geralmente, uma instituição seguradora paga indevidamente sinistros com fraude e concede origem lícita ao dinheiro. A seguradora, para conseguir o dinheiro para o pagamento destes sinistros, é capitalizada através de contratos de cosseguro ou resseguro com empresas sediadas em paraísos fiscais (ligadas ou controladas pelos criminosos) ou através de outros esquemas ainda mais elaborados.

19.5.6 Operações em mercados derivativos

Em diversos casos, as corretoras de valores operam no mercado de derivativos em nome de seus clientes utilizando o próprio nome da instituição corretora. Devido ao fato dos agentes que operam no mercado de derivativos não serem identificados é que o mercado pode ser muito explorado para lavagem de dinheiro.

Com isso, os criminosos utilizam o mercado para elaboração e estruturação de esquemas de compras e vendas casadas. Os lavadores compram e vendem a mesma *commodity*; dessa forma, toda a perda em uma operação é compensada pelo ganho na outra. No entanto, esse ganho passa a ter natureza legal, ou seja, dinheiro limpo conseguido em operações financeiras.

19.5.7 Cassinos, bingos e loterias

Cassinos, bingos e loterias são muito atraentes para os lavadores de dinheiro. Dinheiro em espécie é depositado no cassino em troca de fichas ou moedas para jogar. Após algumas jogadas, o jogador troca o resto de fichas por um cheque ou ordem de pagamento que poderá ser depositada legalmente na conta do criminoso.

Outro método é comprar em dinheiro bilhetes premiados de pessoas que apostaram em uma instituição autorizada (loterias, hípicas, concursos etc.). O lavador se apresenta como a pessoa que ganhou o prêmio, que passa a ter origem lícita.

19.5.8 Paraísos fiscais

Operações com paraísos fiscais ou países onde operações financeiras não são controladas e identificadas ou é garantido sigilo sobre as transações são comumente utilizados no processo de lavagem de dinheiro. Devido à falta de controle desses países e aos benefícios apresentados por eles no processo de lavagem, são utilizadas numerosas transações que impedem o rastreamento e identificação de fraudes. Em geral, são utilizados como locais de escala do dinheiro criminoso em direção de países seguros como EUA, Alemanha, Canadá etc.

Segundo a Instrução Normativa SRF nº 188, de 6 de agosto de 2002, equiparam-se a paraísos fiscais os países ou dependências que não tributam a renda ou que a tributam a alíquota inferior a 20% ou, ainda, cuja legislação interna oponha sigilo relativo à composição societária de pessoas jurídicas ou à sua titularidade.

Segundo a instrução normativa, as seguintes jurisdições se enquadram na definição:

Andorra;	Luxemburgo (com restrições);
Anguilla;	Macau;
Antígua e Barbuda;	Ilha da Madeira;
Antilhas Holandesas;	Maldivas;
Aruba;	Malta;
Comunidade das Bahamas;	Ilha de Man;
Bahrein;	Ilhas Marshall;
Barbados;	Ilhas Maurício;
Belize;	Mônaco;
Ilhas Bermudas;	Ilhas Montserrat;
Campione d'Italia;	Nauru;
Ilhas do Canal (Alderney, Guernsey, Jersey e Sark);	Ilha Niue;
Ilhas Cayman;	Sultanato de Omã;
Chipre;	Panamá;
Cingapura;	Federação de São Cristóvão e Nevis;
Ilhas Cook;	Samoa Americana;
República da Costa Rica;	Samoa Ocidental;
Djibouti;	San Marino;
Dominica;	São Vicente e Granadinas;
Emirados Árabes Unidos;	Santa Lúcia;
Gibraltar	Seychelles;
Granada;	Tonga;
Hong Kong;	Ilhas Turks e Caicos;
Lebuan;	Vanuatu;
Líbano;	Ilhas Virgens Americanas;
Libéria;	Ilhas Virgens Britânicas.
Liechtenstein;	

19.6 CONSIDERAÇÕES FINAIS

A lavagem, a dissimulação e a ocultação de dinheiro são crimes que devem ser combatidos, não só por órgãos oficiais, mas por toda a comunidade. Esses crimes financeiros são apenas ferramentas de crimes muito piores e hediondos como sequestro, tráfico de drogas, terrorismo, roubo, corrupção, suborno etc., pois, com a aparente legalidade dos recursos, mais crimes são praticados e financiados.

Agir de forma passiva ao processo de lavagem de dinheiro é o mesmo que incentivar tais crimes. Passividade em relação aos crimes financeiros é sinônimo de conivência com a desigualdade social, pela consequente concentração de recursos na mão de criminosos, como acontece com políticos corruptos, chefes do tráfico internacional e sequestradores.

Um assunto que a princípio pode parecer simples assume enorme complexidade, pois crimes de lavagem de dinheiro resultam em impactos econômicos, sociais, políticos e morais. Não imagine que esses crimes são fatos isolados e distantes de nossas vidas, pois estão estampados diariamente na mídia e podem acontecer em ambientes próximos e com aparência lícita.

Por isso, em caso de desconfiança, faça sua parte, não incentive atividades que aparentem ser mecanismos de lavagem de dinheiro e caso tome ciência de algo, denuncie. Toda a nação (e o mundo) agradece.

Legislação sobre o tema:
Lei nº 9.613, de 3.3.1998

Lei nº 7.560, de 19.12.1986

Decreto nº 2.799, de 8.10.1998

Portaria nº 330, de 18.12.1998, do Ministro de Estado da Fazenda

Portaria nº 350, de 16.10.2002, do Ministro de Estado da Fazenda

Lei Complementar nº 105, de 10.1.2001

Normas do Banco Central

Carta-Circular nº 2.826, de 4.12.1998

Circular nº 3.030, de 12.4.2001

Carta-Circular nº 3.098, de 11.6.2003

Carta-Circular nº 3.196, de 17.5.2004

Carta-Circular nº 3.342, de 02.10.2008

Circular nº 3.461, de 24.7.2009

Normas da CVM (Comissão de Valores Mobiliários)

Instrução CVM nº 335, de 4.5.2000

Instrução CVM nº 387, de 28.4.2003

Parecer nº 31, de 24.9.1999

Instrução CVM nº 463, de 8.1.2008

Normas da SUSEP (Superintendência de Seguros Privados)

Resolução CNSP nº 97, de 30.9.2002.

Circular SUSEP nº 380, de 29.12.2008

Circular SUSEP nº 74, de 25.1.1999

Normas da PREVIC (antiga SPC) (Superintendência Nacional de Previdência Complementar)

Ofício Circular nº 27, de 18.8.1999

Instrução SPC nº 26, de 1º.9.2008.

Ver também Normas do COAF disponíveis no *site* da instituição.

<https://www.coaf.fazenda.gov.br>.

Questões discursivas

1. Como pode ser definida a operação de lavagem de dinheiro?

2. Quais as etapas que estão envolvidas no crime de lavagem de dinheiro? Qual o intuito?

3. Cite algumas precauções que as instituições financeiras deveriam tomar em combate à lavagem de dinheiro.

4. Conceitue, com suas palavras, o crime de lavagem de dinheiro.

5. Quais as operações financeiras que devem ser comunicadas ao Banco Central do Brasil?

6. Cite e comente algum método de lavagem de dinheiro. Segundo o método escolhido, como o processo de lavagem poderia ser combatido?

7. Comente com as suas palavras as etapas do processo de lavagem de dinheiro.

8. Comente o crime de lavagem de dinheiro. Qual é a motivação? Dê um exemplo.

9. O que faz o mercado de derivativos ser atraente para prática de lavagem de dinheiro?

10. Indique os atos normativos expedidos pela SUSEP, CVM e BACEN.

Testes de múltipla escolha

1. O banco que recebe uma garantia oriunda de lavagem de dinheiro poderá ser punido?

    a) Nunca. Fica difícil saber a origem de determinada garantia.

    b) Nem sempre. Somente se o cliente for comprovadamente praticante de crimes de lavagem de dinheiro.

    c) Sim. Também constitui operação de lavagem de dinheiro quem recebe em garantia ativos oriundos da prática de lavagem de dinheiro.

    d) Não. A prática de lavagem de dinheiro somente poderá ser imputada ao cliente, nunca ao banco.

    e) Talvez. Dependendo dos valores da lavagem de dinheiro.

2. Quais são, em ordem, as três fases de uma operação de lavagem de dinheiro?

    a) Colocação, estratificação (ou ocultação) e integração.

    b) Integração, colocação, estratificação (ou ocultação).

    c) Estratificação (ou ocultação), colocação e integração.

    d) Colocação, integração e estratificação (ou ocultação).

e) Nenhuma das alternativas.

3. **Qual destas situações pode despertar suspeita de lavagem de dinheiro?**

a) Pagamento a um fornecedor.

b) Envio de 300 dólares para o exterior para auxílio no custeio dos estudos de um filho.

c) Pagamento de um alto valor de cartão de crédito.

d) Pagamentos de compras com cheque.

e) Operações estranhas e/ou movimentação de recursos incompatível com a atividade e/ou patrimônio do cliente.

4. **Qual é o prazo exigido pelo Banco Central, no sentido de guarda de comprovantes dos tipos de operação realizadas, seu valor em reais, CPF ou CNPJ do cliente, pelas instituições financeiras, para monitorar e coibir as operações de lavagem de dinheiro?**

a) Cinco anos.

b) Dez anos.

c) Três anos.

d) Vinte anos.

e) Doze anos

5. **Quando houver uma suspeita de lavagem de dinheiro, a comunicação do fato ao Banco Central deverá ser feita:**

a) com conhecimento e anuência do cliente, por escrito;

b) sem qualquer conhecimento do cliente;

c) depende da gravidade. Se a operação for acima de R$ 10.000,00, o cliente deverá ser avisado;

d) com conhecimento do cliente, mesmo de forma verbal, para não haver acusação de violação do sigilo bancário;

e) apenas se o cliente for *reincidente.*

6. **O que acontece se houver uma suspeita de lavagem de dinheiro, e as investigações comprovarem que o cliente era inocente?**

a) O Banco Central punirá a instituição financeira com multas e, em certos casos, com o encerramento de suas atividades.

b) O Banco Central entenderá a comunicação pela instituição como de boa-fé, não constituindo violação de sigilo bancário.

c) O cliente poderá denunciar a instituição financeira por quebra de sigilo bancário, e certamente será parte vencedora.

d) O banco deverá pagar uma indenização ao cliente de 100 vezes o valor que deu origem à comunicação.

e) O cliente poderá acionar o Ministério Público contra o Banco Central.

7. **Relacione as instituições com sua respectiva característica:**

(1) *Financial Action Task Force on Money Laundering* (FATF).

(2) *Financial Crimes Enforcement Network* (Fin-CEN).

(3) Unidade de Inteligência Financeira (FIU – *Financial Inteligence Unit*).

(4) Egmont Group.

(5) Conselho de Controle de Atividades Financeiras (COAF).

( ) São agências centrais de inteligência de diversos países.

( ) Tem a finalidade de atuar contra crimes contra o sistema financeiro norte-americano, representa a Unidade de Inteligência Financeira dos EUA.

( ) Tem como função disciplinar aplicar penas administrativas, receber, examinar e identificar as ocorrências suspeitas de atividades ilícitas no Brasil.

( ) É uma instituição intergovernamental que desenvolve e promove políticas nacionais e internacionais de combate à lavagem de dinheiro e ao financiamento do terrorismo.

( ) É uma associação global de unidades operacionais de inteligência trabalhando bilateralmente.

8. **(Banco do Brasil – 2011) Depósitos bancários, em espécie ou em cheques de viagem, de valores individuais não significativos, realizados de maneira que o total de cada depósito não seja elevado, mas que no conjunto se torne significativo, podem configurar indício de ocorrência de:**

a) crime contra a administração privada;

b) fraude cambial;

c) fraude contábil;

d) crime de lavagem de dinheiro;

e) fraude fiscal.

9. **(Banco do Brasil – 2011) A Lei nº 9.613, de 1998, que dispõe sobre os crimes de lavagem de dinheiro e ocultação de bens, determina que as instituições financeiras adotem alguns mecanismos de prevenção. Dentre esses mecanismos, as instituições financeiras deverão:**

a) instalar equipamentos de detecção de metais na entrada dos estabelecimentos onde acontecem as transações financeiras;

b) identificar seus clientes e manter seus cadastros atualizados nos termos de instruções emanadas pelas autoridades competentes;

c) verificar se os seus clientes são pessoas politicamente expostas, impedindo qualquer tipo de transação financeira, caso haja a positivação dessa consulta;

d) comunicar previamente aos clientes suspeitos de lavagem de dinheiro as possíveis sanções que estes sofrerão, caso continuem com a prática criminosa;

e) registrar as operações suspeitas em um sistema apropriado e enviar para a polícia civil a lista dos possíveis criminosos, com a descrição das operações realizadas.

10. **Órgão do Poder Executivo Federal que exerce o poder de polícia administrativa, especificamente, quanto às atividades ilícitas em geral, previstas na Lei nº 9.613/98 como sendo relacionadas com a "lavagem de dinheiro», disciplinando procedimentos, aplicando penalidades e identificando as ocorrências suspeitas de incidirem nesse tipo de ilicitude, é:**

a) a Comissão de Valores Mobiliários;

b) a Secretaria de Direitos Econômicos do Ministério da Justiça;

c) o Conselho Monetário Nacional;

d) o Conselho de Atividades Financeiras;

e) o Banco Central do Brasil.

Governança Corporativa

Gerlando Augusto Sampaio Franco de Lima, **Bruno Meirelles Salotti**, **Luiz Nelson Guedes de Carvalho** e **Marina Mitiyo Yamamoto**

Este capítulo tem a forma de um artigo, escrito com a finalidade de caracterizar as *interfaces* de controladoria e a governança corporativa. Este capítulo tentou, de forma prognóstica, desenvolver os parâmetros que envolvem essas duas ferramentas.

20.1 INTRODUÇÃO

A governança corporativa[1] é um dos vários tópicos bastante comentados atualmente nos meios científico e empresarial. A globalização dos mercados tem motivado a qualidade desta governança como um componente para a continuidade das corporações. Com isso, a compatibilidade de práticas de governança com padrões dos mercados contribui para o sucesso corporativo, pois essas práticas se transformaram em um pré-requisito para toda a corporação controlar seus recursos eficazmente e captar novos recursos.

Quanto à captação de recursos, Steinberg (2003, p. 16-17) afirma que:

os investidores profissionais de instituições com mais de 3,3 trilhões de dólares em ativos mostram disposição para pagar valores adicionais de 24% em média a aquisições ou aplicações em empresas brasileiras que provem manter boas práticas de governança corporativa.

Conforme comenta Steinberg (2003, p. 35), "investidores estariam dispostos a pagar, em média, um prêmio de 22% por ações de empresas latino-americanas com boa governança".

Vários autores estudam a governança corporativa com os seguintes enfoques:

- a questão da propriedade;
- o valor da empresa, desempenho, pulverização do controle acionário; e
- práticas para harmonizar o fornecimento de informações precisas e transparentes para o mercado e para garantir a igualdade de direitos entre os acionistas.

Portanto, os objetivos deste capítulo são:

---

[1] A definição operacional deste termo é mais bem estudada no decorrer do capítulo.

explicar as influências científicas que caracterizam a governança corporativa;

demonstrar as interfaces existentes de governança corporativa e controladoria nas corporações.

Para atingir esses objetivos, a pesquisa bibliográfica é classificada como teórica e se estrutura da seguinte maneira:

- conceituação da Teoria da Agência;
- governança corporativa;
- controladoria;
- interfaces de controladoria e governança corporativa sob o enfoque da Teoria da Agência.

20.2 TEORIA DA AGÊNCIA (TEORIA DE AGENCY)[2]

O estudo da Teoria da Agência teve início, segundo Okimura (2003, p. 24), não apenas com as ideias de Jensen e Meckling (2004), mas também em estudos realizados por Spence e Zeckhauser (1971) e Ross (1973) sobre o alinhamento dos interesses entre acionistas e gestores através de políticas de remuneração e incentivos aos gestores.

A Teoria da Agência está baseada no conceito da firma. Segundo Jensen e Meckling (2004, p. 9):

"The firm is not an individual. It is a legal fiction which serves as a focus for a complex process in which the conflicting objectives of individuals (some of whom may 'represent' other organizations) are brought into equilibrium within a framework of contractual relations."

Portanto, na firma, existem indivíduos com objetivos conflitantes e estes se tornam equilibrados a partir de uma estrutura de relações contratuais.

De acordo com Jensen e Meckling (2004), as relações contratuais são realizadas por dois sujeitos: "principal" e "agente".

O **principal** é o sujeito ativo, ou seja, ele solicita atividades para os agentes. O **agente** é o sujeito

passivo, realiza as tarefas solicitadas pelo principal e recebe uma **remuneração** por isso. Alguns exemplos de relações contratuais entre principal e agente são descritos a seguir:

- acionistas e gerentes: estes aumentam a riqueza dos acionistas;
- clientes e gerentes: estes asseguram a entrega dos produtos aos clientes dentro das condições especificadas;
- acionistas e auditores externos: estes validam as demonstrações contábeis e dão seus pareceres aos acionistas, afirmando a veracidade (ou não) das informações contábeis.

Da relação contratual entre principal e agente surgem os problemas de agência. Segundo Byrd, Parrino e Pritsch (1998, p. 15), esses problemas são classificados em quatro tipos caracterizados da seguinte maneira:

- **esforço**: os gerentes podem se esforçar menos do que os acionistas gostariam;
- **horizonte**: os gerentes e os acionistas possuem horizonte de tempo para o alcance de objetivos (principalmente quando os gerentes estão próximos de sua aposentadoria);
- **diferentes preferências de risco**: os gerentes tendem a ter maior aversão ao risco do que os acionistas;
- **utilização de ativos**: os gerentes podem fazer uso abusivo dos ativos da empresa cedidos como incentivos pelos acionistas.

Em relação ao terceiro tipo de problema de *agency*, a opinião desses autores é baseada na pesquisa de Jensen e Murphy (1990), a qual conclui que um aumento de US$ 1.000 no valor de uma firma aumenta a média da remuneração dos *CEOs* (*chief executive officers*) em apenas US$ 3,25. Desse modo, segundo Byrd, Parrino e Pritsch (1998, p. 17):

"the result of this aspect of a manager's situation is that managers, like bondholders, who can lose much when a firm becomes distressed but benefit relatively little on the upside, tend to prefer less risk than stockholders".

Em função desses problemas de agenciamento, surgem os custos de agenciamento, ou seja, custos

---

[2] Alguns autores utilizam tanto a tradução "Teoria de *Agency*" como "Teoria de Agência" para a expressão em inglês **Agency Theory**.

incorridos pelo principal para reduzir esses problemas. Segundo Jensen e Meckling (2004, p. 5-6), tais custos podem ser classificados em:

- **despesas de monitoramento pelo principal (*monitoring expenditures*)**: são gastos com o objetivo de evitar o comportamento oportunista do Agente, como por exemplo, estruturação de sistemas de informação, controles e auditoria;
- **despesas de comprometimento (*bonding expenditures*)**: que, segundo Gitman (1997, p. 20), quando explica Jensen e Meckling,
  - *"destinam-se a criar proteção contra danos causados por atos desonestos dos administradores. Geralmente, os proprietários firmam um contrato com uma empresa, que se responsabiliza por reembolsá-los, até um determinado valor, se atitudes desonestas por parte dos administradores resultarem em perdas para a empresa".*
- **perdas residuais (*residual losses*)**: segundo Gitman (1997, p. 20-21), tais perdas
  - *"originam-se das dificuldades que as grandes organizações geralmente têm em responder a novas oportunidades. A necessária estrutura organizacional da empresa, sistema hierarquizado de decisões e mecanismos de controle podem levar à perda de oportunidades lucrativas, devido à inabilidade da administração para aproveitá-las rapidamente".*

A interação entre principal e agente é visualizada na Figura 20.1.

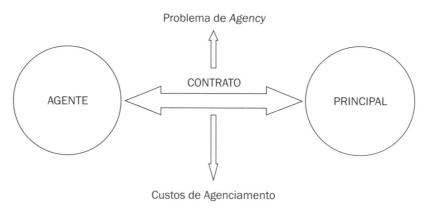

Figura 20.1

Relação principal × agente.

Para a redução dos custos de agenciamento, Byrd, Parrino e Pritsch (1998, p. 16) propõem os seguintes mecanismos, sintetizados no Quadro 20.1:

Quadro 20.1

Mecanismos para a redução dos custos de agência.

Mechanism	Conclusions
Stock ownership	Managerial ownership of a firm's stock helps align the interests of managers with those of stockholders by increasing the costs to managers of shirking or excessive asset use. It also helps attenuate the horizon problem if share prices quickly adjust to reflect changes in corporate value. Large stock ownership by managers can create problems, however, if managers use the control to block beneficial takeovers or to dominate the selection of directors.
Compensation	Periodic performance reviews and incentive compensation in the form of accounting-based bonuses, stock option grants, stock appreciation rights, or restricted stock can alleviate a variety of agency conflicts. Stock options are especially useful for shifting the risk preferences of managers toward those of stockholders.

Mechanism	Conclusions
The board of directors	A strong, independent board can limit the divergence of managers from shareholder wealth maximization by closely monitoring major managerial decisions and rewarding (disciplining) desirable (undesirable) decisions.
The managerial labor market	Effective managers tend to have more career opportunities (as corporate executives or board members) and more potential for higher compensation than ineffective managers, which creates an incentive for managers to increase stockholder value and limit self-serving behavior.
The market for corporate control	Poor decisions that reduce share value attract bidders and increase the likelihood that the managers will be dismissed following an acquisition. This control is less effective when managers control large blocks of the firm's stock.
Blockholders and activist investors	Owners of large blocks of stock have greater incentive than small stockholders to monitor the activities of managers.
Debt and dividends	An increase in leverage increases the likelihood of financial distress, which increases the cost to managers of inefficient decisions. Debt service forces managers to distribute cash rather than invest it in value-reducing investments. Dividend distributions also reduce internal funds if the firm is thus forced to finance growth with external funds, it will be subject to greater scrutiny by capital market participants.

Fonte: Byrd, Parrino e Prisch (1998, p. 16).

Outra solução que pode contribuir para a diminuição dos custos de agenciamento é o desenvolvimento de práticas adequadas de governança corporativa.

20.3 GOVERNANÇA CORPORATIVA

Segundo Lodi (2000, p. 9), governança corporativa "é um novo nome para o sistema de relacionamento entre acionistas, auditores independentes e executivos da empresa, liderado pelo Conselho de Administração".

Portanto, a governança corporativa não é um instrumento "novo". A necessidade de controle e de relacionamento entre conselheiros é antiga. De acordo com La Porta et al. (1999, p. 3), *"where laws are protective of outside investors and well enforced, investors are willing to finance firms, and financial markets are both broader and more valuable"*. Portanto, é possível que o nível de confiança dos investidores nas companhias aumente se houver proteção legal.

Percebe-se outra visão da governança através de Shleifer e Vishny (1997, p. 737), que definem a governança corporativa como um "conjunto de mecanismos pelos quais os fornecedores de recursos garantem que obterão para si o retorno sobre seu investimento". Ou seja, há uma relação de agência, em que o principal cobra de seus "tomadores de decisões" retorno sobre os recursos investidos.

Em estudos mais recentes, como o de Silveira (2002, p. 14), comenta-se que a governança corporativa é um "conjunto de mecanismos de incentivo e controle que visa harmonizar a relação entre acionistas e gestores pela redução dos custos de agência, numa situação de separação de propriedade e controle".

Verifica-se que este pesquisador adicionou a questão da "necessidade de mecanismos de incentivo e controle", além de ter demonstrado a perspectiva do direito, citando a "separação de propriedade e controle".

Esses mecanismos de incentivo e controle podem ser internos e externos. Um exemplo de mecanismo interno é a segregação de funções. Um dos mecanismos externos é o processo de auditoria, pois o principal (o acionista) contrata o agente (o auditor) para verificar os possíveis problemas internos da empresa.

Portanto, a governança corporativa é a criação de **mecanismos internos e externos** que assegurem que as decisões corporativas sejam tomadas no **melhor interesse dos investidores**, de forma a maximizar a probabilidade de os fornecedores de recursos obterem para si o **retorno sobre seus investimentos**.

No Brasil, a Lei nº 6.404/76 (também conhecida como Lei das Sociedades por Ações) demonstra os primeiros sinais de governança corporativa, pois torna obrigatória a presença de conselhos, tanto de administração – responsável pela eleição dos administradores da companhia, além de outras atribuições – como fiscal, que verifica o cumprimento dos deveres legais e estatutários dos administradores e fiscaliza os seus atos, além de outras competências.

O conflito de interesses também é mencionado no art. 156 dessa lei.

A relação dos conselhos com a Teoria de Agência pode ser visualizada na Figura 20.2.

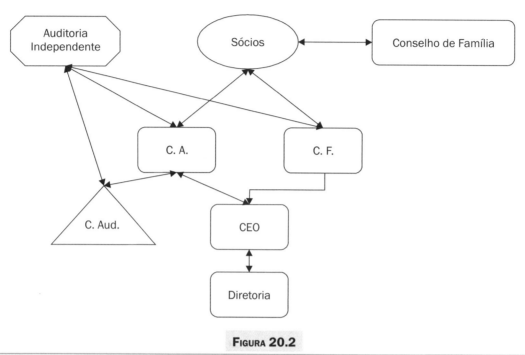

FIGURA 20.2
Interface de Teoria de Agência e a governança corporativa.

Sendo, nesse gráfico, C.A. o Conselho de Administração; C.F. o Conselho Fiscal; e, C. Aud. o Comitê de Auditoria, as setas são colocadas propositadamente para perceber a relação entre principais e agentes.

O C.A. não funciona apenas como um agente necessário para satisfazer as prerrogativas do principal "acionista", mas também como um principal no momento em que elege a diretoria, ou convoca a auditoria independente. Portanto, no organograma de uma empresa, existe a figura do principal, do agente e de sujeitos que tanto são principais como agentes.

Outra figura que também caracteriza a relação existente entre a governança corporativa e a Teoria de Agência é a apresentada por Silveira (2002, p. 14). O autor apresenta um resumo da relação existente entre os principais e os agentes, além de esclarecer como a governança corporativa participa dos problemas e identificar como os custos de agenciamento podem aparecer nesse relacionamento.

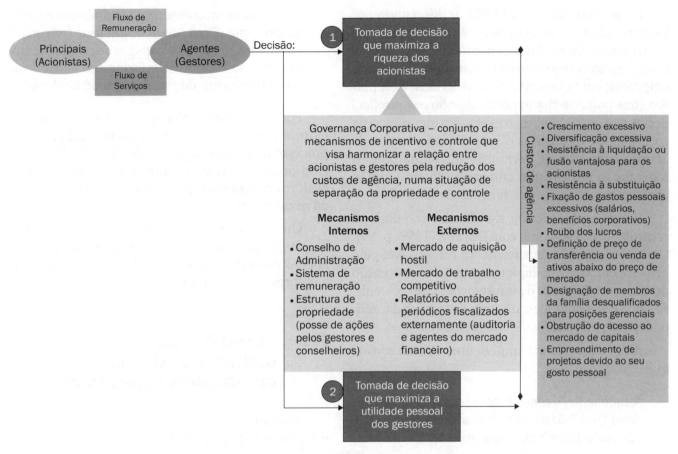

Fonte: O problema de agência dos gestores e a governança corporativa. (In: SILVEIRA, 2002, p. 14).

FIGURA 20.3

O problema de agência dos gestores e a governança corporativa.

Pode-se perceber que, nos mecanismos externos, a presença da contabilidade é importante para a governança corporativa. Conforme Iudícibus, Martins e Gelbcke (2000, p. 42), "a Contabilidade é, objetivamente, um sistema de informação e avaliação destinado a prover seus usuários com demonstrações e análises de natureza econômica, financeira, física e de produtividade, com relação à entidade objeto de contabilização".

Além disso, conforme Arima (2002, p. 82),

"o sistema contábil é constituído de diversos subsistemas que se relacionam entre si e estão distribuídos dentro de uma organização. A princípio, os relatórios e demonstrativos contábeis devem refletir as ações e eventos da empresa que podem trazer um impacto positivo. Por outro lado, o não-registro ou registro indevido de tais eventos pode causar um impacto negativo".

Portanto, a contabilidade serve de apoio à gestão da empresa.

20.4 A CONTROLADORIA COMO SUPORTE À GOVERNANÇA CORPORATIVA

Conforme Beuren (2002, p. 20), "a Controladoria surgiu no início do século XX nas grandes corporações norte-americanas, com a finalidade de realizar rígido controle de todos os negócios das empresas relacionadas, subsidiárias e/ou filiais". Sendo assim, para Beuren (2002, p. 20),

"no Brasil, a função do controller *emergiu com as instalações de empresas multinacionais norte-americanas no país. [...] Inicialmente, essa função era ocupada por profissionais ligados à área financeira ou da contabilidade, devido a sua habilidade em trabalhar com informações econômico-financeiras, além do conhecimento que tinham das áreas operacionais da empresa, por meio das informações geradas pela contabilidade".*

De acordo com Tung (1993, p. 89, citado por Beuren, 2002), a palavra *controller* não existe em nosso vocabulário. Foi recentemente incorporada à linguagem comercial e administrativa das nossas empresas; em países mais desenvolvidos, essa pessoa (que podia se chamar *controller* ou *comptroller*) designava, inicialmente, o executivo incumbido de controlar ou verificar as contas. Essa definição, de acordo com o autor, tornou-se inadequada após a evolução industrial e comercial, visto que não abrange a amplitude das funções do *controller*.

Várias atribuições ou significados são dados à controladoria. De acordo com Oliveira (1998, p. 19), Controladoria é "o departamento responsável pelo projeto, elaboração, implementação e manutenção do sistema integrado de informações operacionais, financeiras e contábeis de uma determinada entidade, com ou sem finalidades lucrativas".

Além disso, Kanitz apud Beuren (2002) afirma que

"atualmente, o controlador se cerca de um verdadeiro batalhão de administradores organizacionais, psicólogos industriais, analistas de sistemas, especialistas em computação, estatísticos e matemáticos que têm a tarefa de analisar e dirigir, à luz de cada um dos seus campos de conhecimento, um imenso volume de informações necessárias ao cumprimento da função da controladoria".

Por fim, segundo Nakagawa (1993), a controladoria é responsável pelo suporte à empresa no processo de gestão. Segundo Beuren (2002, p. 18), esse processo "visa garantir que as decisões dos gestores contribuam para otimizar o desempenho da organização".

Ou seja, não se pode avaliar o desempenho da governança corporativa da empresa analisando apenas os gestores e os conselhos sem considerar a empresa como um todo.

20.5 AS INTERFACES DA CONTROLADORIA E DA GOVERNANÇA CORPORATIVA

Avaliando as interfaces entre a controladoria e a governança corporativa, tem-se a Figura 20.4.

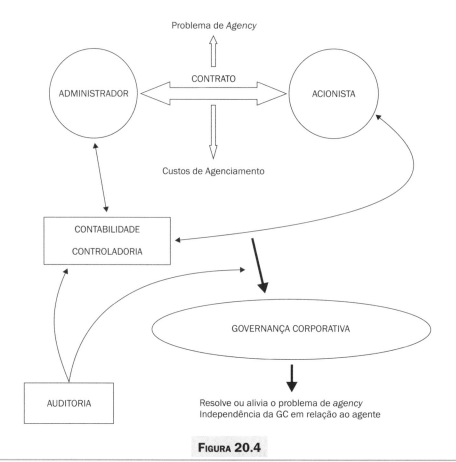

FIGURA 20.4

Interfaces entre a controladoria e a governança corporativa.

Tendo em vista a governança corporativa como uma possível solução ao problema de *agency* e a controladoria como uma ferramenta para auxiliar esse processo, visualizam-se as seguintes interfaces:

- valor da empresa;
- desempenho da empresa;
- auditoria;
- transparência das informações.

Cada um desses tópicos é visto como um ponto de contato entre a controladoria e a governança corporativa e é desenvolvido detalhadamente nas seções seguintes.

20.5.1 Valor da empresa

Um dos principais objetivos do acionista é o aumento de sua riqueza. Para que isso ocorra, os seus investimentos necessitam de um incremento de valor. Desse modo, os acionistas contratam os serviços dos administradores para que estes, em troca de uma remuneração, consigam aumentar a riqueza dos acionistas. Essa relação pode ser evidenciada sob a ótica da Teoria da Agência, em que o principal é o acionista e o agente é o administrador, o qual recebe o seu salário para realizar as atividades solicitadas pelo agente.

Dessa relação, surge um problema de *agency*, pois os administradores podem tomar decisões que não maximizam o valor da empresa no mercado de capitais e, consequentemente, a redução do valor da empresa pode aumentar o custo de capital próprio.

Para solucionar esse problema, uma companhia pode decidir adotar práticas de governança corporativa. Com isso, o comprometimento da empresa com os direitos dos acionistas passa a se fortalecer, além de outros benefícios. A criação do conselho de administração faz com que as atividades da diretoria sejam monitoradas e controladas, pois os conselheiros representam os interesses dos acionistas.

A controladoria fornece subsídios para que os acionistas possam avaliar a criação de valor. Tais subsídios podem ser traduzidos em ferramentas contábeis, como, por exemplo, as demonstrações contábeis e técnicas derivadas (mensuração do valor econômico adicionado e cálculo do valor da empresa de acordo com técnicas específicas).

20.5.2 Desempenho da empresa

Uma das maneiras para que o acionista obtenha o aumento de sua riqueza é através da melhoria do desempenho da empresa. Sendo assim, o principal utiliza contratos para delegar tal responsabilidade ao agente.

O problema de *agency* envolvido nesse contrato relaciona-se com o comportamento do agente não maximizar o desempenho operacional da empresa e, consequentemente, esse fato pode ocasionar o aumento do custo de capital próprio.

A adoção de práticas de governança corporativa insere o conselho fiscal e de administração no contrato anteriormente citado. Esses conselhos verificam se a diretoria está viabilizando as estratégias recomendadas e obtendo o desempenho desejado.

Isso faz com que os conselhos se tornem os agentes em relação aos acionistas e o principal em relação à diretoria, ou seja, eles passam a intermediar a relação acionista-diretoria, tornando-a mais sólida.

A controladoria auxilia os acionistas e os conselhos na avaliação do desempenho da companhia. Diversas técnicas podem ser utilizadas nesse caso, como a análise tanto das demonstrações contábeis como dos controles internos, além da elaboração e acompanhamento dos orçamentos financeiros.

Em recente pesquisa que objetiva verificar se a adoção de boas práticas de governança corporativa influencia no desempenho e no valor da empresa, Silveira (2002) utiliza modelos de regressão cujas variáveis independentes são relacionadas à governança corporativa e as variáveis dependentes são relacionadas a valor e desempenho da empresa. Os resultados estatísticos da regressão confirmam a influência das práticas de governança corporativa no valor e desempenho de uma companhia.

Segundo o autor (2002, p. 134), "em resumo, a relação entre a governança e valor é diferente daquela entre governança e desempenho, sendo mais forte com o valor da empresa". Portanto, é confirmada a importância da governança corporativa para a melhoria do valor e desempenho de qualquer companhia.

20.5.3 Auditoria

A auditoria exerce um importante papel na prática empresarial, pois é responsável pelos interesses do acionista em relação à integridade das informações contábeis e dos controles internos da empresa.

Portanto, a auditoria, com o objetivo de monitorar a relação entre os acionistas e a diretoria (sendo, portanto, um custo de *agency*), é o agente dos acionistas e o principal dos gestores, como mostra a Figura 20.5.

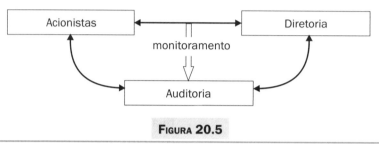

FIGURA 20.5
Auditoria e a Teoria da Agência.

A auditoria atua como agente quando o principal utiliza seu serviço para reduzir o problema de *agency* na relação entre acionistas e diretoria. Porém, surge um outro tipo de problema: a auditoria pode não atender às expectativas dos acionistas.[3]

Além disso, em relação à diretoria, os auditores atuam como principal e o problema de *agency* decorrente desse contrato é a possível omissão de informação a que a auditoria está sujeita.

As práticas de governança corporativa sugerem a criação dos conselhos e do comitê de auditoria. Dessa forma, os problemas de *agency* citados podem ser diminuídos, pois os contratos passam a ser monitorados, tornando as informações contábeis mais confiáveis.

Segundo Cohen et al. (2002, p. 577):

"by performing the attest function, auditors are a significant part of a firm's monitoring system and thus can also be considered an essential component of the corporate governance mosaic. Hence, in principle, auditors must work with other actors in the corporate governance mosaic to ensure that stakeholders receive the highest quality financial reports as well as help to protect the interests of current and future shareholders and investors. For instance, the auditor must work with the audit committee to assess and promote financial reporting quality" (grifo nosso).

Quanto à controladoria, verifica-se que esta é o suporte informacional para qualquer tipo de tomada de decisões da empresa, atuando, portanto, na governança corporativa. Desse modo, a controladoria fornece subsídios para que tanto os auditores como a diretoria exerçam suas formas de controle.

20.5.4 Transparência das informações

A transparência das informações é considerada na relação entre o acionista e a diretoria. O acionista espera da diretoria a elaboração de demonstrações contábeis as mais transparentes possível. Nesse caso, a diretoria pode divulgar informações ao mercado que não são tão suficientemente transparentes, como o principal gostaria. Portanto, essa possibilidade configura o principal problema de *agency* quanto à transparência das informações.

A falta de transparência pode acarretar a redução do custo de capital próprio, uma vez que a dúvida (ocasionada pela falta de transparência) gera risco e, para compensá-lo, o custo aumenta (quanto maior o risco, maior o retorno).

A adoção de práticas de governança corporativa faz com que a empresa se torne mais transparente na divulgação das suas informações, reduzindo, desse modo, os custos de *agency* relacionados.

---

[3] Os auditores e os acionistas podem ter diferentes entendimentos sobre o objetivo da auditoria. Essa diferença é conhecida como *expectation gap*. A esse respeito, consultar Epstein e Geiger (1994) e McEnroe e Martens (2001).

Por sua vez, a controladoria é utilizada para tornar possível o alcance da transparência. Isso ocorre através do aperfeiçoamento dos sistemas de controle interno e da própria Contabilidade, que passa a ser utilizada como um banco de dados flexível às necessidades das empresas.

20.6 CONCLUSÕES

A teoria apresentada conclui que a adoção de práticas adequadas de governança corporativa é útil para a redução dos custos de *agency*. Além disso, a controladoria, como um sistema de informação, pode fortalecer as práticas de governança corporativa na medida em que serve como uma ferramenta essencial para permitir a redução dos custos citada anteriormente.

Os principais pontos do contato entre a controladoria e a governança corporativa são o valor e o desempenho da empresa, o processo de auditoria e a melhoria da transparência das informações contábeis.

Para cada uma dessas interfaces, a pesquisa demonstra as principais relações entre principal e agente existentes, a adoção de práticas de governança corporativa como uma possível solução para os problemas de *agency* decorrentes dessas relações e, ainda, a controladoria fornecendo subsídios para tornar essa solução viável.

Espera-se, com as conclusões obtidas neste texto, contribuir para a importância e o fortalecimento das práticas de governança corporativa e também de controladoria, de modo a permitir que os acionistas obtenham o aumento de sua riqueza através das atividades solicitadas aos administradores.

Questões discursivas

1. Você concorda com o seguinte conceito? Em caso negativo, apresente sua opinião. "O objetivo final da política de divulgação de informações para o mercado de capitais pode ser entendido como um processo de aprimoramento do mercado de capitais, cujo maior objetivo é o aumento da capacidade financeira das instituições que integram o mercado de capitais."

2. O que é IBGC? Quais os principais pilares da governança corporativa evidenciados por esse órgão?

3. O que são os Níveis Diferenciados de governança corporativa propostos pela BOVESPA?

Classifique os Níveis Diferenciados de governança corporativa propostos pela BOVESPA:

4. *Companhia Nível 1.*

5. *Companhia Nível 2.*

6. *Companhia Novo Mercado.*

7. Leia o texto abaixo e responda a pergunta.

"A valorização e a liquidez das ações de um mercado são influenciadas positivamente pelo grau de segurança que os direitos concedidos aos acionistas oferecem e pela qualidade das informações prestadas pelas empresas."

De acordo com a BOVESPA, qual segmento de listagem possui essa premissa básica?

8. Segundo as práticas de governança corporativa, o que um conselheiro precisa ser?

9. O que diz a Teoria da Agência?

10. Quem são os sujeitos envolvidos na questão da Teoria da Agência? Dê exemplo entre principal e agente.

Testes de múltipla escolha

1. (Petrobras – 2010) A governança corporativa tem como um dos seus pilares a constituição e o funcionamento de um conselho de administração. Uma das melhores práticas de governança corporativa, vinculada ao conselho de administração, é a:
   a) criação de um comitê de auditoria;
   b) elaboração de um manual de procedimentos internos;
   c) aplicação de um sistema de árvore funcional;
   d) separação das funções de presidente do conselho e executivo chefe;
   e) criação de um sistema de avaliação de desempenho justo e transparente.

2. **Qual dos níveis diferenciados da BOVESPA indica um maior nível de governança dentro da empresa:**

   a) Nível 1;

   b) Nível 2;

   c) Novo Mercado;

   d) Bovespa Mais;

   e) Nenhuma das alternativas.

3. **Para o investidor, maior nível de governança corporativa é importante porque:**

   a) o investidor saberá que maior nível de governança possibilitará decisões melhores com a finalidade de maximizar a perspectiva de geração de valor de longo prazo para o negócio;

   b) demonstrará apenas que a empresa tem interesse em se atualizar com práticas mais modernas;

   c) para o investidor em geral, não existe nenhuma relevância a adoção das práticas de governança corporativa;

   d) possibilitará maiores poderes a uma pessoa, e consequentemente melhores decisões serão tomadas sem haver conflito de interesse;

   e) nenhuma das alternativas.

4. **Para resolver o problema de *agency* e tendo a controladoria como uma ferramenta para auxiliar esse processo, podem-se utilizar algumas interfaces para solução. Indique a melhor resposta.**

   a) Apenas valor da empresa.

   b) Apenas desempenho da empresa.

   c) Apenas auditoria.

   d) Apenas transparência das informações.

   e) Todos os itens em conjunto.

5. **No que se refere à questão de governança corporativa, é correto afirmar que:**

   a) é o sistema pelo qual as empresas são dirigidas e controladas, devendo especificar a distribuição dos direitos e obrigações às várias partes da empresa, tais como estoques, copa, manutenção e limpeza;

   b) a preocupação maior é o estudo de como melhorar a eficiência das empresas por meio de uma adequação da estrutura institucional, abrangendo legislação, conselhos de administração, conselhos fiscais, comitês de auditoria e organograma;

   c) é um assunto que só diz respeito ao acionista e a proteção de seu interesse;

   d) não matem relação com conceitos, tais como: *compliance* ou *accountability*;

   e) a contabilidade não tem meios de prestar suporte adequado para que as empresas pratiquem a boa governança.

6. **Assinale a alternativa correta:**

   a) *Insider information* é a informação de caráter geral, mas que apenas circular no ambiente interno da empresa.

   b) *Insider trading* é a negociação de informações, realizada entre os departamentos da empresa e que representa uma prestação de serviço de um departamento para outro, impactando seus respectivos resultados.

   c) *Insider information* é a informação específica que não é pública.

   d) *Insider trading* é a negociação de informação de acesso restrito.

   e) Uma forma de reduzir o *insider trading* é a redução da periodicidade de divulgação das informações contábeis.

7. **Ao se tratar de controles internos, é possível afirmar-se que:**

   a) a medida de eficiência pode ser obtida do quociente entre os resultados alcançados e os resultados pretendidos, e significa "fazer algo certo";

   b) o *design* do sistema de controles internos reside no fato de que podem dar ensejo a ações corretivas e de reforço, quando do confronto das informações sobre as atividades exercidas e dos padrões que foram estabelecidos, prescindindo de revisão, já que seria necessário tempo o suficiente para que pudesse haver a ocorrência de atividades sem o devido monitoramento;

   c) um sistema de controle interno adequado é aquele que se preocupa única e exclusivamente com os processos industriais, buscando garantir a manutenção do padrão de qualidade dos produtos;

   d) os controles internos são essenciais para a credibilidade das demonstrações contábeis;

e) controle é o processo implementado por diretores, gerentes e empregados, destinado a prover segurança razoável para atingir objetivos de eficácia e eficiência operacional e *compliance* com leis e regulamentos.

8. **Indique qual o conceito que define corretamente transparência das informações:**

   a) É a relação entre os acionistas e a diretoria em que o primeiro espera que o segundo elabore demonstrações contábeis o mais transparente possível.

   b) Comportamento dos administradores em não maximizar o desempenho operacional da empresa e, consequentemente, esse fato pode ocasionar o aumento do custo de capital próprio.

   c) Comportamento do administrador em tomar decisões que não beneficiem as empresa e sim decisões em benefício próprio.

   d) Fiscalização, por uma entidade externa ou interna, que é responsável pelos interesses dos acionistas em relação a integridade das informações contábeis e dos controles internos das empresas.

   e) Nenhuma das alternativas.

9. **Governança corporativa significa:**

   a) um conjunto de ações voltadas para a preservação dos interesses sociais e o bem-estar da comunidade envolvida pela organização;

   b) um conjunto de estratégias que visam desenvolver produtos e serviços que atendam às necessidades do mercado-alvo;

   c) um conjunto de práticas com a finalidade de rastreamento e de padronização de toda a cadeia produtiva;

   d) um conjunto de práticas com objetivo de otimizar os resultados de uma organização, protegendo os investidores, empregados e credores;

   e) um conjunto de técnicas com a meta de aprimoramento e de capacitação dos colaboradores.

10. **Analise abaixo quais indicam mecanismos que visam harmonizar a relação entre acionistas e gestores pela redução dos custos de agência:**

    I – Conselho de administração.

    II – Sistema de remuneração.

    III – Mercado de trabalho competitivo.

    IV – Relações contábeis periódicos fiscalizados externamente.

    V – Sistema de remuneração aos acionistas.

    a) Apenas I e II.

    b) Apenas I, IV e V.

    c) Todas as alternativas.

    d) Nenhumas das alternativas.

    e) Apenas III, IV e V.

Anexo 1: Tabela Regressiva de IOF

Nº de dias corridos de aplicação	% LIMITE DO RENDIMENTO
01	96
02	93
03	90
04	86
05	83
06	80
07	76
08	73
09	70
10	66
11	63
12	60
13	56
14	53
15	50
16	46
17	43
18	40
19	36
20	33

Nº de dias corridos de aplicação	% LIMITE DO RENDIMENTO
21	30
22	26
23	23
24	20
25	16
26	13
27	10
28	06
29	03
30	00

Gabarito dos Testes de Múltipla Escolha

CAPÍTULO	EX 1	EX 2	EX 3	EX 4	EX 5	EX 6	EX 7	EX 8	EX 9	EX 10
1	D	A	D	A	A	B	E	A	E	D
2	A	B	B	C	E	E	E	C	C	A
3	B	C	D	C	D,F,B,C,A,E	D	D	A	B	D
4	C	C	D	A	B	A	D	C	A	
5	B	B	E	D	C	B	A	D	E	B
6	A	B	D	C	B	A	B	A	B	C
7	A	B	E	E	E	D	E	D	A	E
8	III,IV,I,V,II	C	E	E	C	E	E	D	D	A
9	I,II	E	III,IV,I,V,VI,II	III,I,V,II,VII,VI,IV	E	B	B	A	E	C,F,D,B,A,E
10	B	A	C	A	E	C	D	D	B	D
11	A	D	A	D	E	E	E	E	B	D
12	A	D	A	B	A	C	A	E	A	B
13	C	D	B	C	C	B	A	C	A	E
14	E	C	D	C	A	C	C	B,B,F,F,B	E	D
15	D	E	A	B	E	A	D	E	B	C
16	C	D	C	IV,III,I,II	B	B	C	C	E	D
17	D	E	B	C	C	E	A	C	E	B
18	D	A	C	A	C	B	D	E	A	C
19	C	A	E	A	B	B	3,2,5,1,4	D	B	D
20	D	C	A	E	B	D	D	A	D	C

Resposta do Exercício 10 do Capítulo 4

Características	Nível	Nível I	Nível II	Nível III	Regra 144/A
Distribuição privada		X			X
Distribuição Pública			X	X	
Lastro em ações já negociadas		X	X		X
Lastro em ofertas iniciais (novas ações/*block trade*)				X	X
Atendimento das normas contábeis norte-americanas			X	X	
Atendimento parcial às exigências da SEC		X			X
Atendimento completo às exigências da SEC			X	X	
Negociação no mercado de balcão.		X			X
Negociação em bolsa de valores			X	X	
Colocação apenas junto a investidores qualificados					X

Referências

ALVERNAZ, L.; JARDIM, E. Riscos atuariais nos planos de benefícios dos fundos de pensão. *Revista da Previdência*, Rio de Janeiro, nº 2, p. 1-17, abr. 2005.

AMADOR, Paulo. *Capitalização*: uma história de prosperidade. Rio de Janeiro: Grupiara Comunicação, 2002.

AMIHUD, Yakov; MENDELSON, Haim. Asset pricing and the bid-ask spread. *Journal of Financial Economics*, v. 17, nº 2, p. 223-250, Dec. 1986.

ANDIMA. SND – Sistema Nacional de Debêntures 10 anos. *Estudos Especiais*, 1998.

ANDREZO, Andrea F. *Contribuição à melhoria do nível de transparência dos bancos no Brasil*. 2000. Dissertação (Mestrado) – Departamento de Contabilidade e Atuária da Faculdade de Economia, Administração e Contabilidade, Universidade de São Paulo, São Paulo.

ANDREZO, Andrea Fernandes; LIMA, Iran Siqueira. *Mercado financeiro*: aspectos históricos e conceituais. 3. ed. São Paulo: Atlas, 2007.

ANFAC. Associação Nacional de Sociedades de Fomento Mercantil. *Cartilha do factoring*. São Paulo, 2004.

ARIMA, Carlos H. Sistemas de informações gerenciais. In: SCHMIDT, Paulo (Org.). *Controladoria*: agregando valor para a empresa. Porto Alegre: Bookman, 2002.

ASSAF NETO, Alexandre. *Mercado financeiro*. 10. ed. São Paulo: Atlas, 2011.

BAIMAN, Stanley; VERRECCHIA, Robert E. The relation among capital markets, financial disclosure, production efficiency, and insider trading. *Journal of Accounting Research*, v. 34, nº 1, p. 1-23, Spring 1996.

BALL, R.; KOTHARI, S.; ROBIN, A. The effect of international institutional factors on properties of accounting earnings. *Journal of Accounting & Economics*, nº 29, p. 1-51, 2000.

BANCO CENTRAL DO BRASIL. Carta-Circular nº 3.147, de 29 de setembro de 2004.

_____. Circular nº 2.381, de 18 de novembro de 1993.

_____. Circular nº 2.766, de 3 de julho de 1997.

_____. Circulares e relatórios diversos. Disponível em: <www.bacen.gov.br>.

_____. Comunicado Conjunto 029, de 26 de setembro de 1990.

_____. *Curso de formação de inspetores*, jul./ago. 2000.

_____. *Finanças públicas*: sumário dos planos brasileiros de estabilização e glossário de instrumentos e normas relacionadas à política econômico-financeira. 4. ed. Brasília, 2004.

_____. Resolução nº 1.143, de 26 de junho de 1986.

_____; COMISSÃO DE VALORES MOBILIÁRIOS. Decisão-Conjunta 013, de 14 de março de 2003.

BARGER, Teresa. *Financial institutions*. IFC, 1998.

BERNSTEIN, Peter L. *Desafio aos deuses*: a fascinante história do risco. Rio de Janeiro: Campus, 1997.

BEUREN, Ilse M. O papel da controladoria no processo de gestão. In: SCHMIDT, Paulo (Org.). *Controladoria*: agregando valor para a empresa. Porto Alegre: Bookman, 2002.

BLOOMFIELD, Robert J.; WILKS, T. Jeffrey. Disclosure effects in the laboratory: liquidity, depth, and the cost of capital. *The Accounting Review*. v. 75, nº 1, p. 13-41. Jan. 2000.

BOTOSAN, Christine A. Evidence that greater disclosure lowers the cost of equity capital. *The Bank of America Journal of Applied Corporate Finance*, v. 12, nº 4, p. 60-69, Winter 2000.

BRASIL, Decreto-lei nº 261, 28 de fevereiro de 1967.

_____. Decreto-lei nº 73, de 21 de novembro de 1966.

_____. Decreto nº 4.492, de 2002.

_____. Decreto nº 57.663, de 24 de janeiro de 1966.

_____. Decreto-lei nº 73, de 21 de novembro de 1966.

_____. Instrução Normativa Receita Federal 25/01.

_____. Instrução Normativa Receita Federal 487/04.

_____. Lei Complementar nº 109, de 29 de maio de 2001.

_____. Lei nº 10.303, de 31 de outubro de 2001.

_____. Lei nº 10.931, de 2 de agosto de 2004.

_____. Lei nº 6.099, de 12 de setembro de 1974.

_____. Lei nº 6.385, de 7 de dezembro de 1976.

_____. Lei nº 6.404, de 15 de dezembro de 1976.

_____. Lei nº 7.132, de 26 de outubro de 1983.

_____. Lei nº 8.668, de 25 de junho de 2003.

_____. Lei nº 9.457, de 5 de maio de 1997.

_____. Lei nº 9.514, de 20 de novembro de 1997.

_____. Portaria MF 113, de 26 de fevereiro de 1988.

_____. Portaria MF 564, de 3 de novembro de 1978.

_____. Resolução CMN 2.309, de 28 de agosto de 1996.

_____. Resolução nº 2.517, de 29 de junho de 1998.

_____. Resolução nº 2.686, de 26 de Janeiro de 2000.

_____. Resolução nº 2.907, de 29 de novembro de 2001.

BRIGHAM, E. F.; GAPENSKI, L. C.; EHRHARDT, M. C. *Administração financeira*. São Paulo: Atlas, 2001.

BRIGHAM, Eugene F.; WESTOM, Fred J. *Fundamentos da administração financeira*. Tradução de Sidney Stancatti. 10. ed. São Paulo: Makron Books, 2000.

BRITO, Osias. *Mercado financeiro*. São Paulo: Saraiva, 2005.

BRUNI, Adriano L. *Globalização financeira, eficiência informacional e custo de capital*: uma análise das emis-sões de ADRs brasileiros no período 1992-2001. 2002. Tese (Doutorado) – Departamento de Contabilidade e Atuária da Faculdade de Economia, Administração e Contabilidade da Universidade de São Paulo, São Paulo.

BRUNI, Adriano Leal. *Mercados financeiros*: para a certificação profissional ANBID 10 (CPA-10). São Paulo: Atlas, 2005.

BUSHMAN, R.; PIOTROSKI, J. Financial reporting incentives for conservative accounting: the influence of legal and political institutions. *Journal of Accounting and Economics 42*, p. 107-148, 2006.

BUSHMAN, R.; CHEN, Q.; ENGEL, E.; SMITH, A. Financial accounting information, organizational complexity and corporate governance systems. *Journal of Accounting and Economics 37*, p. 167-201, 2004.

BUSSAB, Wilton O.; MORETTIN, Pedro A. *Estatística básica*. São Paulo: Atual, 1987.

BYRD, John; PARRINO, Robert; PRITSCH, Gunnar. Stockholder-manager conflicts and firm value. *Financial Analysts Journal*, nº 54, v. 3, p. 14-30, May/June 1998.

CAMINHA, Uinie. *A securitização*: função econômica e regime jurídico. 2004. Tese (Doutorado) – Departamento de Direito Comercial, USP, São Paulo.

CASAGRANDE NETO, Humberto; SOUZA, Lucy A.; ROSSI, Maria C. *Abertura do capital de empresas no Brasil*: um enfoque prático. 4. ed. São Paulo: Atlas, 2010.

CAVALCANTE, Francisco; *Mercado de capitais*: o que é, como funciona. 7. ed. Rio de Janeiro: Campus, 2009.

CHAN, B. *Equilíbrio atuarial dos planos de benefícios definido e evidenciação das entidades fechadas de previdência complementar*: um estudo de caso. 2004. Dissertação (Mestrado em Controladoria e Contabilidade) – Faculdade de Economia, Administração e Contabilidade, Universidade de São Paulo, São Paulo.

COHEN, Jeffrey; KRISHNAMOORTHY, Ganesh; WRIGHT, Arnold M. Corporate governance and the audit process. *Contemporary Accounting Research*, v. 19, nº 4, Winter 2002.

COMISSÃO DE VALORES MOBILIÁRIOS – CVM. Instrução CVM nº 404, de 13 de fevereiro de 2004.

_____. Instrução CVM 400, de 29 de dezembro de 2003.

_____. Instrução CVM 134, de 1º de novembro de 1990.

_____. Instrução CVM 284, de 24 de julho de 1998.

_____. Instrução CVM 224, de 20 de dezembro de 1994.

_____. Instrução CVM 40, de 7 de novembro de 1984.

_____. Instrução CVM 409, de 18 de agosto de 2004.

_____. Instrução CVM 411, de 26 de novembro de 2004.

_____. Instrução CVM 413, de 30 de dezembro de 2004.

_____. Instrução CVM 45, de 21 de agosto de 1985.

_____. Instrução CVM 54, de 9 de julho de 1986.

COMISSÃO DE VALORES MOBILIÁRIOS – CVM. Instrução CVM nº 356, de 17 de dezembro de 2001.

_____. Instrução CVM nº 389, de 3 de junho de 2003.

_____. Instrução CVM nº 393, de 22 de julho de 2003.

_____. Instrução CVM nº 414, de 30 de dezembro de 2004.

_____. Instrução CVM nº 418 de 19 de abril de 2005.

_____. Instrução CVM 205, de 14 de janeiro de 1994.

CONSELHO MONETÁRIO NACIONAL. Resolução CMN nº 3.034, de 30 de outubro de 2002.

_____. Resolução CMN nº 3.308, de 31 de agosto de 2005.

CONSELHO NACIONAL DE SEGUROS PRIVADOS. Resolução CNSP nº 89, de 19 de agosto de 2002.

_____. Resolução CNSP nº 98, de 30 de setembro de 2002.

_____. Resolução CNSP nº 120, de 5 de janeiro de 2005.

_____. Resolução CNSP nº 131, de 3 de outubro de 2004.

_____. Resolução CNSP nº 15, de 3 de dezembro de 1991.

CONTADOR, C.; FERRAZ, C. *Mercado de capitalização*: o resgate da história e os cenários futuros. [S.l.: s. n.], 1999. (Relatórios SILCON, 42.)

COSTA, Jorge Andrade. *Harmonização dos procedimentos e das normas contábeis das operações de seguros dos países do Mercosul*: um estudo comparativo com as propostas do Mercosul e do IASB. 2004. 266 p. Dissertação (Ciências Contábeis e Financeiras) – Faculdade de Economia, Administração e Contabilidade, Pontifícia Universidade Católica, São Paulo.

COVELLO, Sergio Carlos. *Contratos bancários*. São Paulo: LEUD, 1999.

DEL VALLE, Vicente; IZARRA, Jésus Maria; ALCALÁ, Geni. *Productos y servicios financieros y de seguros*. Madri: McGraw-Hill, 1997.

DEMETRIADES, Panicos; HUSSEIN, Khaled. Does financial development cause economic growth? Time-series evidence from 16 countries. *Journal of Development Economics*, v. 51, 1996.

DI AGUSTINI, Carlos Alberto. *Leasing financeiro*. 3. ed. São Paulo: Atlas, 1999.

DIAMOND, Douglas W.; VERRECCHIA, Robert E. Disclosure, liquidity, and the cost of capital. *The Journal of Finance Cambridge*, v. 46, nº 4, p. 1325-1360, Sept. 1991.

DIEESE. *Sistema financeiro nacional*: os segmentos de factoring e cartão de crédito. Curitiba, 1999.

DOWD, Kevin. *Measuring market risk*. Londres: John Wiley, 2002.

EPSTEIN, Marc J.; GEIGER, Marshall A. Investor views of audit assurance: recent evidence of the expectation gap. *Journal of Accountancy*, v. 177, nº 1, Jan. 1994.

FABOZZI, Frank J. *Mercados, análise e estratégias de bônus*. Tradução de Carlos Henrique Trieschmann et al. Rio de Janeiro: Qualitymark, 2000.

FABOZZI, Frank J; MODIGLIANI, Franco. *Capital markets*: institutions and instruments. New Jersey: Prentice Hall, 1992.

FALCÃO, Guilherme J. Legislação que regula as empresas de fomento mercantil (*factoring*) no Brasil. *Consultoria Jurídica*, out. 2001.

FENASEG. *Quantificação da fraudes em seguros*. Período 2001 a 1º trimestre de 2004.

FERREIRA, Luiz F. R. *Manual de gestão de renda fixa*. Porto Alegre: Bookman, 2004.

FIGUEIREDO, Antonio C. *Introdução aos derivativos*. 2. ed. São Paulo: Pioneira Thomson Learning, 2005.

FINANCIAL ACCOUNTING STANDARDS BOARD. *Statement of financial accounting standards nº 133. Accounting for derivatives instruments and hedging activities*. Connecticut: FASB, 1998.

FORTUNA, Eduardo. *Mercado financeiro*: produtos e serviços. 18. ed. Rio de Janeiro: Qualitymark, 2010.

GAGGINI, Fernando Schwarz. *Securitização de recebíveis*. São Paulo: LEUD, 2003.

FORTUNA, Eduardo. *Mercado financeiro*: produtos e serviços. 15. ed. Rio de Janeiro: Qualitymark, 2002.

GARCIA, Fábio G.; SATO, Lívia G.; CASELANI, César N. O impacto da política de transparência sobre o valor das empresas brasileiras. In: ENCONTRO NACIONAL DOS PROGRAMAS DE PÓS-GRADUAÇÃO EM ADMINISTRAÇÃO, 28. *Anais...* Curitiba: Anpad, set. 2004.

GITMAN, Lawrence J. *Princípios da administração financeira*. 12. ed. São Paulo: Pearson Education, 1997.

GLOSTEN, Lawrence R.; MILGROM, Paul R. Bid, ask and transaction prices in a specialist market with heterogeneously informed traders. *Journal of Financial Economics*, v. 14, nº 1, Mar. 1985.

GOMES, Gustavo Mateus. *O factoring no direito brasileiro*. 2002. Dissertação (Mestrado). Universidade de Ribeirão Preto, São Paulo.

GRIMARD, Anne. Investor relations, principles and international best practices of financial communicatios. Palgrave: MacMillan, 2008.

HAIL, Luzi. The impact of voluntary corporate disclosures on the ex-ante cost of capital for Swiss firms. *The European Accounting Review*, v. 11, nº 4, p. 741-773, 2002.

HEALY, Paul; PALEPU, K. G. Information asymmetry, corporate disclosure, and the capital markets: a review of the empirical disclosure literature. *Journal of Accounting and Economics*, v. 31, p. 405-440, 2001.

HIRSCHEY, Mark. How much is a tulip worth? *Financial Analysts Journal*, 54, 4, p. 11, 1998.

HULL, John. *Introdução aos mercados futuros e de opções*. 4. ed. São Paulo: Cultura: BM&F, 2009.

INTERNATIONAL ACCOUNTING STANDARDS BOARD (IASB). *International Accounting Standards 2004*. London: International Accounting Standards Committee Foundation, 2004.

IUDÍCIBUS, S. *Teoria da contabilidade*. 10. ed. São Paulo: Atlas, 2010.

IUDÍCIBUS, Sérgio de; MARTINS, Eliseu; GELBCKE, Ernesto Rubens. *Manual de contabilidade das sociedades por ações*. 2. ed. São Paulo: Atlas, 2009.

JAFFE, Jeffrey; ROSS, Stephen; WESTERFIELD, Randolph. *Administração financeira*. São Paulo: Atlas, 2007.

JENSEN, Michael C.; MECKLING, William H. *Theory of the firm*: managerial behavior, agency costs and ownership structure. Social Science Research Network (SSRN) Electronic Library. Disponível em: <http://papers.ssrn.com/sol3/paper.taf?ABSTRACT_ID=94043>. Acesso em: 3 mar. 2004.

JENSEN, Michael C.; MURPHY, Kevin J. Performance pay and top-management incentives. *The Journal of Political Economy*. v. 98, nº 2, Apr. 1990.

JORION, Philippe. *Value at risk*: a nova fonte de referência para o controle do risco de mercado. Bolsa de Mercadorias & Futuros, 1998.

KAYO, Eduardo K.; FAMÁ, R. *Arrendamento mercantil (leasing) e estrutura de capital*: uma análise do modelo MDB. In: SEMEAD, 2., 1997. Anais...

KENDALL, L.; FISCHMAN, M. *A primer on securitization*. Cambridge, Mass.: MIT Press, 1996.

KIMBROUGH, M. The effect of conference calls on analyst and market under reaction to earnings announcement. *The Accounting Review*, v. 80, nº 1, p. 189-219, 2005.

KING, R.; LEVINE, R. Finance and growth: Schumpeter might be right. *Quarterly Journal of Economics*, v. 108, 1993.

KIRSCHNER, Walter. *Leasing operacional*. Apostila. São Paulo: Abel, 2003.

LA PORTA, Rafael; SILANES, Florencio Lopez de; SHLEIFER, Andrei; VISHNY, Robert. *Investors protection and corporate valuation*. EUA: NBER, 1999. Working Paper nº 7403.

LEITE, Luiz Lemos. *Factoring no Brasil*. 12. ed. São Paulo: Atlas, 2011.

LEVINE, Ross. Finance and growth: theory and evidence. *NBER Working Paper Series*, nº 10766, Sept. 2004.

LEVINE, Ross; LOAYZA, Norman; BECK, Thorsten. Financial intermediation and growth: causality and causes. *Journal of Monetary Economics*, v. 46, Aug. 2000.

_____. Financial development and economic growth. *Journal of Economic Literature*, v. XXXV, June 1997.

LIMA, Antonio C. Barros. *Factoring*. Disponível em: <http:www.diretonet.com.br/artigos/x/20/16/2006>. Acesso em: 1º fev. 2006.

LIMA NETO, William Moreira. *Avaliação do capital baseado nos riscos de subscrição das provisões de sinistros, utilizando modelos bayseanos*. 2004. Dissertação (Mestrado) – UFRJ/COPPE, Rio de Janeiro.

LIMA, Gerlando Augusto S. F. de. *Governança corporativa e hipótese de mercado eficiente*: o estudo da intenção de emissão de *American Depositary Receipts* (ADRs) com a utilização de estudos de evento. 2005. Dissertação (Mestrado) – Departamento de Contabilidade e Atuária da Faculdade de Economia, Administração e Contabilidade da Universidade de São Paulo. São Paulo.

LIMA, Iran S.; LOPES, Alexsandro B. *Contabilidade e controle de operações com derivativos*. 2. ed. São Paulo: Pioneira Thomson Learning, 2003.

LIMA, Iran Siqueira et al. *Fundos de investimentos*: aspectos operacionais e contábeis. São Paulo: Atlas, 2004.

LODI, João B. *Governança corporativa*: o governo da empresa e o conselho de administração. 4. ed. Rio de Janeiro: Campus, 2000.

LOPES, Alexandre B. *A informação contábil e o mercado de capitais*. São Paulo: Thomson Learning, 2002.

LOPES, Alexandre B.; GALDI, Fernando C.; LIMA Iran S. *Manual de contabilidade e tributação de instrumentos financeiros e derivativos*. São Paulo: Atlas, 2011.

LOVISOTTO, F.; MELO, G.; OLIVEIRA, R.; SAUÍDE, J. Uma análise dos riscos de investimento das entidades de previdência. *Revista da Previdência*, Rio de Janeiro, nº 2, p. 59-86, abr. 2005.

LUPORINI, Carlos Eduardo de Mori. *Avaliação de companhias seguradoras*: insuficiências dos critérios atuais e propostas de um novo modelo. 1993. Tese (Doutorado) – FEA/USP, São Paulo.

LYNCH, David. Economic growth and financial sector development. *CBMF Paper nº 10*, Centre for Studies in Money, Banking and Finance, Macquarie University, Austrália, Dec. 1994.

MACAULAY, Frederick R. *Some theoretical problems suggested by the movements of interest rates, bond yields and stock prices in United States since 1856*. New York: National Bureau of Economics Research, 1938.

MARINS, André Cabral. *Mercados derivativos e análise de risco*. Rio de Janeiro: AMS, 2004. v. 1.

MARKOWITZ, Harry M. *Portfolio selection*: efficient diversification of investments. Londres: Blackwell, 1991.

MARTINS, António; PINTO, Leonor. On the structure and advantages of securitisation of credit portfolios. *Revista de Economia e Administração*. São Paulo: IBMEC. v. 3, nº 2, abr./jun. 2004.

MATSUMOTO, Alberto S. *A emissão de "ADRs-American Depositary Receipts" pelas empresas da América do Sul e a teoria de Mercado Eficiente*. 1995. Tese (Doutorado) – Curso de Pós-Graduação da FGV/EAESP, São Paulo.

McENROE, John E.; MARTENS, Stanley C. Auditor's and investor's perceptions of the "expectation gap". *Accounting Horizons*, v. 15, nº 4, 2001.

MELLAGI FILHO, Armando; ISHIKAWA, Sérgio. *Mercado financeiro e de capitais*. 2. Ed São Paulo: Atlas, 2003.

MELO, Felipe M.; RIBEIRO, Marcelo E. *Leasing versus outras alternativas de financiamento*. Projeto de Formatura do Curso de Engenharia de Produção da UFRJ, 1999.

MENDES, J. J. de Souza. *Técnica de seguros*. Atlântica Boavista Seguros, 1977.

Mendroni, Marcelo B. *Crime de lavagem de dinheiro*. São Paulo: Atlas, 2006.

MICHAELIS. *Moderno dicionário inglês-português, português-inglês*. São Paulo: Melhoramentos, 2000.

MILLER, Roger LeRoy; VAN HOOSE, David. *Money, banking and financial markets*. Ohio: South-Western Thomson Learning, 2001.

MOTTA, Régis da Rocha; CALÔBA, Guilherme Marques. *Análise de investimentos*. São Paulo: Atlas, 2002.

NAKAGAWA, Masayuki. *Introdução à controladoria*: conceitos, sistemas, implementação. São Paulo: Atlas, 1993.

NEVES, S.; VICECONTI, P. E. V. *Contabilidade avançada e análise das demonstrações financeiras*. 15. ed. São Paulo: Frase, 2007.

NYSE. *Listed company manual*. Disponível em: <http://www.nyse.com/lcm/lcm_manual. shtml?printable=yes>. Acesso em: 3 fev. 2005.

OKIMURA, Rodrigo T. *Estrutura de propriedade, governança corporativa, valor e desempenho das empresas no Brasil*. 2003. Dissertação (Mestrado em Administração) – Faculdade de Economia, Administração e Contabilidade, São Paulo.

OLIVEIRA, Luís M. de. *Controladoria*: conceitos e aplicações. São Paulo: Futura, 1998.

PATRICK, Hugh T. Financial development and economic growth in underdeveloped countries. *Economic Development and Cultural Change*, v. 14, Jan. 1996.

PINHEIRO, Juliano Lima. *Mercado de capitais*: fundamentos e técnicas. 5. ed. São Paulo: Atlas, 2009.

QUIROGA MOSQUERA, Roberto. *Tributação no mercado financeiro e de capitais*. São Paulo: Dialética, 1998.

RANGEL, Armênio de Souza; SANTOS, José Carlos de Souza; BUENO, Rodrigo De Losso da Silveira. *Matemática*

dos mercados financeiros: a vista e a termo. São Paulo: Atlas, 2003.

ROBERTS, Richard. *Por dentro das finanças internacionais*: guia prático de mercados e instituições financeiras. Tradução de Maria J. C. Monteiro. Rio de Janeiro: JCE, 2000.

ROCCA, Carlos Antonio et al. *Mercado de capitais e a retomada do crescimento econômico*: os novos desafios da Bovespa, 1999.

ROSS, Stephen A. The economic theory of agency: the principal's problem. *The American Economic Review, Papers and Proceedings of the 85th Annual Meeting of the American Economic Association*, v. 63, nº 2, p. 134-139. 1973.

SALOTTI, Bruno; YAMAMOTO, Marina. *Informação contábil*: estudos sobre a sua divulgação no mercado de capitais. São Paulo: Atlas, 2006.

SAMUELSON, Paul A.; NORDHAUS, William D. *Economia*. Portugal: McGraw-Hill, 1993.

SANDOVAL, Daniela Mattos; OLIVEIRA, Ciro. *FIDC* – Nova regulamentação para securitização de recebíveis (em atualização). Disponível em: <http://www.veirano.com.br/html/conteudo_artigos.cgi?ARTIGO=7>. Acesso em: 17 ago. 2005.

SAUNDERS, A. *Administração de instituições financeiras*. São Paulo: Atlas, 1997.

SECURATO, José Roberto (Coord.). *Cálculo financeiro das tesourarias*: bancos e empresas. 4. ed. Saint Paul, 2008.

SHLEIFER, Andrei; VISHNY, Robert W. A survey of corporate governance. *Journal of Finance*, v. 52, p. 737-738, June 1997.

SILVA, Affonso. *Contabilidade e análise econômico financeira de seguradoras*. São Paulo: Atlas, 1999.

SILVA, Cibele Aparecida da. Proposta de *rating* para seguradoras brasileiras (ramos elementares). In: ENCONTRO ANUAL DA ANPAD, 1997. *Anais...* p. 107.

SILVA, Josemar Costa. *Uma contribuição ao estudo da harmonização das normas e práticas contábeis brasileiras e o projeto proposto pelo IASB*. 2002. Dissertação (Mestrado em Controladoria e Contabilidade Estratégica) – Faculdade de Ciências Econômicas de São Paulo, Fundação Escola de Comércio Álvares Penteado, São Paulo.

SILVEIRA, Alexandre Di M. *Governança corporativa e valor da empresa no Brasil*. 2002. Dissertação (Mestrado em Administração) – Faculdade de Economia, Administração e Contabilidade, São Paulo.

SILVEIRA, Héber P.; BARROS, Lucas A. B. de C.; FAMÁ, Rubens. Análise da dinâmica dos retornos e volatilidade de ações de empresas brasileiras emissoras de American Depositary Receipts. In: SEMEAD – SEMINÁRIO EM ADMINISTRAÇÃO FEA-USP, 4., p. 25-26 mar. 2003. *Anais...*

SOUZA, Milanez S. de; FAMÁ, R. Leasing como instrumento de desenvolvimento econômico. *Cadernos de Pesquisa em Administração*, São Paulo, v. 1, nº 4, 1º sem. 1997.

SOUZA, Silney de. *Seguros*: contabilidade, atuária e auditoria. 2. ed. São Paulo: Saraiva, 2007.

SPENCE, Michael; ZECKHAUSER, R. Insurance, information and individual action. *American Economic Review*. v. 61, p. 380-387, 1971.

STEINBERG, Herbert. *A dimensão humana da governança corporativa*: pessoas criam as melhores e as piores práticas. São Paulo: Gente, 2003.

SUPERINTENDÊNCIA DE SEGUROS PRIVADOS – SUSEP. Circular SUSEP nº 272, de 22 de outubro de 2004.

_____. Circular SUSEP nº 279, de 29 de dezembro de 2004.

_____. Circular SUSEP nº 229, de 22 de abril de 2003.

_____. Circular SUSEP nº 130, de 12 de maio de 2000.

_____. Circular SUSEP nº 314, de 27 de dezembro de 2005.

THE BANK OF NEW YORK. DRS: the basic and benefits. Disponível em: <http:www.adrbny.com/dr_edu_basics_and_benefits.jsp>. Acesso em: 4 fev. 2005.

TOSCANO JÚNIOR, Luís Carlos. *Guia de referência para o mercado financeiro*. São Paulo: EI – Edições Inteligentes, 2004.

TROMBLEY, Mark A. *Accounting for derivatives and hedging*. New York: McGraw-Hill, 2003.

TUNG, Nguyen H. *Controladoria financeira das empresas*: uma abordagem prática. 8. ed. São Paulo: EDUSP, 1993.

VALLE, Mauricio Ribeiro do. *O custo de captação nos mercados americano de bonds e internacional de eurobonds*: uma análise das maiores empresas do setor de papel & celulose. 2000. Tese (Doutorado em Controladoria e Contabilidade) – PPGCC da FEA/USP, São Paulo.

VAN HORNE, James C. *Financial management and policy*. 10. ed. New Jersey: Prentice Hall, 1995

VEDROSSI, Alessandro Olzon; MONETTI, Eliane. *A securitização de recebíveis imobiliários*: uma alternativa de aporte de capitais para empreendimentos residenciais no Brasil. São Paulo: EPUSP, 2002.

VERRECCHIA, Robert E. Disclosure and the cost of capital: a discussion. *Journal of Accounting & Economics*, v. 26, nº 1-3, p. 271-283, Jan. 1999.

VILANOVA, W. *Matemática atuarial*. São Paulo: Pioneira, 1969.

VITAL, S. M. Sistema Financeiro Nacional: desenvolvimento e contradições. In: SEMINÁRIO ECONOMIA BRASILEIRA E MERCADO ACIONÁRIO CNBV, 4., 1981. *Anais...*

WILMOTT, Paul. *Derivatives*: the theory and practice of financial engineering. Chichester: Willey, 1998.

Índice Remissivo

A

ABRASCA, 24
Ações, 32
Ações escriturais, 33
Ações nominativas, 33
Ações ordinárias, 33
Ações preferenciais, 33
Administradoras de consórcio, 353
ADR nível I, 56
ADR nível II, 57
ADR nível III, 58
ADR regra S, 59
Afetação, 138
Agência de *rating*, 186
Agências de fomento, 21
Agente, 391
Agente fiduciário, 120
Ajuste diário, 216
Aleatoriedade, 314
ANBIMA, 24
APIMEC, 25
Aposentadoria, 332
Arrendamento mercantil, 273
Assembleia geral ordinária (AGO), 367
Assimetria de informações, 360
Atividade securitária, 313
Ativo objeto, 228

Ato ou fato relevante, 368
Auditoria, 398
Autorregulação, 24
Auxiliares financeiros, 22
Avaliação de *bonds*, 173

B

Back-office, 20, 107, 238
Banco Barings, 205
Banco Central do Brasil (BACEN), 16
Banco múltiplo, 19
Bancos comerciais, 19
Bancos de desenvolvimento, 20
Bancos de investimento, 20
Banco mandatário, 120
BDR Nível I, 63
BDR Nível II, 63
BDR Nível III, 63
Best effort (melhores esforços), 36
Bonds estrangeiros (*foreign bonds*), 163, 166
Bonds perpétuos, 178
Bookbuilding, 36
Bovespafix, 107
Bovespa Mais, 44
Brady bonds, 170
Broadening, 9
Buy side, 20

C

Call provision, 172
Calls (opções de compra), 228
Câmaras de compensação (*clearings*), 215
Câmaras de liquidação e agentes de custódia, 23
Camuflagem (*layering*), 380
Capital adicional, 323
Capitalização, 346
Capital mínimo, 323
Capital social, 33
Captações no exterior, 18
CBLC, 24, 99
Centros nacionais de inteligência financeira (FIU), 376
Certificado de crédito bancário (CCB), 103
Certificado de depósito bancário (CDB), 18, 101
Certificados de depósito interbancário (CDI), 102
CETIP, 24, 104
Cheque especial, 19
Chinese wall, 20
Civil law, 62, 361
Classificação de risco (*rating*), 185
Cláusula *bullet*, 172
Cláusula de proteção (*covenant*), 184
Cláusulas de *vesting*, 332
Clearing, 215
Clearing house, 97
Clearings, 20, 23, 44
Cobertura de previdência, 329
CODIM, 371
Colocação (*placement*), 380
Comissão de Valores Mobiliários (CVM), 17
Comitê de Orientação para Divulgação de Informações ao Mercado (CODIM), 370
Comitê de Pronunciamentos Contábeis, 293
Commercial papers, 110
Common law, 62, 361
Companhia aberta, 34
Companhias hipotecárias, 21
Conference call, 365
Conflito de interesses, 394
Conselho de Controle de Atividades Financeiras (COAF), 376
Conselho fiscal, 397
Conselho Monetário Nacional (CMN), 15
Conselho Nacional de Previdência Complementar (CNPC), 16
Conselho Nacional de Seguros Privados (CNSP), 16
Consórcio, 353
Contemplação, 354
Contrato de arrendamento mercantil, 278
Contrato de DI1, 221
Contratos a futuro, 208
Contratos a termo, 209
Contratos a termo (*forward*), 208
Contratos de DI de um dia, 214

Contratos de opções, 228
Contratos de *swaps*, 208
Contratos futuros, 209
Contratos futuros de cupom cambial, 214
Contratos futuros de dólar comercial, 214
Contratos futuros de dólar (DOL), 219
Contratos futuros de Ibovespa, 214
Contribuição variável, 335
Controladoria, 397
Controle monetário, 95
Cooperativas de crédito, 21
Coordenador-líder, 120
Corretor de seguros, 317
Cosseguro, 317
Crescimento econômico, 9, 10
Crime organizado, 375
Cupom semestral, 177
Custos, 38

D

Day-trade, 47
Dealers, 95
Debêntures, 117
Debêntures com escrituras padronizadas, 121
Debêntures conversíveis, 118
Deepening, 9
Default, 184
Default econômico, 184
Demand following, 11
Demonstrações financeiras, 367
Demonstrações financeiras padronizadas (DFP), 367
Depositary receipt, 53, 62
Depósitos a prazo, 18
Depósitos à vista, 17, 260
Depósitos de poupança, 18
Depósitos interfinanceiros, 18
Derivativo, 201
Derivativos exóticos, 209
Derivativos inseridos, 209
Desconto de duplicatas, 19
Desintermediação financeira, 5
Direito de regresso, 301
Diretrizes da GRI, 370
Disclosure, 56
Disclosure voluntário, 360
Divulgação seletiva, 359
Duration, 191

E

Economia de escala, 8
Empréstimos e financiamentos, 19
Endosso em preto, 301
Entidades de operação, 17
Entidades supervisoras, 16
Entrega física, 211
Especialização e conveniência, 8

Estabelecimentos bancários, 6
Estratégias com opções, 230
Eurobonds, 163, 166
Exchangeable option, 172
Exchange traded funds, 270
Execução, 46

F

Factoring, 299
Fato gerador, 351
Fator de compra, 304
Financial Action Task Force on Money Laundering (FATF), 376
Fixed rate, 168
Floating rate, 168
Fluxo de recursos, 9
Follow on, 32
Fomento mercantil, 299
Formulário cadastral, 367
Formulário de referência, 36, 37, 367
Forward contracts, 203
Free float, 45
Front office, 20
Fundo cambial, 251
Fundo de ações, 251
Fundo de curto prazo, 250
Fundo de dívida externa, 251
Fundo de investimento imobiliário, 269
Fundo de renda fixa, 251
Fundo multimercado, 251
Fundo referenciado, 250
Fundos de índices, 270
Fundos de investimento em direitos creditórios (FIDC), 143, 267
Fundos de investimento em quotas, 253
Fundos de investimento em quotas de fundos de investimento, 252

G

Garantia
 firme, 36
 flutuante, 119
 quirografária, 119
 subordinada, 118
Gestão de riscos, 8
Global bonds, 167
Globals, 170
Governança corporativa, 390
Grupo de consórcio, 353

H

Hedge, 207, 224
Hedge de taxas de juros, 207
Hedge no exterior, 207
Hipótese de mercados eficientes, 360
Home Broker, 43

I

Ibovespa, 49
IBrX-50, 49
Imposto sobre Operações Financeiras, 261
Incidência do imposto de renda, 258
Indenização, 314
Índice Brasil, 49
Índice de Ações com Governança Corporativa Diferenciada (IGC), 49
Índice de Energia Elétrica (IEE), 49
Índice de referência (*benchmark*), 249
Índice Nikkei, 205
Índice Setorial de Telecomunicações (ITEL), 49
Índice Valor Bovespa, 49
Informação privilegiada, 363
Informações cadastrais, 379
Informações eventuais, 367
Informações periódicas, 367
Informações privilegiadas, 359
Informações trimestrais, 367
Initial public offering, 32
Instituição depositária, 120
Instituições financeiras, 6, 17
Instituidores, 330
Integração, 381
Integração (*integration*), 380
Intermediação financeira, 5
International Bond Market, 166
Intervenção do Estado, 15
Investidores individuais, 8
Investidores institucionais, 8
Investidores qualificados, 252
IPO, 366

L

Lavagem de dinheiro, 375
Lease back, 275, 282
Leasing, 273
 FINAME, 282
 financeiro, 275, 281
 habitacional, 282
 imobiliário, 282
 internacional, 282
 operacional, 275, 281
 vendor, 282
Leilão Informal Eletrônico, 97
Letras de câmbio (LC), 103
Letras hipotecárias, 103
LFT – Letras Financeiras do Tesouro, 93
Limites de posição, 216
Limites diários, 216
Liquidação, 46
Liquidez, 8
LTN – Letras do Tesouro Nacional, 93
Luxembourg Stock Exchange, 168

M

Macaulay duration, 193
Margem de solvência, 323
Margens de garantia, 215
Market share, 55
Maturity date, 171
Mega bolsa, 45, 46
Mercado aberto, 96
Mercado cambial, 4
Mercado de balcão, 44
Mercado de capitais, 4, 5
Mercado de capitais (*market-oriented*), 11
Mercado de crédito, 4, 5
Mercado financeiro, 4
Mercado monetário, 4
Mercado primário, 7, 31
Mercado privado, 5
Mercado secundário, 7, 31
Mesbla Trust, 153
Middle office, 20
Mutualismo, 314

N

Negociação com ações, 42
NTN-C, 94
NTN – Notas do Tesouro Nacional, 94

O

Ocultação, 381
Oferta privada, 7
Oferta pública, 7
Oferta Pública Formal Eletrônica (OFPUB), 97
Oferta pública inicial, 32
Ofertas globais (*global offering*), 36
Ofertas locais (*local offerings*), 36
Ofertas públicas, 37
Opções de compra, 205
Opções de compra (*call*), 208
Opções de venda (*put*), 208
Open market, 96
Operação ativa, 4
Operação passiva, 4
Operações de *hedge* internacional, 207
Operações não registradas contabilmente, 156
Operações passivas, 17
Orange County Investment Pool, 204
Órgãos normativos, 15
Overnight, 96

P

Pagamento de benefício, 333
Paraísos fiscais, 385
Patrocinadores, 330
Pink sheet, 56
Plano benefício definido, 333
Plano contribuição definida, 334
Planos de benefícios, 330
Planos geradores de benefícios livres (PGBL), 337
Política de divulgação, 368
Política de negociação, 368
Pós-fixados, 91
Posições compradas, 228
Poupadores, 3
Poupança, 3
Preço de lançamento, 37
Preço de mercado (*mark to market*), 215
Preço de negociação, 171
Preço justo, 228
Predominância de bancos (*bank-oriented*), 11
Prefixados, 91
Pregões eletrônicos, 46
Previdência complementar, 329
Previsões de lucros, 360
Principal, 391
Procedimentos internos de controle, 379
Prospecto, 36, 37
Proteção cambial, 172
Provisão de benefícios, 338
Provisão de riscos, 338
Provisão de sinistros, 324
Provisão matemática, 337, 350
Put provision, 172
Puts (opções de venda), 228

Q

Quotas do fundo, 255

R

Rating, 183, 186
Recebíveis, 138
Recibo de depósitos bancários (RDB), 101
Regra 144/A, 58
Regulation FD, 359
Relações com investidores, 362
Relatório anual, 369
Renda fixa, 91
Renda variável, 31
Repasses, 19
Resolução nº 63, 164
Resseguro, 317
Retrocessão, 317
Reuniões do conselho de administração, 367
Reversão do ciclo produtivo, 314
Risco, 68, 317
   cambial, 194
   de crédito, 100, 183
   de *default*, 184
   de inflação, 194
   de liquidez, 100, 194
   de mercado, 100

de reinvestimento, 190
de resgate antecipado, 194
de taxa de juros, 189, 190
moral, 361
Risco-país, 92, 170
Riscos atuariais, 336
Riscos financeiros, 70

S

Securitização, 133
de exportação, 151
de recebíveis imobiliários (CRI), 145
imobiliária, 145
Seguro-saúde, 314
Seguros de danos, 314
Seguros de pessoas, 314
Seleção adversa, 361
SELIC, 97
Sell side, 20
Serviço de custódia fungível, 44
Sistema contábil, 395
Sistema nacional de capitalização, 346
Soberanos, 92
Sociedade de capitalização, 347
Sociedade de crédito, financiamento e investimento, 21
Somafix, 108
SPE, 138
Spread, 5, 171, 285
Subscrição das quotas, 256
Superintendência de Seguros Privados (SUSEP), 17
Superintendência Nacional de Previdência Complementar (PREVIC), 17
Supply leading, 11
Swap, 208

T

Taxa
de cupom cambial, 223
de emolumentos, 218
de juro efetiva, 223
de juros de cupom, 171

de liquidação, 218
de mercado, 189
de performance, 257
de permanência, 218
de registro, 218
de retorno corrente, 177
SELIC, 96
Teoria da agência, 391
Tesouro Direto, 98
The Bank of New York, 58
Tipo de emissor, 91
Tipos de ordem, 46
Títulos de capitalização, 348
Títulos e valores mobiliários, 19
Títulos públicos, 92
Tomadores, 3
Transparência, 361, 398
Tributação de derivativos, 234
Troca de bens, 9
Trustee, 307

U

Underwriting, 20, 31, 34, 35
Unidades econômicas deficitárias, 3
Unidades econômicas superavitárias, 3

V

Valor ao par, 171
Valor da empresa, 397
Valores mobiliários, 5, 6
Valor nominal, 171
Value at Risk (VaR), 76
VaR histórico, 76
Variação cambial, 223
VaR paramétrico, 79
VaR (Value at Risk), 68
Vida gerador de benefícios livres (VGBL), 337
Volatilidade, 70

W

Warrants, 172